Joachim Bülow Jacob Friedrich

Mit Kupfern und vielen Urkunden versehene historische geneologische

und kritische Beschreibung des edlen, Freiherr- und Gräflichen Geschlechts von

Bülow

Joachim Bülow Jacob Friedrich

Mit Kupfern und vielen Urkunden versehene historische geneologische
und kritische Beschreibung des edlen, Freiherr- und Gräflichen Geschlechts von Bülow

ISBN/EAN: 9783337394578

Hergestellt in Europa, USA, Kanada, Australien, Japan

Cover: Foto ©ninafisch / pixelio.de

Weitere Bücher finden Sie auf **www.hansebooks.com**

Mit Kupfern und vielen Urkunden

versehene,

Historische, Genealogische und Critische

Beschreibung

des

Edlen, Freyherr- und Gräflichen

Geschlechts

von Bülow,

von

Jacob Friedrich Joachim von Bülow,

Herzogl. Meklenb. Strelitzschen Geh. Cammer-Rath,

auf Klaber im Amte Güstrow.

Der ist nicht klugs ein Edelmann,
Der geboren ist aus großem Stamm;
Oder der Geld und Reichthum hat,
Und thut doch keine redl'che That.
Die Tugend und die Höflichkeit
Adelt den Menschen alle Zeit.
  Aus einem alten Familien-Stammbuch
       von 1650.

Neubrandenburg,
gedruckt bey Christian Gottlob Korb, Herzogl. Hofbuchdrucker.
1780.

Dem

Durchlauchtigsten Herzoge und Herrn,

Herrn

Carl Eugen,

regierendem Herzoge zu Würtemberg und Teck,

Grafen zu Mömpelgard,

Herrn zu Heydenheim und Justingen, ꝛc. ꝛc.

Meinem

gnädigsten Herzoge und Herrn.

Durchlauchtigster Herzog,
Gnädigster Herzog und Herr,

Europa siehet mit Bewunderung Ew. Herzogl. Durchl. erhabenen Geist sich vorzüglich mit dem Wohl der Menschheit beschäftigen, und rufet den jungen glücklichen Gegenständen Beyfall zu, wenn ihre Ehrfurcht und Dankbarkeit, auch zärtliches Theilnehmen an dem Hochergehen ihres großen Wohlthäters ohne Grenzen sind. Aber wie nicht minder preisen rechtschaffene Aeltern die Vorsicht, und zerfließen in Freuden, wann ein so großer Fürst ihren Kindern ein zweyter Vater, und was mehr? — ihr großmüthiger mächtiger Versorger wird.

Lange, und o! wie sehr, bester Fürst, hat mein fühlbares Herz, da ich zu dem Haufen dieser glücklichen Väter gehöre, den Wunsch ernähret, Höchstdenenselben ein Dankopfer darbringen zu können. Hier ist es, gnädigster Herr! zwar nur ein Buch, vielleicht nur mir nach Autorweise schätzbar; allein die Empfindungen, womit Ew. Herzogl. Durchl. ich es ehrfurchtsvoll zueigne, sind, ob sie gleich für den so edel denkenden Carl allenthalben zur Natur werden, doch gewiß diesem großen Kenner menschlicher Herzen nicht gleichgültig; so wie eben daher, ungeheuchelte Erkenntlichkeit glücklich gemachter Menschen, wären auch die äußerlichen Merkmale von geringem Werth, von Höchstdemselben nicht verschmähet werden kann.

In dieser festen Zuversicht, zu Ew. Herzogl. Durchlaucht Huld und Gnade mich auf das ehrerbietigste empfehlend, ersterbe, unter Anwünschung alles reichen Segens, in tiefster Verehrung

Ew. Herzogl. Durchlaucht

Neustrelitz
im Jahr 1781.

unterthänigst gehorsamster
Jacob Friedrich Joachim
von Bülow.

Verzeichniß der Subscribenten.

	Exemplare
Se. Majestät der König von Dännemark	4
Se. Königl. Hoheit der Erbprinz Friedrich	2
Se. Durchl. der Prinz Carl von Meklenburg	1
Die Durchl. Prinzeßinn Albertina von Meklenburg	1
Herr Geheimer Canzelleyrath Aepinus zu Rostock	1
— Etatsrath Aepinus zu Petersburg	1
— General von Ahlfeld zu Ratzeburg	1
— Hofrath Barkey zu Güstrow	1
Frau Geheimeraths-Präsidentinn Gräfinn von Bassewitz zu Schwerin	1
Herr Geheimer Conferenzrath, Minister der ausländischen Sachen und Ritter, Graf von Bernstorf zu Kopenhagen	1
Die Herzogl. Bibliothek zu Gotha	1
Die Landes-Bibliothek zu Rostock	1
Die Universitäts-Bibliothek zu Göttingen	1
Frau Rittmeisterinn von Both, geb. von Bülow, zu Kalkhorst	1
— Gräfinn von Bothmar, geb. von Bülow, zu Ratzeburg	1
Herr Landrath von Bredow zu Prilwitz	1
— Hofrath und Regierungs-Fiskal Buchholz zu Schwerin	1
— Geheimer Conferenzrath und Ritter von Bülow zu Colbingen	1
— Generallieutenant und Ritter von Bülow zu Pasewalk	1
— Generalmajor von Bülow zu Rinteln	1
— Generalmajor von Bülow zu Bingen	1
— Geheimerrath, Stallmeister und Ritter von Bülow zu Kopenhagen	2
— Kammerherr und Ritter Baron von Bülow zu Altona	2
— Kammerherr von Bülow zu Gudow	1
— Ober-Apellationsrath und Kammerherr von Bülow zu Urslau in Schlesien	1
— Kammerherr von Bülow, Amtmann zu Slauderburg	1
— Kammerherr von Bülow zu Schwerin	1
— Kammerherr von Bülow, Amtmann zu Neumünster	1
— Kammerherr und Regierungsrath von Bülow zu Glückstadt	1
— Landdrost von Bülow auf Brunsrode	2
— Oberhauptmann von Bülow zu Schließtätt	1
— Oberstallmeister von Bülow zu Neustrelitz	1
— Geheimer Kriegs- und Landrath von Bülow zu Quitzöbel	1
— Regierungsrath, Baron von Bülow zu Stade	2
— Landrath von Bülow zu Essenrode	3
— Legationsrath von Bülow zu Camin	1
— Hof- und Regierungsrath von Bülow zu Düssin	1
— Oberstlieutenant von Bülow zu Zülow	1
— Oberstlieutenant von Bülow zu Schwerin	1
— Regierungsrath von Bülow zu Küstrin	1
— Kammerjunker von Bülow zu Prützen	1
— Kammerjunker von Bülow zu Kopenhagen	1
— Major von Bülow auf Nankendorf, zu Lübeck	1
— Major von Bülow zu Heinsdorf	1
— Major von Bülow zu Mölgaard in Jütland	1
— Major von Bülow zu Nyköping auf Falster	1
— Drost von Bülow auf Kritzow	1
— Bezirkdirector von Bülow auf Beyernaumburg	1
— Hauptmann von Bülow zu Andrupgaarde auf Fühnen	1

Exemplare.

Herr Hauptmann von Bülow zu Naunstrup in Seeland — — 1
— Hauptmann von Bülow, ehedem zu Cummin — — 1
— Hauptmann von Bülow zu Bingen — — 1
— Hauptmann von Bülow zu Ivenack — — 1
— Hauptmann von Bülow zu Glückstadt — — 1
— Rittmeister von Bülow zu Hannover — — 1
— Hauptmann von Bülow zu Zaschendorf — — 1
— Baron von Bülow zu Falkenberg — — 1
— Lieutenant von Bülow beym See-Etat zu Kopenhagen — 1
— Lieutenant von Bülow beym Preuß. Pannewitzschen Regiment 1
— von Bülow zu Neuburg in der Prignitz — — 1
— Revisionsrath und Cammersecretair Cahns zu Schwerin — 1
Frau Geheimeraths-Präsidentinn von Dewitz, geb. von Bülow — 1
Herr Jägermeister von Dewitz zu Neustrelitz — — 1
— Camerarius Dräske zu Braunschweig — — 3
— Hofrath und Geheimer Archivarius Evers zu Schwerin — 1
— Geheimerath und Ritter von Gamm zu Neustrelitz — 1
— Geheimerath und Ritter von Guldberg zu Kopenhagen — 1
Frau von Hahn, geb. von Bülow, in Curland — — 1
Herr Pastor Hojer zu Oldesloh in Holstein — — 1
— Baron von Kanne zu Paderborn — — 1
— von Kardorf zu Remmelin — — 1
— Vicedirector Krüger zu Schwerin. — — 1
— von der Lanken zu Puchow — — 1
Frau Geheimeräthinn von Lichtenstein, geborne von Bülow, zu Gotha 1
Herr Canzelley-Director Loccenius zu Schwerin. — — 1
— Major von Löwenhielm zu Weyrupgaard auf Fühnen — 1
— Geheimerath und Ritter, Freyherr von Lützow zu Schwerin 1
— Amtsschreiber Manke zu Hoya — — 1
— Geheime Conferenzrath und Ritter, Graf von Moltke zu Bregentved 1
— Hofmarschall und Ritter von Moljahn zu Malchin — 1
— Justizrath Baron von Nettelbladt zu Rostock — — 1
— Oberhauptmann von Oertzen zu Cävern — — 1
— Hofmarschall von Oertzen zu Neustrelitz — — 1
— von Penz in der Stadt Penzlin — — 1
— Geheimerath und Ritter Scheel von Plessen zu Kopenhagen 3
Frau Baronne von Ranzow, geb. Baronne von Wedel-Jarelsberg zu Brahesburg auf Fühnen 1
Herr Landdrost von Reden zu Hilden im Lüneburgschen — 1
— Drost von Reinbeck zu Neuhaus — — 1
— Secretair Sauerfeßl zu Güstrow — — 1
— Oberhofmarschall, Geheime Rath und Ritter von Schack zu Kopenhagen 1
— Geheimerath Schmidt zu Schwerin — — 2
— Archiv-Secretair Schmidt zu Schwerin — — 2
— Amtsverwalter Schomerus zu Schwerin — — 1
— Legationsrath Graf von Schulenburg zu Neustrelitz — 1
— Graf von Schulenburg, Lieutenant bey der Garde zu Kopenhagen 1
— Graf von Schwerin zu Wulfshagen ꝛc. — — 1
— Kammerjunker von Sehstedt zu Kopenhagen — — 1
— Kammerherr von Suhm zu Kopenhagen — — 1
— Doctor und Archivarius Tadel zu Rostock — — 1
— Landrath von Thoßstorf auf Rothspalk — — 1
— Kammerherr und Ritter von Walmoden, Amtmann auf Falster 1
— Regierungsrath zur Redden zu Schwerin — — 1

Vorrede,
hauptsächlich der Jugend des Geschlechts von Bülow gewidmet.

Es ist kein geringes Vergnügen, sagt der Herr von Loen in seiner Abhandlung vom Adel, sich mit seinen Ahnen oder Vorfahren zu beschäftigen; man kann dabey oft besondere Spuren der göttlichen Vorsehung entdecken; man siehet mit einem frommen Entzücken, wann in diesem oder jenem unserer Vorfahren ein tugendhafter Same aufgegangen ist, der sich hernach unter göttlichem Segen weiter bis auf die Nachkommen fortpflanzet; man bemerket mit einer gleich demüthigen Ehrfurcht die göttliche Heimsuchungen, welche sich hin und wieder geäußert, indem eine Linie herunter und die andere empor kommt: — und gewiß, er hat Recht! Es kann zur Abwechselung anderer Geschäfte nichts angenehmers seyn, als auch mit den entferntesten und ältesten seiner Vorfahren eine Art von Bekanntschaft zu machen. Entdecket man unter selbigen große, weise und rechtschaffene Leute, die durch löbliche Thaten sich bekannt gemacht, und einigen Ruhm erworben haben, so ziehet man sich etwas davon zu, und man ist auch bey Seiten-Verwandten schon zufrieden, wann man nur bloß die Ehre hat, ihren Namen zu führen. Aus diesem innerlichen Gefühl schließe ich, daß es kein geringer Vorzug sey, von wahrhaftig edlem Geblüt, und einem vornehmen rittermäßigen Geschlecht entsprossen zu seyn. — Allein, lieben Kinder, soll dieß eine wahre und keine eingebildete Ehre seyn, soll dieser Vorzug nicht vielmehr zur Schande gereichen; so müssen wir auch, dem wahren Ursprung des Adels gemäß, durch Tugenden uns bestreben, in die Fußstapfen unserer sich in allen Ständen groß und würdig gemachten Vorfahren zu treten. Nehmet es euch zu Herzen, und präget es euch tief ein, was der edle Mann, der verehrungswürdige von Loen hievon weiter schreibet, und ihr könnet es um so mehr mit Zuversicht thun, da er von so gutem Adel war, als ihr immer seyn möget.

Der Adel ist allezeit auf Tugend gegründet gewesen, wie aber die Begriffe von der Tugend nach der Verschiedenheit der Völker unterschieden waren, so geschahe es auch, daß nicht sowol die Tugend überhaupt, als einige Tugenden insbesondere, den Ruhm und die damit verknüpften Vorzüge zu wege brachten, als die Tapferkeit, der Heldenmuth, oder auch die Weisheit gute Gesetze zu geben, und der bürgerlichen Gesellschaft wohl vorzustehen. Weil es aber diesen Helden und weisen Leuten überaus unanständig würde gewesen seyn, wo sie nicht selbst denjenigen Gesetzen und Einrichtungen gemäß sich betragen hätten, für deren Erhaltung und Beschützung sie alle Mühe und Sorgfalt anwendeten, so mußte ihr Betragen ebenmäßig darnach eingerichtet seyn, um ihren andern Mitbürgern darin mit guten Exempeln vorzuleuchten. Die Hochachtung und Ehrerbietung, die man ihnen erwies, schien gleichsam etwas Vollkommenes von ihnen zu erwarten, und das geringste Laster

Ursprung des Adels.

konnte

konnte sie mehr als andre schänden; mithin mußten sie Bürger von einer weit höheren Vortrefflichkeit als andre seyn. Auf solche Weise entstand der Adel! Höret nun auch etwas ausführlicher die Pflichten desselben.

Pflichten des Adels.
a) Gegen das Vaterland.

Da dem Adel jene vorzügliche Ehre und Hochachtung erblich ward, so mußte derselbe auch fernerhin im Nothfall für das Vaterland die Waffen ergreifen, die Freyheit und die Unschuld beschützen, und auf Mittel sinnen, wie der gemeinen Sache am besten könnte und möchte gerathen werden. Der Adel wurde daher zu allen Zeiten für den edelsten und besten Theil eines Staats gehalten, und noch auf den heutigen Tag dienet derselbe als der Mittelstand, um von der einen Seite der ausschweifenden Macht eines despotischen Fürsten, und von der andern dem Frevel eines unbändigen Pöbels Einhalt zu thun, mithin Stadt, Land und Volk zu beschützen. Es ist also des Adels größte Obliegenheit, für das wahre Wohlseyn des gemeinen Wesens zu sorgen; nicht bloß aus Betrachtung seiner eignen Sicherheit, sondern wegen der Edelmüthigkeit, die eigentlich das Erhabene und Würdige des Adels ausmacht: denn was ist edel-seyn anders, als gerecht, großmüthig, weise und tugendhaft seyn, und, nach obigen, andere in schönen und rühmlichen Thaten übertreffen!

b) Gegen Jedermann.

Ein rechter Edelmann muß aller Menschen Freund, Schutz und Hülfe seyn, eine wahre Menschenliebe besitzen, mit Unglücklichen Mitleiden haben, und sich keinesweges scheuen, bey aller Gelegenheit treu, redlich und aufrichtig zu erscheinen; denn alles verstellte, heuchlerische und gezwungene Wesen zeiget eine Zaghaftigkeit an, die einem Mann von edler Seele durchaus unanständig ist. Er muß Wort und Zusage heilig halten, und was er borget, redlich bezahlen, nicht aber solches durch die Gurgel jagen, verprassen oder verspielen, und dadurch sich und die Seinigen ins Elend stürzen, und zugleich andere um das Ihrige bringen: — die dieß thun, sind Schänder des Adels und ordentliche Diebe!

c) Im Unglück.

Kann man sonst nicht wohl leben, so lebe man kümmerlich; die Armuth an sich schändet nicht, nur, wahr ist es, sie kann sich nicht so recht gut mit dem Adel vertragen: Daher ist es um so mehr Pflicht, sich durch gute Oeconomie gegen selbige möglichst zu schützen. Will dieß nicht helfen, und die Züchtigungen des Höchsten träfen zu hart, so bleibe man nur redlich, beuge sich unter die drückende Hand Gottes, und arbeite, so viel man kann, nur betteln muß man nicht; denn dieß schickt sich mit dem Adel gar nicht zusammen. Es ist allezeit löblicher, und dem Adel viel anständiger, sein Brodt mit der Hand zu verdienen, als solche um Almosen zu empfangen auszustrecken, und sein trauriger Zustand wird gewiß im ersteren Fall weit eher durch gutdenkende Menschen, wo nicht völlig gebessert, doch Linderung finden, als wenn sie im letzteren Fall dem Müßiggange und der Liederlichkeit, als die Pest der bürgerlichen Gesellschaft, Nahrung zu geben befürchten müssen.

d) Im Umgange.

Ferner muß ein rechtschaffener Edelmann bescheiden seyn, sich, auf seine Geburt und Ahnen trotzend, vor andern ehrlichen Leuten nicht zu viel herausnehmen, noch mit einem lächerlichen Stolz sich brüsten. Er muß gegen alle Menschen gleichdurch höflich, gesellig und bescheiden seyn; er verachtet niemand, und gönnet seine Freundschaft einemjeden, der Verdienste hat, er mag edel oder unedel geboren seyn; gegen seines Gleichen hat er Hochachtung, gegen Fürsten und Damen Ehrerbietung. Er muß in seinem Umgange ein natürliches, redliches, offenes und gewandtes Wesen bezeigen, und schickt es sich wohl für ihn, aufgeräumt und scherzhaft zu seyn, nur muß er sich dabey wohl in Acht nehmen, daß er nicht in das Possirliche und Kurzweilige verfalle, um einen Possen- und Zotenreißer abzugeben. Daher er sich aller pöbelhaften Reden und Unflätereyen, die so sehr zur Mode werden wollen, enthalten muß; denn das lässet überall nicht adlich, und macht, daß man nach Standesgebühr Hochachtung und Ehrerbietigkeit gegen ihn verlieret. Noch vielweniger muß man in seinem Betragen etwas Wildes oder Niederträchtiges entdecken, das sich nicht selten durch so

genannte

genannte Hochadeliche, oder Dragonermäßige Fläche kenntlich machet. Es muß vielmehr der wahre Edelmann fromm ohne Heucheley, gottesfürchtig ohne Scheinheiligkeit, demüthig ohne Niederträchtigkeit, gefällig ohne Falschheit, gelehrt ohne Pedanterey, ordentlich ohne Zwang, und dienstfertig ohne Eigennutz seyn. — Gewiß große und schwer zu erwerbende Eigenschaften! Daher trifft man sie auch nicht allenthalben viel weniger unter dem Pöbel an, sondern sie sind Früchte eines wahrhaftig edlen Gebläts und einer glücklichen Auferziehung, die insgemein bey dem Adel pflege sorgfältiger e) Bey der angestellet zu werden. Der Junker kommt von Jugend auf mehr unter vornehme und gesittete Erziehung. Leute; er siehet mehr Exempel von erhabenen und rühmlichen Handlungen; man erzählet ihm die Thaten seiner edlen Vorfahren, und macht ihm dadurch die Tugend und die daraus fließende Ehre mehr reizend und kennbar; er kommt nicht so leicht unter liederliche ungezogene Kinder, die einander den ersten Gift der schändlichsten Laster mittheilen; er wird zur Höflichkeit und zur Beobachtung des Wohlstandes angehalten. Und so geht es auch mit den Zierden unsers Lebens, und Freuden unsers Alters, ich meine die Töchter, zumal wann sie das Glück haben, daß eine tugendhafte und aufmerksame Mutter ihnen ein lebendiges Muster und treue Führerinn seyn kann; die sie lehret, Gott zu dienen, ohne Beßschwestern zu werden, sittsam zu seyn ohne Sprödigkeit, frey zu seyn ohne Frechheit, und einen edlen Stolz ohne Hochmuth zu zeigen; die sie unterrichtet in der häuslichen Sparsamkeit, ohne den Anstand zu verletzen, und wie der reinliche Auf- und Anputz bezaubern könne; die sie wider die anzügliche Eitelkeit, in Gold und Juwelen zu glänzen, und sonst wider alle Ueppigkeit, so viel möglich, befestiget, wodurch so manche Frau den Ruin ihres zu gefälligen Mannes befördert hat. — Doch wir kommen wieder auf die Söhne, und wollen auch noch mit wenigem ihnen ihre Pflichten vorhalten, wann sie an Höfen, in Cabinettern und Kriegsdiensten sich befinden, zu deren Ausübung, auch in auswärtigen Diensten, der theure Fürst Ulrich IV., der wahre Vater des Vaterlandes, uns Meklenburgern durch seine ausdrückliche Erlaubniß im Jahr 1583 den Weg gebahnet, und mir deucht, unsere Familie hat sich dieser Begünstigung redlich bedienet, und durch ihr gutes Betragen den Namen Bülow in ganz Europa rühmlichst bekannt gemacht; allein wie war es Wunder? sie verkannten ihre Pflichten nie, und es ist längst ein Sprüchwort gewesen, daß in dem besten Verstande fast ohne Ausnahme geblieben, alle Bülown ehrlich. Worinn bestehen nun aber gedachte Pflichten? Ich will meinen von Loen reden lassen, man kann sich nicht besser ausdrücken.

Wann ein Edelmann zu Hofe dienet, es sey in welchem Amte es wolle, so muß er sowol aller f) Am HoNiederträchtigkeit, als alles aufgeblasenen Hochmuths sich enthalten; denn jenes machet ihn verächt- fe. lich, dieses aber unhöflich und lächerlich. Vielweniger muß er sich zu unanständigen Geschäften, zu Buhlerdiensten, Schwelgereyen, Klätschereyen, Hintergehungen, Auspähungen und andern dergleichen einem redlichen Manne unziemliche Handlungen gebrauchen lassen. Er muß seinem Fürsten dagegen frey, großmüthig und aufrichtig, mit einem Wort, edelmännisch dienen; mithin seinen Dienst zu keines Menschen, vielweniger zu des Fürsten und des Landes Nachtheil führen, und dieß lohnet ein gerechter Fürst zuletzt allemal, denn er leidet keine Schmeichler, keine Ohrenbläser, keine Verläumder und keinen Practikenmacher an seinem Hofe, sondern saget mit David aus dem 101 Psalm: ein verkehrtes Herz muß von mir weichen, den Bösen leide ich nicht. Der seinen Nächsten heimlich verläumdet, den vertilge ich, ich mag dessen nicht, der mit stolzen Gebärden und hoffärtig übermüthig sich bezeiget. Denn meine Augen sehen nach den Treuen im Lande, daß sie bey mir wohnen, und habe gerne fromme Diener.

Wie man aber bey Hofe die Verstellungskunst, die Schmeicheley und den höflichen Betrug in mancherley Umständen für nöthig hält, so mag sich ein rechtschaffener Edelmann, ehe er sich nach Hofe begiebe, genau prüfen, ob er auch Herzhaftigkeit genung besitze, dessen ungeachtet an demselben

einem

einen ehrlichen Mann abzugeben, und sich über die kleinen Geister, die durch ihre Ränke sich suchen groß zu machen, hinaus zu sehen. Hat er diese Herzhaftigkeit nicht, und will doch gleichwol ein wahrer Edelmann seyn und bleiben, so entschlage er sich des Hofes bey Zeiten, und baue seine Güter mit edelmüthiger Weisheit: denn einem Vornehmen von Adel, der selbst Herrschaften besitzet, Land und Leute zu besorgen hat, verdenkt man es billig, wann er ohne sonderbare und wichtige Ursachen, mithin aus bloßer Eitelkeit, einem Fürsten zu Hofe dienet, und durch Schwelgerey und übertriebene Pracht die Sitten des Hofes mit verderben hilft.

g) Als Minister.

Gleiche Bewandniß hat es auch, wann ein Edelmann zu wichtigen Rathsstellen mit gezogen wird, da es denn allerdings seinem Stande und seiner Ehre höchst nachtheilig ist, wann er durch böse Rathschläge den Umsturz der Länder befördert, und den ungerechten Absichten eines Fürsten, der nur oft allein auf die Erhöhung seiner Macht, und die Vermehrung seiner Einkünfte bedacht ist, beitritt, heillos, verkehrt mit beytritt. Die Nachkommen werden sein Andenken verfluchen, und seinen Namen zum Schimpfwort machen. Er selbst, indem er sich durch niederträchtige Gefälligkeiten bey dem Fürsten empor zu bringen trachtet, wird dadurch seinem eigenen Hause einen schnöden Fall bereiten, und als ein böser Rathgeber, wie Ahitophel und Haman, sich selbst ins Unglück stürzen.

h) Als Kriegsmann.

Nun ist noch der Kriegsmann übrig, und dessen Pflichten zu wissen, ich meine, auch als Soldat sich als ein rechtschaffener Edelmann aufzuführen. Das werden wol leider! die Mehresten unsers Standes vorzüglich nöthig haben; denn da der Adel, seit der Kirchenverbesserung, durch die Einziehung der Stifter sehr herunter gekommen, die Pracht und Schwelgerey immer mehr und mehr gestiegen, auch die einträglichsten Aemter guten Theils, oft aus besonderen Vorurtheilen, mit Unadelichen besetzt werden: so sind die Aeltern, zumal bey zahlreichen Familien, selten im Stande, ihre Kinder auf eine kostbare Art auf Schulen, Universitäten und Reisen diejenige Geschicklichkeiten erwerben zu lassen, die man von einem jungen von Adel, der sich an Höfen zugleich auch zeigen soll und muß, fordert; noch nicht genung! man verlanget wol gar, daß er eine ziemliche Zeit umsonst par honneur dienen soll. Dahero bleibt dem nicht bemittelten Adel selten etwas anders übrig, als sich in Kriegsdienste zu begeben, wozu ihm denn auch die besten Gelegenheiten offen stehen, da in allen Staaten von Europa nunmehro der Kriegsstaat auf einen beständigen Fuß gesetzet ist.

Wann man nun zu diesem Stande, entweder aus Neigung oder durch unvermeidliche Umstände, bestimmet ist, so verpflichtet einen rechtschaffenen Edelmann der Character eines Christen und eines tugendhaften Mannes bey dem Gebrauch der Waffen zu aller Mäßigkeit und Menschenliebe. Nichts ist ihm unanständiger, und seinem Adel schimpflicher, als einer wilden Raub- Brand- und Mordsucht dabey Raum zu lassen. Es ist keine wahrhafte edle Seele ohne Großmuth und Mitleiden! Er muß also jederzeit mit diesen Eigenschaften sich gegen seine Feinde erweisen. Niemanden, wo es nicht eine unumgängliche Nothwendigkeit erfordert, einigen Schaden noch Drangsal zufügen, oder, durch eine übel angebrachte Nachsicht gegen die Ausschweifungen seiner Leute, zufügen lassen. Er muß vielmehr selbst die Bedrängten in Schutz nehmen, und solche gegen die Wuth und den Frevel eines wilden barbarischen Gesindels in Sicherheit zu setzen suchen; seinen Soldaten nie eine Unordnung noch Grausamkeit verstatten; mitten unter dem Geräusch der Waffen und dem Feuer der Streitenden die Ueberwundenen schonen, und so den Sieg mit heldenmäßiger Großmuth erfechten. Dieses bringet Ruhm, und verherrlichet den Namen des Ueberwinders, da im Gegentheil beym Rauben und Plündern der Dienst gewaltig verunehret, ja öfters gar verwahrloset wird, und die Natur bey allen Arten der Grausamkeit einen heiligen Abscheu spüret. Die Tapferkeit ist nur alsdann eine Tugend, wann es eine unumgängliche Nothwendigkeit erfordert, die angefochtene Gerechtigkeit und

Un-

Vorrede.

Unschuld zu vertheidigen, oder sich, seine Güter, sein Vaterland, seine Freunde und seinen Fürsten gegen eine ungerechte Gewalt zu schützen, und Macht mit Macht zurück zu treiben. Außer dieser nothwendigen Beschützung und rechtmäßigen Vertheidigung findet kein Vorwand zur Beleidigung eines andern statt, will man anders nicht den Namen eines Räubers oder Mörders anstatt eines tapfern und ehrlichen Mannes verdienen. Man balgt und metzelt sich einander ohne Noth aus bloßer Raserey und Grausamkeit. Der Krieg, der an und für sich selbst ein großes Uebel ist, wird dadurch noch immer mehr und mehr abscheulich.

Hier wäre es wohl am rechten Ort, auch der Zweykämpfe in etwas zu gedenken, weil besonders ein Edelmann dabey oft in verdrießliche Situationen gerathen kann. Die Zweykämpfe waren vormals zu den Zeiten erlaubt, da noch das Faustrecht galt, und keine Gerichtshöfe bestellet waren, vor welchen der Adel seine Sachen zur richterlichen Entscheidung bringen konnte. Die Spanier, Engeländer, Franken, Deutschen und übrige europäische Völker hielten auf diese Gewohnheit. Man glaubte, daß Gott durch dieses Mittel demjenigen den Sieg zu schenken pflegte, der das Recht auf seiner Seite hätte; man meinte auch, es ließ doch gleichwol besser, und sey einem tapfern Rittersmann anständiger, sein Recht mit dem Schwerdte zu verfechten, als mit vielen weibischen Zänkereyen und lateinischen Advocatenstreichen vor dem Gerichte sich herum zu ziehen, und sich um sein Geld bringen zu lassen. Allein dieses war so viel, als ein großes Uebel vermeiden, um ein noch größeres zu begehen. Wie, sollte man die Gerechtigkeit einer Sache auf die Stärke des Arms, oder die Zufälligkeit eines zweifelhaften Sieges ankommen lassen?

Wie aber verhält es sich, wann man an seiner Ehre angegriffen wird? Kann ein Edelmann auch einen Schimpf anders, als mit des Schimpfers Blut rächen? Lasset uns diese Frage so deutlich als möglich beantworten. Es ist eine traurige Wirkung verkehrter Begriffe, daß wir die Rettung unserer Ehre in einer der schändlichsten Thaten suchen. Ich sage in einer der schändlichsten Thaten! Eine schändliche That ist diejenige, welche wider die Religion, wider die Vernunft und wider die Gesetze begangen wird.

Der Zweykampf läuft wider die Religion; denn diese befiehlet uns, unserm Nächsten die uns von ihm zugefügte Beleidigung so zu vergeben, wie wir selbst wollen, daß uns Gott unsere Missethaten und Sünden vergeben solle. Christus, unser Heiland und Gesetzgeber, prediget nichts als die Liebe, und verbeut die Selbstrache als das größte Verbrechen.

Der Zweykampf läuft wider die Vernunft; denn es ist unsinnig, einem Menschen zu Gefallen, der unser Feind ist, auch sein Leben preis zu geben. In einem Zweykampf kann sowohl der Beleidiger den Beleidigten, als dieser jenen des Lebens berauben. Ist dieses eine Gerechtigkeit? Ist dieses eine Ehrenrettung? Fürwahr, unvernünftiger kann man nicht denken! Haftet die Ehre nicht auf unsern Thaten? Kann man uns diese nehmen, wann wir unschuldig und tugendhaft sind? Ist es nicht ein närrischer Hochmuth, daß man nicht leiden will, daß andere Uebels von uns denken oder reden? Wo hat noch je ein Mensch gelebet, der es jedermann in der Welt hat recht machen können? Müssen nicht die größten Könige und Helden sowohl, als die weisesten und tugendhaftesten Leute sich lästern und verspotten lassen? Die weise Catharina in Rußland spricht: Der würklich große Geist verachtet die ihm angethane Schmähreden, und nur der strafet, der sich getroffen findet. Es saget jemand zum Xerxes: er verstehe den Krieg nicht; es saget eben dieses ein anderer zum großen Alexander; Xerxes wird strafen, Alexander wird lachen.

Der Zweykampf läuft wider die Gesetze. Bey allen gesitteten Völkern ist derselbe als eine ungerechte Handlung verboten. Ludwig der XIV. brauchte in dieser Sache einen solchen Ernst, daß er die Verbrecher, wann sie auch gleich die Vornehmsten von Adel waren, am Leben strafen ließ. Die Schärfe

1) Bey Zweykämpfen.

Zweykampf läuft wider die Religion,

wider die Vernunft,

wider die Gesetze.

Schärfe der Preußischen Duell-Mandate ist bekannt, und wenn es in den neuern zugleich heißet, daß kein Officier soll einen Schimpf auf sich sitzen lassen, so kann man dieses vernünftiger Weise nicht anders verstehen, als sie sollten nichts thun, was sie beschimpfen könnte; denn ein Gesetz kann nicht zugleich eine Sache verbieten und gebieten. Alle bürgerliche Gesetze betrachten den, der einen andern im Zweykampf erleget, als einen Mörder oder Todtschläger, und gewiß, die Wahrheit wird weder mit Degen noch Pistolen entschieden. Man rettet seine Ehre nicht besser, als mit seiner Unschuld, und gesetzt, ich schlüge mich mit zehn herum, werden deswegen die Leute nicht von mir glauben, was sie wollen? Ja, sagt man, wann man einen Schimpf auf sich sitzen lässet, so wird man für einen Verzagten gehalten, und andere Officiere dienen nicht mehr mit einem! Dieses ist allerdings ein empfindlicher Umstand. Soll man sich durch den Schein einer vermeinten Zaghaftigkeit um seinen Dienst, und um sein zeitliches Glück gebracht sehen? Allein ist es denn erlaubt, deswegen ein Verbrechen zu begehen, um seinen Dienst zu erhalten und sein Glück in der Welt zu machen? Ist dieses, so würden die Verbrechen in gewissen Fällen nothwendig. Diese Sittenlehre würde auf einmal alle Gerechtigkeit und alle Tugend aus der menschlichen Gesellschaft vertilgen. Alle Verbrechen würden nach diesem Satz keine Verbrechen mehr seyn, weil sie mit der Nothwendigkeit, sein Glück zu machen, könnten entschuldiget werden. Was würden die Menschen unter diesem Deckmantel sich nicht erlauben! Joseph war also ein schlechter Mensch; er hatte nicht einmal das Herz, seines Herrn des Potiphars Weib einen kleinen Liebesdienst zu erweisen; der Zaghafte kam darüber um seinen Dienst, ja gar ins Gefängniß. War dieses nicht eine übertriebene Zärtlichkeit einer unzeitigen Tugend? Allein lasset uns die Begriffe der wahren Ehre rechtfertigen. Ich halte den für einen zaghaften und unwürdigen Edelmann, der nicht das Herz hat, der wahren Ehre zu folgen. Es ist unstreitig der nur ein ehrliebender Mann, der die Pflichten der Ehre beobachtet; diese Pflichten bestehen in der Beobachtung solcher Gesetze, die uns die Religion, die Vernunft und die Gerechtigkeit vorschreibt; wer also dawider handelt, ist kein ehrliebender Mann, folglich verlieret ein Edelmann, der sich wider die Gesetze in einen Zweykampf einlässet, die Ehre, die er zu vertheidigen suchet.

Ich zweifele keinen Augenblick, daß einjeder die Stärke obiger Sätze mit mir fühlen, und, wann keine persönliche Beleidigung vorhergegangen, des festen Vorsatzes seyn wird, nie anders als zur Nothwehr seinen Degen zu zücken; allein wann jener Fall eintritt, so hat die Erfahrung gelehret, daß Bibel, Philosophie und der weltliche Arm ihre Kraft verlieren, und wann die That geschehen, und so gar ein Unglück erfolget ist, dennoch Richter und Fürsten bis auf den heutigen Tag einen Schauder empfinden, einen auf die Art Beleidigten nach den Buchstaben des Gesetzes zu behandeln. Die Ursache entdeckt glücklich der Marquis von Beccaria in seinem unsterblichen Werke von Verbrechen und Strafen, und auch durch ihn stehet der Satz fest: Man strafe nur die Anhetzer und die Beleidiger auf das Schärfste, so werden die Fälle weniger, und einjeder wird lernen, Zunge und Hand im Zaum halten.

Vorzüge des Adels.
a) Bey Höfen.
b) In hohen Stiftern und Orden.

Nun habe ich noch von den Vorzügen des Adels etwas beyzubringen, als wodurch ein rechtschaffener Edelmann in den Stand gesetzt wird, sich kennbar zu machen. Bey Höfen sind gewisse Ehrenstellen, die durchaus niemand anders, als geborne von Adel bekleiden können, dergleichen sind die Hof-Aemter ohne Ausnahme, die Kammerherren, die Kammerjunker, die Hof- und Jagdjunker, die Edelknaben rc. Alle diese müssen von gutem Adel seyn. In den hohen Stiftern pflegten nur solche Personen aufgenommen zu werden, die von einem vollbürtigen Adel sind, und diesen wenigstens mit 16 Ahnen darthun können. Gleiche Ahnenprobe gehöret auch dazu, das deutsche Johanniter- und Malteser-Ordenskreuz erlangen zu können, welches sehr einträgliche Gefälle abzuwerfen pfleget. Die übrigen großen Orden, als das goldne Vlies, der Elephanten, der blaue Hosenband, der heilige

Geist-

Geist- der schwarze und weiße Adler-Orden, tragen zwar nicht viel ein, sind aber von ungemeiner Würde, indem solche Orden die größten Monarchen und Fürsten tragen. Mithin tritt ein Edelmann, wann er damit begnadigt, oder wenn gar ein catholischer Edelmann Churfürst oder Bischof wird, gleichsam mit den höchsten Häuptern in Gemeinschaft: Mehr Ehre, mehr Ansehen kann einer von Adel nicht erlangen! In Kriegsdiensten hat zwar der Adel an und für sich selbst keinen ausnehmenden Vorzug, denn einjeder tapferer Soldat wird deswegen in der Reihe der Beförderung nicht zurück gesetzt, und findet man selbst Generale genung, die sich, ob sie gleich von niedriger Herkunft waren, so hoch empor geschwungen; allein dem ungeachtet wird doch heut zu Tage an den mehresten Höfen bey Vergebung der hohen Kriegsstellen sehr auf den Adel gesehen, worunter sich besonders der weise Monarch von Preußen auszeichnet, wodurch er nicht allein die artigsten Officiere sich angeschafft, sondern auch durch die natürliche Ambition, die dem Adel anklebet, seine Armee unüberwindlich gemacht. Eine reiche Heirath zu treffen, dazu hat der Adel oft sehr gute Dienste gethan, indem ein bürgerliches, auf reizende Vorzüge und großes Vermögen, stolzes Mädchen sich zuweilen in den Adel verliebet, und manchem ehrlichen Rittersmann seine verschuldeten Güter wiederum frey macht, oder, weil Geld fast alles vermag, ihm sonst mächtig aufhilft. Leider gleich das Ahnenregister hierdurch ein wenig an der Stifts- und Turniermäßigkeit, so hat dieß jetzt nicht mehr so viel zu bedeuten, denn man reitet nicht, wie ehedem, zu den Turnieren, und bey den Protestanten sind leider! die hohen Stifter größtentheils eingegangen. Nur durch eine Mißheirath mit einer ehrlosen oder allzu niedrigen oder mit einer Person, die eine Makel sich zugezogen, sollte billig der Verlust des Adels für den Mann, der seinen Stand so niederträchtig entehret hat, allemal erfolgen. Ferner hat ein guter Edelmann allenthalben einen freyen Zutritt, besonders wenn er eine anständige Lebensart und gute Sitten zeiget; und hierinn gehet die Gewohnheit und das Vorurtheil sehr weit, so daß ein Unadlicher, wann er gleich über und über von Gold und Silber glänzet, sich nicht wohl unter den Adel bey Höfen mengen darf, welches noch seinen Grund in dem Alterthum hat, indem man vor Zeiten einen, der kein rechter Edelmann war, und sich doch bey dem Turnier einfand, auf die Schranken setzte, und um das Roß turnierte. Diese und noch mehrere Vorzüge, die man in dem Gemeinen- und Staatsrecht weiter nachsehen kann, sind es denn wohl werth, daß man genau untersuche, ob man zu denselben ein vollkommenes und unstreitiges Recht habe?

Am sichersten und gewissesten kann man nun dieses beweisen, wenn man zeigen kann, daß von den Vorfahren welche zu den Turnieren, und in hohen Stiftern sind zugelassen worden; oder daß sie adliche Stellen oder Hof-Aemter bekleidet haben; wann sie ferner Wapen und Schilde geführet; wann sie Rittergüter besessen; Burgmänner gewesen; oder als adliche Lehnleute unter die Landes-Ritterschaft mit gezählet; oder sonst für adlich sind erkannt worden. Nur kommt es hauptsächlich darauf an, daß man seine Abstammung von ihnen durch eine ordentliche Stammfolge darlegen kann — Daß nun alle diese Merkmale des Alterthums bey der Familie von Bülow zusammenstoßen, das soll in den folgenden Blättern aus untrüglichen Nachrichten und Urkunden gezeiget werden, und damit der Beweis der Abstammung einemjeden, der ein Recht dazu hat, erleichtert werden möge, so sollen auch die möglichst richtigen Stammtafeln, sowol des hohen Alterthums als der jüngeren Zeiten, hiezu Gelegenheit geben. Wie sie denn auch dazu dienen sollen, euch, lieben Kinder, nach der Reihe diejenigen preiswürdigen Männer darzustellen, in deren Fußstapfen ihr treten, und so gar selbige an Tugenden zu übertreffen den Vorsatz haben müsset, zu dem Ende ich aus der Fülle meines Herzens wünsche, und in väterlicher Zuversicht hoffe, daß die in vorigen Blättern enthaltene Belehrungen bey euch in stetswährendem Andenken bleiben, und meiner guten Absicht gemäß, gleich wie reifer Same in guten Acker geworfen, dermaleinst reichliche Früchte bringen mögen.

Hiernächst

c) Im Kriegsdienst.

d) Beym Heirathen.

e) In der Fremde.

Beweis des Adels.

8 Vorrede.

  Hiernächst habe ich, um euch, um manchem kriegerischen Vetter, und gnädigen Dame, die diese Blätter etwa zu lesen würdigen möchten, solche verständlicher und angenehmer zu machen, nicht nur die lateinischen und plattdeutschen Urkunden ins Hochdeutsche übersetzet, sondern es auch für nützlich und nicht für überflüssig gehalten, ein und das andere, ehe ich zur Hauptsache schreite, zu erklären, das hin und wieder vorkommt, und wann man es gelegentlich erörtert, nicht selten, um den Faden der Geschichte nicht zu verlieren, überhüpft zu werden pfleget, oder doch, wann man es in der Folge noch einmal nachzulesen wünschet, das Nachschlagen beschwerlicher macht, als wann man es an einem Orte zusammen zu finden weiß.

  Da der geistliche Stand von Alters her bey Heiden und Juden, und so auch bey den Christen, besonders durch das große Ansehen der Päpste, sich den Rang vor dem weltlichen zu erwerben gewußt, so will ich, weil unsere Familie in solchem besonders geglänzet, auch damit den Anfang machen; mein Augenmerk aber auf das Alterthum, und wie es in Meklenburg damals ausgesehen, gerichtet seyn lassen.

  Nachdem die Wenden in und um Meklenburg mit Gewalt zum christlichen Glauben waren gezwungen, ihre Götzen abgeschafft, und in der Mitte des zwölften Jahrhunderts von Hinrich dem Löwen, Herzog zu Sachsen und Bayern, in dieser Gegend drey Bischofthümer, Lübeck, Razeburg und Schwerin, auf einem dauerhaften Fuß eingerichtet worden: so erkannte man, so wie fast in

Papst. ganz Europa, also auch hier nunmehro den Papst für das Oberhaupt der christlichen Kirche. Dieser
Cardinäle. trägt eine dreyfache Krone, um dadurch seinen Rang über Kaiser und Könige anzuzeigen; die Cardinäle wählen denselben aus ihrem Mittel, sind seine Räthe, und dünken sich den Königen gleich.
Patriarch. Ein Patriarch führet das geistliche Regiment über verschiedene Reiche, so wie der Primas Regni
Primas Regni. der Vornehmste unter den Geistlichen eines Königreichs ist, und alle Erzbischöfe unter sich hat;
Erzbischöfe da nun letztere sich schon die Rechte und den Rang eines Churfürsten zugeeignet, so kann man dadurch
Bischöfe. auf das Ansehen schließen, daß sich jene geben. Hiernächst kommen die Bischöfe, die sich in Deutschland allerdings denen Fürsten gleich achten, und sie regieren auch in ihren Bischöflichen Ländern mit der vollen Gewalt eines Fürsten, und haben so gut, wie diese, ihre Hofämter und Vasallen;
Weih-bischof. sein Stellvertreter in geistlichen Dingen ist der Suffraganeus oder Weihbischof. In dem Stifte
Probst. selbst waren die nähesten nach ihm die Pröbste und die Dechanten; jenen lag hauptsächlich das
Dechant. weltliche, diesen das geistliche Regiment des Stifts und deren Personen ob. Dann kamen die
Archidiaco-nus. Archidiaconi, welche gemeiniglich außerhalb des Stiftes wohneten, indem sie, wann der Sprengel groß war, an entfernten Orten die Ordnung des Gottesdienstes und die Kirchen-Disciplin in Obacht nehmen mußten, und mit unsern heutigen Superintendenten eine Aehnlichkeit hatten. Hierauf der
Scholiast. Scholasticus, welcher allemal ein grundgelehrter Mann seyn, und denen übrigen in nöthigen Din-
Schatzmei-ster. gen Belehrung und Unterricht geben mußte; dann der Thesaurarius, Custos oder Schatzmeister, der die gemeinsame Stiftscasse und die heiligen Gefäße und Meßgewande, auch alles, was zur Pracht und Reinlichkeit der Kirche gehörete, in genauer Aufsicht und Ordnung zu halten hatte.
Cantor. Endlich folgte der Cantor, der würklich bey hohen Messen das Singen verrichtete. Alle diese nun
Prälaten. gehöreten zu den Prälaten und zum Directorium, wobey die Bischöfe den Vorsitz hatten. Die
Domherr. gemeinen Domherren hatten in diesen Versammlungen alsdann nur ihren Sitz, wann ein vollständiges Capitel gehalten wurde. Ihr Orden ward zuerst im Jahr 816 auf dem Reichstage zu Achen von dem Kaiser Ludwig dem Frommen gestiftet, und stellete eigentlich die Leibwache der Bischöfe vor. Die ihnen angewiesene Einkünfte aus einer Haupt- oder Cathedralkirche genossen sie anfänglich
Präbenden. gemeinschaftlich, nach der Zeit wurden sie getheilet, und Präbenden genannt; wie hiernächst ihr Einkommen stieg, so wußten sie sich auch die Erlaubniß zu verschaffen, Vicarien bestellen zu dürfen,

die

die an ihrer Statt ihre Pflichten, sonderlich bey den Betstunden, die man horas canonicas oder Missen nannte, und deren gemeiniglich täglich vier waren, wovon die erste die Vormisse, und die letzte die Schlepermisse hieß, wahrnehmen mußten. Dieser Begünstigung bedienten sich auch andere Geistlichen, wann sie derselben würklich oder ihrer Bequemlichkeit halber nöthig hatten. Ein Haupt-Pastor, der viele solche Vicarien oder auch sonstige Gehülfen, die Plebani genennet wurden, unter sich hatte, hieß Rector ecclesiæ oder Pfarrherr, und konnte mit unsern jetzigen Präpositen oder Inspectoren wohl verglichen werden. *Rector ecclesiæ.*

Wollte nun jemand als ein guter Catholik, zum Heil seiner oder der Seelen seiner verstorbenen Anverwandten, oder welches einerley bedeutete, um selbige baldmöglichst aus dem Fegfeuer zu retten, wenigstens solches zu lindern, wie hievon die Kabalistischen Briefe des Marquis d'Argens im 2ten Theil p. 194 nachzulesen sind, daß auch wol täglich eine Messe gelesen werden sollte, alsdann fiel es den ordentlichen Priestern, wegen der Menge solcher christgläubigen Seelen, unmöglich; damit sie nun doch gewiß seyn möchten, daß solches pünctlich geschehe, so stifteten sie hiezu eigne Vicareyen, wie hievon in unserer Familie selbst häufige Exempel vorhanden sind. *Vicarey.*

Memorien hat man auch vielfältig verordnet; dieß hatte man noch aus dem Heidenthum beybehalten; diese pflegten bey den Grabmälern ihrer Vorfahren zu gewissen Zeiten Gastmahle anzustellen, solches ahmeten die Christen nach, und vermachten sehr fleißig etwas Geld, wofür die Geistlichen und Armen zum Andenken der Todten gespeiset wurden, welches dann Memorien-Geld hieß. *Memorien.*

Es wurden auch wol aus frommer Absicht den Geistlichen hier und da Pächte zu erheben angewiesen. Es sind aber die Abgaben, die man noch bis auf den heutigen Tag unter diesem Namen kennet, und die den adlichen Gütern oft sehr zur Last fallen, fast alle von der Geistlichkeit füglich herzuleiten. Denn theils überließen die Bischöfe den Landesherrn, wie solches im Stargardischen Kreise besonders geschehen, einen Theil der grossen Zehenden, die ihnen bey Errichtung der Bißthümer von allen Gütern waren beygelegt worden, um nur den übrigen Theil desto gewisser zu erhalten, hierüber machten nachhero die Beamte mit den Güter-Besitzern Pacta oder Vergleiche, woraus Pächte geworden; theils liehen die Geistlichen oft Geld aus, das Wort Zinse würde wucherlich ausgesehen haben, zumal sie sich oft zehn bis zwölf von hundert verschreiben ließen, man nannte es also lieber Pächte; oder auch, wann, wie gedacht, ihnen sonst etwas Geld vermacht wurde, so hießen die Zinsen davon ebenfalls Pächte. Es werden wenigstens diese Herleitungen weit natürlicher seyn, als die sich Klüver in seiner Beschreibung von Meklenburg oder vielmehr dessen Verbesserer ausgedacht, wann er solche mit der Urbäre oder Grundzinse (census arearum) der Städte vergleichet. Dieß war ein ganz anderes Ding, indem die Städte unläugbar auf herrschaftlichen eigenthümlichen Grund und Boden angeleget sind, welches bey den adlichen Gütern nicht ist; oder man müßte wider alle historische Wahrheit das Abgeschmackte behaupten wollen, als wann die Landesherrn bey Ueberwindung der Wenden allein übrig geblieben, und alles von Fremdlingen wieder aufgebauet wäre. *Pächte.*

Nun kommen wir auf den weltlichen Stand, und da ist besonders zu merken, was die Würde eines Ritters in älteren Zeiten mit sich führete.

Die Ritter, milites, waren in großem Ansehen, und mit den Kriegs-Obristen zu vergleichen, die auf Wendisch Woiwoda hießen. Sie bekamen auch von den größten Herrn die Titulatur Herr, und so gar der hohe Adel pflegte nicht also genannt zu werden, ehe er die Ritterwürde erlanget hatte, sondern sie hießen schlechtweg nobiles. Daher findet man so viele regierende Fürsten und Grafen, die bloß Domicelli oder Junghern, Junker, sich geschrieben haben. Die Ritter hatten überall den Vortritt, und nur allein das Recht, goldene Sporn zu tragen, auch ihre Pferdedecken, Harnische, Helm und Schilde mit diesem kostbaren Metalle auszuzieren, deshalb sie equites aurati *Ritter.*

B oder

oder goldene Ritter genennet wurden. Die Scharlachfarbe und überhaupt jede rothe Farbe war ihnen allein eigen, nur die irrende Ritter giengen grün. Sie bekamen die Curialien **Mannhafte, Gestrenge**, und ihren Gemahlinnen ward besonders der Ehrentitel **Frau**, Domina, beygelegt. Es war aber nicht ein leichtes, den Ritterstand zu behaupten, indem hiezu ein vieles gehörte, wann sie im Kriege, bey Turnieren, Höfen, Gastmalen, und sonsten nebst den Ihrigen, diesem Stande gemäß sich aufführen wollten. Das Haus eines Ritters mußte einemjeden reisenden Ritter oder Knecht bey Tage und bey Nacht offen stehen, und selbige einige Tage gut bewirthet werden. Der Ritter mußte alle Tage wenigstens zween Edelknechte, die es sich zur Ehre rechneten, seine Waffenträger oder Knapen zu seyn, um sich haben, und für dieselbe und für sich selbst eine gewisse Anzahl Pferde unterhalten, damit er so gleich, wann er zu einem Feldzuge aufgeboten wurde, standesmäßig erscheinen konnte: Daher manche, die diesen Aufwand nicht machen konnten noch wollten, sich zeitlebens mit dem Knapen-Titel begnügen ließen. Ferner mußte der Ritter, wann er von allen für edel und waffenmäßig gehalten seyn wollte, nicht allein durch besondere Tapferkeit und Kriegserfahrenheit sich hervorgethan haben, sondern auch eine gewisse Anzahl Ahnen vorzeigen können, und da dieses letztere in den mittleren Zeiten, vermuthlich seit der Regierung des theuren Wenzels, ziemlich verabsäumet worden war, so ward es, wie Goldast angeführet, bey der Krönung des Kaisers Maximilian 1486 zum Reichsgesetz, daß die, welche zu Rittern wollten geschlagen seyn, wenigstens vier Ahnen beweisen sollten. Der Ritterschlag geschahe mit vielen Feierlichkeiten, und mußte er einen Eid schwören, der Kirche, dem Kaiser und Reich treu zu seyn, Wittwen und Waisen zu beschützen, und jedem Unschuldigen beyzustehen.

Waffenträger.
Waffenträger, Wapener, Armigeri, waren diejenigen, welche die Freyheit hatten, Wapen zu führen, und sich des Silbers zu Auszierungen zu bedienen. Sie vertraten die Stelle der Officiere. Scheide nimmt in seinen Nachrichten vom Adel die Waffenträger,

Knape.
Knapen, Knechte, Famuli, Servi, für einerley; doch scheinen sie dergestalt von jenen unterschieden zu seyn, wie die Handwerker einen Unterschied unter einem Altgesellen und einem andern Gesellen machen. In Ansehung der Ritter waren die Knapen anzusehen, wie in den Klöstern die Novicien gegen die Mönche, oder wie noch itzo die Famuli großer Professoren auf Universitäten, von welchen man nicht selten Exempel hat, daß sie mit der Zeit selbsten berühmte Lehrer geworden; auf ähnliche Art wollten jene Famuli auch von den Rittern den Krieg lernen. Sie waren übrigens von eben so gutem Adel, wie diese, und hießen Achtbare und Tüchtige, durften aber nur einen leichten Panzer, Schild und Degen führen. Sie trugen den Rittern Schild, Helm und Speer nach; hatten die Aufsicht über dessen Pferde und Waffen, und hielten ihm, wann er zu Pferde stieg, den Steigbügel; deswegen aber war der Stand des Knapen keinesweges verächtlich, indem man findet, daß wol ein Kaiser dem Papst die Steigbügel gehalten; wie denn auch junge Fürsten, ehe sie Ritter wurden, sich nicht schämeten, Knapen zu heißen, wovon in Schröders papistisches Mecklenburg p. 673, und beym Westphal in dessen Monumentis ineditis Tom. III. p. 1503 sich verschiedene Exempel finden. Das Wort Knecht hatte ehedem eine weit ehrwürdigere Bedeutung wie heutiges Tages, indem sich der Fürst Johann von Meklenburg a. a. O. beym Schröder nicht entsehen, seinen Sohn also nennen zu lassen, und findet man auch, daß Prinzessinnen Mägde und Pagen Jungens geheißen. Von Beehr übersetzet das Wort Knape in seinem sonst sehr schätzbaren Werke de reb. Meclenb. allemal durch Puer; in älteren Zeiten möchte dieß nicht so anstößig gewesen seyn, weil man noch von daher die Redensart hat: ein alter Knabe. Allein itzo verbindet man doch mit diesem Ausdruck eine ganz andere Idee, und es ist auffallend, wann er einen Knaben bey den wichtigsten Handlungen als Zeuge aufführet. Wann er nicht das gewöhnliche Wort Famulus hätte beybehalten wollen, so hätte er immer Servus setzen mögen. Außer-

Außerdem ist noch anzumerken, daß vor Alters alle, die sich dem Kriege widmeten, sie mochten vom hohen oder niedern Adel seyn, entweder Ritter oder Knapen hießen, und diese Benennungen behielten sie auch sorgfältig bey, wann sie gleich als Hofbediente, Vögte, oder sonst bey den Fürsten in Civildienste traten; man nannte diese alsdann Ministeriales, wovon Minister seinen Ursprung hat, und wurden Vorsichtige, Weise, Achtbare, Ehrsame betitelt. Sie wurden indessen eben so, wie die Patricier, welches Adliche waren, die in den Städten wohneten, von dem kriegerischen Adel mit einer Art von Geringschätzung angesehen, indem sie sich der vielen Befehdungen halber, und wegen ihrer Tapferkeit, die zur Zeit des Faustrechtes über alles galt, ein größeres Ansehen vor ihnen herausnahmen; doch wurden sie bey den Turnieren, wie Knipschild weitläuftig gezeiget, allerdings zugelassen, welches ihrer Herkunft nach auch nicht anders seyn konnte, wann sie sich gleich, um die damit verbundene Beneficien zu genießen, bey den Fürsten und geistlichen Stiftern in eine Art von erbliche Dienstbarkeit begeben hatten; siehe hievon des Herrn von Selchow Elem. jur. germ. priv. §. 265. Nach veränderter Art Krieg zu führen, sind diese Dienstmänner und die daher entstandene Erbämter in großes Ansehen gekommen. Beyläufig will ich hier noch anführen, daß Scheidt a. a. O. nicht zugeben will, daß die Patricien in Deutschland, wie doch allgemein dafür gehalten wird, daher entstanden, daß der Kaiser Hinrich der Vogelsteller bey Aufrichtung der Städte den zehnten Mann vom Lande dahin gezogen. Er meinet nicht, daß sich dieses bis auf den Adel erstrecket habe, sondern schreibet sie vielmehr mit vielem Anschein theils von den Nachkommen der Vögte, die aus dem Adel genommen, und von den Kaisern (a) oder Landesherrn als Befehlshabere oder Amtmänner den Städten vorgesetzt wurden; theils von der Menge von adlichen Familien her, die sich, der Befehdungen und Unsicherheit auf dem Lande halber, in den befestigten Städten niederließen: Welches letztere ihnen denn von dem kriegerischen Adel zur Zaghaftigkeit ausgeleget worden. Dahingegen wurden sie von den Städten destomehr geehret, und haben ohne Zweifel ihre weisen Rathschläge in den unruhigen Zeiten gemacht, daß sie sich, wie z. E. in Nürnberg, Augsburg, Lübeck, ein Recht erworben, andere entweder ganz oder zum Theil von dem Stadtregiment auszuschließen.

Die Turniere waren in Friedenszeiten die Gelegenheit, wo die Ritter mit stumpfen Waffen ein Bild des Krieges gaben, und ihre Geschicklichkeit glänzen lassen konnten. Hinrich der Vogelsteller führte sie zuerst in Deutschland ein; lange vorher waren sie in Engelland und Frankreich im Gebrauch gewesen. Wann ein solches solennes Turnier bekannt gemachet wär, so übten sich die Ritter in ihren Cantons und Schlössern täglich unter einander, um würdig auf dem großen Kampfplatz vor den Augen ihrer Geliebten, und dem Ausbund der europäischen Höfe auftreten zu können. Vor dem Turnier wurden die Schilder mit den Wapen derer, die turnieren wollten, in den benachbarten Kirchen und Klöstern zur Beschauung der Herrn, Damen und Fräuleins aufgehangen, um zu sehen, ob sie auch ein Recht zu erscheinen hätten, welches die Schau hieß. Ein Herold nannte die Namen derer, denen diese Schilder angehöreten, und wann es sich fand, daß eine Dame sich über einen von den Kämpfern zu beschweren hatte, so berührte sie sein Schild, und die Turnier-Vögte mußten nun ihre Beschwerde untersuchen. Fanden sie den Ritter schuldig, so wurde er zum Turnier nicht zugelassen, und hatte er ja die Kühnheit, sich in den Schranken zu zeigen, so ließen alle Ritter einen Prügelregen auf ihn fallen, der nicht eher aufhörete, bis er die Gnade der Dame ansiehete. Uebrigens

Ministeriales oder Dienstmänner, Patricien.

Turniere.

(a) Der Bremische Corrector Muehard führet in dem Denkmal der adlichen Familien im Bremischen p. 216 an, daß, seit Kaiser Carl des Großen Zeiten, in den Reichsstädten gewisse verordnete Richter aus dem Adel, als Kaiserliche Officianten gesetzet worden, die in weltlichen Sachen zu gebieten gehabt; solche Richter nenne Kranz in Saxonia Libr. 2. cap. 13 & 28 mächtige und gewaltige Herrn, die Land und Leute regieren müßten — sie wurden daher in Bremen Potestates genennet.

gens glich das ganze Schauspiel völlig einer Feerey, und bezauberte die Sinnen wegen des Schimmers der Schönheit und des Putzes der Damen, die auf erhabenen Gerüsten saßen, und denen zu Ehren alles dieses geschah. Beym Schall der kriegerischen Instrumente näherten sich die Ritter mit ihren Knapen, prächtig ausgerüstet und bewaffnet, im langsamen feyerlichen Pomp den Schranken. Jeder Ritter rief beym Angriff das Kriegsgeschrey aus, das er sich von seiner Dame hatte geben lassen. An seinem Helm, Speer oder Rüstung flatterte ein Zeichen ihrer Gunst, ein Schleier, Mantel, Scherpe, Haube, Armband, Haarlocke, oder ein anderes Stück von ihrem Anzuge. Da diese oft in der Hitze des Gefechts verloren gingen, so mußten die Damen ihre Liebhaber mit neuen versorgen, daher kam es, daß manchmal eine Dame am Ende eines Turniers des größten Theils ihres Putzes beraubet war. Die Thaten, die da geschahen, wurden besungen und aufgezeichnet. Die Sieger empfingen den Preis aus den Händen der Damen, die sie entwaffneten, ja selbst bey der Tafel bedieneten: der Kuß, den der Sieger der Preis-Austheilerinn geben konnte, war das letzte und glorreichste Ziel seines Triumpfes. Siehe Bibliothek der Romanen.

Räthe. Vor Alters, wie die Titulaturen noch nicht so hoch gestiegen waren, wußte man noch nichts von Geheimen- und Landräthen, sondern jene wurden bloß Räthe oder Secretairs genannt. Es waren auch die Sachen noch nicht in verschiedene Collegia vertheilet, sie wurden durch einander unter der Direction des Canzlers, in Gegenwart der Fürsten, vorgenommen, und dazu mehrentheils entweder welche aus dem Adel verschrieben, oder auch von denen bey Hofe sich eingefundenen genommen; da denn, wann es in den Urkunden heißt: mit Rath unserer Ritter und Räthe, es so viel sagen wollte, als wenn es nach dem itzigen Redegebrauch lautete: Unserer Landräthe und Geheimenräthe.

Landräthe. Die Benennung Landrath findet man eigentlich erst in der Mitte des XVI. Jahrhunderts, und führet der Präpositus Frank in dem 9ten Buch p. 254 des Alten und Neuen Meklenburgs einen Dietrich von Molzahn an, dem zuerst von den Landesherrn der Titel Landrath gegeben worden, und welcher auf Landtägen, nachdem die Prälaten abgegangen, unter den Ständen das Wort *Land-* geführet hätte. Sonsten kam es diesen zu, bey gemeinen Zusammenkünften der Landstände das *stände.* Directorium zu führen; derer Stände waren in Nachahmung des deutschen Reichs hier in Meklenburg dreyerley Gattung, als der Prälatenstand, die Ritterschaft und die Städte oder Landschaft. In alten Zeiten hieß es: Prälaten, Manne und Städte. Die Manne waren, wie man aus dem Fundations-Brief der Stadt Parchim deutlich sehen kann, eigentlich solche von Adel, die keine Lehngüter besaßen. Als aber diese aufkamen, und die mehresten Besitzer derselben Ritter waren, oder doch von solchen abstammeten, so entstand die Benennung Ritterschaft, und hieß es: Prälaten, Ritterschaft, Manne und Städte, wie man solches aus der merkwürdigen Urkunde in Pöckers Sammlung, Fünftes Stück, p. 40 sehen kann, bis endlich in neueren Zeiten der Ausdruck Ritterschaft allein geblieben, und die Manne mit unter selbiger begriffen sind. Zu den Prälaten gehöreten die Pröbste zu Schwerin und Güstrow, die Aebte und Pröbste von Doberan, Ivenack, Darguhn, Sonnenkamp, Broda, Wanzka, Friedland, Warin, Marienehe bey Rostock und Tempzin, die Aebtissinnen von Dobbertin, Ribnitz, Malchow, Rehna und Eldena: nachdem aber nach der Reformation dieser Stand gänzlich aufgehöret, und die Ritterschaft diese ihre Standmänner verloren, so sind dafür die Landräthe an deren Stelle getreten. Die Landschaft hingegen behielt, bis Wißmar an Schweden abgetreten ward, die ihrigen, und sitzet deshalb Rostock noch itzo mit am Directorial-Tisch. Uebrigens sind die hiesigen Landräthe von jeher im größten Ansehen gestanden, und haben itzo den Rang nach dem Dienstalter mit den würklichen Geheimenräthen, noch Anfangs dieses Jahrhunderts glaubten so gar jene diesen allemal vorgehen zu müssen.

Im

Im zwölften Jahrhundert hatte man dreyerley Art Münzen hieselbst; als vierkantige, wie noch itzo in Schweden, die man Pfenninge nannte, weil sie wie eine Pfanne viereckigt waren; länglichte, diese hießen Bolten; und dann große runde Stücke, worauf eine Marke oder Kennzeichen geprägt war, daher sie auch Marke genennet wurden. An Scheidemünzen hatte man Ferten, die aus ganz dünnen silbernen Blechen bestanden, und Vienkenogen; letztere hießen darum so, weil man, wegen Ungeschicklichkeit derzeitiger Münzer, von dem Stierkopf nur die ziemlich groß gerathenen Augen sehen konnte, dabey aber von feinem Silber waren; endlich noch Schillinge, die ihren Namen von den ehemaligen runden Schildern hatten, denen sie ähnlich sahen. *Werth der alten Münzen.*

Was den innerlichen Werth der alten Münzen anlanget, so betrug die Mark fein, wie noch itzo, sechzehn Loth Silber, und hat man vor Alters von keiner andern Mark oder bemerktem Silber, als der Cölnischen, gewußt. Hierauf ward die Lübsche Mark bekannt, die den dritten Theil von jener betrug; hiernächst die Slavische, Sundische und Dänische Mark, wovon zwo nur eine Lübsche Mark ausmachten. Das Münzen verursachte einige Kosten, daher entstand der Zusatz von Kupfer, der immer größer wurde, nachdem man aus diesem Geschäfte eine Revenüe erzwingen wollte. Man setzte deshalb es ordentlich dabey, wann man in feinem Silber, ohne Zusatz, bezahlt seyn wollte.

Frank und andere haben angemerkt, daß ein Vienkenog so gut gewesen, als itzo ein Sechsling, oder sechs leichte Pfenninge; ein Schilling, der in den Urkunden Solidus genennet wird, und den dritten Theil eines Loths bis 2 Quentin betrug, 8 ßl. Species oder 11 bis 12 ßl. Courant; ein Denarius, Pfenning, oder der zwölfte Theil eines Solidi, etwa ein heutiger Schilling; eine Mark Slavischer Pfenninge 1 Rthlr. 12 ßl.; eine Mark Lübsch 2 Rthlr. 24 ßl.; eine Mark fein Silber oder Cölnisch 7 Rthlr. 24 ßl. Species. Andere gehen noch kürzer, und sagen: eine Mark Cölnisch, oder drey Mark Lübsch, oder sechs Mark Slavisch, wären gleich 8 Unzen Silber oder 10 Rthlr.

Von den Brandenburgischen Marken, Pfunden oder Talenten gingen 20 auf eine Cölnische Mark. Ein Böhmischer Groschen war so gut als itzo 32 ßl. und betrug das Pfund 16 Rthlr Species. Die Engelländer, die sich aus unserer Gegend herschreiben, sind von jeher bedacht gewesen, den alten Werth ihrer Münzen beyzubehalten, daher sind auch ihre Schillinge noch in so hohem Preise, daß 20 derselben nur auf ein Pfund gehen. Daß dieses auch 1354 noch in der Mark Brandenburg üblich gewesen, meldet Gerken im Codice Diplom. Brandenb. Tom. 1. p. 642.

Nun will ich auch noch zum Verständniß unserer Meklenburgischen Urkunden einige Wörter erklären, die alsdann vorzukommen pflegen, wann entweder der Landesherr selbsten, oder andre fromme Seelen den Klöstern einige Hufen Landes oder gar ganze Dörfer schenkten, und in dem Schenkungs- oder Bestätigungs-Briefe gemeinhin zu lesen ist: Wir befreyen selbige von allen großen und kleinen Beden, von der Verbindlichkeit des Landting oder Markting, der Landwehre, Borgwerk und Brückwerk.

Die große Bede bestand in einer Abgift von einer Mark von jeder Hufe, und doppelt so viel von dem Erbe, die aber nicht alle Jahr, sondern nur dann und wann in Nothfällen, auf Bewilligung der Landstände, gegeben wurde. Die kleine Bede betrug nur einen Schilling von der Hufe, war aber eine jährliche Abgabe. Es scheinet dieß nicht viel zu seyn, allein der damalige Werth des Geldes, und die wenigen Bedürfnisse machten alles wieder gut; es will Frank, daß jene nach dem itzigen Gelde 40000 Rthlr. betragen habe. Man muß sich aber des Ausdrucks Bede halber durch die unten vorkommende Urkunde DD nicht irre machen lassen, weil der Adel ehedem die Gefälle seiner Bauren, die doch aus Schuldigkeit gegeben wurden, auch so zu nennen pflegte. Frank Lib. VIII. p. 157. *Land- u. Bede.*

Landding und Markting. Landding oder Markding wurden die Gerichte genennet, die öffentlich auf dem Lande oder auf dem Markte einer Stadt gehalten wurden, vor welchen einjeder, er sey geistlich oder weltlich, erscheinen mußte, und wurden niemalen an einem gewissen Orte, sondern wo es nöthig war, angestellet. Nach der Zeit, wie die Processe häufiger, und mit mehrerem Umschweife betrieben wurden, sind die beständigen Gerichtshöfe daraus erwachsen.

Landwehr. Landwehr hieß, was zur Vertheidigung des Landes oder einer Feldmark angeordnet wurde, und wann dieses im letzteren Fall durch einen Graben geschahe; so nannte man den bewährten Theil auch wol binnen der Par oder Landwehr.

Borgwerk. Unter Borgwerk verstand man die Befestigung eines Schlosses oder Burg, daher sind noch bis itzo hin und wieder die Burgdienste bekannt. Einjeder District von etwa zehn Dörfern hatte eine solche Burg, um im Nothfall sich und das seinige in Sicherheit bringen zu können. Die Befehlshaber eines solchen Schlosses wurden Castellane oder Burgmänner genennet, wie man solches in einer Urkunde der Wißmarschen Erstlinge p. 228 deutlich sehen kann. Hieraus entstanden nachhero die Burggesessene, wann nämlich ein solches Schloß als ein Lehn gerichet, und dabey die Vertheidigung desselben als eine erbliche Pflicht aufgegeben wurde.

Brüchwerk. Brüchwerk bedeutete die Verfertigung oder Ausbesserung der Brücken, wozu ebenfalls einjeder in dem Bezirk, wo er lag, verbunden war, nur die Geistlichkeit wußte sich, zur Beschwerde der übrigen, davon und auch wol von den übrigen Lasten zu befreyen.

Schriftsteller. Zum Schluß werde ich meinen Lesern die Schriftsteller bekannt machen, die ich bey Verfertigung dieses Werkes besonders genutzet, und die auch größten Theils in unserer Meklenburgischen Historie sehr merkwürdig sind.

von Loen. Johann Michael von Loen machte sich so sehr durch seine Schriften, besonders auch durch den redlichen Mann am Hofe beliebt, daß der große Friedrich von Preußen ihn durch seinen Großkanzler Cocceji bewegen ließ, sein so sehr beliebtes Privatleben zu verlassen, und 1753 die Präsidentenstelle zu Lingen anzunehmen. Er war 1694 aus einem der ältesten Niederländischen Geschlechtern geboren, und lebte nach vielen Reisen auf seinen Gütern bey Frankfurt am Mayn, bey einem ansehnlichen Vermögen, in philosophischer Ruhe, und genoß bey allgemeiner Hochachtung das wahre goldne Zeitalter bis in sein sechzigstes Jahr. Entfernt vom Hofe lebte er als Präsident bis 1776, von seinem Herrn und von jedem geliebet, in eben dieser stolzen und beneidenswürdigen Zufriedenheit. Sein Buch, betitelt vom Adel, schrieb er im reifen Alter 1752.

M. H. von Beehr. Matthias Hans von Beehr hat das vortreffliche Buch de Rebus Meclenburgicis geschrieben, und, obgleich es nur ein mäßiger Band in Folio ist, dennoch 12 Jahr daran gearbeitet, wozu er die besten Hülfsmittel aus dem Landes-Archiv gehabt. Er war Kammerjunker, und hiernächst in den überaus unruhigen Zeiten von 1715 bis 1729 Ritterschaftlicher Deputirter zu Wien, alwo er als ein besonders gelehrter Mann, und weil er ein Catholik war, sehr in Ansehen stand, daher das Land ihm vieles zu verdanken hatte. Er starb zu Wien 1729.

N. J. von Beehr. Des vorigen Bruder Niclaus Josias von Beehr führte den Titel Hofmeister, und war ebenfalls ein gelehrter mühsamer Mann. Er arbeitete mit vieler und fast zu strenger Behutsamkeit die Genealogie der Meklenburgischen adlichen Familien aus, wofür er von der Ritterschaft 5000 Rthlr. erhielte. Sein Plan war schlechterdings nichts anders anzunehmen, als was er beweisen zu können glaubte; man siehet aber leicht, daß dadurch seine Ausarbeitungen sehr unvollständig bleiben mußten. Starke Vermuthungen können in der Historie und Genealogie, zumal in der alten Geschichte, wohl so lange als Wahrheiten angesehen werden, als sich zum Gegentheil keine Gründe aufgeben: hiezu gehöret aber alsdann, voraus wann die Familie weitläuftig ist, eine sehr genaue Ueberlegung

legung aller Umstände, die man von einem, der mit so vielen Familien sich befasset, nicht füglich erwarten kann, und da er dieses genugsam selbst einsahe, so wollte er lieber sein Werk mangelhaft lassen, als aufs Gerathewohl etwas dahin schreiben, welches nachher tausend Widersprüchen unterworfen ist. Von unserer Familie hat er sieben Tabellen entworfen, die zwar nicht zusammenhängend, wovon aber doch einige, besonders in den mittleren Zeiten, ziemlich vollständig gerathen sind. Uebrigens ist dieses von Beehrsche Werk im Manuscript in dem Landes-Archiv zu Rostock befindlich, und kann ein jeder von seiner Familie die beliebige Abschrift erhalten.

Der Herr von Hoinkhusen, Vicepräsident des Hof- und Landgerichts zu Güstrow, hatte sich von der Zeit an, da dieß Gericht durch die unglückliche Entschließung des Herzogs Carl Leopold im Jahr 1722 außer Activität gesetzt wurde, außerordentliche Mühe in der Genealogie des Meklenburgschen Adels gegeben, und werden seine Nachrichten, wie sie es verdienen, sehr hochgeschätzt. Der unermüdete Herr von Penz, in der Stadt Penzlin wohnhaft, besitzet diese Handschriften, und suchet sie nach Möglichkeit zu verbessern, auch in der neuern Geschichte fortzusetzen. Es hat schon mancher in Ansehung der Ahnen in dringenden Fällen bey ihm Hülfe gesucht und willfährig gefunden, und es wäre ewig Schade, wann diese Sammlung durch irgend einen Zufall verloren gehen sollte. *von Hoinkhusen.*

Der Holsteinsche Canzler von Westphal hat in seinem kostbaren Werke, betitelt Monumenta inedita rerum Germanicarum, so viele Handschriften und Urkunden zum Druck befördert, daß ein Meklenburgischer Geschichtschreiber ihn nicht entbehren kann, es mag sein Gegenstand betreffen, was es wolle. Besonders hat er auch mit abdrucken lassen die Genealogische Chronick der Herzoge von Meklenburg, und die Historie der Bischöfe zu Schwerin, welche der Magister Bernhard Latomus, von Geburt ein Wißmarer, sonst aber im Anfange des vorigen Jahrhunderts Rector auf der berühmten Schule zu Neubrandenburg, verfertiget hatte. Es ist merkwürdig, was der Archivarius Schulz in seiner Beschreibung der von Plessenschen Familie beym Westphal im 4ten Theil p. 1958 gedenket, daß wie Latomus den Herzogen erwähnte Chronick präsentiret, und dabey sein Vorhaben geäußert, die Genealogie des Meklenburgschen Adels ebenfalls auszuarbeiten, die Herzoge ein Empfehlungsschreiben an die Ritterschaft hätten ergehen lassen, daß die Familien ihm die Wapen und Stammtafeln zusenden möchten. Daß dieses nicht ohne Würkung gewesen ist daher zu schließen, weil er würklich von dem Adel aller dreyer Kreise eine kurze Beschreibung, genealogische Tabellen und Wapen zusammengebracht, wovon aber nur die von dem Adel des Stargardschen Kreises von seinen Erben im Jahr 1619 in Druck gegeben worden; die aber von dem Meklenburgischen und Wendischen Kreise sind nur im Manuscript, doch zum Theil sehr unvollständig, im Archiv zu Schwerin vorhanden. Der vorsichtige Hofmeister von Beehr hat sich hauptsächlich bey seinen Tabellen auf des Latomus seine bezogen, weil er ganz richtig zum Grunde legte, daß sie vielen Glauben verdienten, indem sie von den Familien selbst mitgetheilet worden. *von Westphal. Latomus.*

Johann Friedrich Pfeffinger, Hannöverscher Rath und Brudersohn des berühmten Publicisten gleiches Namens, hat in dem zweyten Theil seiner im Jahr 1732 herausgegebenen Braunschweig-Lüneburgschen Historie ziemlich weitläuftig von unserer Familie geschrieben; mit vieler Wärme die Geistlichen dieses Namens vertheidiget, und überhaupt sich zum Ruhm des Geschlechts ausgebreitet. Sein Augenmerk war aber besonders auf die im Lauen- und Lüneburgschen sich ansäßig gemachten gerichtet, und die übrigen der Familie wurden, so zu sagen, nur zu Figuranten gebraucht, dergestalt, daß es unmöglich ist, nach ihm einen allgemeinen Stammbaum zu formiren. *Pfeffinger.*

Die Verfasser des Universal-Lexicons konnten nach ihrem unermeßlichen Plan auch unsere so bekannte Familie nicht vergessen. Sie haben sich auch würklich, ob sie gleich, so wie Gauhe in dem Adels-Lexicon, dem Pfeffinger hauptsächlich gefolget sind, mit denen übrigen Linien etwas weitläuftiger *Universal-Lexicon. Gauhe.*

läuftiger beschäftiget, nur eine Vollständigkeit ist von ihnen mit Billigkeit nicht zu verlangen, da auch derjenige sie kaum erreichen wird, der sich mit dem tausendsten Theil weniger befasset.

Gerdes. Pölker. Des Doctors hernach Preußischen Justizraths Gerdes, und Pölkers Sammlungen Mek-
Ungnade. lenburgscher Urkunden, wie auch Doctor Ungnadens *Amoenitates*, die Wißmarschen Erstlinge, und besonders das Papistische Meklenburg sind einem Meklenburgschen Genealogisten unentbehrliche Bücher, und man wird in der Folge finden, wie sehr ich besonders beide letztere Werke
Pastor Schröder. genutzet. Der Verfasser derselben war Magister Diedrich Schröder, Prediger an der Marien-Kirche zu Wißmar, der in den Jahren 1740 und 41 die Liebhaber der Alterthümer damit beschenkte.

Dem Vorigen geselle ich einen andern rechtschaffenen Geistlichen bey, der wegen seiner exemplarischen Amtsführung seiner Gemeine zu Sternberg, und seiner ausgebreiteten Gelehrsamkeit halber,
Präpositus Frank. Meklenburg unvergeßlich seyn wird. Nur Ausländern kann etwa der Präpositus Frank unbekannt seyn, welcher, obgleich der unglückliche Sternbergsche Brand seine erste Arbeit vernichtete, dennoch sich bey Geduld, und von dem Himmel Jahre genung erhielte, sein Altes und Neues Meklenburg in vier starken Quartbändern zu vollenden. Ein Meklenburger wird bis 1753 ihn nicht leicht unbefriedigt nachschlagen, und so wie seine Unparthenlichkeit ihm Ehre macht, so wird auch vorzüglich die Nachkommenschaft ihn werthschätzen, und, wann er etwa in Worten oder sonst gefehlet, nicht vergessen, daß er kein heuchlerischer Jesuit, sondern ein gewissenhafter Prediger und ein Mensch war. Bey mir ist es sein größter Fehler, daß er nicht unser Landsmann gewesen ist.

Klüver. Klüvers Beschreibung des Herzogthums Meklenburg, und die so betitelte verbesserte Ausgabe des Meklenburg-Strelitzschen Hofraths Gargow, enthält auch vieles vom Meklenburgschen Adel. Er ward nur ehedem gelesen, wie man noch nichts besseres hatte, ietzo nimmt man selbst die verbesserte Ausgabe nur zur Schattirung zur Hand, und leget sie aus Verdruß wegen der vielen seichten Gedanken und unendlichen Historischen- und Druck-Fehlern bald bey Seite. Sonst war Klüver selbst von Geburt ein Meklenburger, und Rathmann zu Heiligenhaven in Holstein.

Buchholz. Samuel Buchholz, Ober-Pfarrer zu Lichen, hat eine fast zu kurz gerathene Geschichte von Meklenburg geschrieben, besonders aber sich durch die Geschichte der Mark Brandenburg berühmt gemacht, die man wegen der nahen Nachbarschaft, und weil darinn viele Nachrichten von Meklenburgschen Familien vorkommen, oft nützlich gebrauchen kann.

Kranz. Kranz, Professor zu Rostock im Jahr 1482, und hiernächst Dechant zu Hamburg, war, wie schon andere von ihm geschrieben, eine Zierde unsers und zugleich seines Vaterlandes, und ein sehr aufrichtiger Schriftsteller. Man kann sich hauptsächlich auf ihn verlassen, wann er zum Lobe eines ablichen Bischofs oder eines andern von Adel etwas schreibet, weil von mehreren bereits angemerkt worden, daß er diese jederzeit sehr scharf zu beurtheilen pflege. Von seinen Schriften sind uns hier nur seine Vandalia und Metropolis besonders merkwürdig.

Corner. Corner, ein Lübecker und Dominicaner-Mönch, hat Helmolds Slavische Chronick erläutert und fortgesetzt, und ist ebenfalls ein sehr zuverläßiger Schriftsteller, nur sein Ausdruck gränzt oft an dem Groben.

Hederich. Magister Bernhard Hederich, Verfasser einer Historie der Bischöfe von Schwerin, welche in Gerdes Sammlung pag. 378 abgedruckt zu finden, stand als Rector bey der Dom-Schule zu Schwerin, und starb 1605. Daß er oft etwas ohne Ueberlegung geschrieben, hat auch der Präpositus Frank Libr. X. p. 63 nicht unbemerkt gelassen.

von Pritzbuer. Joachim von Pritzbuer, Dänischer Etatsrath und Ober-Landdrost auch Ritter vom Dannebrog, sammlete im Anfange dieses Jahrhunderts die Meklenburgschen Familien, die sowol Matthias von Beehr als Klüver, Klüvers Verbesserer Gargow, gleichfals in alphabetischer Ordnung dargestellet,

wobey

wobey letzterer dem von Pritzbuer nur nachgeschrieben. So unvollständig dessen Sammlung auch ist, so war sie doch zum Anfange gut genung, und giebt wenigstens das Zeugniß, daß er gewußt hat, sich in seinen Nebenstunden auf eine angenehme und nützliche Art zu beschäftigen.

Joachim Friedrich Chemnitz, Protonotarius des Hof- und Landgerichts zu Güstrow, schrieb Chemnitz. zu Ende des vorigen Jahrhunderts mit vielem Fleiße eine Meklenburgsche Chronick.

Zuletzt kann ich nicht umhin, noch unsers Landsyndicus itzigen Raths Pistorius zu Neu- Pistorius. brandenburg zu gedenken, als einen, der den besten Willen geäußert, sich durch Beschreibung Meklenburgscher Familien verdient zu machen. Er hat auch würklich mit dem Geschlechte von War- burg den Anfang gemacht, und dadurch bey Liebhabern der Adelshistorie den Wunsch erreget, daß er nicht so bald ermüden möge. Es scheinet aber, als ob er durch den Beyfall dieser wenigen sich nicht belohnt genung gehalten. Es sey aber, wie ihm wolle, unsere Familie würde noch lange nicht der Gegenstand seiner Arbeit geworden seyn, daher er auch recht Bidermännisch mir seine Bemerkun- gen mitgetheilet hat. Seine Willfährigkeit zu dienen ist bekannt, mein Dank sey es auch.

Beschreibung
des
Geschlechts von Bülow.
Erster Theil,
das Alterthum betreffend, etwa bis 1400.

Es führet die Familie zum Wapen vierzehn goldene Ballen oder Kugeln im blauen Felde, nach **Wapen.** der Länge im Schilde 4, 4, 3, 2, 1, gesetzt. Der Helm ist ungekrönt, dagegen aber mit einem blau und gelben Bund gezieret, so wie auch die Helmdecken von eben den Farben sind. Auf dem Helm erscheinen zween goldene gegen einander ausgebreitete Flügel, vor welchen zwey blaue Büffels-Hörner stehen, wovon jedes mit sieben goldenen Kugeln bezeichnet ist; zwischen den Flügeln aber ist ein gelb und dunkelblauer Vogel vorhanden, der einen goldenen Ring im Schnabel führet. Siehe die **Figur 2.** zwote Figur des Kupferblattes.

Ebengedachter Vogel wird auf Niedersächsisch Bülow, auf Obersächsisch Kirschvogel, Golddrossel, Withewal, Bierhold, Pfingstvogel, auf Lateinisch Oriolus oder Galbula genennet. Klein in seiner Historie der Vögel beschreibet ihn p. 66 also: er ist ganz goldgelb mit einem schwarzen Strich um die Augen, schwarzen (dunkelblauen) Flügeln, und einigen schwarzen Federn im Schwanze; er hat eine gespaltene Zunge, einen sehr hellen Gesang als aus einer Discant-Flöte, und verwechselt die Töne. Sein Nest, welches er an die Aeste der Bäume hänget, bauet er von Stroh und Hanf.

Der Präpositus Frank hat in Betracht dieses Kirschvogels anfänglich die 14 Kugeln für so viele Kirschen gehalten, nachhero aber führet er Libr. IV. p. 292 eine Urkunde von 1412 an, welche des Bischofs Hinrich von Bülow Wapen von 1346 beschreibet, und zwar, daß es von runder Gestalt **Figur 7.** gewesen, in dessen Mitte ein Bischof in seinem völligen Ornat gesessen, der mit der rechten Hand den Segen ertheilet, in der linken aber einen Hirtenstab gehalten; zu seinen Füßen hätte ein dreyeckigter Schild sich befunden mit 14 Bizanten versehen. Er machet hiebey die Anmerkung, daß diese Bizanten eine Art goldener Münze gewesen, die zu Besançon geschlagen, der Zeit im Gange und noch 1541 bekannt gewesen wären. Das Universal-Lexicon gedenket dieser Münze P. III. pag. 1934 ebenfalls, und daß sie in ganz Europa gegolten, besonders aber bey den Kreuzherren in Preußen, und hätte man sie schon 1290 gesehen; sie werden aber daselbst Bisanter genennet, und P. IV. p. 2065 von den Bizanten unterschieden, die zu Bizanz oder Constantinopel in den mittleren Zeiten geschlagen, und bey den Franken und Deutschen besonders im Gebrauch gewesen seyn sollen. Die Aebtissinn zu Wadstena in Schweden, Anna von Bülow, nennet diese Kugeln gleichfals Bizanten, so wie auch von Behr; jene in der von ihr in schwedischer Sprache geschriebenen Genealogie der von Bülow in Schweden, dieser in seinem in der Vorrede bereits gedachten Buche de rebus Meclenb. p. 1605. Weil aber bey allen alten Wapen, die man in den Kirchen zu Schwerin, Bützow, Güstrow und Doberan findet, die Ballen rund erhoben und nicht platt sind, auch sie in der Familie beständig für Kugeln gehalten worden, so sehe ich noch nicht Gründe genug, dem Einfall des Verfassers jener Urkunde so gleich zu folgen, und hat ohne Zweifel gedachte Aebtissinn nur darum diese Bizanten so gerne angenommen, weil sie den Ursprung der Familie überall aus Frankreich herleiten wollen. Andere, die auch das Wapen beschrieben haben, das in Schweden bekannt geworden, nehmen Ballen und keine Münzen an, dagegen man den Vogel zum Papagey erhöhet; im lateinischen lautet es also: Prosapia Büloviorum in majorum ostendit insignibus, XIV Fulvas in spatio cœruleo pilas, cassidem psittaco, binis inter cœlestini coloris cornua VII hujusmodi quoque sphærulis decorata, plurimum exornante.

 Die Zahl und die Ordnung der Kugeln ist in ältern Zeiten nicht so ganz genau beobachtet wor-
Fig. 10. den; denn man findet das Petschaft Gottfrieds II. von Bülow von 1250, worinn 21 Kugeln
Fig. 18. befindlich, wie auch 1304 eins von Otto von Bülow, der sich dagegen nur 12 Kugeln, und noch dazu in ganz besonderer Ordnung bedienet hat, und Pfeffinger will welche mit 13 und 15 Kugeln vom Jahr 1315 gesehen haben; so findet man selbige auf Schwedische Grabsteine 5, 4, 3, 2; auf den Fensterscheiben zu Wanzke 4, 4, 4, 2; und zu Medingen 4, 4, 3, 3 gesetzt, wie unten bey den
Fig. 16. 17. Denkmälern vorkommen wird: Allein die mehresten, und auch bereits 1291, besonders aber die
Fig. 7. 9. Bischöfe, führeten 14 Kugeln in der eigentlichen Ordnung, und so ist es auch bey den Nachkommen in neueren Zeiten unverändert geblieben, dergestallt, daß das oben beschriebene Wapen, so sehr sich auch das Geschlecht in verschiedene Länder zerstreuet, dennoch von allen, die sich Bülow nennen, nunmehro auf gleiche Art geführet wird. Niclaus Josias von Berke meinet zwar, daß die Wehning-Gudowsche Linie sich mit Auslassung der Flügel unterscheide; sie thut es aber wenigstens itzo nicht mehr, und wann es auch ehedem geschehen, wer könnte entscheiden, ob sie hieran eben Unrecht
Fig. 13. gethan? indem man einen Abdruck auf der Kupfertafel Fig. 13 finden wird, welcher ein Wapen von 1376 darstellet, in welchem ebenfalls die Flügel nicht zu finden, wohl aber schon der Vogel und die Herolds-Hörner, die Pfeffinger erst 1405 will bemerkt haben. Westphal führet Tom. IV. p. 1261, n. 56 eben dieses Wapen auf, und wird man wol schwerlich ausfindig machen, zu welcher Zeit die Flügel auf dem Helm, und der Ring, den der Vogel im Schnabel führet, zuerst angenommen worden. Im Jahr 1440 siehet man noch ein Siegel ohne diese Stücke. Ueberhaupt findet man vor der Mitte des vierzehnten Jahrhunderts wenige Siegel mit dem Helm, indem selbst Himich der Löwe H. z. M. im Anfange gedachten Jahrhunderts erst angefangen, das Fürstl. Wapen mit Helmen zu zieren, Frank Libr. VI. p. 322. Wänn übrigens gemeinhin in neueren Zeiten die Petschaften mit einer Krone auf dem Helm gestochen sind, so ist dieß bloß ein Einfall der Pitschierstecher, die es für ansehn-
Fig. 5. licher gehalten, sollte aber billig nicht seyn, wie man aus dem Freyherrlichen und Gräflichen von
Fig. 6. Bülowschen Wapen deutlich erkennen kann, die genau so abgezeichnet sind, als die Kaiserlichen Diplomen es vorgeschrieben haben. Gleiche Bewandniß hat es auch mit dem Diamant auf dem Ringe. In dem Freyherrlichen Wapen ist er nunmehro allerdings nothwendig, in dem adlichen könnte er immer wegbleiben.

 Aus obigen ist zu ersehen, was davon zu halten, wann Scheidt in seinen Nachrichten vom Adel, und mehrere vermeinen, es hätte keiner eigenen Gefallens ein Wapen annehmen können, sondern solches hätte entweder der Kaiser oder der Landesfürst ertheilet. Es ging ohne Zweifel in älteren Zeiten damit zu, wie noch itzo, da einjeder, wie es ihm beliebet, sich ein Zeichen wählete, welches entweder von der Familie beybehalten, oder in neueren Zeiten allererst durch die Adelsbriefe festgesetzet worden; nur will ich nicht in Abrede seyn, daß nicht gelegentlich Verzierungen oder Zusätze von großen Herrn aus besonderm Wohlgefallen den Wapen beygefüget sind.

Ursprung, Von dem Ursprunge unseres Geschlechts sind die Meinungen sehr verschieden. Agathias
und Philostrogius will in der Vorrede seiner Beschreibung des von Joachim Churfürsten zu Brandenburg, und Hinrich Herzoge zu Meklenburg, im Jahr 1512 zu Alten-Ruppin gehaltenen Ritterspiels, die Abkunft desselben von den Römischen Marcellen, die silberne Pfenninge im Schilde führten; herleiten, und, um es annehmlicher zu machen, behaupten, es wäre denen von Bülow wegen ihrer besonders bewiesenen Tapferkeit erlaubt worden, selbige in goldne zu verwandeln. Andere sind auf

Frank-

Frankreich und auf das ehedem daselbst geblühete vornehme Geschlecht von Bouillon verfallen, weil sowol das Wapen, worinn drey Kugeln waren, als auch der Name einige Aehnlichkeit habe, und geben vor, daß ein Abkömmling davon zu Carl des Großen Zeiten in die Braunschweig-Lüneburgischen Lande gekommen, und so weiter mit Hinrich dem Löwen ins Meklenburgische, als derselbe seine bekannten Feldzüge gegen die Wenden gemacht. Obgedachte Anna von Bülow, Aebtißinn zu Wadstena, wie auch Joachim von Pritzbuer in seinem Verzeichniß von Meklenburgschen adlichen Familien, wollen ebenfalls den Ursprung aus Frankreich herholen. Noch andere wollen des Wapens halber es zu den Grafen von Bentheim rechnen, weil selbige 10 Kugeln oder, wie Büsching will, goldene Pfenninge, jedoch im rothen Felde, führen. Allein man siehet leicht, daß alles dieses auf schwachen Gründen ruhet. Beehr und Frank zählen es zu den Geschlechtern, die Wendischen Ursprunges sind, und ich meines Theils pflichte ihnen gerne bey. Sie folgern es daher, weil der Name Bülow völlig Wendisch sey, und die Endigung ow ein Schloß oder Dorf bedeute, auch der Stab, den die Reichstags-Marschälle in Polen, um Stillschweigen zu gebieten, führeten, und überhaupt ein jeder Commandostab, auf Wendisch gleichfalls Bülow heiße. Bernhard Latomus scheinet eben der Meinung zu seyn, indem er anführet, daß das Geschlecht die Kugeln auf eben die Weise führe, als man selbige in dem Schilde des Wendischen Götzenbildes Prove antreffe. Wilhelm Mechow, welcher zu Lüneburg bey der dasigen Ritter-Academie Professor und ein sehr gelehrter Mann gewesen, hat daher in einem 1639 verfertigten Trauergedicht auf Julius von Bülow, Statthalter zu Zelle, Gelegenheit genommen, unser Geschlecht nicht allein von den Wenden, sondern so gar von dem Abgott selbst herzuleiten. Ob nun zwar der Abgott, wie man aus dem Abdruck auf dem Kupferblatte, Fig. 21. genommen aus dem Frank Libr. 1, p. 126, sehen kann, nur 13 Kugeln oder Beulen, wenn man ihn statt eines Gerichts-Götzen zum Kriegsgott, und das, was ein glühendes Probier-Eisen vorstellete, zum Ritter-Schilde machen wollte, in ganz verschiedener Ordnung führet, so würde, wann sonst nichts dagegen zu sagen wäre, dieß eben nicht in Betrachtung kommen, indem wir oben gesehen, daß in älteren Zeiten auf die Anzahl und Ordnung derselben so genau nicht geachtet worden; wann aber Pfeffinger in seiner Braunschweig-Lüneburgschen Historie P. II. pag. 188 sich darüber aufhalten, und es vielmehr zur Unehre machen will, von einem heidnischen Götzen abzustammen, so verräth er seine Unwissenheit in der Göttergeschichte gar sehr, indem gemeinhin die alten Götzen-Männer oder Frauen gewesen, die sich durch ihren Heldenmuth oder Weisheit, große Tugend oder körperliche Vollkommenheiten, auf eine ganz vorzügliche Art ausgezeichnet hatten; sie wurden entweder aus Furcht, Bewunderung oder Dankbarkeit besonders verehret, woraus denn zuletzt, wann es übertrieben wird, Abgöttereyen entstehen, wie noch wol heutiges Tages bey christlichen Weltmenschen und Verliebten geschiehet.

Man mache nicht den Einwurf, daß die Wenden von keinem Geschlechtsadel etwas gewußt, sondern nur bloß persönliche Verdienste, wie noch itzo bey vielen Völkern der Gebrauch sey, auf lebenslang oder so lange sie erkannt wurden, gewisse Personen zum Ansehen gebracht, die von ihren Majores genennet worden. Sie hatten sich mit den Werlern und Winulern vermischt, welche die älteste Bewohner Meklenburgs waren, und von diesen will man behaupten, daß ihnen der erbliche Adel nicht unbekannt gewesen. Stärker ist der Einwand, daß aus dem Wendischen Namen nichts gefolgert werden könne, indem die mehrsten Meklenburgischen Geschlechter von den Oertern, worauf sie von ungefehr im zwölften oder dreyzehnten Jahrhundert gewohnt, ihre Zunamen genommen, als man auch hier nach der Weise anderer benachbarten mehr gesitteten Völker sich Familien-Namen gewählet, und daß, wann es gleich richtig sey, daß die Dörfer Bülow Wendische Benennungen vor tausend und mehr Jahren erhalten, es deswegen nicht folge, daß die Bewohner derselben im zwölften Jahrhundert Wenden gewesen, oder vorher schon auf den Namen Bülow Ansprache machen können. Es lässet sich hierauf nicht viel antworten, es sey denn, daß man den Satz als unbezweifelt annehmen wollte, daß alle Dörfer in dem verheerten Meklenburg, und folglich auch die des Namens Bülow, erst nach Hinrich des Löwen Zeiten von den Geschlechtern gebauet, und nach ihren Namen genennet worden, alsdann würde die Wendische Endigung unsers Familien-Namens alles vermögen. Ich bin aber der Meinung, daß alle die Oerter, die sich auf ein ow, iz, in u. s. w. endigen, schlechterdings von den Wenden, lange vor Hinrich dem Löwen, ihre Benennung erhalten, und folglich kann ich mich dieses Arguments nicht bedienen. Ich mache aber zur Behauptung des Wendischen Ursprunges diesen Schluß: Man findet in den alten Urkunden anderer Länder vor dem zwölften und in demselben Jahrhundert niemalen den Namen von Bülow, ob gleich, seit Kaiser Hinrichs des Vogelstellers Zeiten, also von der Mitte des zehnten Jahrhunderts, die Deutschen adlichen Familien angefangen Zunamen zu führen; nun waren aber die ersten bekannten zween Brüder von Bülow im Anfange des dreyzehnten Jahrhunderts schon Ritter, folglich aus alten adlichen Geschlechtern, die um die Zeit erstlich Zunamen angenommen; das thaten die Wenden, folglich waren sie aus altem adlichen Wendischen Geblüt entsprossen. Wäre es mir gewiß zu machen möglich gewesen, daß eine Bransche meines Geschlechts sich von Bülen genennet, wie hievon bald ein mehreres vorkommen wird, so wäre nichts leichter als zu behaupten, daß diese den alten Familien-Namen beybehalten, und ihre und meine Vorfahren die Meklenburgschen Dörfer Bülow erbauet hätten, welche auf Deutsch so viel als Bülenburg oder Bülendorf heißen würden. Ich habe auch mein altes rauhes Vaterland lieb, und waren gleich die Sitten der Wenden der Zeit nicht so verfeinert, wie in Rom und Frankreich, so hielten sie doch vorzüglich auf Treu und Glauben, und wünschten nichts mehr, als nach alter Weise bey dem Ihrigen geruhig zu wohnen, ohne auswärtigen Fürsten und Pfaffen, die sich ihnen mit Gewalt aufdrungen, mit unaufbringlichen Auflagen zinsbar zu werden. Warum sollte man denn nicht eben so lieb von diesen guten Leuten, als von andern seinen Ursprung zählen wollen?

Namen. Daß das Geschlecht seinen Namen von dem Dorfe Bülow, bey Rehna gelegen, angenommen habe, will man durchgängig behaupten, weil man in der letzten Hälfte des zwölften Jahrhunderts vorzüglich einen Gottfried findet, der daselbst gewohnet, und von den Ahnherren der Familie der erste ist, den man zu nennen weiß. Ob man nun gleich keine Nachricht hat, daß er selbst sich schon von Bülow geschrieben, so findet man doch schon mit Gewißheit im Jahr 1231 kurz zuvor gedachte beide Brüder und Ritter Gottfried und Johann, die dieses Gut und noch andere Dörfer, die jener besessen, ebenfals inne gehabt, und sich würklich von Bülow genannt haben. Hat man nun die Anmerkung gemacht, daß alle die Geschlechter, die ihren Namen von Dörfern angenommen, sich von oder zu, andere aber, die von Thieren, Würden, oder sonsten auf andere Art sich genennet, sich mit solchen Vorwörtern nicht geschrieben; so setzet man es als ungezweifelt fest, daß, da die ersten Stammväter sich immer von Bülow geschrieben, sie von gedachtem Dorfe Bülow sich genennet. Uebrigens wird man annehmen müssen, daß die Oerter, die in Meklenburg gleichfalls annoch Bülow heißen, entweder erst in neueren Zeiten von der Familie erbauet worden, welches aber nicht wol glaublich, weil Bülow im Amte Kriwiz nach dem papistischen Meklenburg p. 597 schon 1237 vorhanden gewesen, und die Herrn von Werle den See zu Bülow im Amte Güstrow bereits 1307 der Stadt Güstrow überlassen, und so wird auch gewiß das Dorf Bülow im Amte Stavenhagen und die Kirche daselbst ihr graues Alter aufweisen können; oder daß sie der Zeit von keinen solchen vornehmen Geschlechtern bewohnt gewesen, die ein Recht gehabt, davon den Namen anzunehmen; oder auch, daß sie nur Pertinenzen von andern Hauptgütern waren, indem niemalen mehr, als eine Familie von Bülow vorhanden gewesen.

So

So wie die Wendischen eingeborne Familien gezeigtermaßen die Sachsen in Annehmung der Familien-Namen nachahmeten, so thaten sie es auch darinn, daß sie ihre Güter entweder zu Lehn darboten, oder auch solche auf diese Art annahmen. Die damaligen unruhigen Zeiten des Faustrechts machten die Lehne fast zur Nothwendigkeit, um von mächtigern Nachbaren sich nicht nach Gefallen gemißhandelt zu sehen. Es ist merkwürdig, daß, so bald man den Namen von Bülow in den Urkunden antrifft, man auch findet, daß sie Lehnleute von Meklenburg gewesen, und sind sie vielleicht von den Meklenburgschen Familien die ersten, von welchen man beweisen kann, daß sie Güter als Lehne besessen, siehe die Urkunde E von 1237. Vorhero war alles Allodial, und ehe unsere Fürsten mit den Sachsen und der catholischen Geistlichkeit recht bekannt, und an deren Gebräuchen einen Wohlgefallen fanden, haben sie gewiß von dem zu Lehn geben nichts gewußt, und auch daraus, daß Hinrich der Löwe, Herzog in Sachsen und Baiern, nach Bezwingung der Wenden seinen Rittern, militibus suis, einige Güter in Obotriten, das ist in der Gegend zwischen Wißmar und Lübeck, denn der übrige Wendische Adel in Meklenburg behielt seine Güter nach wie vor, etwa im Jahr 1160 ausgetheilet, würde noch nicht gleich folgen, daß er sie ihnen zu Lehn gegeben: Helmoldus, von dem man dieses weiß, meldet hievon in seiner Slavischen Chronick nichts, ob ihm gleich sonsten der Unterschied unter Lehn und Allodium sehr wohl bewußt gewesen; wann man es nicht daraus schließen wollte, daß bald darauf das Lehnrecht bey uns bekannter geworden, und warum sollte auch dieser Longobardische den Fürsten ganz nützlicher Gebrauch nicht auch in Meklenburg bald Eingang gefunden haben? So findet man bereits im Westphal Tom. III. p. 1473, daß der Fürst Hinrich Burwin zu Meklenburg sich 1210 von dem Bischof zu Lübeck mit den halben Zehnten der Insel Pöhl habe belehnen lassen, und in dem Fundations-Briefe der Stadt Parchim von 1218, daß die Anbauende nicht nach dem Lehn- sondern nach dem Manurechte sollten behandelt werden. Sonsten machet sich der Verfasser des verbesserten Klüvers von den kurz vorher erwähnten militibus eine besondere Vorstellung, da er sie zu gemeinen Soldaten herunter setzt. So geht es aber, wann man sich erlaubt zu schreiben, was einem in Sinn kommt, und gar zu begierig ist, alles zur Verkleinerung dieses oder jenes Standes hervorzusuchen; wie er denn auch zu dem Ende wider alle historische Wahrheit, als der unpartheyische Frank Lib. V. p. 9. u. f. f. sattsam gezeiget, sich zu behaupten nicht gescheuet, als ob in den nächsten hundert Jahren nach Hinrichs des Löwen von Sachsen Zeiten weder Landtäge noch Landstände in Meklenburg gewesen, weil gedachter Herzog dieses Land mit dem Schwerdt gewonnen, und also darüber eine unumschränkte Gewalt gehabt; hernachmals aber dasselbe mit solchem Rechte an den Fürsten Pribislaus wieder abgetreten, und also die Regierungs-Form der Zeit ganz und gar Monarchisch gewesen sey. Allein er würde so wenig zu der Zeit mit diesen heuchlerischen Sätzen bey den guten Fürsten Dank verdienet haben, als man auch nicht gefunden, daß ihm diese und andere Absurda zu seiner Zeit Segen gebracht; vielmehr ward das Gegentheil, wie bey mehreren seines Gleichen, nach seinem Tode sichtlich. Es war aber so leichte nicht, die alte Verfassung der Wenden, welche, wie Schmauß in seiner Reichshistorie p 9 ganz recht anführet, darinn bestand, daß die Fürsten zwar geringe Dinge allein abmachten, wichtige Sachen aber mit aller und jeder Beystimmung in öffentlichen Zusammenkünften beschlossen werden mußten, so ganz über den Haufen zu werfen, und es konnte den Fürsten damals noch nicht vergessen seyn, wie diese Barbaren mit dem Fürsten Gottschalk, mit dessen Vater und Kindern umgesprungen, als diese die uralte Regierungsart der Wenden verlassen, und gleich andern Deutschen Fürsten mit Anmaßung großer Hoheits-Rechte regieren wollten, so, daß sie sich auch schlechterdings von ihnen lossagten, und sich ein anderes Oberhaupt erwählten; wie dieses alles die Historie nachweiset.

Sind alte Lehnleute.

24 Reichthum. Ausbreitung.

Sehr reich. Um nach dieser Ausschweifung wieder auf unsere Alten zu kommen, so findet man, daß sie besonders im vierzehnten Jahrhundert überaus reich gewesen seyn müssen, indem sie nicht allein viele milde Stiftungen gemacht, sondern auch außerordentlich viele Landgüter besessen, außerdem aber noch im Stande gewesen sind, auf verschiedene Fürstliche Aemter, besonders aber auf die Schwerinschen Stiftshäuser Bützow und Warin und deren Zubehör, ein zu damaligen Zeiten großes Geld herzuschießen. Es war dieß auch eben kein Wunder, wann man bedenket, daß in einer Reihe von 80 Jahren vier Bischöfe zu Schwerin und andere hohe geistliche Personen aus dem Geschlechte gewesen sind, die dann, wie es ganz billig ist, ihre Verwandten nicht werden vergessen haben. Man würde aber ungerecht seyn, wann man hieraus so gleich schließen wollte, daß es auf eine unerlaubte Art geschehen; weil ein Bischof leicht so viel erübrigen oder durch sein Ansehen zuwege bringen konnte, seine Familie glücklich zu machen. Man wird in der Folge finden, daß es an Beschuldigungen der Art nicht gefehlet, man muß aber bedenken, daß dieß alles von der Geistlichkeit ausgesprenget wurde, die ohne Zweifel neidisch darauf gewesen, daß ihnen nicht alles allein zugefallen. Sie richteten mit ihrem Geschrey auch nicht viel aus, welches bey einer gerechteren Sache, ihrer derzeitigen großen Macht halber, sonsten nicht würde gefehlet haben.

Ausbreitung der Familie. Nicht allein in Meklenburg ist unser Geschlecht mit ansehnlichen Rittergütern ansäßig gewesen, sondern es hat sich auch in Niedersachsen oder Lauenburg, in den Braunschweig-Lüneburgischen Ländern, Holstein, Bremen, Magdeburg, Grafschaft Mansfeld, Thüringen, Mark Brandenburg, Pommern, Preußen, Liefland, Curland und Schlesien, so auch in der Schweiz, Dännemark und Schweden ausgebreitet, und eine Menge von Gütern erworben, deren Verzeichniß, nicht minder der Dörfer, welche die Familie wo nicht ganz doch zum Theil besessen hat, man zu Ende des ganzen **Sign. ☉.** Werks unter dem Zeichen ☉ nachsehen kann.

Ob sich nun gleich die Familie so sehr ausgebreitet, so ist doch kein Zweifel, daß alle, die sich von Bülow nennen, und das oben beschriebene Wapen in den wesentlichen Stücken führen, sämtlich aus Meklenburg entsprossen sind; ferner daß, da ihre Vorfahren zu dem eingebornen Adel gehöret, sie sich aller Meklenburgschen Indiginats-Rechte bedienen können, und das um so mehr, wann sie erst nach der im Jahr 1523 errichteten Union aus dem Lande gegangen seyn sollten. Die ersten, **In Schweden.** von denen man gewiß weiß, daß sie ihr Vaterland verlassen, sind die Schwedischen, und ist einer Namens Boetius oder Boso, oder, wie die Aebtißinn Anna will, schon dessen Vater, den sie aber nicht nennet, im Jahr 1363 mit dem Könige Albrecht von Schweden, der bekanntlich ein Herzog von Meklenburg gewesen, dorthin gezogen; dessen Nachkommen nicht allein daselbst zu den höchsten Reichs-Würden, sondern auch zu ansehnlichem Vermögen gelanget, wie solches Pfeffinger und andere, vornämlich aber die oft gedachte Aebtißinn Anna von Bülow weitläuftiger beschreibet.

In der Schweiz. Nach dem Weigelschen Wapenbuch Part. III. p. 188 wird es glaublich, daß sich in älteren Zeiten ein Abkömmling unserer Familie nach der Schweiz begeben habe, dessen Nachkommen sich nicht von Bülow sondern von Bülen genennet: Das daselbst befindliche, und auch auf dem Kupferblatte **Fig. 3.** Fig. 3 abgezeichnete Wapen hat die 14 Kugeln in gehöriger Ordnung, wie auch die Heroldshörner mit den Kugeln nach den bekannten Farben, nur daß der Vogel und die Flügel nicht vorhanden sind; wiewol der Rathsschreiber Isaac Iselin zu Basel mir ein Wapen der von Bülen geneigtest mitgetheilet, welches er aus dem in dortiger Canzeley befindlichen Schnittischen Wapenbuch genommen, das bereits die Flügeln aber nicht den Vogel hat; bis dahin aber hat er noch nicht mit Gewißheit ausfindig machen können, ob die Bülen würklich eine Schweizerische Familie sey? welches ich denn auch aus Mangel von Nachrichten muß dahin gestellet seyn lassen. Man siehet aber hieraus klärlich, daß der Vogel nicht vom Anfange an im Wapen geführet worden, und daß man daher nicht Ursache hat zu glauben, als wann der Vogel Bülow der ganzen Familie den Namen gegeben habe, welches auch nach obigen angeführten Grundsätzen darum nicht füglich anzunehmen ist, weil sie sich in allen alten Urkunden beständig von geschrieben haben.

Das Universal-Lexicon, Pfeffinger und andere führen an, daß sich ebenfalls in Polen die Fami- **In Polen.** lie von Bülow, wie sie glauben, durch die Schwedische Linie ausgebreitet, und sich nach dortiger Mundart Bielawsky genennet haben sollen. Wann sie aber bereits ausgestorben sind; so hat man sich eben nicht mehr viel darum zu bekümmern, zumalen, da es eben so leicht möglich seyn kann, daß sie von der Pommerschen Familie von Bilow oder Schlesischen und Sächsischen von Bila können abgestammet seyn. Wie man sich denn überhaupt wohl in Acht zu nehmen hat, daß man bey Nachsuchung alter Familien-Nachrichten sich durch Aehnlichkeit der Namen nicht verwirrt machen lasset, indem die Namen Belom, Bibow, Bukow und Zülow ebenfals leicht hiezu Gelegenheit geben können. Bedenket man dieses, und lieset man, daß die Familie von Bilow in Pommern sich aus Frankreich herschreibet, und die Aebtißinn Anna kräftig behauptet, daß die Schwedischen von Bülow und das ganze Geschlecht aus Frankreich herstamme; auch sie den Geschlechts-Namen nicht Bülow sondern Bylau geschrieben, so sollte man leicht auf die Gedanken verfallen, daß man diese Bransche nicht zu unserer, sondern ebenfalls zu der gedachten Pommerschen Familie rechnen könne, und daß daher die Ehre, die man sich aus dieser Verwandschaft macht, indem, wie die Tabelle II. zeiget, eine Ermengard von Bülow zu den mütterlichen Ahnen des Königs von Schweden und andern davon abstammenden Königlichen und Fürstlichen Häusern gehöret, nur eine eingebildete sey. Findet man aber bey näherer Untersuchung, daß das Wapen der Schwedischen von Bylau nicht drey, mit der Schärfe nach unten, parallel liegende Beile hat, wie die von Bilow in Pommern führen; noch zwey gerade stehende Beile mit einem abgekürzten Ast zwischen denselben, wie die von Bila in Schlesien und Sachsen sich bedienen; so fällt aller Zweifel weg, da die Aebtißinn Anna, und, wie Pfeffinger p. 281 berichtet, der Schwedische Cantzler zu Zweybrücken, der Freyherr von Greiffenkrantz, es so beschreiben, wie es in der Fig. 1 des Kupferblattes abgezeichnet ist: Sie geben das Feld **Fig. 1.** im Schilde ganz recht blau an; in Weigels Wapenbuch Supplem. 3. Tab. 2. ist das Feld, gewiß nur aus Versehen, roth gezeichnet. Das Abstammen endlich aus Frankreich könnte man dahin erklären, daß etwa auf einem Ritterzuge, oder sonst auf einer Reise nach Frankreich, eine dortige zärtliche Schöne das empfindsame Herz eines Bülow erobert, und mit ihm in Frankreich Kinder gezeuget habe.

Hiernächst haben sich die von Bülow in den benachbarten Lauenburg- und Lüneburgschen Landen **In Sach-** im XV. Jahrhundert durch Ankaufung der sehr beträchtlichen Güter Wehningen, Stinteburg, **sen-Lauen-** Gartow, Gudow rc. ausgebreitet, und die Landmarschalls-Würde in Sachsen-Lauenburg an sich ge- **Lüneburg.** bracht; nachhero haben zu Ende des XVI. Jahrhunderts sich mehrere hier und da in andere Länder begeben, und sich schöne Güter erworben; wie denn besonders bey der Zibühlschen Linie vorkommen wird, daß unter andern ein Levin von Bülow sich als Rath in Polnischen Diensten sehr berühmt gemacht, und in Liefland eine Nachkommenschaft gestiftet hat. **In Liefland.**

Durch diese Entfernung von ihrem Vaterlande aber wird es manchem Abkömmling unserer Familie unmöglich, sich zu dieser oder jener Linie anders denn durch Muthmaßungen zu rechnen. Indessen ist auch dieß schon angenehm, und ich habe durch diese ausführliche Beschreibung besonders auch den nachforschenden Vettern Gelegenheit geben wollen, sich zu ihren verlassenen Fahnen wiederum einzufinden. Es kann hiezu oft ein kleiner Umstand Gelegenheit geben, wie solches mit den sich in unsern Tagen in Königl. Preußischen Diensten höchst rühmlichst bekannt gemachten Generalen und Rittern vom schwarzen Adler-Orden Gebrüdern von Bülow der Fall ist, die nur wissen, daß ihre

D

ihre Vorältern im dreißigjährigen Kriege zurück gekommen, ihr Aeltervater Joachim in Schwedische Dienste gegangen, und 1630 in der Bataille bey Leipzig geblieben, da denn dessen Wittwe mit ihren annoch kleinen Kindern nach Hannover, und ihr Vater endlich nach Preußen gekommen, und daselbst geheirathet habe. Sie führen das völlige von Bülowsche Wapen, und habe ich selbige, nach der stärksten Vermuthung, bis zu näherer Aufklärung, zu der Großen Simenschen Linie aus dem Hause Dambeck-Reetz rechnen müssen, wozu der Herr von Penz aus der Stadt Penzlin, der sich bekanntlich die Genealogie der adlichen Familien besonders angelegen seyn lässet, die erste Anleitung gegeben.

In Meklenburg. Uebrigens sind die von Bülow, ungeachtet aller Auswanderung, dennoch in Meklenburg jederzeit am zahlreichsten geblieben, wie man solches aus allen archivischen Registern und andern historischen Begebenheiten sattsam ersiehet. Um nur einige Exempel anzuführen, so siehet man aus einem Verzeichniß der adlichen Landbegüterten in Meklenburg von etwa 1600, beym Frank Libr. XI. pag. 142. daß darinn 20 Seßhafte aus der Familie aufgeführet sind. Der Archivarius Schulz berichtet in der Beschreibung des von Plessenschen Geschlechts, welche beym Westphal Tom. IV. zu lesen ist, daß, als Herzog Christian Louis seine Französische Gemahlinn, ito vor hundert Jahren, nach Schwerin gebracht, und einen prächtigen Einzug gehalten, zur Verherrlichung des Festins, und um seiner Gemahlinn die Menge seiner Vasallen sehen zu lassen, zehn aus dem Geschlecht von Bülow, und zehn aus dem Geschlecht von Plessen, die alle im Lande begütert gewesen, um das Essen aufzutragen, bestellet worden; und wäre dabey der Herzoginn angerühmet, daß diese sich zu den ältesten Geschlechtern des Landes rechnen könnten. Noch ito haben 15 des Geschlechts Landgüter in Meklenburg.

Würden und Chargen. Die Stammtafeln werden hiernächst zeigen, wie unsere Familie fast alle Classen der Würden und Chargen durchgegangen. Außer den vielen Rittern sind in älteren Zeiten fünf Bischöfe, verschiedene Pröbste, Dechanten und Domherrn, Castellane oder Burgmänner, Räthe, die den itzigen Geheimenräthen gleich waren, und andere Hofbediente die Zierde derselben: in neuerten Zeiten wird man wenige Bedienungen und Würden finden, wozu nicht gleichfalls einige des Geschlechts erhoben worden, wie der Kürze wegen am Ende des zweyten Theils aus dem Verzeichniß unter dem Zeichen

Sign. ((((zu sehen ist. Besonders ist bemerklich, daß im Jahr 1705 fünf verdienstvolle Brüder zu Reichs-Frey- und Edlen Panner-Herrn oder Baronen, und gar endlich einer deren Söhne in den Grafenstand erhoben worden, welcher aber vor einigen Jahren ohne Hinterlassung männlicher Erben, wie die Stammtafel der Alt-Plüskowschen Linie weiter zeiget, abgegangen ist. Was nun den ersten Titel anbetrifft, so wurden gedachte Brüder, wann man das höchstrühmliche Zeugniß ihrer nicht gemeinen Verdienste abrechnet, an und für sich eben nicht besonders dadurch beehret, indem alle alte Edelleute, siehe Frank Libr. VII. p. 10, ehemals Baronen genennet wurden, und auch noch ito im Reiche solches im Gebrauch ist; Buchholz rechnet daher in der Brandenburgschen Geschichte P. I. p. 59 die von Bülow unter die Baronen und den hohen Adel des Landes. Da aber dieses in aller Augen nicht gleich einleuchtend ist, und im gemeinen Leben bey Höfen und Canzelleyen der Titel Baron doch merkliche und mehr sichtlichere Vorzüge mit sich führet, so hat es in sofern seinen unstreitigen Werth.

Bey dieser Gelegenheit sey es mir erlaubt die Anmerkung zu machen, daß man bey allen Stands-Erhöhungen sich wohl vorzusehen habe, daß man sich durch ein Pergament von hoher Hand unterschrieben nicht gar zu sehr verblenden lasse; es hat nicht immer zugetroffen, daß, wie oben der Fall war, würkliche Verdienste diesen Federzug veranlasset haben; denn es ist bekannt genung, wie sehr der Kaiser Wenzel diese von ihm, oder wie andre wollen, von seinem Vater Carl IV. zuerst nachgeahmet ahmte Erfindung benachbarter Fürsten schon zu mißbrauchen angefangen, und wie oft noch iho Kaiserl. und Königl. Gnade allein vorwalten muß, den schimmernden Zutritt bey Höfen, einen höhern Rang und bessere Curialien, aus keinem andern Grunde als seiner Eitelkeit zu genügen, erlangen zu können. Ich weiß den Stand gehörig zu schätzen, worinn das Schicksal mich zu setzen gewürdiget, allein wann dieß mein Loos nicht wäre, so würde mich nichts bewegen, mich über meine Geburt erheben zu lassen, es sey denn, daß wichtige einemjeden einleuchtende Ursachen es billigten; ich würde mich vielmehr bestreben, den Ausspruch des vortrefflichen von Loen auf mich anwendlich machen zu dürfen: — Wer weder von seinem Vater noch Großvater noch von seinen Vorfahren sich einer edlen Geburt rühmen kann, und gleichwol ein wahrhaftig edles Geblüt in seinen Adern spüret, der lasse sich durch diesen Mangel des Geschlecht-Adels weiter in keinen Kummer setzen. Adels genung, wer tugendhaft ist! Verdienste und Wissenschaften werden ihm ein vortreffliches Ahnen-Register formiren. Er wird durch sich selbst und durch seine Redlichkeit gelten; seine Aufführung und seine edle Gesinnungen werden ihn der Hochachtung des besten Adels würdig machen, und sein Andenken wird bey den Nachkommen mit unverwelklichem Ruhm eben so schön im Flor und im Segen bleiben, als ob er sein Stamm-Register von Sem, Ham oder Japhet hergeführet hätte. Denn es bleibt ewig dabey: der ächte und wahre Adel ist die Tugend! — und so muß bey einer jeden Standes-Erhöhung das Schrot und Korn seyn, wann sie dem Auge des Weisen gefällig seyn soll!

Von den Denkmälern der Familie noch etwas anzuführen, so trifft man solche vornämlich in den Kirchen an. Der Archivarius Sibold zu Grabow hat die in der Domkirche zu Schwerin folgender Gestalt aufgeführet.

Denkmäler.

Zu Schwerin.

1) Findet sich das Epitaphium des Bischofs Rudolph im Nordwesten der Kirche, alwo an einer meßingenen Tafel, doch ohne Wapen, folgende Worte stehen:

        Urbis hic antistes sextus tumulatur
        Rudolphus tristes occursus non patiatur.
        Impensis fidi Suerinensis Godofridi
        Praesulis octavi tumba paratur avi.
        Qui Rudolphus obiit Anno Domini MCCLXII.

D. i.

Rudolph, der sechste Bischof hieselbst, lieget hier begraben, und wird keine traurige Vorfälle mehr erleiden. Auf Kosten des ihn verehrenden achten Bischofs zu Schwerin Gottfrieds wird dieses großväterliche Grabmal errichtet.

Dieser Rudolph starb 1262.

Ob ich nun zwar nicht, wie ich unten zeigen werde, der Meinung bin, daß dieser Rudolph aus dem Geschlecht von Bülow gewesen sey; so habe ich doch, weil ihn die mehresten zu selbigem zählen, der Vollständigkeit halber dieß mit anführen wollen.

2) Siehet man dem Chor gegen über in einer Wand einen ganzen von Messing gegossenen Bischof, 9 Fuß lang, 4 Fuß breit und 1 Fuß dick, welcher ehedem zum Leichenstein gedienet, nachhero aber hieher gesetzt worden. Neben demselben ist eine platte und lange messingene Tafel, worauf die Grabschriften der Bischöfe Gottfried und Friedrich von Bülow befindlich sind, und also lautet: Anno Domini MCCCXIIII in die omnium Sanctorum obiit Venerabilis in Christo Pater et Dominus *Godofredus de Bülowe*, Suerinensis Ecclesiae Episcopus VIII. Anima ejus requiescat in pace. Amen. Venerabilis in Christo Pater, Dominus *Fridericus de Bülowe*, Suerinensis Ecclesiae Episcopus XVI. obiit Anno Domini MCCCLXXV die Prothi et Iacynthi Sanctorum Martyrum. D. i. Im Jahr des Herrn 1314 den 1sten Nov. starb der Hochwürdige Vater in Christo,

Christo, Herr Gottfried von Bülow, der achte Bischof zu Schwerin. Seine Seele ruhe in Frieden. Amen. Der Hochwürdige Vater in Christo, Herr Friedrich von Bülow, der sechzehnte Bischof zu Schwerin, ist gestorben im Jahr des Herrn 1375 den 11ten Sept.

Not. Auf dieser Tafel ist das Wapen mit 14 Kugeln zweymal zu sehen.

3) Zeiget sich ein Leichenstein mit dem Namen und Wapen des Bischofs Ludolph von Bülow, und eine schöne messingene Tafel, worauf seine und seines Bruders des Bischofs Hinrich Grabschriften, wie folget, zu lesen sind: Anno MCCCXXXIX in die Georgii Martyris obiit *Ludolphus de Bülowe*, Zuerinensis Ecclesiæ Episcopus, cujus anima requiescat in pace. Amen. Anno Domini incarnationis MCCCXLVII Feria quarta post Cathrine Virginis obiit *Hinricus de Bülowe*, Zuerinensis Ecclesiæ Episcopus, *Frater carnalis Ludolphi* sui Predecessoris. Qui cuncti transitis, orate pro eis! D. i.

Im Jahr 1339 den 24sten April starb Ludolph von Bülow, Bischof zu Schwerin, dessen Seele ruhe in Frieden durch die Barmherzigkeit Christi. Amen.

Im Jahr nach Christi Menschwerdung 1347 den 29sten Nov. ist Hinrich von Bülow, Bischof zu Schwerin, des vor ihm gewesenen Bischof Ludolphs leiblicher Bruder, gestorben. Alle, die ihr vorüber gehet, bittet für sie.

Not. Auf dieser Tafel ist das Wapen mit 14 Kugeln, doch nur einmal, befindlich. Von den vielen ehedem in der Domkirche zu Schwerin befindlichen Altären waren die von Bülow von zween die Patronen, als von dem des heiligen Jacobs und des heiligen Martins. An dem der heiligen Marien gewidmeten Altar, der Kanzel gegen über, hatten sie großen Antheil, siehe Westphal Tom. IV. p. 1193.

Als vor einigen Jahren der damalige Schloßhauptmann nunmehro Geheimerath, Herr Baron von Förstner, auf Befehl des Durchlauchtigsten Herzogs zu Meklenburg-Schwerin, die Begräbnisse und Gewölbe der Bischöfe zu Schwerin eröffnen lassen, und wie es inwendig beschaffen nachsehen müssen, so hat er befunden, daß die mehresten Sandbegräbnisse, und nichts als Knochen darinn befindlich gewesen; nur das einzige mitten vor dem großen Altar, worinn zween Bischöfe von Bülow gelegen, war ein geräumiges Gewölbe, wovon der Eingang vermauert und schwer zu finden gewesen, weil er nur von der Seite eines andern Bischöflichen Begräbnisses nach Wegräumung allen Schuttes angetroffen wurde. So gleich nach der Eröffnung hat derselbe einen Todtengräber mit einer Laterne hinein steigen lassen, da man denn die Gestalt der beiden Körper, wie sie in zween neben einander stehenden Särgen lagen, deutlich erkennen können, sind aber nach Verlauf einiger Stunden nebst deren Särgen gänzlich zusammen gefallen. Daß der Habit und die Bischofsmützen von rothem Taft mit goldenen und andern bunten Figuren bemahlet gewesen, war noch deutlich zu sehen: Diese Stücke sowol, als ein Pitschierring, bemerklich nur von Messing, welchen der eine Bischof auf dem kleinen Finger der rechten Hand gehabt, und zwar über einem braun seidenen Handschuh, werden nunmehro bey andern Alterthümern zu Schwerin aufgehoben. Es ist auf dem Ringe eine Eule, das Sinnbild der Göttin Minerva, befindlich, und hat ohne Zweifel die Wachsamkeit für das Wohl des Stiftes anzeigen sollen. Die Charactere, die an dem untern Theil des Ringes zu sehen, sind undeut-

Fig. 20. lich und nicht zu erklären, siehe Fig. 20 des Kupferblattes.

Zu Bützow. Von der Bützowschen Stiftskirche schreibet Pfeffinger a. O. p. 206 folgendes: Sie wäre sämtlichen Bischöfen des von Bülowschen Geschlechts große Verbindlichkeit schuldig, besonders aber dem Bischof Hinrich, inmaßen die vortreffliche Capelle alda an der Süderseite der Cathedralkirche, welche den halben Theil derselben ausmachte, von ihm auf seine eigne Kosten erbauet worden. Sie wäre ganz rund, zum wenigsten 60 Ellen ihr Durchschnitt, und ruhete das Gewölbe auf einem

in

in der Mitte befindlichen achteckigten Pfeiler; rund herum auf allen Ecken wäre das von Bülowsche Wapen in Stein gehauen zu sehen: es sey aber dieses kostbare Gebäude durch Verwahrlosung
des Daches, welches sonst durch wenige Kosten hätte im Stande erhalten werden können, in Verfall
gerathen, die Steine hätte man verkauft, und die Ueberbleibsel zeigten eben keine Verehrung des
Alterthums an.

Zu Doberan ist in der dortigen schönen und berühmten Kirche eine Begräbniß-Capelle, woran *Zu Doberan.*
oben der Thüre stehet: Capella de Bülow, und ein Kerl mit einer Keule und folgenden Worten:
Sta up, hör, van de Där. Inwendig lieset man:

   Aspera vox Ite, sed vox benedicta Venite,
   Ite, malis vox est, apta Venite bonis,
   Quantus erit luctus, cum judex dixerit, Ite!
   Tantum erit fructus, cum dixerit ipse, Venite! D. i.
  Es ist ein schreckliches Wort, gehet! aber ein gesegnetes, kommet!
  Jenes ist für die Bösen, dieses für die Guten.
  So traurig es seyn wird, wann der Richter wird sprechen, gehet!
  So heilsam wird es seyn, wann er sprechen wird, kommet!

Zu Güstrow in der Domkirche daselbst ist gleichfals eine solche Capelle, worinn das Bülow- *Zu Güstrow.*
sche Wapen einigemal zu sehen ist; man findet auch Nachricht, daß zu deren Verfertigung etwas vermacht worden, siehe Tabelle I. Gemecke v. B. Domherr. No. 70.

In der Kirche zu Marnitz findet man die Bildnisse von Hans von Bülow auf Marnitz, *Zu Marnitz.*
und dessen Frauen Margrethe von Plessen sauber in Stein gehauen. Er starb 1579.

In der alten Klosterkirche zu Wanzka, die seit kurzem mit ansehnlichen Kosten nach Würden *Zu Wanzka.*
wiederum reparieret worden, siehet man hübsche gemahlte Fensterscheiben mit Wapen, unter andern
auch eine mit dem unsrigen, doch nur allein das blaue Schild mit 14 goldenen Kugeln 4, 4, 4, 2
gesetzt: recht Schade, daß kein Name darunter stehet.

In dem Probsteygebäude zu Medingen findet man die Fensterscheibe mit des Bischofs von *Zu Medingen.*
Bülow zu Lebus Wapen, siehe Fig. 8. *Fig. 8.*

In der Sacristey der Domkirche zu Lebus in der Neumark lieget nächst dem Bischofe von *Zu Lebus.*
Waldow der Bischof Diedrich von Bülow begraben, dessen Grabschrift lautet also: Sub hoc saxo
latent sepulti cineres Reverendi in Christo Patris et Domini *Theodorici de Bulo*, Episcopi Lebuc. qui
obiit primo Octobris anno Salutis 1523. cujus anima requiescat in pace. Amen. D. i. Unter diesem
Stein lieget die Asche des Hochwürdigen Vaters in Christo, Herrn Diedrich von Bülow, Bischof
zu Lebus, der den 1sten Oct. 1523 starb; dessen Seele ruhe in Frieden. Amen.

Mitten auf dem Stein stehen folgende schöne Verse:

   Mortem vivit homo ut debilis oppetat,
   Ut vivat moriturus perpetuusque homo.
   Mundus, divitiae, Stemmata transeunt,
   At virtus, vitium factaque pristina
   Sectantur gelidae mortis imaginem.
   Sis nostro, volumus, dogmate cautior
   Lector, disce mori, et vivere perenniter! D. i.
  Der vergängliche Mensch lebt, damit er sterbe,
  Und stirbt, daß er ewig lebe.
  Die Welt verschwindet mit ihren Schätzen und Hoheit,

Aber

Aber tugend- und lasterhafte Thaten
Folgen auch im Tode nach.
Sey also vorsichtig, lieber Leser, und folge unsrer Lehre:
Lerne zu sterben, um ewig zu leben.

Zu Wadstena in Schweden. Nach dem Berichte des Johann Peringschild in Monum. Upland. p. 79 ist in der Kirche zu Wadstena in Schweden ein Leichenstein zu finden, worauf 3 Wapen zu sehen, als des Vaters, des Reichs Truchses Boetii Jonson Gryp, des Sohns, Knut Bosons Gryp, und des letzteren Gemahlinn Armgardis Bylau: die beiden ersteren waren Greifenköpfe, und das letztere 14 Kugeln mit der Inschrift:

Suecie hic tutus Dapifer jacet incineratus
Bo Jonson, natus ejus Milesque Canutus,
Armegardis te sequitur tua nupta Canute.

Oder

Hier ruhet die Asche des Schwedischen Truchses Bo Jonson, dessen Sohns und Ritters Kanut, wie auch Armgardis, des letztern Gemahlinn.

Zu Ratzeburg. In der Domkirche zu Ratzeburg werden die von dem ehemaligen dortigen Domdechanten Hartwig von Bülow geschenkte Bildnisse unsers Heilandes und der 12 Apostel von Silber in einem Schrank aufbewahret, unter dessen beiden Thürflügeln in drey Reihen mit Römischen vergoldeten Buchstaben folgendes zu lesen ist: Wer an diesem, zu Gottes Ehren, dieser Kirchen Zierde, und Dankbarkeit, allhier aufgerichteten und geheiligten Werke das geringste besudelt, zerbricht, verletzet oder davon entwendet, der sey verflucht an allen seinen Gliedmaßen, an allen seinen Gütern, an allen Orten und zu allen Zeiten, und dieser Fluch bleibe kräftig, wann schon einer sagen würde, der Segen des Herrn sey über dich.

Ueber den Thürflügeln stehet eben auf die Art: Zu Gottes Ehren, und nach gethanem Gelübde, hat Herr Hartwig von Bülow, DomDechandt dieses Stiftes und Erbgesessen zu Pokrent, auf seine Uncosten diese verguldete alte Altartafel mit des H. Christi und dessen zwölf Aposteln von Silber gegossenen Bildnissen zieren, auch die eingesetzte aus einem Stein gehauene Tafel repariren, und alles, was daran und umb ist, verfertigen, und an diesem Orte aufrichten lassen, nach Jesu Christi Geburt im 1634 Jahre.

Um das mittelste der drey darauf befindlichen Wapen ist zu lesen: H. Hartwig von Bülow, DomDechandt des Stifers Ratzeburg; um das zur rechten Hand: Hans von Bülow zu Pokrent, Vater; um das zur linken: Dorothea von Weye, Mutter. Auf dem blauen Gewand, welches zum Grunde auf die Kirchenmauer gemahlet ist, stehet ganz zu oberst: der Segen des Herrn komme über den, der dieses Werk bewahren hilft.

Die in dem Schranke selbst befindlichen Bildnisse sind durchgängig von Silber in der Dicke eines Guldens, doch inwendig hohl, wovon der Heiland beinahe 2⅔ Fuß hoch ist, und eine verguldete Weltkugel in der Hand hat; die übrigen sind etwa 16 Zoll hoch, und stehen mit beygefügten Zeichen ihres Märtyrer-Todes in nachfolgender Ordnung:

Petrus. Andreas.   Salvator mundi.   Jacobus Maj. Johannes.
                  Die steinerne Tafel, auf welcher
Philippus. Thomas.   der Himmausgang nach Golgatha, Bartholomäus. Matthäus.
                  die Kreuzigung, die Begräbniß
Jacobus Min.   und die Auferstehung ausgehauen. Judas.
                  Unten stehet: Diese kunstreiche
Simon.   Tafel ist aus einem Stein gehauen. Paulus.

Denkmäler.

An der meßingenen recht schönen Leuchter-Krone, die in zwo Reihen 20 Arme hat, stehen in der Runde folgende Worte: Dem dreieinigen Gott zu Ehren, und dieser Kirchen zu Nutz und Zierde, ist, auf Stiftung des weyland allhiesigen Thumdechandts Herrn Hartwig von Bülow, von dessen verordneten Testamentario, Herrn Henrico Neumann Fürstl. Meklenb. Rath und Secretario, diese LeuchterCrone anhero verschaffet worden. Ratzeburg im Jahr Christi MDCCLXXIIII. Alsdann folget das Wapen.

Das Epitaphium dieses Dom-Dechanten ist in der neben dem Thor zur linken Hand anzutreffenden Capelle befindlich, und nimmt selbiges die andere Seite der Mauer ein, an welcher vorbeschriebenes Schrank stehet. Zuerst ist zu sehen:

Mein Trauren	Das von Bülowsche Wapen, und besser unten eine sauber ausgehauene eherne Schlange.	Hat Ursach.

Dann folget mit lateinischen Buchstaben: Der Wohlehrwürdiger und Edler Herr Hartwig von Bülow, zu Pokrent Erbgesessen, ist 1568 am Dingstag nach Dionisii geboren; 1571 Domherr geworden; 1599 in die Residenz allhier getreten; 1611 zum zwölften DomDechant erwählet; 1639 den 11ten Junii in festem Glauben an Christum gestorben; seines Alters im 71sten Jahr, dessen Seele nunmehro in Gott ruhend. Anno 1641.

Seit den letzteren hundert Jahren hat der General-Major und Land-Marschall Jacob von Bülow auf Gudow im Jahr 1680 zu Wehningen, nach Verfall der alten, eine neue Capelle in einem Theil des adlichen Hauses anlegen lassen, und unter andern Auszierungen auch einen ziemlich großen Stein, dem Eingange derselben gegen über, in die Mauer so anbringen lassen, daß man die darauf gehauene Kugeln und Jahrzahl auch andere Charactere, die aber nicht mehr zu erkennen sind, sehen kann. Dieser Stein ist darum merkwürdig, weil er nebst einer vordem dabey befindlichen Tafel, ehe man stärkere Beweise gefunden, Gelegenheit gegeben, daß sich das Wehning-Gudowsche Haus obgedachten Bischof Diedrich zu Lebus zugeschrieben, wie hievon unten ein mehreres vorkommen wird.

Zu Wehningen.

Fig. 19.

Ferner hat des vorigen Sohn, der Land-Commenthur der Balley Sachsen Otto Diedrich von Bülow, im Jahr 1704 zu Gudow ein Armhaus 125 Fuß lang, mit fünf besondern Feuerstätten oder Abtheilungen versehen, gestiftet, und dazu 6500 Rthlr. vermacht. — Wer dieses lieset, wird diesen rechtdenkenden Mann verehren müssen, und sich wünschen, ihm nachahmen zu können.

Zu Gudow.

Dann hat auch noch in unsern Tagen ein guter Vetter und Patriot das Andenken der Familie und einer Begebenheit, wobey sein treuer wohlmeinender Eifer nicht unwirksam gewesen, auf lange Jahre unvergeßlich gemacht; denn da die zu Prützen befindliche Capelle alt und verfallen war, bauete der Hauptmann Cord Hans von Bülow, nunmehro sel. Andenkens, eine ganz neue aus seinen eigenen Mitteln, welche 1756 am dritten Sonntage des Advents feyerlichst eingeweihet wurde, und ließ zugleich zum Andenken des kurz zuvor geschlossenen Landes-Erbvergleichs, auf eine 4½ Fuß lange und 3½ Fuß hohe schwarz steinerne Tafel, inwendig über den Eingang der Capelle, und dem darinn geschenkten Bildnisse des menschenfreundlichen Herzogs Christian Ludwigs gegen über, eine Inschrift mit goldenen Buchstaben folgenden Inhalts setzen:

Zu Prützen.

Auspice

Auspice Deo,
Francisco Primo Cæsare Augustissimo
Justis Habenis
S. Imperium Rom. Germanicum
Quietissime Moderante,
Optimo Principe Ac Domino Clementissimo
Dn. Christiano Ludevico Duce Meclenb.
Feliciter Regnante,
Cujus Curæ De Patriæ Salute,
Juribus Statuum Sanctissime Confirmatis,
Diuturnas Controversias Placide compoſuerunt;
Cord Hans De Bülow,
Dominus Hæred. De Prützen, Schönwolde, Hægerfelde,
Sacellum Hoc,
Cum Prius A Majoribus b. M. Fundatum
Vetustate Labasceret,
Pie Et Liberaliter Suo Ære Novum Restituit.
AeVo qVo paCIfICVM fIDVs
EVropæ VnIVerſæ fVaVIter faVet.

D. i.

Mit der Hülfe Gottes, und als der Allerdurchlauchtigſte Kaiſer Franz der Erſte das Regiment über das H. Röm. und Deutſche Reich mit gerechten und friedſamen Zügeln führete; auch der beſte Fürſt und gnädigſte Herr, Herr Chriſtian Ludwig Herzog zu Meklenburg, glücklich regierete, und durch Höchſtdeſſen Sorgfalt fürs Wohl des Vaterlandes die langgedauerten Streitigkeiten auf die ſanfteſte Art verglichen, und die Gerechtſame der Stände feierlichſt beſtätiget wurden, ſtellete Cord Hans von Bülow, Erbherr auf Prützen, Schönwolde und Hägerfelde, dieſe Capelle, welche zuerſt von den Vorfahren, Gottſel. Andenkens, errichtet, Alters halber aber verfallen geweſen, aus frommer Abſicht auf ſeine Koſten herrlich wieder her. Im Jahr 1755.

Stammtafeln. Nun wird es Zeit ſeyn, zu den Stammtafeln und deren weiteren Ausführungen fortzuſchreiten. Es werden deren 10 vorkommen:

Im erſten Theil,

Tabelle I. Dieſe ſtellet die aus dem Alterthum bekannt gewordene **Ahnherrn**, und die **Stammväter** der verſchiedenen noch itzo blühenden Linien vor, und gehet etwa bis 1400.

Tabelle II. Die **Schwediſche** abgegangene Linie.

Im zweyten Theil:

Tabelle III. Die Linie von **Webendorf;** hiezu gehören die von Pokrent, Holdorf, Ramin, Scharbow, Kloddram, Zurow, Zülow, Briſtow und Benten, auch Theſtrupgaard in Jütland.

Tabel-

Tabelle IV. Die Linie von **Potrens**; hiezu gehören die von Bülow zu **Essen** und **Brunsrode**, Baier-Naumburg, Quitzöbel und Lüchfeld in der Mark.

Tabelle V. Die Linie von **Großen Sinnen**; wozu sich die aus den Häusern Rensow, Dambeck, Bölkow, Kressin, Stiten und Goldberg, iho Klaber, schreiben.

Tabelle VI. Die Linie von **Radum-Wischendorf**; wozu die von Elmenhorst, Jung-Plüskow und Vietzen zu zählen.

Tabelle VII. Die Linie von **Zibühl**; wozu die Lief- und Curländischen und iho Zaschendorf und Möderitz in Meklenburg zu rechnen.

Tabelle VIII. Die Linie von **Gartow-Stintenburg**; wozu die auf Obsfeld im Magdeburgschen iho die Mannsfeldschen, die von Lütten Schwechten und Neuburg in der Mark, Borkow und Woserin in Meklenburg gehören.

Tabelle IX. Die Linie von **Wehningen-Gudow**; und Marnitz.

Tabelle X. Die Linie von **Plüskow**; wovon die von Bülow auf Gersdorf, Niendorf, Andrupgaarde in Fühnen und Ottmarschen bey Altona, Harkensee, Trams, Scharfsdorf, die Freyherrn und der Graf, wie auch die Jung-Prützener und Jung-Krizzowschen abstammen.

Breitere Ausführung der Tabelle I.

Das Jahr 1154 wird als das Jahr angesehen, von welchem man die erste Nachricht, die das von Bülowsche Geschlecht betreffen, finden will. Die Urkunde, die solches beweisen soll, handelt von dem Ursprung des Stifts Razeburg, und enthält zugleich ein Verzeichniß der Bischöflichen Hebungen. Letzteres ist ganz in Schröders Papistischem Meklenburg p. 311 rc. abgedruckt, hier gebrauchen wir aber nur einen Auszug, der zugleich mit jener Urkunde in den Beylagen unter dem Buchstaben A zu lesen ist. Gedachte Urkunde ist nun zwar, wie alle Umstände zeigen, nicht im Jahr 1154, sondern eine ziemliche Zeit nachher, indem unter andern Hinrich der Löwe, Herzog zu Sachsen und Baiern, der 1195 gestorben ist, hier schon für todt angegeben wird, verfertiget worden; das angefügte Verzeichniß muß aber eher da gewesen seyn, als man in hiesiger Gegend angefangen, den Güter-Besitzern Zunamen zu geben, dahero man gleich andern wohl annehmen kann, daß selbiges schon gleich bey Errichtung des Bißthums im Jahr 1154 verfertiget, und nur nachher in der Urkunde wiederholet sey: Es zeigt an, daß ein Gottfried und Eilbert zu **Bülow**; Gottfried zu Löwitz; Gottfried und Johann zu Vitlübbe; Thetleu zu Vitense, Rosenow, Pokrent, Käselow, Lützow und **Wokenstäde** gewohnet haben, und da diese Dörfer mehrentheils erweislich schon vor Alters und kurz nach dieser Zeit denen von Bülow gehöret haben, so ist daraus so viel zu schließen, daß sie die ersten bekannten Vorfahren der Familie gewesen. Es sind diese Zeiten aus Mangel eines Archivs, womit man etwa 1218 hieselbst erst angefangen, so gar in der Genealogie unserer Fürsten dunkel; daher es um so weniger zu verlangen ist, daß es bey den Adlichen Familien heller Tag seyn soll.

A

Aus obgedachten Personen hat man den Gottfried, weil, wie die Folge zeiget, sein Name einer der Lieblings-Namen der Familie geworden, als den ersten Stammvater angesehen, obgleich Eilbert ebenfalls zu Bülow gewohnet hat, und hält man dafür, daß dessen Kinder, oder doch gewiß dessen Kindes-Kinder, den Zunamen von Bülow von dem Gute Bülow angenommen haben.

1.
Gottfried I.
1154.

Des vorigen Sohn oder Brudersohn soll Thetleff oder Detloff geheißen haben, und füllet der die Lücke, die von 1154 bis 1231, als in welchem letzteren Jahre man den Zunamen von Bülow deut-

2.
Detloff von Godebus, Ritter.
1219, 1242.

E

deutlich findet, ohne ihn entstehen würde; er schreibet sich aber von Godebutz. Man findet in den Urkunden der Zeit gar viele, die sich also geschrieben haben, als unter andern beym Westphal Tom. II. p. 2050, wie auch Tom. III. p. 1477 und 1481 einen Volkmar, Friedrich, Eilard 2c., und ist zu glauben, daß sie die Beschützere, milites castrenses, des Schlosses Gadebusch gewesen; denn wie die Zunamen häufiger wurden, findet man diesen Namen nicht mehr, woraus man folgert, daß es kein eigentlicher Familien-Name gewesen: daher kann ich, um so weniger Bedenken nehmen, gedachten Detloff von Godebutz mit vielen ansehnlichen Männern, die von der Familie von Bülow geschrieben haben, wovon bald ein mehreres vorkommen soll, zu derselben zu rechnen. Ich will also von ihm anführen, daß er 1219 als weltlicher Zeuge mit dabey gewesen, wie der Fürst Hinrich Burwin von Meklenburg das Kloster Sonnenkamp, nachher Neukloster genannt, stiftete, Schröder im Pap. Mekl. p. 525. Er ist auch nach pag. 635 gegenwärtig gewesen, als Brunward, Bischof zu Schwerin, 1229 die Kirche zu Büßow fundirte, und einige dabey angestellte Geistliche einweihete: Es behauptet zwar von Hoinkhusen, daß in der Urkunde darüber dessen Geschlechts-Name mit angeführet sey; den Beweis ist er aber schuldig geblieben, und nach sichern eingezogenen Nachrichten ist es falsch. Das Original ist zwar im Herzogl. Archiv nicht vorhanden, sondern leider! im dreißigjährigen Krieg nebst dem größten Theil des Stifts-Archiv nach Dännemark gebracht worden, allein eine auf Pergament vor 400 Jahren verfertigte Abschrift führet den Detloff nur bloß mit dem Namen Godebutz auf. Man findet ihn auch unter den Zeugen, als Johann Theologus und Pribislaus, Herrn zu Meklenburg, nebst Niclaus und Hinrich, Herrn zu Rostock, das Kloster Doberan bestätigten. Nach dem Pap. Mekl. p 568 geschahe es 1231. Die Urkunde ist uns hier darum besonders merkwürdig, weil unter den Zeugen zum erstenmal ein Ritter Gottfried von Bülow zu finden ist, und lege ich deshalb dieselbe verdeutschet unter B bey. Endlich kommt unser Detloff noch 1236 vor, zugleich mit gedachtem Gottfried und dessen Bruder Ritter Johann von Bülow, wie das Kloster Rehna von Ludolph, Bischof zu Ratzeburg, gestiftet wurde. In den andern Urkunden, die ich gesehen habe, hieß er bloß Thetlevus de Godebutz, in dieser Stiftungs Urkunde aber wird er Senior de Godebutz genennet, wie in der Beylage C zu sehen ist. Will man nun das Wort Senior in Bezug auf die beide Brüder nehmen, die in der Reihe der Zeugen gleich auf ihm folgen, so wäre es nicht schwer daraus zu schließen, daß er der Vater derselben gewesen sey; es ist aber, zumal er beweislich ganz andere Söhne gehabt, glaublicher, daß es hier so viel als Befehlshaber, Castellan, Burgmann oder Burggraf über das Schloß Gadebusch bedeuten soll; welche Vermuthung zur Gewißheit wird, nachdem der Herr Hofrath und Geheimer Archivarius Evers zu Schwerin mich versichert, eine Urkunde von 1230 gesehen zu haben, alwo er unter den Zeugen also aufgeführt stehet: Thetlephus de Godebutze *Burgravius*.

Der Professor von Schwarz zu Greifswald hat in seiner Diplomatischen Geschichte der Pommerschen Städte, welche der Herr Professor Dähnert neulichst herausgegebn, p. 435 gleichfalls angeführet, daß dieser Thetlev von Godebutz aus dem Geschlechte derer von Bülow gewesen: Gewiß genung ist es, wie derselbe p. 853 angemerket hat, daß sich der Zeit die von Adel sehr oft nach den Namen der Oerter genannt, wo sie sich aufzuhalten pflegten, wie in unserer Familie bey den Britzkown und Bredentinen, von welchen man gewiß weiß, daß sie unserm Geschlechte angehöret, gleiche Exempel vorhanden sind. Obgedachter Professor gedenket aber auch noch von diesem Detloff von Gadebusch den merkwürdigen Umstand, daß er durch einen Krieg zwischen Meklenburg und Pommern, der für letzteres Land unglücklich ausgefallen, seines Wohlverhaltens wegen ein Dynast oder Herr der Herrschaft Loitz in Pommern geworden, und als solcher, nach pag. 386, von ihm 1242 eine Urkunde ausgefertiget worden, wodurch er den Flecken Loitz zu einer Deutschen Muni-

Municipal-Stadt gemacht, und sie mit dem Lübschen Recht, eigner Feldmark und noch zweyen Land-
gütern begabet habe. Da nun unser Niclaus Josias von Beehr, in seinem Manuscript unter dem
Artikel von Gadebusch, bereits zu seiner Zeit eben dasselbige aufgezeichnet, und auch die nämliche
Urkunde beygebracht hat, so habe ich dessen ganzen Aufsatz nebst der von mir aus dem Lateinischen
verdeutschten Urkunde in der Beylage D anfügen wollen: Wobey ich nur noch den Umstand bemerken   D
muß, daß, so gleichlautend beide Urkunden sonsten sind, dennoch der Anfang verschieden ist. Die
des Professors von Schwarz hebet sich an: Thetlev, Ritter, Herr von Gadebusch und des Landes
Loitz, dagegen die des von Beehr sich so anfänget: Thetlev, Ritter, genannt von Gadebusch,
Herr des Landes Loitz. Letzteres scheinet mir den Umständen am angemessensten zu seyn. Denn
wann der Herr Bürgermeister und Syndicus Mehl zu Loitz in einem P. M., welches mir von
dem Löbl. Magistrat daselbst geneigtest mitgetheilet worden, anführet, daß wie Detloff die Herrschaft
Loitz erhalten, er dagegen das Land Gadebusch den Meklenburgschen Herrn wiederum abgetreten habe, und sich dabey auf des Professors Schwarz Historie der Grenze des Fürstenthums Rügen p. 122,
not. y beziehet, als aus welcher Note, und aus einem Vergleich des Zolles halber, der noch in Abschrift vorhanden, zu ersehen sey, daß die Söhne des Detloffs von Gadebusch das Land Loitz von
den Pommerschen Herzogen so zu Lehn gehabt, wie ihr Vater das Land Gadebusch von den
Herzogen zu Meklenburg besessen habe; so konnte er sich füglich nicht mehr Herr von Gadebusch
schreiben. Wie aber bey allen diesen Umständen, und da klärlich Anfangs der Urkunde, man mag
nehmen welche man wolle, der Stifter der Stadt Loitz sich jederzeit Gadebusch genennet, und Niclaus
Putbus am Ende derselben als Zeuge nur aufgeführet wird, dennoch einige Schriftsteller, wodurch
auch Büsching verführet worden, einem Herrn von Putbus diese Handlung haben beylegen können,
das ist wol freylich einem jeden unbegreiflich.

    Ferner meldet der Professor Schwarz in dem zuerst angeführten Werke p. 383, daß die Festung,   3. 4.
Stadt und Herrschaft Loitz von diesem oftgedachten Detloff auf seine beiden Söhne Werner und   Werner
Hinrich vererbet worden, von denen sich noch verschiedene Urkunden fänden; sie wären aber auch   Hinrich,
die beiden letzten Dynasten zu Loitz gewesen, nach deren Verfall solche Herrschaft etwa 1299, nach ei- Herren von
nem Vergleich der Pomnerschen Fürsten, dem Fürsten von Rügen zu Theil geworden wäre. Diese   Loitz.
Angabe bestätiget nicht allein gedachter Herr Bürgermeister Mehl, sondern er führet noch besonders   1250-1299.
aus Dregers Codice Diplom. p. 274, 308 und 521 an, daß die Herzoge Barnim I. und Wartislaus
III. von Stettin, nach des Detloffs von Gadebusch Absterben, mit dessen Sohn Werner von
Lositz oder Loitz dem Kloster Eldena bey Greifswald drey in dem Lande Loitz gelegene Güter gegeben; daß sich Werner für sich, seinem Bruder Hinrich und sonstige Lehnleute mit dem Kloster
wegen dieser Güter verglichen; daß endlich dieser Werner von dem Fürsten Witzlaff III. zu Rügen,
und hiernächst 1269 von dem Herzoge Barnim I. als Zeuge bey verschiedenen Gelegenheiten auf-
gestellet worden.

    Alle diese Nachrichten sind nun zwar sehr angenehm, allein sie lassen doch für mich die Haupt-
sache im Dunkeln, ob nämlich dieser Detloff von Gadebusch aus dem Geschlechte von Bülow gewesen? Zwar gibt hiezu allerdings eine starke Vermuthung, daß so viele glaubhafte Schriftsteller es
behaupten, die doch einigen Grund dazu müssen gehabt haben; ich wünschte aber, um die Sache
klar zu machen, ein Petschaft von ihm auftreiben zu können: Allein dieß ist mir bis dahin fehl geschlagen. In unsern Meklenburgschen Archiven ist hiernach vergeblich gesucht, und das Loitzer
Stadt-Archiv besitzt zum Verdruß nicht mehr das Original der obgedachten Urkunde von 1242, sondern nur des Fürsten Witzlaus von Rügen im Jahr 1299 ausgefertigte Bestätigung der Bewidmun-
gen, welche diese Stadt von erwähntem Detloff erhalten, der aber jene Urkunde nur in Abschrift ein-

E 2

gerücket ist. Vielleicht aber verdienet sich noch ein nachforschender Pommeraner durch die gütige Mittheilung desselben bey mir den besten Dank.

5.
Gottfried
II.
Rit. ec.
1231-1255.
6.
Johann I.
Ritter.
1236-1248.
E

Es haben uns bereits oben die Beylagen B und C die beiden Brüder und Ritter Gottfried und Johann von Bülow in den Jahren 1231 und 36 kennen gelehret; nun will ich anführen, was von ihnen weiter vorkommt. Im Jahr 1237 verehrte Ritter Gottfried dem Kloster Rehna ein stattliches Geschenk von 25 Hufen, welche derselbe in Lübsee, Tankenhagen und Volkenhagen hatte, und sein Bruder Ritter Johann 2 Hufen im letzteren Dorfe. In dem Bestätigungs-Briefe E entsaget sich Herr Johann Theologus aller Lehnsrechte ꝛc. an diesen Hufen. Im Jahr 1242 verkaufte Ritter Gottfried mit Einwilligung seines Bruders Johann der Lübeckschen Kirche 10 Hufen in Warnekow für 110 Mark Silber, wie Pfeffinger P. II. pag. 224 anführet. Als Zeuge war Ritter Johann 1245 gegenwärtig, als Gunzelin, Graf zu Schwerin, dem Bischofe zu Ratzeburg die Dörfer Bosow, Bennin, und Dodow mit aller und jeder Jurisdiction, Beden und sonstigen Hebungen überließ, und sich noch überdem einen Vasallen des Bischofs nannte. Die Urkunde ist beym Westphal Tom. II. pag. 2076, und im Pap. Mekl. p. 2925 zu lesen. Im folgenden Jahr waren beide Brüder Zeugen, als Fürst Johann, Herr zu Meklenburg, den Kaufleuten zu Riga eben die Freyheit, als sie in Lübeck hatten, im Wißmarschen Hafen und sonsten im Lande versprach. Vid. Wißm. Erstl. p. 71. Franks Meklenb. Libr. IV. p. 178. Eben dieser Fürst bestätigte 1248 den Kauf, wie das Rheinfeldsche Kloster für 600 Mark den Hof Bekerwitz, zwo Hufen in Lambrechtsdorff, und eben so viel in Gägelow, an sich brachte, und unsere beide Brüder unterschrieben als Zeugen die Urkunde, die im P. M. p. 632 zu lesen ist. 1255 ward Ritter Gottfried als Zeuge mit zugezogen, als Friedrich, Bischof zu Ratzeburg, und Johann Theologus, Herr zu Meklenburg, dem h. Geist zu Wißmar besondere Freyheiten ertheilten, Pap. Mekl. p. 658.

F

Nichtminder unterschrieb er in eben dem Jahr mit allen 4 Herren von Meklenburg und den Grafen zu Schwerin die lesenswürdige Urkunde F, worinn Bischof Rudolph zu Schwerin die Zehenden des Klosters Doberan bestätigte. Aus welchem allen dann erhellet, daß er ein überaus angesehener Mann müsse gewesen seyn. Er soll auch, wie von Hoinkhusen will, das Dorf Balensee der Kirche zu Lübeck veräußert haben. Gegen das Kloster Rehna war er vorzüglich freygebig, und schenkte demselben im Jahr 1255 auch noch den dritten Theil der alten Mühle daselbst nebst dem Teich und dem Mühlenkamp, wie auch noch eine Mühle, die Sirn-Mühle (a) genannt, mit dem Teich, und dem Acker Papenkrug samt einer Wiese; nichtminder 5 Hufen in Falkenhagen, und zwo in Duchelsdorf, um dafür täglich für ihn und die Seinigen eine Messe oder Betstunde zu halten.

G
Adelheit.
Walpurgis
und
Matilde.

Aus der hierüber ausgefertigten Urkunde G ist auch zu ersehen, daß seine Frau Adelheit geheißen, und er sechs Kinder gehabt, als Johann, Gottfried, Hinrich, Niclaus, Walpurgis und Matilde.

7. 8.
Otto und
Vollrath.
1244.
H

Diesen beiden Brüdern werden vom Pfeffinger und andern, die ihm folgen, noch drey Brüder zugeschrieben, als Otto, Vollrath und Rudolph. Von letzterem soll bald ein mehreres folgen, wegen jener berufet er sich auf die Urkunde H. Nun ist zwar so viel daraus zu sehen, daß Otto und Vollrath Brüder und auch wol von unserm Geschlecht gewesen, indem sie 7 Hufen mit Gottfried und Johann in Gemeinschaft besessen; daß sie aber nicht in einer Reihe mit diesen, sondern besonders als Brüder angegeben werden, verursachet doch Zweifel, und das äußerste würde seyn, daß man sie nur für Halbbrüder von ihnen annähme, und da, wenn man dieses thut, eben nichts dabey versehen seyn wird, so folge ich auch in so ferne gerne dem größten Haufen. Auch von

---

(a) Die Sirnmühle ist zwar nicht mehr vorhanden, doch wird ein kleiner Bach in der Gegend noch der Sirn-Bach genannt.

von Hoinkhusen nennet sie Brüder, und führet an, daß die vier Brüder darinn gewilliget, daß dem Kloster Rehna 8 Hufen in Vitense überlassen worden. Die Sache an sich hat nach den Wißm. Erstlingen p. 240 vielen Glauben, allein wenn sich hiebey auf eben angezogene Urkunde H berufen wird, so ist doch Hinrich von Bülow, der die achte Huse hergegeben, ganz übersehen. Ich weiß zwar auch nicht, was das für ein Hinrich sey, falls es nicht der zweyte dieses Namens gewesen, aber, um accurat zu seyn, hätte es doch nur heißen müssen, daß die vier Brüder dem Kloster sieben Hufen überlassen hätten.

Der fünfte Bruder soll Rudolph, Bischof zu Schwerin gewesen seyn. Zum Beweise dessen führet Pfeffinger P. II. p. 291 das Epitaphium an, das ihm der Bischof Gottfried von Bülow auf seine Kosten in die Schwerinsche Domkirche setzen lassen, wie bereits oben angemerkt worden, und zwar besonders die beiden letzteren Strophen: Rudolph, Bischof zu Schwerin, 1250/1262.

        Impensis fidi Suerinensis Godofridi
        Præsulis octavi paratur ævi.

Ob nun gleich Pfeffinger selbst nicht der Meinung seyn will, daß die Benennung Großvater, obzwar sich verschiedene Beyspiele finden, daß Geistliche, ehe sie diesen Stand ergriffen, Kinder gezeuget haben, im eigentlichen Verstande zu nehmen sey, so glaubet er doch, daß hier bloß des Reimes wegen statt Großvater-Bruder Großvater gesetzt, und auch darum weder Zuname noch Wapen beygefüget worden, weil man ohnehin hiedurch von seinem Geschlecht hinlängliche Nachricht erhalten hätte. Hiernächst führet er p. 192 auch die Urkunde I von 1250 an, die sich also anfangen soll: Rudolphus de Bülow Dei gratia Episcopus VI. Wäre dieß anbem, so würde aller Zweifel gehoben seyn, allein er selbst hat schon p. 225 solches dahin geändert, daß er den Familien-Namen de Bülow, bey abermaliger Anführung dieser Urkunde als eine Verbesserung eingeklammert hat. Er macht auch selbst den Zweifel rege, daß es den Anschein hätte, als wann er ein Sohn des Wizislaus Fürsten zu Rügen seyn möchte, weil aber die Pommerschen Geschichtschreiber nichts von einem Sohn, der Rudolph geheißen, wüßten, so bleibt sein Schluß, daß er aus dem Geschlecht von Bülow gewesen sey. Hederich, Latemus und mehrere, die von den Bischöfen von Schwerin geschrieben, haben bey diesem Bischof gar keinen Geschlechts-Namen angeführet. Frank ist Libr. IV. p. 207 der Meinung, daß er aus dem Geschlecht der Roßbothen entsprossen sey, weil er, noch ehe er Bischof geworden, die Schwerinsche Cantorey gestiftet, und dazu den Zehnten von zehn Hufen aus dem Dorfe Koßebabe, so ihm eigenthümlich zugehöret, geleget habe. Klüvers Verbesserer macht ihn ohne Complimente zum Fürsten von Wenden, dagegen der Pastor Schröder im Pap. Meckl. p. 635, und von Hoinkhusen der Meinung des Pfeffingers beypflichten. Claus Josias von Beehr hat, seinem Plan gemäß, der drey letzteren Brüder überall nicht gedacht.

Was mich anbetrifft, so wird man aus der Lebensbeschreibung dieses Bischofs, und aus dem von allen Schriftstellern ihm beygelegten Ruhm leicht ermessen, daß es einer jeden Familie zur Ehre gereichen würde, diesen großen Mann sich zurechnen zu können, und so gern ich nun zu mehrerem Glanze meines Geschlechts dieß auch thun möchte; so fehlt mir doch die Ueberzeugung, und ich will lieber auf diese Ehre Verzicht thun, als gegen selbige, um nur mit fremden Federn sich schmücken zu können, etwas dahin schreiben; ich überlasse solches denen, die es nöthiger haben. Mir ist es wenigstens nach den Urkunden, die Westphal Tom. II. p. 2062, und das Pap. Meckl. p. 2915 und 16 vollständig anführen, ganz deutlich, daß der Bischof Rudolph ein Sohn des Fürsten Wizislaus zu Rügen gewesen. Ersterer nennet letzteren offenbar Vater, und wann gleich die Geschichtschreiber ihn nicht in denen Pommerschen Stammtafeln mit aufgeführet, so ist es ein Fehler, oder was hindert es zu glauben, daß er ein unächter Sohn von ihm gewesen? Es wird in der Urkunde des Namens

mens Bülow überall nicht gedacht, und ist sichtlich nur ein eigenmächtiger Zusatz des Pfeffingers. Es haben zwar einige sogar an der Aechtheit des Diploms zweifeln wollen, weil man nicht einsehen können, warum ein Bischof zu Schwerin etwas bestätiget, was dem Ratzeburgschen Bischof gebühret hätte, allein es fällt solches weg, wenn man bedenket, daß Putitz oder Putenitz bey Damgarten in Pommern, im Schwerinschen Sprengel belegen gewesen, und also dem Bischofe durch dessen Abgang etwas entzogen worden. Mein stärkster Grund aber, warum ich ihn nicht zu unserer Familie zählen kann, ist dieser, daß so wenig der Bischof Friedrich von Bülow, als vorher die Gebrüdere Reimar und Vicke von Bülow, bey Stifung ihrer Memorien, seiner gedacht, ob sie gleich der andern Schwerinschen Bischöfe ihres Geschlechts, als des Gottfrieds, Ludolphs und Hinrichs ausdrücklich Erwähnung gethan haben, wie solches in den Urkunden CC und TT nachgesehen werden kann. Da indessen andere bessere Beweise zum Gegentheil haben mögen, oder noch auffinden können, und da er auch nun einmal von vielen zu unserer Familie gerechnet wird, so will ich der Vollständigkeit wegen seine Lebensbeschreibung kürzlich mit anführen, zumal darinn der Ursprung der Prätention der Bischöfe zu Schwerin an das Land Tribesees, oder des Fürstenthums Rügen disseits des Wassers, wovon in der Folge noch vieles vorkommen wird, enthalten ist.

Es war dieser Bischof Rudolph wegen seiner vortrefflichen Gemüthsgaben sowol bey den Meklenburgschen Fürsten und Grafen zu Schwerin, als auch bey allen umliegenden Bischöfen und Fürsten in großem Ansehen, wodurch er im Stande gewesen, den Zustand der ihm anvertrauten Kirche sehr zu verbessern, und derselben viele Dörfer, Aecker und Zehenten zu erwerben. Er schrieb im Jahr 1252 nebst den Bischöfen zu Lübeck und Ratzeburg an die am Kaiserlichen Hofe befindliche Erzbischöfe und Fürsten, mit dem Ersuchen, zu verhindern, daß ihre Stifter nicht der Unmittelbarkeit beraubet, und unter Sachsen gegeben werden möchten. Pap. Mekl. p. 650. Er hat zuerst angefangen, das Stifthaus Bützow zu befestigen, welches Fürst Pribislaus zu Parchim und Sternberg nicht zugeben wollen, sondern des Nachts niederreißen ließ, was des Tages war verfertiget worden. Der Bischof machte dagegen Vorkehr, und fuhr mit der Arbeit fleißig fort, wodurch jener so erbittert wurde, daß er ihn auflauren, gefangen nehmen, und so lange sitzen ließ, bis er sich nach derzeitigem Gebrauch mit einer großen Summe Geldes lösete, und der Zehenten aus dem Lande Parchim entsagte. Doch dieß dauerte nicht lange, indem nach einigen Jahren der Bischof Gelegenheit fand, den Fürsten gleichfalls durch seinen Stifts-Hauptmann Wedekind von Walsleben gefangen zu bekommen, und ihm seine üble Begegnung empfinden zu lassen, bis die Sache durch Vermittelung der übrigen Meklenburgschen Herrn, und des Grafen von Schwerin verglichen, und er endlich der Haft zu Bützow entlassen ward; welchen Schimpf er sich aber dermaßen zu Gemüthe zog, daß er sein Land dem Grafen zu Schwerin, seinem Schwager, versetzte, Meklenburg verließ, und sein unruhiges Leben zu Belgard in Pommern beschloß. Während seiner Regierung, und zwar 1261 erhielt die Kirche zu Schwerin von den Herzogen zu Sachsen und Westphalen Johann und Albrecht, Gebrüdere und Enkel des Herzogs Hinrich des Löwen, mit Einwilligung ihrer Mutter Helene das Land Tribesees im Fürstenthum Rügen. Das Pap. Mekl. enthält p. 683 sowol das Diplom hierüber, als auch die Gründe für und wider diese Schenkung, die daselbst beliebigst nachgelesen werden können. Kurz vor seinem Tode that er eine Reise nach Frankreich, vermuthlich weil der Pabst sich daselbst der Zeit aufhielte, und brachte seiner Kirche einen Dorn aus der Krone Christi, als ein Geschenk König Ludwigs von Frankreich, mit. Er starb 1262, nachdem er 12 Jahr regieret hatte, und ward zu Schwerin in die Domkirche im Chor begraben.

9.10.11.12. Johann II. Ritter.
Johann II. Ritter, und seine Brüder, Gottfrieds II. Söhne, hatten das Kloster Rehna mit etwas in Volkendorf, vermuthlich Volkenhagen, und Welschendorf, wie auch mit einer Hufe

in Harbordshagen, vielleicht Kordshagen, beschenket. Dieß bestätigte nicht allein der Fürst Hinrich der Pilger z. M., sondern er entsagte sich auch aller Gerechtsame daran, und fügte selbsten noch 4 Hufen in Vitense hinzu. Die Urkunde darüber ist 1266 ausgefertiget, und meines Wissens nirgends gedruckt zu finden, sie erfolget anbey unter dem Buchstaben K; aus derselben erhellet auch, daß Klüvers Verbesserer unrecht berichtet ist, wenn er in seiner Meklenburgschen Geschichte den Vater dieses Fürsten, Johann, noch bis 1267 leben lässet, vielmehr ist gewiß, daß er schon 1264 gestorben. Der in der Urkunde aufgeführte Zeuge ist meiner Meinung nach Hinrich III. von Bülow.

    Von Johann II. führet der von Hoinkhusen an, daß er um seiner und der Seinigen Seligkeit willen 1270 den Dobranischen Mönchen zwo Hufen Landes zu Brusow geschenkt habe. Daß die drey ältesten Brüder das Dorf Brusekow, Brütschow, im Lande Gadebusch besessen, und solches Johann, Herrn zu Mecklenburg, überlassen, zeiget die Urkunde L; wie auch, daß, obgleich Gottfried älter war als Hinrich, dennoch dieser als Ritter den Rang vor ihm als Knapen hatte. Des vierten Bruders Niclaus ist gar nicht gedacht, er ist also entweder ohne Kinder geblieben, oder geistlich geworden. Pfeffinger schreibet von Gottfried III. daß seine Nachkommenschaft eine zimliche Zeit geblühet, aber nachher sich aus dem Gedächtniß verloren hätte; Josias von Beehr giebt ihm, da er nur klaren Urkunden folget, und sich auf Wahrscheinlichkeit nicht einläßt, gar keine Kinder; von Hoinkhusen hingegen macht ihn zum Stammvater der Gr. Simen- und Gr. Radumschen Linie. Er führet hierüber keine Beweise an, dahero habe ich auch vor der Hand keine Ursache seiner Meinung zu seyn, und werde ich meinen wahrscheinlichen Ableitungen dieser Linien von dem alten Hause Wedendorf, die eben mit keinen Schwierigkeiten verknüpft sind, und da ohnehin der Sage nach, alle noch itzo vorhandene des Geschlechtes entweder aus Wedendorf oder Pluskow herstammen sollen, so lange folgen, bis ich eines bessern belehret werden, welches ich mit ausnehmenden Dank erkennen werde. Eben dieß gilt auch von der Nachkommenschaft, die ich Gottfried III. beyzulegen bewogen worden bin. Der dritte Bruder Hinrich, Ritter, war bey dem Fürsten Hinrich Pilger in großem Ansehen, und unterschrieb als dessen Rath die Urkunde, wie jener der Stadt Wißmar 1266 erlaubet, das Lübeckische Stadt-Recht zu gebrauchen. Er war auch ein guter Christ, indem er nach dem Wißm. Erstl. p. 240 das Kloster Rehna im Jahr 1257 mit zwo Hufen in dem Dorfe Löwitz beschenkte. An dem Gute Wedendorf hatte er sowol als sein Bruder Johann Antheil, welches um so eher zu glauben, da man zu der Zeit und noch lange nachher die Gemeinschaften sehr liebte, theils damit, der vielen Befehdungen halber, mehrere ein Interesse zur Vertheidigung eines Orts haben, theils damit die Erbrechte an die zur gesamten Hand verliehenen Güter desto weniger bezweifelt werden möchten. Er starb vermuthlich 1267, weil seine Kinder in dem Jahre zum Heil seiner Seelen eine jährliche Memorie stifteten, und zu dem Behuf dem Kloster Rehna zwo Hufen abermals in Löwitz anwiesen. Die noch ungedruckte Urkunde ist der Vollständigkeit halber unter M. angefüget. Sonsten hatte dieser Hinrich auch eine Tochter, Cöcilia genannt, eine Ehegattin des Ritters und Castellans zu Gadebusch Ludolph von Molzahn, und eine Mutter des Bischofs Hermann zu Schwerin.

    Johann III. von Bülow, Ritter und Sohn Johannes II. vermachte im Jahr 1310 dem Kloster Rehna etwas in Hundorf, Wißm. Erstl. p. 241. In eben dem Jahre vertauschte er, mit Einwilligung des Fürsten Hinrichs des Löwen zu Meklenburg, wie auch seiner Frauen und Erben, dem Kloster Rehna vier Hufen in Nesau mit den daselbst befindlichen Katen, noch aus einer andern Hufe 4 Scheffel Rocken, und eine Hufe zu Frauenmark mit der Fischerey, gegen sechs Hufen und zween Katen in Hundorf: zugleich aber schenkte er dem Kloster die Fischerey in Botelsdorf und Pärow. Die hierüber ausgefertigte Urkunde N. hat Hinrich V. Ritter mit unterschrieben.

In selbiger wird auch des Liefländischen Mädchens gedacht, Namens Cathrine, welche Fürst Hinrich als eine Heidin gefangen genommen, taufen laffen, und als seine Tochter gehalten hat.

Als im Jahr 1313 das Rehnasche Kloster den See, worin es die gedachte Fischerey geschenkt erhalten hatte, vermöge eines Zieles aufstauete, und die Coloniften zu Botelsdorf dadurch etwas am Acker verloren, so ersetzte ihnen solches Johann von seinem Gute Wedendorf, versicherte aber dem Kloster dabey, daß er deshalb an die Fischerey keine Ansprache machen wollte. Die Versicherung, die er darüber ausstellete, ist unter O angefüget, und von Vicke von Bülow, Knapen, Gottfrieds III. Sohnsfohn, als Zeuge mit unterschrieben worden.

O

In eben dem Jahre stiftete er mit Einwilligung seiner Kinder, Johann, Niclaus und Gödicke (ist das Verkleinerungs-Wort von Gottfried), zur Ruhe seiner Seele, und zur Ehre seines Vatern, des Ritters Johann von Bülow, und seines Brudern Reimar, sel. Andenkens, eine Vicarie im Kloster zu Rehna, gleichwie sein Großvater Gottfried ihm darin vorgegangen, und schenkte dazu sechs Hufen und einen Hof in Grieben, auch sechs Hufen in Patrow. Das Papistische Meklenburg erzählet p. 937 diesen Vorgang mit folgenden Umständen: Johann von Bülow ließ Markwarden Bischof zu Ratzeburg, weil dieser und der Bischof Gottfried zu Schwerin gute Freunde waren, zu sich nach Rehna bitten, offenbarte ihm seinen letzten Willen, und ersuchte ihn, einen Brief deshalb auszustellen, den sein Vetter der Bischof Gottfried unterschreiben könnte; er that es, und die Schenkung nach Rehna war ansehnlich. — Der Bischof Gottfried hat auch würklich die dieserhalb ausgefertigte Urkunde P nebst dem Ritter Johann von Brutschow, aus dem Geschlecht von Bülow, und eben gedachten Knapen Vicke von Bülow, unterschrieben.

14.
Reimar I.
1313.

P

15.
Niclaus II.
auf Zibühl,
Ritter.
1291, 1325.
Fig. 16.

Niclaus II. ein Bruder des vorigen. Der Herr von Westphal hat Tom IV. p. 1260 dessen Petschaft im Kupfer vorgestellet, und aus der dabey befindlichen Jahrzahl ist zu ersehen, daß er sich dessen bereits 1291 bedienet haben muß. Auf dem Kupferblatte ist es gleichfalls Fig. 16 abgezeichnet. Er wohnete auf Zibühl, und verkaufte 1322 mit Einwilligung seines Brudersohns, gleichfalls Niclaus genannt, 3 Hufen in Botelsdorf an das Kloster Rehna für 300 Mark Lübsch; die hierüber ausgestellte Urkunde Q haben vier Brüder, allesamt Ritter, unterschrieben, als Friedrich, Johann, Gottfried und Hinrich von Bülow. Er hat auch Loitz bey Sternberg mit seinem Vetter Niclaus in Gemeinschaft gehabt, und solches dem Rath und der Geistlichkeit zu Sternberg etwa im Jahr 1323 verkauft, indem dessen Wittwe Benedicta schon 1324 vorkommt, als sie mit Bewilligung ihrer Söhne und nächsten Freunde an Graf Hinrich von Schwerin alles gehabte Recht an Wittenförde verkaufte, wie Hoinkhusen berichtet, und als der Fürst Hinrich im Jahr 1328 obigen Kauf wegen Loitz bestätigte, ist er ebenfalls schon als todt aufgeführet; wie zu lesen beym Frank Libr. VI. p. 74 und 90.

Q

Benedicta.

16. 17.
Clemens
und Otto.
1291, 1304.

Es hat der Canzler von Westphal Tom. IV. p. 1260 die Petschaften von Clemens und Otto von Bülow abdrucken und die Jahrzahl dabey setzen lassen: Da sie in den beiden andern Linien nicht anzubringen sind, und Gottfried III. doch Nachkommenschaft gehabt haben soll, und diese beide in den Jahren gelebt, daß sie füglich dessen Söhne seyn können, so habe ich ihnen ihre wahrscheinliche Stellen nicht vorenthalten mögen.

18.
Gottfried IV.
Bischof
zu
Schwerin.
1286, 1314.

Gottfried IV. ward, da er vorher Rector oder Pfarrherr der Kirche zu Gadebusch gewesen, im Jahr 1291 zum achten Bischof zu Schwerin erwählet. Sein Probst war Hermann, ein Sohn Johannes Theologus Fürsten zu Meklenburg. Weil in der Folge noch sehr oft des Bißthums Schwerin gedacht wird, so will ich hier kurz anführen, daß es unter dem Erzbischof von Bremen gestanden, welcher auch anfänglich den vom Capittel erwählten Bischof bestätigte, bis nachher der Papst selbst sich solches vorbehalten. Es besaß der Bischof nicht allein schöne Güter, sondern hatte

auch

auch in geistlichen Sachen fast der ganzen Meklenburgschen Provinz bis zum Ausfluß der Peen zu befehlen. Die nähere Aufsicht dieses Sprengels war vier Archidiaconen übergeben, davon der eine zu Rostock, der zweyte zu Wahren, der dritte zu Tribesees, und der vierte zu Stralsund sich aufgehalten. Er hatte auch die Zehenten aus seiner Diöces, davon nachgehends die Bischöfe, gleich andern, den Fürsten einen Theil unter dem Namen eines Lehns abgetreten. Verschiedene Edelleute waren seine Vasallen, und aus der Familie von Vieregg und hiernächst der von Plüskow ward sein Erbmarschall genommen. Die ihm eigenthümliche Städte waren die Schelfe in Schwerin, die Stadt Bützow, woselbst die Bischöfe eigentlich residirten, und das Städlein Warin. Sonsten war er auch noch beständig Canzler der Universität Rostock. Gerdes Meklenb. Urkunden p. 384. Es ist wol kein rechtlicher Grund vorhanden, warum die Bischöfe zu Schwerin, wie einige bezweifeln wollen, nicht eben so gut, wie die Bischöfe zu Lübeck und Ratzeburg, als unmittelbare Fürsten des Reichs anzusehen gewesen wären, indem alle drey Bischofthümer von Hinrich dem Löwen von Reichsgütern auf gleiche Art errichtet, und auch selbige auf gleiche Weise mit völliger Landeshoheit regieret wurden; wie wir denn oben beym Bischof Rudolph gesehen haben, wie diese drey Bischöfe gemeinschaftliche Sache gemacht, als ihre Unmittelbarkeit in Gefahr zu seyn schiene: Daß ihre Pröbste nachhero das Directorium bey den Versammlungen der Meklenburgschen Landstände geführet, vermehret ihre Gerechtsame, hebt aber die Unmittelbarkeit des Bischofs nicht auf.

Von unserm Bischof Gottfried haben wir bereits bemerkt, daß er dem Bischof Rudolph ein Epitaphium in der Domkirche zu Schwerin setzen lassen. Er ruhete nicht eher, bis der Fürst Wizislaus zu Rügen die bey dem Bischof Rudolph bereits gedachte Schenkung des Landes Tribesees im Jahr 1293 genehmigte; nur wollten die Umstände es nicht anders erlauben, als daß er solches dem Fürsten wiederum zu Lehn reichen mußte, doch mit der ausdrücklichen Bedingung, daß im Fall der Fürst oder seine Nachkommen ohne männliche Erben abgehen würden, das ganze Fürstenthum Rügen mit aller Herrschaft dem Stifte anheimfallen sollte; wie dieses Chemnitz in der Genealogischen Chronick erzählet, und wovon die Urkunden in Gerdes Sammlungen p. 696, und im Pap. Mekl. p. 2975 zu lesen sind. Es befand sich unser Bischof in der Stadt Stralsund, als ebengedachter Rügianische Regent und seine Söhne Wizlaus und Sambur, die Junkern von Rügen genannt, dem Jungfrauen-Kloster zu Bergen die Ober- und Nieder-Jurisdiction in ihren Gütern, in soweit selbige bisher der Landesherrschaft zugestanden, überließen. Er bestätigte 1298 nicht allein die zwischen den Mönchen und Nonnen in den Klöstern zu Malchow und Röbel beliebte Vertauschung ihrer Klöster, sondern gab auch den nunmehrigen Nonnen zu Malchow das Patronat beider Kirchen zu Malchow und auch der zu Lerow, siehe Pap. Meklenb. p. 845. Außer vielen andern Bischöflichen Handlungen beliehe er auch 1306, auf Ansuchen des Capittels, den Grafen Gunzelin zu Schwerin mit zwo Last Heringe, welche ehedem die Grafen von Danneberg den Bischöfen jährlich zu entrichten verpflichtet gewesen, siehe Chemnitz a. O. Er weihete 1311 den Kirchhof zu Bülow bey Kriwitz ein, und bestätigte die von Ludolph, Wapener zu Vichel (er war aus der Plesseuschen Familie), und seiner Hausfrauen Adelheit, um ihrer Seligkeit willen, gestiftete Vicarie, wozu der dritte Theil von Kartlow gelegt wurde. Im folgenden Jahr that er die Stadt Rostock in Bann, indem sie, vielfältiger Abmahnungen ungeachtet, den Petri Thurm daselbst, auch die Kirche zu Warnemünde abgebrochen, und die Steine zur Aufbauung einer Schanze und starken Thurms zu Warnemünde verwendet hatten: Die vom Kriege gegen den König von Dännemark erhitzten Rostocker kehrten sich aber hieran so wenig, daß sie auch alle Ehrfurcht gegen die Geistlichkeit verkannten, und dem Bischofe die ihm sonst aus ihrem Territorio zufließende Intraden und Zehenten entzogen.

Im Jahr 1311 vermachte unser Bischof dem Kloster zu Rehna eine jährliche Einnahme von fünf Mark Slavisch aus dem Dorfe Vitense, um dafür jährlich eine Memorie zu feyern, die Urkunde darüber ist beym Pfeffinger a. O. p. 195, und im Pap. Mekl. p. 3005 zu lesen. Letzteres gedenket auch p. 848, daß er im Jahr 1298 seinen Vaterbruder Gottfried III. und die Söhne seines Bruders Hinrich mit 17 Hufen in Jahrenholz belehnet habe, andere aber schreiben nur überhaupt, daß er seinem Brudersohn Gottfried und andern Anverwandten manches an Dörfern und Zehenten, der Kirche gehörig, habe zufließen laßen, und will man dadurch seinen ihm sonst mit Recht gebührenden Ruhm verdunkeln. Allein wenn es nichts mehr als jenes gewesen, so wäre es kaum des Nennens werth, weil die Hufen der Zeit wenig eintrugen, und wol ein mehreres von denen von Bülow auf einmal geschenkt, oder wenigstens den Kirchen und Klöstern zum Besten für wenig bedeutende Gebeter hingegeben worden. Ich wünschte, daß der Pastor Schröder im Stande gewesen wäre, die hierüber ausgefertigte Urkunde beyzubringen, theils weil sich dadurch verschiedenes in der Genealogie des Geschlechts aufhellen, theils auch der Zusammenhang dieser Belehnung sich erklären würde; denn so ganz ohne Ursache lässet sich eine solche Verschenkung nicht gedenken, und stand nicht in der Macht des Bischofes. Doch dieß bey Seite gesetzt, so bin ich nicht der Meinung, daß man mit dem von Hoinkhusen so ganz sicher annehmen kann, daß der namhaft gemachte Gottfried der Vaterbruder des Bischofs gewesen, es ist vielmehr glaublich, daß auch daselbst von dem Brudersohn, der gleichen Namen geführet, die Rede sey. Denn jener war aller Wahrscheinlichkeit nach schon todt, und das lateinische Wort patruus hat, wenn man es für Vaterbruder nimmt, schon manche Verwirrung gemacht, indem es sonst in den Urkunden fast immer für die Vettern gebraucht wird, wie solches Gerken in dem Codice Diplomatico der Mark Brandenburg Tom. I. p. 199 auch angemerkt, und daß es bey den Schriftstellern des mittleren Alters fast allemal Brudersohn bedeute, angeführet.

Wann aber auch von dem Bischof Gottfried gesagt werden will, daß er das Stiftshaus Bützow mit dem dazu gehörigen denen von Bülow zuerst in die Hände gespielet habe, so leugne ich, falls es überall eine Beschuldigung seyn kann, dennoch die Verpfändung selbst ganz und gar; denn man findet nicht, daß dieses Pfand wieder eingelöset worden. Der folgende Bischof Hermann war der Mann nicht, Schulden bezahlen zu können. Die Historie, siehe Frank Libr. VI p. 19, saget vielmehr von ihm, daß er diese Häuser und Aemter versetzt, und 40000 Mark Schulden gemacht habe, wozu die theils glücklichen theils unglücklichen Kriege, die er mit Hinrich dem Löwen von Meklenburg in Gemeinschaft führte, das mehreste beygetragen hatten. Sein Nachfolger Bischof Johann zerfiel mit Hinrich dem Löwen, der ihm 14 Dörfer abbrannte, und ihn flüchtig zu werden zwang, daher er genung zu thun hatte, daß er Warin, welches sein Vorgänger gleichfalls versetzt hatte, wieder einlösen konnte, und hinterließ noch manche Schulden, die sein Nachfolger Bischof Ludolph von Bülow bezahlen sollte, wodurch denn dieser genöthiget ward, abermal auf einige Stiftsgüter die Anleihe derer von Bülow zu vergrößern. Es wird sich unten ergeben, daß die Tribseeschen Zehenten gleichfalls der Familie sind versetzt gewesen, das äußerste möchte seyn, daß man dieses unserm Bischof Gottfried zuschriebe, ob es gleich wahrscheinlicher sein Nachfolger gleichfalls veranstaltet haben mag. Nach meiner Ueberzeugung bleibt mir derselbe ein verehrungswürdiger Herr, und wann er seinen Verwandten sowol im Leben, als durch seinen ersparten ansehnlichen Schatz nach seinem Tode ein gütiger Vetter gewesen, so ist dieß gewiß mehr zu loben, als zu tadeln. Es verdroß aber die Stiftsverwandte, daß ihnen nicht alles zufiel. Sie waren mit einem goldenen Kelch, seiner besten Casel (Domherrlicher Anzug), und allen Bischöflichen Habit, samt einem goldenen Ringe mit einem schönen Rubin nicht zufrieden, und stelleten daher manche

un-

unschuldige Handlungen nach seinem Tode auf solche Art vor, daß sie dem Anscheine nach tadelhaft seyn mußten. Er starb zu Warin den 1sten Novemb. 1314, alwo auch sein Eingeweide begraben lieget, der Körper aber ward zu Schwerin im obern Chor vor dem hohen Altar beygesetzt; das ihm verfertigte Epitaphium ist bereits oben angeführet. Sein Schwestersohn Hermann von Molzahn ward Bischof an seine Statt.

Hinrich III. ein Bruder des Bischofs Gottfried, ist bereits oben in den Urkunden K und L in den Jahren 1266 und 1286 als Castellan von Gadebusch vorgekommen. Weil sein Bruder nicht ihn, sondern seine Söhne mit den oberwähnten 17 Hufen in Jahrenholz belehnet, so schließet man daraus, daß er 1298 schon todt gewesen. Hederich meldet in der Schwerinschen Bischofs-Chronick, daß dessen Ehegattin Margretha geheißen; unten aber wird das Diplom BB von 1341 vorkommen, worinn sie Elisabeth genennet wird, woraus nicht unwahrscheinlich folget, daß er zwo Frauen gehabt. Letztere hat ihn überlebet, und vermachte 1318 dem Kloster zu Rehna 42 Mark; in der deshalb ausgefertigten Urkunde, die im Pap. Mekl. p. 974 und 3011 zu lesen ist, wird sie als eines Ritters Gemahlinn betitelt: Domina oder Frau, oder Gebieterinn.

19. Hinrich III. Ritter und Castellan zu Gadebusch. 1266, 1286. Margretha Elisabeth.

Johann IV. Ritter und Sohn Johann des III. auf Wedendorf, ward im Jahr 1311 bey dem großen Turnier, welches König Erich VIII. von Dännemark bey Rostock hielte, nebst 22 andern tapfern Meklenburgern zum Ritter geschlagen, Frank Libr. V. p. 216, und Westphal Tom. IV. p. 271. In der Urkunde P ist seiner schon gedacht, auch kommt er 1323 als Zeuge vor, wie sich Fürst Hinrich der Löwe mit dem Bischof Markward zu Ratzeburg wiederum aussöhnete, und des Bannes entlassen wurde, worinn ihn der Bischof wegen entzogener geistlichen Intraden gethan hatte. Hiefür mußte aber der Fürst die Dörfer Falkenhagen und Rosnitz (Küntz) mit aller Landeshoheit abtreten, demselben die freye Aus- und Einfuhr des Korns zugestehen, wie auch das Recht die Pächte allenthalben selbst einzufordern, nicht minder das Patronat-Recht über die Wißmarsche Nicolai-Kirche und die Schulen daselbst; der Beweis davon ist zu lesen im Pap. Mekl. p. 1004. Im Jahr 1325 unterschrieb zu mehrerer Bestärkung, nebst andern, unser Ritter Johann die Ehestiftung, als Beatrix, Tochter des Fürsten Hinrich des Löwen, an den Prinzen Jorimar von Rügen sollte verheirathet werden; die Mitgabe war 1500 Mark rein Silber, und das Wittthum 300 Mark gleichen Gehalts an jährlichem Einkommen, Pap. Mekl. p. 1042. Es ward aber aus der Heirath nichts, weil der Prinz noch in demselben Jahr verstarb, worauf sie 1329 als Kloster-Jungfer zu Ribnitz eingekleidet wurde.

20. Johann IV. auf Wedendorf, Ritter. 1311, 1331.

Im Jahr 1322 war er auch schon als Zeuge von diesem Fürsten gebraucht worden, als derselbe der Stadt Rostock das Städtchen und den Thurm zu Warnemünde zuerst überließ, wie die Urkunde R zeiget. Er war auch dabey, als dieser Fürst 1328 die Schenkung bestätigte, da ein Becker in Wißmar den kranken Armen im h. Geist daselbst 4½ Mark jährlich zu Bier vermacht hatte, Pap. Mekl. p. 1080. In demselben Jahr unterschrieb er als Bürge, nebst andern vom Adel, den ersten Vergleich, welchen die Fürsten von Meklenburg mit den Herzogen von Pommern wegen der Landschaft Rügen machten, nach welchem sie gegen Empfang von 31000 Mark löthigen Silbers Cölnischen Gewichts, oder etwa 250000 Rthlr. Species sich ihres Rechts daran begaben: Dieß Geld sollte nach 12 Jahren bezahlet werden, daher behielten die Meklenburger unterdessen zum Unterpfande das Land Tribesees, Barth und Grimm im Besitz. Westphal Tom. IV. p. 934. In der plattdeutschen Urkunde daselbst wird unser Ritter genannt: Henneke. Ohne Zweifel ist es ein Schreibfehler, daß bey seinem Namen der Ehrentitel Herr ausgelassen ist, indem er mitten unter denen stehet, die alle Herr genennet, und folglich Ritter waren. Bald darauf 1329 hatte er die Ehre, daß er nebst andern aus der Ritterschaft, als Conrad von Cramon, Jürgen Hasenkop, Det-

R

lof Negendank, Wipert Lützow, Johann von Pleß, Hinrich von Barnekow, Bartold Preen, Otto von Dewitz, Heine Mandüvel, Claus von Helpede, Gottschalk Storm, Hinrich von Pleß, allesamt Ritter, und Henneke Moltke, Knape, von dem Fürsten Hinrich dem Löwen zum Vormund seiner Prinzen Albrecht II. und Johann VIII. erwählet wurde, Pap. Mekl. p. 1133, und M. von Beehr de reb. Mecl. p. 248 und 259.

  Es kommt im Pap. Mekl. p. 1122 und 3107, wie auch in den Wißmarschen Erstlingen p. 242 vor, daß ein Johann von Bülow, Ritter, dem Kloster Rehna im Jahr 1331 etwas vermacht, und in einem Gadebuschen Transumto oder Abschrift, im Herzogl. Archiv annoch vorhanden, es auf deutsch also laute: Johann von Bülow auf Wedendorf verehrte mit reifer Einwilligung seiner Söhne, Johann, Niclaus, Gottfried, und anderer Erben dem Kloster zu Rehna 100 Mark Lübsch in seinen Gütern zu Benzin, um dafür zu seinem ewigen Gedächtniß, und zum Seelen-Heil seiner, seiner Vorfahren und Erben jährlich, und so immerwährend, zwey Meßdienste zu halten ——. Gegeben und geschehen zu Wedendorf im Jahr 1331, den zweyten Ostertag. Nicl. Jos. von Beehr eignet diese Schenkung Johann III. dem Vater, zu, weil dieß nicht das Original, sondern nur eine Abschrift wäre, die wegen eines über dieses Vermächtniß entstandenen Streits eben so, wie nachher das Zeugniß des Rehnaschen Klosters von 1388 in der Beylage S, wäre herbergeschaft worden. Weil aber das Kloster des Streits überall nicht erwähnet, und in der Urkunde vier Söhne vorkommen, die sich auf Johann III. nicht völlig passen wollen, so scheinet diese Angabe noch eben so vielen Schwierigkeiten unterworfen zu seyn, als wann Hoinkhusen jenes Vermächtniß zwar auch dem Vater zuschreibet, ihn aber bis 1331 leben lässet, und nachher dem Sohn das von 1388, also letzterem beynahe ein hundertjähriges Alter gibt. Mich dünkt das natürlichste zu seyn, wenn man, da beide Vermächtnisse auf 100 Mark in Benzin lauten, sie für ein und dasselbe annimmt, und weil der Vater schon 1313 durch eine stattliche Schenkung das Wohl seiner Seelen berathen, es dem Sohne beyleget. Die einzige Schwierigkeit bleibt mir übrig, daß in der letzteren Urkunde 4 Söhne Henneke, Niclaus, Gödeke und Henneke, und in der ersteren von 1331 nur drey, als Johann, Niclaus und Gottfried, angegeben werden, denn was die Jahrzahl anlanget, so macht sie keine Verwirrung, weil die Urkunde S kein Stiftungsbrief, sondern nur eine Bescheinigung über eine Begebenheit ist, die sich lange vorher hat können zugetragen haben. Allein es wird sich dieses leicht heben, wenn man bedenket, daß der letzte Henneke, der nachher zu Röggelin gewohnet, und noch gewiß 1399 gelebet hat, 1331 nur noch ein Kind, und vielleicht gar noch ungeboren gewesen, folglich seine Einwilligung erst nachher dem Kloster habe ertheilen können. Uebrigens siehet man auch hier, daß Henneke und Johann, Gödeke und Gottfried einerley bedeute, und nur darum, auch im Lateinischen, diese Verkleinerungs-Wörter beybehalten worden, um sich von andern Vettern, die eben so hießen, unterscheiden zu können, indem es der Zeit noch nicht gewöhnlich war, mehr als einen Namen zu führen. Endlich bezeuget unser Ritter Johann noch im Jahr 1339 den Kaufbrief über Karsebom, als solches die Stadt Rostock von Johann und Vicke von Moltke kaufte, siehe Ungnadens Amoenitates p. 1085.

21.
Niclaus III.
1313/1325.
Armgard.

  Niclaus III., ein Bruder des vorigen. Er ist schon bey Niclaus II., und in der Urkunde Q vorgekommen. Wie seine Söhne unten in der Urkunde GG eine gewisse Verschreibung ausstellten, wird sich zeigen, daß seine Frau Armgard geheißen.

22.
Gödeke.
Ritter,
1313/1325.

  Gödeke, gleichfalls ein Bruder des vorigen. Er war schon 1318 Ritter, und ward der Zeit von dem Fürsten Hinrich dem Löwen, zugleich mit dem Ritter Hinrich VII., und dem Knapen Vicke II. von Bülow, bey dem Streit der Benzinen mit dem Kloster Rehna zum Schiedsrichter erwählet, Pap. Mekl. p. 3011. Im Jahr 1322 unterschrieb er mit seinem Bruder Johann die

Urkunde

Urkunde R wegen Warnemünde, und wie Hinrich der Löwe der Stadt Rostock versprach, sich nicht mit dem Könige von Dännemark, ohne sie miteinzuschließen, zu vergleichen. Wie dieser Herr dem Johann von Kalsow den Kauf von 3 Hufen in Rakow 1324 bestätigte; so bezeugte er die Urkunde, Pap. Mekl. p. 1039. Eben so unterschrieb er den Consens-Brief, als dieser Fürst den von Cramohnen die Landbede gewisser Hufen 1325 überließ, Frank Libr. VI. p. 73.

Vicke I. ein Sohn des Ritters Niclaus auf Zibühl. Von ihm schreibet Hoinkhusen, daß er die Ritterliche Würde erworben, und das Gut Simen zuerst bewohnet hätte; er wäre zugegen gewesen, als Bischof Ludolph von Bülow die vom Hinrich von Bülow gestiftete Vicarie bestätiget; er hätte auch mit seinem Sohn Hinrich und andern Vettern einige Kornhebungen aus Jahrenholz im Jahr 1346 veräußert. Ich habe nun zwar letzteres, doch mit Auslassung des Sohns, im Pap. Meklenburg p. 1278 angeführet funden, indessen wäre zu wünschen, daß es demselben gefallen hätte, von obigen nähere Beweise beyzubringen.

23.
Vicke I.
Ritter, auf Simen.
1346.

Johann V. Knape, auf Gülzow. Von Hoinkhusen nennet ihn einen Bruder des vorigen, und führet aus dem Pap. Mekl. p. 3133 an, daß er Wapener und des Grafen Niclaus von Schwerin Voge zu Kriwitz gewesen sey. Im Jahr 1334 war der Markgraf Ludwig von Brandenburg mit den Herzogen von Pommern, denen die Herrn von Werle beystanden, im Kriege verwickelt; weiß man nun, daß der Graf von Schwerin auf der Seite des Markgrafen war, so lässet sich die Urkunde T erklären, wann unser Johann nebst andern Edelleuten aus der Prignitz dem Markgrafen versprochen, ihm mit ihren Schlössern gegen die Herrn von Werle beyzustehn. Die Urkunde U zeiget, daß er 1335 für seinen Sohn Hermann eine Präbende zu Bützow stiftete; es scheinet aber derselbe den geistlichen Stand so bald noch nicht angenommen zu haben, weil er 1339 noch als Knape vorkommen wird. In der Urkunde werden auch noch der Domherr zu Schwerin Hinrich von Bülow der Jüngere, der Ritter Gottfried V. und der bald folgende Ritter Hinrich IV. aufgeführet. Wahrscheinlich ist es wol unser Johann, von welchem das Pap. Mekl. p. 1138 erwähnt, daß er samt seinem Sohn im Jahr 1334 bescheiniget, daß der Bischof Ludolph von Bülow die Gerechtsame und das Gericht über das Dorf Zepelin für 938 Mark 8 sl. wiederum eingelöset habe. Er hatte noch zween Brüder, Diedrich und

24.
Johann V.
Knape, auf Gülzow,
Vogt zu Reiwig.
1324, 1335.

T
U

Hinrich IV. Ritter. Dieser bekam 1318 von Hinrich dem Löwen die Bede und Criminal-Gerichtbarkeit auch andere Freyheiten in den Dörfern Rägsdorf, (Ketelbesdorf), Niendorf, Horst und Westenbrügge, wie die Urkunde V zeiget. Daß er zween Brüder Johann und Diedrich, Knapen, gehabt, beweise ich durch die Urkunde W, worinn dem Kloster Dobran zehn Drömt Rocken aus Rägsdorf, welches hier Ketelhodesdorf genennet wird, jährlich zu heben von ihm vermacht, und von beiden Brüdern mit unterschrieben worden: Auch war Gottfried V. Zeuge, und geschahe solches 1324 mit der Bedingung, daß der Abt schuldig seyn sollte, den Armen davon 60 Brode, von der Größe wie es im Kloster gebräuchlich wäre, allemal um den sechsten Tag zu reichen. Stünde in der gedachten Urkunde W nicht gar zu deutlich, daß dieser Ritter Hinrich zween Brüder Johann und Diedrich, die NB. nur Knapen gewesen, gehabt hätte, so würde ich mit dem von Hoinkhusen die Belehnung dieser Güter dem Ritter Hinrich VII. zur Plüskowschen Linie beylegen, indem man in neuern Zeiten findet, daß die drey erstern Güter noch dahin gehöret haben. Beyläufig ist hiebey zu merken, daß sich Frank Libr. XII. p. 324 irret, wenn er meinet, daß Ketelhodesdorf bey Teterow liege, und itzt Kötel heiße, da man es doch bey Dobran an der Ostsee suchen muß; und da ich auch finde, daß die Familie von Ketelhodt selbst der Meinung ist, so verweise ich selbige noch überdem auf die Urkunde beym Westphal Tom. III. p. 1530, woselbst die Herrn von Meklenburg, und nicht die Herrn von Werle, welche letztere

25.
Hinrich IV.
Ritter, auf Rägsdorf.
1318, 1335.
V
W

46   Tabelle I.

letztere sonst die Gegend um Teterow besaßen, sich mit dem Dobranschen Kloster wegen Ketelhodsdorf verglichen.

26.
Diedrich
oder
Tideke I.
Ritter.
1324/1369.

Diedrich oder Tideke I. Ritter. Daß er ein Bruder der vorigen sey, haben wir gesehen. Er muß ein zimliches Alter erreichet haben, und zuletzt Ritter geworden seyn, weil man im Jahr 1369 einen Ritter Diedrich von Bülow findet, der den Vergleich zwischen den Herzogen von Pommern und Meklenburg nach dem Kriege, der für die Grafen von Fürstenberg, aus der Familie von Dewitz, besonders von unglücklichen Folgen war, nebst andern mit unterschrieben.

27.
Hinrich V.
Knape.
1321/1328.

Hinrich V. war ein Bruder des gleichfolgenden Vicke. Das zeiget sich deutlich aus dem Pap. Mekl. p. 3069, als beide Brüder 1328 dem Kloster Dargun 18 Hufen in Finkenthal verkauften. Vorher kommt dieser Hinrich 1321 als Knape vor, wie er den Consens-Brief Hinrich des Löwen H. z. M. bezeugete, als die Stadt Wißmar den Hof Metersdorf von dem von Plessen gekauft hatte, Pap. Mekl. p. 993: So auch im Jahr 1323, wie dieser Fürst der Stadt Rostock das Eigenthum der Rostocker Heide und Warnemünde versicherte; siehe Privilegia der Stadt Rostock p. 47: Gleichfalls im Jahr 1323 unterschrieb er als Zeuge die Versicherungs-Acte, daß dieser Fürst sich ohne Einschließung von Rostock nicht mit dem Könige von Dännemark vergleichen wollte, Franḳ Libr. VI. p. 43.

28.
Vicke II.
Knape.
1313/1318.

Vicke II. Von Hoinkhusen nimmt ihn für den Sohn Gottfrieds III. und ich für dessen Sohnssohn. Er ist uns oben bereits in den Urkunden O und P bekannt geworden, und soll auf Jahrenholz gewohnt haben; daraus schließet man wol hauptsächlich, daß er Gottfrieds III. Sohn oder Enkel sey, weil es bey dem Bischof Gottfried vorgekommen ist, als ob derselbe diesen seinen Vaterbruder nebst andern seinen Vettern mit 17 Hufen in Jahrenholz beliehen habe. Im Jahr 1318 ward er von Fürst Hinrich dem Löwen nebst den Rittern Hinrich und Gödeke von Bülow zum Schieds-Richter erwählet, als die Benzinen mit dem Kloster Rehna in Streit gerathen waren, Pap. Mekl. p. 304. Von der Nachkommenschaft dieser Brüder findet man weiter keine Nachricht.

29.
Ludolph
Bischof
zu
Schwe-
rin.
1298, 1339.

Ludolph, Bischof zu Schwerin. Man findet ihn zuerst 1298 als Domherr zu Schwerin, wie er mit seinem Bruder Gottfried V. die Urkunde unterschrieb, worinn Bischof Gottfried von Bülow die Vertauschung der Klöster zwischen den Nonnen zu Rehel und Mönchen zu Malchow bestätigte. In eben der Qualität war er zugegen, als dieser Bischof den Kirchhof zu Bülow einweihete, das Pap. Mekl. führet hievon p. 3004 in Lateinischer Sprache folgendes an: „Gottfried, durch die Gnade Gottes Bischof zu Schwerin, weihet den Tag nach dem Feste Petri und Pauli des Jahrs 1311 den Kirchhof zu Bülow ein; gegenwärtig waren: Hinrich von Bülow, Ritter, als Gesandter von Hinrich Herrn zu Meklenburg, wie auch unter andern Ludolph, Johann und Hinrich, Gebrüdere genannt von Bülowe, Domherrn zu Schwerin." Westphal erwähnet Tom. III. p. 1573, daß unser Ludolph bereits 1302 Archidiaconus zu Tribesees gewesen. Hier gerieth er 1327 wegen Besetzung des Pastorats in Stralsund in große Weitläuftigkeiten. Es stritten sich der Bischof von Schwerin, die Herzoge von Pommern, und die Fürsten von Meklenburg so wie über das ganze Land, also auch über das Patronatrecht gedachter Kirche; nach Verlauf von sechs Wochen glaubte unser Archidiaconus berechtiget zu seyn, die Kirche ex officio mit einem Prediger besetzen zu können, und erwählte dazu seinen Bruder Hinrich, der Domherr und Thesaurarius zu Schwerin war. Es kam aber so wenig derselbe, als der von dem Bischof zu Schwerin dazu ausersehene Aschwin von Saldern dazu, sondern der Erzbischof zu Bremen setzte einen dritten ein. Eben so wollte er auch das Patronat zu Barth gegen die Herrn von Meklenburg und Werle behaupten, konnte aber eben so wenig durchdringen. Wer dieser Processe halber, die vor dem Erz-

bischofe

Bischofe zu Bremen geführet wurden, etwas ausführlicher wissen will, der kann das Pap. Mekl. p. 3022 und 3046 u. s. f. nachlesen; uns kann hier die Urkunde X genügen.

Im Jahr 1331 ward unser **Ludolph** zum eilften Bischof zu Schwerin erwählet, und den 10. August von dem Erzbischofe zu Bremen, in Beyseyn der Bischöfe zu Lübeck und Ratzeburg, eingeweihet. Man schreibt, daß er für seine erste Misse oder für die Weihung 2500 Mark Lübsch, und auch sonst noch versprochen habe, die Schulden des Stifts zu bezahlen: Solches will von einigen dahin ausgelegt werden, als wenn er mehr durchs Geld als wegen seiner Meriten zu der Bischöflichen Würde gelanget sey. Allein dieser Gedanke, so auffallend er sonst ist, ist hier doch sehr unbillig, indem er auch zu der Zeit den allerbesten würde getroffen haben, da dieß, wie man zu sagen pflegt, eine conditio sine qua non war. Es hatte der kriegerische Geist des Bischofs Hermann und auch andere Kriegsunruhen das Stift in große Schulden versetzt, die noch lange nicht alle durch den Vorgänger des Bischof Ludolphs abgestoßen waren. Dieß nun zu befördern, setzte das Capittel obige Bedingung für einenjeden fest, den die Wahl treffen würde, warum will man ihm denn deshalb besonders etwas zur Last legen? Daß er seinen Brüdern **Gottfried**, **Reimar** und **Vicke** einige Stiftsgüter versetzt, oder vielmehr, welches glaublicher, den Pfandschilling verhöhet, kann auch immer aus guter Absicht geschehen seyn; er wollte lieber seinen Verwandten als fremden Leuten schuldig seyn, und hoffte, daß diese ihm bey der Wiedereinlösung am wenigsten hinderlich seyn würden, wie solches Gottfried und seine Brüder, nach dem Pap. Mekl. p. 1126, auch sattsam erkläret haben, da sie schreiben, daß es ihnen allemal angenehm seyn würde, wenn der Bischof und das Capittel etliche Güter einlösen, und auch allenfalls an andere wiederum verpfänden wollten. Wann man ferner anführet, daß das Capittel sich genöthiget gesehen, den Bischof der vielen Stiftsschulden halber bey dem Erzbischofe zu Bremen zu verklagen, so klingt dieß abermal nicht vortheilhaft: Allein ob die Klage gleich unbillig war, so war sie doch gerecht. Unbillig war sie, weil der empfangenen Schulden zu viel waren, und die so eingeschränkte Revenüen nicht einmal hinreichend seyn wollten, den kostbaren Proceß zu unterhalten, welchen er die ganze Zeit seiner Regierung über mit den Fürsten von Meklenburg, und besonders den Herzogen von Pommern, wegen des Fürstenthums Rügen vor dem Papst zu führen genöthiget gewesen; wie denn der Pastor Schröder im Pap. Mekl. p. 1127 schon so billig ist, diesen Proceß als die Ursache anzugeben, warum das Stift zu unsers Bischofs Zeiten nicht in Aufnahme kommen können: Gerecht war die Klage, so wie das darauf erfolgte Urtheil. Der Bischof hatte einmal übernommen, die Schulden des Stifts abzutragen, und die Einwendung, daß die Einkünfte zu schwach, und die Ausgaben zu groß wären, konnte den Ausspruch nicht verhindern, daß er wieder zur Kirche bringen sollte, was der Bischof Hermann und Johann, seine Vorfahren, davon kommen lassen, und das Haus Bützow und das Land Tribesees mit seinen Zehnten, entweder durch freundliche Handlungen oder durch den Weg Rechtens, wiederum freymachen, wie es sein Bischöfliches Amt und geleisteter Eid mit sich brächte; und wolle der Erzbischof ihm dazu Handlung, Hülfe und Beystand leisten. Zugleich verbot er, daß so wenig der Bischof als das Capittel, ohne seinen Vorbewußt oder Bewilligung, von den Kirchengütern etwas abhänden kommen lassen, oder ferner verpfänden sollten; und um zu wissen, ob die Einwendung des Bischofs gegründet, und um solcher möglichst abzuhelfen, verordnete er, daß jährlich die Rechnungen der Cassen-Bedienten vor dem Capittel und seinem dazu Verordneten abgelegt werden sollte; wie er denn auch überhaupt eine Kirchen-Visitation anstellete. Alles dieses ward, welches wohl zu merken, bald nach Antritt der Regierung des Bischofs Ludolph veranstaltet, und lässet sich daher eher für als wider ihn erklären. Kranz siehet ihn wenigstens nicht mit verächtlichen Augen an, sondern nennet ihn einen merkwürdigen Mann, virum memorabilem, und Pfeffinger

rühmet

rühmet von ihm, daß er ins achte Jahr wohl regieret habe, und überhaupt ein ruhmwürdiger Bischof gewesen sey, der sich dadurch, daß er sich der Wohlfahrt des ihm anvertrauten Stifts sehr angelegen seyn lassen, immer in größere Schulden und Unkosten setzen müssen, und also während seiner Regierung wenig Ruhe und Vergnügen genossen habe. Er zielet hiemit ohne Zweifel hauptsächlich auf die nicht ohne große Kosten abgegangene Stifts-Visitation, und den bereits gedachten kostbaren Proceß. Was nun letzteren betrifft, so war die Ursache diese:

Der Fürst Wizislaus von Rügen starb 1325 ohne männliche Erben; nun haben wir bey dem Bischof Gottfried im Jahr 1293 gesehen, daß auf den Fall der Theil der Landschaft Rügen, der diesseits des Wassers gelegen, dem Stifte Schwerin anheim fallen sollte. Es hatten sich aber nach der Zeit die Umstände in dieser Gegend sehr verändert. Der König von Dännemark war an den Küsten der Ostsee sehr mächtig geworden, und hatte, im Fall des Abganges des Wizislaus, den Herzogen von Stettin die Anwartschaft auf dessen Länder gegeben. Als aber hernach diese Herzoge dem Könige in dem Kriege, den er mit dem Herzoge von Schleswig führte, nicht beystehen wollten, vielmehr auf des letzteren Seite traten, so nahm der König die Anwartschaft zurück, und beliehe eventualiter die Fürsten von Meklenburg mit dem ganzen Fürstenthum Rügen. So entstanden nunmehro zu diesen Ländern drey Competenten. Der Bischof konnte nur mit der Feder fechten, die Fürsten von Meklenburg aber griffen zum Schwerdt, als die Stadt Stralsund und die Landstände sich zur Huldigung nicht verstehen wollten, sondern sich für die Herzoge von Pommern erklärten. Unser Ludolph wußte sich der Zeit nirgends besser, als an den Papst Johann XXII. zu wenden, der hierauf den Dechant zu Verden die Sache zu untersuchen und abzuurteln verordnete. Dieser beschied beide Theile vor sich, aber weder die Herzoge von Pommern, noch die Landstände von Rügen wollten vor diesem Gericht erscheinen, da dann in contumaciam erkannt wurde, daß das Land zu Rügen dem Bischofe und Stifte zu Schwerin zukäme, und die Einwohner demselben zu huldigen hätten. Hievon appellirten sowol die Stadt Stralsund, als das ganze Land an den Papst. Der Dechant wollte die Appellation nicht annehmen, sondern drohete mit dem Bann; dem Papst hingegen gefiel ein anderes, und trug nunmehro dreyen Dechanten zu Cöln auf, die Sache von neuem zu untersuchen. Bey diesen liefen viele Klagen wider unsern Bischof ein, daß er das Ansehen des Papstes nicht genung geschonet, sondern seit der Appellation allerley Handlungen dem entgegen vorgenommen hätte. Die Dechanten erklärten alles Unterfangen des Bischofs für unstatthaft, und luden denselben zur Verantwortung vor sich. Doch davon apellirte nun auch der Bischof, und bat, daß der Papst jemanden selbst aus Rom senden möchte, der die Sache gründlich untersuchte und beylegte. Die Dechanten wollten dieser Appellation nicht statt geben, und so endlich gerieth die Hauptsache ins Stecken, bis der folgende Bischof Hinrich von Bülow am rathsamsten fand, sein Recht an die Fürsten von Meklenburg im Jahr 1344 unter gewissen Bedingungen abzutreten. Man findet diesen Proceß weitläuftiger beschrieben in dem Anhange zum zweyten Theil des Pap. Mekl., und in Gerdes Sammlung Mekl. Urkunden p. 692 u. f. f. Ich will

Y nur bloß hieraus die Urkunde Y als ein Zeugniß aufügen, daß unser Bischof bey seinen Nachbarn in gutem Ansehen muß gestanden haben, indem der Markgraf Ludolph oder Ludwig von Brandenburg ihm in dieser Sache allen Beystand verspricht, wann er sich und seine Papiere ihm anvertrauen wolle.

Bey den übrigen Bischöflichen Handlungen unsers Ludolph will ich mich nicht aufhalten, sondern nur noch anzeigen, daß er den 23. April 1339 zu Warin, alwo auch sein Eingeweide begraben liegt, gestorben sey. Der Leichnam ward nach Schwerin gebracht, vor dem hohen Altar im Chor begraben, und mit doppelten Epitaphien beehret. Von dem einen ist nichts mehr übrig,

als

als der Stein mit seinem Namen und Wapen, das andere haben wir bereits oben kennen gelernet. Es ist von dem Hederich in seiner Historie der Bischöfe von Schwerin aufgezeichnet, daß die Unkosten seiner Begräbniß sich 250 Mark Lübsch betragen haben, welches denn denen, die den Werth des damaligen Geldes nicht beherzigen, Gelegenheit gegeben, die Armuth und schlechte Verfassung des Stiftes zu beschreyen, und solches dem guten Ludolph abermal zur Last zu legen. Es ist dieß aber gewiß bey den Haaren herbeygezogen; man lasse doch seine Seele, wie die Grabschrift lautet, in Ruhe liegen, da er solches wegen der vielen Unruhen, die er der Behauptung der Gerechtsame des Stifts halber übernehmen müssen, wohl verdienet. Das Capittel verkannte seine Verdienste keinesweges, und er hatte sich bey demselben nichtes weniger als verhaßt gemacht, da man, wie Kranz ausdrücklich berichtet, auf seine Empfehlung seinen Bruder Hinrich nach ihm zum Bischofe wählete, und zwar, wie er hinzusetzt, in der Hoffnung, daß er ein eben so guter Bischof als jener werden würde.

Gottfried V., ein Bruder des Bischofs Ludolph, kommt schon 1298 als Ritter vor, wie er die oft gedachte Malchowsche Urkunde mit unterschrieben. Im Jahr 1323 war er gegenwärtig, als Bischof Markward zu Ratzeburg den Fürsten Hinrich den Löwen des Bannes entließ. Pap. Mekl. p. 1004. Zu der Zeit vermachte er dem Kloster Rehna vier Mark Lübsch jährlich, um dafür einmal des Jahrs das Gedächtniß seiner Frau Margarethe zu feyern, wobey jedesmal der Vorsteherinn ein Semmel gereichet, sonst aber noch dem ganzen Convent mit Bier, auch gekochtem und gebratenem Fleische aufgewartet werden sollte, wie die Urkunde Z zeiget. Im Jahr 1325 unterzeichnete er als Mitbürge die bereits bey Johann IV. gedachte Ehestiftung der Prinzeßinn Beatrix, wie auch als Zeuge die Urkunden, als Hinrich der Löwe die Privilegia der Stadt Rostock bestätigte, siehe wahrer Abdruck der Rostockschen Privilegien p. 52, und Westphal Tom IV. p. 940 und 45. So auch 1327, als dieser Fürst abermal festsetzte, daß das schändliche Strandrecht bey Schiffbrüchen aufgehoben seyn sollte, Westphal Tom. IV. p. 908, und als dieser Fürst zu der Zeit der Stadt Wißmar versprach, von seinem Hofe daselbst weder an Geistliche noch Weltliche etwas zu veräußern, Pap. Mekl. p. 1071. Ueberhaupt weiß man von ihm, daß er bey diesem Herrn in grossem Ansehen gestanden, er wird auch in verschiedenen Urkunden dessen Rath genennet, und war schon 1318 mit zugegen, als der König Erich von Dännemark mit diesem Fürsten und dem von Rügen, Wizlaus, ein Bündniß errichtete, siehe Huitfeld Dänische Chronick. Er war auch ein sehr reicher Mann, dessen die Kirche zu Bützow sich zu erfreuen hatte, indem er im Jahr 1335, zum Heil seiner und seiner Vorfahren Seelen, eine Vicarie daselbst stiftete, und dazu 7¼ Hufen nebst einigen Häusern vermachte; das Patronatrecht legte er dem Aeltesten der Familie bey, und ließ alles dieses von seinem Bruder dem Bischofe Ludolph bestätigen, auch von seinen, der Zeit vielleicht nur noch lebenden, andern dreyen Brüdern, Hinrich, Friedrich, beide Ritter, und Hinrich, Thesaurarius zu Schwerin, nicht minder von Friedrichs Sohn, Hinrich, Wapener, unterschreiben, wie die Urkunde AA weiter nachweiset.

Daß unser Gottfried an der Pfändung der Bützowschen Stiftshäuser Theil gehabt, bezeugen alle Nachrichten, nur mit dem Unterschied, daß ihm bald Reimar und Vicke, bald Hinrich und Vicke, Ritter, nebst Hinrich, Thesaurarius, zugesellet werden, und daß einige das Jahr 1333 und andere 1335 annehmen; ob nun die eine oder die andere Pfändung die Tribeseesschen Zehenten betreffen, oder ob es vielleicht eine Erhöhung des Pfandgeldes bedeuten soll, muß man aus Mangel von Nachrichten dahin gestellet seyn lassen, so viel ist aber gewiß, daß bey den in folgenden Zeiten dieserhalb entstandenen Streitigkeiten und langjährigen Proceß, weder des Gottfrieds noch dessen Kinder Erwähnung geschiehet, daher zu glauben ist, daß er auf andere Art von seinen Brüdern abgefunden worden. G Johann

30. Gottfried V. Ritter und Rath. 1298, 1335.

Margaretha.

Z

AA

31.
Johann VI.
Cantor zu Schwerin.
1299-1337.

Johann VI., Domherr und hernach Cantor des Stifts Schwerin. Man findet ihn zuerst 1299, als der Bischof Gottfried zu Schwerin der Capelle zu Ravenhorst ein Privilegium ertheilte, vid. Westphal Tom. III. p. 1563. Hiernächst ist er als Bruder der vorigen im Jahr 1311 bey der Einweihung des Bülowschen Kirchhofs bereits vorgekommen, und trifft man ihn auch 1337 als Cantor unterschrieben an, wie der Bischof Rudolph Hinrichen Thesaurarien zu Schwerin erlaubte, die angekauften drey Hufen in dem Dorfe Klein zu milden Stiftungen anzuwenden, Pap. Mekl. p. 1185. Ob dieser Johann auch Probst zu Rehna gewesen, stehet dahin; er lebte zwar zu gleicher Zeit, als man einen Probst dieses Namens angeführet findet, wahrscheinlicher aber gehöret

Johann, Probst zu Rehna. 1323.
Adelheit, Priorinn zu Rehna. 1325.

er zu den andern Linien, ob man ihm gleich seine Stelle nicht glaubwürdig anzeigen kann. Man findet diesen Johann von Bülow, Probst zu Rehna 1323 in den Wißm. Erstl. p. 241. Mit ihm lebte zu gleicher Zeit daselbst die Priorinn Adelheit von Bülow. Sie vermachte dem Kloster Rehna jährlich 1 Mark Lübsch zu Lichter für kranke Nonnen, bedung aber dabey, daß deswegen die gewöhnlichen Lampen nicht abgeschaft werden sollten. Pap. Mekl. p. 3021.

32.
Hinrich VI.
Bischof zu Schwerin.
1311-1347.

Hinrich VI., Bischof zu Schwerin. Daß er nur ein Halbbruder von dem Bischofe Rudolph gewesen, vermuthet, doch nur aus schwachen Gründen, der Pastor Schröder im Pap. Mekl. p. 1241. Dahingegen sagt seine Grabschrift ausdrücklich, daß er dessen leiblicher Bruder sey. Er ward, wie er schon eines guten Alters war, 1339 zum Bischofe erwählet. Als Domherr haben wir ihn 1311 bey Einweihung des Bülowschen Kirchhofes, und als Thesaurarius zu Schwerin und Domherr zu Lübeck 1327 kennen lernen, wie er Pastor zu Stralsund werden sollte, nicht minder 1335, als er der Stiftung einer Vicarie von seinem Bruder Gottfried beywohnete. Er selbst folgte 1341 diesem Exempel, und stiftete von den fünf Hufen, die er in Klein und Beyendorf gekauft hatte, gleichfals zu Bützow ein Vicariat: wobey er ausdrücklich anführet, daß er diese Güter durch seine Schwerinsche und Lübecksche Canonicate erworben habe. Das Patronat desselben legte er dem jedesmaligen Thesaurarius des Stifts bey, und verordnete, daß, um das Andenken seines verstorbenen Vaters Hinrich, seiner Mutter Elisabeth, und seines Bruders Vicke jährlich

BB

zu feyern, für jeden dieser dreyen Personen zwey Mark sollten vertheilet werden, wie die Urkunde BB solches mit mehrerem besaget. Einige haben geglaubet, daß er auch Archidiaconus zu Tribesees gewesen, sie haben ihn aber mit Hinrich XIII., dem Bruder des Dankwards verwechselt; denn wie der Archidiaconus Rudolph von Bülow Bischof wurde, so kam erstlich an seine Stelle sein Brudersohn Johann IX., ein Bruder des nachherigen Bischofs Friedrich, und diesem folgte hierauf gedachter Hinrich, Dankwards Bruder. Es machen die vielen Hinriche, die damals zu gleicher Zeit gelebt haben, einem genauen Genealogisten sehr viel zu schaffen; als Geistliche lebten 1343 allein im Stifte Schwerin vier Hinriche, als der Bischof, der Probst, der Archidiaconus, und ein Domherr, Pap. Mekl. p. 3135.

Die merkwürdigste und stattlichste Handlung, die unser Bischof vorgenommen, ist die Belehnung des Herzogs Albrechts zu Meklenburg mit dem Lande zu Barth, und der Herrn von Werle mit dem Lande Tribesees. Denn ob gleich der Bischof diese Länder wol gerne dem Stifte erhalten mögen, so befand er sich doch zu schwach gegen die Herzoge von Pommern, die es mit Gewalt eingenommen hatten, und gegen die Meklenburgsche Herrn, die gleichfalls daran starke Ansprüche machten. Chemnitz meldet davon in seiner Meklenburgschen Chronicke folgendes: Es sey diese Handlung 1344 den 21. May auf dem Schlosse Eickhof vor sich gegangen, und hätten die Herrn von Meklenburg ihm gehuldiget, geschworen und sich reversiret, daß sie dem Bischofe deswegen getreu und hold seyn, auch, nach ihrem oder der Jhrigen Absterben ohne männliche Erben, solche Oerter dem Stifte wieder heimfallen sollten; es hätten sich auch die sämtlichen Herrn anheischig ge-

macht

macht, den Bischof und das Stift für allen An- und Ueberfall, insonderheit der Herzoge von Pommern, der Stadt Stralsund und deren Anhang, welche wegen der Belehnung auf den Bischof möchten erzürnet seyn, zu schützen, und sich mit denselben ohne des Bischofs Wissen und Willen dieser Länder wegen in keinen Vertrag einzulassen. Aus der Historie ist bekannt, daß endlich mit den Herzogen von Pommern nach vielem Blutvergießen ein Vergleich zum Stande gekommen, nach welchem letzteren, gegen ein ansehnliches Stück Geld, die weltliche, und dem Bischofe zu Schwerin die geistliche Herrschaft und der Zehnte aus Tribesees geblieben, wie auch vier Dörfer, als Eiren, Bisdorf, Wosin, Spikersdorf und eine wüste Feldmark Kurúr, itzo Kuhrdorf genannt. Weil aber diese Dörfer weit entlegen, auch zu vielen Streitigkeiten Gelegenheit gaben, so sind solche auch endlich 1591, auf vieles Anhalten der Herzoge von Pommern, ihnen eigenthümlich überlassen worden.

Es starb unser Bischof Hinrich zu Warin, nachdem er acht Jahr regieret hatte, und wurde zu Schwerin neben seinem Bruder, dem vorigen Bischof, in Anwesenheit verschiedener Bischöfe, Fürsten und Grafen ansehnlich zu seiner Ruhestäte gebracht. Von seinem Ehrendenkmal und Grabschrift ist schon oben gedacht, und sein geführtes Wapen ist Fig. 7 abgebildet. Fig. 7.

Weil er für seine erste Messe 3000 Mark hergegeben, und auch die Schulden des Stiftes während seiner Regierung, der schwachen Einkünfte halber, sich mehr vermehren als vermindern mußten, so hat es an Schriftstellern nicht gefehlet, die die Verdienste dieses würdigen Mannes verkannt, und seinen guten Nachruhm zweifelhaft gemacht haben. Es gehet mir überaus nahe, daß der Verfasser des Pap. Mekl. sich dadurch hat hinreißen lassen, und p. 1211 recht wacker auf ihn schimpft; allein der Anschein einer Simonie, und da man nach seinem Tode ungescheut dahin geschrieben, daß er und sein Bruder Ludolph die Kirchengüter übel verwaltet, und Vorhabens gewesen wären, das Bißthum Schwerin an die von Bülowsche Familie erblich zu bringen, hat ihm, als einem gutdenkenden Prediger, gewaltig in die Ohren gällen müssen. Wie sollte es aber bey der damaligen so großen Macht der Päpste und der Geistlichkeit einem vernünftigen Manne nur einfallen, dergleichen windigten Projecten Gehör zu geben!, und bey dem Bischof Ludolph habe ich bereits hinlänglich gezeiget, daß es Unrecht sey, das bezahlte Geld als eine Bestechung anzusehen, sondern daß die Bedürfnisse des Stifts es nothwendig erfordert haben. Pfeffinger sahe es wohl ein, daß unserm Bischofe zu nahe geschehen, und will daher die Verspilderung, wie man es nennet, der 3000 Mark dahin erklären, daß seine Einweihung mit großer Pracht begangen worden: Ich will nun gerne glauben, daß es hiebey anständig hergegangen, allein bey der damaligen Verfassung des Stiftes würde alles Uebertriebene sehr tadelhaft gewesen seyn. Mit seinen übrigen p. 206 der Br. Lüneb. Historie angebrachten Vertheidigungs-Gründen hätte er auch nur zu Hause bleiben können, wenigstens ist seine Einkleidung so wie überhaupt sein ganzer Stil jämmerlich. Ich werde weniger sündigen, wenn ich mich nicht, so wie er, an große Herrn, sondern an etwas kleinere wage, und auf die Advocaten schimpfe, die schon zu der Zeit in ihren Satzschriften sich nicht scheueten, persönliche Angriffe auf ihre Gegenpartheyen sich zu erlauben. Was ist es auch nicht für ein seichter Einfall, wenn sie den folgenden Bischof seufzen lassen, daß ihm kaum so viel übrig sey, da er sein Haupt hinlegen könnte. Welcher unbefangene Geschichtschreiber hat aber wol jemals in der Historie als Beweise angenommen, was ein Sachwald zur Colorirung seiner Sätze sich erdacht? Ich kann ganz andere Zeugnisse beybringen, die seinen Verdiensten angemessener sind, und man wird es mir, der ich die Asche meiner guten Vorfahren billig verehre, um so weniger verdenken, wann ich diesen mehr als jenen gedingten Dunstmachern Glauben beymesse. Kranz, der bekanntlich sonst kein nachsichtiger Freund des Adels war, läßet sich also aus: es gereichet gewiß sowol dem Bischof Ludolph als

als Hinrich zum guten Zeugniß, daß man dem Verlangen des Ludolphs, seinen Bruder als Bischof an seine Stelle zu erwählen, hat Gehör gegeben, wodurch man zugleich den herrlichen Tugenden des Hinrichs Gerechtigkeit wiederfahren lassen, wenn man zu ihm das Vertrauen hatte, daß er ein eben so guter Bischof als jener werden würde, — Corner nennet ihn einen Mann von großem Verstande und Weisheit in weltlichen Geschäften, der der Kirche eine gute Zeit wohl vorgestanden. — Wer dieß auf Lateinisch lesen will, der findet das erste in Metropoli Libr. IX., Cap. 32, und das letztere in Chronico apud Eccardum pag. 1056, wie auch in Gerdes Sammlung Mekl. Urkunden p. 430.

33.
Hinrich VII.
Ritter,
1310/1338.

Hinrich VII. Er ist bereits als Gottfrieds V. Bruder vorgekommen, wie auch als Fürstlicher Gesandter bey Einweihung des Bülowschen Kirchhofes, und war er der Zeit, 1311, Ritter, doch bekleidete er schon letztere Würde 1310, siehe Johann III. Im Jahr 1318 war er unter den Schiedsrichtern in Ansehung des Streits der Benzinen mit dem Kloster Rehna, wie beym Ritter Gödecke bewiesen worden. 1322 unterschrieb er mit seinen Brüdern Friedrich, Johann und Gottfried die Urkunde Q. Der von Hoinkhusen führet noch von ihm an, daß er 1338 von denen von Janken, ander sessen Saukow, um 115 Mark, acht Hufen Landes, auf dem Darsower Felde belegen, gekauft habe. Ob er Kinder hinterlassen? darüber ist man sich, weil die Urkunden keine Auskunft geben, nicht einig. Niclaus Jos. von Behr macht ihn zum Vater von dem Probst Hinrich XIII. und seinem Bruder Ritter Dankward, dagegen von Hoinkhusen mit mehrerer Wahrscheinlichkeit diese Kinder seinem Bruder Reimar zueignet.

34.
Johann
VII. Ritter,
1322.

Johann VII. Seiner wird sonsten in den Urkunden nicht anders gedacht, als daß er 1322 die Urkunde Q als Zeuge mit unterschrieben, und daselbst Ritter und ein Bruder von Gottfried, Hinrich und Friedrich genennet wird.

35.
Reimar II.
1333.

Reimar II. Bey Gottfried V. ist von ihm erwähnet, daß er einer von den Brüdern des Bischofs Ludolph gewesen, der Theil an der Pfändung der Stifsgüter gehabt.

36.
Vicke III.
oder
Friedrich,
Ritter,
1309/1341.

Vicke III, oder Friedrich, Ritter. Man gehet vielen Verwirrungen, die sonst in den Urkunden vorkommen würden, aus dem Wege, wenn man dem einsichtsvollen Matthias von Behr folget, und beide Namen für eins hält. Man würde genöthiget seyn, wollte man Vicke und Friederich für zwey besondere Personen und für Brüder ansehen, ihnen die nämlichen Kinder beyzulegen, welches denn doch bey vier Kindern ein ganz außerordentlicher Fall seyn würde. Es höret auch die Verwunderung auf, wann man offenbar findet, daß der Bischof Friedrich von Bülow, wie er noch Thesaurarius gewesen, sich beständig Vicke geschrieben. Da sich nun gar nichts Widersprechendes noch Unpaßliches finden wird, warum man den Ritter Vicke und Ritter Friedrich nicht für eine Person halten könnte, so werde ich zwar die Namen, wie man solche in den Urkunden findet, beybehalten, doch allemal zum Grunde legen, daß man sich dabey keine verschiedenen Personen gedenke. Man trifft ihn zuerst im Jahre 1309 als Ritter unter dem Namen Vicke an, wie er als Zeuge die Urkunde unterschrieb, als Niclaus, Herr von Werle, dreyen Bürgern aus Penzlin einen Werder verkaufte, Frank Libr. V. p. 210. Hiernächst ist er 1322 in der Urkunde Q als Friedrich vorgekommen. Wie Gottfried V. im Jahr 1335 zu Bützow eine Vicarie stiftete, so haben wir ihn als dessen Bruder unter dem Namen Friedrich gesehen; hingegen bey der um diese Zeit geschehenen Pfändung der Stiftsgüter wird er wiederum Vicke genannt. Als der Bischof Hinrich von Bülow 1341 ein Vicariat anordnete, so nennet er diesen seinen Bruder, den seligen Vicke. Unter diesem Namen ist er auch als Vater des Bischofs Friedrich und dessen Brüder,

CC   Johann, Archidiaconus zu Tribsees, Hinrich, Knape, und Reimar, Ritter, in der Urkunde CC anzutreffen. Es ist dieses Document darum besonders merkwürdig, weil man lange geglaubt hat,

daß

daß dieser Vicke und sein Sohn Bischof Friedrich eine Person, und also letzterer ein Bruder der Bischöfe Ludolph und Hinrich gewesen, hiernach aber ist es nunmehro ganz deutlich, daß er nur ein Brudersohn jener Bischöfe war. In der merkwürdigen Urkunde TT kommt er abermal als Vater dieser Brüder vor, wird aber ausdrücklich Friedrich genannt. Im Pap. Mekl. stehet p. 1435, daß untriegliche Urkunden zeigten, daß Ritter Friedrich auf Bredentin ansäffig gewesen; sie sind mir nicht zu Händen gekommen, und ich glaube auch nicht, daß es dieser Friedrich gewesen, sondern der würde füglicher Vicke V., sonst Bredentin genannt, seyn können.

Hennecke auf Wedendorf, ein Sohn des Ritters Johann IV., unterschrieb als Bürge den Kaufbrief, als im Jahr 1376 sein Vetter, der Ritter Dankward von Bülow, die Dörfer Menzendorf, Blüssen, Griben mit der Mühle, den Hof Rothenberg und was er in Lübsee hatte, itzo Lübseerhagen genannt, wie auch seinen Theil an Ruschenbeck, an den Bischof Hinrich zu Ratzeburg verkaufte, siehe die Beylage PP. Wie im Jahr 1382 die Gebrüdere Hinrich IIX. und Gödecke von Bülow, Niclaus III. Söhne, zu Bützow eine Memorie stifteten, so unterschrieb er als Bürge gleichfalls den Stiftungsbrief GG. Im Jahr 1368 kommt er noch in einem Briefe vor, den der Ritter Dankward an das Stift Ratzeburg wegen Rothenberg ec. geschrieben, siehe die Urkunde RR.

37. Hennecke, auf Wedendorf. 1331, 1386.

Niclaus IV., ein Bruder des vorigen. Man findet seinen Namen 1331 bey Johann IV. und in der bereits angeführten Urkunde S, und 1356, wie er als Bürge den Kaufbrief unterschrieb, als Vicke von Karlow dem Bischofe zu Ratzeburg vier Hufen nebst dem Dorland in Falkenhagen überließ, Pap. Mekl. p. 1354, und Westphal Tom. II. p. 2252. Im Jahr 1359 wird man ihn unten in der Urkunde KK antreffen, und dabey bemerken können, daß er ebenfalls auf Wedendorf gewohnet habe; auch im Jahr 1362 im Pap. Mekl. p. 1402, wie er mit seinem Brudersohn Hartwig von Bülow an das Stift Ratzeburg das Dorf Goldensee im Lauenburgschen verkaufte.

38. Niclaus IV. Wapener, auf Wedendorf. 1331, 1362.

Gödecke, ein Bruder des vorigen nach der Urkunde S. Will man ihn mit dem von Hoinkhusen zu dem im Jahr 1405 gelebten Domherrn zu Ratzeburg machen, so müßte man der Meinung beytreten, daß die eben angeführte Urkunde S kurz nach dem Vermächtniß ausgefertiget worden, oder ihm auch ein sehr hohes Alter beylegen.

39. Gödecke. 1331, 1363.

Hennecke, der jüngste Bruder der vorigen. Er hatte einen Sohn gleiches Namens, deshalb wird er auch wol in den Urkunden der Aeltere genannt. Niclaus Josias von Beehr nimmt ihn für den ältesten Sohn Hinrichs XII. auf Plüskow, da er aber dieß mit nichts beweiset, so folge ich lieber, durch die Urkunde S bewogen, dem von Hoinkhusen, und rechne ihn und seine etwanige Nachkommen zu den Abkömmlingen des alten Wedendorfschen Hauses. Von Beehr sowol als Pfeffinger wollen ihm, außer dem gedachten Sohne Hennecke, noch einen Sohn Hartwig beylegen, und berufet sich ersterer besonders auf eine Urkunde, worinn enthalten, daß er im Jahr 1388 von den Gebrüdern Schwartepapen, mit Einwilligung seiner Brüder Vicke, Eggert und Hinrich, wie auch seiner beiden Söhne Hinrich und Hartwig, neun Hufen in Wolkow gepfändet haben soll. Ich will an die Richtigkeit der Urkunde nicht zweifeln, nur Schade ist es, da daran in unserer Genealogie so viel gelegen, daß er sie nicht beygefüget hat. Es ist aber von unserm Hennecke, der auf Röggelin gewohnt, darinn überall die Rede nicht; denn daß Hinrich und Hennecke einerley seyn sollte, davon kann ich mich nicht überzeugen, da letzterer Name sonst immer für Hans, Johann oder Henning nur pfleget genommen zu werden, und überdem auch, wann ein Hartwig mit unserm Hennecke in Gesellschaft vorkommt, gemeinhin dabey stehet, daß er nur ein Vetter von ihm sey. Z. E. als im Jahr 1389 unser Hennecke die Hälfte der Bollenmühle, bey Karlow belegen, dem Bischofe zu Ratzeburg für 100 Mark Lübsch verkaufte, so war der Knape Hartwig von Bü-

40. Hennecke auf Röggelin, Ritter. 1376, 1404.

Bülow Bürge, und wird deſſen Vetter genannt, Pap. Mekl. p. 1589. Weſtphal Tom.II. p. 2293. Kurz, ich bin der Meinung, daß bey dem Handel mit den Schwartepapen zwar ein Hennecke und ein Sohn des Ritters Hinrich zugegen geweſen, aber nicht der ſey, der auf Röggelin gewohnt habe, ſondern n. 71.

DD

Es iſt ſonſten unſer Hennecke bey denſelben Familien-Angelegenheiten. 1376 und 82, wie ſein älteſter Bruder Hennecke oder Henning auf Wedendorf, zu finden. 1388 verkaufte er mit Einwilligung ſeines Sohnes Hennecke, wie die Urkunde DD zeiget, ſein ganzes Antheil am Dorfe Benzin dem Kloſter Rehna für 455 Mark Lübſch; den Kaufbrief unterſchrieben ſein Bruderſohn Hartwig, und noch ein Vicke, wahrſcheinlich auf Simen, jener als Bürge, und dieſer als Zeuge. In den Wißm. Erſtl. iſt p. 243 angeführet, daß Henning Bülow mit ſeinem Vetter gleiches Namens zu Wedendorf im Jahr 1389 alles habende Gut zu Benthin dem Kloſter Rehna überlaſſen habe; da kein Benthin in der Gegend bekannt iſt, ſo muß es wol dieſes Benzin ſeyn, und da unſer Hennecke auf Röggelin ſein Antheil das Jahr vorher ſchon dem Kloſter verkauft hatte, ſo wird man dem Hennecke auf Kritzow oder Gülzow dieſe Handlung beylegen müſſen.

EE

Sophia, Priörinn zu Rehna.

Im Jahr 1394 vermachte er mit Bewilligung ſeines Sohnes Hennecke ſeiner Tochter Soffen oder Sophien, ſo lange ſie als Nonne im Kloſter leben würde, zehn Mark jährlich in dem Gute Ratzdorf (Raſendorf). Die Urkunde lieget unter dem Buchſtaben EE bey, und iſt hier abermal keines zweyten Sohns gedacht; ſonſt waren bey dieſem Geſchäfte der Ritter Johann auf Wedendorf und Joachim auf Zibühl, ſeine nächſten Vettern, gegenwärtig. Nach den Wißm. Erſtl. p. 243 iſt eine Sophia von Bülow zu Rehna Priörinn geweſen, welches ohne Zweifel dieſe Soffe war. Im Jahr 1397 unterſchrieb unſer Hennecke, damals noch Knape, und ſein Bruderſohn Ritter Johann auf Wedendorf, jener als Bürge, dieſer als Zeuge, den Kaufbrief, als die von Karlow dem Biſchofe Detlef zu Ratzeburg die Dörfer Karlow, Klocksdorf, Kuhlrade, Dependorf und was ſie an dem See Dechow und der Bollenmühle hatten, Schaddingsdorf und was ihnen in Demern gehörte, für 4890 Mark Lübſch verkauften, Pap. Mekl. p. 1633. Für die Landeshoheit wurden an den Herzog Erich von Sachſen-Lauenburg dieſerhalb noch beſonders 1000 Mark Lübſch bezahlet, Pap. Mekl. p. 1670. Im Jahr 1398 verkaufte unſer Hennecke eben gedachtem Biſchofe die Dörfer Samkow und Pogetz, Weſtphal Tom. II. p. 2300, und das Jahr darauf, nach der

FF

Urkunde FF, auch ſeinen Hof Röggelin mit allem Zubehör für 2000 Mark Lübſch, und die Landeshoheit koſtete dem Biſchof noch 700 Mark, Pap. Mekl. p. 1698. Von Bechr nennet unſern Hennecke: Ritter; bey dieſem Verkauf wird er noch Knape genannt, da ihn aber ſein Sohn nach ſeinem Tode, wie die Urkunde XX zeiget, den olden Herrn Johann betitelt, ſo iſt zu glauben, daß er noch zuletzt Ritter geworden.

Im Pap. Mekl. p. 2312 iſt aus Brieflichen Urkunden angemerkt, daß der Biſchof Johann von Perkentin zu Ratzeburg die Demerſche Kirche von den Ueberbleifeln des Raubneſtes Röggelin habe erbauen laſſen; ich habe nicht gefunden, daß ſich die von Bülow in dieſer Gegend auf dieſes Handwerk geleget gehabt, es muß daher dieß Schloß eher dazu gedienet haben, als es an die von Bülow gekommen iſt.

41. 42.
Niclaus V. und Johann VIII. Domherren zu Schwerin. 1382.

Niclaus V. und Johann VIII. Dieſe beide Brüder waren Söhne von Niclaus III. Daß ſie Domherrn zu Schwerin geweſen, wird ſich gleich zeigen. Letzterer iſt ohne Zweifel derjenige, der im Jahr 1357 im Pap. Mekl. p. 1310 vorkommt, als er die Päpſtliche Citation der Herzoge von Pommern wegen des Landes Tribeſees öffentlich vorleſen mußte. Sie hatten noch zween Brüder

43. 44.
Hinrich VIII. und

Hinrich VIII. und Gottfried VI. Dieſe wurden im Jahr 1378, nachdem Gottſchalk Ramel, als der letzte ſeines Geſchlechts hieſelbſt und Beſitzer der Güter Potremſe und Wenddorf, abgegangen

war,

war, von Johann V., Herrn von Werle, mit diesen Gütern beliehen, siehe des Latomus, von Behr und von Hoinkhusen Handschriften, besonders den ersteren p. 331, wie auch Pfessinger l. c. p. 951. Nachdem aber Hinrich ohne Erben verstarb, so ward **Gottfried** oder **Gödecke** der **Stifter dieser Potremser Linie**, die sich nachhero zu Essenrode und Brunsrode, Baier-Naumburg und Quitzöbel ꝛc. außerhalb Meklenburg, ausgebreitet hat. Der Herr von Behr gibt, nach dem Vorgang des Latomus, diesen Brüdern Ritter Hinrich IV. von Bredentin zum Vater, ich habe aber nach den Urkunden, die mir zu Gesichte gekommen, besonders da die Bredentinen mit dem Probst zu Güstrow Johann etwa 1404 ausgestorben, hierzu einige Wahrscheinlichkeit nicht finden können; noch vielweniger aber, wann Pfessinger und die ihm nachschreiben den Probst Hinrich XIII. dazu machen wollen. Ich folge vielmehr, durch die Urkunde GG bewogen, dem van Hoinkhusen, und nenne ihren Vater Niclaus.

Gottfried VI. auf Potremse. 1368-1386.

Im Jahr 1381 verkauften beide Brüder dem Stifte Schwerin sechs Hufen in Mankmoos, (dieß Dorf hatte daher seinen Namen, weil sowol Sachsen als Wenden darinn wohnten). Im folgenden Jahr stelleten sie diesem Stifte eine Verschreibung über 33 Mark Lübsch aus, wofür nach dem letzten Willen ihres Vaters Niclaus und ihrer Mutter Armgard, auch ihrer verstorbenen Brüder Niclaus und Johann, Domherren zu Schwerin, jährlich eine Memorie in der Kirche zu Schwerin gehalten werden sollte, wie die Urkunde GG ausführlicher zeiget. In dem im Pap. Mekl. p. 1553 befindlichen Abdruck derselben, ist unter denen, die solche als Bürgen mit unterschrieben, Vicke von Bülow auf Simen ausgelassen worden. Ich habe eine richtige Abschrift davon vor mir, die auch N. J. von Behr ebenfalls angeführet hat, nach welcher die Bürgen in folgender Ordnung stehen: Vicke von Bülow auf Simen, Hennecke von Bülow auf Röggelin, Hennecke von Bülow auf Wedendorf, und Hinrich von Bülow auf Krizow. Es führet der von Hoinkhusen an, daß Gödecke 1368 gegenwärtig gewesen, als die Herzoge von Meklenburg sich mit den Grafen von Holstein wegen einiger Irrungen verglichen hätten; wie auch, daß er auf dem nahe bey Potremse belegenen Gute Dummersdorf gewohnet, und an Hermann Wansekow zwo Hufen in Zernin verpfändet, nicht minder seine Frau Ghese von Bassewitz geheißen habe. Ferner will er, daß sein Bruder Hinrich zu Prützen gewohnt habe, und also mit zugegen gewesen sey, als Ritter Dankward seinen Hof Rothenberg ꝛc. 1376 an den Bischof zu Ratzeburg verkaufte; ich halte aber dafür, daß dieß Hinrich XV. gewesen, weil dessen Großvater Gülzow, und also auch wol der Nähe halber Prützen im Besitz gehabt, von dem es hernach Hinrich X. geerbet, und so ferner Hinrich XV.

GG

Ghese von Bassewitz.

Vicke auf Simen, und seinen Bruder Hinrich auf Krizow haben wir eben in der Urkunde GG vorgefunden, und sie sind wol ohne Streit Söhne des Ritters Vicke I. auf Simen. Es eignet von Hoinkhusen dem Ritter Vicke nur den einen Sohn Hinrich zu, er würde ihm aber gewiß den zweyten Sohn Vicke auch beygelegt haben, wann nicht der gedachte Schreibfehler bey der Urkunde GG vorgefallen wäre. Wahrscheinlich ist es dieser Vicke, welcher in den Jahren 1355, 60 und 63 die bey Hinrich XII. auf Pluskow vorkommende Heiraths-Contracte in Ansehung des Prinzen Magnus mit unterschrieben hat. So war er auch dabey, als 1358 Albrecht, Herzog zu Meklenburg, der Stadt Rostock die hohe und niedere Gerichtsbarkeit binnen ihrer Markscheide für 2000 Mark Rost. Pf. oder 5333 Rthlr. Spec. überließ, Abdruck der Rostockschen Privilegien, und Frank Libr. VI. p. 231. Beide Brüder verglichen sich 1385 mit dem Stifte Schwerin wegen einiger vorgefallenen Streitigkeiten, siehe von Behre Msc. Im Jahr 1376 hatte Hinrich die Urkunde unterschrieben, wie Dankward den Hof Rothenberg c. p. verkaufte, und 1387 überließ er dem Münster zu Tempzin das Gut Blankenberg für 500 Mark, Pap. Mekl. p. 1575.

45. 46. Vicke IV. auf Simen, 1355. 1385. und Hinrich IX. auf Krizow, 1376. 1385.

Hoinkhusen rechnet das Haus Simen ebenfalls zu dem alten Zibühlschen Hause, und eben so verwirft er die Meinung des Pfeffingers, wann derselbe p. 254 im zweyten Theil der Br. Lüneb. Historie anführet, daß die Potremser aus der Simenschen Linie entsprossen sey. So viel Mühe ich mir nun auch bis dahin gegeben, und deshalb keine Kosten gesparet; so kann ich doch weder das eine noch das andere, da beide Stammhäuser ein Raub der Flamme geworden, in den Urkunden finden, folglich von beiden nichts mit unstreitiger Gewißheit behaupten. Daß beide letztere Linien, wie Pfeffinger will, Erbverbrüderungen mit einander aufgerichtet haben sollen, das würde in Ansehung der nähern Verwandschaft wenig beweisen, und vielleicht sind es Waffenverbrüderungen gewesen, wodurch vordem durch Eröffnung einer Ader und Vermischung des Bluts, auch Genießung des heiligen Abendmahls, man sich angelobte, Mühe und Gefahr, Gewinn und Verlust mit einander zu theilen, und sich in Nothfällen nicht zu verlassen. Ich will indessen die Quelle anführen, woraus Pfeffinger wahrscheinlich alles dieses geschöpfet hat, und zugleich hiemit Namens meiner Linie die gedachte Verbrüderung mit den überaus würdigen Gliedern gedachter Potremser Linie hiemit erneuern, und mir solches zur besondern Ehre gereichen lassen. Der ehemalige Statthalter zu Celle Julius von Bülow aus dem Hause Potremse hat in seinem noch vorhandenen Gedenkbüchlein unter andern Familien-Nachrichten auch folgendes den 20. Jenner 1635 aufgezeichnet: Man hält es dafür, daß unsere Linie von dem Hause Siemen ihren Ursprung habe, denn die von Bülow zu Siemen, welches ein vornehmes Haus im Lande Meklenburg ist, haben mit meinen Aelter-Vätern Erbverträge und die gesamte Hand oder ein pactum successorium aufgerichtet; wie aber nach der Zeit das Haus Potremitz abgebrannt, sind solche Briefe auch mit im Feuer aufgegangen.

Dieß bey Seite gesetzt, nehme ich Bicke IV. auf Simen zum Stammvater dieser Linie an, wozu die Rensower, Dambecker, Bölkower und Stitener gehören, wovon aber nur noch eine Bransche im Meklenburgschen, und zwar durch mich auf Klaber, ansässig ist.

47. 48. 49.
Hennekin,
Hermann,
Domherr,
und
Hinrich X.
aufPrützen.
1339.
HH

Hennekin, Hermann und Hinrich X., Söhne des Knapen Johann auf Gülzow, kommen besonders im Jahr 1339 vor, als sie das Dorf Benz an den heiligen Geist zu Wißmar verkauften, wie solches und daß der Kaufschilling 500 Mark gewesen die Urkunde HH zeiget. Es ist bereits in der Urkunde U vorgekommen, daß Hermann Domherr in Schwerin werden sollen. Von Hinrich vermuthe ich, daß er nach den bey Hinrich VIII. angeführten Gründen auf Prützen gewohnet habe.

Von den in der Urkunde HH gedachten annoch unmündigen Brüdern findet man sonsten keine Nachricht, als daß von Hoinkhusen noch einen vierten Bruder Tidecke gefunden haben will, als Johann, Niclaus und Bernhard, Herrn von Werle, 1346 an Ludolph von Neukirchen 22 Mark Slavisch entrichteten. Allem Ansehen nach aber ist es ganz richtig

50.
Tidecke
aufGülzow
und Radum
1366.1385.
u. e. Riccard
Bonsack.

Tidecke auf Radum gewesen. Dieser hatte des Johann Bonsacks Tochter, Namens Riccard, zur Frau, die ihm das Gut Radum oder Gr. Radem zugebracht hatte, Frank Libr. VII. p. 8 und 123, wie auch das Pap. Mekl. p. 1687. Von Hoinkhusen führet weiter an, daß er 1371 gegenwärtig gewesen, als Johann von Molke auf Raben und Kobrow der Vicarie zu Wattmannshagen gewisse jährliche Pächte aus dem Dorfe Deutschen Kobrow zugewandt; wie auch daß er sowol als sein Vater auf Gülzow gewohnt hätten. Es kommt auch noch im Pap. Mekl. p. 1435 und 53 in den Jahren 1366 und 71 ein Diederich vor, der Burgermeister oder wol gar nur Rothsherr zu Lage gewesen, ob nun dieser unser Tidecke oder noch ein anderer gewesen, stehet dahin. Es war zwar zu der Zeit, und auch noch vor 200 Jahren nichts ungewöhnliches, daß auch Adliche dergleichen Bedienungen bekleideten, da er aber nicht von sondern schlechtweg Diederich Bülow genannt wird, welches bey der Familie nicht gewöhnlich ist, so kann es auch immer seyn, daß er

eigentlich

eigentlich zur Familie nicht gehöret habe, indem man noch heutiges Tages viele Bürgerliche findet, die sich Bülow nennen. Von unserm Tidecke ist noch anzuführen, daß die Herzoge von Meklenburg ihm 1385 sein Schloß zu Radum zerstöhreten, wovon unten bey Hinrich XV. ein mehreres vorkommen wird.

Gödecke. Ich trage kein Bedenken unter die in der Urkunde HH erwähnten unmündigen Kinder annoch diesen Gödecke zu zählen, welchen von Hoinkhusen in einer Urkunde von 1363, und zwar auf Zibühl wohnhaft, angetroffen hat, und dahero ihn zum Stifter der noch ißo florirenden Zibühlschen Linie macht. Ich habe keine Ursache anderer Meinung zu seyn, wann er ihm aber den Ritter Johann IV. auf Wedendorf zum Vater giebet, so kann ich den Grund hiezu nicht einsehen; vielmehr ist es weit natürlicher ihm diese Stelle zu geben, da der Großvater Ritter Niclaus unstreitig sich von Zibühl geschrieben, und dem Vater Johann auf Gülzow auch füglich ein Theil von diesem Gute zugehöret haben kann.

51.
Gödecke.
auf Zibühl.
1363.

Hinrich XI., Probst zu Schwerin. Weil ich ihn sonst nirgends füglich anzubringen weiß, so nehme ich ihn einstweilen als einen Sohn des Ritters Hinrich V. auf Bredentin an. Man findet ihn in der Würde eines Probstes im Pap. Mekl. p. 3134, 1271, 3136 und 37 angeführet, als er 1341 eine Vicarie zu Schwerin stiftete; als er 1345 von dem Bischof Hinrich nebst Hinrich XIII. der damals nur noch Archidiaconus war, zu dem Synodus zu Stade an seiner Statt zu gehen bevollmächtiget wurde; wie auch als er von dem folgenden Bischofe 1349 den unangenehmen Auftrag erhielte, an die Pfarrherrn, die unter ihm standen, zu verordnen, diejenigen von Bülow, die vermeintlich dem Stifte einige Güter entzogen hätten, in den Bann zu thun, wie auch würklich geschehen.

52.
Hinrich XI.
Probst zu
Schwerin.
1341-1350.

Vicke V. ein Bruder des vorigen. Man findet ihn zuerst im Jahr 1366 unter dem Namen Vicke von Bülow zu Bredentin nebst Dankward von Bülow als Mitgelobere oder Gewährmänner aufgeführet, als zwischen den Herzogen von Meklenburg, dem Bischofe zu Schwerin und den Herrn von Werle ein Verbündniß und Vereinigung auf 14 Jahr zu Rostock errichtet wurde, siehe Denkmal der zu Rostock 1755 gehaltenen zweyten Jubel-Feier des Religions-Friedens p. 19 — 22. Im Jahr 1373 ist er in der Urkunde NN unter dem Namen Vicke, sonst Bredentin genannt, vorgekommen, und eben so wird er im Pap. Mekl. p. 1467 genennet, wann es daselbst heißt; daß 1374 Gottschalk Preen und Vicke von Bülow, sonst Bredentin genannt, dem Kloster Rehna zehn Mark Lübsch verschrieben haben. Man wird ihn auch noch unten in der Urkunde QQ vom Jahr 1376 also beygenamet finden. Ich vermuthe, daß er die väterlichen Güter Regsdorf oder Ketelsdorf, Niendorf, Horst und Westenbrügge, statt dessen in der Folge immer Meschendorf genennet wird, an Hinrich XII. auf Plüskow überlassen habe, weil diese Güter in jüngeren Zeiten dessen Nachkommen zugehöret haben. Westenbrügge besaßen 1362 bereits die von Moltken nach der Urkunde MM.

53.
Vicke V.
genannt
Bredentin.
1366-1376.

Hinrich XII., Ritter, ein Sohn Gottfrieds V. Er wohnte auf Plüskow, war ein überaus reicher Mann und sehr berühmter Ritter. Sein Reichthum erhellet unter andern daraus, daß er die Güter Wischendorf, Elmenhorst und Harkensee c. p. ankaufte. Wie Hinrich Graf von Schwerin im Jahr 1339 zwischen den Herrn von Werle und den Edlen von Putliß einen Vergleich stiftete, so war Hinrich von Bülow, Knape, einer von denen, die diesen Vergleich aufrecht erhalten sollten, Gerkens Codex Diplom. Brandenb. Tom. 2. p. 281. Im Jahr 1349 kommt er als Rath des Herzogs Albrecht v. M. zuerst vor, Wißm. Erstl. p. 144. In einer acht Tage hernach ausgefertigten Urkunde sind zwar dieselbigen Personen, wie in der vorigen, gegenwärtig, sie werden aber nicht ausdrücklich Räthe, sondern Fideles (Getreue) genannt, Ungnadens Amoenit. p. 20. Wegen des Klosters Doberan

54.
Hinrich XII.
auf Plüskow, Ritter
und Rath,
auch Voigt
zu Plau.
1339, 1375.

H

Doberan unterschrieb er 1350 in Gesellschaft eben der Personen einige Urkunden, Westphal Tom. III. p. 1626 ꝛc. Drey Jahr nachher unterschrieb er als Zeuge einen Lehnbrief, wie die von Perkentihnen mit dem Hofe Johanns-Mühlen und Dassow beliehen wurden; er wird daselbst Coquinarius betitelt; von Beehr setzt dafür p. 1607 Dapifer, welches so viel als Oberküchenmeister bedeuten soll. Er war auch 1355 Zeuge, als Herzog Albrecht dem Eggard von Regendank die Freyheit ertheilte, mit vier Hufen in Zirow nach Gefallen zu schalten, Wißm. Erstl. p. 282. Es ist hiebey anmerklich, daß ihm in dieser Urkunde, die auch beym Frank Libr. VI. p 206 zu finden ist, der Beyname Kolvenacke gegeben wird; er ist also wol ohne Zweifel der Vater des Ritter Hinrichs von Molke

Cathrine, verehligte von Molke auf Teutendorf Ehefrau Cathrine, indem derselbe auf dem Leichenstein zu Dobran, alwo sie 1432 begraben worden, Hinrich Kolvenacke genannt wird, Wißm. Erstl. p. 396. Woher dieser Beyname entstanden, weiß ich nicht, sie waren aber der Zeit vielfältig im Gebrauch, und hat M. von Beehr p. 447 einen Arnold und Andreas aus der Familie von Schwerin angeführet, so auch Hoinkhusen einen Schötze, und Latomus einen Helmold von Plessen, die Kalepatz, Distel, Tagedüvel und Kuchenbecker beygenamet worden; in unser Familie werden wir auch noch bald einen kennen lernen der Grotekop hieß; im Pap. Mekl. p. 1375 ist im Jahr 1357 ein Bülow Langebost zu finden, und noch 1484 ward Georg von Bülow zu Gartow mit dem Beynamen Hochmuth bezeichnet.

Im Jahr 1358 unterschrieb unser Hinrich nebst Vicken von Bülow, beide Knapen, als Mitbürgen den Kaufvertrag zwischen Albrecht, Herzog zu Meklenburg, und dem Grafen Claus von Schwerin und Tecklenburg, wegen der Grafschaft Schwerin mit allem Zugehör, und ist hiebey merkwürdig, daß diese wichtige Handlung zu Plüskow zu Stande gekommen, zum sichern Beweis, daß unser Hinrich hiezu vieles müsse beygetragen haben. Im folgenden Jahr waren diese beide, wie auch Dankward, nicht minder Claus auf Wedendorf, unter den 60 Edelleuten, die sich wegen Bezahlung des Kaufgeldes für gedachte Grafschaft eidlich verbürgeten, und im entgegen gesetzten Fall angelobten, sich ins Einlager zu Tecklenburg einzufinden. Ich will beide Urkunden zur Ehre der darinn vorkommenden Familien, und weil letztere überaus rar, und von dem Herrn Land-Syndicus Pistorius in seiner Geschichte des von Warburgschen Geschlechts p. 26 zuerst herausgegeben

II KK ist, in den Beylagen II und KK mittheilen. Unser Hinrich überließ 1360, als Testaments-Vollstrecker des Bürgers Hinrich Janecke zu Grevsmühlen, das Dorf Naschendorf der Kirche zu Grevsmühlen zu einer Vicarie, doch behielt er sich und seinen Erben darüber das Patronatrecht bevor, Pap. Mekl. 1391. Als im Jahr 1360 die Herzoge Albrecht zu M., und Erich zu Sachsen-Lauenburg in Ansehung Magnus, des ersteren Sohns, und Lutten, des letzteren Tochter, ein Eheverlöbniß und noch sonsten ein Bündniß schlossen, so unterschrieben nebst andern auch den Vergleich Hinrich, Vicke und Dankward von Bülow, allerseits Knapen, auf Meklenburgscher, und Hartwig von Bülow, Knape, auf Sächsischer Seite, und hatte unser Hinrich die Ehre, nebst noch drey andern Edelleuten, von den Fürsten zum Schiedsrichter erwählet zu werden, wann etwa

LL unter ihnen ein Streit entstehen sollte, siehe die auch sonst lesenswürdige Beylage LL. Unsere Geschichtschreiber erwähnen von dieser Heirath nichts, weil eben so wenig etwas daraus geworden, als aus der, die 1355 mit Niclaus, Herrn von Werle, wegen seiner Tochter Cathrinen verabredet wurde, wovon die Urkunde, die von Vicke und Hinrich von Bülow gleichfalls unterschrieben ist, vom Westphal Tom. IV. p. 985 angeführet worden: Die Mitgabe sollte seyn 2000 Mark löthigen Silbers, welche 16000 Rthlr. Spec. und gut 20000 Rthlr. Gold betragen. Endlich glückte es dem Mag-

MM nus, daß er 1363 die Pommersche Prinzeßinn Elisabeth bekam, wie die Urkunde MM ausweiset, welche ich darum beylege, weil darinn sehr viele Familien und besonders dieß angeführet ist, daß die Zeugen Vicke von Bülow zu Bützow und Hinrich zu Plüskow gewohnt haben. Wie Herzog
Albrecht

Albrecht den Kauf bestätigte, als 1369 das Rehnasche Kloster dem h. Geist zu Wißmar zwo Hufen in Martensdorf, nahe bey Wißmar, überließ, so heißt es in der in den Wißm. Erstl. p. 230 befindlichen Urkunde: in Gegenwart unserer Getreuen und Vielgeliebten Albrecht von Pickatel, Hinrich von Bülow, Ritter, und Diedrich Vieregg, Wapener, unsere Räthe und Hausgenossen, Familiares; woraus theils der nunmehrige Ritterstand unsers Hinrichs, theils daß er würklicher Geheimerath gewesen, deutlich zu ersehen ist; letzteres führe ich darum an, weil sonst Frank Libr. IV. p. 227 behauptet, daß, wann in älteren Zeiten von einem Rath die Rede wäre, nicht immer folge, daß er beständig in Diensten gestanden, sondern die Räthe wären nach vorfallenden Umständen, bald dieser bald jener, aus dem Adel gewählet, und von dem jedesmaligen Canzler ihnen der Gegenstand der Berathschlagung vorgeleget worden.

Als der Herzog Albrecht in demselben 1369sten Jahr dem Bischofe Friedrich von Bülow zu Schwerin die Beden aus den Städten Schwerin und Kröpelin verschrieb, so unterzeichnete der Ritter Hinrich nebst Diedrich Vieregg die Urkunde; gleich Anfangs stehet, mit dem Rath unserer getreuen Räthe, und am Ende werden sie liebe Getreue, dilecti Fideles genannt, Westphal Tom. IV. p. 987. Ungefehr um diese Zeit, oder, wie Bünting in seiner Braunschweigschen Chronike und die Chronike der Sassen will, im Jahr 1371, sandte der Herzog Albrecht seinen Sohn Hinrich Suspensor mit unserm Ritter Hinrich gegen den Herzog Magnus von Lüneburg, mit der silbernen Kette zugenamet, zu Felde, und ward dieser unruhige Fürst dergestalt geschlagen, daß er mit genauer Noth über die Elbe entrinnen können; unter andern blieben auch zween Grafen von Diepholz und an 600 wurden gefangen. Unser Hinrich vermehrte dadurch seinen Ruhm dergestalt, daß er nur der tapfere Ritter genannt ward, Frank Lib. VI. p. 273; M. von Beehr p. 291. Im Jahr 1373 verkaufte er mit Genehmhaltung seiner Söhne dem Bischof Hinrich zu Ratzeburg seinen Theil an dem Hofe Ruschenbeck für 150 Mark; er schrieb sich bey der Gelegenheit Vogt zu Plau, Neustadt, Lüchow und Dömitz, wie die Urkunde NN ausweiset, die ein Vicke von Bülow auf Bredentin mit unterschrieben. Pfeffinger will auch noch einen Niclaus von Bülow unter den Zeugen gesehen haben.   NN

Nach Mag. Bernhard Latomus Bericht, siehe Westphal Tom IV. p. 326, soll 1397 Laurenzius, Herr von Werle, dem edlen Ritter Hinrich von Bülow Stadt und Land Plau auf sieben Jahr verpfändet haben, da aber Lorenz schon 1395 gestorben, so ist die Jahrzahl falsch. Die andern Meklenburgschen Chroniken melden nur überhaupt, daß im Jahr 1369 die Lande und Städte Plau und Krakow, welche den Herzogen von Meklenburg verpfändet gewesen, von Lorenz, Herrn von Werle, eingelöset, und denen von Bülow wiederum für 5000 Mark versetzet seyn, ohne anzuzeigen, welchen des Geschlechts. Es muß aber diese Verpfändung etwas später geschehen seyn, weil man vom Jahr 1375 eine Urkunde beym Frank Libr. IV. p. 303, und von Beehr p. 817 findet, die unser Ritter Hinrich auch mit unterschrieben hat, worinn angeführet ist, daß Lorenz und Johann, Herrn von Werle, der Stadt Güstrow das Dorf Glien, welches ihr Vater von Hinrich von Gamm gekaufet, für 1800 Mark Lübsch überlassen hätten, um dafür Plau wieder einzulösen; ob nun die von Bülow das fehlende zugeschossen, oder dieß Geld andere Anwendung gefunden, und der ganze Pfandschilling von ihnen ausbezahlt worden; ist schwerlich auszumachen, und auch hier unnöthig.

Im Jahr 1373 war Ritter Hinrich gegenwärtig, als Wizislaus und Albrecht, Herzoge von Sachsen-Lauenburg, auch Friedrich und Bernhard, Herzoge von Braunscheig-Lüneburg, die Privilegia der Stadt Lüneburg bestätigten, Gottlieb Samuel Treuers Geschlechts-Historie der von Münchhausen p. 36. In demselben Jahr unterschrieb er auch eine Urkunde, wegen der Wißmarschen Calande, Wißm. Erstl. p. 133. Es waren aber die Calande Gesellschaften zur Beförderung des

Got-

Gottesdienstes und Ausübung guter Werke gegen Nothleidende, darinn sowol geistliche als weltliche Personen beiderley Geschlechts aufgenommen wurden, wobey man bey angestellten Gastereyen allerhand Vergnügen auf eine ehrbare Art suchte. Bestanden die Gesellschaften aus vornehmen Personen, so hießen sie Herrn- sonst aber Minder-Calande, und waren selbige in Deutschland und Dännemark zu Ende des 13ten Jahrhunderts fast in allen Städten eingeführet. Unser Hinrich soll, wie Pfeffinger p. 268 meldet, auch Pfandinhaber des Amts Gadebusch gewesen seyn, und 1368 das Gut Draguhn, welches Hoinkhusen Darsing nennet, für 360 Mark gekauft haben. Letzterer will ihn auch für denjenigen halten, mit welchem und noch zween aus der Moltkischen Familie der Herzog Albrecht, bey der zwischen ihm und den benachbarten Lüneburgschen Landes-Regenten im Jahr 1360 obwaltenden Feindseligkeiten, dahin einen Vergleich schloß, daß sie mit ihren Helfern den Feinden allen möglichen Abbruch thun, und dagegen eine völlige Schadloshaltung gewärtig seyn sollten. Zuletzt findet man ihn im Jahr 1377, da er als Rath die Erbverbrüderung der Herzoge von Meklenburg mit den Herrn von Werle nebst Raven Barnekow, Vicke Moltke und Lüder Lützow unterschrieben, Pörkers Samml. 3tes Stück p. 27.

55.
Hinrich
XIII. Archi-
diaconus,
hiernächst
Probst zu
Schwerin.
1335, 1376.

Hinrich XIII., Probst zu Schwerin. Ich halte ihn und seinen Bruder Dankward darum mit dem von Hoinkhusen für Söhne des Reimars, weil sie Erben des Bischofs Friedrich gewesen, und mit diesem zugleich in den Proceß verwickelt waren, welcher wegen der ihren Vätern Reimar und Vicke verpfändeten Schwerinschen Bischöflichen Gütern entstanden. Er war wol derjenige Domherr der Jüngere zu Schwerin, dessen 1335 in der Urkunde U gedacht ist; hernach ward er Archidiaconus zu Tribesees, und kommt er 1343 in dieser Würde im Pap. Mekl. p. 3135 zuerst vor, und abermal im Jahr 1345, als er, wie wir oben bey dem Probst Hinrich XI. angeführet haben, nebst diesem Probsten zum Provinzial-Synodus, welchen der Erzbischof von Bremen nach Stade ausgeschrieben hatte, gesandt wurde; besonders aber in der Urkunde TT sowol als Archidiaconus, als wie ein Bruder von Dankward: Zuletzt ist er 1357 in dem ebengedachten Proceß also betitelt, Pap. Mekl. p. 1369. Als Probst und Bruder von Dankward, wie auch als Domherr zu Lübeck,

OO

erscheinet er im Jahr 1376, da er nach der Urkunde OO darinn willigte, daß dieser Dankward, den Hof Rothenberg und die Dörfer Menzendorf, Blüssen, Griben und Lübsee an den Bischof zu Ratzeburg verkaufte.

Man siehet hieraus ganz deutlich, daß der in dem Pap. Mekl. in den Jahren 1341, 45 und 49 vorkommende Probst von Bülow nicht dieser seyn kann; sonst war er wol ohne Streit derjenige, der im Jahr 1363, nach dem Abzuge des Bischofs Albrecht, während der Vacanz dem Stifte Schwerin vorgestanden, Pap. Mekl. p. 1419. Pfeffinger und die ihm folgen, nehmen, ob sie gleich diesen Hinrich XIII. als Probst erkennen, ihn dennoch für den Stifter der Potremser Linie an, und schreiben ihm das Gut Bredentin zu. Ich selbst habe einige Leichenreden gesehen, woselbst unter den beygefügten Ahnen der älteste Ahnherr entweder ein Bischof zu Schwerin oder zu Lebus war, und man wußte auch sogar die Gemahlinnen zu nennen. Wann aber bekannt ist, daß der Papst Leo IX. schon im Jahr 1050 auf dem Synodus zu Mainz forderte, daß alle geistliche Personen ihre Eheweiber abschaffen sollten, und Papst Gregorius VII., sonst auch Hildebrand genannt, diese Angelegenheit, wie er 1073 den Päpstlichen Stuhl erhielte, mit Gewalt durch seinen fürchterlichen Bannstrahl weiter nachsetzte, so müßte man annehmen, daß sie vorher verheirathet gewesen, und etwa aus großer Betrübniß über den frühzeitigen Verlust ihrer zärtlichgeliebten Gemahlinnen ins Kloster gegangen wären, wie dergleichen Fälle sowol bey Wittmännern als Wittwen zu damaligen Zeiten eben nichts ungewöhnliches gewesen; allein ohne Noth, und ohne den geringsten weiteren Beweis wird man doch zu diesen besonderen Fällen nicht gerne seine Zuflucht nehmen, zumal da es

etwas

etwas ganz außerordentliches seyn müßte, dergleichen Kinder habende Geistlichen zu den höchsten Würden eines Stiftes erhoben zu sehen; wann nun dieß hier der Fall ist, und, wie ich glaube, alle hieben vorkommende Personen ohnehin ihre sich mehr passende und rechte Stelle erhalten haben, so wird man es um so eher hieben lassen können.

Dankward, Ritter, ein Bruder des vorigen. Er untersiegelte, wie Hoinkhusen berichtet, 1346 nebst andern des Geschlechts die Ueberlassung der Hebungen aus den Jahrenholzschen Hufen, siehe Vicke II. Im Jahr 1349 ließ der Bischof Andrews zu Schwerin sowol an ihn als an Hinrich und Reimar wegen Abtretung der Zehenten im Lande Tribesees und der Dörfer Petersdorf und Lankewitz, im Ribnitzschen belegen, ein Ermahnungs-Schreiben bey Strafe des Bannes ergehen. Man hat so wenig der verschiedenen Verpfändungen der Schwerinschen Stiftsgüter, als der dreyen besondern Processe halber, welche die Bischöfe zu Schwerin wider die Familie von Bülow dieserwegen angefangen, vollständige gewisse Nachrichten; denn theils meldet der Archivarius Schulz, siehe Westphal Tom. IV. p. 1691, daß 1628 die Bützowschen Original-Stifts-Urkunden verloren gegangen, als der Kaiserl. Obrister von Arnim damals nach Bützow gekommen, und der Herr Administrator Ulrich sich hätte retiriren müssen, theils halte ich die Vermuthung des Pastors Schröder, Pap. Mekl. p. 1115, nicht gegründet, als wann die von Bülowsche Familie dieserhalb noch wol einige Nachrichten besäße, die sie nicht bekannt zu seyn wünschte. Ich wüßte in der That die Ursache nicht, weil ich überzeugt bin, daß, da sie stets auf rechten Wegen gegangen, ihr hieraus nichts Nachtheiliges erwachsen kann; ich wenigstens würde mir ein Vergnügen daraus machen, wann ich etwas mehreres hievon wüßte, solches zur Ergänzung der Kirchenhistorie mitzutheilen. Es ist mir unangenehm genung, wann ich itzo nicht einmal gewiß weiß, ob letztgedachter Hinrich ein Bruder von Reimar, und also Vicken III. Sohn, oder ob er Gottfrieds V. Sohn sey. Es kommt zwar kein Hinrich in der letztern Qualität in der Folge des Processes weiter vor, es kann aber immer möglich seyn, daß er sich von den andern abfinden lassen, und nehme man dieß an, so wäre die erste Klage genau gegen drey Söhne der ersten dreyen Pfandnehmer Gottfried, Reimar und Vicke gerichtet gewesen, siehe Bischof Ludolph p. 47. Man hat unterdessen den Tribeseeschen Zehenten-Proceß von dem Bützowschen Stiftshäuser-Proceß wohl zu unterscheiden, denn mit letzterem hatte unser Dankward und sein Bruder Hinrich nichts zu thun, sondern ging bloß Vickens Söhne an, daher p. 64 hievon ein mehreres vorkommen wird. Hier merken wir nur noch, daß im Pap. Mekl. p. 1369 mit aller Gewißheit gemeldet wird, daß 1357 drey End-Urtel in Sachen des Bischofs Albrecht zu Schwerin wider Hinrich, Archidiaconus zu Tribesees (Bruder des Dankwards), Vicke, Canonicus und Thesaurarius zu Schwerin (nachheriger Bischof unter dem Namen Friedrich), Reimar, Ritter, (eben gedachten Vickens Bruder), und Dankward, Wapener, gesprochen worden. Sie kamen vom Papst; lauteten also natürlich nicht sehr vortheilhaft: Indessen lieset man, daß die von Bülow dem Bischofe zu mächtig gewesen, welches denn wol hauptsächlich von ihrer guten Sache herkam, bis endlich diese Streitigkeiten durch Vergleiche gehoben wurden.

Im Jahr 1353 unterschrieb unser Dankward den Landfrieden, welchen die Herzoge Albrecht und Johann von Meklenburg, Graf Otto von Schwerin und ihre Manne und Städte mit der Stadt Lübeck errichteten; er ist in Gerdes Samml. p. 682 zu lesen. Die friedliebenden Männer waren nach der Reihe folgende: Gottschalk Storm, Johann von Plessen, Lübecke von Schönfeld, Raven von Barnekow, Hinrich von Stralendorf, Otto von Dewitz, Ritter, Bernd Alcun, Claus Perkentin, Hartwig Kule, Dankward von Bülow, Vicke Molteke von Diwitz und Hennecke Molteke von Stritzfeld, Knapen; Ferner aus der Grafschaft Schwerin: Ulrich von Driberg, Ritter, Gherold Hasenkop, Lütke von Blücher, Henning Knope, Matthias Raven, Berchteheide und

56. Dankward, Ritter, 1346. 1386.

Gerd Schönberg, Knapen. Es war Dankward und sein Vetter Vicke, Thesaurarius zu Schwerin, gegenwärtig, als die von Barnekow 1358 ihr Gut Rehow an das Kloster Dobran verkauften, Westphal Tom. III. p. 1335 und 38. Nach der Urkunde KK war er auch mit unter den 60 Edelleuten, die sich wegen des Kaufgeldes der Grafschaft Schwerin verbürgeten; wie auch nach der Urkunde LL im Jahr 1360 bey der Eheversprechung des Prinzen Magnus von Meklenburg; nicht minder, wie Hoinkhusen berichtet, bey der Ausfertigung der Quitung, welche Herzog Albrecht von Meklenburg und dessen Prinzen an König Woldemar von Dännemark, wegen der Mitgift der Prinzessin Ingelburg, 1361 ausstelleten. Nach dem Papist. Mekl. p. 1452 scheinet alles, was das Stift Schwerin mit denen von Bülow, und sonderlich mit unserm Dankward wegen der Verpfändungen annoch zu schaffen gehabt, zu Ende gekommen zu seyn, indem letzterer 1370 auf alles Verzicht that, und dabey angeführt ist, daß nunmehro endlich das Stift alles wieder erhalten, was denen von Bülow versetzt gewesen.

PP

Bis hieher hatte sich Dankward nur Armiger oder Wapener geschrieben, im Jahr 1376 aber erscheint er als Ritter, und verkauft an den Bischof Hinrich zu Ratzeburg den Hof Rothenberg, die Dörfer Menzendorf, Blüssen, Griben und was er in Lübsee hatte, itzo Lübseerhagen genannt, wie auch seinen Theil in Ruschenbeck (den andern Theil hatte Hinrich von Bülow auf Plüskow schon 1373 dem Bischofe überlassen), mit allen beweglichen Gütern, so wie ihm und seinem Bruder, dem Probst Hinrich, solches alles durch den Tod seines Vetters des Bischofs Friedrich zu Schwerin angefallen war, für 4300 Mark, wie dieses die merkwürdige Urkunde PP weitläuftiger zeiget; als Bürgen sind darinn unter andern mit aufgeführet: Hinrich von Bülow, Ritter, Hennecke auf Röggelin, Hennecke auf Wedendorf, Hartwig von Bülow, Hinrich von Bülow auf Kritzow und Hinrich auf Prützen, allesamt Wapener. Unter den Zeugen kommt ein Heidenreich von Bibow mit vor, der in den Urkunden gemeiniglich Bülow geschrieben wird; es ist dieß aber falsch, indem Heidenreich kein Bülowscher Familienname ist, dagegen er bey denen von Bibow häufig vorkommt, und hat daher Westphal ihn auch ganz recht Bibow genennet. Als Herzog Albrecht diesen Kauf bestätigte, so entsagte derselbe sich aus frommen Eifer, für sein und der Seinigen Seelenheil, des dominii directi und aller Landeshoheit an diesen Gütern, Pap. Mekl. p. 1488; Westphal Tom. II. p. 2271. Wann auch zu diesem Verkauf der alte Ritter Hinrich auf Plüskow, Vogt zu Neustadt ꝛc., da er vermuthlich Schwachheits halber nicht selbst gegenwärtig seyn können, seine besondere Einwilligung gegeben, die Vicke von Bülow auf Bredentin gleichfalls unterschrieben, so lege ich, um die Urkunden dieses Verkaufs nicht zu trennen, solche unter

QQ

QQ bey, und ist hiebey merkwürdig, daß der Verkauf von Papenhusen zugleich mit consentiret wird, wovon man in den übrigen Urkunden sonst nichts findet. Zuletzt kommt Ritter Dankward

RR

noch 1386 in der Urkunde RR vor, nach welcher er dem Stifte Ratzeburg noch einmal den Hof Rothenberg c. p. versichert, und alle Documente und Briefe, die dem entgegen etwa zum Vorschein kommen möchten, für null und nichtig erkläret. Diese Urkunde ist aber darum besonders zu bemerken, weil sie ihn sehr füglich zum Stifter der Zibühlschen Linie machen könnte, indem er am Ende des Briefes ausdrücklich schreibet: auf meinem Hofe Zibühl. Es stehet nun freylich diesem entgegen, was oben von Niclaus II. und Gödecke auf Zibühl erwähnet worden, und die von einer ganz andern Linie entsprossen sind, allein es wäre doch nichts Widersprechendes darinn, wenn man behaupten wollte, daß, nachdem Dankward obige Güter verkauft, er sich Zibühl wieder von seinen Vettern angeschaft hätte. Da man indessen hiervon nichts findet, und wegen der zu der Zeit beliebten Gemeinschaft es wohl zu glauben stehet, daß Dankward nur einen Theil der Zibühlschen Güter besessen habe, so folge ich, bis zur weiteren dereinstigen Aufklärung, dem von Hoinkhusen

der

der den hiernächst vorkommenden Joachim auf Zibühl Gödeckens Sohn, oder vielmehr den Vater selbst zum Stifter dieser Linie annimmt, wovon aber die Folge ist, daß Dankwards Stamm in seinen Söhnen ausgegangen seyn müsse, worinn auch alle unsere Genealogisten, außer Pfeffinger und die ihm blindlings nachgeschrieben, die ihn sogar zum Stifter der Wedendorfischen Linie machen wollen, einig sind. Pfeffinger, dem die Urkunde RR sehr wohl bekannt gewesen, hätte des letzteren Puncts halber bedenken sollen, daß darinn Dankward selbst ausdrücklich seines Vettern Hennecke auf Wedendorf erwähnet, und daß dieses Henneckens ungezweifelte Nachkommen noch in neueren Zeiten dieses Gut bewohnet haben. Es ist aber auf die Stammtafeln des Alterthums, die Pfeffinger angiebet, nicht zu bauen, und sie fallen überhaupt sehr verwirrt aus. Daß unser Dankward nach Ausstellung gedachten Briefes bald gestorben, ist daraus abzunehmen, weil seine Söhne Hinrich und Joachim schon 1387 unter der Vormundschaft des Ritters Hinrich auf Prensberg und Vicken auf Plau, Ritter Hinrichs auf Plüskow Söhne, gestanden, wie unten vorkommen wird.

Johann IX. Daß er ein Sohn des Ritters Vicke oder Friedrich, und folglich ein Bruder des Bischofs Friedrich gewesen, zeiget klärlich die Urkunde CC. Er war 1335 Vicarius zu Gadebusch und 1337 kam er als Archidiaconus nach Tribesees, wie Rudolph Bischof wurde, Pap. Mekl. p. 3134. Er muß 1343 bereits todt gewesen seyn, weil zu der Zeit Hinrich XIII. schon Archidiaconus daselbst war.

57. Johann IX. Archidiaconus zu Tribesees. 1335 : 1343.

Reimar III., des vorigen Bruder nach der Urkunde CC. Er kommt nebst seinen andern beiden Brüdern Hinrich und Vicke, Knapen, im Jahr 1341 vor, als ihnen der Herzog Albrecht für 450 Mark Lübsch das Eigenthum, i. e. die Entsagung der Lehns-Herrschaft, höchste Gericht und völlige Herrschaft, wie die merkwürdigen Worte in der Urkunde SS lauten, und die auf die Landeshoheit gedeutet werden könne, der Dörfer Rothenberg, Menzendorf, Griben, Blüssen, und Lübsee überließ, und zwar mit der besondern Freyheit, diese Dörfer auch an auswärtige Herrn zu verkaufen, welches denn auch 35 Jahr nachhero durch Ritter Dankward geschahe, wobey jedoch die abermalige Entsagung der Landeshoheit zum Ueberfluß geschehen zu seyn scheinet. Im Jahr 1348 stellete er nebst seinem Bruder Hinrich wegen einiger empfangenen Gelder eine Quitung an die Stadt Rostock aus. Das Siegel des Ritter Reimar war von rothem Wachs, des Wapeners Hinrich aber nur von grünem, übrigens aber so beschaffen, wie die 11te und 12te Figur des Kupferblattes zeiget. Von Hoinkhusen schließet aus selbigem, daß damalen weder die Büffelshörner noch der Vogel gebräuchlich gewesen, indessen zeiget die 13te Figur, daß sie wenigstens kurz hernach geführet worden. Was wegen der Tribeseesschen Zehenten 1349 mit dem Bischofe von Schwerin vorgefallen, ist schon bey Dankward erwähnet. Im Jahr 1352 erfülleten unsre Ritter Reimar und sein Bruder, der Knape Vicke, den Willen ihres verstorbenen Bruders Hinrich, und stifteten zum Andenken ihrer Vettern, der drey Bischöfe zu Schwerin, Gottfried, Ludolph und Hinrich, auch ihres Vaters des Ritters Friedrich, und ihres Bruders Hinrich, eine Präbende zu Bützow, und zwar von des letzteren selbst erworbenen Gütern. Sie verordneten dabey, daß das Patronatrecht ihnen und ihren Kindern bleiben sollte, würden sie aber keine Kinder bekommen, so sollte solches an Hinrich, Archidiaconus zu Tribesees, und Dankward Gebrüdere von Bülow, ihre Vettern, fallen. Es wurden hiezu 18 Mark aus Schepkendorf, drey Drömt hart Korn und drey Drömt acht Scheffel Hafer aus Jahrenholz geleget, wie die Urkunde TT weiter zeiget. Es überließen ferner beide Brüder dem Kloster Dobran das höchste Gericht zu Gr. Grenz, Deutsch Bölkow und Jbendorf pfandsweise; so heißt es im Pap. Mekl. p. 3137, nach der Urkunde aber, die annoch mit unverletzten Siegeln im Herzogl. Archiv vorhanden, sollte es eigentlich heißen:

58. Reimar III. Ritter. 1341 : 1361.

SS

Fig. 11. Fig. 12.

TT

heißen: Reimar und Vicke, die Bülow, bekennen den 3ten März 1355, daß das höchste Gericht und die Bede in den Dörfern Gr. Grenz, Deutschen Völkow und Jbendorf dem Kloster Dobran von dem Fürsten Albrecht zu Meklenburg mit ihrer Bewilligung verkauft sey. Dahero haben diese Dörfer den gedachten Brüdern nicht eigenthümlich, sondern nur, mit dem ganzen Amte Schwan, pfandsweise gehöret, wie hievon bey den ns. 79 und 80 ein mehreres vorkommen wird. Sie verpfändeten auch dem nämlichen Kloster einige Ländereyen in Boldebuck, und dem Meister des h. Anthons Hauses zu Tempzin verkauften sie für 290 Mark das Dorf Ventschow.

Nun will ich noch etwas ausführlicher des Processes gedenken, welchen die Bischöfe zu Schwerin wegen der Stiftshäuser mit diesen Brüdern geführet. Der Lerm gieng bald nach dem Tode des Bischofs Hinrich von Bülow an, und etwa vier Jahre hernach 1351 brachte Johann von Campen, Domdechant zu Hamburg und Domherr zu Schwerin auch General-Vicarius des Bischofs Andrews, einen Vergleich in Vorschlag, der aber nicht zum Stande kam, auch weiß man nicht, wie er gelautet. Kurz darauf reisete der Bischof selbst nach Rom, und brachte drey Befehle an die von Bülow zur Abtretung der verpfändeten Stiftsgüter mit zurück. Da aber diese sehr in Ansehen standen, und auch wol manches dagegen einzuwenden vermogten, so richtete er dadurch wenig aus, und starb darüber hin. Sein Nachfolger Albrecht setzte den Proceß muthig fort, bis es endlich 1361 zum Vergleich kam, den auf Päpstlichen Befehl der Erzbischof zu Riga, ein Domherr zu Prag, zween Burgermeister aus Lübeck und einige Edelleute zu Stande zu bringen gesucht, des Inhalts: Daß beide Brüder Reimar und Vicke, die Häuser Bützow und Warin c. p. ihre Lebenszeit über in Ruhe besitzen sollten; wann aber einer abgienge, sollte der Ueberlebende dem Bischofe jährlich 300 Mark Lübsch erlegen; wann endlich auch dieser gestorben, beide Häuser dem Stifte frey anheim fallen. Dagegen versprach der Bischof, sie ins künftige als seine Lehnsleute anzusehen; sie auf alle Wege zu schützen, und es auf seine Kosten dahin zu bringen, daß der Päpstliche Stuhl alle bisher erlassene widrige Sentenzen und Befehle aufhöbe. Man kann dieß in Gerdes Sammlung p. 436 und im Pap. Mekl. weitläuftiger lesen, doch bleiben die Nachrichten aus obangeführten Ursachen immer noch unvollkommen.

59. Hinrich XIV. auf Schepkendorf, Vogt zu Büzow. 1341/1352.

Hinrich XIV., ein Bruder des vorigen. Außerdem was bereits von ihm bey seinem Bruder Reimar erwähnet worden, findet man eine Urkunde von 1345 im Pap. Mekl. p. 1268 von ihm als Zeuge unterschrieben, als Herzog Albrecht den Kauf bestätigte, wie Johann von Cröpelin, Burgermeister zu Wißmar, drey Hufen Landes, zween Katen und einen See auf dem Martensdorfer Felde bey Wißmar, an den Bürger Hinrich Gägelow überließ; er nennet sich bey dieser Gelegenheit Vogt oder Hauptmann (advocatus) zu Bützow. Sonst erzählet noch von Hoinkhusen von ihm, daß er 1344 von Theß Zernin Schepkendorf erhandelt, und auch in demselben Jahr zugegen gewesen sey, als die von Hahn von der Landesherrschaft einen Lehnbrief über Basedow erhalten; daß er um eben die Zeit eine Versicherung von Herzog Albrecht erhalten, daß derselbe ihm, wegen des erlittenen Schadens bey der Einnahme der Stadt Grimm, 272 Mark Wendisch zu erstatten gehalten seyn wolle; wie auch daß gedachter Regent und sein Bruder Johann ihm in besagtem Jahre bescheiniget, daß sie ihm 1452½ Mark Lübsche Pfennige schuldig geworden, und sie deshalb ihm das Haus Eckhof nebst der Mühle zur Hypothek gesetzet; Ferner daß er nebst seinem Bruder Reimar an die Stadt Rostock wegen gewisser Gelder eine Quitung im Jahr 1348 ausgestellet hätte, wie bey Reimar bereits erwähnet worden. Vermuthlich ist er auch derjenige, der 1344 den Erbvergleich zwischen den Herzogen von Meklenburg, und Herrn von Werle unterschrieben hat, Pöskers Samml. 2tes Stück p. 25. Uebrigens starb er, nachdem er zuvor, wie wir bereits bey seinem Bruder Reimar gesehen, eine Präbende zu Büzow verordnet hatte, ohne Erben, gleichwie ihm seine Brüder darinn folgeten.

Vicke

Vicke VI., welcher sich nachher als Bischof Friedrich nannte, war, ehe er den geistlichen Stand erwählte, Knape, und erhandelte 1341 mit seinen Brüdern Ritter Reimarn und Hinrich, Knape, nach der bereits angeführten Urkunde SS, vom Herzoge Albrecht alles Recht, so demselben an den Dörfern Rothenberg, Menzendorf ꝛc. zugestanden. Im Jahr 1351 kommt er und sein Bruder Reimar in dem projectirten Vergleich wegen der Stiftshäuser Bützow und Warin vor, und in dem dieserhalb geführten Proceß wird er vielfältig, theils noch als Knape, theils als Thesaurarius, Custos oder Schatzmeister des Stifts Schwerin, angeführet. In der Urkunde TT haben wir ihn noch 1352 als Knape gesehen, im Jahr 1357 aber findet man ihn zuerst in seiner geistlichen Qualität, Pap. Mekl. p. 1369; hiernächst 1358, wie er Zeuge war, als die von Barnekow ihr Gut Retzow dem Kloster Dobran veräußerten, siehe Ritter Dankward. Als er 1362 an Lorenz Herrn von Werle 50 Mark, und zwar in solchen Münzsorten, wovon drey Mark eine reine Mark Silber ausmachten, folglich Lübsche Marken vorgestrecket, so ward ihm dafür dessen Antheil an dem See Parum und Geetze verpfändet, Pap. Mekl. p. 1401. Noch itzo findet man Dörfer an diesen Seen gleiches Namens, nur daß letzteres sich in Karkgeetz und Mühlengeetz zertheilet, weil dorten die Kirche, und hier eine Mühle ist. Im Jahr 1364 stiftete unser Vicke eine Vicarie zu Schwerin, und legte dazu die Pächte aus 4 Hufen in Vehlböcken, 4½ Hufen in Schleindorf, einen Katen und zwey Hufen in Blome, und 1⅔ Hufe in Passeran, Pap. Mekl. p. 1426. Von Hoinkhusen schreibet diese Oerter Stemdorf, Blumen und Parsenow, und führet auch an, daß er hier schon Friedrich genennet worden, ich kann aber jene Oerter, weil sie wahrscheinlich in den Kriegen verwüstet sind, auf der Landcharte so wenig als dieses finden; es kann aber seyn, daß er die Urkunde selbst mag gesehen haben, wie er denn auch noch berichtet, daß er 1366, ehe er Bischof geworden, unter dem Namen Friedrich das völlige Eigenthum der Dörfer Vehlböcken und Stemdorf von dem Herzoge Albrecht erhalten. Auch dieses führet das Pap. Mekl. p. 1436 an, daß es geschehen, wie er schon Bischof gewesen sey. Es lässet sich solches aber also erklären, daß er zwar zum Bischof erwählet, aber noch nicht von dem Papst bestätiget worden; denn ersteres geschahe würklich 1365, und zwar zum Zweytenmal, indem schon vor zweyen Jahren die Wahl des Stifts auf ihn gefallen. Er konnte aber zu der Zeit die Bestätigung des Papstes nicht erlangen, ob er sich gleich selbst zu demselben nach Avignon verfügete, und das Capitel ihn wegen seiner großen Qualitäten stark empfohlen, und besonders von ihm angeführet hatte, daß er eines großen ablichen Geschlechts, ehrbaren und aufrichtigen Lebens, in geistlichen und weltlichen Geschäften wohl erfahren und unverdrossen, auch sonsten ein reicher, hochgelahrter und kluger Mann sey, welcher dem Stifte viel gutes gethan, und noch thun könnte. Er ward dasmal von einem Rudolph, der ein unächter Sohn eines Fürsten von Anhalt gewesen seyn soll, angeschwärzt, als ob er nach dem Abzuge des Bischofs Albrecht sich mit Gewalt dem Stifte aufgedrungen, und da die Processe mit der Familie von Bülow, und besonders mit ihm und seinem Bruder, am Päpstlichen Hofe noch im frischen Andenken seyn mochten, so glückte es dem Rudolph mit diesem Vorgeben, und ward er, nachdem er 500 Gulden dem Papst versprochen hatte, zum Bischofe ernannt. Dieß zeigte nun freylich eben keine große Heiligkeit an; das Capittel ward auch dadurch nur destomehr aufgebracht, dergestalt, daß der neue Bischof sich nicht getrauete nach Schwerin zu kommen, sondern in Anhalt blieb, allwo er auch nach Verlauf eines Jahres gestorben. Hierauf glückte es dem Stifte bey der zwoten Wahl besser, und unser Friedrich ward nach erhaltener Bestätigung 1366 von Albrecht, Erzbischof von Bremen und Herzog von Braunschweig, in Gegenwart der Bischöfe zu Lübeck und Ratzeburg eingeweihet.

Wie dessen geführte Wirthschaft beschaffen gewesen seyn muß, erhellet daraus, daß er in den beiden ersten Jahren nicht allein 11000 Gulden, an alten Restanten und neuen Forderungen, der

60.
Vicke, Knape, oder Friedrich, Bischof zu Schwerin. 1341-1375.

Apostolischen Kammer abtrug, sondern auch alle Schulden, die seine Vorgänger, Bischof Hermann Molzahn und Johann Gans, in Rostock gemacht hatten, bezahlte. Er kaufte Jürgenshagen für 1300 Mark Rost. Münze, und machte die versetzten Häuser samt vielen Dörfern, als den Hof Qualitz, imgleichen einige Höfe in Wolken, auch den dritten Theil des Dorfes Prüzen, mit seinem eignen Gelde frey; besonders 1366 die Dörfer Pastin und Schlemmin, welche an Joachim und Hans von Bülow versetzt gewesen, Pap. Mekl. p. 1436. Ebengedachter Joachim auf Zibühl bezeuget in einem Schreiben vom Jahr 1375, wie im Pap. Mekl. p. 1470 zu lesen ist, daß er und seine Brüder, die zum Theil geistlichen Standes gewesen, sich mit dem Schwerinschen Bischof Friedrich auch vornämlich wegen Zetrin und einigen andern Dörfern verglichen habe. Hiedurch vermehrte nun unser Bischof das Einkommen des Stiftes auf eine gar ansehnliche Art, und es heißt ausdrücklich im Pap. Mekl. p. 1452, daß, nachdem Dankward von Bülow im Jahr 1370 auf alle Schwerinsche Stiftsgüter völligen Verzicht gethan, das Stift endlich alles wieder erhalten habe, was denen Herrn von Bülow versetzt gewesen. Wann es dagegen im Pap. Mekl. p. 1646 lautet, daß 1398 das Haus Warin durch den derzeitigen Bischof Rudolph von denen von Bülow eingelöset worden, so ist es ein offenbarer Widerspruch, der sich durch nichts erklären läßt, als daß in den sehr unruhigen Zeiten dieses Bischofes eine abermalige Versetzung geschehen sey, wovon man aber sonst nicht die geringste Spur findet.

Unser Bischof ward von dem Herzoge Albrecht von Meklenburg, wegen vieler ihm erzeigten Freundschaft, und, wie es heißt, Wohlthaten, besonders geliebt, daher ihm dieser Fürst auch alle Gerichte und das völlige Eigenthum (proprietatem) des ihm ohnehin als ein Lehn zuständigen Guts Bülow, im Lande Gadebusch belegen, schenkte, Pap. Mekl. p 1449. Dahingegen der Bischof ihm verschiedentlich Geld vorstreckte, und dafür die Häuser Eckhof, Sülz und Marlow zum Unterpfande erhielte, Pap. Mekl. 1427 und 53. Er belegte auch 900 Mark Lübsch bey der Stadt Wißmar, p. 1455, und nach dem von Hoinkhusen 700 Mark löthigen Silbers Cölnischen Gewichts bey Diedrich und Otto Vieregg von Brül. Das Stift beschenkte er mit der Hälfte des Parumer Sees, Pap. Mekl. p. 3140, und wendete überhaupt großen Fleiß und Mühe an, die Stifts-Freyheiten, Gerechtigkeiten und Einkünfte, die es vor Alters gehabt, nun aber zum Theil davon abgekommen, untergeschlagen oder versetzt worden, wiederum herbey zu bringen. Er hat darüber ein eignes Register selbst verfertiget, und bey Strafe des Bannes verboten, dieses Buch aus der Kirche zu tragen, damit es nicht verfälscht oder abhänden käme; zugleich hat er darinn die Capittels-Personen nach ihrer Ordnung beschrieben, was einesjeden Pflicht sey, deutlich angeordnet, und also auf alle Art mit der That bewiesen, daß das Zeugniß, welches das Capitel ihm bey dem Papst gegeben, überall nicht übertrieben gewesen, wie er denn auch von allen Geschichtschreibern durchgängig unter die allerlöblichsten Bischöfe gerechnet worden, und ist ihr Lob um so mehr unpartheyisch, da sie zum Theil ihn nur unter dem Namen Friedrich kannten, ohne seine Herkunft zu wissen.

Im Jahr 1367 verbot er der Geistlichkeit zu Rostock, daß sie, nach dem Verlangen E. E. Raths daselbst, bey Strafe des Kirchenbannes, inskünftig weder in den Minder-Calanden, noch auch andern Brüder- und Schwesterschaften, Layen, es möchten Männer oder Weiber seyn, aufnehmen sollten, auch befohl er, die schon darinn befindliche wieder auszuschließen, und überdem in Zukunft keine neue Brüderschaften, ohne Vorwissen und Willen des Magistrats auch sein und seiner Nachfolger Bestätigung, aufzurichten, Pap. Mekl. p. 1443. In demselben Jahr entstand zwischen ihm und dem Abt zu Dobran, der ihm den 15ten Theil von des Klosters Einkünften zu geben versagte, ein Proceß, welche Sache endlich vom Pabste verglichen wurde, Gerdes Melienis Urk.

Urk. p. 440. Im folgenden Jahr weihete er die Kirche zu Dobran, nachdem sie auf eine andere Stelle verleget, und nunmehr endlich fertig geworden war, mit vielen Feierlichkeiten ein, verlegte den Jahrtag dieser Kirchenweihe mit auf den Tag der Besuchung des heiligen Bluts, und verlieh den Besuchenden Ablaß auf 40 Tage, Chemnitz große Mekl. Chronik. Im Jahr 1369 stiftete er in seine Kirche eine Misse, und ward von ihm dazu ein eigner Vicarius bestellet, von welchem jährlich den Bischöfen Gottfried, Ludolph und Hinrich seinen Vorfahren, seinem Vater dem Ritter Vicke, seiner Mutter Ghese und seinen dreyen Brüdern, allesamt seligen Gedächtnisses, Memorien und auch sonsten ein Meßdienst mit Wein und Bier gehalten werden sollte, wie solches die Urkunde CC beweiset, und auch dieß, daß Hederich und Latomus sich geirret, wann sie geglaubt, daß Bischof Friedrich ein leiblicher Bruder von Bischof Hinrich gewesen sey. Im Jahr 1370 schenkte er dem Priester zu Retchendorf eine Hufe in Buchholz, die auf immer bey der Pfarre bleiben sollte, Pap. Mekl. p. 1452. Endlich bestätigte er 1375 unterschiedene Stiftungen, welche die von Nortmann (ein ausgestorbenes Geschlecht) zu Rossewitz an die Kirche zu Reckenitz gemacht: Das darunter hangende Siegel stellete, wie Hoinkhusen berichtet, einen in völligem Ornat sitzenden Bischof vor, der zu beiden Seiten der Füße einen Schild hatte, in dem zur Linken waren 14 Kugeln auf der Art, wie sie noch itzo in der Familie gebräuchlich sind, in dem zur Rechten aber zween in einem Andreas-Kreuze gelegte Bischofs-Stäbe, als des Stifts Wapen, siehe die Figur 9 des Kupferblattes. *Fig. 9.*

Nachdem nun dieser große und durchgängig beliebte Herr auch noch seinen Namen durch Erbauung des weißen Collegiums zu Rostock verewiget hatte, so starb er 1375 im neunten Jahr seiner Regierung zu Warin, woselbst auch sein Eingeweide begraben lieget. Das Pap. Meklenb. berichtet p. 1477, daß in der Kirche zu Warin der Stein noch befindlich sey, unter welchem dieser Theil des Körpers unsers Bischofs und der vorigen des Geschlechts hingeleget worden, die darauf befindliche Schrift sey aber, da Stühle darauf zum Theil gebauet worden, unleserlich. Der übrige Leichnam ward nach Schwerin gebracht, und bey seinen Vorfahren im hohen Chor und zwar in das Gewölbe, worinn der Bischof Gottfried von Bülow befindlich war, beygesetzt. Das schöne Epitaphium dieser beiden Bischöfe ist schon oben beschrieben worden, und merke ich nur noch an, daß aller Vermuthung nach dieser Bischof den Ring getragen habe, welcher das Sinnbild der Göttinn Minerva führete, dessen gleichfalls bereits oben bey den Denkmälern gedacht, und Figur 10 des Kupferblattes zu sehen ist. *Fig. 10.*

61.
Johann auf Wedendorf, Ritter. Er war ein Sohn Hennekens auf Wedendorf. Johann X. auf Wedendorf, Ritter, und Rath. 1394. 1405. Man trifft ihn in den Urkunden nur allein in der ritterlichen Würde an, als in der Urkunde EE von 1394, und in der Urkunde FF, die beide seinen Vaterbruder Henneke auf Röggelin betrafen; auch war er dabey, als die von Karlow dem Bischofe zu Ratzeburg 1397 die Güter Karlow rc. verkauften, Pap. Mekl. p. 1633. Im Jahr 1405 kommt er als würklicher Rath bey dem Könige Albrecht und dem Herzoge Johann von Meklenburg vor, wie die Urkunde XX bey Hennecke von Bülow dem Jüngeren zeigen wird. Außerdem unterschrieb er noch im Jahr 1396 als Bürge, nebst vielen andern Edelleuten, die Versicherungs-Acte, die der König Albrecht an die Königinn Margretha von Dännemark bey seiner Loßlassung aus der Gefangenschaft hatte ausstellen müssen. Da bey diesen Vorgängen verschiedene des Geschlechts vorkommen, so will ich solche kürzlich erzählen, und einige merkwürdige Urkunden beybringen.

Gedachter König Albrecht, ein gebohrner Herzog von Meklenburg, war 1362 König von Schweden geworden. Einige Großen des Reichs waren mit ihm unzufrieden, weil sie glaubten, daß er, nach seiner liebreichen Gemüthsart, den Deutschen und besonders seinen Meklenburgern zu viel einräumte; sie wurden ihm aufsätzig, und hingen sich an die Königinn Margretha von Dännemark.

J 2

mark. Darüber entstand ein Krieg, der für den muthigen aber unvorsichtigen Albrecht unglücklich und dahin ausfiel, daß er 1389 in der Königinn Gefangenschaft gerieth, worinn er verschiedene Jahre zubringen mußte. Unterdessen vertheidigte sich sein Schloß Stockholm noch immer vortrefflich, wozu die Hansee-Städte, die Fürsten von Meklenburg, besonders aber der tapfere Fürst Johann von Stargard, und das Land Meklenburg ein vieles beytrugen. Als nun obige Städte deshalb ein grosses Geld vorgeschossen, und das Land Meklenburg zu seinem Theil 3000 Mark drey Jahr hindurch bezahlen sollte, so ward dieserwegen eine Versicherung ausgestellet, die Hartwig von
UU Bülow, Knape, nebst mehreren Edelleuten, unterschrieben, und in der Beylage UU angefüget ist. Dieß geschahe 1395, und auch noch in demselben Jahr ward der König Albrecht und sein Sohn Herzog Erich, nachdem sie sieben Jahr in der Gefangenschaft zugebracht hatten, von der Königinn Margretha unter folgenden Bedingungen losgegeben: Der König sollte binnen dreyen Jahren 60000 Mark, 480000 Rthlr. Spec., bezahlen, im Fall er aber solches nicht könnte oder wollte, Stockholm entweder abtreten, welches so viel hieß, als sich des Königreichs Schweden entsagen, oder sich auch wieder ins Gefängniß stellen. Lübeck und noch andere neun Hansee-Städte, wie auch verschiedene Fürsten und Herrn, mußten sich verbürgen, und deshalb zu Helsingburg eine Versiche-
VV rung ausstellen, die unter andern auch, wie die Beylage VV zeiget, von Hinrich und Joachim von Bülow, Ritter, unterzeichnet wurde. Im folgenden Jahr, 1396, fertigte Herzog Johann von Meklenburg eine Urkunde aus, worinn nochmal die Festhaltung obiger Bedingungen versprochen, und von beiden Theilen durch viele Personen, unter andern auch, nach der Beylage WW,
WW durch Hartwig und Johann von Bülow, Ritter, und Hartwig und Vicke von Bülow von der Inne, Knapen, verbürget wurde. Wie die drey Jahre um waren, war das Geld zwar zusammen gebracht, und hatten besonders die Meklenburgischen Damen, damit der König nicht wieder in das harte Gefängniß gehen durfte, ihr Liebstes auf der Welt, ihren Geschmuck, hergegeben, wofür denn auch der König zur Dankbarkeit das bekannte Erbjungfern-Recht, welches als eine sonst natürliche Folge der Allodialität durch Einführung fremder Gesetze aus der Mode mochte gekommen seyn, den Damen wiederum bestätigte, und dadurch bis auf den heutigen Tag sein Andenken bey ihnen werth gemacht. Der König wollte aber, vermuthlich weil er schon alt, und sein Liebling der Kronprinz unterdessen gestorben war, Stockholm lieber fahren lassen, als sich von dem schönen Gelde trennen, da es ohnehin sehr ungewiß blieb, ob er gegen die mächtige Königinn am Ende gewinnen würde. Er hat sich auch, wie die Historie will, seine alten Tage damit recht frölich gemacht.

Wie in der Folge der zweyte Sohn des Königs, gleichfalls Albrecht genannt, sich immer noch ein Erbe der Nordischen Reiche schrieb, und im Jahr 1416 der König Erich von Dännemark das Herzogthum Schleswig wegnehmen wollte, unsere Fürsten aber den Herzogen zu Hülfe kamen, wobey gedachter Albrecht den Unfall hatte, daß er von dem Könige in der Stadt Schleswig eingeschlossen wurde; so mußte er, um einen freyen Abzug zu erhalten, sich mit einem Eide verbindlich machen, hinführo nichts wieder die Nordischen Reiche weiter zu unternehmen. Es unterschrieb diesen Vergleich unter andern Johann von Bülow, wie zu sehen beym Frank Libr. VII. p. 152, und von Beehr p. 1606. Er wird aber nicht Ritter genannt, und ist dahero ohne Zweifel der Sohn unsers Ritters und Geheimenraths, der von andern Hans genennet und als der Stammvater der Wedendorfer Linie angesehen wird. Der mir vorgesetzten Ordnung gemäß, nehme ich aber nicht den Sohn, sondern den Vater, unsern Ritter Johann, für den Stammvater der Wedendorfer und der davon abstammenden Linien Pokrent, Ramin, Scharbow, Kloddram, Zurow ꝛc. an, und bemerke von ihm noch, daß er eine von Ranzow, andere nennen sie Quitzow, die eine Erbinn vieler Güter war, zur Frau gehabt haben soll.   Hart-

Hartwig, Ritter. Daß er ein Bruder des vorigen gewesen, beweiset von Hoinkhusen dadurch, daß er nebst diesem seinen Bruder Johann von seinen Vettern Hinrich, Reimar und Henning von Bülow, die er von Zibühl schreibet, im Jahr 1405 das Dorf Jesseniz pfändete. Er muß zeitig sein eigner Herr geworden seyn, weil man ihn schon 1360 als Zeuge auf Lauenburgscher Seite bey Hinrich XII. antrifft. Sonst haben wir ihn auch im Jahr 1362, wie er mit seinem Vaterbruder Niclaus das Dorf Goldensee verkaufte, 1376, wie er den Kaufbrief des Ritter Dankward wegen Rothenberg 2c. mit unterschrieben, und 1388 bey Henneken auf Röggelin angetroffen, wie derselbe seinen Theil an Benzin, und 1389, wie er die Bollenmühle verkaufte. Als Ritter kommt er 1396 vor, und unterschrieb die Bürgschafts-Acte wegen des Königs Albrecht, siehe Beylage WW. Man hat keine Nachricht, daß er Kinder hinterlassen, indem ich mit dem von Hoinkhusen nicht einstimmig bin, daß er der Stifter der Wehning-Gudowschen Linie gewesen, denn der war, ob er zwar auch Hartwig hieß, nur ein Knape, und aus einer ganz andern Linie, wie unten bey no. 82 vorkommen wird.

62.
Hartwig,
Ritter,
1388-1405.

Hennecke der Jüngere. Er ist uns bey seinem Vater Hennecke auf Röggelin in den Jahren 1382 und 1394 schon bekannt geworden. Im Jahr 1405 am Tage Marien-Geburt stellete er die Urkunde XX aus, worinn er, nach Absterben seines Vaters, die 100 Mark, welche letzterer zu einer Vicarie vermacht hatte, dem Priester Peter Tengelern bey Joachim von Bülow in Parsow und Jesseniz anweiset, und kommt in dieser Urkunde auch Ritter Johann X. auf Wedendorf unter den Herzoglichen Räthen vor. Nach der Meinung des von Hoinkhusen soll dieser Hennecke der Stifter der Gartow-Stintenburgschen Linie seyn, welches aber durch alle alte Familien-Nachrichten widersprochen wird, wie unten bey Henneken n. 71 und Hinrich XVIII. vorkommen soll.

63.
Hennecke
der Jüngere
1382-1405.
XX

Hennecke auf Krizow. Wie die Herzoge von Meklenburg im Jahr 1405 Plau wiederum einlöseten, so stelleten wegen empfangener Gelder die Quitung aus: Eggerd, Vicke und Claus, Gebrüdere von Bülow, und die Mitgläubiger Joachim auf Zibühl, Hinrich auf Tarnow und Hennecke auf Krizow, der ohne Zweifel ein Sohn von Hinrich IX. auf Krizow gewesen; von seiner Nachkommenschaft hat man keine Nachricht.

64.
Hennecke
auf Krizow
1405.

Hinrich XV., ein Sohn Hinrichs des X., der nach aller Wahrscheinlichkeit auf Prützen gewohnt hat. Man liest in der Lübschen Chronike, die in Gerdes 9ten Sammlung p. 48 zu finden ist, eine Begebenheit, so auch Frank Libr. VII. p. 29, und Matthias von Beehr p. 305 angeführet hat, die ich also als Geschichtschreiber nicht vorbey gehen kann, ob sie gleich sonst der Familie nicht sehr zur Ehre gereichet; indessen entschuldigen die damaligen rauhen Zeiten viel, und da der Adel nur den Degen selten aber die Feder zur Vertheidigung gebrauchte, so haben die Städtschen Scribenten, gleich den Mönchen, ein freyes Feld zu schreiben gehabt, ohne unangenehme Folgen befürchten zu dürfen, besonders da aus Mangel der Druckereyen es in den Archiven lange im Dunkeln blieb. Die ausgelassenen Worte sind folgende: „In demsülven Jar (1385) verenenden sick de van Lübeck mit König Alberto von Schweden, und de König togh darto sine Städe Rostock unde Wißmar. Diese toghen mit Heerschilden unde Manncraft to verdervende de Rövere, de de Straten röveden, unde ock andere Roveryen deden, wer en dat steden kunde. Hövet-Lüde desser Rövere weren: Molzahn von Schorzowe, Hennecke Mallyn van Ghömtow, Hinrick von Bülow van dem Prensberge, Hinrich Bülow van Prützen, Tidecke Bülowe van Raden. Dissen wunnen se ere Slote und ere Vestene af, und brecken se, unde wol XX gude vaste Höve. De Sacke, darumme de meste umme schach, was, dat de Stratenrövere de Köe vor Mölln nemen, de de van Lübeck vor deghedingheden (zuvor gehandelt hatten).

65.
Hinrich XV.
auf
Prützen.
1385.

J 3   Dank-

66.
Dankward,
auf Radum.
1400.

YY

67.
Joachim
auf Zibühl.
1366.1405.
68.
Hans.
1366.

69. 70.
Johann XI.
Probst zu
Güstrow.
1388. 1404.
und
Gemeke,
Domherr
zu Güstrow
1388.

Dankward auf Gr. Radum. Sein Vater Tidecke erheirathete dieß Gut mit seiner Frau Riccard Bonsack, und ist solches über 300 Jahr bey der Familie geblieben, nachhero ist es an die von Schacken gekommen. Dagegen erwarben sich dieses Dankwards Nachkommen, der als der Stifter der Radum=Wischendorfer Linie angesehen wird, die Güter Wischendorf, Elmenhorst, und seit 100 Jahren Plüskow, Rolofshagen, Vitzen, und breiteten sich in Dännemark aus. In Ansehung dieses Dankwards bringe ich in der Beylage YY eine Urkunde bey, woraus zu ersehen, daß er 15 Mark jährliche Pächte, die sein mütterlicher Großvater Johann Bonsack zu einer Vicarie bestimmt hatte, im Jahr 1400 dem Gotteshause zu Temzin versicherte.

Joachim auf Zibühl und sein Bruder Hans waren Söhne von Gödeken. Sie kommen 1366 zum erstenmal vor, als Bischof Friedrich von ihnen die versetzten Stiftsgüter Pastin und Schlemmin wieder einlösete. Ersterer bezeuget dieß noch einmal 1375, bey welcher Gelegenheit er erwähnet, daß er sich auch wegen Zernin mit dem Bischofe auseinander gesetzt. Hoinkhusen berichtet, daß aus der hierüber ausgefertigten Urkunde, welche in dem Archiv zu Schwerin annoch vorhanden seyn soll, erhelle, daß er dieser Dörfer halber mit seinen Vettern Hinrich und Gödeke, vermuthlich hiernächst auf Potcemse, in Communion gestanden. Nicht minder kommt er auch 1394 in der Urkunde EE vor; daß er noch 1405 gelebet, und ihm Parsow (Passow) und Jessenitz gehöret hat, beweiset die Urkunde XX, doch ist er bald darauf gestorben, indem seine Söhne Henning, Reimar und Hinrich kurz vor Weihnachten dieses Jahres das Gut Jessenitz an die Gebrüdere Johann und Hartwig von Bülow, wie wir vorher bey letzteren bemerkt haben, verpfändeten. Unser Joachim ist übrigens derjenige, von dem bereits bey Ritter Dankward angeführt ist, und bey n. 79 weiter vorkommen wird, daß es am schicklichsten sey, ihn mit dem von Hoinkhusen für den Stifter der Zibühlschen Linie anzunehmen, von welcher itzo nur noch zween Zweige übrig sind, als zu Möderitz und Zaschendorf.

Johann, Probst zu Güstrow, und Gemeke, Domherr daselbst, waren Söhne von Vicke auf Bredentin. Ersterer bekleidete im Jahr 1388 diese Würde, dagegen vermachte der letztere zur selbigen Zeit 200 Mark Lübsch von den aus dem Bredentinschen Holze zu lösenden Geldern, und noch außerdem 16 Mark jährliche Hebungen zu einer Vicarie zu Güstrow; ferner zur Erbauung einer Capelle an der Norderseite der Domkirche daselbst das, was die Kirche von seinen und seines Bruders Präbenden aus den Dörfern einnehmen könnte, wie solches der Oeconomus Tiel in seiner Beschreibung der Domkirche zu Güstrow berichtet. Im Jahr 1395 vertauschte der Probst Johann seine Probstey gegen das Canonicat des Arnold von Schwersdorf, welches der Bischof von Camin bestätigte: weil aber die Wahl eines Probstes dem ganzen Capittel zustunde, so protestirte selbiges dagegen, und die Sache gelangte an den Papst, der dennoch 1397 den von Schwersdorf gleichfalls bestätigte, und ihn durch den Dechant zu Stendel einführen ließ. Nach dessen baldigem Absterben suchte Johann die Probstey wieder zu erlangen, allein Hermann von Blißkow, Dechant zu Schwerin, bewarb sich auch darum, und es kam abermal zum Proceß, dessen Ausgang war, daß es keiner von ihnen erlangte, sondern das Capittel wählete Wilhelm Herrn zu Wenden zu ihrem Probst. Wie aber dieser, nach erfolgtem Absterben seines Herrn Bruders, resignirte und sich vermählte, so ist Johann doch wiederum Probst geworden, wie sein im Jahr 1404 errichtetes Testament bezeuget. Er bestätigte darinn obiges Vermächtniß seines Bruders mit dem Zusatz, daß derjenige, der nach seinem Tode den Hof Bredentin bekommen würde, die gedachte 200 Mark erlegen, der älteste von Bülow männlichen Geschlechts aber das Patronat der Vicarie haben sollte; von seinem Domhofe sollten Memorien gehalten werden, jede von zwey Mark; der Kirche gab er sein halbes Ziegelhaus und fünf Mark Pacht in Raßow, wie auch zu der Vicarie noch zehn Mark
Pacht

Pacht aus der Parummer Bach, siehe Tiel p. 45 und Pap. Mekl. p. 1722, welcher letztere Umstand denn klärlich beweiset, daß die Bredentinen Antheil an die Zibühlschen Güter gehabt, folglich aus diesem Hause hergestammet: ob aber Bredentin nach ihrem Tode, oder wann sonsten, von der Familie ab und zur Fürstlichen Cammer gekommen, darüber ist im Archiv vergeblich nachgesuchet worden. Sein Siegel ist Figur 14 des Kupferblattes abgezeichnet.

Fig. 14.
71.
Hennecke.
1388.

Hennecke, war ein Sohn des Ritters Hinrich auf Plüskow. Man trifft ihn sonsten nicht an, als bey dem Claus Josias von Beehr, der sich theils auf den Latomus, theils auf eine Urkunde berufet, deren ich schon bey Hennecke auf Röggelin aus der Ursache gedacht, weil erwähnter von Beehr dadurch bewogen worden, den Hennecke auf Röggelin zum Sohn des Ritters Hinrich auf Plüskow zu machen: Er ließ sich aber durch die Gleichheit des Namens verführen. Da man übrigens keine Ursache hat, an der Richtigkeit der Erzählung zu zweifeln, daß nämlich 1388 einem Hennecke von Bülow nebst seinen Brüdern Vicke, Eggerd und Hinrich, auch seinen beiden Söhnen Hinrich und Hartwig, von Claus, Gerd, Werner und Barteld, Gebrüdere von Schwartepapen (Hoinkhusen nennet sie Scharfenberge) neun Hufen in Wolkow für 300 Mark Lübsch verpfändet worden sey; so trage ich, da Latomus und alle alte Familien-Tabellen hiemit übereinstimmen, um so weniger Bedenken, ihm hier seine Stelle anzuweisen, nur daß ich ihn gebührend von Hennecke auf Röggelin unterscheide. Indessen muß er nicht lange gelebt haben, indem von ihm weiter nichts vorkommt; seine Söhne Hinrich XIIX. und Hartwig auf Wehningen aber spielen in unserer Genealogie eine desto wichtigere Rolle, und sind, wie unten vorkommen wird, Stammväter zwoer ansehnlichen Linien geworden.

72.
Hinrich XVI.
auf Prensberg, Ritter.
1376. 1395.

Hinrich XVI., ein Bruder des vorigen. Hoinkhusen will, daß ihm Prensberg zugehöret habe, welches ich, da ich sonst keinen bessern dazu anzugeben weiß, dahin gestellet seyn lasse. Wir haben ihn schon 1376 bey dem Ritter Dankward als Ritter und Bürge aufgeführet gesehen, wie letzterer die Güter Rothenberg ꝛc. verkaufte. Er war, wie sein Vater, ein Held im Kriege, und ein berufener Ritter. Buchholz, Ober-Pfarrer zu Lichen, nennet ihn in seiner Brandenburgschen Geschichte p. 594, P. II. zwar auch einen berufenen Held, und einen Meister in der Kunst Krieg zu führen, allein wann er ihn zu gleicher Zeit darum, daß er, nebst andern von Adel bey einem Einfall in der Mark, ums Jahr 1383 Wilsnack verbrannte, gleich einen räuberischen Edelmann nennet, dazu hat ihn wol der zu grosse Patriotismus verleitet, da es im Kriege leider nicht anders hergehet, und der unpartheyische Frank schreibet Libr. VII. p. 200, daß es die damaligen Zeiten so mit sich gebracht hätten, daß einjeder von Adel Krieg anfangen können, wenn er nicht länger Ruhe haben wollte, ohne daß seine Ehre dadurch verletzet worden. Man siehet noch heutiges Tages, daß Represalien und Kriegs-Raison oft sonst schlechten Handlungen zur Entschuldigung dienen müssen. Daß er aber als ein kriegführender Feind, und nicht als ein Räuber behandelt worden, findet man beym Buchholz selbst p. 543, da er bey den 1392 angestellten Friedens-Unterhandlungen nebst dem Erzbischofe von Magdeburg im Frieden sollte eingeschlossen werden. Wilsnack hatte auch nicht Ursache dem Andenken unsers Helden zu fluchen, indem ihr aus dieser Verbrennung ein grosses Heil entstand. Ein Priester daselbst hatte es mit seinen leiblichen Augen gesehen, daß aus dreyen geweiheten Hostien, die aus dem Brande gerettet seyn sollten, Blut entronnen, und dieses Wunder machte die Wallfahrten dorthin so groß, daß bald Kirche und Stadt weit herrlicher aus der Asche empor steigen konnten. Wer wegen dieses Vorfalls mit Wilsnack etwas ausführliches lesen will, der findet es in de Ludwig relig. Mst. Tom. VIII. p. 286.

Nach aller Wahrscheinlichkeit kann es wol kein anderer als dieser Ritter Hinrich gewesen seyn, dem man wegen seiner Macht und seines Reichthums, wodurch er zu stolz geworden seyn mag, den

Namen Grotekop beygelegt hat. In einer alten geschriebenen Wißmarschen Nachricht hat Hoinkhusen folgendes gefunden: MCCCLXXXIII, circa Elisabeth, Domini mei cum uno bono cumulo virorum armatorum oppugnaverunt castrum Möllenbecke, wallonem ipsius penitus subvertendo et planendo; altera die expugnaverunt et subverterunt Breske; quarta die expugnaverunt et devastarunt castrum Veldenze, et hæc facta sunt a nova charitate, quam tunc habuit *Hinricus de Bülow*, alias dictus *Grotekop*, fautor eorum singularis. D. i. Im Jahr 1383, in der Mitte des Novembers, belagerten meine Herrn mit einem guten Haufen bewaffneter Männer das Schloß Möllenbeck, rissen den Wall nieder, und machten ihn dem Erdboden gleich; den andern Tag belagerten sie Breske, und zerstörten es; den vierten Tag belagerten und verheerten sie das Schloß Veldenze, und das geschahe wegen der erneuerten Gewogenheit, die ihr besonderer Gönner Hinrich von Bülow, sonst genannt Grotekop, von ihnen genoß. Auch lieset man in Corners Lübschen Chronik in Gerdes 9ten Sammlung p. 52: In demsülven Jar (1389) was groth Krieg twischen des Königs Mannen van Schweden in dem Lande to Mecklenborg, und den Dännemarkschen, und was dem Könighe een grot Hinder Hinrick van Bülow, geheten Grotekopde, de was des Krieges een Hövetmann. Ferner heißt es daselbst: 1392 wurde een Landvrede macket in dem Lande to Mecklenborg und in dem Lande to Wenden, und in dem Stifte van Swerin, also, dat de Heren desser Lande swören mit Ridderen und mit Knechten, und mit den Steden in dem Hilligen, dat se den Vreden hollen wollen vpf Jar. In dersülven Tyd was een, de heet Hinrick van Bülow Grotekop, de was beseten (ansüssig) in der Heren Lande vorbenömt, de wolle nicht sweren, alse de andern gesworen habben, ock wolle he dat suem Veddern Achim van Bülow nicht steden, dat he den Vreden swöre. Unde de Bischop van Swerin, geheten Rudolff, Hertogen Johannes Sone van Mecklenborg, de eschede (forderte) von Joachim Bülow, dat he den Vreden sweren scolle, edder he unde de andern Heren, Ridder, Knechte unde Stede mösten da medde varen (verfahren), alse ere Breve utwisende. Do segte Hinrich Grotekop sinnlicken to dem Biscop: Here, törnet nicht, jy wetet darn schwart aff. Des qvemen se also verne in de Rede, dat he dem Biscop dryn lachte, dat böslick und unbescheden was. Dit klagede de Biscop Heren, Vründen und Steden, und (dit) unerde Grotekoppen also sere, dat he dit nich verantworden kunde. — Der hier gedachte Joachim war wol kein anderer, als Dankwards Sohn, der nebst seinem Bruder unter des Hinrichs Vormundschaft gestanden, dahero sein Wort noch wol viel bey ihm gegolten haben mag.

Weil sonst um diese Zeit kein anderer Ritter Hinrich als er bekannt geworden, so muß man annehmen, daß er es gewesen, der in der Urkunde VV als Bürge für den König Albrecht sich mit verschrieben habe. Nach der Zeit findet man nichts mehr von ihm, und kommen auch von seinen Kindern keine vor.

73. Werner, Domherr zu Raßeburg.

Werner, ein Bruder des vorigen, war Domherr zu Raßeburg, und wird von Latomus unter des Hinrichs auf Plüskow Söhnen mit aufgeführet, sonsten findet man weiter nichts von ihm.

74. Vicke, Knape, auf Plau. 1388/1405.

Vicke, Knape, der vorigen Bruder. Er hielte sich die mehreste Zeit zu Plau auf, welches er nebst seinen Brüdern pfandsweise besaß. Man findet ihn 1388 bey seinem Bruder Hennecke, und bey seinem Vetter Hartwig auf Wehningen wird er in dem Jahr 1395 vorkommen, wie dieser, Namens seiner und seiner Vaterbrüder wie auch der übrigen Mit-Interessenten die Mühlen zu Koppentin und Saran zu bauen vergönnete. In dem folgenden Jahre ward er mit seinem Brudersohn Hartwig von den Herzogen Johann und Ulrich von Meklenburg in besondern Schutz genommen, dagegen sie aber auch ihnen wiederum mit ihren Schlössern zu Diensten seyn wollten, wie solches beym Pfessinger p. 228 umständlicher zu lesen ist. Diese beide unterschrieben zu selbiger Zeit die oben angeführte Urkunde WW, in Ansehung der Bürgschaft für den König Albrecht, wobey
unsere

unser Vicke sich von der Jnne schreibet, das ich aber nicht zu erklären vermag. N. J. von Beehr führet noch von ihm an, daß er 1390 nebst seinem Bruder Eggerd, Ritter, dem Kloster Dobbertin das Gut Bresen für hundert Mark Lübsch verpfändet hätten, und überhaupt ein sehr berühmter Mann gewesen sey. Wie er denn auch samt Hinrich Molzahn zu Goldberg, als Lorenz, Herr von Werle, mit Hunco von Königsmark, Hauptmann in der Altmark, im Jahr 1392 einen vierjährigen Frieden schloß, mit in den Frieden, wenn sie es begehrten, eingeschlossen seyn sollten; bey welcher Gelegenheit er ausdrücklich Vicke von Bülow zu Plau genennet wird, wie die Beylage ZZ das mehrere nachweiset. Zuletzt kommt er 1405 bey seinem Bruder Eggerd vor, als Plau eingelöset wurde. Seine Nachkommenschaft hat nicht lange gedauert, daher wollen wir uns solche hier nur gleich bekannt machen. Er war ein Vater von Hinrich XIX., welcher 1446 zugegen war, als Bolto Hasenkop, Wapener, dem Kloster Rehna 26 Mark Lübsch jährliche Pächte in den Dörfern Siversbagen und Pätrow überließ: Dieser hatte einen Sohn Achim, welcher das im Amte Gadebusch belegene Gut Rambel bewohnte, und 1486 als Zeuge gegenwärtig war, als Joachim von Scharfenberg das halbe Gut Knese dem Kloster Rehna um 450 Mark Lübsch verkaufte; er wird von Latomus Achim der Alte auf Plüskow genannt, hat nach dem von Beehr eine Scharfenbergen zur Frau gehabt, und zuletzt zu Ratzeburg gewohnet, soll aber ohne Kinder gestorben seyn.

Eggerd, Ritter, ein Bruder der vorigen, bey welchen er auch vielfältig vorgekommen. Besonders merke ich noch von ihm an, daß er 1393 nebst seinen Brüdern Vicke und Claus das Dorf Alten Drewitz von Claus Schwinkendorf erhandelte, und ist aus dem Veräußerungs-Briefe bemerklich, daß der Veräußerer setzet, er habe solches Gut dem Wolbaren, i. e. Wohlgebornen, Lüden ꝛc. verkauft. Wodurch klärlich am Tage lieget, daß diese ehedem bey dem Adel gebräuchliche Titulatur nicht erstlich vor etwa 100 Jahren, wie viele vorgeben, zur Mode geworden, sondern schon damalen zuweilen im Gebrauch gewesen, wiewol nicht zu leugnen stehet, daß diese Benennung selten vorkommt. Von Hoinkhusen will, daß auch dieser Eggerd die oft angeführte Urkunde WW als Bürge mit unterschrieben habe. Es kann seyn, daß die Urkunde beym Huitfeld in seiner Dänischen Chronik p. 594, die ich aber nicht gesehen, ihn mit aufführet; in der, die ich aus Pötkers Sammlung genommen, wird Eggerd nicht Bülow, sondern auch wol mit mehrerem Grunde, Bibow genennet.

Im Jahr 1403 machten Balthasar und Johann, Herrn von Werle, durch Brief und Siegel kund, daß die Gebrüdere Eggerd, Vicke und Claus, Hinrichs von Bülow des Ritters Söhne, wegen ihrer vorgestreckten 1000 Mark, von dem Rath und der Stadt Plan jährlich achtzig Mark haben, und im Empfang nehmen sollten. Zwey Jahr darauf wird ihnen so wol dieses Geld, als auch der Pfandschilling, wovon bereits oft erwähnet, wiedergegeben seyn, weil sie eine Quitung ausgestellet, die, wie von Beehr erwähnet, auf die Stadt und das Land Plau, imgleichen auf die Stadt und das Land Krakow gerichtet war, und haben selbige unterschrieben: Eggerd, Ritter, Vicke und Claus, Knapen, und ihre Mitgläubiger, Joachim von Bülow zu Zibühl, Hinrich von Bülow zu Tarnow und Hennecke zu Kritzow. Ob Eggerd Kinder hinterlassen? ist nicht bekannt, doch hat er noch 1417 gelebt, wie eine Urkunde, die bey der Ausführung der Simenschen Tabelle im zweyten Theil vorkommt, zeigen wird.

Claus, Knape. Er ist, da er ein Bruder der vorigen war, als ein solcher bey ihnen verschiedentlich vorgekommen, daher will ich nur von ihm anführen, daß er der Stammvater einer zahlreichen und sehr berühmten Nachkommenschaft geworden, indem er die Alt-Plüskowsche Linie fortgesetzet hat, wovon die Gersdorfer, Niendorfer, Scharfsdorfer, der Graf und die Freyherrn, wie auch die Jung-Prützener abstammen.

75. Hinrich XIX. 1446.

76. Achim der Alte, auf Plüskow. 1486.

77. Eggerd, Ritter. 1388/1417.

78. Claus, Knape, auf Plüskow. 1395/1405.

Joachim

79. 80.
Joachim, auf Zibühl und Bülow. Hinrich XVI., auf Tarnow. 1387/1405.

Joachim auf Zibühl und Hinrich auf Tarnow sind Söhne des Ritters Dankward. Sie standen in den Jahren 1387 bis ungefähr 1390 unter der Vormundschaft des Ritter Hinrichs auf Prensberg und Vicken auf Plau. Diese nahmen in solcher Qualität verschiedene Handlungen mit dem Kloster Dobran vor: als 1387 verpfändeten sie demselben die Bede und das höchste Gericht zu Bargeshagen und Allershagen, Kritzenow und Wilsen; im Jahr 1390 eine jährliche Hebung von 24 Mark Lübsch für 300 Mark Lübsch aus dem Dorfe Adamshagen, und 6 Mark aus Rethwisch; noch für 30 Mark das höchste Gericht in Bollhagen und Brodhagen, wie solches N. J. von Beehr, und auch das Pap. Mekl. p. 3 141 und 42 gedenket. Im Jahr 1391 waren sie mündig, und merket von Hoinkhusen an, daß sie in diesem Jahr der Dobranschen Geistlichkeit 20 Mark Lübsch, als ein Vermächtniß ihrer Mutter, ausgekehret hätten, und in der Urkunde darüber ausdrücklich des sel. Dankwards Söhne genennet wären; ferner, daß sie die Vogtey Schwan unterpfändlich im Besitz gehabt, und solche 1391 den Gebrüdern Henning und Albrecht von Moltke überlassen hätten. Im Jahr 1393 war Joachim zugegen, als seine Vettern, Eggerd, Vicke und Claus das Gut Alten Drewitz erhandelten, und N. J. von Beehr führet annoch von ihm an, daß er im Jahr 1397 sein Gut Bülow, in der Vogtey Gadebusch belegen, welches sein Vater Dankward von dem Bischofe Friedrich geerbt hätte, an Bossen Prezecken für 1300 Mark Lübsch versetzt habe, und daß sein Bruder Hinrich, auch Hennecke auf Röggelin, und des letzteren Sohn Hennecke bey dieser Handlung gegenwärtig gewesen wären. Noch versetzte er 1398 zwo Hufen in Parum an Hinrich Wulff, Vicarius zu Bützow. Man siehet hieraus, daß diese Brüder wol eben nicht die besten Wirthe gewesen, indem sie auch das alte Stammgut Bülow nicht verschonet, und dadurch verursachet haben, daß es in der Folge gänzlich von der Familie gekommen, und nunmehro ein Cammergut geworden ist; es vergewissert dieß um so mehr die allgemeine Meinung, daß sie nicht beerbt gewesen.

In der Urkunde VV kommt ein Joachim von Bülow, Ritter, im Jahr 1395 vor. Man weiß diesen Ritter nirgends hinzubringen, weil so wenig der oben gedachte Joachim von Bülow auf Zibühl in der Urkunde EE und XX, als dieser Joachim, gleichfalls auf einem Theil von Zibühl, als Ritter aufgeführet sind, welches denn doch bey Einlösung des Amts Plau in der Quitung, worinn sowol des letzteren Joachim als seines Bruders Hinrich ausdrücklich gedacht sind, hätte geschehen müssen. Diese beide letztere Joachime, da sie zugleich auf Zibühl gewohnt haben, machen manche Verwirrungen, daß man, wie bereits angeführt, wol zweifelhaft seyn möchte, wer von ihnen eigentlich der Stifter der Zibühlschen Linie sey. N. J. von Beehr nimmt zwar letzteren dafür an, er hat aber auch dagegen jenen gar nicht gekannt; von Hoinkhusen, der beide wohl zu unterscheiden gewußt, machet jenen dazu, und läßt diesen unbeerbt, und seiner Meinung pflichte ich, der mehreren Wahrscheinlichkeit halber, gerne bey.

81. Hinrich XIIX. 1388.

Hinrich XIIX., ein Sohn Henneckens, des Sohns Hinrich des Ritters auf Plüskow. Daß dieses seine gute Richtigkeit habe, ist theils aus einer bey seinem Vater Hennecke angeführten Urkunde bewiesen, theils zeiget es sich aus allen alten mir gütigst zugesandten Genealogischen Tabellen dieser Linie. Sonst findet man von ihm weiter nichts aufgezeichnet, er ist uns aber darum besonders merkwürdig, weil er der Stifter der Gartow-Stinkenburgschen Linie ist, wozu die von Bülow im Mansfeldschen, von Lütten Schwechten und Woserin gehören.

82. Hartwig auf Wehningen, Großvogt und Rath. 1388/1436.

Hartwig, ein Bruder des vorigen, spielte eine größere Rolle, und war nach dem Pfeffinger p. 228 im Jahr 1389 Großvogt zu Neustadt und Dömitz. 1395 bestätiget dieses ein Brief, der von ihm zu Neustadt ausgefertiget ist, worinn er bekannte, daß er für sich auch seine Erben, und seines Vetters Hinrichs (Hinrich IX. auf Kritzow) Kinder, nicht minder seine Vaterbrüder Vicke,

Herrn

Herrn Eggerd und Claus, die Mühlen zu Koppentin und Saran zu bauen vergönnet habe, wie N. J. von Beehr anführet. Diese Vergünstigung muß einen Bezug auf die gepfändeten Häuser Plau und Krackow haben, weil die von Bülow sonst in der Gegend keine Güter gehabt. Wie haben bereits gehöret, wie unser Hartwig und sein Vaterbruder Vicke mit ihren Schlössern den Herzogen von Meklenburg behülflich gewesen, und wie er die oft angeführte Bürgschafts-Urkunde WW mit unterschrieben. Nach aller Vermuthung ist er es auch, von welchem Buchholz in seiner Brandenburgschen Geschichte P. 2. p. 586 erzählet, daß ihm 1414 von dem Churfürsten Friedrich 500 Schock Böhmsche Groschen ausbezahlet worden, die er in Lenzen geschossen hatte. Es war zwar ein solcher Groschen so viel als ein Gulden, und betrug also die Summe 20000 Rthlr. folglich an sich schon ein ansehnliches Geld, allein wenn man zugleich daselbst lieset, daß Stadt und Schloß Lenzen dem Caspar Gans von Putlitz für 2000 Schock, und Potzdam für 400 Schock dem Wigand von Rochow versetzt gewesen, so siehet man, was man mit so wenigen Groschen hat für Thaten thun können; wie wäre es auch sonsten zu begreifen, wann in Büntings Br. Chronike vorkommt, daß 1389 eine Kuh 4 Schilling Lübsch und ein Schaf 4 Witten gegolten, und im Pap. Mekl. bey dem Jahr 1320, und zwar p 984, daß der Scheffel Rocken nur 1 Schilling, der Hafer 6 Pfenning, und ein Topp Flachs 3 Pfennig gekostet habe.

Unser Hartwig kaufte im Jahr 1428 von Segebert von Danneberg das Gut Wehningen für 1800 Mark, wie anliegender Kaufbrief AAA ausweiset. Es meldet Pfeffinger p. 228, daß AAA zu Wehningen der Zeit ein so festes Schloß gewesen, daß auch die Herzoge von Lauenburg solches für ihre beste Festung gehalten, und in dem ertheilten Lehubrief sich bedungen hätten, daß sie zu Kriegszeiten daselbst residiren könnten, wann aber dadurch etwas beschädiget oder verloren gehen würde, so sollte solches denen von Bülow ersetzt werden; dahero dann auch letztere dieses Schloß in Gemeinschaft behalten, und auf gemeinschaftliche Kosten bauen und befestigen lassen. Im Jahr 1430 begleitete er, nebst Joachim von Bülow und andern Edelleuten, als Regierungsrath die Herzoginn Regentinn Cathrina, Mutter und Vormünderinn Hinrichs des Fetten und Johannes, Herzoge von Meklenburg, nach Wißmar, als sie und die Stadt Lübeck die Kaiserl. Befehle, wegen Bestrafung dieser aufrührerischen Stadt, in Erfüllung bringen wollten, von Beehr in rebus Mecl. p. 347 und Frank Libr. VII. p. 239. Von gedachter Herzoginn erhielte er 1431 die Dörfer Zühr und Perdöl, auch soll er Blischendorf vom Herzoge Hinrich pfandsweise gehabt haben, wie Pfeffinger p. 232 im zweyten Theil der Br. Lüneb. Geschichte erzählet. Dagegen hat von Hoinkhusen bemerket, daß er die Güter Gr. und Kl. Schmölen, nebst halb Kalitz und zween Bauleute in Pölz, für 250 Mark Lübsch an Markward von Barnekow verpfändet habe. 1435 war er zugegen, als Otto und Wilhelm, Herzoge zu Braunschweig und Lüneburg, sich ihrer gehabten Irrungen wegen verglichen, Treuers Historie derer von Münchhausen p. 62. Endlich starb dieser angesehene Mann 1436 im guten Alter, und ward von seinem Sohn Busso, wie das Pap. Mekl. p. 1967 und auch N. J. von Beehr erwähnet, in die von Bülowschen Capelle zu Dobran beygesetzt, nur ist es Schade, daß die Grabstätte dieses würdigen Mannes so sehr vernachlässiget worden ist. Er hat verschiedene Kinder hinterlassen, und ist der Stifter der Wehningen= Gudow= und Marnitzschen Linie geworden.

Stamm=

Tab. II.

Stammtafel derer von Bülow,

welche aus Meklenburg nach Schweden gezogen, wovon aber nur noch weibliche Nachkommen vorhanden sind.

---

1. Boetius oder Boso von Bülow,
In den Meklenburgschen Urkunden findet man keine Nachricht von ihm, daher sein wiewol unbekannter Vater schon nach Schweden gegangen seyn muß.

2. Johann von Bülow,
Ritter des heiligen Grabes. Er wurde 1411 im Kloster Wadstena begraben, vid. Hanquini Spegels Kirchen-Historie. u. e. 1) Coecilia von Brockwald, 2) Dorothea, Ahrends Pinnow und Helenæ von Einsiedt Tochter.

3.
1) Hinrich v. B. Ritter des heiligen Grabes, u. e. NN. Hinrichs von Poggewisch Tochter.

1) Cathrina, m. e. Boso Nielson.

4.
1) Anna Conventualinn des Klosters Wadstena.

2) Vicco v. B. Ritter des heiligen Grabes, und des Reichs Schweden Rath, lebte 1453. u. e. Hebla, Erici Krummendick Tochter.

2) Arrngard, m. e. 1) Graf Johann von Eberstein, 2) Knut Boson Gryphofwed.

2) Ida, m. e. Laers Ulffson Blaeur, Reichsrath in Schweden.

5. Hinrich v. B.

6. Detloff v. B. u. e. Margretha Boëtii Gryphofwed, Schwedischen Reichsraths und Drosten Tochter.

NN. verschiedene Söhne.

Anna v. B. Aebtissinn des Klosters Wadstena erwählt 1500.

Armgard v. B. m. e. 1) Magnus Bengtson von Goecksholm, Schwedischer Reichsrath und Lagermann in Nericia, 2) Jonas oder Jens Knutson auf Lindholm.

Beata v. B. Conventualin des Klosters Wadstena.

Margretha v. B. starb unverheirathet.

Johann Magnuson pflanzte das Geschlecht derer von Goecksholm fort.

Christina, m. e. Sigge Larson, aus dem Geschlecht der Sparre.

Brigitta von Goecksholm, m. e. Abraham, Freyherr von Leholm, aus dem Geschlechte Löwenhaupt, Schwedischer Reichsrath.

Erich Abrahamson, Freyherr von Leholm, Ritter und Reichsrath, Gouverneur in West-Gothland; u. e. Ebbe, Erichs Carlson von Wasa, Herrn zu Nerby und Schwedischen Reichsraths Tochter.

Margretha, Freyinn von Leholm, m. e. Gustav I. König in Schweden. Sie vermählte sich den 1. October 1536, und starb den 16. August 1551.

Anna, m. e. Axel Erichson Bielke.

Steen Erichson Freyherr von Leholm.

Johann, König in Schweden, geb. 1537. gest. 1592.

Cathrina, m. e. Eccard II. Graf zu Ost-Friesland.

Coecilia, m. e. Christoph. Marggraf zu Baden.

Magnus.

Anna Maria, m. e. Georg Johann, Pfalzgraf am Rhein in Lautereck und Welden.

Sophia, m. e. Magnus III. Herzog zu Sachsen-Lauenburg.

Elisabeth, m. e. Christoph, Herzog zu Meklenburg und Bischof zu Razeburg.

Carl IX. König in Schweden, geb. 1550. gest. 1611.

Gustav Adolph, König in Schweden. † 1632.

Breitere Ausführung der Tabelle II.

Einige wollen, daß der Stifter der Schwedischen Linie Johann, ein Sohn des Busso von Bülow, der aus dem Zibühlschen Hause entsprossen seyn soll, etwa 1363 oder etwas nachher mit dem Könige Albrecht, der ein Herzog von Meklenburg war, nach Schweden gegangen, und wie Pfeffinger p. 279 berichtet, dessen Nachkommen die höchsten Reichsämter bekleidet haben. Der Schwedische Archivarius Peringsschild hat die kleine Chronik der Aebtissinn Anna von Bülow zu Wadstena herausgegeben, und meldet weiter, daß die von Bylau, wie sie sich dorten geschrieben, entweder ausgestorben oder doch ihren Namen verändert haben müßten, weil man keine mehr anträfe. Die Anna selbsten aber berichtet, wie Hoinkhusen aufführet, daß ihr Aeltervater Bosau (Beetius oder Busso) so gar schon im Königreich Schweden geboren wäre; dessen Sohn Johann wäre zu Wadstena begraben, und hätte er ein Fenster über die Kirchenthür gegen Süden setzen lassen, worinn dessen Wapen, welches aus 14 goldenen Bozantinen im blauen Felde bestünde, annoch der Zeit vorhanden gewesen wäre, und ihre Vettern in Meklenburg ein gleiches Wapen führeten; ihr Vaterbruder Hinrich wäre ein Vater von zween Söhnen Hinrich und Tietke geworden; ihr Vater Vicco hätte dem König 10000 Mark geliehen, und dagegen unter des Reichs Insiegel Wartoffe-Harad und Otagh versetzt erhalten; er wäre auch schon ein alter Mann gewesen, als er sich mit Hebla, die sie eine Tochter Erichs Krummendick nennet, verheirathet, welcher von ihm, laut Ehestiftung, das Gut Broo zum Witwensitz verschrieben worden; ob nun gleich der Vater schon alt gewesen, wie er sich verheirathet, so hätte er doch noch neun Söhne und vier Töchter gezeuget, von welchen letzteren sie die älteste sey; es wären aber nur noch zween Brüder und eine Schwester am Leben. Aus Mangel anderer Nachrichten muß man ihr wol den mehresten Glauben beylegen. Was sie sonsten wegen der Herkunft und dem Wapen der Familie geschrieben, davon ist bereits oben pag. 25 weitläuftig gehandelt. In des Dänischen Canzellen-Secretairs, itzigen Amtmanns Hofmann schönem Werke, betitelt Portraits historiques des hommes illustres de Dannemark, kommt im fünften Theil p. 25 eine Madame Beate Bylau vor, die als eine Verwandtinn des Lars Uhsfeld 1640 auf dessen Hochzeit gewesen; man kann nicht anders glauben, als daß sie zu den Schwedischen von Bylau gehöret habe, da man in den hiesigen Genealogischen Nachrichten nichts von ihr findet. Die hieher gehörige Tabelle ist auch zu finden in Messenii Theatro Nobil. Succ. p. 79. Das in Weigels Wapenbuch befindliche Schwedische Wapen, mit der Aufschrift: der Freyherrn von Bülow, ist bereits oben angeführet, und kann Fig. 1 nachgesehen werden; es ist dort aus Versehn das Schild roth gezeichnet worden, weil die Aebtissinn Anna ausdrücklich eines blauen Schildes gedenket; auch ist bereits oben unter den Denkmälern pag. 30 eines Leichensteins in der Klosterkirche zu Wadstena in Schweden gedacht worden. Dieß ist es, was man von der Schwedischen ausgestorbenen Bransche in Erfahrung bringen können.

Unter den Tabellen des Alterthums hätte auch noch billig eine Linie derer von Bülow, die sich niemals anders als Britzkow oder Brütschau genannt, und deren Wapen Fig. 15 des Kupferblatts darstellet, Platz haben sollen, weil es aber unmöglich fällt, von dieser Bransche eine ordentliche Stammtafel zu formiren, und man sich mit dem begnügen muß, was Latomus und M. J. von Beehr von ihr anführet, oder was man sonsten hin und wieder findet, so habe ich die umständlichere Erzählung davon so lange aufschieben wollen, bis wir zu der Simen-Rensowschen Linie kommen, indem es sich dort zeigen wird, daß diese Linie Anfangs des 15ten Jahrhunderts das Gut Rensow von diesen ihren Vettern genannt Britzkow geerbet habe.

Fig. 15.

Ende des ersten Theils.

Tabelle III. ad Pag. 79.

					No.		
					Matthi	..., Gem. II. Margareth	
					Gem. Th	rgaretha von Plessen,	
					N. von	62; Gem. Anna von	

11. Hans, auf Pokrent, Mekl. Landrath, starb 1586; Gem. Dorothea von Weyhe, a. d. H. Bröbessen.

	15.	16.	17.		37.	
Anna, Gem. 1578 Hardenack von Wackerbarth, auf Moisal und Katelbagen.	Matthias, auf Pokrent, Mekl. Landrath, †1636; Gem. Lucia v. d. Lühe, a. d. H. Büttelkow.	Hartwig, Dechant zu Ratzeburg, geb. 1568, starb 1639.	Bernd, starb in Ungarn.	...nrich, ...rf, starb ...n. 1619, ...tha von a. d. H. † 1652.	Bartold, geb. 1591, ward erschossen 1620.	

		18.	19.	20.	21.		82.	83.
Hanna, Gem. 1629, Baltasar v. Restorff, auf Weisin.	Margareta, Gem. Ulrich v. von Penz auf Tobbin, Zabel 2c.	Maria, starb 1664; Gem. Jobst von Bülow, auf Drönewitz, starb 1683.	Hans, auf Raben, starb 1668; Gem. Metta von Sperling.	Otto, auf Pokrent; Gem. Hippolita von Dannenberg.	Gottfried, starb jung.	...del, ...abl ...on ...nes auf ...ow.	Jürgen, starb jung.	Gottfried, starb jung.

	24.	25.	43.	95.	96.	
	Matthias, Domherr und Obristlieutenant, starb 1672 unvermählt.	Hans Ernst, auf Pokrent, Dän. Major, starb 1687; Gem. U.M. von Dernen a. d. H. Gnemer.	...tilian, ...llieute...s starb ...; Gem. ...E. von ...ücke.	Hans Joachim, geb. 1658, starb 1686.	Christian Ludewig, geb. 1659, starb 1685.	Bartrich, bow, Obrist 1729 von ... H. H.

	26.	27.	28.		105.	
	Matthias starb unvermählt.	Otto, starb unvermählt.	Hans Albrecht, starb unvermählt.	Dor... Car... Gen... G... ... von ... den auf ... den l...	Hartwig Diedrich auf Schatzkow, Dän. Major, † 1768, unvermählt	Sibilla Hedewig, starb 1724; Gem. Johann von Schack, auf Konasbahl, Dän. Obrist.

5. Hi-
Joh...Chri-
Aug... ...em.
Kar... ...ils
Lieu... ...von
† 17...auf
Pr... ...orst,
  ...sler.

61. Carl Christian Ludewig b. 177...

Beschreibung
des
Geschlechts von Bülow.

Zweyter Theil,
die neueren Zeiten betreffend, etwa von 1400 bis Ausgang des Jahrs 1780.

Vorerinnerung.

So viele Urkunden und Nachrichten man auch im vierzehnten Jahrhundert von unserer Familie antrifft, so sichtlich ist dagegen der Abfall in dem darauf folgenden. Es gehet aber allen Meklenburgschen Familien nicht besser, und gemeinhin ist man sehr zufrieden, wann man nur alte Familien-Stammtafeln irgendwo findet, denen man dann aus Mangel von andern Beweisen Glauben giebet, und bewandten Umständen nach geben muß. Dahero werde ich mich auch in der Folge nicht mehr so pünctlich auf Beweisthümer einlassen, sondern nur hin und wieder merkwürdige Urkunden beybringen können. In Ansehung der neueren Zeiten aber gebe ich die heilige Besicherung, daß ich nichts hauptsächliches aufzeichnen werde, was ich nicht durch die in der Vorrede bemerkte unpartheyische Männer, durch archivische und glaubhafte Familien-Nachrichten jederzeit erforderlichen Falls darzuthun vermag. Auch habe ich mir zwar alle Mühe gegeben, dieses Werk aufs vollständigste und ohne merkliche Fehler zu liefern, wenn aber bey so verschiedenen Materien, und der großen Ausbreitung des Geschlechts meine Bemühung dennoch hie und da fehlgeschlagen, und Irren, so lange man ein Mensch ist, auch dem Besten nicht ausbleibet; so ersuche ich meine Leser und besonders die meines Namens sind ergebenst, mir ihre Bemerkungen und Verbesserungen gütigst mitzutheilen, da ich denn nicht verfehlen werde, nach einiger Zeit einen Nachtrag von ein oder ein paar Bogen abdrucken zu lassen, und den mir bekannten Besitzern dieses Werks zu zusenden.

Breitere Ausführung der Tabelle III. Tabelle III.

Zum Stammvater der Linie von Wedendorf habe ich den auf der ersten Tabelle n. 6½ befindlichen Wedendorf Ritter und Rath Johann von Bülow angenommen, und das merkwürdigste von ihm dorten angeführet. Sein Sohn

Hans war Meklenburgscher Rath. Latomus will, daß er bereits 1400 als ein erwachsener 1. Hans, Mann gelebet, man hat ihn aber ohne Zweifel mit seinem Vater, der gleichfalls Rath war, ver- Meklenb. wechselt. 1416 machte er mit dem Fürsten Albrecht einen unglücklichen Feldzug nach Schleswig, Rath. wie bereits bey seinem Vater erwähnet worden. N. J. von Beehr meldet von ihm, daß er 1450 als Rath mit zugegen gewesen, wie Hinrich der Fette H. z. M. den Detloff von Regendank auf Eggersdorf mit dem höchsten Gericht in allen seinen Gütern beliehen, und daß er in folgendem Jahr von diesem seinem Herrn die Bede im Dorfe Weselsfelde, die in 24 Mark Lübsch bestanden, für 500 Mark Lübsch bekommen habe, nichtminder 1458 alle dessen bisher am Dorfe Jessenitz gehabte Rechte.

Als im Jahr 1455 der Bischof Johann zu Ratzeburg den Hof Röggelin, den die Bischöfe, nach erlangtem Besitz von denen von Bülow, zuerst denen von Carlow und hernach denen von

K 4   Plessen

BBB	zu Lehn gegeben hatten, von letzteren wiederum für 2000 Mark an sich kaufte, so unterschrieb er zugleich mit Hinrich von Bülow auf Plüskow die Urkunde BBB, und wird er darinn von dem Herzoge Hinrich genannt: Unser treuer Mann und Rath. Mit seiner Gemahlinn Abel von Penz zeugte er:
2.	Matthias, welcher 1485 Vicarius bey der Marien-Kirche zu Wißmar war, und
3. Hartwig, Amtshauptmann.	Hartwig auf Wedendorf, Hauptmann zu Stove. Dieser nahm 1448 von dem Lübeckschen Calande einige Gelder auf, und 1452 ward ihm von Hinrich dem Fetten die Bede in den Dörfern Ottensdorf und Blischendorf, welche 12 Mark 4 ßl. betrugen für 153 Mark verpfändet, woraus man sehen kann, wie hoch die Zinsen der Zeit gegangen. 1464 hat ihn Hoinkhusen als Bürge angetroffen. Mit seiner ersten Gemahlinn einer von Vieregg zeugte er:
4.	Tideke oder Diedrich, von dem man außer dem Namen nichts antrifft, und
5.	Hartwig auf Wedendorf, Knape und Rath, von dem bald ein Mehreres. Mit der zwoten Margrethe andere nennen sie Magdalena von Jagow:
6.	Joachim, welcher vor 1481 schon mit Tode abgegangen, und
7.	Matthias auf Pokrent, Holldorf und Hundorf, Ritter, von dem hiernächst das weitere.
5. Hartwig, M. Rath.	Gedachter Hartwig widmete sich den Wissenschaften, und ward 1466 bey der Universität zu Rostock eingeschrieben. 1481 verkaufte er mit seinem Bruder Matthias die von ihrer Großmutter Abel von Penz angeerbten Güter an die von Quitzow, und wurden sie in der Urkunde Hartwigs von Bülow zu Wedendorf Söhne genannt und Matthias Ritter betitelt. Nachmals hielte er für sich und im Namen seines Bruders bey Magnus und Balthasar, Herzoge zu Meklenburg, um Consens an, daß sie ihre Güter an einige Holsteinsche von Adel versetzen durften, um sich aus der großen Zinsen-Last zu reißen, weil sie ihren Gläubigern 8, 9 und 10 fürs hundert an Zinsen jährlich bezahlen müßten. Im Jahr 1500 stand er, wie Hoinkhusen will, als Herzoglicher Rath in Bestallung, und sollte 1506 zum Kriege gegen die Stadt Lübeck 6 Pferde stellen. Er wollte sich die Bede aus dem Dorfe Oberhof anmaßen, da aber die Landesherrn solches nicht zu zugeben gedachten, so ward ihm 1512 aufgelegt, seine daran habende Gerechtsame gerichtlich beyzubringen. Endlich überließ er 1515 den Herzogen die Beden in den Dörfern Ottensdorf und Blischendorf, welche seinem Vater waren versetzt worden. Mit Thale von Buchwald zeugte er:
8.	Detloff auf Wedendorf. Er unterzeichnete 1523 das so genannte große Unions-Instrument der Meklenburgschen Landstände, und ward zum Mitgliede des Ausschußes erwählet, der die Bezahlung der übernommenen Fürstlichen Schulden besorgen sollte. Nach der Beylage 97 der bekannten Deduction, das letzte Wort betitelt, lebte er zwar noch 1554, er muß aber kurz darauf gestorben seyn. Mit einer von Sperling und einer von Penz hat er wenigstens keine männliche Erben hinterlassen. Sein Vaterbruder
7. Matthias, Ritter und M. Rath.	Matthias, besaß, wie bereits erwähnet, Pokrent, Holldorf und Hundorf, nachhero auch Kladrum jetzo Kloddram. Er war Ritter und Rath bey den Herzogen Magnus und Balthasar von Meklenburg, und überhaupt ein sehr angesehener Mann inn- und außerhalb Landes. 1478 unterschrieb er die Urkunde als sich diese Herzoge mit der Stadt Lübeck wegen der Zollfreyheit verglichen, Westphal Tom. IV. p. 1088. Im Jahr 1480 war er als Rath mit bey dem Landtheilungs-Vergleich zwischen Albrecht, Magnus und Balthasar, Herzoge von Meklenburg, Frank Libr. VIII. p. 182, und Beylage 7 beym letzten Wort: In gleicher Qualität unterzeichnete er im Jahr 1482 den Erbvergleich dieser Herrn mit der Stadt Rostock. Als 1488 die von Vieregg auf das Dorf Glasevitz einen Anspruch machten, solches aber von den Herzogen den Güstrowern zuge-

zugesprochen wurde, die von Vieregg aber sich hierauf des Faustrechtes bedienen, und sich mit Gewalt in die Possession setzen wollten, so wurden einige Edelleute, worunter auch unser Matthias war, zu Scheidsrichter erwählet, die dann der Stadt Güstrow das Dorf abermal zubilligten, Frank Liber VIII, p. 227. Sonst war er auch noch 1483 der erste unter den Zeugen, als gedachte Herzoge mit Johann, Herzog zu Nieder-Sachsen, ein Bündniß schlossen, und so auch in dem Bundesbriefe von 1484, welchen Anna, Ottens des Großmüthigen zu Braunschweig und Lüneburg Wittwe, und ihr Herr Sohn Hinrich der Jüngere mit gedachten Herzogen Magnus und Balthasar errichteten.

N. J. von Beehr hat bereits die Angabe des Latomus, daß nämlich die Herzoge von Meklenburg unsern Ritter mit 1000 Pferden dem Herzoge zu Braunschweig gegen den Bischof zu Hildesheim zu Hülfe gesandt, von den Feinden aber gefangen, und erst nach Erlegung von 4000 Gulden Rheinisch auf freyen Fuß gesetzt worden, mit der Geschichte zu vereinigen gesucht, indem zu den Zeiten unsers Ritters kein Krieg zwischen Braunschweig und Hildesheim gewesen, und er 1519, als die berufene Schlacht auf der Soltower Heide, worinn 2 Braunschweigsche Fürsten, viele Grafen und Edelleute gefangen worden, vorgefallen, beweislich schon todt war. Er glaubt vielmehr mit Recht, daß diese Gefangennehmung bey einer andern Gelegenheit geschehen; denn im Jahr 1471 ward Balthasar, Herzog zu Meklenburg, wider Henning von Haus zum Administrator des Stifts Hildesheim erwählet, und der Herzog zog selbst dahin, um sein durch die Wahl erlangtes Recht zu behaupten, er richtete aber nichts aus, und die Sache wurde endlich 1474 in der Güte beygelegt.

Mit seiner Gemahlinn Margretha, die man eine Erbjungfer von Lübje, und eine Tochter von Hans von Plessen auf Jahmeln, und Ursule von Daldorf aus dem Hause Wotersen nennet, zeugte er:

Hartwig auf Wedendorf, Pokrent, Holdorf und Hundorf; Und

Joachim. Dieser bekommt von Latomus ein treffliches Zeugniß seines herrlichen Verstandes und fleißigen Studirens; dem er, vielleicht aus einer witzigen Leichenrede, annoch beyfüget, daß er von den Italienern, als er sich bey ihnen Studirens halber aufgehalten, deswegen mit Gift sey hingerichtet worden, damit die Deutschen ein solches geschicktes Subjectum nicht möchten aufzuweisen haben. Jener

Hartwig, bewohnte 1506 bereits Pokrent, und sollte zum Lübschen Kriege 4 Pferde stellen. 1523 unterschrieb er mit beynahe 300 andern Eingesessenen aus dem Prälaten- und Ritterstande und Städtschen Deputirten das so genannte kleine Unions-Instrument. Er verbürgte sich nach dem Frank Libr. IX. p. 132 nebst andern von Adel im Jahr 1527 für den Herzog Albrecht zu Meklenburg an Georg von Plessen, Hauptmann zu Ribnitz, und 1535 für den Herzog Hans Albrecht an Christoph von Platen auf Quitzöbel. Im Jahre 1543 wurde er nebst seinem Vetter Detloff von Bülow zu Wedendorf mit den Lehnpferden zum Roßdienst aufgeboten; ein gleiches geschahe 1555 nur mit dem Unterschiede, daß sein Vetter das Jahr vorher gestorben, und er das Gut Wedendorf von ihm geerbt hatte: Wie er denn als Besitzer desselben und auch als Mitglied des Ausschusses bereits 1554 beym Frank Libr. X. p. 13 und 39 vorkommt, wie sich die Herzoge Johann Albrecht und Ulrich wegen der Landestheilung unter sich verglichen, und die Landstände zur Bezahlung der übernommenen Fürstlichen Schulden die nöthige Einrichtung trafen; solches beweisen auch die Beylagen des letzten Worts n. 14, 15 und 56. Im Jahr 1557 wurde er von eben gedachten Herzogen als einer der Vornehmsten von der Ritterschaft und als Rath zum Zeugen gebraucht, als sie der Universität zu Rostock ein Einkommen von 3500 Gulden auswurfen. Frank Libr. X. p. 53.

In verschiedenen Leichenreden, besonders auf seinen Sohn Barteld, und auch in andern Familien-Nachrichten nennet man ihn geradeweg Landrath. N. J. von Beehr widerspricht dieß, weil zu seiner Zeit noch keine Landräthe gewesen, oder er doch wenigstens die Landraths-Function nicht verwaltet habe, und Latomus ihn auch nicht so nenne. Dahingegen führet ihn von Hoinkhusen auch

als

9.
10.

9.
Hartwig, M. Rath und Landrath.

als Landrath auf: Findet man nun beym Frank Libr. IX. p. 254 im Jahr 1551 einen Diedrich von Molzahn, der von der Landesherrschaft selbst Landrath genennet wird, und in Lünings Corp. Juris Feud. Tom. II. p. 155, daß unser Hartwig noch 1562 gelebet, indem er bey dem daselbst angeführten Vergleich zugegen gewesen, als Levecke von Negendank, des Meklenburgischen Hofmarschalls Valentin von Kroseck Wittwe, sich mit ihrem Vetter Achim von Negendank auf Zirow wegen des Guts Eggersdorf auseinander setzte; so ist es an sich gar nicht unwahrscheinlich, daß er ebenfalls zum Landrath ernennet worden, und kan es immer seyn, daß er bey seinem hohen Alter Schwachheits halber oder gar durch den Tod verhindert worden, diese Junction anzutreten.

Er vermählte sich mit Anna, eine Tochter des Lauenburgschen Landraths Bartold von Perkentin auf Zecher und Christine Ahlfeld a. d. H. Lehmkuhlen, und zeugte mit ihr 8 Töchter und 4 Söhne, wovon die drey ältesten die Häupter dreyer Branschen geworden, die noch jetzo in Segen blühen. Sämtliche Kinder waren:

11. Hans auf Pokrent, Landrath, von dem bald das weitere,
12. Barteld auf Holldorf und Lundorf, Meklenburgischer Rath, von dem hiernächst,
13. Adam auf Wedendorf, Meklenb. Hofmarschall, von dem zuletzt Erwähnung geschehen soll,
14. Matthias, der in Frankreich starb.

Levecke, deren Gemahl war Christoph von Cölln auf Großen Grabow rc. Krohn nennet ihn in seiner Adelshistorie Joachim.

Margretha, sie vermählte sich mit Vollrath von Penz auf Warliz.
Christina, ward die Gemahlinn von Otto von Lützow auf Thurow,
Eva, Gem. Ulrich von Penz auf Redevin und Toddin,
Magdalena, Gem. Lüder von Lützow auf Duzow und Thurow,
Dorothea, Gem. Paschen von Negendank auf Eggersdorf,
Cathrina, Gem. Henning von Penz auf Besendorf,
Barbara, Gem. Otto von Wackeniz auf Klevenow in Pommern.

11. Hans, III. Landrath. Gedachter Hans bekam schon bey Lebzeiten des Vaters das Gut Pokrent, und verbürgte sich 1559 nebst vielen andern Edelleuten für Paul von Bülow auf Scharfsdorf wegen 2300 Mark Lübsch, womit derselbe seinem Bruder Christoph zu Plüskow verhaftet war; eben so auch 1568 für den Landrath Joachim von Halberstadt auf Brüz. Er ward 1572 von Ritter- und Landschaft erwählet, die Policey-Ordnung revidiren zu helfen, wie auch zu eben der Zeit mit zum Ausschuß, um die 400000 Gulden, welche das Land beym Empfang der Reversalen für die Herzoge zu bezahlen über sich genommen hatten, zu colligiren und auszuzahlen. Zuletzt ist er Landrath geworden, und starb 1586; er hinterließ mit seiner Gemahlin Dorothea, Friedrichs von Weyhe auf Brödessen und Sophie von Hodenberg a. d. H. Drakenstein im Lüneburgschen Tochter, folgende Kinder:

Anna, vermählte sich den 30. Nov. 1578 mit Hardenack von Wackebarth auf Moisal und Katelbagen, welcher 1604 verstarb.

15. Matthias auf Pokrent rc., Landrath, von dem bald ein mehreres.
16. **Hartwig, Dechant zu Razeburg.** Hartwig, geb. 1568, war von 1611 bis 1639 Dechant des Stifts Razeburg und starb unvermählt. Von dessen Epitaphium und seinem Geschenk der 12 silbernen Aposteln rc. in der Razeburgschen Dom-Kirche ist bereits im ersten Theil bey den Familien-Denkmälern Erwähnung geschehen: Es waren schon ehedem dergleichen vorhanden gewesen, es hatte aber, nach dem Bericht des Pastors Schlöpken in den Nachrichten von den Kirchen rc. des Fürstenthums Lauenburg p. 60, der wilde Graf Vollrath von Mannsfeld selbige 100 Jahr vorher, zu des Bischofs Christopher von

Schu-

Tabelle III. Wedendorf-Alt-Pokrent.   83

Schulenburg Zeiten, nebst andern Kostbarkeiten mit weggeführet, als er auf Anstiften des Herzogs Franz des Aeltern zu Sachsen-Lauenburg diese Kirche erbärmlich verwüstete. Im Jahr 1603 führte unser Hartwig Fräulein Elisabeth oder, wie man ihn spricht, Prinzessinn Elisabeth von Holstein bey der Beerdigung des Herzogs Ulrich von Meklenburg, Klüver Part. II. p. 233. Zwischen dem Bischofe August und ihm entstanden wegen vorhabender Resignation des Stifts an den mittleren Prinzen des Herzogs Friedrich von Holstein große Mißverständnisse, und mit dem bekannten Hermann Clamor von Mandelslow, Stiftshauptmann zu Schönberg und Liebling des Bischofs gerieth er in noch größere Weitläuftigkeiten: Es hatte dieser zu Anfang des dreißigjährigen Krieges dem Stifte viel Geld vorgeschossen, welches er mit Wissen des Bischofs August, Fürsten zu Braunschweig, von den Unterthanen nach Gefallen wieder einforderte. Das Stift drang auf Ablegung der Rechnung, um das Rückständige mit mehrerer Ordnung abtragen zu können; der von Mandelslow meinte, daß die Bezahlung einer liquiden Schuld hiernach nicht müßte aufgehalten werden, steckte sich hinter den Bischof, und brachte von ihm ein Schreiben an das Capittel aus, nicht weiter wegen Ablegung der Rechnung in ihn zu bringen, sondern vielmehr die Bezahlung zu besorgen. Es widersetzte sich aber das Capittel unter dem Beystand des Coadjutors Herzogs Hans Albrecht zu Meklenburg mit aller Macht, so daß ihm auch der Coadjutor seine Meklenburgschen Güter Teutenwinkel und Wesselsdorf darüber einzog; weil nun unser Dechant das Haupt des Capittels war, so stieß gedachter von Mandelslow sehr harte Injurien gegen ihn aus, es kam deshalb zum Proceß, der von der Juristen-Facultät zu Leipzig 1638 dahin entschieden ward, daß er die ausgestoßene Injurien mit 500 Rthlr. Strafe an die Dom-Kirche zu Ratzeburg verbüßen sollte. Aus allen diesen Händeln ist zu erklären, wenn auf dessen Epitaphium die Worte stehen: mein Trauren hat Ursach. Und

  Bernd, welcher in einer Vestung in Ungarn starb.

  Kurz vorher erwähnter Matthias besaß die Güter Pokrent, Kladrum, Radum oder Gr. Raden, Röselow und Ganzow. Anfangs stand er als Rutmeister in Meklenburgschen Diensten, hernach ward er Amtshauptmann zu Gadebusch und endlich Landrath. Im Jahr 1599 sollte er seinen Lehndienst stellen, und trug 1603 bey der gedachten Leichen-Bestätigung des Herzogs Ulrich die Blut-Fahne. Er cedirte 1618 das durch richterlichen Ausspruch erlangte Gut Belitz an Leopold von Vieregg auf Wokrent. Im Jahr 1620 ward er Landrath, wie aus dem sonst sehr ungnädigen Schreiben des Herzogs Adolph Friedrich an Ritter- und Landschaft beym Frank Libr. XII. p. 20 zu ersehen. Er pfändete von den Creditoren des Polnischen Raths Levin von Bülow aus der Linie Zibühl das Gut Gr. Raden, und 1626 von Ulrich von Penz einen Antheil im Gute Redevin. Im folgenden Jahr ward er nebst dem Landrath Gebhard von Molke auf Toitendorf rc. von der Landesherrschaft nach Lübeck gesandt, und ist ihre gehabte Instruction unter den Beylagen der Meklenburgschen Apologie befindlich, welche die verjagten Herzoge Adolph Friedrich und Hans Albrecht beym Kaiser und Reich 1630 übergaben. Zu der Zeit machte er eine Disposition wegen seiner Güter unter seinen noch lebenden vier Söhnen. Er war sehr vermögend, welches auch daraus erscheinet, daß er außer den oberwähnten schönen Gütern auch noch in der Nähe von Rostock in den Dörfern Bartelsdorf, Kessin, Bentwisch und Helmsdorf gewisse Pertinenzen besaße, welche er der Stadt Rostock im Jahr 1631 für 38000 Gulden verkaufte. Sein Name und Wapen befand sich auf dem großen Saal zu Rhena, indem die verwittwete Herzoginn Sophia von Meklenburg etwa 1617 alle Meklenburgsche Fürsten, Städte und die Besitzere der adlichen Güter nach den Aemtern mit Beyfügung ihrer Wapen zur Auszierung eines Speise-Saals mahlen und aufzeichnen ließ. Er starb im Monat August 1636. Mit seiner Gemahlinn Lucia, eine Tochter Ottens von der Lühe auf Büttelkow und Anne von Bülow a. d. H. Gudow, zeugte er:

17.
15. Matthias,
17. Landrath.

L 2   Hanna,

Tabelle III. Wedendorf-Alt-Pokrent.

Hanna, deren Gemahl ward 1629 Balthasar von Restdorf auf Weisin, und unterschrieben den 25. Jenner der Vater Matthias und die Brüder Hans und Detloff die Ehepacten.

Margretha, vermählte sich mit dem Kaiserl. Rath und Meklenburgischen Cammerrath Ulrich von Penz auf Toddin und Zabel ꝛc.

Maria, starb 1664 als Gemahlinn von Jobst von Bülow auf Dronnewitz und Borkow.

18. Hans: Er erhielt 1627 das Pfandgut Raden oder Radum von seinem Vater, und brachte es nachhero eigenthümlich an sich; er konnte es aber nicht erhalten, sondern es entstand darüber ein Concurs, und wie seine Gemahlinn Metta von Sperling es von den Adjudicatarien an sich kaufte, und ihrem Gemahl nach ihrem Ableben den Nießbrauch, das Eigenthum aber ihres Bruders Cord Sperling Söhnen, Cord Joachim und Helmold, vermachte, so kam es dadurch, wie er den 28. Octob. 1668 verstarb, ganz von der Familie ab, und besitzen es itzo die von Schacken.

19. Otto, bewohnte 1628 Pokrent, ist aber einige Jahre darauf verstorben.

20. Hartwig, auf Pokrent und Käselow, von dem gleich ein mehreres.

21. 22. Gottfried und Joachim starben jung; Und

23. Detloff; dieser bewohnte Kloddram und Garlitz, und erhielte durch den Concurs des Herrman von Cramon das Gut Borkow nebst Arendshören und Gägelow, für den er und sein Bruder Hartwig sich für 16200 Fl. bürglich eingelassen hatten. Er überließ aber hiernächst diese Güter dem Herzog Adolph Friedrich und veränßerte noch überdem sein Unterpfand in Redevin. Ohne Zweifel achtete er darum nicht sehr auf Landgüter, weil er mit seiner Gemahlinn Anna, eine Tochter Jürgens von Levetzow auf Letkendorf und Aguese von Cramon aus dem Hause Woserin, nur eine einzige Tochter

Dorothea hatte, die ihrem Gemahl Hans Hinrich von Bülow, der n. 93 vorkommen wird, die väterlichen Güter Kloddram und Garlitz zubrachte.

20. Hartwig, Domherr zu Magdeburg. CCC

Kurz vorher gedachter Hartwig bekam nach dem Tode seines Bruders Otto die Güter Pokrent und Käselow, und war Domherr der hohen Stifts-Kirche zu Magdeburg, woselbst bey seiner Einschreibung seine Ahnen, nach der Anlage CCC, beschworen produciret werden mußten. 1652 findet man ihn noch lebend an. Seine Gemahlinn war Hippolita von Danneberg, die ihm geboren:

24. Matthias, Domherr u. Oberstl.

Matthias, gleichfalls Domherr zu Magdeburg und Oberstlieutenant des Niedersächsischen Kreises. Er starb 1672 unvermählt. Und

25. Hans Ernst, Dän. Major.

Hans Ernst auf Pokrent, Dänischer Major. Er huldigte 1661 dem Herzog Christian Ludwig; verkaufte aber sein Gut Pokrent an seinen n. 94 vorkommenden Vetter Hartwig von Bülow: Ohne Zweifel ist dies von dem Lehn zu verstehen, denn das Gut an sich besaß bereits 1642 der Kaufmann Hund aus Lübeck, Frank Libr. XIII p. 247. Er starb 1687, und hatte sich vermählt gehabt mit Ursula Margretha, einer Tochter Siegfrieds von Gertzen auf Gnemern und Ursule von Lühow aus dem Hause Parlin, die ihm zur Welt brachte:

26—28. Matthias, Otto, Hans Albrecht, die entweder in der Jugend oder doch unvermählt verstorben: Und

29. Hartwig Ernst. Dieser starb 1692 als Dänischer Rittmeister, nachdem er sich mit Margretha von Staar, Tochter eines Dänischen Majors, verheirathet hatte, mit der er zeugte:

30. Hans Siegfried, welcher 1738 als Hauptmann in Dänischen Diensten stand, und sich daselbst mit eines Oberstlieutenants von Nimpsch Tochter vermählte, die ihm geboren:

31. Hartwig Friedrich, welcher 1763 als Premierlieutenant bey dem Norder-Jütländischen National-Regiment gestanden. Da er itzo nicht mehr in Diensten stehet, und man nicht weiß,

wo

Tabelle III. Wedendorf-Holldorf.

wo er geblieben ist, so ist es mir nicht möglich gewesen, von dieser Bransche etwas mehreres in Erfahrung zu bringen.

Obenerwähnter Barteld auf Holldorf und Hundorf, Rath und Hauptmann zu Neuen kahlden, Goldberg, Gadebusch und Tempzin, geb. 1533, ward in der Jugend mit seinem jüngern Bruder Adam nach Schlesien geschickt, von da er nach Prag gieng, wo damals der König von Ungarn und Böhmen, nachheriger Kaiser Ferdinand I. Hof hielte; darauf diente er mit gutem Ruhm in Ungarn, wohnte der Schlacht bey Sievershusen 1553 bey, ward gefährlich am Knie blessiret, und begab sich endlich in Meklenburg zur Ruhe, wo er als Hauptmann gedachten Aemtern vorstand, wobey er sich so wohl zu nehmen wußte, daß unerachtet er keine sonderliche Studien hatte, er dennoch 1589, Frankf.Libr. XI. p. 67. von Ritter- und Landschaft dem Landesherrn zum Landrath mit vorgeschlagen, und auch sonsten in Landes-Sachen stark gebraucht wurde: Es irret aber von Beehr in reb. Meclenb. wann er ihn p. 835 würklich zum Landrath macht. Er pfändete 1609 von Ulrich von Penz auf Warliz einen Pflug-Dienst im Dorfe Lübtheen. Im Jahr 1610 ward er, und der Meklenb. Rath Hans von Negendank auf Eggersdorf von dem Herzoge Hans Albrecht mit einer Vollmacht, die Coadjutor-Wahl des Stiftes Razeburg betreffend, zum Herzog August von Braunschweig abgefertigt. 1612 war er als Fürstl. Rath bey dem Vergleich mit zugegen, der zwischen den Herzogen Adolph Friedrich und Hans Albrecht über die Puncte gemacht wurde, die bey dem Varenholzischen Vergleich nicht zur Richtigkeit gekommen waren, Westphal Tom. IV. p. 1189. Als er 1613 sechs Bauleute und acht Cossaten in Benz und drey in Redewin von Matthias von Penz pfändete, wird er Barteld der Aeltere genannt. Er war ein sehr reicher Mann, und hat den großen Ruhm hinterlassen, daß er den Kirchen und Armen viel Gutes gethan, besonders hat er zu Holldorf, welches auch ehedem Holzdorf geschrieben wurde, ein Armenhaus für sechs Armen gestiftet, und dazu 1000 Rthlr. vermacht, welche ihnen nebst freyer Wohnung zu Gute kommen sollten. Bey dem allen war er doch ein besonderer Kreuzträger, indem ihm der höchstseltene Fall begegnete, daß er sich zu vier verschiedenenmalen jedesmal einen Arm oder ein Bein, folglich alle vier, entzwey brach. Er starb den 26. März 1621, wie er 88 Jahr alt und ein Vater von 16, ein Großvater von 35 und ein Aeltervater von 3 Kindern war. Vermählt hatte er sich zweymal; zuerst mit Anna, einer Tochter Hartwigs von Lützow auf Gr. Saliz und Sophia von Penz aus dem Hause Raguth, und hernach mit Gödel, einer Tochter Hinrichs von Danneberg auf Breselenz und Ursule von Schack aus dem Hause Gützow im Lauenburgschen. Mit der ersteren zeugte er 9 Kinder, wovon 6 theils todt zur Welt gekommen, theils jung gestorben sind, zu erwachsenen Jahren kamen nur:

Anna, die sich mit Diedrich von Plessen auf Züsow vermählte, und 1594 verstarb.

Detloff, starb 1587 in Französischen Kriegsdiensten, und

Hartwig, auf Hundorf, von dem bald ein mehreres. Die zwote gebar ihm:

Elisabeth Margretha, deren Gemahl war Joachim von Lützow auf Prizier.

Dorothea, die sich an Cord von Lützow auf Parlin verheirathete, und 1628 verstarb.

Ursula, ward die Gemahlinn von Hans von Daldorf, dem Jüngeren auf Wotersen im Lauenburgschen.

Bernd, starb jung.

Detloff, auf Hundorf, Dechant zu Razeburg, von dem hiernächst weiter.

Hans Hinrich auf Holldorf, von dem zulezt Erwähnung geschehen soll. Und

Barteld, der Jüngere genannt, geb. 1591. Er begab sich 1610 in Dänische Dienste, und half im folgenden Jahr die den Schweden zuständige Städte Elsburg und Colmar erobern; dankte bald darauf ab, besaß das Gut Redewin pfandsweise, ging darauf 1620 in Meklenburgsche Kriegsdienst

margin notes: 12. Bartold, 17. Rath und Amtshauptmann. 32. 33. 34. 35. 36. 37.

86   Tabelle III. Wedendorf-Holldorf-Zurow.

dienste und wurde kurz darauf den 29. Dec. zu Boitzenburg von Balthasar von Zülow, nachdem er ihn mit Hülfe seines Bruders Detloff von Zülow unter sich gebracht, elendig erstochen.

33. Ebengedachter Hartwig hat bey Lebzeiten seines Vaters das Gut Hundorf bewirthschaftet, und ist daselbst auch noch vor dem Vater 1606 gestorben, es scheinet aber nicht, daß er es eigenthümlich besessen, indem seine Kinder nicht darauf gewohnt haben. Es meldet zwar Hoinkhusen, daß er 1613 das Dorf Steinförde an Vicke von Sperling auf Rüting verkauft habe, allein er ist gewiß von ihm mit einem von den Hartwigen, die zu dieser Zeit zu Wedendorf und Plüskow gewohnt haben, verwechselt, indem die Leichenrede seines Vaters ausdrücklich gedachtes Jahr 1606 als sein Sterbjahr erwähnet. Eben also will auch Hoinkhusen, daß er sich fünfmal verheirathet habe, welches ich dahin gestellet seyn lasse; zwo Gemahlinnen sind nur bekannt geworden, als Magdalena, eine Tochter Augustins von der Lühe auf Schulenberg und Anna Levecke von Preen a. d. H. Wolde, hiernächst Gödel von Buchwald a. d. H. Johannsdorf. Mit der erstern zeugte er:

38. Barteld, auf Zurow, von dem gleich ein mehreres.

39. Augustin, H.D.Stallmeister. Augustin. Ward Hessen-Darmstädtscher Stallmeister und Amtmann zu Lichtenstein. Er verheirathete sich zwar mit Anna Barbara Streiff von Löwen- oder Lauenstein, starb aber 1650 unbeerbt. Und

40. Detloff Vollrath, starb ohne Erben.

38. Der älteste Barteld, geb. 1600, war Rittmeister, und vermählte sich mit Elisabeth, einer Tochter Georgs von Stralendorf auf Zurow und Schmackentin, und Anna Maria von Plessen a. d. H. Zülow, und brachte durch diese Heirath die Güter Zurow und Schmackentin auf seine Nachkommen, die es auch bis zu unsern Tagen besessen. Seine Kinder waren:

Anna Maria, die sich den 2. Junii 1654 mit Hartwig von Bülow n. 94 auf Pokrent und Käselow vermählte.

41. Hartwig Diedrich, H.C. Hofmeister. Hartwig Diedrich auf Horst, geboren 1635. Er reisete 1656 nach Frankreich und kam 1660 zurück. Zwey Jahr hernach ward er Hofmeister bey der Herzoglin Sibilla Hedwig zu Sachsen-Lauenburg und starb 1694. Er hatte sich mit Armgard Agnes, eine Tochter des Schwedischen Obersten Markward Ernst von Penz auf Düssin und Abel von Bülow a. d. H. Scharbow verheirathet, zeugte aber mit ihr nur eine Tochter

Sibilla Hedwig, die sich 1698 mit dem Obersten Barteld Diedrich von Bülow auf Scharbow no. 97 vermählte.

42. Jürgen Christoph auf Zurow, von dem gleich weiter.

43. Christian, Lüneb. Zellischer Oberstlieutenant, von dem hiernächst.

44. Barteld, Br. Lüneb. Capitain, geb. 1645, blieb im Duel. Und

45. Joachim Friedrich, geb. 1646, von dem zuletzt ein mehres.

42. Jürgen Christoph, Major. Jürgen Christoph, geb. 1639, war Major und wohnte auf Zurow; er vermählte sich mit Cathrina Elisabeth, eine Tochter Joachim Friedrichs von der Decken auf Bramstede im Bremischen, und Auguste Margrethe von der Lieth, und zeugte mit derselben 12 Kinder, als:

Elisabeth, die sich erstlich mit Friedrich Wolf von Taden auf Nepersdorf, und hernach 1726 mit Cuno Ulrich von Stralendorf auf Trams, Landgräfl. Hessenscher Rittmeister, vermählte, und im November 1730 verstarb.

Sophia Agnesa, gest. 1701, ward vermählt mit Hans von Kohlhans, Dänischer Oberstlieutenant, so 1710 verstarb.

46. Hartwig Friedrich, starb in der Jugend.

Augusta Magdalena, starb 1743; deren Gemahl war Hartwig Adam von Reßdorf, so 1703 verstarb.   Agatha

Agatha Maria und Charlotta Eleonora starben jung.

Barteld Christian auf Zurow, von dem bald das weitere. 47.

Benedicta, starb unvermählt.

Carl Christoph, starb im 17ten Jahr seines Alters. 48.

Christina Dorothea, ward 1734 die Gemahlinn des Oberstlieutenants und Klosterhauptmanns Joachim von Bassewitz auf Kl. Walmsdorf, welcher den 21. December 1745 verstarb.

Juliana Sibilla, und

Joachim Friedrich, stand in Kriegsdiensten, starben beyde unvermählt. 49.

Ebengedachter **Barteld Christian** pflanzte den Stamm fort, und bewohnte Zurow und Schmackentin. Er stand vorher als Major in Schleswig-Holsteinschen Diensten, nachhero widmete er sich mit vielem Ruhm den Landes-Diensten. 1721 ward er zum Landrath vorgeschlagen, und nachdem er viele Jahre Amts-Deputirter gewesen, erwählte man ihn 1741 zum Mitglied des Engern-Ausschusses; er dankte hierauf als Provisor des Klosters Ribnitz ab, welchem Kloster er mit dem Hauptmann von der Lühe zu Detmannsdorf so wohl vorgestanden hatte, daß solches binnen wenigen Jahren von einer großen Schulden-Last von 16000 Rthlr. befreyet war. 1743 ward er in der Werbungs-Angelegenheit an den König von Preußen als Landes-Deputirter geschickt, und starb hiernächst ruhmvoll 1749. Frank hat sein Andenken verewigt, wann er Libr. XVIII. p. 174 von ihm schreibt, daß er nicht leicht eine Gelegenheit seinem Vaterlande zu dienen versäumt habe, und Libr. XIX. p. 67: „Auch starb zugleich mit dem Landrath Hans Albrecht von Plüskow der Major von Bülow zu Zurow, der eben so wenig an Vermögen als jener hinterließ, ungeachtet sie beide das meiste beym Landkasten zu sagen hatten, aber aus patriotischer Gesinnung lieber ihre eigne als des Landes Güter angriffen." Es konnten daher nach seinem Tode seine Güter bey der Familie nicht conserviret bleiben, sondern es kaufte sie einer Namens Boye, der aber sein Glück schlecht damit gemacht, noch schlechter aber des Letzteren Gläubiger. Unser Patriot hatte sich 1737 vermählt mit **Sophia Eleonora Cathrina**, eine Tochter des Preußischen Geh. Etats-Ministers Friedrich von Görne und Eleonore Lucke von Stockhausen a. d. H. Immenhausen, die sich hiernächst wiederum mit dem Oberstlieutenant Jens Christopher von Lehsten a. d. H. Wardow verheirathete. Mit jenem zeugte sie:

47. Barteld Christian, Holst. Major.

Sophia Eleonora Cathrina, geb. 15. Jenner 1738, starb unvermählt zu Rostock 17⁶⁴ als Braut des Meklenburgschen Hauptmanns Christoph Hinrich von Plüskow.

Jürgen Friedrich, geb. den 16. März 1739, starb als Braunschweigscher Lieutenant in der Campagne am hitzigen Fieber. 50.

Christoph Friedrich, geb. und gest. 1740. 51.

Barteld Christian, geb. im April 1742, war Lieutenant in Braunschweigschen Diensten, nahm seinen Abschied, hielt sich eine Zeitlang in Rostock, dann in Berlin und Hamburg auf, bis er vor einigen Jahren in Polnische Dienste ging, von da er in Russische Dienste gekommen, und daselbst Rittmeister ist. Und 52.

Magdalena Christiana, geb. 1744, starb jung.

Vorher erwähnter **Christian**, der letzteren Großvater-Bruder, war Braunschweigscher Oberstlieutenant, starb 1685 in Ungarn und ward zu Comorra begraben. Die mit seiner Gemahlinn Dorothea Elisabeth von Lütke, (eine Bremensche Familie) gezeugte Kinder sind:

43. Christian, Braunschweigsch. Oberstl.

Anna Margretha, geb. 1672, ward den 4. Jenner 1689 die Gemahlinn von Carl Friedrich von Bobard.

88 Tabelle III. Wedendorf=Holldorf=Zurow.

Dorothea Cathrina, geb. 1673, vermählte sich mit dem Hannöverschen Capitain
Georg von Godenberg auf Judenmühlen.

Juliana, geb. 1676, ward verheirathet an den Hannöverschen Oberstlieutenant Reinhard
von Rote.

53. Christian Friedrich war zuerst Holländischer Major, ging nachher in Russische Dienste,
Christian und ist daselbst als Oberster gestorben. Er hatte sich 1702 mit einer Brabantischen Baronesse ver-
Friedrich, heirathet und soll auch mit ihr einen Sohn gezeugt haben, dessen Namen mir aber nicht bekannt ge-
Russ. worden.
Oberster.

54. Barteld, blieb den 4. Sept. 1712 als Schwedischer Hauptmann.

55. Jeremias, starb jung. Und

56. Christian. Dieser verließ 1748 die Schwedischen Dienste als Hauptmann und starb 1763
zu Blankenburg im Braunschweigischen. Seine Gemahlinn ward 1716 Clara Anna, eine Tochter Gottfrieds von Cramm auf Oelgar und Volkersheim, und einer von Walmoden a. d. H.
Walmoden; sie war geboren 1702 und starb 1757 nachdem sie zur Welt getragen:

57. Carl, welcher 1756 unvermählt verstarb.

Anna Margretha Luisa. Diese vermählte sich 1751 mit dem Braunschweigschen
Hauptmann Carl von Cramm auf Volkersheim, und ist itzo Wittwe.

58. Johann August, starb 1757 in Prag als Kaiserl. Lieutenant an einer Blessur.

Anna Dorothea, starb 1769 unvermählt.

59. Emanuel Christian, geb. 1730, stand als Major bey dem Preußischen Husaren-Re-
Emanuel giment von Lossow, verließ aber 1779 diese Dienste, und wohnet itzo auf seinem Gute Schätzels
Friedrich, in West-Preußen. Er vermählte sich den 18. Jenner 1771 mit Johanna Luise Augustina, eine
Pr. Major. Tochter Georg Augusts von Troschke, geb. 1716, gest. 1769, und Anne Dorothee von Rauter,
die 1724 geboren ist und noch lebet. Diese Gemahlinn, geb. den 11. December 1750, hat ihm
bereits folgende Kinder geboren:

60. Friedrich Wilhelm August, geb. den 20. Octob. 1771.

61. Carl Christian Ludwig, geb. den 2. Dec. 1772.

62. Christoph Theodor Leopold, geb. den 4. April 1774.

Carolina Dorothea Eleonora, geb. den 24. März 1775.

63. Johann Emanuel Ferdinand, geb. den 26. Julii 1776.

64. Carl Ernst Alexander, geb. den 27. August 1777, und

65. Adolph Hinrich Albrecht, geb. den 17. Oct. 1778.

66. Niels Johann Friedrich, verließ 1765 die Chursächsischen Dienste als Hauptmann, und
lebt seitdem unvermählt zu Jvenack im Meklenburgschen, zuerst zur Gesellschafft des Grafen Helmuth
von Plessen, und nach dessen Absterben des Grafen Molzahn von Plessen. Und

Sophia Charlotta, die sich 1764 mit dem Bayreuthschen Kammerherrn und Bergs-
Hauptmann Carl von Bothmar vermählte.

45. Vorher genannter Joachim Friedrich soll nach dem N. J. von Behr in Holländischen
Diensten gestanden und vor Grave geblieben seyn. Da nach zuverläßigen Nachrichten außer dem
no. 53 gedachten Christian Friedrich noch ein Abkömmling des Zurowschen Hauses nach Rußland
gekommen ist, und daselbst eine Nachkommenschaft gestiftet, so kann er nur von diesem Joachim
Friedrich abgestammet seyn. Nach diesen Nachrichten wird er aber Capitain in Französischen
Diensten genannt. Dieser hat

67. einen Sohn NN gehabt, der anfänglich Cadet in Französischen Diensten gewesen, nachhero

von

von dem Kaiser Peter dem Ersten auf seinen Reisen mit nach Rußland genommen worden, woselbst er die Ingenieur-Kunst gelernet, und zuletzt als Generallieutenant der Artillerie daselbst gestorben ist. Vermuthlich ist der Vater ein Avanturier gewesen, hat in Frankreich geheirathet, und ist Catholisch geworden, weil diese ganze Bransche dieser Religion zugethan gewesen, und nach aller Wahrscheinlichkeit war es eine Tochter von ihm, wovon mir der nunmehro verstorbene Major Carl Gustav von Bülow zu Bützow benachrichtiget, daß er 1734 zu Mastricht in einem Catholischen Kloster ein Fräulein von Bülow angetroffen, die weder ihren Vater noch Mutter angeben können. Unser General hat aber zuverläßig zwey Söhne gehabt, als:

NN. Russischer General Lieutenant.

NN. Der als General von der Cavallerie in Russischen Diensten gestanden, und ohne Kinder verstorben ist, und

68. NN. Russischer General.

Christian. Er war Russischer Major bey der Cavallerie und hatte eine Polnische Dame zur Gemahlinn gehabt, mit der er zwey Kinder gezeuget, nämlich

69. Christian, Russischer Major.

NN, eine Tochter, die sich etwa vor 15 Jahren zu Smolenzkow mit einem Russischen Rittmeister von Rachowsky verheirathete, und einen Sohn

NN, der zu der Zeit in einem Jesuiter-Collegio erzogen worden. Ich habe diese unvollkommene Nachricht, so wie ich sie empfangen, in der Hoffnung hergesetzt, daß ein oder der andere daher Gelegenheit nehmen möge, mich eines bessern und vollständigeren zu belehren.

70.

Ehedem gedachter Detloff, vierter Sohn des Bartolds auf Holldorf und Hundorf, bekam in der brüderlichen Theilung letzteres Gut. Huldigte 1609 den Herzogen Adolph Friedrich und Hans Albrecht, und ward von letzterem 1633 zur Rechnungs-Aufnahme der derzeitigen monatlichen Landes-Contribution bestellet. Vertheidigte Gerechtsame von 1750, Beylage 47, a, b. Nach dem Tode Joachims von Blücher ward er 1645 der vierzehnte und letzte Dechant des Stifts Ratzeburg, als in welchen er 1592 eingeschrieben worden. Im Jahr 1652 unterzeichnete er in obiger Würde den Vergleich, welchen Herzog Adolph Friedrich mit dem Capitel wegen des nunmehro secularisirten Bischofthums Ratzeburg errichtete, Westphal P. IV. p. 1215 und Klüver P. II. p. m. 315. Sein Name und Wapen ist auch auf dem Saal zu Rehna zu sehen, und starb er endlich den 5. May 1662. Er hatte sich 1608 vermählt mit Margretha, eine Tochter Hartwigs von Schack auf Müssen im Lauenburgschen, und Barbare von Schack a. d. H. Basthorst; sie war 1592 geboren, starb 1658, und gebar ihrem Eheherrn 14 Kinder, wovon aber nur folgende zu erwachsenen Jahren gekommen sind:

35. Detloff, Dom-Dechant zu Ratzeburg.

Bartold Hartwig, geb. den 4. Aprill 1611. In seiner Jugend war er Page, besahe hierauf die Niederlande, Frankreich, Engelland und Polen, und ging hiernächst in des Herzogs Bernhard von Weimar Dienste. In der Nördlinger Schlacht ward er als Capitain gefangen, und nach Wien geführet, bis er endlich durch Beyhülfe seines Vetters, des no. 156 vorkommenden Kaiserl. Majors Ulrich Friedrich von Bülow, und besonders des Vice-Canzlers von Stralendorf befreyet worden, worauf er sich in Dänische und endlich in Schwedische Dienste begab. 1642 war er bis zum Obristlieutenant gestiegen, und aus folgenden Jahr aus der Alt-Mark mit einer Esquadron Reuter nach Lauenburg und Boitzenburg commandirt, und folgends vor der Vestung Dömitz, da er dann dem Wißmarschen Gouverneur Erich Hansen solche Mittel an die Hand gab, daß diese Vestung den Kaiserlichen abgenommen wurde. 1644 occupirte er das im Bremischen belegene feste Schloß Hornburg; hierauf ward er zum Obersten und Commandanten der Stadt Nordlingen bestellet, in welcher er sich während der von den Kaiserlichen unter dem General Graf Adrian von Enkefuhrt 1647 unternommenen Belagerung 17 Wochen lang tapfer vertheidigte. In den Jahren 1649 und 50 befand er sich auf dem Friedens-Executions-Convent zu Nürnberg, that eine

71. Bartold Hartwig, Schwedsch. General von der Infanterie.

Reise

Reise nach Schweden, erlangte eine Pension, und begab sich auf sein Gut Hundorf zur Ruhe. Wie aber der Polnische Krieg anging, erhob ihn der König von Schweden 1655 nicht nur zum General-Major, sondern vertraute ihm auch nach der Schlacht bey Warschau das Gouvernement von Thoren an, woselbst er eine halbjährige Belagerung mit der tapfersten Gegenwehr aushielte. Wie sehr rühmlich er für die Sicherheit der Damen und unschuldiger Bürger mitten im Kriege zu sorgen pflegte, kann man im 16. und 28. §. des 3ten Buchs des Puffendorfs Leben des Königs Carl Gustavs lesen. Kurz nach geschlossenem Frieden ward er zum Generallieutenant und Vice-Gouverneur von Schonen, so wie hiernächst zum General der Infanterie und Vice-Gouverneur von Vor-Pommern ernannt. Er starb zu Wolgast mit Hinterlassung eines großen Ruhms den 19. November 1667, und ward daselbst mit vielem Pomp zu seiner Ruhestätte gebracht. Die auf ihn gehaltene gedruckte Leichenrede widerleget das, was Gauhe im Adels-Lexicon von einem Georg von Bülow berichtet, und daß dieser Commandant in Thoren gewesen seyn soll. Er vermählte sich 1654 mit Abel Sophia, eine Tochter des Meklenb. Landraths Daniel von Plessen auf Steinhusen und Hoickendorf, und Dorothee Eleonore von Blumenthal a. d. H. Prötlin, andere nennen sie von Lützow. Sie heyrathete zum zweytenmal 1678 den Schwedischen General und Commandanten zu Stralsund Peter Maculier und starb den 10. Jenner 1695, hatte aber mit unserm General diese Kinder:

> Margretha, die sich mit dem Schwedischen Generallieutenant und Commandanten der Vestung Stettin Leonhard Carl Müller von der Lühne Baron von Mellentin auf Ludwigsburg, Nezow &c. vermählte, und 1735 verstarb.
> Barbara, deren Gemahl ward der Schwedische General Graf Carl Friedrich von Schlippenbach auf Schössde.
> Elisabeth.
> Anna, ward die Gemahlinn von dem Schwedischen Obersten Johann von Grote. Und

72. Carl Gustav, Lüneb.Zell. Oberstlieutenant.

> Carl Gustav auf Hundorf, beygenamt der Schöne, welcher 1686 als Br. Cellischer Oberstlieutenant auf der Insel Negroponte in Griechenland sein Leben gegen die Türcken einbüßte: Daß er unbeerbt gestorben, beweiset der langwierige Proceß, welchen seine Schwester, die damalige Oberstinn Baronne von Mellentin, mit der Wittwe seines Vaterbruders Bernd Joachim auf Camin, wegen der Absonderung des Allodiums von dem Lehn in dem Gute Hundorf, als Vormünderinn geführet, und wobey sich sonst keiner gemeldet, sondern das Gut ward nachher ungestört von dieser Dame an den Minister von Bernstorf verkauft.

Barbara Dorothea, geb. den 12. Julii 1614, vermählt den 10. Febr. 1631 mit Georg von Warnstedt auf Vogelsang, Amtshauptmann zu Redentin.

Dorothea Elisabeth,

Gödel, deren Gemahl war Hartwig von Bülow auf Elmenhorst, von der Radum-Wischendorfer Linie.

Margretha, geb. 1619 und gest. 1698; ward 1640 die Gemahlinn von dem Hauptmann Ulrich Carl von Bassewitz auf Kl. Walmsdorf, ehemaliger Dänischer Hauptmann, und nachheriger Vice-Landmarschall des Meklenburgschen Kreises.

Anna Elisabeth, starb 1673. Ihr Gemahl war Andreas von Bernstorf auf Bernsdorf &c. Domherr zu Ratzeburg. Und

73. Bernd Joachim auf Camin, welches derselbe 1663 von denen von Penz an sich erhandelt hatte. Er war den 19. März 1632 geboren und starb den 23. April 1676. Er hatte sich mit der den 10. Sept. 1730 im hohen Alter verstorbenen Hippolita Maria, eine Tochter Hartwigs

wigs von Schack auf Müssen, und Cathrine von Perkentin, Erbjungfer von Zecher, im Jahr 1669 vermählt, es dauerte aber ihre beglückte Ehe nur 7 Jahr, und die Wittwe hat sich niemalen zur zwoten Ehe entschließen können. Sie baute während der Minderjährigkeit ihrer Kinder ein neues schönes Haus zu Camin, und hat dadurch ihr Andenken lange werth gemacht. Ihre Kinder waren:

  Detloff, geboren 1670, gestorben 1688.   74.

  Cathrina Barbara, geb. 1672, vermählte sich 1693 mit dem Meklenburgschen Kammerjunker Hinrich Ulrich von Negendank auf Eggersdorf und Redewisch, welcher 1666 geboren war.

  Hartwig, geb. 1674 den 17. Aprill, und Barteld Hartwig, geb. und gest. 1675.   75. 76.

  Jener Hartwig that schöne Reisen durch Holland, Engelland und Italien, bezog hierauf   75. als der einzige Sohn das Gut Camin, und pflanzte den Stamm mit Cathrina Luisa, eine Tochter Ulrichs von Negendank auf Eggersdorf und Agnese Dorothee von Behr aus dem Hause Huchelsdorf in Pommern fort, die 1674 geboren und 1727 gestorben ist, mit der er sich den 26. Novemb. 1698 vermählt hatte. Er selbst starb zu früh den 12. Octob. 1711, und hinterließ folgende Kinder:

  Andreas Gottlieb, geb. den 22. Novemb. 1699, und unvermählt gestorben den 9.   77. März 1738. Er studirte 1720 in Helmstädt, wie aus einer Streitschrift zu sehen, die er daselbst vertheidigte, und in Leysers Medit. ad Pand. Vol. II. p. 198 unter dem Titel de expensis civilibus befindlich ist.

  Hippolita Maria Cathrina, geb. den 16. Octob. 1702, vermählt den 20. Julii 1725 mit dem Dänischen Obersten Johann von Schack auf Kongsdahl (Königsthal) in Seeland.

  Harturia oder Hartwiga Dorothea, geb. den 16. Sept. 1711, ist 1712 ins Kloster Dobbertin geschrieben, vermählte sich mit dem Hauptmann Cord Hans von Bülow auf Prützen und Schönenwolde. Und

  Bernhard Joachim, geb. 1704 den 8. Sept., gest. den 9. May 1779. Er war ein   78. ausnehmender Wirth, kaufte Düssin 1748 und pfändete Wendelsdorf 1771. Er verewigte sein Andenken, indem er sowol sein väterliches Gut Camin, als die eben gedachten selbst erworbenen Güter zu Familien-Fideicommisse machte. Für jeden seiner dreyen Söhne setzte er 40000 Rthlr. als ein Fideicommiß fest: Was er das Gut Düssin weniger als 40000 Rthlr. werth schätzte, ward mit baarem Gelde ergänzet, und zu dem Wendelsdorfischen Pfandschilling von 22000 Rthlr. wurden noch 18000 Rthlr. zugelegt, wofür auch, wann dieses Gut eingelöset werden möchte, ein größeres von dem Werth von 40000 Rthlr. angekauft werden sollte. Schulden können auf diese Güter nicht ferner gemacht werden, ausgenommen zur Festsetzung eines Wittwengehalts und wann Unglücksfälle eintreten; in welchem letzteren Fall aber auch aus der Hölzung 1000 Rthlr. zu Hülfe genommen werden. Besonders soll auf Camin zur Ehre seiner Mutter eine Ausgabe von 500 Rthlr. haften, die allemal derjenigen Tochter unter seinen Nachkommen ausgezahlet werden sollen, welche die Namen Cathrina Luisa führet. An der Erziehung seiner Kinder, die er mit Christina Elisabeth, geb. 1724, eine Tochter Otto Hinrichs von Bülow auf Hohen-Niendorf, und Dividie Marie von Drieberg a. d. H. Gottmannsforde, zeugte, sparte er nichts, und er hatte das Glück zu sehen, wie wohl er dieses Geld angelegt. Seine allesamt noch lebende Kinder sind:

  Hartwig, geboren 1744 den 18. März, Königl. Großbritannischer und Chur-Hannöverscher   79. Legations-Rath. Nachdem er diese Dienste verlassen, bezog er das Allodial-Gut Camin, und vermählte sich 1773 mit Dorothea Sibilla Balthasara, eine Tochter Cuno Ludwigs von Lützow auf Pokrent, und Rachel Elisabeth von Döring aus dem Lüneburgschen.

                       Hinrich

80. Hinrich Ulrich, S. G. Regierungsrath.	Hinrich Ulrich, geb. 1745 den 9. Julii, stand als Regierungs- hiernächst Hofrath in Gothaischen Diensten, bewohnet iţo das Gut Düssin und den Antheil in Jabel, und ist seit 1776 verheirathet mit Sophia Cathrina Dorothea, des Oberstlieutenants Adolph Hans von der Lühe auf Barnekow, und Charlotte von Zülow a. d. H. Zülow Tochter. Von diesem seinem Schwiegervater erhandelte er 1780 das Gut Steinfurt im Amte Grevsmühlen.
81. Bernhard Joachim, M. Kammerherr.	Bernhard Joachim, geb. den 8. Junii 1747, stehet als Kammerherr in Herzogl. Meklenb. Schwerinschen Diensten, und bekam in der brüderlichen Theilung das Gut Wendelsdorf: Er ist bis dahin unvermählt, und, da ich dieses schreibe, auf seinen Reisen in Petersburg.

Luisa, welche sich 1764 mit dem Meklenb. Schwerinschen Oberhauptmann Carl Gustav von Molzahn a. d. H. Teschow vermählte. Und

Maria Hippolita Christina, ist seit 1777 die Gemahlinn des Rittmeisters Wilhelm von Both auf Kalkhorst.

36. Ehedem gedachter Hans Hinrich, Bartelds auf Holldorf und Hundorf fünfter Sohn, war geboren den 2. Julii 1593 und in seiner Jugend in Diensten des Grafen von Oldenburg, in dessen Angelegenheiten er eine Reise nach Engelland machte. Nach der Zeit wohnte er auf Holldorf und machte 1634 mit Joachim von Penz auf Raguth wegen des Guts Scharbow einen Pfand-Contract. Geraume Zeit nachhero haben Hartwig von Lützow auf Lützow, Hartwig von Lützow auf Gr. Salitz und Ulrich von Penz auf Warsow, als des sel. Joachimi von Penz nachgelassenen Kinder Vormünder, mit Bewilligung ihrer Pupillen und nächsten Agnaten das Gut Scharbow ihm erb- und eigenthümlich verkauft; worüber nicht allein 1653 der Landesherrliche Consens, sondern auch die gnädige Resolution erfolgte, daß ihm solches als ein altes Lehn conferiert werden sollte. Sonst war dieser Hans Hinrich einer von denen getreuen Patrioten, wie die Herzoge sie selbst nannten, die sich für die Herzoge Adolph Friedrich und Hans Albrecht auf große Summen verbürget hatten, als sie zu Wallensteins Zeiten von ihren Ländern vertrieben waren, und doch ein vieles anwenden mußten, um wiederum zum Besitz derselben zu gelangen, wie solches Feank Libr. XIII. p. 5. erwähnet. Er starb im letztgedachten Jahr und hatte sich vermählt gehabt mit Margretha, eine Tochter Jürgens von Oertzen auf Gorow und Roggow und Anne von der Wisch a. d. H. Gersdorf in Holstein, welche 1552 vor ihm verstarb; die mit ihr gezeugte Kinder sind:

Abel, ward 1647 die Gemahlinn des Obersten Markward Ernst von Penz auf Düssin und Raguth, so 1657 verstarb.

Anna Margretha; starb jung.

Gödel, vermählte sich mit Christoph von Barnewitz auf Retzow im Amte Wredenhagen.

82—85. Jürgen, Gottfried, Diedrich und Claus starben jung.

86. Detloff Hans; war in Spanischen und hernach in Schwedischen Kriegsdiensten, und starb zu Olmütz an den Blattern.

87. Jasper war Schwedischer Capitain und starb unbeerbt.

88. Barteld auf Scharbow, von dem bald ein mehreres.

89. Georg Hinrich; wohnte zuerst auf Tellow, hernach pfändete er 1665 von Günther Henning von Drieberg das Gut Gottmannsforde. Es hat aber dessen Wittwe Elisabeth, eine Tochter des Schwedischen Rittmeisters Melchior von Vieregg auf Beniţ und Elisabeth von Levetzow a. d. H. Lunow, solches Gut wiederum an Hartwig von Bülow auf Scharfsdorf überlassen. Sie war 1632 geboren und starb 1721 als Mutter folgender Kinder:

Elisabeth, und Margretha Abel starben unvermählt.

90. Hans Hinrich; starb jung.

Melchior

Melchior Otto, war Sachsen-Meinungscher Hofmarschall und Oberster. Dieser ist ohne Zweifel derjenige, welchen Gauhe in seinem Adels-Lexicon p. 152 irrig zu denen Pommerschen von Bülow rechnet, und wovon er schreibet, daß er vorher in Venetianischen Diensten in Morea gestanden, hiernächst sey er 1691 Meinungscher Hofmarschall und Cammer-Director, darauf aber Coburgscher Geheimerath und Hofmarschall gewesen, 1696 aber als Oberster zwey Bataillon am Rhein commandiret habe. Er starb unvermählt.

91. Melchior Otto, S. M. Hofmarschall u. Oberster.

Sophia Cathrina; starb den 11. März 1727 als Domina des Klosters Dobbertin.
Abel Margretha, deren Gemahl ward August von Dieskau.

Sophia Cathrina, Domina.

Anna Amalia, geb. 1669, vermählte sich den 23. Jen. 1704 mit Georg Friedrich von Scheel auf Panklow, woselbst er 1709 in einer Feuersbrunst sein Leben einbüßte. Und
Georg Hinrich, starb unvermählt.

92.

Hans Hinrich auf Kloddram, von dem hiernächst, und

93.

Hartwig auf Holldorf und Pokrent, von dem zuletzt gehandelt werden soll.

94.

Kurz vorher gedachter Barteld, geb. 1620, gest. 1694, besaß das Gut Scharbow, und ward mit der Zeit Dänischer Generalmajor, und Commendant zu Friedrichshaven bey Copenhagen. Er hat sich zweymal vermählt gehabt, 1.) mit Joachima Dorothea, geb. 1637, eine Tochter Franz Joachims von Spörken auf Molzän, und Clare Eleonore von Veehr a. d. H. Stilligt, und nach deren 1665 erfolgtem Ableben 2.) mit Anna Elisabeth, eine Tochter Gottschalks von Hitzacker auf Döhting und Eve Sophie von Penz a. d. H. Melkhof. Mit der ersteren zeugte er:

88. Barteld, Dän. Generalmajor.

Hans Joachim, geb. 1658, gest. 1686.   95.
Christian Ludwig, geb. zu Harburg 1659, gest. 1685.   96.
Barteld Diedrich auf Scharbow, von dem bald weiter.   97.
Hinrich Friedrich, geb. 1661, starb jung.   98.
Dorothea Margretha, geb. 1663, gest. 1664.
Clara Eleonora, geb. 1665, gest. 1689, ward die Gemahlinn des Dänischen Geheimenraths und Ritters des Elephanten Ordens Christian Siegfried von Plessen auf Hoikendorf und Parien, welcher den 23. Jan. 1723 verstarb.

Mit der zwoten Gemahlinn zeugte Barteld:
Ernst Gottschalk, Dän. General, von dem hiernächst mit mehreren.   99.

Abel Dorothea, geb. 1682, gest. den 1. Aug. 1737, war vermählt mit Cuno Ulrich von Penz auf Melkhof, Düssin zc. zc. Chur-Braunschweigischer Generalmajor, welcher 1722 verstarb.
Anna Elisabeth, deren Gemahl war Friedrich Ludwig von Wenkstern auf der Lenzer-Wisch in der Prignitz.

Eben erwähnter Bartold Diedrich, geb. 1660 und gest. 1729 den 13. Aprill, besaß die Güter Scharbow, Zapel und Horst, und war Chur-Hannöverscher Oberster. Im Jahr 1713 ward er von Ritter- und Landschaft zum Landrath vorgeschlagen. Zur Zeit des Herzogs Carl Leopolds litte er von den Russen und Mecklenburgern auf seinen Gütern viel Ungemach, und ward endlich 1718, nebst einigen hundert seiner Mitbrüder, seiner Güter gänzlich entsetzt, weil er den berufenen Revers nicht unterschreiben wollte, wodurch tiblich zugestanden werden mußte, daß die Schriften, die der Engere Ausschuß drucken lassen aus boßhaftem Gemüth verfertiget wären, und zur öffentlichen Rebellion gegen den Herzog abzieleten, auch die derzeitigen Landräthe und Deputirte zum E. A. sich zur ferneren Betreibung ihres Amts dadurch selbst unfähig gemacht, Rebellen und Aufrührer wären, und man an ihren Unternehmungen weder itzo noch künftig Theil nehmen wolle.

97. Bartold Diedrich, Hannöv. Oberster.

Wie er nach der Zeit durch die Kaiserl. Executions-Völker wieder zum Besitz seiner Güter gekommen, so verkaufte er das Gut Horst an einen Hamburgschen Kaufmann Mutzenbecker. Er hatte sich 1698 vermählt mit Sibilla Hedwig, eine Tochter des Hofmeisters Hartwig Diedrich von Bülow auf Horst, n. 41, und Armgard Agnese von Penz a. d. H. Düssin, die ihm das Gut Horst zugebracht hatte; sie war geb. den 21. Febr. 1673, starb den 3. October 1716 und hatte ihrem Gemahl 14 Kinder geboren. Wie sie starb, lebten noch 10, und das jüngste war zwey Jahr alt, daher dieser frühzeitiger Verlust dem zärtlichen Ehemann und Vater überaus schmerzlich fiel, und führet er deshalb in einem eigenhändigen Aufsatz die bittersten Klagen. Die Kinder waren:

100—104.   Barteld Werner, Hans Hinrich, Joachim Friedrich, Carl starben in der Jugend.

105. *Hartwig Diedrich, Dänischer Major.*   Hartwig Diedrich auf Scharbow und Zapel, geb. 1700 und gest. zu Hamburg den 28. Febr. 1768 unvermählt. Er verließ die ehedem erwählten Dänischen Dienste als Major, und verkaufte gedachte Güter an seinen Schwestersohn, den Meckl. Schwerinschen Oberschenk Barteld Friedrich von Bernstorf.

  Sibilla Hedwig, geb. 1701 starb 1724 als die erste Gemahlinn des Dänischen Obersten Johann von Schack auf Rongsdahl in Seeland.

106. *Barteld Cuno, Dän. Generallieutenant und Ritter.*   Barteld Cuno, geb. 1702, starb im April 1771 zu Schleswig als Dänischer Generallieutenant von der Infanterie und Ritter vom Dannebrog, ohne mit seiner Gemahlinn einer von Schenkel beerbt geworden zu seyn.

  Agnesa Dorothea, geb. 1704, und lebt annoch in Zelle als Wittwe des Hannoverschen Oberstlieutenants Cord Detloff von Bülow aus dem Wischendorf-Plüskowschen Hause.

  Clara Eleonora, geb. 1705, ist die noch lebende Wittwe des August Friedrich von Bernstorf auf Bernsdorf, Gänshagen ic. ic.

  Abel Elisabeth, geb. 1706, starb 1769 als Conventualinn zu Dobbertin.

  Sophia Maria, geb. 1707, vermählte sich 1735 mit Cuno Joachim von der Lühe auf Depzow, hiernächst auf Bolland und Löwitz, der 1701 geboren ist; leben noch beide.

107. *Christian Ernst, Br. Bayr. Stallmeister.*   Christian Ernst, geb. 1709. Er verließ die Markgräfl. Brandenb. Dienste als Stallmeister, und gab der Welt ein seltenes Exempel eines glücklich gewordenen Spielers, indem er die beträchtlichen Güter Rambow, Grapen-Stieten mit dem Bauerdorf Sansdorf laufen konnte, die aber nach seinem 1759 unvermählt erfolgten Ableben von seinen Geschwistern dem Vice-Präsidenten Hartwig Friedrich von der Lühe käuflich überlassen wurden.

108. *Gottschalk Friedrich, H.D. Regierungsrath.*   Gottschalk Friedrich, geb. 1711 den 29. Novemb., stand ehedem als Regierungsrath bey dem Heßen-Darmstädtschen Hofgericht, und lebt noch unvermählt zu Schwerin. Und

109.   Detloff August, geb. 1713, starb 1760 ohne Leibes-Erben, obgleich er sich 1736 vermählt gehabt mit Regina, eine Tochter Carl Lewins von Stralendorf auf Kl. Krankow, und Dorothee Elisabeth von Pleßen a. d. H. Großen-Hof. Er kaufte von dem Hauptmann Cuno Friedrich von der Lühe das Gut Büttelkow, verkaufte es aber hiernächst wieder an den Rittmeister von Boye auf Gersdorf.

99. *Ernst Gottschalk,Dän. General Major.*   Der Vaterbruder dieser Kinder Ernst Gottschalk war geb. 1674, und ward zuletzt Dänischer Generalmajor, in welcher Würde er auch den 27. Decemb. 1721 gestorben ist. Er hatte sich 1715 mit Charlotta Helena Gräfinn von Schindel, deren Vater Dänischer Stallmeister war, vermählt, die ihm geboren:

110.   Barteld Wilhelm; stand ehemals als Preußischer Hauptmann bey dem Platenschen Dragoner-Regiment, hält sich aber itzo in Oldenburg auf. Er hat sich zweymal verheirathet, 1) mit

der

Tabelle III. Wedendorf-Holldorf-Klodbram. 95

der Wittwe des Hauptmanns von Burgsdorf auf Pobelzig, eine Tochter des Landraths von Platen auf Stolpe und einer von Marwitzen a. d. H. Friedersdorf, die 1737 ohne Kinder starb, 2) mit einer von Bardeleben a. d. H. Ribbeck, deren Mutter eine von Bergern aus der Neumark gewesen, wie der es gezeuget:

Barteld Wilhelm, geb. 1759, itzo Fähnrich unter dem Preußischen Petersdorfschen Infanterie-Regiment. Und 111.

Charlotta Luisa, geb. 1752, die noch unverheirathet ist. Und

Friedrich August. Er ist 1778 als Dänischer Major gestorben. Seine hinterlassene Wittwe ist die noch lebende Anna Dorothea von Görz aus Sachsen, geb. den 15. Jenner 1721, die sich nebst ihren Kindern itzo zu Hirschholm auf Seeland in Dännemark aufhält. Die Kinder sind: 112. Friedrich, August, Dänischer Major. 113.

Barteld Wilhelm, geb. den 14. März 1748, hat studirt, ist aber bis dahin ohne Bedienung.

Anna Charlotta, war Hofdame bey der verwittweten Herzoginn zu Holstein-Glücksburg.

Helena Friderica, Kloster-Fräulein im Kloster Rothschild.

Anna Joachima Hipolita.

Maria Cathrina, Kloster-Fräulein im Kloster Rothschild, und

Margretha Beatha, geb. den 20. Octob. 1761.

Vorher gedachter **Hans Hinrich** bekam durch seine Gemahlinn das Gut **Klodbram**, Ruendahl mit dem Bauerdorf Garlitz; Sie war Dorothea, eine Tochter des no. 23 gedachten Detloffs von Bülow und Anne von Levetzow a. d. H. Leikendorf, und die Mutter von 93.

Detloff, welcher als Major unvermählt verstarb: Und

Hans Hinrich. Dieser hatte gleichfalls als Major in Dänischen Diensten gestanden, und erhielt die väterlichen Güter, dazu kaufte er 1708 von Cuno Markward von Penz auf Dänmeretz mit Bewilligung des Landesherrn und der nähesten Agnaten das Gut **Brahlsdorf**. Im Jahr 1713 ward er zum Landrath vorgeschlagen, und starb 1730. Er hatte sich vermählt mit Dorothea, eine Tochter Niclausen von Buchwald auf Bromsholm, und Dorothee von Rumohr a. d. H. Rost, und erzielete mit ihr: 114. Detloff, Dänischer Major. 115. Hans Hinrich, Dän. Major.

Abel Margretha, geb. den 16. Febr. 1695, ward 1721 die Gemahlinn von Friedrich Wilhelm von Lebsten auf Lünow und Poggelow, und starb den 24. April 1727 im Kindbette.

Sophia Amalia, geb. 1698, vermählte sich 1722 mit Joachim Diedrich von Levetzow auf Leikendorf, und starb 1733. Er starb 1776.

Claus, starb jung. Und 116.

Hans Hinrich. Dieser hatte als Hauptmann in Diensten gestanden und bewirthschaftete nachhero die väterlichen Güter, sahe sich aber genöthiget, solche seinen Gläubigern zu überlassen. Er vermählte sich zum erstenmal mit Anna Magdalena, eine Tochter Bartelds Hans von Zülow, und Dorothee von Both a. d. H. Kalkhorst; und wie diese 1731 starb zum andernmal mit Luise von Dassel aus dem Lüneburgischen, deren Mutter eine von Tonzen a. d. H. Darsenow war. Mit der ersteren zeugete er: 117.

Hans Hinrich, ist in Heßischen Diensten gestorben. 118.

Detloff, ist als Preußischer Major bey Colln geblieben. 119. Detloff, Maj.

Barteld, blieb als Preußischer Husaren-Officier. 120.

Maria Dorothea, geb. 1722, ward 1726 ins Kloster Dobbertin eingezeichnet. Sie vermählte sich 1765 mit dem Meklenb. Schwerinschen Geheimenrath und Ober-Hofmeister Carl Freyherrn von Förstner auf Gönntow. M 4 Anna

96   Tabelle III.   Wedendorf-Holldorf-Jung-Pokrent.

    Anna Lucia, ward mit Hans von Winterfeld auf Friedrichsdorf vermählt, und ist iho Wittwe.

    Catharina Maria, ist als ein Kind gestorben.

    Anna Helena Elisabeth, lebt unverheyrathet bey der Generalin von Pleßen.

    Mit der zwoten Gemahlinn hatte er:

121.
Friedrich, Hinrich, Braunschweigsch. Oberstlieutenant.
    Friedrich Hinrich: dieser stand als Hauptmann in Braunschweigschen Diensten, und verließ selbige als Oberstlieutenant. Im Jahr 1765 vermählte er sich mit Eleonora Juliana eine Tochter des Mecklenb. Landraths von Blücher auf Schimm, und Sophie Dorothee von Bassewitz a. d. H. Hohen Luckow, ward 1772 Wittwer, ging 1776 nach Hamburg, und wollte von dort nach America, um daselbst aufs neue bey den dortigen Kriegs-Unruhen sein Glück zu versuchen, kam aber als Holländischer Officier nach Batavia, und ist allda im Sept. 1777 gestorben.

    Elisabeth Maria, ist Kloster-Fräulein zu Medingen. Und

    Sophia Maria, lebt unvermählt.

94.
    Ehedem erwähnter Hartwig war Anfangs Page bey dem Grafen von Oldenburg, und ging hierauf unter des Prinzen von Oranien Leibgarde. Er verkaufte das ihm in der brüderlichen Theilung zugefallene Gut Holldorf, und erhandelte statt dessen die Güter Pokrent und Käselow von seinem n. 25 gedachten Vetter Hans Ernst von Bülow. Er war geboren 1634, und starb den 18. Oct. 1688, nachdem er sich 1654 vermählt hatte mit Anna Maria, eine Tochter des no. 38 vorgekommenen Barteld von Bülow auf Zurow, und Elisabeth von Stralendorf a. d. H. Zurow, die 1695 als Mutter von 17 Kindern starb, nämlich:

    Margretha, Anna Maria, Magdalena Dorothea und Elisabeth, starben theils jung, theils unvermählt.

    Abel, deren Gemahl ward Joachim von Sperling auf Mecheln; sie starb den 2. May 1738.

122—128.
    Barteld, Hartwig, Jürgen Diedrich, Christian Friedrich, Claus Hinrich, Rudolph Barteld und Christian Ludwig starben theils jung, theils unvermählt.

129.
Johann Adolph,
    Johann Adolph, starb als Oberster unvermählt.

130.   Hans Hinrich, starb als Cornet in Frankreich.

131.   Detloff Joachim auf Pokrent von dem bald ein mehreres.

132.   August, Jägermeister, von dem hiernächst. Und

133.   Markward Ernst. Er blieb 1709 als Chur-Braunschweigscher Dragoner Hauptmann in Brabant bey Oudenarde, und hatte sich mit einer von Stockhausen vermählt, mit der er, außer einigen Töchtern, deren Namen mir nicht bekannt geworden, zeugte:

134. 135.   Hartwig Moritz und Ernst Levin starben jung.

136.   Adam Christian, war in Preußischen Diensten und blieb im ersten Schlesischen Kriege.

137.   Cuno Markward, starb als Hannöverscher Lieutenant 1752 in Göttingen.

131.
Detloff, Joachim, Major.
    Eben gedachter Detloff Joachim war geboren 1659, und stand als Major in Chur-Braunschweigschen Diensten, nachhero bewohnte er die väterlichen Güter Pokrent und Käselow, und starb 1716. Dessen Wittwe Anna Elisabeth, eine Tochter Paschens von Plüskow auf Robrow, und Dorothee Elisabeth von Voß a. d. H. Givitz, hatte bey den unruhigen Zeiten des Herzogs Carl Leopold auf gedachten Gütern viele Drangsale auszustehen, und verkaufte selbige hiernächst mit Einwilligung der Vormünder ihrer Kinder; sie war geboren 1685 und starb 1734, nachdem sie sich zum zweytenmal mit einem Oberstl. von Phuel verheirathet hatte: Mit ihrem ersten Gemahl hatte sie folgende Kinder:

                           Hart-

Hartwig Friedrich, geb. 1706, starb 1735 als Würtembergischer Lieutenant in der Campagne am Rhein. 138.

Paschen August, geb. den 22. Nov. 1707, verließ die Kriegsdienste als Kaiserlicher Major von der Cavallerie, und ward 1745 Kammerjunker bey dem Herzog Carl zu Mecklenburg-Mirow, hiernächst Hofmeister bey der Frau Mutter, Stallmeister, zuletzt Ober-Stallmeister und Chef der Garde zu Pferde bey des regierenden Herzogs zu Mecklenburg Strelitz Durchl., und starb den 10. October 1778. Im Jahr 1736 den 17. November hatte er sich vermählt mit Augusta Gottlieb, eine Tochter des Hohenloischen Ober-Stallmeisters Franz Carl Freyherrn von Münchingen a. d. H. Hochdorf in Schwaben, und Marie Franziske von Gaisberg a. d. H. Seckingen in Schwaben, deren ehrwürdiges Alter sich durch allgemeine Hochachtung und Freude an ihren Kindern und Kindeskindern möglichst verlängern wolle; Sie erfreute ihren Gemahl mit folgenden Kindern. 139. Paschen August, m. Oberstallmeister.

    Augusta Charlotta, geb. den 28. Jenner 1738, ward 1743 ins Kloster Dobbertin eingezeichnet, sie vermählte sich aber, nachdem sie verschiedene Jahre sowol zu Strelitz als Gotha wie Hofdame gestanden, mit dem Sachsen-Gothaischen Geheimenrath und ersten Minister Carl Friedrich Freyherrn von Lichtenstein, zur Fränkischen Reichs-Ritterschaft gehörig.

    Joseph Ludwig Paschen, geb. den 10. Oct. 1740, gest. in eben dem Jahre. 140.

    Elisabeth Ida, geb. den 24. April 1743, ward zur Ribnitzschen Conventualinn bestimmt, ein höherer und mehr behaglicher Ruf aber führte sie dem itzigen Hofmarschall hieselbst zu Neustrelitz Victor Wilhelm von Oertzen auf Gotthun im Jahr 1763 als Gemahlinn zu, als welcher den 19. Aug. 1737 geboren ist.

    Carolina Friderica Sophia, geb. 1744, ward den 19. Junii selbigen Jahrs ins Kloster Malchow eingezeichnet; vermählte sich hiernächst mit dem nunmehrigen Schloßhauptmann und Major von der Garde zu Fuß allhier Barteld Peter Franz von Normann auf Dieffelow, und hinterließ bey ihrem frühzeitigen Tode den 17. May 1773 den Ruhm der besten Gattinn und Mutter.

    Christian Adolph Friedrich, geb. den 26. May 1747, verließ die Hannöverschen Kriegsdienste, und ward Meklenb. Strelitzscher Kammerjunker und Vice-Ober-Stallmeister, nach dem Ableben seines Vaters aber würklicher Ober-Stallmeister. Er vermählte sich 1774 mit Sophia Charlotta, eine Tochter des Landdrosten Borries von Münchhausen auf Remeringshausen in Westphalen, und Sophie Magdalene Christine aus dem Winkel a. d. H. Wettin im Magdeburgschen; ist aber bishieher mit ihr nicht beerbt. Und 141. Christian Adolph Friedrich, m. Ober-Stallmeister.

    Albertina Luisa Friderica, geb. 1750, ist 1756 ins Kloster Dobbertin eingezeichnet, und Hofdame bey der Prinzessin von Meklenburg-Strelitz Durchl.

Margretha Sophia, starb unvermählt.

Engel Detloff, starb 1751 als Preußischer Hauptmann. 142.

Cuno Barteld, starb in der Jugend. Und 143.

Maria Ida, ward den 22. Decemb. 1722 ins Kloster Dobbertin eingeschrieben, vermählte sich aber hiernächst mit Gerhard Carl Graf von Sala auf Bellin ꝛc.

Vorhin erwähnter August war den 6. May 1665 geboren, und Meklenburg-Schwerinscher Jägermeister. Er starb den 6. October 1721 und hatte sich mit Johanna Margretha, eine Tochter des Meklenburgschen Raths Dominicus, verheirathet, womit er folgende Kinder gezeuget: 132. August, m. Jägermeister.

| | Tabelle III. Wedendorf-Wedendorf. |

144. Hartwig, geb. 1709, starb zu Münsterdorf 1770 als Dänischer Hauptmann bey der Königinn Leibregiment. Er hatte sich vermählet mit Catharina Elisabeth Salome, geb. zu Rendsburg 1725, eine Tochter des Dänischen Capitains Peter Daniel von Vigröding, und Cathrine Elisabeth Vogten, mit der er zwo Töchter hinterließ, als:

  Heidelwig Conradina, geb. zu Glückstadt 1760 den 9. Febr. Und
  Friderica Amöna, geb. zu Glückstadt den 23. May 1763.

145. August Friedrich, geb. den 4. May 1710, starb 1747 als Hessen-Casselscher Jagdjunker und Hauptmann, und hinterließ mit einer von Blomen zween Söhne, als:

146. Carl, H. C. Justizrath.
  Carl, geb. 1745, war in Casselschen Diensten Justizrath, lebt aber nunmehro wegen melancholischer Gesundheits-Umstände außer Diensten. Und

147. August, geb. den 5. Sept. 1747, ist itzo Lieutenant in Preußischen Diensten.

148. Sr. Wilh. Kais. Gm. Ritter.
  Friedrich Wilhelm, geb. 1711, Kaiserl. Königl. Generalmajor, und Ritter des Theresien-Militair-Ordens, lebt auf Pension unvermählt in Preßburg.

149. Carl Leopold, geb. und gest. 1713.

150. Carl Leopold, H. C. Generalm.
  Carl Leopold, geb. den 3. Oct. 1714. Ist 1727 als Page nach Cassel gekommen, und ist itzo General-Major und Commandant zu Rinteln, niemalen aber vermählt gewesen.

151-153. Detloff, Christian Ludwig und Detloff Joachim starben jung. Und
  Sophia Charlotta, geb. den 1. Oct. 1720. Ist seit geraumer Zeit Conventualinn des Klosters Dobbertin.

13. Adam, M. Geheimerrath und Hofmarschall.
Vorlängst angezogener Adam, des Landraths Hartwig auf Wedendorf Sohn, war geboren 1535, bekam in der brüderlichen Theilung Wedendorf, Vehlböcken und Webelselde, ward mit der Zeit Meklenburgscher Geheimerrath, Hofmarschall und Amts-Hauptmann zu Wittenburg. 1568 ließ er sich für seinen Schwiegervater bürglich ein, und war 1588 in der Suite des Herzogs Johann von Meklenburg, als derselbe in hoher Person von den Landständen gehuldigt wurde. Er starb 1598, und hatte sich vermählt mit Ilsabe, einer Tochter des Meklenburgschen Landraths Joachim von Halberstadt auf Brütz ꝛc. und Armgards von Quitzow a. d. H. Stavenow, die ihm, nach dem Latomus, 11 Söhne, und, nach der Urkunde RRRR wahrscheinlich drey Töchter geboren, als:

  Dorothea, war des Lütke von Halberstadt Gemahlinn.
  Cathrina, die sich mit dem Meklenb. Rath Cuno Wolf von Bassewitz auf Maslow vermählte.
  Margretha, die in der angezogenen Urkunde noch als Jungfrau aufgeführet ist, nachhero aber sich mit Hans von Holstein auf Grabow, Rittermannshagen und Lansen, Meklenburgscher Amtshauptmann zu Fürstenberg und Stargard, verheirathete.

154. Joachim, Amtmann auf Kronenburg und Friedrichsburg in Dännemark, von dem bald ein mehreres.

155. Hartwig, Kammerj. und Amtshauptmañ.
Hartwig, Er bekam die Güter Wedendorf und Vehlböcken, war Kammerjunker bey der Herzogl. Wittwe zu Lübs, und hernach Amtshauptmann zu Rehna. Im Jahr 1609 huldigte er den Herzogen Adolph Friedrich und Hans Albrecht, und ist in den Lehnpferde- und Hufen-Registern von 1621 und 28 anzutreffen. Seine Gemahlinn war Margretha, eine Tochter des Landraths Diedrich von Molzahn auf Ulrichshausen und Klaber, und Ilsabe von dem Berge a. d. H. Grubke, Garz und Lindhorst im Lüneburgschen, und zeugte mit derselben:

  Ilsabe Sophia, die 1638 als die Gemahlinn von Johann von Sperling auf Schlagsdorf und Rubow verstarb.

                   Catha-

Catharina, die sich mit Cord von Penz auf Volzerade vermählte, und den 10. Novemb. 1669 starb.

Dorothea Maria, geb. den 16. Sept. 1622, starb den 10. Sept. 1693 als Wittwe des Sachsen-Lauenburgschen Landraths Barteld Hinrich von Lützow auf Seedorf, mit dem sie sich 1639 vermählt hatte.

Ulrich Friedrich, war Kaiserl. Major, starb unvermählt, wie auch

Adam Diedrich, Hans Albrecht und Joachim; Und

August. Er bewohnte die väterlichen Güter, und hat lange Jahre die Würde eines Meklenburgschen Landraths bekleidet. In seiner Jugend hatte er 1645 um Weihnachten das Unglück auf einer Kindtaufe in der Stadt Rehna mit Vicke von Bülow aus der Gartowschen Linie in Streit zu gerathen und ihm eine Wunde beyzubringen, woran er 8 Tage hernach sterben mußte. Im Jahr 1653 ward er mit noch zween andern Landräthen von dem Herzog Adolph Friedrich dem Ersten an seinen ältesten Herrn Sohn Christian abgesandt, der sich, als ein noch junger munterer Herr, von einem Obersten Namens Stellnacher hatte bereden lassen, sich bey dem Französischen Duc de Conde als General zu engagiren und 3 Regimenter anzuwerben, um ihm beweglich vorzustellen, daß dieses dem Herrn Vater äußerst zuwider seyn würde, er wäre bereits betaget, und stünde ihm als nächster Nachfolger die baldige Regierung bevor, auch wolle er sowol, als Ritter- und Landschaft dahin sorgen, daß es ihm bis dahin an einem Fürstl. Auskommen nicht fehlen sollte: Welche Vorstellung denn auch nicht ohne Wirkung geblieben, Westphal Tom. III. p. 1964. Weil er keine Söhne hatte, so verkaufte er 1680 das alte Stammgut Wedendorf c. p. an den Chur-Braunschweigschen Geheimenrath und in unserer Landes-Geschichte berühmten Patrioten Andreas Gottlieb von Bernstorf, dessen Nachkommen es noch in Segen besitzen. Er starb 1691, und hatte sich vermählt mit Oelgard, eine Tochter Adams von Penz auf Warliz, und Margrethe von Hoben a. d. H. Wasdow, mit der er nur eine Tochter hatte

Anna Margretha, die sich mit Christopher von Linstow auf Linstow vermählte.

Hans, war Kammerjunker, und ist wol ohne Streit derjenige, welcher, nach dem von Beehr p. 1608, die jungen Herzoge Adolph Friedrich und Hans Albrecht auf ihre Reisen begleitete: Nachhero ward er Amtshauptmann zu Feldberg, und habe ich ihn 1616 in den von Dewitzschen aufgezeichneten Familien-Nachrichten als Fürstlichen Commissarius angetroffen, wie sich die Herzoge mit dem von Dewitz auf Cölpin wegen verschiedener Communionen verglichen, und eine Trift von Pragsdorf nach Cölpin angelegt werden sollte. Er vermählte sich mit Anna, eine Tochter Ottens von Blankenburg auf Hildebrandshagen, und Ursule von Klützow a. d. H. Tegelom, mit der er nur eine Tochter hinterließ, nämlich

Margretha Cathrina, die sich mit Andreas von der Lühe auf Dambeck vermählte.

Matthias auf Neverin, den Holtzhusen aus einem Schreibfehler Martin nennet, war Amtshauptmann zu Neuenkloster und Meklenburg. Gedachtes Gut Neverin erhandelte er 1617 wiederkäuflich für 28000 Gulden von den Vormündern Hennings von Glöden Kinder. Im Jahr 1620 ward er von dem Stargardschen Kreise erwählet, die Reversales in Ordnung bringen zu helfen, von Behr p. 982, und 1622 unterschrieb er nebst vielen andern von Ritter- und Landschaft die zu Rostock

Roſtock errichtete Conſtitution des Großen Ausſchuſſes, woraus nachhero der Engere Ausſchuß und in der Folge ein beſonderes Collegium erwachſen, Kliver P. I. p. 507. Nach der Zeit ward er Kloſterhauptmann zu Dobbertin und ſtarb 1630. Sein Tod iſt darum merkwürdig, weil wegen der Beſtellung eines neuen Kloſterhauptmanns Streit entſtand. Die Conventualinnen hatten gleich nach ſeinem Tode den bisherigen Proviſor Hardenack von Bibow zum Kloſterhauptmann erwählet: Ritter- und Landſchaft wollte ihnen aber das Wahlrecht nicht zugeſtehen, und der Herzog Hans Albrecht fand daher Bedenken, ihn zu beſtätigen, obgleich ſein Herr Bruder der Herzog Adolph Friedrich es bereits gethan hatte. Die Sache verzog ſich bis 1634, da inzwiſchen Paſchen von der Lühe, der bey dem Herzog Hans Albrecht Geheimerath und in beſondern Gnaden war, auf die Empfehlung ſeines Herrn vom Lande erwählet wurde, der denn auch, nachdem er die Herzoglichen Dienſte gänzlich verlaſſen, von den Conventualinnen anerkannt werden mußte; Hardenack von Bibow aber blieb Proviſor nach wie vor. Dieß iſt der wahre Zuſammenhang, und iſt hiernach die Stelle beym Frank Libr. XIII. p. 146 zu verbeſſern. Latomus giebt unſerm Matthias ganz recht Eva von Oldenburg zur Gemahlinn, mit der er außer einer Tochter

     Ilſabe Magdalena, die ſich mit Claus Hinrich von Warburg auf Quaden-Schönfeld vermählte, annoch zween Söhne hatte, als:

163.   Adam Chriſtoph, und

164.   Carl Hinrich; von denen man weiter keine Nachricht hat, als daß ihre Mutter, gedachte Eva von Oldenburg im December 1632 Namens ihrer unmündigen Söhne das Gut Neverin gemuthet, und daß nachhero die Vormünder der Töchter des Carl Hinrichs dieſes Gut an Claus Hinrich von Warburg überlaſſen haben, zum Beweis, daß dieſe Brüder ohne männliche Erben geſtorben ſeyn müſſen.

165.   Jürgen oder Georg. Latomus, der zu gleicher Zeit mit ihm gelebt, meldet bloß von ihm, daß er in Ungarn geſtorben ſey: Dahingegen wollen Pfeffinger, das Univerſal-Lexicon und alle, die ihm nachgeſchrieben, daß er 1555 auf dem zu Wißmar, des Beylagers des Herzogs Hans Albrecht halber, angeſtelleten Turnier einen von Averoberg überwunden, und dafür einen Spieß mit einer goldenen Spitze zum Lohn erhalten; daß er darauf ferner mit dem Herzog Chriſtoph von Meklenburg nach Liefland gegangen, und daſelbſt eine Nachkommenſchaft geſtiftet habe. Allein theils erwähnet Latomus hiervon nichts, vielmehr führet er mit mehrerem Rechte einen andern Jürgen aus der Plüskowſchen Linie an, der jenen Preis errungen, theils war er zur Zeit dieſer Händel kaum geboren, wenigſtens noch zu jung zu einem Turnier- und Kriegszuge, und meine Bemühung, eine Branſche unſers Geſchlechts in Liefland ausfündig zu machen, iſt vergeblich geweſen.

166.   Barteld auf Lützow, Meklenb. Geheimerath, von deſſen Nachkommenſchaft zuletzt gedacht werden ſoll.

167.   Detloff, ſtarb auf der Schule zu Schwerin.

168.   Chriſtoph Hans, war geb. 1581, und ſtarb 1653. Er wurde 1593 als Canonicus
Chriſtoph Hans, Brem. Geheimerath und Probſt. zu Ratzeburg eingeſchrieben, und in der Folge von dem Erzbiſchofe zu Bremen, der ein geborner Herzog zu Schleswig-Holſtein war, zum Geheimerath, Kriegs-Commiſſarius und Amtmann zu Tremebüttel und Steinhorſt ernennet, zuletzt ward er auch Probſt zum Alten-Kloſter in Bremen, und ſchreibet N. J. von Beehr von ihm, daß er wegen ſeiner Geſchicklichkeit in großem Anſehen geſtanden. Seine Gemahlinn war Margretha, Wulfs Ranzow auf Siggen Tochter, womit er aber, ſo viel man weiß, unbeerbt geblieben iſt.

169.   Adam auf Wedendorf, war Däniſcher Stallmeiſter, und kam 1619 durch flüchtig gewor-
Adam, Dän. Stallmeiſter. dene Pferde elendig um ſein Leben; zu Grambow, Kirch- und Bauerdorf bey Wedendorf, lieget er begraben. Und

                            Lübeke

Lüdeke und Adolph Philipp. Es meldet so wenig Latomus von ihnen etwas, als 170. 171. andre Familien-Nachrichten ihrer weiter erwähnen, daher sie jung gestorben seyn müssen.

Der älteste Bruder Joachim fand sein Glück in Dännemark, und ward daselbst Amtmann zu Wordingburg; Latomus nennet ihn auch Schloßherrn zu Kronenburg und Friedrichsburg. Er acquirirte das Gut Engelstätt und starb 1644. Seine Gemahlinn war Ilsabe, eine Tochter des Dänischen Reichs-Canzlers Elard von Grubbe auf Hagelloßse, und Cathrine von Lück a. d. H. Tostrup, die ihm einen Sohn gebar Namens

154. Joachim, Dänischer Amtmann.

Christian, Lehnherr zu Ladeholm und Erbherr auf Engelstätt, Schmiestrup und Käselund, welche beide letzteren Güter er mit seiner Gemahlinn erhielt. Er war Königl. Kammerjunker, Rittmeister und zuletzt Amtmann zu Loholm-Schloß. Seine Gemahlinn Anna, eine Tochter Jacobs von Beck auf Wagne und Roselund, und Hille von Morswin a. d. H. Dubeck, brachte ihm folgende Kinder zur Welt:

172. Christian, Königl. Kammerjunker und Amtmann.

Ilsabe, deren Gemahl war Philipp Joachim von Barsdorf, Königl. Dänischer Amtmann.

Hille, die sich erstlich mit Siegfried von Grubbe auf Wybigaard, und hernach mit Magnus Friedrich von Lützow, des Prinzen Georg von Dännemark Ober-Stallmeister, vermählte, sie war geboren 1634.

Joachim Christoph, geb. 1637, Dänischer Ober-Hofmarschall, von dem bald ein mehreres.

173.

Jacob, war Dänischer Oberster von der Cavallerie. Mit seiner Gemahlinn Anna von Traan hatte er keine Kinder. Und

174. Jacob, Dänischer Oberster.

Christian auf Käselund, Rudbergaard und Fritzholm. Er war geb. den 2. Jenner 1643; hiernächst that er mit dem Prinzen Georg von Dännemark schöne Reisen durch die Niederlande, Engelland, Frankreich und Italien, und ward darauf Dänischer Kammerherr und General-Adjutant. Er starb zu Rostock den 16. Octob. 1692, und ward zu Lübs begraben. Seine Gemahlinn, die allererst 1729 verstarb, ward 1674 Oelgard, eine Tochter des Dänischen Stifts-Amtmanns, und Pfand-Inhabers der Meklenb. Aemter Kriwitz und Lübs Friedrich von Barnewitz auf Nezeband, Rudbergaard und Fritzholm, und Ide von Grubben a. d. H. Tostrup, und brachte ihm folgende Kinder zur Welt:

175. Christian, Dän. Kammerherr und General-Adjutant.

Anna Ilsabe, geb. den 25. Febr. 1675, gest. den 23. Jenner 1701, ward 1693 die Gemahlinn von dem Meklenb. Schwerinschen Ober-Hofmarschall und Geheimenrath Johann von Löwe von und zu Steinfurt, Burggraf der Burg Friedberg in der Wetterau.

Ida Friderica Joachima, geb. den 25. Jenner 1677, gest. den 6. Julii 1725, vermählte sich den 2. May 1693 mit Johann Georg von Holstein, Dänischer Geheimerath und Ritter des Elephanten-Ordens.

Oelgard Magdalena Sibilla, geb. 1678, gest. 1716, verheirathete sich 1696 an Hinrich von der Osten auf Plüggentin und Penkun, Schwedischer Oberster.

Christina Sophia starb jung 1692.

Christian, geb. 1681, gest. 1683.

176.

Georg Jacob, geb. 1685, starb unverheirathet 1709. Und

177.

Friedrich Barnewitz auf Rudbergaard und Fritzholm. Er war geb. 1689, ward Dänischer Etatsrath, starb 1728. Seine Gemahlinn Sophia Hedwig, eine Tochter Caspar Friedrichs von Holstein auf Klink rc., und Eve Dorothee von Scheel a. d. H. Zülow, starb 1727 und hatte zur Welt getragen:

178. Friedrich Barnewitz, Dänischer Etatsrath.

Friedrich

Tabelle III. Wedendorf=Wedendorf=Engelstätt.

179. Friedrich Carl, geb. 1717, gest. 1736.
180. Georg, starb jung 1718.

Luise, geb. den 10. März 1719, vermählte sich 1735 mit dem Dänischen Kammerjunker Vollrath Friedrich von Vieregg auf Zapkendorf.

181. Christian, geb. 1720, starb 1723.

182. *Casper Friedrich, Dänischer Oberstlieutenant.* Casper Friedrich, geb. den 19. Julii 1721, verließ die ehedem erwählten Dänische Dienste als Oberstlieutenant, und nachdem er die Dänischen Güter veräussert hatte, erhandelte er von dem Hof= und Landgerichts=Assessor Casper Friedrich von Storch das im Amte Sternberg in Meklenburg belegene Gut Zülow mit dem Bauerdorf Rothen. Er hat sich vermählt mit der Baronessinn Ilsabe Margretha, eine Tochter des Barons Jasper Friedrich von Meerheimb auf Gnemern, und Ilsabe Margrethe von Molzahn a. d. H. Grubenhagen, die den 16. Junii 1748 geboren ist, und ihm bereits mit zween Söhnen erfreuet hat, als:

183. Jasper Friedrich, geb. den 18. Oct. 1769. Und
184. Vollrath Joachim Helmuth, geb. den 27. May 1771.

Christina Oelgard, geb. den 28. Julii 1723, war ins Kloster Dobbertin eingezeichnet, starb den 29. März 1750, nachdem sie sich 1743 vermählt hatte mit dem nachherigen Meklenb. Landrath und Landmarschall Vollrath Levin von Molzahn auf Grubenhagen rc. Und

Charlotta Amalia, die 1745 sich mit Bernhard Christoph von Scheel auf Zülow verheirathete.

173. *Joachim, Christopher, Dän. Ober=Hofmarschall und Amtm.* Vorher erwähnter Joachim Christoph, Dänischer Ober=Hofmarschall und Amtmann zu Friedrichsburg und Kronburg, trug zum Gnaden=Zeichen das reich mit Diamanten besetzte Portrait des Königs Christian des Fünften auf der Brust. Er vermählte sich 1681 mit Anna Catharina von Walkendorf, und zeugte mit ihr:

185. Christian, geb. 1685. Er stand als Hauptmann in Dänischen Diensten, wohnte der Bataille bey Hochstätt und der Campagne in Schonen mit bey, und vermählte sich mit Anna Cathrina von Bartolini a. d. H. Schulderup in Seeland, die ihm gebar:

186. *Christian Wind, Dänischer Major.* Christian Wind, geb. 1710 zu Leyregaard nun Lethreburg in Seeland. Er war Major von der Cavallerie und Commandant zu Niburg in Fühnen, und hatte sich vermählt mit Wibecke Magdalena, eine Tochter des General=Majors Hans von Löwenhelm, und Ide Sophie von Gersdorf, und mit ihr 12 Kinder gezeugt, als:

187. *Hans Löwenhelm, Dän. Cammerherr u. Amtmann.* Hans Löwenhelm auf Thestrupgaarde in Jütland, Dänischer Kammerherr und Amtmann zu Schauderburg und Akiar in Jütland. Seine Gemahlinn ist Isabella, eine Tochter des Ritters, Conferenzraths und Berghauptmanns Christoph von Schöler, und Cathrine von Blickenschild aus Norwegen, mit der er bis dahin gezeuget:

188. Christopher Schöler.
189. Christian Wind, und

Catharina, die noch alle ganz jung sind.

190. Friedrich, Capitain=Lieutenant beym Dänischen See=Etat, hat sich vermählt mit Christina Friderica, eine Tochter des Conferenzraths Brügmann, und Ide Sophie von Löwenhelm a. d. H. Ostergaarde in Fühnen, die ihm geboren:

191. Casper Hermann, und

Sophia Charlotta.

192. *Christian, Dän. General=Adjutant.* Christian, Königl. Dänischer General=Adjutant. Er vermählte sich mit Margretha Maria, eine Tochter Peters von Mosenkrone, und Anne von Blickenschild aus Norwegen, mit der er erzielet: Christian

Christian Peter, ißo in Copenhagen. 193.
Friedrich Ludwig, ist Capitain auf der Insel St. Croix in Westindien, und hat sich 194.
verheirathet mit Maria Anna Ewald aus Copenhagen.
Johann, ist Kammerjunker bey des Kronprinzen Friedrichs Königl. Hoheit. 195.
Johann Georg, ist als Dänischer Capitain gestorben. 196. Johann, Dän. Kammerjunker.
Christian Wind, ist gleichfalls gestorben. 197.
Ida Sophia, vermählte sich 1764 mit dem Dänischen Major Hans Brockenhus von Löwenhelm zu Weyrupgaarde in Fühnen. Und

Johanna Luisa, Anna Cathrina, Ulrica Elisabeth, und Edel Cathrina Sophia sind bereits todt.

Oben erwähnter Barteld, Adams Sohn, war zuletzt Geheimerrath bey dem Herzog Hans Albrecht zu Meklenburg und Amtshauptmann zu Boitzenburg. In ersterer Qualität ward er 1613 mit andern Räthen nach dem Landtage zu Sternberg abgesandt, um das Total-Landtheilungs-Geschäfte bewerkstelligen zu helfen, siehe zuverlässige Ausführung der Auseinandersetzungs-Convention von 1749, Beylage 21. Ebenso war er auch auf dem großen Landtag von 1621 zugegen, als von den Herzogen die bekannten Reversalen der Ritter- und Landschaft gegeben wurden, und die Theilung des Landes zwischen dem Herzog Adolph Friedrich und Hans Albrecht zu Stande kam. Nichtminder war er im folgenden Jahr als Herzogl. Güstrowscher Commissarius auf dem Landtage, Frank Libr. XII. p. 246 und 299. Er besaß das Gut Lützow pfandsweise, und vermählte sich 1622 mit Anna Sophia, eine Tochter des Landraths Henning von Lützow auf Prizier und Schwechow, und Margrethe von Lützow a. d. H. Eckhof, welche den 13. April 1603 geboren war, und zeugte mit derselben:

166. Barteld, M. Geheimerrath u. Amtshauptmañ.

Anna Sophia, die sich mit Claus Otto von Kaltenhof vermählte.
Ilsabe. Und

Adam Henning auf Bristow, Gramzow und Glasow Pfandgesessen. Er war Meklenb. Güstrowscher Geheimerrath, Cammer-Präsident, Hofmarschall und Hauptmann zu Boitzenburg; 1666 half er nebst dem Ober-Präsidenten von der Lühe unter Französischer Vermittelung die Irrungen beylegen, die zwischen den beyden Meklenb. Regierhäusern obwalteten, und ist der darauf errichtete, und von ihm mit unterschriebene Vergleich in der bekannten Schrift das letzte Wort, und zwar in der Beylage 122 zu lesen: Auch ward er verschiedentlich zu den Kreis-Conventen abgesandt, und ist er vermuthlich derjenige, den Frank in seinem ersten Register anführet, daß er ein Manuscript hinterlassen, worinn von den Kreistägen gehandelt wird; er nennet ihn zwar Adam Hinrich, es ist dieß aber ohne Zweifel ein Schreib- oder Druckfehler. Nachdem er die Hof-Dienste verlassen, bekleidete er die Stelle eines Meklenb. Landraths lange Jahre mit vielem Ruhm, und ist bis 1692, da er starb, beym Frank fast jährlich auf den Landtagen, und noch zuletzt 1691 anzutreffen, als er sich für eine seiner Töchter einen Klosterplatz in Dobbertin ausbat. Mit der letzteren Gemahlinn Abel Cathrina von Buchwald, die den 7. Sept. 1716 starb, hatte er keine Kinder, mit der ersteren aber Anna Margretha, eine Tochter des Holsteinischen Hofmeisters Lüder von Dessin auf Daschow und Penzlin in Meklenburg und Süderholz in Holstein, und Hedwig Sophie von Estorf a. d. H. Netze, hatte er, wie sie 1683 verstarb, noch folgende Kinder am Leben:

198. Adam Henning, M. Geheimerrath, Kammer-Präsident, Hofmarschall und Landrath.

Carl August, geb. zu Güstrow den 20. Sept. 1668, ging 1684 auf die Universität Rostock und legte sich daselbst drey Jahr auf die Rechts-Gelahrtheit; hierauf mußte er seinem Vater, bis er starb, zu Bristow in seinen häuslichen und andern Geschäften zu Hülfe kommen, binnen

199. Carl August, Pastor zu Rostock.

welcher

welcher Zeit er seine ausserordentliche Neigung zu den Theologischen Wissenschaften fortsetzte, und schenkte ihm das Land, in Betracht seines verdienstvollen Vaters, wie er nach dessen Tode die Universität Rostock wieder bezog, zur Fortsetzung dieser Studien 300 Rthlr. Er vertheidigte daselbst verschiedene Theologische Streitschriften, als: de SS. scripturæ auctoritate tam generaliter tam specialiter, quatenus innotescere potest ex motivis credibilitatis internis, considerata, oder von dem Ansehen der heiligen Schrift, und daß solches sich schon aus dem inneren Gefühl verossenbare; ferner von der Dreyeinigkeit ꝛc. Er ward, wie er eben im Begriff stand, ausserhalb Landes und besonders nach Engelland zu gehen, 1696 Diaconus und 1699 Pastor bey der Petrikirche zu Rostock. Bey seiner Gemeine war er überaus beliebt, und starb ihren Wünschen nach viel zu früh den 7. August 1701 an der Schwindsucht; auf seinen Tod hat der berühmte Consistorialrath, Superintendent und Rostocksche Hochlehrer Johann Peter Grünberg ein gedrucktes Leichen-Programma verfertiget. Er hatte sich vermählt mit Clara Eva, eine Tochter des Dänischen Obersten Friedrich Wilhelm von Warnstett auf Schwasdorf, und Elisabeth Anne von Lutzow a. d. H. Almstätt im Hildesheimschen, und zeugte mit ihr:

200.	**Elisabeth Anna, Ilsabe Dorothea, Gottlieb Maria,** und **Adam Henning;** von welchen sämtlichen Kindern ich, aller Mühe unerachtet, nichts weiter habe in Erfahrung bringen können, als daß sie nach dem Absterben des Vaters von ihren Anverwandten nach Dännemark gebracht worden, woselbst sie vermuthlich jung gestorben seyn müssen.
	Sophia Hedwig, starb 1688.
	Eva Cathrina, starb 1722 als Conventualinn des Klosters Dobbertin.
201.	**Adam Henning,** von dem gleich ein mehreres.
202.	**Friedrich,** von dem am Ende Erwähnung geschehen wird. Und
	Anna Christina, starb unvermählt den 4. Decemb. 1725.
201. Adam, Henning, Major und M. Landrath.	Ebengedachter **Adam Henning** verließ die Kriegsdienste als Major, und hatte mit dem Brautschatz seiner Gemahlinn von denen von Welzin das Gut Benten mit der Pertinenz Dannhof an sich gebracht, indem die beträchtlichen Güter seines Vaters nach dessen Tode verkauft werden mußten. Weil aber seine Gemahlinn überall keine Wirthinn war, und die Kriegs- und andere Unruhen im Lande ihn sehr mitgenommen haben mochten, so war er genöthiget auch gedachtes Gut Benten seinen Gläubigern zu überlassen, und starb hiernächst 1738. Er ist in der Meklenburgischen Historie dadurch sehr bekannt geworden, daß ihn der Herzog Carl Leopold, nebst dem Oberstlieutenant Joachim von Moltke zu Ridsenow und einem von Freyburg auf Passem, wider seinen Willen, und ohne auf einen anderweitig geschehenen Vorschlag der Landstände Betracht zu nehmen, im Jahr 1716 zum Landrath ernannte; doch entsagte er sich, um dem Lande kein Präjudiz zu machen, gleich nach erfolgtem Ruhestande, 1721, dieser Stelle, worauf er noch in demselben Jahre, nebst andern, dem Kaiser wiederum als Landrath vorgeschlagen wurde, es gelangte aber statt seiner der Oberstallmeister Hartwig von Bülow auf Rolofshagen zu dieser Würde. Seine gedachte Gemahlinn war **Christina Charlotta,** eine Tochter des Landdrosten Friedrich Eilhard von Schacht aus Friesland und Marie Lucie Schmitten, die als Wittwe noch viele Jahre in dem Städtlein Goldberg gewohnt, und auch daselbst gestorben ist, mit der er sich den 6. Julii 1702 zu Goldberg vermählte, und folgende Kinder zeugte:
203.	**August Friedrich,** geb. 1704 den 22. Sept. zu Benten. Er ist 1730 aus Preußischen Diensten als Lieutenant nach Rußland gegangen, ohne daß man nach der Zeit von ihm weiter etwas in Erfahrung bringen können.

Catharina

Catharina Sophia, geb. den 25. Aprill 1706, starb 1778 unvermählt.

Margretha Elisabeth, geb. 1707 den 6. Oct., lebt noch iho zu Kreien unvermählt.

Henning Christian, geb. den 4. Febr. 1710. Er kam sehr jung von Hause und verließ die Sachsen-Weimarischen Dienste als Hauptmann, wohnte hierauf pachtweise zu Neuendorf, bis er das im Amte Grabow belegene Gut Kummin nebst Siggelkow und einem Antheil in Pankow kaufte, welche Güter er aber nunmehro wieder veräußert, und in der Stadt Neustadt sich aufhält. Im Jahr 1755 unterschrieb er nebst andern den bekannten Erbvergleich, und ist lange Jahre Deputierter seines Amtes und Provisor des Klosters Malchow gewesen. Er hatte das Glück oder Unglück sich dreymal zu vermählen, und sind die Namen seiner Frauen, von ihm selbst mir geneigst mitgetheilet, folgende: 1) Dorothea Elisabeth, eine Tochter Christophs von Linstow auf Lütgendorf und Dorothee Clare von Grabow a. d. H. Wohsten, welche 1703 geboren und 1741 unbeerbt verstarb. 2) Maria Sophia Augusta, eine Tochter des Hauptmanns Christoph Adam von Halberstadt a. d. H. Langen-Brütz, und Christine Anne Auguste von Oertzen a. d. H. Gorow. 3) Augusta Johanna von Friesen, des Majors Casimir Albrecht von Moltke a. d. H. Schossow nachgelassene Wittwe. Von der zwoten Gemahlinn hatte er: 204.

 Christiana Charlotta, geb. den 4. Febr. 1745, ward ins Kloster Dobbertin eingezeichnet, ist aber bereits gestorben. Und

 Detloff Friedrich Gustav, geb. den 3. Jenner 1746, und gestorben den 9. Febr. 1777. Dessen hinterlassene Wittwe ist Augusta, eine Tochter des Meklenb. Hauptmanns Streit, und einer von Stengeln aus Schlesien; der mit ihr gezeugte Sohn aber: 205.

  Christian Detloff Georg, geb. den 26. Julii 1777. 206.

Aus der dritten Ehe sind unserm Henning Christian geboren:

 Charlotta Henninga Casimira, geb. den 9. April 1749. Und

 Diedrich Henning Casimir, geb. den 13. Sept. 1750. 207.

Adam Carl, geb. 1715, ist als Holstein-Plönischer Kammerjunker unvermählt gestorben. 208. Adam Carl, Holst. Kammerjunker.

Maria Luisa, Anna Charlotta, Dorothea Christina und Magdalena Hedwig sind in jungen Jahren gestorben.

Gedachter Friedrich, dritter Sohn des Landraths Adam Henning, starb als Major in Dänischen Diensten, und hatte mit Anna von Vestring diese Kinder gezeuget: 202. Friedrich, Dänischer Major.

Luisa, die sich an den Dänischen Oberstlieutenant Franz Christoph von Bülow a. d. H. Plüskow-Niendorf vermählte, wie bey der Plüskowschen Linie vorkommen wird.

Sophia Hedwig, die sich mit einem Dänischen Major von Becken vermählte.

Anna Catharina, deren erster Gemahl war ein Etatsrath von Klingenberg, der zworte ein Dänischer Oberster von Sainiz.

Charlotta Amalia, starb den 6. Septembr. 1780 zu Raunstrup, im 61sten Jahre ihres Alters, als die Gemahlinn des Dänischen Geheimen Conferenzraths und Ritters von Danebrog Friederich Wilhelm Baron von Wedel Jarelsberg auf Raunstrup in Seeland.

Hans Hinrich, starb jung. 209.

Friedrich Lorenz war Dänischer Major und hatte sich dreymal verheirathet, als I. mit Ellen Maria von Harthausen, II. mit einer von Brügmann und III. mit Margretha, eine Tochter des Obersten Rudbeck von Raas zu Neddergaard und Charlotte Sophie von Brockdorf, doch hinterließ er nur von letzterer: 210. Friedrich Lorenz, Dänischer Major.

 Luisa, die noch in unverheirathetem Stande lebt, und

                   Fried-

211. Friedrich Rudbeck Christian, Dänischer Major.	**Friedrich Rudbeck Christian.** Dieser ist Dänischer Major, und hatte sich 1774 vermählt mit der nunmehro bereits verstorbenen Eva Luisa, eine Tochter des Dänischen Generalmajors Wolf Casper von Lüttichau auf Lerchenfeld und Lucie Magdalene von Dren, und eine Wittwe von Owe Bernhard von Lüttichau auf Haraldskiär, die ihm zwo Töchter hinterlassen, als:

   Christina Margretha, geb. den 8. Aprill 1775, und

   Margaretha Raas, geb. den 5. Aprill 1778.   Und

212. Carl Ulrich, Dän. General-Major.	**Carl Ulrich,** war Dänischer General-Major und Commandant auf der Insel Bornholm und ist etwa 1776 gestorben. Er hatte zur Gemahlinn Carolina Sophia, eine Tochter Christian Friedrichs Grafen von Hazthausen, und Charlotte Amalie von Raben a. d. H. Stück, und mit ihr gezeuget:
213. Christian Friedrich, D. Kamerh.	**Christian Friedrich,** ist Dänischer Kammerherre und bis dahin unverheirathet.
214. Ulrich Adam Otto, Dän. General-Adjutant.	**Ulrich Adam Otto,** ist General-Adjutant in Dänischen Diensten, und hat sich seit kurzem mit Cathrina Hedwig Sophia, eine Tochter des Landraths von Rumohr auf Toestrup, und einer Gräfinn von Holstein, vermählt.
	Sophia Hedwig und **Emerenzia Sophia,** sind beide im Kloster Stövringgaard in Jütland, halten sich bis dahin in Appenrade auf.

Breitere Ausführung der Tabelle IV.

Es ist uns in dem ersten Theil **Gottfried** oder **Gödeke** no. 44 als der Stifter der Potremser Linie bekannt geworden, und von ihm dort ausführlich geredet. Mit seiner Gemahlinn Ghese von Bassewitz zeugte er:

1.	**Jasper auf Putremitze.** In dessen Beyseyn erhandelte Siegfried von Bassewitz von Claus und Vicke Gebrüdern von Mortmann zu Rossewitz im Jahr 1424 sieben Hufen Landes im Dorfe Weitendorf, nach der Urkunde DDD. Mit seiner unbekannt gebliebenen Gemahlinn hinterließ er:
DDD	
2.	**Gödke** oder **Gottfried.** Er kommt in der Urkunde MMM vor, als Jasper von Bülow auf Rensow 1445 der Kirche zu Belitz einen Kamp Acker zu einer Memorie vermachte. Nach der Zeitrechnung waren seine Söhne:
3.	**Johann,** der auf Potremse wohnte, als er sich 1473 für Ulrich von Drieberg wegen einiger aufgeliehenen Gelder an Otto von Vieregg verbürgte. Und
4.	**Hinrich,** der, nach dem Latomus, 1460 gestorben ist, und Anna von Levetzow, andere nennen sie von Preen, zur Gemahlinn hatte, mit der er zeugte:
5.	**Lorenz,** der, wie Latomus anführt, 1473 auf Potremse lebte, und hiernächst trifft man ihn auch 1506 an, da er zum Lübschen Kriege 2 Pferde stellen sollte, Klüver Tom. I. p. 171. und Beylage TTTT. Er hatte einen Sohn
6.	**Lorenz;** dieß bezeuget nicht allein Latomus, sondern auch die Beylage 97 in der Meklenb. Deduction das letzte Wort genannt, der aber, wie die Beylage FFF beweiset, ohne männliche Erben gestorben ist. Und
7.	**Johann,** geb. 1473. Er wohnte gleichwie sein Bruder Lorenz auf einen Theil von Potremse oder Potreniß, und sollte zum Lübschen Kriege 3 Pferde stellen. Während der Minderjährigkeit dieser Brüder soll nach der Beylage EEE ihre Mutter Anna von Preen das Gut
EEE	

                                 Ren-

Renſow an ſich gekauft, der Vormund dieſer Kinder aber, Joachim von Bülow, ihnen dieſes
Gut wieder aus den Häuden geſpielet, und für ein geringes Geld an ſich und ſeine Kinder gebracht
haben. Nun findet man zwar, daß um dieſe Zeit die von Bülow aus dem Hauſe Simen das
Gut Renſow acquiriret, es findet ſich aber keiner, der Joachim heißt, es ſey denn, daß Ghemeke und Achim oder Joachim einerley ſey, welches ſo ganz unnatürlich nicht ſeyn würde, wenn man
aus Achim, Chim Chimke und zuletzt Ghemeke herausbrächte. Iſt dem alſo, ſo bitte ich wegen
meiner Vorfahren um Vergebung. Sonſt iſt auch noch in dieſer Beylage einer Feuersbrunſt gedacht, wodurch das Haus zu Potremſe eingeäſchert, und alle Brieffſchaften dieſes Hauſes und
manche Koſtbarkeiten ein Raub der Flammen geworden. Dieſer widrige Vorfall hat ſich würklich
zu den Zeiten dieſer Brüder ereignet, und erzählet der Präpoſitus Frank Libr. VIII. p. 223 hievon
die näheren Umſtände alſo: Wie 1487 der Pöbel in Roſtock, wegen Einrichtung der dortigen St.
Jacobskirche zum Dom, im Aufruhr begriffen war, und die Herzoge die Roſtocker deshalb züchtigen
wollten, ſo thaten letztere den 16. Auguſt mit 1500 Mann zu Fuß und 150 zu Pferde einen Ausfall, und kamen des folgenden Tages zu Potremſe an, nahmen den Beſitzer des Guts, einen von
Bülow, gefangen, ſteckten den Hof und das Dorf an, und gingen mit einem anſehnlichen Raube
davon; ſie kamen aber nicht weiter als bis Panklow, woſelbſt die Herzoge Magnus und Balthaſar
ihnen aufſtießen, da es dann zu einem harten Treffen kam, worinn die guten Fürſten bald ihr Leben
eingebüßet hätten.

Unſer **Johann** hatte Ilſabe von Wozen a. d. H. Teſchow zur Gemahlinn, und zeugte
mit ihr:

  Hinrich. Er ward 1505 zum Scholaren im Stifte Schwerin aufgenommen, folgends auf
der Academie zu Frankfurt an der Oder bis 1514 von dem Biſchof Diedrich von Bülow zu Lebus
unterhalten, dann von demſelben, um ſeine Studien noch weiter fortzuſetzen, nach Rom geſchickt,
woſelbſt er auch Doctor der Rechten geworden iſt. Von Hoinkhuſen berichtet von ihm, daß er
Probſt des adlichen Kloſters zu Malchow geworden, und habe er aus einem Original von 1536
erſehen, daß ihm von den Herzogen zu Meklenb. das Commiſſorium ertheilet ſey, den zwiſchen der
Stadt Röbel und dem Dorfe Minſow entſtandenen Grenzſtreit beyzulegen. Zwar hat ihn von
Hoinkhuſen eigentlich bey dieſer Linie gar nicht aufgeführt; er hat aber dieſes Doctors bey der
Simenſchen Linie, wiewol falſch, gedacht. Uebrigens findet man nicht, daß er vermählt geweſen.

8.
Hinrich,
Doctor und
Probſt zu
Malchow.

  Gödeke oder **Gödert** iſt jung geſtorben.

9.

  Jaſper auf Potremſe. Latomus führet ihn mit auf, er muß aber 1532 ſchon geſtorben
ſeyn, weil ſeiner in dem bald vorkommenden Teſtament ſeines Bruders Joachim nicht gedacht
wird: Er giebt ihm auch einen Sohn, genannt

10.

    Chriſtoph. Seinen Namen findet man würklich in den Landſteuer- und Roßdienſt-
Regiſtern von den Jahren 1543 und 45, und daß er zu Potremſ gewohnt habe.
Er ſoll, nach dem Latomus, zu Güſtrow erſchlagen ſeyn, und Barbara von
Grabow zur Gemahlinn gehabt haben, die ihm geboren:

11.

      Achim oder **Joachim,** der ebenfalls in gedachten Regiſtern von 1555
bis 1560 vorkommt, ohne Zweifel aber unbeerbt geſtorben iſt.

12.

  Berend auf Rittendorf, von dem bald ein mehreres. Und

13.

  Joachim. Nach archiviſchen Nachrichten ward er 1517 von den Herzogen Hinrich und
Albrecht von Meklenburg noch auf vier Jahr zu ihrem Vogt oder Hauptmann zu Strelitz beſtellet,
auch ertheilten ſie ihm die Anwartſchaft auf das zur Zeit von Diedrich von Beverneß beſeſſene Burglehn zu Stolpe, von Bechr nennet es Schwan, nebſt der dazu gehörigen jährlichen Stollbede:

14.
Joachim,
Hauptmann
zu Strelitz.

Zur selbigen Zeit cedirte seine Gemahlinn Ilsabe Schenkel, mit seiner Einwilligung, den obgedachten Herzogen alle ihre Gerechtsame, welche sie an Fürstenberg c. p. und andere Meklenburgische Lehngüter nach dem Tode ihres Vaters, als des letzten männlichen Lehnserben seines Geschlechts, erhalten, und zwar darum, weil sie eine Zeitlang unter dem Frauenzimmer der Fürstl. Gemahlinn und Schwester bey Hofe gewesen, von den Herzogen ausgesteuert, und nebst freyer Hochzeit 300 Fl. Rheinisch zum Brautschatz, Geschmuck und Kleinod von ihnen empfangen habe. Ueber beide Haudlungen sind im Herzogl. Schwerinschen Archiv annoch die Urkunden vorhanden. Im Jahr 1521 kommt unser Joachim mit seinem Vetter in dem Roßdienst-Register vor, und 1523 unterschrieb er die Meklenb. Union. Hieraus folget natürlich, daß er sich des halben Theils des Guts Potrems halber bereits der Zeit mit seinen Brüdern verglichen haben müsse; dieses Vergleichs erwähnet er in seinem Testament, welches in der Beylage FFF zu lesen ist. In demselben setzt er beide gedachte Herzoge zu Executoren desselben ein, und empfiehlet ihnen seine Frau und Kinder zur gnädigen Vorsorge; seine beiden Brüder, den Doctor Hinrich und Berend, und andere Vettern ersuchet er, bey den Seinigen so zu handeln, als Gott bey ihren Seelen handeln solle, und daß sein Bruder, der Doctor, den wegen ihres sel. Vetters Lorenz von Bülow Güter errichteten brüderlichen Vergleich seiner Frau und Kindern ausliefern möge. Hieraus siehet man, daß er mehr als ein Kind gehabt, es ist aber nur bekannt geworden

FFF

15.   Johann oder Hans auf Potremse, welcher sich 1564 für Tideke von Hobe auf Basdow, und 1578 für Werner von Hahn auf Basedow bürglich einließ. Er starb den 20. April 1598 ohne Erben, nachdem seine Gemahlinn Anna von Lehsten a. d. H. Wardow schon vorher den 11. Novemb. 1597 die Welt verlassen hatte. Hiemit stimmet Latomus überein, dagegen Hoinkhusen ihn überall irrig Joachim, seine Gemahlinn von Lehsten, und seinen Sohn Hans nennet.

13.   Gedachter Berend pfändete 1551 von dem Freyherrn Jürgen von Molzahn zu Penzlin einen Antheil des im Amte Stavenhagen belegenen Guts Rittendorf. Der Statthalter Julius von Bülow nennet in dem seinen Kindern hinterlassenen, und in der Beylage EEE zu lesenden Aufsatz, wegen seiner Vorfahren, diesen Ort Rindeniz: Nun ist aber in ganz Meklenburg kein solcher Ort, und auch zu Rittendorf selbst ist auch keine Gegend bekannt, die diesen oder einen ähnlichen Namen führte, vielmehr ist daselbst eine Sage, daß die von Bülow ihren Sitz an einem nunmehro ganz verödeten Ort daselbst, Namens Haselow, gehabt haben sollen. Dem sey nun wie ihm wolle, so ist so viel gewiß, daß unser Berend in der dortigen Kirche begraben liegt, indem zur rechten Hand über dem Predigerstuhl eine Gedächtniß-Tafel von ihm noch izo zu sehen ist, worauf, nach der Versicherung des dortigen Ern Predigers Hahn, folgende Worte stehen: Anno. Domini. M. D. LVII. IS. DER. ERBARE. UNDE. ERRENTVESTHE. BERENT. VAN. BULOW. IN. GOT. VOR. STORBEN. DEN. GOT. GNEDICH SI. Er hatte sich vermählt mit Margretha, eine Tochter Lüdekens von Restorf auf Radepohl und Wessin, und Catharine von Oldenburg a. d. H. Gremmelin, und auch mit derselben sieben Söhne und drey Töchter gezeuget, von denen aber nur namhaft zu machen:

    Elisabeth, welche sich mit Jasper von Welzin auf Wessin und Grambow vermählte.

16.   Hans. Von ihm und seinen zahlreichen Nachkommen bald ein mehreres.

    Ilsabe, welche die Gemahlinn von Joachim von Vogelsang auf Ermshagen und Nieparz in Pommern ward.

17.   Hinrich, geb. 1537. Er wohnte anfänglich auf Rittendorf, doch hat er es 1580 nicht mehr besessen, weil die Molzahnen es in diesem Jahr, so wie es Bernd von Bülow inne gehabt, wiederum an Hans von Bredow verpfändeten. Er vermählte sich den 20. Decemb. 1569 mit

Bene-

Benedicta, eine Tochter Georgs von Peccatel (welches Geschlecht 1773 erloschen) zu Weistin, und Elisabeth von Kampz a. d. H. Plasten, welche 1540 geboren und 1616 gestorben ist. Diese Heirath gab Gelegenheit, daß er 1570 von seiner Stief-Schwiegermutter Gertrud von Peccatel geborne von Beehe, mit Consens ihrer Kinder Vormünder und nächsten Agnaten, sämtliche Erb- und Lehngüter seines Schwiegervaters, in den im Strelitzschen Amte belegenen Dörfern Weistin, Blumenhagen, Blumenholz, Usadel, Prilwitz, Zierke und Hohen-Zieritz, auf 20 Jahr für 5500 Fl. Meklenb. Münze, den Thaler zu 31 ßl. Lübsch gerechnet, pfändete. Als sein Vetter Johann von Bülow zu Potrems no. 15 im Jahr 1598 ohne Erben gestorben war, wohnte er noch auf Weistin, und meldete sich nebst seinen Brüdern Hans und Levin als näheste Agnaten, und nachdem hierauf das Gut seinem Bruder Hans zugefallen, so kaufte er es ihm wieder ab. Sämtliche Brüder wurden den 25. October 1600 zur Ablegung des Lehneides vorgeladen, archiv. Nachr. Er starb 1604 am stillen Freytag; seine Söhne waren:

    Berend, geb. 1571, gest. 1582,   18.

    Jürgen, geb. 1573, gest. 1590 zu Neubrandenburg im Schülerstande; und   19.

    Cord auf Potremse und Wenddorf. Im Jahr 1609 huldigte er den Herzogen   20.
        Adolph Friedrich und Hans Albrecht zu Krakow. 1621 pfändete er von Lorenz
        Preen zu Bandelsdorf dessen Antheil des Guts Dummersdorf gegen eine Anleihe
        von 7000 Fl. 1632 huldigte er dem Herzog Hans Albrecht auf dem nach Güstrow
        ausgeschriebenen Huldigungstag. 1638 verpfändete er unter bürglicher Verschrei-
        bung seiner Ehegattinn Elisabeth Sophie, eine Tochter Adams von Trotte auf
        Badingen und Himmelpfort, an Hinrichs von Münster Erben sein Lehngut
        Potrems wegen einer Anleihe von 3000 Fl. Ebenfalls verschrieb er sich 1640
        samt seinem Sohn Hinrich, mit Consens des Lehnsherrn und seines Vetters
        Christoph von Bülow no. 26, wegen einer Anleihe von 4000 Fl., dem Kauf-
        mann zu Rostock Jacob Achtmann, um dadurch das durch den Krieg verödete Gut
        Potremse wiederum aufzuhelfen. Im Jahr 1641 verglich er sich mit dem Doctor
        Korsey, wegen einer Forderung von 300 Fl. an seinen Vetter Bernd Johann
        von Bülow weiland auf Quitzöbel, und cedirte ihm, so viel als dazu vonnöthen,
        die ihm in dem von Kossen Gute Teschow adjudicirte Hölzung. Im Jahr 1642
        nahm er abermal, mit Consens des Fürsten, seiner Ehegattinn und Sohns Hinrich,
        von Daniel Brun, Rathsherrn zu Rostock, gegen Verschreibung seines Guts
        Potremse und Wenddorf 2000 Fl. auf, und endlich cedirte er 1647 dem
        Schwedischen Hofrath Doctor Koch sein in dem Preenschen Gute Gublow auf
        5306 Fl. erlangtes Adjudicat. Im Jahr 1654 huldigte er dem Herzog Gustav
        Adolph zu Meklenburg-Güstrow, und starb den 24. Febr. 1658. Seine Kinder
        waren:

        Benedicta, geb. 1606;

        Hinrich, geb. 1607. Er mußte in den Jahren 1668 und 69 sein mit   21.
            Schulden beladenes Gut Potrems dem Doctor Hinrich Rudolph Re-
            becker in Rostock überlassen, und blieben ihm mit genauer Noth nur
            zwo wüste Hufen in Wenddorf zu seiner Nothdurft, wie es in dem ge-
            richtlichen Vergleich heißet, auf Zeitlebens übrig, die aber auch nach
            seinem Tode dem Gute wieder zufallen sollten. Durch dieses Doctors
            Tochter Margretha Lucia sind diese Güter an Matthias von Clausenheim
            gekom-

gekommen, welcher darüber Herzogl. Belehnung erhielte. Es meldeten sich zwar 1702, nachdem Hinrich schon eine zimliche Zeit vorher unbeerbt gestorben war, der Jägermeister August von Bülow a. d. H. Wedendorf-Pokrene, und der Major Hans Hinrich von Bülow auf Kloddram zur Muthung und Relution dieser Güter bey der Lehns-Canzelley, und gaben an, daß ihnen von den in Lüneburgischen Diensten stehenden nähesten Vettern ihre Gerechtsame übertragen worden, es ward ihnen aber geantwortet, daß, weil sie nicht beygebracht, wie sie in vorigen Zeiten einige Lehnsmuthung beschaffet, überdem sie sich auch in dem angesetzten Termin edictmäßig nicht angemeldet hätten, das Lehn zu Serenissimi Disposition erwachsen, mithin bereits jemand damit investiret worden, und ihr Gesuch, da nicht mehr res integra wäre, also keine statt finden könnte; wobey sie sich denn auch beruhiget, Archiv. Nachrichten. Und

  Ilsabe, geb. den 26. Dec. 1608, gest. den 21. Jenner 1657, vermählte sich mit dem Rittmeister Vollrath von Preen auf Bandelsdorf und Depzow.

22. Woldemar, ward 1565 von seinem Bruder Johann oder Hans unglücklicher Weise uns Leben gebracht.

23. Berend, starb 1568 in Frankreich.

24. Franz, starb 1587 unbeerbt, nachdem er zuvor in Holländischen Kriegsdiensten gestanden, und sich, nach dem Latomus, mit Elisabeth von Welzin vermählt hatte, die auch als dessen Wittwe im Jahr 1589 der Leiche des Paul von Bülow auf Plüskow folgte, siehe die Beylage RRRR. Und

25. Levin. Latomus meldet von ihm, daß er zuerst in Zipsen unter dem Rittmeister Lücke Molzahn von Sarow ein Jahrlang, darnach mit drey Pferden unter Georg Wulf Marschalk in Frankreich geritten; folgends mit seinem Bruder Franz mit zwölf Pferden in Dännemark, nachmals unter Johann Weuerling wiederum in Frankreich, endlich unter Cord von Penzen mit Herzog Franz von Sachsen in die Niederlande den Spaniern zugezogen sey. Er hatte sich erstlich mit Catharina von Welzin, und hernach mit Anna von Jörken vermählt: Mit der ersteren hatte er nur allein folgende Kinder:

26. Christoph, war in Dänischen Kriegsdiensten, wir haben ihn 1640 bey seinem Vetter Cord von Bülow auf Porrems angetroffen.

27. Berend, war in Churfürstl. Sächsischen Diensten. Und

28. Johann, war in Lüneburgschen Diensten. Vermuthlich sind diese Brüder ohne Erben gestorben.

16.
Hans, Lüneb. Rath, Oberschenk, Hofmeister und Hofmarschall.
 Vorher gedachter Hans ward den 12. Sept. 1533 geboren. Er gerieth 1565 bey der brüderlichen Auseinandersetzung mit seinem Bruder Woldemar in Streit, und hatte das Unglück ihn in einer abgedrungen Nothwehr zu tödten. Hierauf mußte er Meklenburg verlassen, ging nach Sicilien und Malta, und diente dort gegen die Türken, wie aus verschiedenen Vorstellungen, die er wegen seiner Aussöhnung dem Herzog Ulrich von Meklenburg übergeben lassen, zu ersehen ist. Nach seiner Rückkehr aus Italien trat er in des Herzogs Julius von Braunschweig Dienste, und ward, nach der annoch vorhandenen Bestallung vom 30sten März 1574, Hauptmann zu Woldenberg, hiernächst 1575 dessen Rath und Hofschenk. Im Jahr 1582 ward er von Herzog Julius und dessen Sohn Hinrich Julius, Bischof zu Halberstadt, zu des ersteren Rath und Hofmeister, und

des

des letzteren Hofmarschall bestellet, da denn auch durch deren Vermittelung seine Aussöhnung in Meklenburg erfolgte. 1587 nahm er seinen Abschied und lebte einige Zeit in Quedlinburg, bis er 1595 mit Christoph Siegmund und Hans Hinrich von Bila einen Wiederkauf wegen des Schlosses und Amts Stapelburg in der Grafschaft Wernigerode in Thüringen errichtete. Man findet keine Nachricht, wann dieses Amt wieder eingelöset worden, aber schon 1598 schloß er einen andern Wiederkaufs-Contract mit Franz von Königsmark über das im Fürstenthum Halberstadt belegene Gut Ermsleben. Wie sein Vaterbrudersohn Hans auf Potrems ohne Leibeserben 1698 verstarb, so fiel ihm in der brüderlichen Theilung dieses Gut, welches zu 30000 Fl. war eingesetzet worden, und leistete auch würklich 1599 deshalb dem Herzog Ulrich den Lehneid; er überließ es aber seinem Bruder Hinrich gegen Auszahlung von 10000 Fl. Hiernächst starb er den 18. Sept. 1618 in einem hohen Alter zu Ermsleben. Er hatte sich 1574 vermählt mit Clara Magdalena, eine Tochter des Braunsch. Wolfenb. Canzlers Johann von Stapler, und Magdalene von Gremsleben, die 1549 geboren und 1612 verstorben ist, und zeugte mit ihr:

 Magdalena, geb. 1574, starb als ein Kind.

 Julius auf Essenrode und Brunsrode, von dem bald ein mehreres vorkommen soll.   29.

 Sophia Magdalena, geb. 1577, deren Gemahl war Hans Hinrich von Bila auf Heyenrode, siehe Gauhens Adels-Lexicon P. I. p. 146.

 Magdalena, geb. 1579, vermählte sich mit Franz Ernst von Minnigerode auf Giebelhausen; andere Nachrichten nennen ihren Gemahl Joachim Edlen von Plotho.

 Margretha, geb. 1580, verheirathete sich 1614 mit Hans Wolf von Borstel auf Ilverstandt.

 Johann, geb. 1582, gest. 1584.   30.

 Bernd, geb. 1584, gest. 1589.   31.

 Hedwig Dorothea, geb. 1586, gest. 1597. Und

 Bernd Johann, auf Quitzöbel, von dem zuletzt Erwähnung geschehen wird.   32.

 Kurz vorher-gedachter Julius war zu Wolfenbüttel den 1. Octob. 1575 geboren. Er bezog 1592 die Universität Helmstädt, blieb daselbst drey Jahr, besuchte hernach noch fünf Jahr die Universitäten Wittenberg und Marburg, und reisete zwey Jahr, worauf er 1603 in des Herzogs August zu Braunschweig-Lüneburg, der damals zu Hitzacker residirte, als Rath und Hofmeister in Dienste trat. Er quitirte 1607, gieng auf den damals zu Regensburg gehaltenen Reichstag, von da nach Frankreich, und retournirte 1609. In dem folgenden Jahr ward er abermals als Rath und Hofmeister und zwar in des Herzogs Julius Ernst zu Br. Lüneburg, der zu Danneberg Hof hielte, Dienste genommen, und von diesem seinen Herrn und den gesamten Lüneburgschen Fürsten 1611 als Gesandter nach Prag an den Kaiser Rudolph geschickt, um die Sache wegen der Succession in das Fürstenthum Grubenhagen in Richtigkeit zu bringen, welches Geschäfte er auch zum Beyfall dieser Fürsten ausrichtete. Im Jahr 1613 verließ er ebenfalls diese Dienste, und ward Cammer- und Hofrath bey dem Herzoge Christian zu Lüneburg-Zelle und Bischofe zu Minden. Von diesem Fürsten ward er 1613 zum Kaiser Matthias nach Prag und folgends nach Wien gesandt, um daselbst die Lehne wegen der Grafschaften Hoya und Diepholz zu empfangen, und im Jahr 1616 abermal nach Wien, nachdem er das Jahr vorher Statthalter und Geheimer Cammerrath geworden war, um dort die Grubenhagensche Succession, wie auch zum allgemeinen Vergnügen geschehen, völlig zu berichtigen. Hierauf ward er ferner in Gesandschaften nach Dresden und andern Höfen gebraucht, und wohnte fast allen in diesen Zeiten gehaltenen Conventi Tagen bey; besonders aber 1631 als erster Minister, nebst einem von Jettenbrock, dem großen Chur- und

29. Julius, Lüneb. Erster Geheimerrath und Statthalter.

Fürstl. Convent zu Leipzig, und leistete überhaupt bey diesen gefährlichen Zeiten den Braunschweig-Lüneburgischen Herrn und Landen ganz ersprießliche Dienste. Wie sehr er überhaupt in Ansehen gewesen, ist aus vielen sehr gnädigen Schreiben auch von dem König Gustav Adolph zu ersehen, und will ich zur Probe in den Beylagen GGG, HHH, und III einige aufügen. Als 1633 Herzog Christian mit Tode abging, blieb er in seinem Posten unter dem folgenden Herzog August; Wie damals die langwierige Successions-Handlung wegen der Braunschweigischen Lande vorfiel, hat er auch in diesen wichtigen Geschäften stark mit gewirket, und im Jahr 1636 ward ihm aufgetragen, dem Herzog Georg und seiner Descendenz das Fürstenthum Calenberg solenniter anzuweisen. 1628 war er Hauptmann auf dem Hause Campen geworden, und vorher erhielte er schon als eine Gnadenbezeugung die Anwartschaft auf das Gut Essenrode im Fürstenthum Lauenburg, welches Hartwig von Garstenbüttel als der Letztere seines Geschlechts besaß, und wie dieser den 2. August 1625 verstarb, ward er in den Besitz dieses Guts gesetzt. Ebenso erhielte er von dem Herzoge Georg zu Braunschweig die Erspectanz auf das eine halbe Meile von dem ersteren Gut und zwey Meilen von Braunschweig belegene Gut Brunsrode, und 1634 den wirklichen Besitz davon, als der Letzte der Kapaunen von Quitzow gestorben war.

Nach dem 1636 erfolgten Absterben gedachten Herzogs August befand sich unser Statthalter schon in sehr schwächlichen Gesundheits-Umständen, und weil er nicht glaubte mit eben dem Eifer wie bisher seine Dienste versehen zu können, so suchte er seine Dimission, die er auch endlich 1637 erhielte. In demselben Jahr den 29sten März verlor er seine Gemahlinn Elisabeth Sophia, eine Tochter des Oldenburgischen Raths und Hofmeisters Wolf von Zersen auf Laurnau oder Lawenau, und Elisabeth von Thal a. d. H. Heimb, die den 10. Junii 1589 geboren, und mit ihm den 1. May 1615 zu Zelle vermählt worden war: Diese Trennung der glücklichsten Ehe setzte seiner Gesundheit noch mehr zu; er merkte sein Ende, widmete seine mehreste Zeit den Theologischen Studien, und entschlief zu Zelle den 7. Jenner 1639, als ein Muster eines rechtschaffenen Christen und patriotischen Mannes, im 64sten Jahr seines Alters; woselbst er auch mit seiner Gemahlinn in einem eigenen Gewölbe begraben liegt. Seine Kinder, denen er nach der Beylage EEE einen eigenhändigen Aufsatz von seinen Vorfahren hinterlassen, waren folgende:

33. **Christian** auf Essenrode, von dem bald ein mehreres.

Dorothea Elisabeth, geb. den 15. Junii 1618, vermählte sich 1638 mit dem Rittmeister Achatz von der Schulenburg auf Zehlen, und starb 1647.

34. **Hans**, geb. 1621, starb 1636 auf der Universität Helmstädt.

35. **Georg Wilhelm**, geb. den 10. Junii 1624, starb den 10. Decemb. 1644 auf einer unglücklichen Jagd bey Meinersen im Ocker-Strom.

36. **Julius**, geb. zu Zelle den 20. März 1626, studirte zu Helmstädt und Leipzig, und besahe hernach die Niederlande und Frankreich. Ihm fiel das Gut Brunsrode zu, wozu er noch, da er ein vortrefflicher Wirth war, das ansehnliche Gut und Schloß Beyer-Naumburg im Weissenfelsischen, eine halbe Meile von Sangerhausen, von denen von der Asseburg auf Falkenstein und Amsfurt 1664 acquirirte. Es ist dieses vor Zeiten ein festes Schloß gewesen, welches von einem von Beyer erbauet worden, und von ihm den Namen erhalten; von dessen Nachkommen ist es an die Herzoge von Sachsen-Weissenfels, und hiernächst an die von Asseburg gekommen. Zum Gewette, Gericht oder Amt, wie es noch jetzo genannt wird, dieses Guts Beyernaumburg gehören folgende Dörfer: Nienstätt, Sotterhausen, Emslob, Hollenstätt, Lüdersdorf und das Dorf Beiernaumburg. Jetzo, da es unter zweyen Häusern vertheilet ist, wird es in Ober- und Unterschloß Beyernaumburg unterschieden. Unser Julius hatte keine

Leibes-

Leibeserben, ob er sich gleich 1666 mit Dorothea Eleonora, eine Tochter des Holsteinischen Landraths und Obersten Friedrich von Günterodt auf Gr. Balhausen, und Adelheid von der Wisch, vermählt gehabt hatte. Er starb 1694 den 6. April.

Wolf Adolph, geb. 1627, gest. 1628. Und 37.

Clara Juliana, geb. 1630, verheirathete sich 1654 an Wedig Adam von Quitzow auf Ellenburg-Ruestätt.

Der älteste Bruder, gedachter **Christian**, geb. den 20. Julii 1617, ging 1635 auf die Universität Helmstädt, und von da 1637 nach Rostock, woselbst er noch zwey Jahr studirte; hierauf kehrte er zu seinem Vater nach Zelle zurück, um ihn in seinem Alter und Schwachheit zu unterstützen. Nach des Vaters Tode, ward er wiederum von dem Herzog Friedrich zum Hauptmann zu Campen bestellet. Sein Vater hatte ihm in seinem Testament die Vormundschaft über seine unmündige Geschwister Georg Wilhelm, Julius und Clara Maria aufgetragen, welcher er sich auch mit dem größten Fleiß und Eifer unterzog. Der Kriegsunruhen wegen, und da seine Güter sehr ruiniret und zum Theil eingeäschert waren, mußte er sich eine Zeitlang in Braunschweig aufhalten, nachher that er mit seinem Bruder Georg Wilhelm eine Reise in die Niederlande, war auch Willens nach Frankreich und Italien zu gehen, wurde aber durch die große Nothwendigkeit, seine Güter wieder in Stande zu bringen, daran verhindert. Er bewerkstelligte solches nach seiner Rückkunft, als ihm, nach dem Absterben des Bruders Georg Wilhelm, in der Theilung mit seinem Bruder Julius das Gut Essenrode geworden war, mit aller ersinnlichen Mühe, und so auch in Ansehung Brunsrode, indem sein Bruder, dem solches zugefallen, sich noch einige Zeit in der Fremde aufhielte. Zu Essenrode bauete er verschiedene Gebäude, besonders die Mühle zu Hillersse, von Grund auf neu, dabey aber scheute er weder Kosten noch Mühe, seine so sehr zahlreiche Familie so gut als möglich zu erziehen, und da er sich auch in öffentlichen Geschäften bey Commissionen und Vormundschaften gebrauchen ließ, so erwarb er sich den unschätzbaren Ruhm eines guten Christen, redlichen Mannes und gewissenhaften Vaters. Er beschenkte die Kirche zu Essenrode mit einem Positiv, und verbesserte aus eigner Bewegung auf immer das Gehalt des dortigen Predigers, dabey acquirirte er die vor Obsfeld belegene Braunschweigische Dörfer, als den halben Theil der denen von Bülow aus dem Hause Gartow ehemals verpfändet gewesenen Gütern um Obsfeld. Von den Ständen des Fürstenthums Lüneburg ward er zum Schatzrath erwählet, und 1674 dazu bestätiget. Seit dem 40sten Jahr seines Alters führte er ein fast beständig siechles Leben mit heftigen Krankheiten, bis er endlich den 27. Decemb. 1679 ruhig und gewiß selig im 63ten Jahr seines Alters dieses ihm vorzüglich mühselig gewordene Leben zu Essenrode beschloß. Er hatte sich zuerst den 10. May 1642 mit Margretha, eine Tochter Hinrichs von Haren auf Hope und Laar im Münsterschen, und Anne Sophie von Harling a. d. H. Everssen, vermählt; nach deren den 21. Sept. 1660 in ihrem vierzehnten Wochenbette mit der Geburt erfolgten tödtlichen Abgang, verheirathete er sich zum andernmal den 12. Octob. 1664 mit Eleonora Sophia, eine Tochter Augusts von Hoymb auf Ermsleben und Conradsburg, und Christiane von der Schulenburg a. d. H. Schockwitz. Mit der ersteren Gemahlinn zeugte er:

37. Christian, Lüneburg. Amtshauptmann und Schatzrath.

Julius Hinrich, geb. den 15. October 1643. Er studirte zu Helmstädt und Jena, disputirte zu verschiedenen malen, als unter andern zu Helmstädt von den Vorzügen und Fehlern der Historie, und zu Jena von den aufgefundenen Schätzen, durchreisete Holland und Frankreich, und hielt sich ein Jahr auf der Universität zu Paris und eben so lange zu Straßburg auf. Er war ein überaus gelehrter Mann, ward aber bald kränklich, und starb in solchem Zustande, ohne sich vermählt gehabt zu haben, 1679 zu Essenrode.

38.

P Chri-

114   Tabelle IV. Potrentse- Essen- und Brunsrode.

39.   **Christian Wilhelm**, geb. den 9. Sept. 1644, gestorben 1724 zu Brunsrode, studirte gleichfalls zu Jena, trat hiernächst in Braunschweig-Zellische, bald darauf in Holländische Kriegsdienste, und ward Officier bey der Garde. Nachdem er auch diese Dienste verlassen, und sein Oheim Julius von Bülow mit Tode abgegangen war, so bewohnte er Brunsrode. Mit seiner Gemahlinn Sabina Elisabeth, eine Tochter Christophers von Bülow auf Gartow, und Gertrud Elisabeth von Gustedt a. d. H. Derfheim, die er sich 1696 antrauen ließ, hatte er keine Erben.

40. Johann Herbord, Lüneb. Schatzrath   **Johann Herbord**, geb. den 19. Jenner 1646, studirte zu Helmstätt und Jena, besuchte zugleich mit seinem ältesten Bruder Holland und Frankreich, wohnte hernach zu Essenrode, ward Schatzrath des Fürstenthums Lüneburg und starb 1716 ohne Erben. Er hatte sich 1697 vermählt mit Anna Sophia, eine Tochter Christophers von Bülow auf Gartow, und Gertrud Elisabeth von Gustedt.

   Elisabeth Anna, geb. den 18. Junii 1647, verheirathete sich 1670 an den Br. Lüneb. Hofgerichts-Assessor zu Zelle Joachim Friedrich von dem Knesebeck auf Kolborn.

41.   **Anton Wolf** auf Beyernaumburg, von dem bald ein mehreres.

42.   **August Victor**, geb. den 2. Sept. 1651, ging mit den Lüneburgischen Truppen 1689 nach Morea, und ist auch daselbst umgekommen.

43.   **Bernhard Christoph**, ein Zwillings-Bruder des vorigen, war Volontair unter dem Lüneburgischen Cavallerie-Regiment von Harthausen, und ertrank den 28. Octob. 1668 in der Weser, als er von Schlüsselburg nach Stolzenau verschickt wurde.

44.   **Friedrich Günther**, geb. den 26. Sept. 1652, trat in Braunschweig-Wolfenbüttelsche Kriegsdienste, und starb als Fähnrich 1679 zu Wetzlar.

45.   **Georg Ernst**, geb. 1654, starb 1655.

46.   **Adam Achaz**, geb. den 18. August 1655, studirte in Helmstätt und Jena, acquirirte das von Deckensche Gut Borstel im Bremischen, hernach aber nahm er seine Wohnung zu Essenrode, und starb daselbst den 21. Febr. 1719. Er hatte sich 1703 vermählt mit Maria Lucia von Jagow a. d. H. Aulosen, ohne mit ihr beerbt zu werden.

   Margretha Sophia, geb. 1657, und **Clara Cathrina**, geb. 1658, starben beide unvermählt. Und

47.   **Joachim Adolph**, geb. 1659, starb 1661.

Mit der zwoten Gemahlinn zeugte Christian:

   Clara Augusta, geb. den 28. Octob. 1665, starb 1738 ohne mit ihrem Gemahl, dem Sachsen-Weissenfelsschen Hofmarschall von Wülknitz auf Pendor beerbt zu seyn.

   Eleonora Sophia, geb. 1667, starb 1677.

   Helena Elisabeth, geb. den 28. Julii 1669, ward vermählt mit dem Kaiserl. Capitain Egidius Bartold von Lützow auf Wölzow.

48.   **Wilhelm August**, geb. 1668, starb 1670.

49.   **Christoph August**, geb. 1671, starb 1718 zu Eßleben unvermählt.

   Christina Elisabeth Juliana, geb. den 6. Nov. 1672, starb unvermählt. Und

50.   **Johann Gottlieb** auf Brunsrode und Unter-Schloß Beyernaumburg, von dem hiernächst ein mehreres.

41. Anton Wolf, Archidiaconus.   Gedachter **Anton Wolf** ward zu Essenrode den 25. März 1649 geboren. Er ging zuerst nach der Schulpforte bey Naumburg, und studirte hierauf verschiedene Jahre die Theologie zu Helmstätt, Halle und Leipzig, wobey er sich besonders auf die Orientalischen Sprachen legte, und es hierinn sehr weit brachte, wie hievon noch viele vorhandene Manuscripte zeugen. Im Jahr

1687

Tabelle IV. Potremse-Essen- und Brunsrode. 115

1687 den 12. Jenner ward er zu Zelle zum Archidiaconus zu Danneberg ordiniret, und den 18. darauf introduciret; er resignirte aber daselbst diese Stelle zwey Jahr nachher, und hielt sich zu Essenrode auf, bis sein Oheim Julius zu Beyernaumburg 1694 unbeerbt verstarb, da er dann für sich und im Namen seiner Brüder von dem Gute die Possession ergriff, und es hiernächst selbst bewohnte. 1695 verheirathete er sich mit Sophia Elisabeth, eine Tochter des Churfächfifchen Hauptmanns Carl Hinrich von Wiedemann auf Trachenau, und Cathrine Sibille von Münkwitz a. d. H. Falkenstein, und starb zu Beyernaumburg den 5. Junii 1707; seine Gemahlinn folgte ihm den 11. Nov. 1708, da sie denn auch beide in dem dortigen Gewölbe ihre Ruhestätte fanden. Ihre Kinder waren:

Rudolphina Margretha Sibilla, geb. den 20. Dec. 1696, verheirathete sich 1728 mit dem Gräfl. Wittgensteinschen Oberforstmeister Christian Ernst von Kalkreuth auf Kummernick im Fürstenthum Glogau.

Sophia Elisabeth, geb. 1698, vermählte sich mit dem Sächsischen Major Hans Ernst von Kalkreuth auf Nieder-Siegersdorf im Fürstenthum Glogau.

Christina Charlotta, geb. den 3. März 1700, ward die Gemahlinn des Kaiserlichen Rittmeisters Moritz Hinrich von Wiedemann auf Zöllschen im Stifte Merseburg, lebte noch 1780.

Amalia Wilhelmina, geb. den 21. Febr. 1701, ward mit einem von Wolfersdorf auf Gottel im Stifte Merseburg vermählt.

Gottlieb Christian Carl, geb. 1702, gest. 1704. 51.

Hinrietta Antonia, geb. 1703, starb 1771 unvermählt zu Zöllschen. Und

Gotthard Hinrich August, geb. den 17. Junii 1704 auf einer Reife zu Singsleben im Fürstenthum Halberstadt. Er verlor früh seine Aeltern, und ward bey seinem Oheim und Vormund Johann Gottlieb zu Beyernaumburg erzogen, der ihn 1721 auf die Universität Leipzig schickte, alwo er bis 1725 verblieb. Unterdessen waren seine Oheime sämtlich bis auf seinen Vormund verstorben, daher ließ er sich majorenn erklären, und theilte sich mit ihm in die Güter Essenrode, Brunsrode und Beyernaumburg, worauf ihm Essenrode und das Ober-Schloß Beyernaumburg zufiel. Er bauete fast alle Gebäude in gedachten beiden Gütern von Grund aus neu, und als durch einen unglücklichen Wasserstutz die Mühle zu Hillerße 1740 weggerissen wurde, stellete er auch diese ganz von neuem wieder her. Im Jahr 1753 ward er zum Landrath des Fürstenthums Lüneburg erwählet, welcher Bedienung er bis an sein Ende mit patriotischem Eifer vorstand. Er entschlief zu Zelle den 20. April 1769, ist aber zu Essenrode begraben. Seine Gemahlinn ward den 12. Octob. 1728 Anna Adelheit, eine Tochter Bodo Diedrichs von Alvensleben auf Kloster-Rode und Blankenheim, und Dorothee Anne von Bartensleben a. d. H. Wolfsburg, die ihm den 28. Febr. 1766 in die Ewigkeit voranging: Die mit ihr gezeugte Kinder waren:

52. Gotthard Hinr. August, Lüneb. Landrath.

Anton Diedrich Werner, geb. den 6. Aug. 1729, starb den 19. August 1742. 53.

Anna Sophia Ehrengarta, geb. den 18. Jenner 1731, vermählte sich 1749 mit dem Obersten, jetzigen General-Feldmarschall in Chur-Braunschweigischen Diensten, Christian Ludwig von Hardenberg auf Hardenberg.

Augusta Wilhelmina, geb. den 25. Jenner 1732, ward als Canonissinn den 28. März 1748 ins Stift Steterburg im Wolfenbüttelschen aufgenommen.

Gebhard August, geb. den 18. Sept. 1733, gest. den 21. Febr. 1735. 54.

Christian Julius, geb. den 9. Julii 1735, starb zu Braunschweig 1750. 55.

Friedrich Ernst, geb. den 5. Octob. 1736 zu Essenrode, ward 1748 Page zu Hanno- 56.
P 2 ver

116   Tabelle IV. Potremse-Essen- und Brunsrode.

Friedrich Ernst, Lüneb. Landrath. ver und 1752 Fähnrich bey der Garde zu Fuß. Mit diesem Regiment ging er 1756 nach Engelland, allwo er in eben dem Jahr zum Lieutenant ernannt wurde. Als im Frühjahr 1757 die Hannöverischen Truppen aus Engelland zurück kamen, und von dem Oberjägermeister Georg Ludwig Grafen von der Schulenburg, als General-Major, ein Jäger-Corps errichtet wurde, ging er unter selbiges, und ward Capitain-Lieutenant; 1758 erhielt er dabey eine Compagnie, und 1761 war er Major: Hiernächst ward er, wie nicht lange hernach der Friede erfolgte, von diesem Corps weg in das Regiment von Bock versetzt. Nach dem Ableben seines Vaters fiel ihm in der brüderlichen Theilung das Stammgut **Essenrode** zu, dieß nöthigte ihn die Kriegsdienste zu verlassen, dagegen erwählten ihn die Lüneburgschen Stände 1770 zum Schatz- und hiernächst 1778 zum Landrath. Im Jahr 1759 den 29. Nov. vermählte er sich zu Hüpstätt auf dem Eichsfelde mit **Dorothea Sophia Juliana**, eine Tochter Friedrich Christophs von Hagen auf Hüpstätt und Ober- und Niedervorschel, und Erdmuth Hinriette von Ribbeck a. d. H. Ribbeck; ihre Ehe aber war von kurzer Dauer, indem sie in dem ersten Kindbette den 1. März 1762 zu Vörden im Paderbornischen verstarb. Hierauf schritt er den 23. August 1764 zur zweyten Ehe mit **Eleonora Luisa Margretha**, eine Tochter des Br. Wolfenbüttelschen Generallieutenants Jacob Georg von Behr auf Forste und Osterode, und Gertrud Isabe von Behr a. d. H. Heuslingen. Mit der ersten Gemahlinn hat er nur einen Sohn:

57.   **August Friedrich Wilhelm**, geb. zu Vörden im Stift Paderborn den 23. Febr. 1762. Im Jahr 1776 ging er auf die Ritteracademie zu Lüneburg, und ist seit 1778 auf der Universität Göttingen.

Die Kinder der zwoten Gemahlinn sind.

58.   **Georg Christian Ludwig**, geb. zu Essenrode den 21. Julii 1765, ward 1777 Fähnrich bey der Hannöverischen Garde zu Fuß.

59.   **Carl Ernst Hinrich**, geb. den 25. Junii 1766 auf dem von Marschalkischen Gute Hieto im Bremischen.

       Anna Amalia Dorothea, geb. zu Stade den 5. März 1767, und auch daselbst 1768 gestorben.

       Dorothea Elisabeth, geb. zu Essenrode den 30. Decemb. 1768, starb 1769.

       Gertrud Elisabeth Eusebia, geb. zu Essenrode den 16. Decemb. 1769, gestorben 1770.

60.   **Burchard Lebrecht August**, geb. zu Essenrode den 14. Febr. 1771.

       Anna Antoinetta Charlotta Sophia, ist von vorigem eine Zwillingsschwester.

61.   **Christian Wilhelm Julius**, geb. zu Essenrode den 21. May 1773.

62.   **Ludwig Friedrich Victor Hans**, geb. zu Essenrode den 14. Julii 1774.

63.   **Joachim Christian Wilhelm Claus**, geb. zu Essenrode den 3. Dec. 1775.

       Gertrud Helena Luisa Elisabeth, geb. zu Essenrode den 25. Junii 1777, und

64.   **Gottlob Wilhelm Friedrich**, geb. zu Essenrode den 18. August 1779.

       Maria Helena Charlotta, geb. 1738, starb 1739.

65. *Hinr. Wilh. Lüneb. Ober-Appellationsrath und Kammerherr.* **Hinrich Wilhelm**, geb. zu Essenrode den 12. Nov. 1739. Er besuchte die Schule zu Bergen, das Carolinum zu Braunschweig und 1758 die Universität Göttingen. Nach seiner Rückkunft ward er 1761 Auditor bey der Justiz-Canzelley zu Stade, 1763 Hofrath bey der Hannover, und 1767 von den Lüneburgischen Ständen zum Ober-Appellationsrath nach Zelle vor-

vorgeschlagen und allergnädigst bestätiget. Er resignirte diese Stelle 1777 mit dem Character eines Kammerherrn, und wohnet jetzo zu Uruskau im Fürstenthum Glogau, woselbst er sich bereits 1768 vermählt hatte mit der verwittweten Generalinn Christina Eusebia von Froideville, Erbfrau auf Uruskau, Briese und Ranitz, Tochter Hansens Ernst von Kalkreuth auf Siegersdorf, und Sophie Elisabeth von Bülow a. d. H. Essenrode, mit welcher er aber bis dahin noch unbeerbt geblieben.

Carl Gottlieb, geb. den 6. Julii 1741, brachte seine Schuljahre auf der Ritteracademie zu Lüneburg und auf dem Carolinum zu Braunschweig zu, 1757 ward er Fähnrich bey dem Hannöverschen Grenadier-Corps zu Pferde, 1758 Lieutenant und 1760 Capitain-Lieutenant. Wie nachher dieses Corps dem Leibgarde-Regiment einverleibet wurde, so ward er 1768 zum Rittmeister dabey ernannt. In der im Jahr 1769 mit seinen Brüdern geschehenen Theilung fiel ihm das Ober-Schloß Beyernaumburg zu, und auch in demselben Jahr den 26. Jenner hatte er sich zu Merseburg vermählt mit Christiana Luisa, Tochter des Chur-Sächsischen Geheimenraths und Oberhofrichters Carl Gottlob von Ende auf Niederbrune und Kerbisdorf, und Christine Friederike Gräfinn von Zech, mit der er bis hieher unbeerbt ist. Und

66.

Luisa Dorothea, geb. den 17. Julii 1743, ist im Nov. 1776 ins Stift zu Lipstadt als Canonissinn aufgeschworen und eingeführet.

Vorher angezogener Johann Gottlieb war seit 1730 Braunschweigischer Hofrichter zu Wolfenbüttel, und besaß die Rittergüter Unterschloß Beyernaumburg, Brunsrode und Borstel an der Osten im Bremischen, welches letztere Gut er 1737 an den Geheimen Justizrath David Georg von Deneken verkaufte. Er war geboren den 24. Januar 1674, bezog die Schule zu Quedlinburg und die Universität Leipzig, reisete einige Jahre besonders nach Frankreich und starb zu Brunsrode den 6. April 1744, nachdem er sich 1706 vermählt gehabt mit Sabina Magdalena Luisa, eine Tochter Joachim Friedrichs von Landsberg auf Wormsthal und Minden, und Christine Elisabeth von Löhneisen a. d. H. Neindorf, die im Jenner 1765 zu Beyernaumburg verstarb, und mit folgenden Kindern ihren Gemahl erfreuet hatte:

50.
Joh. Gottlieb,Braunschweigisch.
Hofrichter.

Christian Friedrich auf Beyernaumburg. Er verließ die Chursächsischen Dienste als Capitain, und ist itzo Bezirkdirector des Sangerhausischen Kreises. Außer obigem väterlichen Gute hat er noch das Freygut Sotterhausen angekauft, und besitzt auch, durch Erbschaft von seinem Bruder, den dritten Theil des Allodialguts Gangloffsömmern. Im Jahr 1707 den 8. Junii erblickte er das Licht der Welt, studirte 1723, ehe er die Kriegsdienste erwählete, zu Jena, und vermählte sich 1746 den 23. Jan. mit Dorothea Hinrietta, eine Tochter des Chursächsischen Hof- und Justizraths Franz Philipp Romanus von Muckershausen auf Coschitz im Vogtlande, und Dorothee Elisabeth von Wichmannshausen, welche den 10. Junii 1766 zu Beyernaumburg verstarb, und ihm geboren hatte:

67.

Carl Gottlieb, geb. und gest. 1749.

68.

Christiana Magdalena Luisa, geb. den 25. April 1753, ist noch unverheirathet. Und

Friedrich Gottlieb Julius, geb. den 16. Junii 1760, ein Jüngling voller Hoffnung, der in diesem Jahr (1780) die Universität Leipzig bezogen, nachdem er eine geraume Zeit auf der Schulpforte den Grund zu den Wissenschaften geleget.

69.

Hinrich Gottlieb, geb. den 7. Junii 1708, war Chursächsischer Oberster von der Infanterie, ist 1745 bey Strigau zweymal blessirt geworden, und genießt seit zwey Jahren Pension. Er wohnet auf sein Rittergut Groß-Boßna bey Leipzig, welches er vor 2 Jahren erkauft hat. 1760 etwa vermählte er sich mit einer Fräulein von Zweymar, welche 1778, ohne mit ihm beerbt zu seyn, in Leipzig verstorben ist.

70.
Hinr. Gottlieb, Chursächsisch.
Oberster.

Johann Carl Anton, geb. den 30. August 1709, verließ als Capitain die Sächsischen Kriegsdienste, und ist vermählt mit Elisabeth Friderica, eine Tochter Franz Philipps Romanus von Muckershausen auf Coschitz, und Dorothee Elisabeth von Wichmannshausen, mit der er unbeerbt geblieben, und zu Beyernaumburg sich aufhält.

71.

Tabelle IV. Potrimse- Essen- und Brunsrode.

72.
Adam Werner, geb. den 14. Febr. 1711, war Preußischer Rittmeister. Er kaufte das Lehngut Coschitz und starb daselbst 1765. Mit Dorothea Carolina Romanus von Muckershausen, eine Schwester der vorigen, und vorlängst verstorben, hat er hinterlassen:

    Amalia Charlotta, die an den Chursächsischen Rittmeister von Zedtwitz verheyrathet ist, und

    Wilhelmina Charlotta, die sich mit dem Kammerjunker und Hauptmann von Wiese zu Schlaitz vermählt hat.

Johanna Magdalena, geb. den 27. Febr. 1712, ist an einen Herrn von Berbisdorf verheirathet gewesen, starb 1744 zu Rockendorf im Vogtlande.

73. Julius Gottlieb, geb. und gestorben 1713.

74. Joh. Gottlieb, Sächs. Oberster.
Johann Gottlieb, geb. 1714 den 3. Octob., stehet seit 1776 als Chursächsischer Oberster bey den Küraßiern auf Gnadengehalt, und lebt unvermählt zu Reichenbach im Vogtlande.

75. Friedrich August, geboren 1716, gestorben 1722 zu Beyernaumburg.

76. Johann Lebrecht, Braunsch. Landdrost.
Johann Lebrecht, geb. 1717 den 2. Oct., besitzet das väterliche Gut Brunsrode. Er war zuerst in Sachs-Gothaischen hiernächst in Braunschweigischen Kriegsdiensten, machte die Feldzüge im Reich, Italien und Ungarn mit, ward 1745 Stallmeister, 1750 Oberhauptmann, 1763 Schatzrath, und ist seit 1776 Landdrost. Er vermählte sich den 9. März 1746 mit der Braunschw. Hofdame Charlotta Ernestina, Tochter des Schatzraths Friedrich Ulrich von Veltheim auf Destätt, und Helene Dorothee von Alvensleben a. d. H. Erxleben, die ihm gebar:

77.
    Carl Anton, geb. zu Wolfenbüttel den 30. Dec. 1746, wurde 1761 Cornet beym Hannöverschen Regiment Veltheim, trat 1774 als Lieutenant bey dem Küraßier-Regiment von Benkendorf in Chursächsische Dienste, und ist seit 1780 Rittmeister in Braunschweig beym Carabinier-Regiment. Im Jahr 1761 den 20. Dec. ward er auf die Comthurey Liethen als Johanniter-Ritter eingeschrieben.

78. Friedrich Gottlob, geb. und gest. 1748.

79. Hinrich Wilhelm, Br. Hof- u. Canzleyrath.
Hinrich Wilhelm, geb. den 21. Aug. 1750 zu Wolfenbüttel. Nach vollendeten Academischen Jahren ward er 1772 Assessor bey der Justiz-Canzelley zu Wolfenbüttel, ging 1773 auf ein Jahr nach Wetzlar, ward hierauf 1774 zum würklichen Hof- und Canzleyrath ernannt, und bekam auch 1778 die Stelle eines adlichen Beysitzers bey dem Hofgericht zu Wolfenbüttel. Bereits den 1. Oct. 1754 ist er ins Stift Merseburg eingeschrieben.

    Luisa Helena Friderica, wurde den 21. August 1776 in das freyweltliche Stift Steterburg als Chanoinesse eingeführt.

    Charlotta Leopoldina Augusta, ward den 23. May 1773 in das Stift Fischbeck als Chanoinesse aufgeschworen und eingekleidet.

    Anna Philippina Elisabeth, ist den 16. May 1769 in das Stift Wunsdorf eingeschrieben, itzo aber Hofdame bey der verwittweten Herzoginn zu Braunschweig. Und

    Christina Johanna Friderica, erhielt den 16. May 1761 die Expectanz ins Stift Oberkirchen.

80. Julius, Pr. Oberstlieut.
Julius, geb. den 6. Dec. 1719, starb als Preußischer Oberstlieutenant den 25. April 1771 zu Altbrandenburg unverheirathet, nachdem er seit 1742 alle Feldzüge mit beygewohnt hatte. Er hat das Gut Ganglofsömmern bey Weißensee in Thüringen gekauft.

81. Friedrich Gottlob, Br. Kammerherr u. Oberhofm.
Friedrich Gottlob, geb. den 17. Oct. 1721, besuchte die Schule zu Merseburg und die Universität Leipzig, ward 1747 Hofjunker zu Braunschweig, und ist itzo Kammerherr und Oberhofmeister bey der verwittweten Herzoginn von Braunschweig Königl. Hoheit. Er hat sich den 1. Nov. 1778 mit der Hofdame Ernestina Luisa, einer Tochter des Majors Hans Georg von Wallmoden auf Wallmoden und einer von Juel vermählt, ist aber noch unbeerbt. Und

    Eleonora Friderica, geb. den 29. März 1723, ist itzo Wittwe des ehemaligen Sachsen-

Sachsen-Weimarschen Hauptmanns von Harraß und lebt zu Mittelhausen im Weimarschen.

  Ehedem gedachter **Bernd Johann**, geb. 1590, gest. 1648, acquirirte 1618 von denen von 32.
Quitzow die Güter Quitzöbel und Neuen-Buchholz in der Prignitz, und vermählte sich mit einer von
Schulenburg, a. d. H. Angern, die ihm 3 Söhne geboren, als:

   Hans Levin, von dem bald weiter. 82.
   Julius August, von dem hiernächst, und 83.
   Albrecht David, der unbeerbt verstarb. 84.

  Eben erwähnter **Hans Levin** wohnte mit seinem Bruder auf Quitzöbel, und hatte sich mit 82.
einer von Eberstein vermählt, die ihm gebar:

   Hans Albrecht, welcher mit einer von Rochow zeugte: 85.
   Otto Christoph, der unbeerbt verstarb, und 86.
   Johann Georg, geb. den 14. Dec. 1685, gest. 1734. Anfänglich hatte er mit seinem 87.
Schwager dem Landrath Thomas Albrecht n. 101 das Gut Buchholz in Gemeinschaft, nachher über- Joh. Ge-
ließ er diesem seinen Theil, kaufte sich in Butzfleth bey Stade an, und starb daselbst als Hannöverscher org. Hann.
Oberstlieutenant. Seine Gemahlinn war Charlotta Luisa, eine Tochter von Hans Berend von Bü- Oberstlieut.
low auf Quitzöbel und Charlotte Luise von Haack, die den 12. Dec. 1686 geboren und den 14. Decemb.
1770 gestorben ist, mit der er zeugte:

    Hans Albrecht, geb. den 18. Sept. 1712, und unvermählt gestorben 1742. 88.
    Thomas Berend, geb. den 27. Sept. 1718, stand als Hauptmann in Hannöverschen Dien- 89.
sten unter dem Jäger-Corps, lebte zu Wilhelmsburg auf Pension, und hat mit einer von Uslar verschiedene Kinder, worunter zwey Söhne seyn sollen, gezeuget, deren Namen ich aber nicht erfahren können. Und 90. 91.
    Christoph Georg, geb. den 30. Oct. 1721, ist 1754 ohne Erben gestorben. 92.

  Obgedachter **Julius August** auf Quitzöbel kaufte auch noch das Gut Luchfeld bey Rup- 83.
pin, und hatte Eleonora Margretha von Rochow a. d. H. Lunow zur Gemahlinn. Er war geboren
1615 und hinterließ 1673:

   Otto Christoph auf Luchfeld, der sich mit einer von Hagen a. d. H. Rhinow verhei- 93.
rathete und mit ihr hatte:

    Christian Julius, der mit seiner Cousine Barbara Eleonora von Bülow, eine 94.
    Tochter von Friedrich Wilhelm n. 97, zeugte:

     Christoph Friedrich auf Luchfeld, geb. 1717, welcher 1780 noch lebte, 95.
     doch ist dieses Gut seit vielen Jahren nicht mehr bey der Familie, sondern
     nunmehr an die von Jühlen gekommen.

   Hans Berend auf Quitzöbel, von dem bald das weitere. 96.
   Friedrich Wilhelm, hatte mit seiner Gemahlinn, einer von Grünberg aus Schlesien, 97.
nur eine Tochter

    Barbara Eleonora, die sich mit ihrem Vetter auf Luchfeld n. 94 vermählte.
   Julius August, der 1689 vor Bonn blieb, und nie verheirathet gewesen ist. 98.

  Kurz vorher angeführter **Hans Berend** war geboren 1663 und starb auf Quitzöbel 1696, 96.
nachdem er mit Charlotta Luisa von Haack a. d. H. Dabergetz, geb. den 11. Junii 1666, gest. den
8. Dec. 1730, zwo Töchter und drey Söhne gezeugt hatte, als:

   Charlotta Luisa, welche sich mit ihrem Vetter, dem Oberstlieutenant Johann Georg
n. 87 vermählte.
   Eine Tochter, die die Gemahlinn von einem von Barsewisch auf Esack in der Altmark ward.
   August Berend, geb. 1688, wie aus der Urkunde KKK zu ersehen, als alle im Jahr 1716 le- 99.
bende von Bülow des Quitzöbelschen Hauses sich, nach dem Tode eines Schatzrath von Bülow KKK
auf Essenrode, wie es in der Urkunde heißen sollte, wegen der Lehnmutung zu Hannover meldeten. Er
ist übrigens unvermählt gestorben.

100. Hans Berend starb jung, und

101.
Thomas
Albrecht,
Pr. Landrath.

Thomas Albrecht, geb. den 7. May 1690, auf Quitzöbel und Landrath in der Prignitz, starb den 10. Febr. 1726. Er hatte Sophia Augusta, des Preußischen Feldmarschalls Friedrich Wilhelm von Grumkau auf Ruhstätt Tochter, zur Gemahlinn, und ist daher ohne Zweifel derjenige, dessen die Frau von Pellet in der Beylage SSS gedenket. Sie war 1703 geboren, und ertrank unglücklicherweise den 19. März 1739 zugleich mit ihrer jüngsten Tochter. Ihre Kinder waren:

Charlotta Hinrietta, geb. den 30. Junii 1723, vermählte sich 1741 an Wolf Friedrich von Brück auf Segrehn und Niemeck in Sachsen, und ist seit 1760 Wittwe.

Wilhelmina, geb. den 4. May 1724, starb unverheirathet zugleich, wie gedacht, mit ihrer Mutter.

102.
Friedrich
Wilhelm,
Pr. Geheimer Kriegsrath.

Friedrich Wilhelm auf Quitzöbel, geb. zu Berlin den 9. April 1725, ward 1746 Landrath, 1765 Landesdirector in der Prignitz, 1768 Geheimer Kriegsrath und Landschafts-Verordneter in der Churmark Brandenburg. Er ist es gewesen, von welchem Buchholz in der Brandenburgschen Geschichte meldet, daß er 1757 nebst dem Landesdirector von Gräveniz, wegen nicht gelieferter Fourage ꝛc. aus der Prignitz, von den Franzosen als Geißel nach Zelle geführet worden. Es hat derselbe Elisabeth Sophia Juliana, eine Tochter des Preuß. Deichhauptmanns Matthias Friedrich von Möllendorf auf Lindenberg in der Prignitz zur Gemahlinn, und ist izo ohne Kinder, nachdem ihm 2 Söhne gestorben sind, als:

103.
Fr. Wilh.
Pr. Deichh.

Friedrich Wilhelm, geb. den 2. Febr. 1748, gest. den 16. Sept. 1768 an den Blattern als Deichhauptmann in der Priegnitz, und

104.

Thomas Albrecht, geb. den 17. März 1749, gest. 1753. Und

105.
Thomas
Albrecht,
Pr. Major.

Thomas Albrecht, geb. den 12. April 1726, gest. unvermählt den 7. Febr. 1781. Er war Preuß. Major unter dem von Hordtschen, nachhero unter dem Natalischen Infanterie Regiment in Crossen.

Breitere Ausführung der Tabelle V.

Im ersten Theil habe ich zum Stammvater dieser meiner Linie einen Vicke no. 45 angenommen, und durch die Urkunde GG bewiesen, daß er 1382 auf Zirren oder Simen gewohnt habe. Ich habe mir, wie leicht zu glauben, außerordentliche Mühe gegeben, mehrere Urkunden von diesen Zeiten und vom Anfange des funfzehnten Säculums, diese Linie betreffend, ausfindig zu machen, allein so wie dieser Zeitpunct fast durchgängig an archivischen Zeugnissen arm ist, so habe ich auch nur eine Urkunde aus dem Schwerinschen Haupt-Archiv, nach erlangter gnädigster Erlaubniß, durch den sonst sehr mühsamen und unverdrossenen

LLL

Geheimen Archivarius Herrn Hofrath Evers erhalten mögen, die ich in der Anlage LLL anfüge. Es wird darinn angeführet, daß Reimar, Markward und Raven, Gebrüdere von Barnekow auf Gustevel, im Jahr 1417 an Jasper von Bülow, Knape, 20 Mark jährliche Renten und Pächte aus den Dörfern Alten-Carin, Altenhagen und Golchen wegen 200 Mark, die sie ihm schuldig geworden, überlassen haben, und daß sich hiefür verschiedene von Adel demselben zur gesamten Hand, und dann Herrn Eggerd von Bülow, Ritter, und Henneken von Bülow zu dem Einhausen zur treuen Hand bürglich verschrieben haben. Letzteres hieß so viel, als ihnen ein Recht geben im Säumungsfall auf die Erfüllung des Versprechens zu bestehen. Natürlich nahm man hiezu mächtige oder nahe Freunde; so wie nun Eggerd aus dem ansehnlichen Plüskowschen Hause war, so meine ich auch nicht zu irren, wann ich Jasper als einen nahen Anverwandten von Henneke ansehe. In der Folge wird sich zeigen, daß Einhausen, wozu Radegast gehörte, mit Simen combinirt gewesen; folglich ist Henneke zu diesem Hause zu rechnen, und einstweilen kann man wol annehmen, daß ihm Simen auch zugehöret, und er nur hier seinen Wohnsitz gehabt habe. Jasper erbte Rensow, und wie sein Sohn ohne Erben starb, folgten ihm seine Vettern zu Simen, daraus mache ich den Schluß, daß sie nahe verwandt, und ihre Väter Jasper und Henneke überaus wahrscheinlich Brüder, und Vickens Söhne gewesen seyn. Würde

Würde nicht insgemein dafür gehalten, daß Vicke auf Plau, des Ritters Eggerd von Bülow Bruder, ohne Kinder gestorben, und daß die Simensche Linie zur Zibühlschen, und folglich zu der Alt-Wedendorfschen Linie zu rechnen sey, so könnte die angeführte Urkunde leicht Gelegenheit geben, den Vicke auf Simen und den Vicke auf Plau, welches er nur pfandsweise besaß, für eine Person zu halten, und da die Plüskowsche Linie ohnehin in der Dobranschen Gegend, wo auch Simen liegt, andere Güter besessen, so könnte auch dieser Umstand dazu dienen, die Simensche Linie zur Plüskowschen zu rechnen, allein mir scheinen diese Muthmaßungen noch nicht stark genug, um von der gemeinen Meinung abgehen zu wollen: Vielleicht finden sich in der Folge Nachrichten auf, die das eine oder das andere in mehrere Gewißheit setzen.

Der Stammvater Vicke hatte also vermuthlich zwen Söhne, die bekannt geworden, als:

Henneke auf Einhausen und Simen, und   1.

Jasper, Knape. Dieser erbte mit der Zeit das Gut Renfow von den Brinkown oder   2. Breitschuen, wie solches die Urkunde MMM deutlich zeiget. Sonst vermachte er darinn 1445 der   MMM Kirche zu Beliß funfzig Mark Sundisch, sind 25 Mark Lübsch, oder statt deren einen Kamp Acker, jedoch wiederköblich, um dafür seiner, seiner Nachkommen und auch seiner lieben Vettern der Breitschuen alle Sonntag in der Verbitte von der Kanzel zu erwähnen, und jährlich einmal ihr Gedächtniß mit Vigilien und Seelmessen zu feyern. Was dafür itzo geschieht, weiß ich nicht; ganz gewiß aber wird des Stifters und der übrigen gar nicht mehr gedacht, und er muß nunmehro im Fegfeuer nebst seinen lieben Vettern verschmachten. Daß aber die Brütschaun, Brytschown oder Bryzekown mit dem Geschlecht derer von Bülow eins, und der Simenschen Linie am nähesten verwandt gewesen, schließet man nicht allein aus dieser Urkunde, sondern ersteres besonders aus der Gleichheit der Wapen, wovon ein Abdruck auf der Kupfertafel Fig. 15 zu sehen ist: Hiezu kommt,   Fig. 15. daß dergleichen Namens-Veränderungen, bey unserer auch in ältern Zeiten schon ausgebreiteten Familie, nicht ungewöhnlich gewesen, um sich dadurch destomehr unterscheiden zu können; daher findet man in den Urkunden und auf Grabschriften die Namen Gadebusch, Kolvenack, Röggelin, Bredentin, Zibühl ꝛc. Ferner stammten sie auch gleich denen von Bülow aus dem Amte Gadebusch, und hatten daselbst das Dorf Brinkow in Besitz gehabt und davon den Namen angenommen. Der erste soll, nach der Anzeige des M. Bernhard Latomus, Hinrich von Brinzekau, Ritter, gewesen seyn, welcher 1280 der Stadtkirche zu Gadebusch sowol zu Gottes Ehren, als auch zu seiner Seelen Seligkeit ein ehrliches, wie seine Worte lauten, verehret habe. In der Urkunde P von 1313 trifft man noch einen andern Ritter Johann von Brünkow an: M. J. von Behr führet unter der Rubrick von Brinzkow in seinem im Rostockschen Landes-Archiv vorhandenen Manuscript auch noch einen Claus von Brüzekow auf, der 1369, wie die Slavische Chronik meldet, wegen gewisser gegen ihn geschriebenen Briefe, sich dermaßen vom Eifer überwältigen lassen, daß er so gar in der Marienkirche zu Lübeck den dortigen Bürgermeister Bernhard Oldendorp im Chor ermordet, und zween andere verwundet habe, worauf er aber ergriffen und verdientermaßen schmählich hingerichtet worden. Im Lande zu Wenden sind die von Brinzkow von längerer Dauer gewesen: Der erste, von dem man daselbst aus Urkunden etwas weiß, ist Martin, derselbe verkaufte 1273 an Niclaus Herrn zu Werle das im Amte Gnoyen belegene Dorf und den Hof Vorwerk mit dem Bedinge, daß solches in künftigen Zeiten durch keine Vermessung von seinen Scheiden etwas verlieren sollte. Gödike und Eggerd, Gebrüdere von Brüzekow, zu Rowalz gesessen, verehreten, wie Latomus anführet, 1348 der Kirche zu Nilz eine Hufe Landes. Johann von Brüzekow war 1401 Probst zu Rühn, Pap. Mekl. p. 1693. Barold lebte 1405 und verkaufte an Claus Bassewitz sein Gut Rowalz und Drevsdorf, wie solches aus der Urkunde NNN kann ersehen werden: NNN

Q   Diesen

OOO Diesen Kaufbrief haben als Bürgen mit unterschrieben Hinrich Brizkow auf Rensow und
PPP Marten Brizkow, Hinrichs Sohn. Dieser Marten Brizkow stellte 1406 eine Urfehde an die
Stadt Rostock aus, die sein Vater Hinrich zu Rensow und Arend Brizkow zu Ganzendorf,
Knape, als Bürgen mit untersiegelt hatten, wie in der Urkunde OOO zu lesen ist. Hans von
Brizkow zu Ganzendorf, Knape, verkaufte 1409, nach der Urkunde PPP, ebenfalls an Claus
Bassewitz das, was er in Kowalz, Drewsdorf und Repenitz besaß. Das Dorf Ganzendorf
findet man nicht mehr, und Drewsdorf heißt jetzo Dresefelde. Ob der Rathsherr zu Lübeck
Johann Brützkow, der im Jahr 1442 in des Doctors Ungnade Amoenit. p. 165 vorkommt, zu denen obigen gehöret habe, stehet dahin.

Nachdem ich hiemit das, was ich am Ende des ersten Theils angeführet, erfüllet habe, so komme ich wieder auf unsern Jasper, und merke noch von ihm an, daß man ihn nicht füglich für den Jasper, der zu gleicher Zeit mit ihm auf Potremse wohnte, halten kann, denn eines Theils hat das Gut Rensow nie zu dieser Linie gehöret, und andern Theils würde Götke von Bülow auf Potremse, der die Urkunde MMM mit untersiegelt, doch wol seine nahe Verwandschaft mit unserm Jasper angezeiget haben, so aber wird er nur bloß der tüchtige Mann genannt. Jasper, von dem hier die Rede ist, hatte einen Sohn

3. Vicke genannt, der, nach dem Zeugniß des von Beehr, bis 1478 vielfältig in den Urkunden
4. vorkommen soll. Er wird der Aeltere genannt, zum Zeichen, daß er einen Sohn eben des Namens gehabt, der aber vor ihm verstorben seyn muß. Aus den Schwerinschen Archiv-Nachrichten führe ich an, daß Henneke Karbdorf zu Dankmersdorf sich 1463 am Freytage vor Mitfasten verpflichtet, dem alten Vicke von Bülow zu Rensow 22 Mark Sundisch Rostocker weißer Pfenninge und Schillinge zu bezahlen. Nach dem unbeerbten Tode dieses Vicke fiel Rensow, wie bald folgen soll, an das Simensche Haus.

1. Vorhergedachter Henneke auf Einhausen und Simen, den wir in der Urkunde LLL haben kennen gelernet, hatte einen Sohn Namens
5. Hans oder Johann. Mit diesem fangen Latomus und von Beehr die Stammtafel dieser Linie an. Seine Ehegenossinn war Anna von See a. d. H. Damkow, und zeugte mit derselben:
6. Vicke, welcher ohne Erben gestorben,
7. Gemeke, hiernächst auf Gr. Simen, und
8. Johann, hiernächst auf Rensow.

Als diese drey Brüder, allesamt anfänglich auf Simen, nach dem Abgang ihrer Vettern auf Rensow im Jahr 1478 zum Besitz dieses Guths gelangten, so bestätigten sie der Kirche zu Belitz die in der Urkunde MMM erwähnte Schenkung mit dem Zusatz, daß der Kamp Acker auf ewig bey der Kirche bleiben sollte, woferne das gehalten würde, weshalb ihre Vettern diese Schenkung gemacht hätten; auch behielten sie sich die Jurisdiction und das Patronatrecht darüber bevor, und sollte dieser Kamp niemalen an Fremde außerhalb des Dorfes verpachtet werden, wie die Urkunde
QQQ QQQ es nachweiset. Im Jahr 1488 ist der älteste Bruder Vicke schon todt gewesen, indem Drews Jessewitz nur allein an Gemeke und Johann auf Simen und Rensow eine Hufe Landes, der Rüben-Kamp genannt, auf dem Neuen-Kariner Felde belegen, verkaufte: Es ist aber dieser Kauf nicht zum Stande gekommen, indem die im Archiv vorhandene Urkunde, welche Barteld von See auf Rederank und Barteld von See auf Gerbshagen als Zeugen mit besiegelt hatten, verschiedenemal durchgeschnitten, und die Siegel unkenntlich gemacht worden. Nachdem sich beide Brüder in die Güter getheilet, so ist noch von Gemecke auf Simen besonders zu merken, daß er 1502 ein
7. Zeuge war, als Hinrich von Plessen auf Bruel zu der Kirche daselbst vier Vicarien stiftete. Zu gleichen

cher Zeit unterschrieb er auch den Kaufbrief, als Hinrich Bassewiz zu Luckow der Carthause Marien-Ehe vor Rostock das halbe Dorf Gr. Stove für 3000 Mark Rostockscher Pfenninge überließ, Pap. Mekl. p. 2669. Er veräußerte auch 1504 und 1510 gewisse Hebungen aus seinem Dorfe Radegast an das Kloster zum h. Kreuz in Rostock. Er sollte 1506 zu dem Lübschen Kriege 4 Pferde stellen, woraus abzunehmen, daß er ganz ansehnliche Güter muß besessen haben. Seine Gemahlinn war Adelheid (Aleta) von Schmecker a. d. H. Großen-Wüstenfelde, deren Leibgeding, welches in dem bestand, was ihrem Eheherrn in Drevskirchen und Radegast zustand, von den Herzogen Hinrich und Erich zu Meklenburg 1507 bestätiget wurde. Ihre Kinder waren:

Anna, welche sich mit Hans von Drieberg auf Kleinen-Sprenz und Gottmannsforde vermählte.

Hinrich auf Simen. Er und seine Brüder werden den 10. Oct. 1528 Gemeckens von Bülow auf Simen Söhne genannt, als sie sich mit ihrem Schwager Hans von Drieberg wegen einer Erbschaft verglichen. Er war auch ohne Zweifel unter denen Hinrichen begriffen, die 1523 die Union mit unterschrieben: hiernächst starb er ohne Leibeserben. Von Hoinkhusen macht ihn zum Probst zu Malchow und Doctor der Rechten, er hat ihn aber mit einem dieses Namens aus der Potremser Linie verwechselt.   9.

Hans, wohnte auf Rederank, und auch 1521 auf einem Theil Simen, indem in dem Roßdienst-Register von diesem Jahr er nebst seinem Bruder Hinrich also auf geführet stehen: Nach der Zeit wird er von 1543 bis 63 mit seinem Bruder Jasper bey den Hülfsgeldern angetroffen. In dem letzteren Jahr heißt es: "Hans von Bülow zu Simen Güter haben seines Bruders Jasper von Bülow Kinder inne." Dieß giebt zu erkennen, daß beide Brüder fast zu gleicher Zeit gestorben, Hans aber ohne Kinder geblieben sey.   Und   10.

Jasper oder Casper. Er besaß eigentlich Radegast, und hatte Gremmelin und Vietgest gepfändet; nachdem Tode seines Bruders Hinrich bekam er ein Antheil in Simen, und nach dem Abgang des zweyten Bruders Hans das ganze Gut, wozu Rederank, Einhausen, Radegast, Rosenbagen, Drevskirchen und Mickenbagen gehörten. Im Jahr 1527 verbürgte er sich nebst andern aus der Ritterschaft für den Herzog Albrecht auf 4000 Gulden an Georg von Platen, Hauptmann zu Ribniz, Frank Libr. IX. p. 132. Er ist sonst in der Meklenburgischen Historie durch eine Begebenheit bekannt geworden, die wol besser hätte seyn können: Da Latomus, Chemniz und auch Frank Libr. IX. p. 244 derselben gedenken, so kann ich nicht umhin, die Umstände davon und zwar um so mehr aufrichtig zu erzählen, als es das Ansehen würklich hat, daß ihm und andern zu viel geschehen sey. Es wurden 1549 Otto und Vollrath von der Lühe zu Theilkow, unser Jasper, Cord von Urel und einer von Rühlfeind auf Roggentin samt ihren Dienern beschuldiget, als hätten sie in der Ribnitzer Heide einen Straßenraub begangen; die Rostocker ergriffen sie mehrentheils zu Roggentin, eine halbe Meile von Rostock, und wollten sie nach den Reichsgesetzen bestrafen. Herzog Hinrich sandte die Vornehmsten seiner Land- und Hofräthe dahin, und begehrte von den Rostockern, die Gefangene gegen Caution loszulassen, aber vergebens; er ließ sie mit dem Verlust aller ihrer Privilegien bedrohen, demungeachtet ward Vollrath von der Lühe nebst zween seiner Diener in ihrer Gegenwart enthauptet, Otto von der Lühe aber und unser Jasper nach abgeschworner Urfehde wiederum auf freyen Fuß gestellet. Worauf die Herzoge die Stadt Rostock wegen dieser unverantwortlichen That, wie es ausdrücklich heißt, bey dem Meklenburgschen Landgerichte anklagen lassen. Er starb 1563; seine Ehegattinn war Barbara, eine Tochter Lütkens von Oldenburg auf Gremmelin   [11.

melin und Vietgeft, und einer von Beehr aus dem Hause Nuftrow, die bis 1572 die Vormundschaft ihrer Kinder führte, diese waren folgende:

12. Matthias, starb jung.
13. Lütke auf Simen und Mikenhagen, von dem bald ein mehreres.
14. Levin auf Radegaft, von dem hiernächft; und
15. Paschen. Von diesem meldet Latomus, daß er zu Rostock im Studenten-Orden sein Leben zugebracht: Ist dieß nach den Worten zu verstehen, so muß er lange darinn verliebt gewesen seyn, indem er noch 1605 gelebt hat. Er besaß einen Theil von Radegaft und Einhausen, und starb unverheirathet.

13. Lütke wohnte, wie gedacht, auf Simen, und kommt zuerst 1573 in den Registern wegen der Türken-Hülfe vor. 1582 setzte er sich mit seinen Brüdern auseinander; seine Wirthschaft ging aber sehr den Krebsgang, denn er verschrieb in den Jahren 1601, 2, 3 und 5 seinen Vettern Bernd und Johann zu Bölkow seine Güter Simen und Mickenhagen gegen verschiedene Anleihen von 6, 4, 2 und 1 Tausend Gulden, wozu seine Brüder Levin und Paschen zu Einhausen und Radegaft, seine Vettern Vicke der Aeltere zu Rensow, Joachim, Adam, Hinrich und dessen Sohn Vicke der Jüngere zu Reetz und Dambeck, und endlich Joachim, Jürgens Sohn, nachhero auf Kressin ihre Einwilligung gaben, auch seine Gemahlinn sich ihrer weiblichen Rechte entsagte: Diese war Ilsabe, Lütkens Moltzahn auf Osten und Wolde, und Elisabeth von Quitzow a. d. H. Stavenow Tochter, mit der er unterschiedliche Kinder hinterließ, bekannt sind nur geworden:

Barbara, geb. 159*, welche als Conventualin des Klosters Ribnitz 1638 verstarb. Und
16. Jasper Lütke. Dessen Vormünder David Reventlau zu Gnemer und Jürgen Preen zu Nederauk waren gezwungen, obgedachter und anderer Schulden halber, im Jahr 1614 die väterlichen Güter Simen und Mickenhagen mit Consens Joachims von Bülow zu Kressin, als einer der nähesten Vettern, an Bernd von Bülow zu Bölkow für 24000 Gulden erblich zu verkaufen: es contradicirte zwar Casper, Levins Sohn, es ward aber dieser Widerspruch lehnsherrlich für nichtig erkläret. 1627 gab er seine Einwilligung, als Johann Friedrich auf Bölkow seinen Antheil in Oedes- oder Drevskirchen an Siegfried von Oertzen auf Gerdshagen verkaufen wollte, und starb hiernächst unbeerbt.

14. Gedachter Levin auf Einhausen und Radegaft scheinet kein besserer Wirth wie sein Bruder Lütke gewesen zu seyn, indem er 1603 mit Consens seiner Brüder und Vettern seinen Bauhof, Schäferey und sechs Pflugdienste zu Radegaft an seinen Schwager Ernst Friedrich von Vieregg gegen eine Anleihe von 5000 Gulden verschrieb; er starb noch in selbigem Jahr, und brachte sein Bruder Lütke diese Negoce erst völlig zum Stande. Er hatte sich vermählt gehabt mit Agnesa, eine Tochter Diedrichs von Vieregg auf Wokrent, und Elisabeth von der Lühe a. d. H. Költzow, und mit ihr gezeuget:

Eva, die sich mit dem Dänischen Hofmarschall Adam Hinrich von Penz auf Warlis in Jütland vermählte;

Elisabeth, deren Gemahl ward der Schwager ihres Bruders Hans Georg Edler von Husan; und

17. Caspar. Nach dem Tode seines Vaters sahen sich seine Vormünder Hartwig Schack, Amtmann zu Gnoyen, und Joachim von Oldenburg zu Gremmelin genöthiget, im Jahr 1612 das Gut Radegaft an Paul Andreas Vieregg zu Wokrent auf sechs Jahr für 9000 Gulden Mekl. Währ. zu überlassen. Nach erlangter Majorennität muthete unser Caspar, als der einzige Sohn seines Vaters

ters, 1620 die Güter Einhausen und Radegast, und wann gleich in dem Verzeichniß der Roßdienste von 1621, zu finden in des Raths Pistorius Geschichte derer von Warburg Beylage V. noch Levins Erben, nicht aber Casper selbst, aufgeführet sind, so ist nur daraus zu folgern, daß die Muthung noch nicht geschehen sey, wie das Verzeichniß zuerst entworfen worden. Es lösete zwar Casper das verpfändete Radegast wieder ein, verkaufte aber dagegen den kleinen Hof Einhausen an die Landes-Herrschaft.

Im dreißigjährigen Kriege ward Radegast völlig ruiniret, und hat verschiedene Jahre ganz wüst gelegen, doch conservirte er es mit vieler Mühe so lange er lebte, nach seinem etwa 1660 erfolgten Ableben aber nahm es sein Schwiegersohn Hinrich von Treuenburg für seine eigne, seiner Frauen und für andere an ihn cedirte Forderungen in Besitz, und seine Kinder haben es hernach im Jahr 1691 an Georg Christoph von Plessen auf 12 Jahr für 11000 Gulden verpfändet; dessen Sohn Hinrich Detloff von Plessen es 1696 dahin zu bringen wußte, daß ob gleich ein Capitain Johann Niclaus (wie nahe er mit Caspern verwandt gewesen, ist nicht bekannt) und auch die von Treuenburg dagegen protestirten, dennoch ihm die Belehnung aus dem Grunde ertheilet ward, weil durch Unterlassung der Muthung dieses Gut dem Landesherrn anheim gefallen, auch angeblich dem von Plessen von unsers Caspern Brudersohn das Lehn cediret wäre: Das mehreste trug aber wol dazu bey, daß mein Großvater Cord Hinrich eben zu der Zeit seine Schwester heirathete, und dazu stillschwieg.

Unser Casper hatte sich zweymal vermählt; erstlich mit Anna von Winterfeld, und hernach 1628 mit Dorothea Elisabeth, eine Tochter des Kaiserl. Raths Hinrich Edlen von Husan auf Tessin, Gallin und Schaliß, und Regine Rudolphine von Rothleben aus Franken: Mit dieser zeugte er keine Kinder, weil sie 1666 durch ein Testament ihr ansehnliches Vermögen ihres Bruders Carl Victor Edlen von Husan Kindern vermachte; mit der ersteren aber zeugte er:

Magdalena Dorothea, die mit einem Major Hinrich von Treuenburg vermählt ward.

Agnese, deren Gemahl ward Capitain Hinrich von Krause.

NN. eine Tochter, verheirathet an den Fähnrich Hinrich von Bunkenburg.

NN. ein Sohn. Seiner wird in der Ehestiftung gedacht, wie der Vater sich zum andernmal verheirathete, er wird aber weder genannt, als auch sonst es nicht bekannt geworden, wann er gestorben ist: Weil von ihm nach dem Tode seines Vaters nichts vorkommt, so ist zu vermuthen, daß er vor ihm gestorben sey; Erben hat er wenigstens nicht hinterlassen. 18.

Ehedem gedachter Johann wohnte, nach der Auseinandersetzung mit seinem Bruder Gemecke, auf Rensow. Er ließ sich 1499 für Johann von Moltke auf Strietfeld bürglich ein, wie dieser von dem Dom-Capitel zu Güstrow Geld aufnahm. 1506 war er schon gestorben, weil nicht er sondern seine Erben zum Lübschen Kriege 8 Pferde stellen sollten. Seine Gemahlinn Anna von Lebsten a. d. H. Gottin brachte zur Welt: 8.

Joachim auf Rensow und Stechow. Im Jahr 1518 verkaufte er den Domherrn und Vicarien in Güstrow zur löbl. Refection des h. Josephs und zu Consolation des Speers und der Nägel unsers Herrn Christus sechs Marck Stral. jährliche Pacht aus dem Dorfe Stechow, und eben so viel aus Rensow, Archiv. Nachr. Er hat zuerst das Gut Kleinen-Bölkow acquiriret; anfänglich scheinet er es nur pfandweise gehabt zu haben, denn wenn gleich nach dem Visitations-Protocoll von 1534, wovon ein Auszug in Franck Libr. IX. p. 184 zu lesen ist, der Pastor zu Heiligenhagen ihn seinen Kirchspiel-Junker nennet, weil Bölkow daselbst eingepfarret ist, so stehen gleichwol die von Stralendorf, vormalige Besitzer dieses Gutes, annoch in dem Land- und Muster-Re- 19.

Q 3 gister

gister der von Adel vom Jahr 1554 bey Bölkow aufgeführet, wie aus der Beylage 97 des letzten Worts zu ersehen. Er war in seinem väterlichen Glauben sehr standhaft, denn er schenkte nicht allein der Kirche zu Beliz 25 Gulden im Jahr 1540, sondern eben erwähnter Pastor suchet die ihm gegebene Verweise dadurch von sich abzulehnen, daß er aus Furcht vor ihm noch zur Zeit ein Papiste seyn, und Messe lesen müssen. Die mit seiner Gemahlinn Clara, eine Tochter des Mekl. Raths Claus von der Lühe auf Thelkow und Liepen, und Anne von Drieberg a. d. H. Kl. Sprenz, gezeugte Kinder sind:

Margretha, sie hatte sich vermählt mit Joachim von Bassewitz auf Hohen-Luckow, und starb den 6. Nov. 1568.

20. Jürgen, von dem bald ein mehreres.
21. Dominicus, starb in der Jugend, wie auch
22. Franz; von Hoinkhusen gibt ihm irrig Elisabeth von Welzin zur Gemahlinn; der Gemahl dieser Dame war ein anderer Franz aus der Potreinser Linie.
23. Christoph, auf Lütten-Bölkow, von dem hiernächst gehandelt wird.
24. Vicke, auf Rensow, von dem zuletzt Erwähnung geschehen soll.

20. Gedachter Jürgen zeugte mit seiner Gemahlinn Dorothea von Grabow a. d. H. Suckwitz und Wosten

25. Joachim, welcher 1595 von Arend von Möllendorf zu Dargelüz das Lehngut Kressin im
Joachim, Mecklenb. Amtes Kriwitz für 9000 Gulden Mekl. Währ. erblich an sich kaufte. Vor etwa 20 Jahren war er
hauptmañ. von seinen Vaterbrüdern Christoph und Vicke mit 6000 Gulden abgefunden, und hatte sich in seiner Jugend gröstentheils bey den Herzogen Johann Albrecht und Johann von Meklenburg zu Hofe aufgehalten. 1609 leistete er nebst mehreren von Adel den Herzogen Adolph Friedrich und Hans Albrecht zu Krackow die Erbhuldigung, übrigens soll er Hauptmann zu Lübs gewesen seyn. Er starb etwa 1621, doch ist er in dem Verzeichniß der Roßdienste von diesem Jahr noch mit anzutreffen, und hinterließ mit seiner Gemahlinn Eva von Voß aus dem Hause Luplow folgende Kinder:

26. Jürgen auf Kressin. Er bevollmächtigte seinen Schwager Cord Barner auf Zaschendorf dahin, daß er alles, was auf dem am 19. Jenner 1630 von dem Herzog Albrecht von Meklenburg und Friedland (der bekannte Wallenstein) nach Güstrow ausgeschriebenen Huldigungs-Tage von Ritter- und Landschaft verrichtet und beschlossen werden würde, auch in seinem Namen genehmigen sollte. Im Jahr 1632 huldigte er nebst seinem Bruder Eilar dem Herzoge Adolph Friedrich in Schwerin. In der Folge überließ er das Gut Kressin seinem Bruder Christoph, und starb 1648. Mit seiner Gemahlinn Christina, eine Tochter Joachims von Barner auf Zaschendorf, und Anne von Sperling a. d. H. Rüting hatte er wenigstens keine männliche Posterität.

27. Eilar auf Baarz, von dem bald ein mehreres.
28. Joachim, starb in der Jugend; und
29. Christopher: Daß er der Vorigen Bruder sey erwähnet nicht allein N. J. von Behr, sondern es ist auch daraus klar, indem er 1627 mit seinen Brüdern Georg und Eilar darin willigte, als Johann Friedrich auf Bölkow seinen Antheil in Drevskirchen an Siegfried von Oerthen auf Gerdshagen verkaufen wollte. Ueberdem geben auch Archivische Nachrichten, daß er 1653 auf Kressin gewohnet habe, als welches Gut sein Bruder Jürgen, der es nach ihres Vaters Joachim Ableben an sich genommen, ihm wiederum käuflich überlassen hatte. Er verheirathete sich mit Barbara Dorothea, eine Tochter Cords von Passow auf Passau, und Hedwig
Marie

Marie von Schwerin a. d. H. Grellenberg. Von Hoinkhusen und andere wollen zwar, daß er keine Kinder hinterlassen, allein nach aller Wahrscheinlichkeit trete ich dem N. J. von Behr bey, der das Gegentheil anführet, ob er sie gleich nicht nennet. Es werden sich alle Zweifel, der Jahrzahlen halber, heben, wenn ich ihm folgende Kinder beylege:

Christopher; er konnte nach seines Vaters Tode das Gut Kressin nicht halten, sondern es ward seinem Schwager Cord Barner zu Bülow wegen dessen Forderung von 8557 Gulden, die theils von seiner Gemahlinn, theils von seiner Schwiegerinn, theils von andern an sich gebrachten Schulden herrühreten, im Jahr 1668 gerichtlich zugeschlagen, worüber er auch im folgenden Jahr die Lehnsherrliche Bestätigung erhielte. Itzo besitzet dieses Gut der Baron Christian Wilhelm von Wendhausen pfandsweise, das Lehn aber ist noch bey der von Barnerschen Familie. Von unserm Christopher findet man weiter keine Nachricht, daher zu vermuthen, daß er ohne Erben verstorben sey. 30.

Eva Dorothea, vermählte sich den 26. Sept. 1650 mit ebengedachtem Cord von Barner auf Bülow.

Clara Magdalena, starb unvermählt, und

Jürgen. Er hat sich nach dem von Hoinkhusen, mit Cathrina, eine Tochter Ewalds von Ramps auf Dratow, vermählt gehabt, die ihm aber keine Kinder geboren, worauf sie sich zum zweytenmal mit Otto Christoph von Moltke verheirathet haben, und 1673 verstorben seyn soll. 31.

Von gedachtem **Eilar** auf Baarz wird in einer gedruckten Leichenrede auf seine Enkelinn Sophie Eleonore verehlichte aus dem Winkel gemeldet, daß er Schiffs-Capitain bey den Venetianern, hernach Braunschweigischer Hauptmann, und zuletzt Hofmeister bey der Abtissin zu Gandersheim gewesen sey. Im Jahr 1639 gab er nebst seinem Bruder Jürgen auf Kressin seine Einwilligung, als Johann Friedrich zu Bölkow und Christoph zu Simen das Gütchen Mickenhagen verkauften. Im Jahr 1645 überließ ihm der Landmarschall Joachim von Molzahn auf Grubenhagen den Meierhof Baarz für 12000 Gulden wiederkäuflich, und der Beamte zu Stavenhagen berichtete 1662 der Güstrowschen Lehn-Kammer, daß Eilar von Bülow das Gut Baarz annoch im Besitz habe. Seine Gemahlinn war Sophia von Below a. d. H. Klink; von seinen Kindern sind nur bekannt geworden: 27. Eilar, Hofmeister zu Gandersheim.

Magdalena Elisabeth, welche sich mit Hinrich von Welzin auf Grambow und Benten vermählte; und

Georg Christoph, Polnischer und Sächsischer Capitain bey den Ritterpferden und Kammerjunker zu Zeiz, der sich mit Eleonora Sibilla, eine Tochter des Rittmeisters und Domherrn zu Magdeburg Georg Albrecht von Rohr auf Elsterwerde, und Barbare Cathrine von Weissenbach aus dem Hause Thurm, vermählte, die ihm, als sie 1699 verstarb, hinterließ: 32. Georg Christoph, Zeizischer Kammerjunker.

NN. Hofmeister bey dem Grafen von Reuß zu Graiz, der mit einer mir unbekannten Gemahlinn zween Söhne hatte, als: 33. NN. Gr. Reuß. Hofm.

August; er war Würtembergischer Lieutenant bey den Grenadiers zu Pferde, und kam vor einigen Jahren unglücklicherweise ums Leben, und 34.

Conrad, der zu Graiz die Jägerey gelernet, und nach aller Wahrscheinlichkeit noch am Leben ist. 35.

August, der für sich unvermählt zu Graiz gelebt, und daselbst unbeerbt gestorben ist. 36.

128   Tabelle V. Simen-Rensow-Bölkow.

   Charlotta Florentina, die sich mit dem Zeitzschen Geheimenrath und Oberstallmeister Erasmus von Maltitz auf Lieberode vermählte.
   Christina Dorothea, welche mit einem Sächsischen Obersten von Toschtz
zu Reichwalde verheirathet gewesen.
   Sophia Eleonora, geb. zu Zeitz den 3. Jul. 1680. Sie vermählte sich 1699
auf dem adlichen Gute Tagwitz, woselbst sie von ihrer Mutterschwester Cathrina
Sophia verehlichte von Wolframsdorf erzogen und zur Erbinn eingesetzt ward, mit
dem Merseburgschen Kammerjunker Christian aus dem Winkel, auf Schirau,
und starb zeitig im Wochenbette den 3. März 1701. Und
   Juliana, starb unvermählt zu Reichwalde.

23. Vorher erwähnter Christoph auf Kleinen-Bölkow wird von 1555 bis 77 beständig in
den Hülfsgeldern- und Steuer-Registern mit aufgeführt. Im Jahr 1575 leistete er dem Herzog
Ulrich von Meklenburg seinen Lehneid, und starb den 11. May 1576. Er hatte sich 1554 vermählt mit Anna, einer Tochter Vollraths von Preen auf Gützkow, und Anne von Molzahn,
Erbfrau auf Schossow und Wolde; sie ward geboren 1522 und starb 1595. Ihre Kinder waren:

37 — 40. Joachim, Vollrath, Hinrich, und noch ein Vollrath, starben jung.
   Anna und Ilsabe, starben unvermählt.
   Clara, vermählte sich mit Jasper von Bassewitz auf Hohen-Luckow.
   Margretha, ward an Matthias von Vieregg auf Wustrow verheirathet.
   Levecke, deren Gemahl war Claus von Speckin auf Kämerich.
   Sophia, ward 1596 die Gemahlinn Friedrichs von Vieregg auf Gischow.

41. Johann, geb. 1558, studirte in Rostock und andern Orten, stellte mit seinem Bruder
Berend eine gewisse Obligation aus, und starb 1602 unvermählt. Und

42. Berend oder Bernhard auf Bölkow und Wokrent. Er und sein Bruder Johann
offeriren sich 1598, nachdem sie zu ihren vollbürtigen Jahren gekommen, zur Ableistung der Lehn-
pflicht. 1609 leistete er zu Beidendorf nebst andern den Herzogen Adolph Friedrich und Hans
Albrecht die Erbhuldigung. Im Jahr 1614 erhandelte er von den Vormündern des Jasper Lütke,
weiland Lütkens auf Simen Sohn, wie bereits oben angeführet ist, das Gut Gr. Simen und
Mickenhagen für 24000 Gulden. 1617 pfändete er für 8000 Gulden von seinem Schwager
Paul Andreas von Vieregg einen Theil des Guts Wokrent. Er war überhaupt ein vortrefflicher
Wirth, und hinterließ, wie er etwa 1619 starb, ein großes Vermögen, daher auch seiner Kinder
Vormünder, Joachim Vollrath und Christoph Gevettere von Bassewitz, in diesem Jahr im Stande
waren, gegen eine Anleihe von 14000 Gulden einen Theil des Rittersitzes Hohen Luckow von Gerd
von Bassewitz zu pfänden. Da sein Name in dem Verzeichniß der Lehnpferde, welches 1621 zum
Behuf der Landestheilung verfertiget worden, in Ansehung Bölkow annoch vorhanden, in Ansehung Simen aber bereits dessen Kinder aufgeführet stehen, so bestätiget es sich, wann man lieset,
daß dieses Verzeichniß in der Eil aus andern Registern verfertiget sey; wie auch unser Berend
hinlänglich beweiset, daß das Verzeichniß der Landbegüterten, welches Frank Libr. XI. p. 142 liefert,
nicht von 1590 ist, sondern 30 Jahr jünger seyn muß. Sonst ist auch noch sein Name mit dem
Wapen auf dem großen Saal zu Rehne befindlich. Er hatte zur Gemahlinn Elisabeth, eine Tochter Diedrichs von Vieregg auf Wokrent und Vitzen, und Elisabeth von der Lühe a. d. H. Kölzow, die 1638 verstarb, und ihm folgende Kinder geboren hatte:

   Maria, welche sich 1621 mit Joachim von Kardorf auf Schabow und Wöbkendorf
verheirathete und 1671 starb. Sie bekam laut Ehestiftung, die ihre Mutter und Vormünder auch

ihr

ihr Bruder Christoph unterschrieben hatten, 6000 Gulden zum Brautschatz, 4000 Gulden wegen ihr Väterliches, 4000 Goldgulden, jeden zu 3 Fl. gerechnet, zu goldenen Ketten und Kleinodien, 1200 Gulden zum Haupt- Hals- und Leibgeschmuck, und endlich 600 Gulden zur Ausrichtung der Hochzeit.

Elisabeth, starb 1630 unvermählt.

Margretha, starb 1631 eben so.

Sophia, war mit Vollrath von der Lühe auf Büttelkow verheirathet, starb aber 1640 unbeerbt.

Anna Elisabeth, vermählte sich mit Cord von der Lühe auf Kahlenberg, und kommt noch 1655 als Wittwe vor.

Christoph auf Simen, von dem bald ein mehreres. 43.

Diedrich, starb jung. 44.

Jürgen Andreas, bekam in der Theilung Gr. Simen, wie man auch aus dem Verzeichniß der Hufen von 1628 in der Beylage VVVV sehen kann, starb 1635 auf seinen Reisen zu Regensburg unvermählt. 45.

Johann Friedrich auf Kl. Bölkow, von welchem hiernächst. Und 46.

Joachim Vollrath, starb jung. 47.

Eben gedachter **Christoph** hielte sich, weil ihm in der Theilung kein Gut gefallen, bey seiner Schwiegermutter zu Passee, welches Gut sie von ihrer Mutter geerbt hatte, und hiernächst zu Hohen-Luckow auf. Wie aber sein Bruder Jürgen Andreas ohne Erben verstarb, so verglich er sich des Guts Simen halber mit seinem Bruder Johann Friedrich, und erlangte 1638 einen Mutschein. 1639 verkauften er und sein ebengedachter Bruder Johann Friedrich auf Bölkow das kleine Gut Mickenhagen, wozu ihre Vettern Casper zu Radegast, Jürgen und Eilar Gebrüdere zu Kressin ihre Einwilligung gaben, an den Rostockschen Universitäts-Secretair Dasenius für 7000 Gulden. Im Jahr 1643 zeigten beide Brüder supplicando an: es hätte ihre Schwester Maria ihrem Gemahl Joachim Kardorf zu Schabow nicht allein an Ehegeldern 13000 Gulden, sondern auch, nachdem ihre drey Schwestern Elisabeth, Margretha und Sophia theils unvermählt theils unbeerbt, nicht weniger ihr Bruder Jürgen Andreas 1635 zu Regensburg, und endlich ihre Mutter 1638 insgesamt mit Tode abgegangen, ihm mindestens noch 10000 Gulden zugebracht, und bitten dahero, daß dessen Güter Schabow, Kucksdorf und Bölendorf ihnen unterpfändlich versichert werden möchten; worauf auch der Fürstl. Consens, in soweit dieses Geld würklich ins Lehn gebracht wäre, erfolgte. Woraus zu schließen, daß Christoph selbst ein stattliches Vermögen gehabt haben müsse, und da er mit seiner Frau nebst einer vortrefflichen Aussteuer auch noch 5000 Gulden erheirathete, so sind daraus die damaligen schrecklichen Zeiten des dreißigjährigen Krieges zu erkennen, wann nach seinem 1646 erfolgten Tode sein einziger Sohn nicht anders als beneficio inventarii von ihm Erbe seyn wollte. Ein vieles trug dazu bey, daß er durch Bürgschaften, die damals überall im Gebrauch waren, bey dem durchgängigen Ruin des Landes nach seinem guten dienstfertigen Herzen überaus viel verlor. Dazu hatte er das Unglück, daß ihm seine Ehegattinn an der Pest in Rostock starb, bey welcher Gelegenheit er selbst mit seinem kleinen Sohn Bernd Friedrich nur mit genauer Noth davon kam; er mußte aber doch in seinen besten Jahren sein mühsames trübseliges Leben beschließen, ohne sich einigermaßen erholen zu können. Die Gefährtinn seiner Leiden war **Anna**, eine Tochter des Landraths David von Reventlau auf Gnemern und Grese, und Margrethe von Zineck a. d. H. Gnemern und Grese; sie war gebohren den 7. Jenner 1606, vermählte sich 1627 und gebar zu Passe ihrem Eheherrn:

43.

R   Berend

48. **Bernd Friedrich** auf Simen, mein Aeltervater; und

49. **Christoph**. Dieser mußte noch als ein Kind elendig umkommen, als ihn eine Magd unvorsichtigerweise mit heißem Wasser begossen.

48. Jener **Bernd Friedrich** setzte den Stamm fort. Er war geboren den 14. August 1628. Durch mancherley Vergleiche mit den väterlichen Creditoren kam er endlich zu dem ruhigen Besitz des Gutes Gr. Simen und erhielte 1659 den Mutschein; es betraf ihn aber in demselben Jahr das große Unglück, daß solches von den Kaiserlichen Kriegsvölkern gänzlich abgebrannt und sämtliches Vieh weggetrieben wurde, so daß ihm, außer dem Erdboden, nichts blieb. Hiezu kam noch, daß seine liebe Frau kurz vorher mit ihrem zweyten Sohne niedergekommen war, und konnte sie sich nur so eben den Tag wie er getaufet ward, den dritten Tag seit ihrer Entbindung, nach Rostock retten. Sie hat diesen traurigen Vorfall selbst in eine alte Familien-Bibel mit kläglichen Worten beschrieben, und dabey angeführet, daß alle Edelleute vor den Kaiserlichen geflüchtet, und ihr keine andere Taufzeugen übrig geblieben wären, als der Pensionarius und des Predigers Tochter zu Retzow. Er stand noch unter der Vormundschaft seines Vaterbruders Johann Friedrich auf Bölkow, als er sich, wie er noch nicht 23 Jahr alt war, aus gegenseitiger wahrer Inclination mit der liebenswürdigen, klugen und vermögenden Jungfer, wie man die itzigen Fräuleins der Zeit nannte, Hinrica von Lotzow den 11. Julii 1651 zu Grese vermählte. Sie war die einzige Tochter Hinrichs von Lotzow auf Levetzow, und folglich eine Erbjungfer; ihre Mutter Anna Levecke von der Lühe a. d. H. Thelkow, geb. 1612 und gestorben 1699, brachte sie 1631 dreißig Wochen nach ihres Vaters Tode zur Welt: Wären die damaligen Zeiten nicht so sehr unruhig gewesen, und hätte ihr Vormund ihr zum großen Schaden nicht so schlecht sich betragen, so würde ihr Vermögen weit ansehnlicher ausgefallen seyn, so aber konnte sie nur durch manche Processe etwa 5000 Gulden retten, und das Erbtheil von ihrer Mutter ward auch nur klein, nachdem sich selbige wiederum an den Landrath Cord von Beehr auf Grese verheirathete, und mit ihm viele Kinder zeugte, so, daß sie, wie sie starb, eine Mutter von 11, eine Großmutter von 49, und Aeltermutter von 38, in allen von 98 Seelen war; Ihre Tochter, als meine Aeltermutter, starb gleichfalls in einem gesegneten Alter 1709 den 26. Octob., nachdem ihr Gemahl bereits 1672 den 18. Octob. sein von dem Glück wenig begünstigtes Leben beschlossen hatte; sie beklagte diesen frühzeitigen Tod mit den Worten Davids: Herr, wann du nicht mein Trost wärest, so müste ich vergehen in meinem Elende. Die unmündigen Waisen waren:

Anna Cathrina, geb. den 7. Junii 1653 zu Levetzow bey Wismar: Sie hat sich dreymal verheirathet, 1) 1687 mit Victor von Bülow a. d. H. Gersdorf, Holländischer Capitain, 2) mit dem Major Otto von Platen, und 3) 1699 mit dem Hauptmann Johann Hinrich von Braun auf Freudenberg; doch starb sie ohne Kinder, und ihr ansehnliches Vermögen fiel mehrentheils durch ein gegenseitiges Testament an den sie überlebenden letzten Eheherrn.

50. **Cord Hinrich**, geb. den 29. August 1655, mein Großvater, von dem bald mehreres. Und
51. **David Christoph**, geb. den 27. August 1659. Es war zwar das Gut Gr. Simen, welches zu 10000 Fl. eingesetzt war, dem ältesten Bruder in der Cavelung zugefallen, er überließ es aber 1687, auf inständiges Anhalten seiner Mutter, diesem seinen Bruder gegen eine Ergötzlichkeit von 200 Rthlr. Allein er besaß dieß Gut nicht lange, indem er den 1. Julii 1693 ohne sich vermählt zu haben verstarb. Seine hinterlassene Braut war Anna Cathrina von Stralendorf a. d. H. Krankow, die sich nachhero an Siegfried von der Lühe auf Ravensberg vermählte.

50. Sein Bruder ebengedachter **Cord Hinrich** stand anfänglich mit seinen Geschwistern unter der Vormundschaft seiner Mutter und des Majors Otto von der Lühe auf Berendshagen, und hatte

diese

diese rasche Frau noch manche Processe und sonstige Forderungen auszumachen, die sie auch mehrentheils zur glücklichen Endschaft brachte. Vornämlich führte sie wegen des Gutes Passee viele Beschwerden, die sogar zuletzt zum Landes-Gravamen wurden: Es hatte ihr Schwiegervater Christoph von Bülow den Brautschatz seiner Gemahlinn der bösen Zeiten halber nicht erhalten können, sondern die 5000 Gulden waren in Passee stehen geblieben. Es entstand ein langwieriger Concurs-Proceß über dieses Gut; die Landes-Herrschaft handelte eine sehr mäßige Forderung von Priester-Gebühren an sich, und unter diesem Vorwande nahm sie als erster Creditor das Gut im Besitz: Die Forderungen der übrigen Gläubiger geriethen darüber in Vergessenheit, bis sie sich, so wie auch unsere Hinrica Lozow, nach und nach nicht ohne merklichen Verlust vergleichen mußten, und auf die Art ist dieses Gut ein Cammer-Gut geworden.

Unser Cord Hinrich wollte sein Glück im Kriege versuchen; er ging 1672 mit dem Halbbruder seiner Mutter, dem nachherigen Landrath Jobst Hinrich von Beehr, unter das Meklenburgische Regiment des Obersten Balthasar Gebhard von Halberstadt als Reuter im Solde des Königs von Frankreich zur Chur-Cölnischen Armee, und kam, wie alle Deutsche zurück gerufen wurden, als Corporal 1674 wieder zu Hause. Im folgenden Jahr ward er Cornet unter den Truppen des Herzogs Rudolph August zu Braunschweig-Lüneburg, hiernächst nahm er seinen Abschied, und verheirathete sich 1681. Da seine Mutter, weges ihr Eingebrachtes und während der Minderjährigkeit des jüngsten Sohns, das väterliche Gut Gr. Simen bewohnte, so pachtete er hin und wieder, und wie er auch das ihm endlich in der Cavel zugefallene Gut dennoch auf vieles Anhalten seiner Mutter seinem Bruder überlassen mußte, nahm er 1689 wiederum Schwedische Dienste an, wobey er als Lieutenant so lange blieb, bis sein Bruder 1693 verstarb, und er nunmehro das väterliche Gut beziehen konnte. Im Jahr 1701 unterschrieb er zu Schwerin als Deputirter des Buckowschen Amts den bekannten Landesvergleich zwischen dem Herzoge Friedrich Wilhelm und der Meklenburgschen Ritterschaft. Er ward aber deshalb von seinen Committenten sehr hart angelassen, weil er nebst den übrigen Deputirten durch Umstände, die in der vaterländischen Geschichte bekannt genung sind, genöthiget worden war, seine Vollmacht zu überschreiten: Man vorenthielt ihm deshalb die Diäten, welche erst 60 Jahr hernach von mir erhoben sind. Besonders war der Punct der Einquartirung anstößig, und 88 Eingesessene von Adel appellirten deshalb an den Kaiser: Obenan standen: Christian Siegfried von Plessen, Dänischer Geheimerath, auf Hoickendorf, Andreas Gottlieb von Bernstorf, Chur-Braunschweigscher Geheimerath, auf Wedendorf und Hundorf, und Joachim Christoph Baron von Wendhausen auf Karchitz, gleichfalls Chur-Braunschweigscher Geheimerath.

Cord Hinrich starb, nach gehabtem besondern Verdruß mit seinem eignen Müller, 52 Jahr alt, den 9. Sept. 1707. Seine erste Gemahlinn war Anna Dorothea, eine Tochter Hartwigs von Reventlau auf Fahren und Clare Mette von Beehr a. d. H. Grese: Nach deren den 30. April 1696 erfolgtem Absterben vermählte er sich wiederum den 4. Octob. selbigen Jahres mit Brigitta, eine Tochter Georg Christophs von Plessen auf Radegast, und Margrethe von Brockdorf aus Holstein, die den 12. May 1716 ihm im Tode zu Rostock folgte. Mit der ersten Gemahlinn zeugte er:

Anna Leveke, geb. den 24. Jenner 1682, ward 1695 Conventualinn des Klosters Anna Leveke, Domina. Dobbertin, Domina daselbst den 26. Junii 1727, und starb den 23. Febr. 1747. Dreist kann ich es hinschreiben, daß ihr vortrefflicher Character sich das allgemeine Recht erworben, daß ihrer nie denn mit Ehrfurcht gedacht wird. Die Bildnisse von ihr und des um sein Vaterland und das Kloster Dobbertin höchstverdienten Klosterhauptmanns, Oberstlieutenant Joachim von Bassewitz, zieren zum ewigen Andenken den Versammlungssaal der Conventualinnen, und sie konnte diesem würdigen Greis auch nur ein Jahr überleben. Ob sie gleich nur eine Halbschwester meines Vaters war, so fanden doch seine Kinder und besonders ich in ihr eine zwote Mutter, und wenn männliche Thränen einen vorzüglichen Werth haben, so fließet nur hin — ihrer Asche zum dankvollen Opfer, und meinen weiblichen Nachkommen zum Antetz ihr nachzueifern!

   Hinrica Sophia, geb. 1685, gestorben unvermählt 1736.

Dorothea Elisabeth, Domina. Dorothea Elisabeth, geb. den 7. April 1686, ward 1714 in das Kloster zu Malchow eingeführet, und den 16. Sept. 1745 daselbst zur Domina gewählet, welche Würde sie auch, ungeachtet ihres in den letzteren Jahren sehr kränklichen Körpers, funfzehn Jahr mit vieler Klugheit und Anstand in Obacht nahm. Sie starb den 4. Febr. 1760 alt und lebenssatt. Und

   Clara Mette, geboren im August 1688, vermählte sich 1713 mit dem Holländischen Hauptmann Cuno Friedrich von der Lühe auf Büttelkow und Buschmühlen, und starb 1721.

   Mit der zwoten Gemahlinn hinterließ Cord Hinrich:

52.   Hinrich Christian, geb. den 2. Sept. 1698. Er war Cornet in Dänischen Diensten, ward aber durch eine Liebesgeschichte unglücklich und unordentlich, und starb endlich 1756 unvermählt auf dem Gute Goldberg bey seinem Brudersohn Cord Hinrich.

53.   Friedrich Christoph, geb. den 4. Jenner 1700, mein Vater, von dem bald weiter. Und Margretha Cathrina, geb. den 13. Febr. 1703, war ins Kloster Ribnitz eingezeichnet, starb aber, ohne zur Hebung zu kommen, bey ihrer Schwester zu Dobbertin den 3. Febr. 1737.

53.   Mein Vater, gedachter Friedrich Christopher, ist niemalen zu dem Besitz des väterlichen Guts gekommen; denn wie sein Vater todt war, glaubten die Vormünder dessen Kinder, der Vaterschwester-Mann Johann Hinrich von Braun auf Freudenburg und der Mutterbruder Hinrich Detloff von Plessen auf Radegast, das Gut Simen nicht halten zu können, und verpfändeten es endlich 1711 auf 20 Jahr an den Lieutenant Borgwedel: Nach Ablauf dieser Jahre war er nicht im Stande es einzulösen, man schwieg an beiden Seiten dazu still, und bald nachher starb er dahin. Er verließ ebenfalls wegen einer Liebes-Avantüre, welche zu der Zeit in Dännemark von sehr unangenehmen Folgen zu seyn pflegten, die Dänischen Dienste als Capitain, und vermählte sich mit Christina Gerttrud Ilsabe, einzige Tochter des Dänischen Lieutenants Hermann von Wetken auf Goldberg im Amte Buckow, und Cathrine Margrethe von Pircaß Soldat a. d. H. Goldberg. Die von Wetken stammen aus einer uralten Hamburgschen und Lübeckschen Patricien-Familie her; zum Ueberfluß ließ sich Thomas Wetken auf Trenthorst, Wulfenau und Schenkenberg, von welchen alle itzt noch lebende von Wetken abstammen, 1678 von dem Kaiser Leopold einen ordentlichen Adelsbrief ertheilen: Die Schwedische Familie Pircaß mit dem Ehren-Namen Soldat ist mit dem Oberstlieutenant Pircaß, der 1686 von der Königinn Hedwig Eleonora, nach dem in Händen habenden Pergament, geadelt worden, so gleich wiederum in Ansehung des männlichen Geschlechts ausgestorben: Dessen Wapen war, ein gepanzerter Mann mit einer Musquete auf einer Mauer stehend, ein grüner Ehren-Kranz aber zierte mit zwoen Dragoner-Fahnen den Helm. Die Tochter vom ihm, meine Großmutter, vermachte nach dem Tode meines Vaters, der viel zu früh und wie ich noch in der Wiege lag den 11. Jenner 1733 erfolgte, das von ihrem Vater geerbte Pfandgut Goldberg den Kindern aus der letzteren Ehe ihrer Tochter. Diese, meine Mutter, geb. den 28. Jenner 1698, hatte sich zum erstenmal 1719 vermählt gehabt mit Joachim Detloff von Wetken auf Schönböcken bey Lübeck, und auch mit ihm Kinder gezeuget: Selbige war bereits zum zweytenmal verschiedene Jahre Wittwe gewesen, als in einer unglücklichen Stunde ein gewisser von Reßdorf das Herz dieser noch immer liebenswürdigen Frau überraschte, und da er ihre übereilte Versprechung

gericht-

gerichtlich geltend zu machen suchte, so verursachte dieß ihren Tod den 9. May 1741. Die nunmehro gänzlich verlassene Kinder meines Vaters waren:

Cord Hinrich, geb. den 1. May 1730. Er war anfangs Page zu Braunschweig, hiernächst verließ er diese Dienste 1753 als Capitain; ließ sich nebst seinem Bruder volljährig erklären, und bezog das Gut Goldberg, welches ihm dieser ohne Cavelung überlassen hatte. Er war mit dem 1755 geschlossenen Meklenburgschen Landes-Erbvergleich nicht zufrieden, und hat ihn daher auch nicht unterschrieben. Im Jahr 1757 verkaufte er das Gut Goldberg sehr vortheilhaft an den Dänischen Obersten Hans Albrecht von der Lühe, lebte nachhero zu Sternberg und starb daselbst schleunig den 8. Oct. 1758. Er hinterließ eine Braut Ursula Maria Eleonora von Rieben a. d. H. Schönhausen und Weselin, die sich nachhero an den itzigen Klosterhauptmann von Krackwitz auf Brüggow vermählte.

Brigitta Anna Leveke, geb. den 15. April 1731. Nach dem Tode ihrer Mutter fand sie einen liebreichen Zufluchtsort bey ihrer Vaterschwester der Domina zu Dobbertin, und nach deren Absterben bey der Domina zu Malchow. Sie war zwar ins Kloster Dobbertin geschrieben, glaubte aber mehreren Beruf zu haben, sich den 22. April 1758 mit dem Dänischen Hauptmann Reinhold Ludwig von Warnstedt a. d. H. Pantliz in Schwedisch-Pommern, geb. den 13. Junii 1725, zu vermählen; Da er zu der Zeit das Kloster-Gut Laschendorf nahe bey Malchow gepachtet, und kurz vorher seine erste Ehegattinn Dorothea Sophia Margretha von Zepelin a. d. H. Türkow verloren hatte, so fand er alle Gelegenheit ihr Mitleid in Liebe zu verwandeln, nur ihre Ehe hat noch nicht gesegnet seyn wollen. Und

Ich Jacob Friedrich Joachim, geb. den 10. May 1732. Unser Vormund, der in der neueren Meklenburgschen Geschichte sehr bekannt gewordene Joachim Siegmund Diedrich von der Lühe auf Mulsow, brachte meinen Bruder und mich, wie die Mutter todt war, nach Rostock zu der in der Tabelle X. bey no. 27 vorkommenden Frau von Lützow gebornen von Bülow, unter deren Aufsicht eine Menge von Adel beiderley Geschlechts erzogen, und in allen Wissenschaften unterrichtet wurden. Weil mein Vormund, der zugleich mein Pathe war, mich den Studiis widmete, so verschafte er mir nach Verlauf von sechs Jahren bey einem geschickten Prediger auf dem Lande Gelegenheit zum Privat-Unterricht, da ich denn drey Jahr hernach auf die Universität Rostock, und von da 1753 nach Jena ging. Während meines dortigen Aufenthalts ward die Landesruhe durch den bekannten Erbvergleich hergestellet; der Prinz Ludwig vermählte sich, und einjeder treuer Patriot wünschte, wie auch glücklich eingetroffen, durch ihn den theuern Regenten-Stamm fortgepflanzt zu sehen; zu gleicher Zeit fiel auch der Geburtstag des seinem Volke unvergeßlichen Fürsten des regierenden Herzogs Christian Ludwigs ein: Alles dieses gab auch den entfernteren Unterthanen manche Gelegenheit zur Freude, und in Jena hielte ich deshalb eine solenne Rede, die wenigstens das sonderbare an sich hatte, daß ich den Erbvergleich als eine dem Lande höchstersprießliche Begebenheit anpreißte, da es meinem lieben Bruder gefiel, durch seine Protestation das Gegentheil zeigen zu wollen. Nach meiner Zuhausekunft ward ich 1757, nach dem Abgang des itzigen Geheimenraths und Regierungs-Präsidenten zu Bayreuth Carl Friedr. Christoph von der Kettenburg, an dessen Stelle zum Auditor des Hof- und Landgerichts zu Güstrow, im Jahr darauf zum Herzogl. Meklenb. Strelitzschen Assessor bey diesem Gerichte, und hiernächst 1771 bey der Domainen-Kammer zu Strelitz als Geheimer-Cammerrath gnädigst bestellet.

Das Stamm-Haus Gr. Simen war noch immer verpfändet, aber im Jahr 1747 verlangte man die Einlösung. Unser Vormund hatte genung zu thun, Goldberg gegen das Andringen der Vormünder der Halbgeschwister von Wetken zu behaupten, und da sich kein annehmlicher Pfandträger

träger finden wollte, sahe er sich genöthiget, solches mit gerichtlichem Consens dem damaligen Pfandträger Johann Friedrich Müller gegen Auszahlung von 1200 Rthlr. N. 3tel gänzlich zu überlassen. Ich habe zwar nach der Zeit den Versuch gemacht, es wieder an mich zu bringen, allein der Zeitpunkt war nicht günstig, und da mein Dienst mir wegen allerley bekannten Umstände nicht Beschäftigung genung gab, so pfändete ich dagegen 1762 von meinem Schwager, dem itzigen Landrath Ernst Christian Friedrich von Thomstorf, das von Gerd von Levetzow neulichst erkaufte Gut Klaber im Amte Güstrow, und habe ich darauf die Landwirthschaft auf ihrer guten und bösen Seite redlich kennen gelernet. Im Jahr 1759 den 23. Novemb. beglückte mich mit ihrer längst gewünschten Hand Dorothea Sophia Luisa, eine Tochter des Oberstlieutenants Cord Diedrich von Thomstorf auf Rothspalk und Magdalene Juliane Freyfrau von Wendhausen a. d. H. Karchitz: Sie erblickte das Licht der Welt den 23. April 1735, und erfreute mich während unsers beglückten Ehestandes mit folgenden Kindern:

56.   **Adolph Friedrich Albrecht Georg**, geb. zu Güstrow den 10. April 1761. Im Jahr 1776 ging er in Preußische Dienste, und ist seit 1778, kurz vor dem Ausbruch des letzteren Krieges, Fähnrich bey dem Bayreuthschen Dragoner-Regiment.

    Ilsabe Anna Augusta, geb. zu Güstrow den 21. May 1763, ist ins Kloster Dobbertin eingezeichnet.

57.   **Ernst Hinrich Friedrich**, geb. zu Güstrow den 4. Decemb. 1765, hatte das Glück 1776 auf die so berühmte Ecole militaire zu Stuttgardt gnädigst angenommen zu werden.

    Dorothea Juliana Luisa, geb. zu Güstrow den 8. Junii 1768, ist ins Kloster Ribnitz eingeschrieben.

58.   **Carl Christian Ludwig**, geb. zu Klaber den 13. Junii 1769. Und **Friderica Elisabeth Eva Augusta**, geb. zu Klaber den 23. Jenner 1771, ist ins Kloster Malchow eingezeichnet.

46.   Oben gedachter **Johann Friedrich**, geb. den 17. Febr. 1605, bekam Kl. Bölkow und halb Mickenhagen, wie er mit seinen ebenfalls zum Theil annoch unmündigen Geschwistern 1625 theilte. 1630 entschuldigte er sich mit einer Krankheit, daß er nicht auf den Huldigungs-Tag des Herzogs von Meklenburg und Friedland erscheinen könne, verspricht aber alles, was daselbst beliebet würde, festiglich zu halten. Er acquirirte von Gerd von Bassewitz das halbe Theil Hohen-Luckow, welches 1619 während der Vormundschaft war gepfändet worden, 1639 erblich, dagegen verkaufte er zur selbigen Zeit das halbe Theil Mickenhagen, wie oben bey seinem Bruder Christoph schon angeführet worden, wie auch an Siegfried von Oertzen auf Gerdshagen seinen Antheil in Oedeskirchen. 1659 mutete er, nach angetretener Regierung des Herzogs Christian, sowol Bölkow als den halben Theil Hohen-Luckow, und starb 1666 den 11. December. Im Jahr 1637 hatte er sich vermählt mit Margretha, eine Tochter Christophs von Vieregg auf Wustrow, und Margrethe von Weitersheim a. d. H. Apele in der Grafschaft Schaumburg, und zeugte mit ihr:

59.   **Berend**, welcher im Königreich Polen verstarb.
60.   **Christoph**, dieser starb im 17ten Jahr seines Alters.
61.   **Johann Friedrich**: Man findet nicht, daß er vermählt gewesen, er wohnte auf Hohen-Luckow.
62.   **Matthias Ludwig**, auf Kl. Bölkow, von dem bald das weitere.
63.   **Paul Andreas**. Im Jahr 1681 kaufte er auf 20 Jahr, in Gesellschaft des Landraths von Peterstorf, des verstorbenen Christophs von Finck Pfandgut Kl. Siten nebst dem Dorfe Karz

im Amte Sternberg, dergestalt, daß dieser das Dorf Karz, er aber für 4600 Fl. Stiten erhielte. Hiezu erhandelte er noch von der Oeconomie zu Büßow ein derselben zugehöriges Adjudicat in diesem Gute für 2600 Fl. Nach seinem 1697 erfolgten Tode lösete Berend Prestin bald darauf 1700 dieses Gut samt dem Adjudicat von der Wittwe wiederum ein; das zu bezahlende Geld ward nach Commissarischer Untersuchung auf 10000 Fl. gesetzt, und der Vergleich von der Wittwe und zween ihrer Söhne Matthias und Paul Christoph unterschrieben. Diese Wittwe war Dorothea, eine Tochter Matthias von Sperling auf Schlagsdorf und Anne Hedwig von der Kettenburg a. d. H. Wüstenfelde, und eine Mutter folgender Kinder:

  Johann Friedrich, starb als Dänischer Cornet alt 19 Jahr.   64.

  Matthias, blieb unvermählt vor Oudenarde als Chur-Braunschweigscher Major,   65.
   alt 33 Jahr.   Matth.Ch.
                                   Br.Major.

  Paul Christoph, starb als Lüneburgscher Fähnrich, alt 26 Jahr.   66.

  Anna Hedwig, vermählte sich mit einem Schwedischen Oberstlieutenant von
   Wachtenfeld.

  Margretha, war Conventualinn zu Dobbertin, und ward 1747 zur Domina da-   Margre-
   selbst erwählet. Sie starb 1757.   tha, Domi-
                                na.

  Ilsabe Dorothea, starb 1735.

  Christina Elisabeth, ward Conventualinn des Klosters Malchow, und 1706   Christina
   zur Domina daselbst erwählt. Sie starb den 14. Junii 1745.   Elisabeth,
                              Domina.

  Ludwig August und Jürgen Franz starben jung.   67. 68.

  Franz Hinrich, Dänischer Major geb. 1681, starb unvermählt den 6. Decem-   69.
   ber 1717.   Franz Hinr.
                               Dän. Maj.

  Jürgen Diedrich, starb als Preußischer Fähnrich 18 Jahr alt.   70.

  Magdalena Dorothea, geb. 1688, vermählte sich den 22. October 1718 mit
   Hans Christian von Dessin auf Wahmkow, starb 1758. Und

  Ludwig August, starb als Cadet.   Und   71.

 Diedrich. Er besaß das halbe Theil Hohen-Luckow, war aber schon 1676 gestorben,   72.
indem sich der Zeit und auch hernach 1680 seine Wittwe mit ihren Schwägern Johann Friedrich und Paul Andreas, wegen einiger Forderungen, verglichen. Sie hieß Anna, und war eine Tochter von Lorenz von Reventlau auf Zisendorf und Anne Cathrine von Both a. d. H. Güldenhorn. Sie starb 1707, und hatte mit ihrem Gemahl gezeugt:

  Margretha, Conventualinn des Klosters Malchow.

  Maria Dorothea, gleichfalls Conventualinn zu Malchow.   Und

  Johann Friedrich. Er verließ 1703 die Dänischen Dienste mit dem Character   73.
   eines Capitains, und erhielt in Herzogl. Hollsteinschen Diensten bey dem Regiment
   des Obersten Dobrocofsky eine Compagnie, die er sich selbst angeworben. Sein
   Vaterbruder Paul Andreas bewürkte in dessen Namen 1695 einen Lehnbrief auf
   das halbe Theil Hohen-Luckow, wobey ersterer auch sich und seine männliche Erben zugleich mit investiren ließ. Eben also cedirte dieser Paul Andreas in dessen
   Vollmacht dieses Gut 1696 an Georg Levin von Bassewitz, weil er in Kriegsdiensten zu bleiben gewilliget, und wegen Mangel an Mitteln die darauf haftende
   Schulden zu tilgen unvermögend sey. Seine Gemahlinn war Maria Sophia
   von Zelmer, vielleicht Ziemer, aus Stettin gebürtig, und zeugte mit ihr:

    Carl Friedrich, der jung starb.   74.

            Johann

75.	**Johann Georg**, geb. den 18. Novemb. 1720, Dänischer Capitain bey der Königinn Leibregiment, ist annoch unverheirathet. Und **Anna Elisabeth**, geb. den 26. März 1726, die sich mit dem Dänischen Capitain Joachim von Schack vermählte, und seit 1751 Wittwe ist.
62.	Vorher gedachter **Matthias Ludwig**, hatte das Gut Kl. Bölkow in der Theilung erhalten, er mußte aber solches seinen Gläubigern überlassen, die, nach dem 1681 erfolgten Distributions-Abschied, hauptsächlich aus seinen nächsten Freunden bestanden; welche es in selbigem Jahr an die Vormünder der Kinder des seligen Obersten von Oertzen für 16500 Fl. verkauften, wobey sich Paul Andreas auf Sriten, sonst aber keiner, der Relution dieses Guts für sich und seine Kinder entsagte. Ueber diesen Kauf erfolgte zwar der Lehnsherrliche Consens, doch nur auf 15 Jahr. Er hatte sich vermählt mit **Catharina Maria**, eine Tochter Christophs von der Kettenburg auf Wüstenfelde und Matgendorf, und Hippolite von Bülow aus dem Hause Scharsedorf, und zeugte mit ihr:
76.	**Christoph**; er war Chur-Braunschweigscher Hauptmann von den Dragonern, und starb unvermählt: Und
77.	**Johann Friedrich**, Lüneb. Cellischer Hauptmann. Jener mutete 1695 das Gut Bölkow, und dieser lösete es von dem Hauptmann Claus Detloff von Oertzen auf Gorow für 10000 Rthlr. wieder ein, und mutete auch bey verschiedenen Gelegenheiten. Jedoch hatten schon beide Brüder es 1701 an die Generalinn Baronne von Meerheimb und ihre Söhne für 22000 Fl. auf 20 Jahr wiederum überlassen, welches denn auch, doch nur auf 9 Jahr, lehnsherrlich bestätiget wurde: Johann Friedrich lösete es 1706, nachdem sein Bruder Christoph gestorben war, von gedachter Baronesse schon wiederum für 13200 Rthlr. ein, und wollte es verschiedentlich muten; da er aber einer von denen war, die dem Landesvergleich von 1701 widersprochen hatten, so konnte er keinen Mutschein erhalten, unter dem Vorwande, daß die Mutung vormals versäumet, und das Gut durch einen Concurs aus der Familie gekommen sey. Im Jahr 1715 ward er fiscaliret wegen unterlassener Mutung des Guts Neuenkirchen im Amte Buckow: Er antwortete, daß er es seiner Frauen wegen nur pfandsweise besitze; wie denn auch würcklich der Landrath Joachim von Moltke auf Hinzenhagen es erst 1729 an die Wittwe unsers Johann Friedrich erblich verkaufte, die es denn wiederum 1730 an den Landrath Hans Albrecht von Plüskow für 25000 Rthlr. erblich überließ. Sie hieß **Eva Margretha**, eine Tochter des Rittmeisters Johann Friedrich von Seeherr aus Liefland, auf Neuenkirchen Pfandgesessen, und Marie Elisabeth von Zepelin a. d. H. Wulfshagen und Klenz, war 1682 geboren und starb 1765: Zuerst hatte sie sich 1698 vermählt mit Hinrich Christoph von Vieregg auf Gr. Beliz, der 1705 verstarb, und mit ihm verschiedene Kinder gezeugt; mit ihrem zweyten Gemahl hatte sie folgende:
78.	**Christoph Ludwig**, starb als Kaiserl. Lieutenant in Ungarn.
79.	**Carl Johann Friedrich**, starb als Hannöverscher Fähnrich.
80.	**Cuno Hans**, lebt noch 1780 in Rostock unvermählt. Er erhielte nach dem Tode seines Bruders Georg Wilhelm das Gut Bölkow, verkaufte es aber 1748 an den Hauptmann Claus Detloff von Oertzen auf Gorow, und dessen Sohn der Oberhauptmann Claus Detloff überließ es 1767 wiederum samt Gorow dem Kammerherrn Detloff von Bülow auf Gudow. Schon bey dem ersten Verkauf glaubte mein Vormund, daß er nicht geschehen könne, weil das Gut, indem man den no. 75 vorgekommenen Johann Georg der Zeit nicht kannte, auf dem Fall stünde, und bey dem zweyten habe ich, da Cuno Hans noch lebt, und nun auch noch Johann

Johann Georg, mir meine Gerechtsame nur vorbehalten. Der Vergleich von 1701, der dem Johann Friedrich, wie wir eben gehöret, Ungnade zuzog, sollte dem Nachkömmling des Cord Hinrichs, der so manchen Verdruß eben dieses Vergleichs halber von der Gegenseite ausstehen müssen, eine gnädigere Resolution, als er bis dahin erhalten, versprochen haben, indem man die versäumte Mutung, und daß das Gut durch einen Concurs aus der Familie gekommen, auch ihm entgegen gesetzt hat.

Matthias Berend, starb im 4ten Jahr seines Alters. 81.

Georg Wilhelm, war Dänischer Hauptmann und Besitzer des Guts Bölkow, er starb unvermuthet und unvermählt 1748, wie er nur 28 Jahr alt war. 82.

Cathrina Magdalena, geb. 1711 im Monat May, hatte sich vermählt gehabt mit dem Meklenb. Schwerinschen Oberstlieutenant Georg Carl von Pressentin a. d. H. Stiten, und starb den 5. Aprill 1770.

Barbara Maria, geb. 1711, ward 1712 ins Kloster Dobbertin eingeschrieben und starb den 23. Julii 1730.

Hippolita Margretha, ward gleichfalls 1712 ins Kloster Malchow eingezeichnet, und starb als Conventualinn desselben den 6. Febr. 1759.

Sophia Emerenzia, war Conventualinn zu Wienhausen im Cellischen, vermählte sich aber mit dem Oberhauptmann von Bothmer auf Ilken im Hannöverschen.

Cathrina Lucretia, starb zu Rostock den 22. Jenner 1781, alt 58 Jahr.

Bereits ehedem angeführter **Vicke auf Rensow**, der Aeltere genannt, ward zuletzt Meklenb. Landrath. Von 1555 bis 1582 kommt er in den Hülfsgelder-Registern beständig vor. 1575 leistete er zu Sternberg seinen Lehneid. 1579 auf Anthony verkauften August Churfürst zu Sachsen, Johann Georg Churfürst zu Brandenburg, und Ulrich Herzog zu Meklenburg, in Vormundschaft der Prinzen Johann und Siegmund August von Meklenburg, die Dörfer Gr. und Kl. Reetz im Amte Güstrow an unsern Vicke wiederlöslich auf 12 Jahr für 6000 Rthlr. Hiezu kaufte er 1581 die Mühle und den Krug zu Gr. Reetz von den Eigenthümern für 400 Fl. erblich. 1579 auf Ostern bestellete ihn der Herzog Ulrich zum Rittmeister auch Kriegs- und Hofrath von Haus aus, d. i. ohne daß er nöthig hatte, beständig bey Hofe zu seyn, gegen ein jährliches Gehalt von 200 Rthlr., Kleidung auf vier Personen, und, wann er zu Hofe gegenwärtig, freyes Futter und Mahl. Im Jahr 1581 ward ihm nebst andern von Adel aufgetragen, sein Bedenken wegen einiger Fragen, das Meklenburgsche Lehnrecht betreffend, abzugeben, Gerdes 2te Samml. p. 87. Zwey Jahr darauf 1583 verschreibet ihm der Herzog Ulrich die Anwartschaft entweder auf Achim von Dambeck zu Dambeck oder Jaspers von Schößen zu Dömkendorf und Nienhagen zuerst erledigte Lehngüter, jedoch daß er oder seine Erben das ein oder das andere angefallene Gut nach gewöhnlichen Landes-Anschlag dem Herzoge bezahlen sollten: Wie nun dieser Fall zuerst dem Achim Dambeck 1587 betraf, so ward er auf diese Weise in den Besitz des Guts Dambeck gesetzt, und verglich sich mit der nachgelassenen Wittwe Elisabeth von Pressentin wegen des übrigen. Er verbürgte sich 1596 für Degener Reßdorf zu Bolz wegen 2000 Fl., die ihm Arend von Möllendorf zu Dargelütz vorgeschossen; an der hierüber ausgefertigten Original-Urkunde hänget das von Bülowsche Siegel mit 14 Kugeln im Schilde 4, 4, 3, 2, 1 gesetzt, und so findet man mehrere dergleichen um diese Zeit; daher ist es nicht zu begreifen, wie Latomus, der damals sein Manuscript vom Meklenburgschen Adel geschrieben, in demselben ein Wapen als das gewöhnliche der Familie von Bülow annehmen können,

24. Vicke, Meklenb. Landrath.

das

das die Kugeln im Schilde in der Ordnung 2, 4, 3, 3, 2 führet. Im Jahr 1600 entsagte sich unser Vicke der Kriegsdienste, und bekam eine neue Bestallung nur allein als Rath von Haus aus mit einem Gehalt von 100 Rthlr., zu 32 ßl. gerechnet, nebst Hofkleidung für zwey Personen, und, wann er in Fürstl. Geschäften bey Hofe seyn würde, Futter und Mahl, Archiv. Nachr. Im folgenden Jahr war er aber schon Landrath, und mit Cuno Wulfrath von Bassewitz auf Maßlow, gleichfalls Landrath, zugegen, als in der Streitsache zwischen den Geschlechtern der Hahnen und Mauteufel, wegen des Stargardischen Landmarschall-Amts, verschiedene Zeugen abgehöret wurden. Er folgte auch 1603 der Leiche des Herzogs Ulrich, Klüver P. II. p. 131. Wann dieser angesehene Mann eigentlich gestorben ist, ist nicht bekannt: Seine Gemahlinn war Ursula, eine Tochter Clausens von Below auf Klink und Dorothee von Gülitz a. d. H. Diedersdorf bey Frankfurt an der Oder, und seine Kinder waren:

83.   Joachim; er wohnte auf Meteln, und verkaufte 1610 für sich und in Vormundschaft seiner unmündigen Vettern, Söhne seiner Brüder Vicke und Adam, und mit ihm Henneke von Reventlau zu Zisendorf in Vormundschaft Vickens von Bülow nachgelassenen Sohns; wie auch Adam und Gerd Gebrüdere von Cölln zu Gr. Grabow, für sich und in Vormundschaft Adams von Bülow Söhne; ferner Matthias und Hartwig Gebrüdere von Bülow zu Pokrent, wie auch Hartwig von Bülow zu Plüskow, und noch mehr andere zum Ausschuß Verordnete, sel. Vickens von Bülow zu Dambeck Creditores und Bürgen, das ihnen gerichtlich zuerkannte Gut Dambeck an Diedrich von Bülow zu Kritzow für 28000 Fl. Meklenb. Währung. In diesen Verkauf willigten auch Berend von Bülow zu Bölkow und Joachim von Bülow zu Kressin. Archiv: Nachr. Er starb hierauf 1612 ohne Erben, ob er sich gleich mit Anna, eine Tochter Joachims von Cölln auf Gr. Grabow, und Leveke von Bülow a. d. H. Wedendorf verheirathet hatte.

84.   Vicke, der Jüngere genannt, auf Dambeck; er erhielte sich zwar so lange er lebte auf diesem Gute, nach seinem Tode aber fiel es, wie eben gedacht, in Creditoren Hände. Er hatte sich mit einer von Wangelin verheirathet und mit ihr gezeuget:

85.   Vicke, von dem man nichts weiteres weiß, als daß er 1626 noch gelebet, indem Margretha, Ilsabe und Gabriel Geschwister von Grambow, auch Hans Busse, Namens seiner Ehefrau Ursel Grambow, ihm gegen eine Anleihe von 800 Fl. ihren ganzen Antheil des Guts Wildkuhl verpfändeten.

86. Hinrich, Dom-Dechant, Stiftshauptmann und Geheimer Rath.   Hinrich, auf Rensow, Dom-Dechant und Hauptmann des Stifts Schwerin, auch Meklenburgscher Rath. Er studirte in seiner Jugend sehr fleißig, welches der berühmte Professor der Beredsamkeit zu Rostock, Johann Cäselius, in einem an ihn 1587 abgelassenen Briefe besonders bemerklich macht. Er wurde nach abgelegten Studien und Reisen zu des Herzogs Siegmund August Rath und ersten Minister bestellet, von Beehr de rebus Meclenb. p. 1607. Nachmals ward er Rath beym Herzog Ulrich. 1578 ward er als Canonicus zu Schwerin eingeschrieben, und zuletzt daselbst Dom-Dechant und Hauptmann. Bernhard Latomus legt ihm das Zeugniß bey, daß er ausländische Sprachen, und besonders die Französische, welche damals in diesen Ländern noch selten war, fertig erlernet, und mit seiner Gelehrsamkeit sowol seiner Familie als andern gedienet habe. Im Jahr 1609 verkaufte er, um seines Bruders Vicken des Jüngern Gut Dambeck von den Creditoren an sich lösen zu können, das in der Theilung ihm angefallene Gut Rensow an Clar von Lotzow zu Levetzow für 24000 Fl. Capital und 500 Fl. Renten; er starb aber noch in demselben Jahre, wie der Amtmann zu Schwerin Arend von Möllendorf untern 16. Octob. d. J. berichtet, wann er schreibet: Das Gut Dambeck hat itzt keinen gewissen Herrn, weil Hinrich von Bülow

kurzen

kurzen Tagen Todes verblichen, Archiv. Nachr. Bevor nun noch die Bewilligung der nächsten Agnaten wegen des Verkaufs des Guts Rensow, die anfänglich sich nicht dazu verstehen wollten, konnte verschaffet werden, starb auch bald darauf sein Bruder Joachim ohne Erben, denn so ist im Jahr 1612 obiger Kauf-Contract von Henneke Reventlau zu Ziesendorf und Reetz, und Berend von Bülow zu Bölkow, in Vormundschaft Vickens von Bülow zu Dambeck nachgelassenen Sohns, wie auch von Adam und Gerd Gebrüdern von Cölln, in Vormundschaft Adams von Bülow weiland zu Reetz nachgelassenen Söhne, mit Beytritt Joachims von Bülow zu Kressin allein bestärket, ohne daß irgend einiger Descendenten des Verkäufers oder seines Bruders Joachims gedacht worden; und solchemnach erfolgte auch 1613 der Landesherrliche Lehnbrief auf Clar von Lohow, bey dessen Nachkommen dieß Gut Rensow bis zu unsern Zeiten geblieben ist. Unser Hinrich hatte sich vermählt mit Anna von Beehr a. d. H. Hugelsdorf, Wittwe von Otto von Preen auf Woke, die sich nachhero zum drittenmal an Jürgen von Below wiederum verheirathete. Und

Adam. Dieser wohnete auf Reetz, war aber 1606 schon gestorben, indem in demselben Jahr dessen Creditoren und Bürgen, mit Einwilligung des Herzogs Carl zu Meklenburg, das Gut Reetz, welches ihnen von den Vormündern seiner Kinder, als Hinrich und Joachim Gebrüdere von Bülow, Vickens zu Rensow Söhne, wie auch Adam und Gerd Gebrüdere von Cölln, in Namen ihrer Pupillen gerichtlich cediret worden, erblich und als ein freyes Allodial-Gut an Henneke von Reventlau zu Ziesendorf für 39000 Fl. verkauften. Er hatte sich vermählt mit Eva, eine Tochter Joachims von Cölln auf Gr. Grabow, und Leveke von Bülow a. d. H. Wedendorf; und obgleich aus den vorigen, aus dem Schwerinschen Haupt-Archiv gezogenen Nachrichten bey no. 83 und 86, erhellet, daß er mehr als einen Sohn hinterlassen, so ist doch nur einer bloß dem Namen nach bisher bekannt geworden, Latomus nennet ihn: 87.

Adolph Friedrich. Seine übrigen Geschwister sind ohne Zweifel zu der Zeit, als Latomus die Familien-Nachrichten gesammlet, noch nicht geboren gewesen: Wann nun nicht lange darauf der dreißigjährige Krieg eingefallen, und der Name Joachim, so wie in der Simenschen Linie überhaupt, also auch besonders in der Rensowschen Branche, nicht ungewöhnlich gewesen, auch bey keiner andern Linie sich mehr passende Umstände finden werden, so trage ich wenigstens kein Bedenken, ihm noch einen Bruder Namens 88.

Joachim beyzulegen, und ihn zu gleicher Zeit zum Ahnherrn der Preußischen Generale von Bülow zu machen, derer bereits im ersten Theil S. 25 gedacht worden. Er hatte ohne Zweifel eine eigne Wirthschaft angefangen, ward aber in eben gedachtem Kriege ruiniret, und begab sich als Lieutenant in Schwedische Dienste, worinn er nach der Anlage RRR bald in der Schlacht bey Leipzig 1630 blieb. Was nun ferner in der Beylage SSS von der Verwandtschaft mit dem Quitzöbelschen Hause, und von der gefundenen Steinburg- oder Stintenburgschen Genealogischen Tabelle erwähnet wird, das beweiset weiter nichts, als die Begierde, die der Vater obgedachter Generale gehabt hat, eine oder die andere Linie ausfindig zu machen, wozu er sich etwa rechnen könne; denn er schreibet ausdrücklich: Daß er nicht wisse, wie die Güter seiner Vorfahren geheißen, noch aus welchem Hause er eigentlich sey, das müßte er aber gewiß, daß sein Großvater aus dem Meklenburgschen abgestammet, und Joachim geheißen. Dieser hatte nun Barbara Köpeln von Eger zur Gemahlinn, die sich nachhero an den Hannöverschen Lieutenant Georg von der Meitze wiederum verheirathete, und hinterließ mit ihr drey noch sehr kleine Kinder, als: 89.

RRR
SSS

N. N. eine **Tochter**, die in ein Stift gekommen.

Adolph, der in Kriegsdiensten in Ungarn unbeerbt gestorben. 90.

Daniel,

91.
Daniel,
Braunsch.
Stallmeist.
92.

Daniel, welcher zuerst zu Celle Reitpage, und hernach zu Braunschweig Stallmeister geworden. Er hatte eine von Tauben geheirathet, die ihm zur Welt brachte:

Daniel Levin. Er war geboren 1677; ging 1705 mit dem General Arnim nach dem Ober-Rhein, und wie dieser das Commando in Preußen bekam, begleitete er ihn gleichfalls dahin, heirathete daselbst eine von Schlublatt, deren Mutter eine von Kalniak gewesen, und starb 1758 zu Königsberg 81 Jahr alt. Seine hinterlassene Kinder waren:

93.
Johann
Albrecht,
Preuß. General der
Infanterie
und Ritter.

Johann Albrecht, geb. 1708. Er starb 1776 den 18. Sept. zu Berlin als General der Infanterie, Chef eines Füselier-Regiments, Gouverneur zu Spandau, Ritter des schwarzen Adler-Ordens, und Erbherr zu Lichtenfelde und Gieselsdorf. Seine Gemahlinn war Magdalena Jacobina, eine Tochter des Französischen Obersten Johann von Forestier aus Languedock, und Charlotte Amalie von Linker, geb. 1722, gest. den 9. Oct. 1780, mit der er einen Sohn hinterlassen:

94.

Carl Leopold Daniel, der ietzo Lieutenant unter dem Preußischen Pannewitzischen Küraßier-Regiment und Canonicus zu Halberstadt ist.

Charlotta Anna, verheirathet an einen von Adel aus Preußen Namens von Peller, von dem sie verschiedene Kinder hat, und seit 1777 Wittwe ist.

95.
Christoph
Carl Preuß.
General
lieutenant
und Ritter.

Christoph Carl, geb. 1716. Generallieutenant der Cavallerie, Chef des Bayreuthschen Dragoner-Regiments, Ritter des schwarzen Adler-Ordens, Amtshauptmann zu Memel und Litzen, Drost zu Wetter in der Grafschaft Mark, und General-Inspector der Cavallerie in Preußen. Lebt unvermählt zu Pasewalk.

96.
Gottlieb
Daniel,
Preußischer
Oberster

Gottlieb Daniel, geb. 1718. Blieb bey Prag 1758 als Preußischer Oberster und Flügel-Adjutant. Seine Gemahlinn war Anna Sophia, eine Tochter des Hofraths August von Köhler und Rudolphine Elisabeth von Casarotti, und hinterließ mit ihr:

97.

Friedrich Ferdinand Ludwig, starb 1769 als Page bey des Prinzen Ferdinands Königl. Hoheit. Und

98.

Friedrich Hinrich, der ietzo Lieutenant und Adjutant bey des gedachten Prinzen Ferdinands Regiment ist.

99.

Casper Hinrich, geb. 1722. Er starb 1745 als Pr. Lieutenant und General-Adjutant des Fürsten Leopold von Anhalt Dessau.

Breitere Ausführung der Tabelle VI.

Der erste Theil hat uns bereits no. 66 Dankward auf Radum, den ich zum Stifter dieser Linie angenommen, kennen gelehret. Er hinterließ zween Söhne

1. 2.

Dankward und Tideke. Beide werden Dankwards Söhne genannt, als sie 1439 an den vorsichtigen Mann und Priester einer Vicarie in der Kirche zu Sternberg Johann Dobbertin eine Versicherung auf 60 Mark Lübscher Pfenninge gaben, die ihr Vater von ihm aufgenommen hatte, Frank Libr. VIII. p. 34. Im Jahr 1443 wohnte letzterer nur noch allein auf Gr. Radum oder Radem, Frank Libr. VIII. p. 57. Er zeugte:

3.

Joachim, von diesen meldet Frank Libr. VIII. p. 286, daß er auf Radum gewohnet, wie Hinrich von Plessen und der Rath zu Sternberg ein Lehn oder Beneficium zum Besten des Altars des heil. Erasmus in der Sternbergischen Kirche von den 100 Mark stifteten, die bey ihm zinsbar standen; auch findet man ihn noch 1506 beym Klüver P. I. p. 162, da er zum Lübschen Kriege mit aufgeboten ward. Und

Matthias

Matthias; von Hoinkhusen will ihn auf Schepkendorf und von Beehr noch 1511 angetroffen haben, er hatte sich mit einer von Cramon a. d. H. Woserin vermählt, mit der er zeugte: **4.**

Engelke. Er unterschrieb 1523 das sogenannte kleine Meklenburgische Unions-Instrument, und sollte 1543 die ausgeschriebene Türkensteuer entrichten. In demselben Jahr führet ihn auch Frank Libr. IX. p. 222 an, daß er mit den Sternbergischen Vicarien, wegen einer Hufe, die zwischen seinem Gute Gr. Radem und Kl. Radem belegen war, und worinn ein Lehn, vermuthlich das obengedachte, gestiftet gewesen, in Streit gerathen, und daß selbige durch Fürstl. Commissarien denen Vicarien zugesprochen sey; sie wäre auch nachhero bey den Predigern zu Sternberg beständig geblieben. Die mit seiner Gemahlinn Margretha, eine Tochter Reimars von Plessen auf Jameln, andere schreiben Tressow, gezeugte Kinder sind: **5.**

Joachim, man findet von ihm in der bekannten Schrift das letzte Wort, und zwar in der Beylage 97 angeführet, daß er auf Gr. Radem gewohnt, 1554 aber schon todt gewesen sey. **6.**

Agnesa, welche sich mit Detloff von Schöße oder Schösse auf Nienhagen vermählte. Und

Reimar auf Gr. Radum. Man weiß von ihm nichts weiter, als daß er mit Sophia, eine Tochter Diedrichs von Molzahn auf Grubenhagen und Schossow, und Dorothee von Winterfeld hinterließ: **7.**

Engelke. Wahrscheinlich veräußerte er Radem an Jürgen von Bülow auf Zibühl von dessen Kindern es an den Landrath Matthias von Bülow auf Pokrent und so ferner an die von Schacken gekommen ist. Er vermählte sich mit Magdalena, eine Tochter Christians von Preen auf Lubzien und Parum, und Sophie von Reßdorf a. d. H. Bolz, und zeugte mit ihr: **8.**

Hans, welcher als Oberstlieutenant in Holländischen Diensten unbeerbt verstarb. **9. Hans, Holl. Oberstlieut.**

Hinrich. Er kommt 1625 unter seinem Bruder Engelke vor. **10.**

Paschen. Man trifft ihn eben so nur 1625 unter seinem Bruder Engelke an; man hat von beiden keine Nachricht, daß sie vermählt gewesen. Und **11.**

Engelke auf Wischendorf und Elmenhorst, Rittmeister in Schwedischen Diensten. Nach der Beylage TTT ist wohl so viel gewiß, daß Vicke von Bülow der Aeltere auf Barrow zuerst seinen Antheil der im Grevismühlischen Amte belegenen Güter Wischendorf, Velthusen, Rosenhagen, Harkensee, Elmhorst, Mummendorf, Boyenhagen, Testorf und Frebbershagen itzo Friedrichshagen an Friz von Bülow auf Gudow für 14000 Fl. verpfändet, und daß dieser solche wiederum nebst dem Gudowschen Antheil kurz darauf 1597 an unsern Engelke auf 80 Jahr überlassen habe; daß aber, wie Friz von Bülow noch in demselben Jahr verstarb, und den Pfandschilling an Vicke von Bülow noch nicht bezahlt hatte, dieser sein Pfand wieder zurückgenommen, und es nunmehro selbst an Engelke für 17500 Fl. verpfändet habe: Allein darinn ist man sich noch nicht einig, ob der Pfandnehmer dieser Engelke oder sein Vater gewesen. Hoinkhusen nimmt hiezu den Vater an, indem er, durch einen Schreibfehler verleitet, geglaubet, daß diese Handlung 1579 vor sich gegangen; es hat aber erweislich Friz von Bülow, der in der Urkunde als todt angegeben wird, noch bis 1597 gelebet: Daß nun diese Handlung in diesem Jahre vorgefallen, bestätiget auch noch die nächstfolgende Urkunde; daß es daher dieser Engelke und kein anderer gewesen, der diese Güter zuerst an sich gebracht habe. Er verpfändete 1603 hievon die Bau-Erben und Cossaten zu Boyenhagen, Testorf und Frebbershagen an Hartwig von Bülow auf Plüskow, weil sie diesem Gute besonders vortheilhaft gelegen waren. Im Jahr 1625 verglich er sich mit Joachim dem Jüngeren und Franz von Bülow auf Gudow, wegen ihres **12. TTT**

Theils

Theils an obgedachten Gütern, dahin, daß er gegen Zahlung von 8800 Rthlr. selbige annoch, nach Ablauf der ersten Pfandjahre, abermal 80 Jahre auf gleicher Weise besitzen sollte; es bleibt mir unerklärlich, wann Hoinkhusen hiebey als gewiß ausführt, daß seine beiden Brüder Hinrich und Paschen auch als Haupt-Personen mit bey diesem Vergleich concurriret, denn als erster Erwerber dieser Güter hätte er des Beytritts seiner Brüder nicht nöthig gehabt, es sey dann, wie es fast wahrscheinlich ist, daß sie nachhero zu dem Pfandschilling mit beygetragen hätten. Es vermählte sich unser Engelke mit Catharina, eine Tochter Paschens von Negendank auf Eggersdorf, und Dorothee von Bülow a. d. H. Wedendorf und Pokrent, und zeugte mit ihr:

13.	**Hartwig** auf **Elmhorst**, von dem gleich das weitere.
	Dorothea, welche sich mit Joachim von Reventlau auf Jahren Erb- und Gallentin Pfandgesessen vermählte.
Eva, Domina. 14.	**Eva**, geb. den 8. März 1594, starb als Domina des Klosters Dobbertin. Und
	Engelke auf **Wischendorf**, von dem hiernächst mit mehrerem.
13.	Gedachter **Hartwig** wohnte 1628, nach dem oftermähnten Hufen-Catastro im Klüver, zuerst auf **Wischendorf**, nachhero verglich er sich mit seinem Bruder dahin, daß dieser Wischendorf, er aber Elmenhorst erhielte. Er vermählte sich mit Gödel, eine Tochter des Dechanten zu Ratzeburg Detloff von Bülow auf Hundorf, und Margrethe von Schack a. d. H. Müssen, die 1650 verstarb, und wie er selbst einige Jahre nachhero ihr im Tode folgte, so hinterließ er als Waisen:
	Ursula, die sich 1666, in der Leichenrede ihres Gemahls stehet 1662, zu Jahren vermählte mit dem Meklenb. Landrath Jobst Hinrich von Beehr auf Jesendorf, und den 3. April 1704 zu Dobbertin verstarb.
	Catharina, ward die Gemahlinn von Gerd Carl von Dessin auf Wahmkow, und starb den 14. März 1714.
	Noch giebt die Frau Gräfinn von Bothmar folgende Töchter an:
	Dorothea Margretha, die als Conventualinn in Dobbertin gestorben, und
	Barbara Margretha, die unvermählt geblieben.
15. Bartold Hartwig, Hess. Kammerjunker und Mekl. Amtshauptmann.	**Bartold Hartwig**, auf **Elmenhorst**. Er war anfänglich Page bey der Gräfinn von Orenstirn, und wie diese sich an den Landgrafen von Hessen-Homburg vermählte, Kammerjunker daselbst. Hiernächst bezog er 1675 das Gut Elmenhorst und ward Meklenburgischer Amtshauptmann zu Rehna. Er war geboren den 28. April 1646 und starb den 2. Febr. 1697, da ihm dann einer von Dannenberg die Parentation hielte. Die mit seiner Gemahlinn Anna Agnese Lucia Luisa, eine Tochter des Hessen-Homburgischen Hofmeisters Jobst Wilhelm von Geismar, und Apolline Gertrud von Dißhausen, genannt Elingen, die ihm 1672 beygelegt ward, gezeugte Kinder sind:
	Hedwig Luisa Christina, ward die Gemahlinn von dem Kammerjunker Hartwig von Both auf Kalkhorst.
16.	**Friedrich Wilhelm**, Würtembergischer Capitain, starb im 22sten Jahre seines Alters.
17.	**Friedrich Carl**, starb wie er 14 Jahr alt war.
18.	**Detloff**, brachte sein Leben nicht höher als 9 Jahr.
19. Hartwig, Meklenb. Oberstallmeister und Landrath.	**Hartwig**, geb. 1679, auf **Elmenhorst**, Parin und Rolofshagen. Er bekleidete Anfangs bey dem Herzog Friedrich Wilhelm von Meklenburg die Stelle eines Ober-Stallmeisters, nachhero ward er zur Zeit der Kaiserl. Commission im Jahr 1722 vom Kaiser zum Landrath bestellet, welcher Function er sich doch bald wegen schwäch-

schwächlicher Gesundheit entsagen mußte. Zu gleicher Zeit verkaufte er Elmenhorst an den Hannöverschen Geheimenrath Hans Grafen von Bothmar. Im Jahr 1704 den 31. Decemb. vermählte er sich mit Sibilla Hedwig, eine Tochter des Lauenburgischen Landraths und Landmarschalls Joachim Werner von Bülow auf Gudow, und Susanne Franzine von Bodeck a. d. H. Gülzow, von den mit derselben erzeugten Töchtern ist nur zu erwachsenen Jahren gekommen:

  Christiana Margretha, die den 11. Jenner 1708 geboren und 1724 vermählt ward mit dem Chur-Braunschweigschen Kammerherrn, Hans Casper Gottfried Grafen von Bothmar auf Bothmar ꝛc., dem sie ihre väterlichen Allodial-Güter Parin und Rolofshagen zubrachte. Sie lebt noch ito in Raheburg, und hat das Vergnügen, bereits verschiedene Urenkeln und Urenkelinnen zu sehen.

Engelke Gottfried. Er war Kammerjunker bey der Königinn Charlotta Amalia von Dännemark, und zeugete mit eines Dänischen Geheimenraths von Schöler Tochter nur eine einzige Tochter, die an einen Schout-by-Nacht oder Contre-Admiral in Copenhagen verheirathet ward.   Und [20. Engelke Friedrich, Dän. Kammerjunker.]

Hans und Derloff, daß diese beide von Bartold Hartwig Brüder gewesen, beweiset die Urkunde UUU ganz deutlich. Es hat auch einer von ihnen sehr wahrscheinlich sich vermählt gehabt, aller Erkundigung unerachtet aber ist es mir nicht möglich geworden, weder die Gewißheit hievon, noch weniger wer es von ihnen gewesen, auszumachen, indem die beiden einzigen noch lebende Personen des Elmenhorster Hauses nicht vermögend sind, mir zu Hülfe zu kommen, so sehr sie es sonst wünschen: Die Frau Gräfinn von Bothmar zu Raheburg ist so jung von Hause und außer aller Familien-Connexion gekommen, daß ihr nicht einmal wissend ist, daß ihr Großvater diese Brüder gehabt, und die Frau Baronne von Schwärzel zu Preßburg in Ungarn kann aus eben der Ursache sogar ihren Großvater nicht nennen; und obgleich gedachte Frau Gräfinn die Verwandtschaft mit dieser Baronne sehr wohl weiß, und deren Vater gekannt hat, so ist ihr doch der Name des Großvaters derselben eben so wenig bekannt. Es ist aber, wie ich es einsehe, kein Zweifel mehr, daß es einer von diesen Brüdern gewesen, und ich nehme bis zur nähern Gewißheit den ältesten Hans dazu an. Er zeugte demnach, wie gedachte von Schwärzel glaubet, mit einer von Beehr einen Sohn [21. 22. UUU]

  August Friedrich. Er kam sehr jung aus Meklenburg in Oesterreichische Dienste, war 1691 geboren, und starb als General-Major in Preßburg im Jahr 1763 im 72sten Jahr seines Alters. Er hatte sich vermählt mit Augusta Elisabeth, eine Tochter des Brandenburg-Bayreuthischen Major Rehl von Rehlsburg, und mit ihr 11 Kinder gezeuget, die aber bis auf zwo Töchter sehr jung oder doch in jungen Jahren gestorben sind. Die zwo Töchter waren: [23. August Friedrich, General Major.]

    Josepha Catharina Barbara, welche den 8. August 1721 ins Kloster Dobbertin geschrieben ward, und auch daselbst als Conventualinn 1769 gestorben ist. Man sollte nun wohl glauben, daß man aus diesem Kloster gewisse Nachricht von ihren Aeltern und Großältern hätte einziehen können, allein auch dieser Versuch ist vergeblich gewesen, und sie würde gewiß, bey jetziger eingeführten guten Ordnung, bey dieser Unwissenheit sicherlich nicht ins Kloster aufgenommen worden seyn. Und

    Maria Margretha Elisabeth. Sie ward den 2. October 1721 ins

ins Kloster Malchow eingeschrieben, vermählte sich aber mit dem Hauptmann der Ungarischen Kron-Garde Baron Schwärzel von Rettenberg, und lebt noch itzo als dessen Wittwe mit 4 Kindern in gutem Wohlstande zu Preßburg.

14. Vorhergedachter **Engelke** hatte ehedem als Rittermeister in Diensten gestanden, und wohnte auf Wischendorf, nachdem er sich mit seinem Bruder Hartwig der Theilung der Güter halber dahin verglichen, daß dieser Elmenhorst, er aber Wischendorf nebst Velthusen und Mummendorf, wie auch das Dorf Nienhagen und Hof-Rost, welches sie mit den Vettern, die auf Harkensee wohnten, gegen das Theil, das ihnen in Harkensee und Rosenhagen gehörte, vertauscht hatten, bewirthschaften sollte. Nachhero brachte er es auch 1660 mit den Vettern zu Gudow zum Stande, daß ihnen diese Güter nunmehro zu ihrem Theil erblich überlassen wurden. Er hatte sich mit Dorothea, eine Tochter Paschens von Negendank auf Zirow, und Ilsabe von Reventlau a. d. H. Reetz und Zisendorf vermählt. N. J. von Beehr gibt ihm Cathrina Eleonora, eine Tochter Clausens von Schack auf Johannsdorf und Margrethe von Buchwald, zur Gemahlinn, da aber der von dem ohnlängst verstorbenen Major Carl Gustav von Bülow zu Bützow mir mitgetheilte Stammbaum dieser gar nicht erwähnet, sondern ausdrücklich jene angiebt, und auch von Hoinkhusen damit übereinstimmt, so ist erstere wenigstens die Mutter folgender Kinder, ob es gleichwol immer seyn kann, daß letztere die zweyte Gemahlinn gewesen. Die Kinder waren:

24. **Engelke** auf Wischendorf; er vermählte sich zuerst mit Gertrud von Gerdes aus Lübeck, und hiernächst mit Margretha Christina, eine Tochter Ulrichs von Both auf Kalkhorst und Lucie von Lützow a. d. H. Gr. Salitz, und zeugte mit ersterer:

25. Engelke, D. Oberst. **Engelke**, welcher als Oberster in Dänischen Diensten zu Lübeck unvermählt verstarb. Und.

26. **Christoph Detloff**, der das väterliche Gut Wischendorf bewohnete, und sich mit Hedwig Eleonora, eine Tochter des Oberstlieutenants Georg Wilhelm von Bülow a. d. H. Wehningen-Gudow und Dorothee Eleonore von Bülow a. d. H. Harkensee, vermählte, welche 1762, ohne mit ihrem Gemahl beerbt zu seyn, zu Wischendorf gestorben ist, und da auch dieser bald darauf abging; so kam das Gut durch einen Vergleich mit den übrigen Lehnsfolgern an den Major Joachim Otto von Bülow no. 37.

Margretha Dorothea, Cathrina Maria und **Sophia Elisabeth** starben alle drey unverheirathet.

27. **Cord Detloff**, von dem bald mit mehrerem.

28. **Reimar Hans**, Dänischer General-Major, von dem zuletzt Erwähnung geschehen soll.

Ilsabe, starb den 30. Novemb. 1692, nachdem sie sich mit dem Holländischen Oberstlieutenant Vicke Diedrich von der Lühe auf Garvsmühlen vermählt hatte.

Anna Dorothea, ward die Gemahlinn von Daniel Vollrath von Plessen auf Steinhusen

N. N. die an einen von Plüskow verheirathet gewesen.

27. Cord Detloff, Mekl. Landrath. Eben gedachter **Cord Detloff** wohnte zuletzt auf Plüskow und ward Meklenburgscher Landrath. Er verließ die Kriegsdienste als Capitain, und wohnte anfänglich auf Wölzow, welches er 1670 von dem Obersten Wiedemann gekauft hatte; hernach erhandelte er 1685 einen Theil Plüskow von den Lehnsfolgern des in der Tabelle X vorgekommenen Paul Detloff von Bülow, und zwar von deren Bevollmächtigten dem damaligen Obersten nachherigen General-Major

Major Thomas Christian Freyherrn von Bülow. Den andern Theil brachte er von dem in gedachter Tabelle befindlichen Hans Joachim von Bülow n. 62 an sich. Da nun zu dem ersten Theil bereits 1603 von den Wischendorfer Pertinenzen die Bau-Erben und Cossaten in Boyenhagen, Tessdorf und Frebbershagen waren gepfändet worden, so beredete er sich mit seinen Vettern nach der Beylage VVV dahin, daß diese Dörfer auf immer bey Plüskow bleiben sollten. Er ward etwa 1698 Landrath, nachdem er zuvor seit 1695 bey dem Engern Ausschuß angestellet gewesen war, und entschlief 1702. Vermählt hatte er sich mit Elisabeth Sophia, eine Tochter Diedrichs von der Lühe auf Thelkow und Mechelsdorf, und Elisabeth Marie von Grote a. d. H. Brese, die 1704 verstarb, und ihm geboren hatte: VVV

 Engelke, geb. 1682, starb als Hannöverischer Capitain unvermählt. 29.

 Diedrich August, geb. 1683, starb jung. 30.

 Christian, geb. und gestorben 1684. 31.

 Elisabeth, deren erster Gemahl war Helmuth Joachim Freyherr von Meerheimb auf Woktent und Bitzen, und wie der 1729 starb, vermählte sie sich zum zweytenmal 1731 mit dem Landrath Helmuth Friedrich von Oertzen auf Roggow; ward abermal Wittwe 1754 und starb endlich vor einigen Jahren ohne Kinder.

 Dorothea, starb als Conventualinn im Kloster Dobbertin.

 Friedrich Wilhelm, starb als Französischer Major unvermählt. 32. Friedrich Wilhelm, Französis. Major.

 Sophia, starb als Conventualinn im Kloster Ribnitz.

 Cord Detloff, war Oberstlieutenant in Hannöverschen Diensten und blieb in der Bataille bey Fontenoy. Er hatte sich 1734 vermählt mit Agnesa Dorothea, eine Tochter des Obersten Bartold Diedrich von Bülow auf Scharbow, und Sibille Hedwig von Bülow a. d. H. Horst. Sie war 1704 geboren, starb 1777 in Zelle, und hatte zur Welt gebracht: 33. Cord Detloff, Hannöverscher Oberstlieutenant.

  Cord Detloff, welcher als Fähnrich bey der Garde zu Fuß zu Hannover gestorben ist. 34.

  Sophia Hedwig, 1735 ins Kloster Dobbertin eingeschrieben, vermählte sich mit dem Hannöverschen Lieut. Commissarius Justus Conrad von Hugo auf Gr. Munzel.

  Maria Barbara, ward 1738 ins Kloster Malchow geschrieben, ist aber jung gestorben. Und

  Friderica, geb. 1745, war bereits im Kloster Malchow zur halben Hebung, ist aber in diesem 1780sten Jahre gestorben.

 Carl Ludwig, war Major in Französischen Diensten. Seine Gemahlinn ist gewesen Eleonora Lucretia von Tönken, welche sich nach seinem Tode mit dem Meklenburgschen Major Johann Bernhard von Stralendorf, ehedem auf Weisin seßhaft, wiederum vermählte. Ersterer hat zwar mit ihr einige Kinder gezeuget, sie sind aber jung gestorben und ihre Namen mir nicht bekannt geworden. 35. Carl Ludwig, Französischer Major.

 Eva Lucia, ins Kloster Malchow eingezeichnet 1706, hatte sich 1730 vermählt mit dem Hauptmann Christian Friedrich von Zepelin auf Appelhagen, und starb den 26. Dec. 1745.

 Julius Ernst, bewohnte die väterlichen Güter Plüskow und Jameln 2c. und starb unvermählt etwa 1760. Er hat 1755 den Erbvergleich nicht mit unterschrieben, weil er unzufrieden darüber war. Nach seinem Tode mußten die herrlichen Güter verkauft werden, so sehr er auch bey seinem Leben für deren Erhaltung bemühet gewesen. Der itzige Besitzer derselben ist der Baron und Kammerherr von Stengelin. Und endlich 36.

       T   Joachim

37.
Joachim Otto, hannöverischer Major.

Joachim Otto, geb. 1702. Er verließ die Hannöverischen Dienste als Major, und verglich sich den 3. Aug. 1763, nach dem Absterben des letzteren Besitzers des Gutes Wischendorf Christoph Detloff von Bülow n. 26, über dieses bis dahin in Communion gehabte Gut mit den übrigen Lehnsvettern, als dem Geheimen Conferenzrath, Kammerherrn und Ritter Ludwig Wilhelm und dessen Bruder Major Carl Gustav von Bülow, so daß er, nach Uebernahme aller Schulden, jedem noch 10000 Rthlr. heraus bezahlte. Hierauf verheirathete er sich mit Eleonora Elisabeth Juliana, eine Tochter Albrechts Carl Friedrich von Bülow auf Scharfsdorf, und Sophie Charlotte Clare von Klenken a. d. H. Hämelschenburg, und starb 1771 zu Wischendorf, woselbst ihm seine Gemahlinn auch bald im Tode nachfolgte. Er hinterließ mit ihr:

38.
         Cord Detloff, welcher 1779 an den Blattern starb, und

39.
         Carl Albrecht, geb. den 17. Jenner 1767, der bey seinem Vormunde dem Drost, jetzo Hofmeister von Barner zu Trambs erzogen wird.

28.
Reimar Hans, Dän. General-Major.

Vorher erwähnter Reimar Hans war Dänischer General-Major, und Chef des Leib-Dragoner-Regiments. Er blieb den 20. December 1712 in der Bataille bey Gadebusch gegen die Schweden, und ward den 4. Febr. 1713 in der Kirche daselbst begraben. In den Urkunden UUU und VVV kommt er mit seinen Brüdern und Vettern vor; ihm war bey der Theilung das Gut Wischendorf gefallen, überließ es aber seinem Bruder Engelke. Er hatte sich vermählt gehabt mit Sophia Elisabeth, eine Tochter des Dänischen Obersten Hardenack von Bilow a. d. H. Blengow, und Elisabeth Anne von Wietersheim a. d. H. Opperode, und zeugte mit ihr:

40.
Engelke, Dän. Hofmarschall und Amtmann, auch Ritter.

Engelke, geb. den 24. Jenner 1691. Er war Hofmarschall bey dem Dänischen Prinzen Carl, Bruder des Königs Friedrich des IV., nachhero ward er Amtmann zu Tryggevelde und Assessor des höchsten Gerichts, 1730 aber Ritter vom Dannebrog, worauf er den 15. Oct. 1740 die Welt verließ. Seine Gemahlinn ist gewesen Mette Henriette, geb. den 22. Julii 1695, eine Tochter des Dänischen Geheimenraths, Vice-Statthalters des Königreichs Norwegen und Ritter vom Dannebrog, Claus Hinrich von Vieregg a. d. H. Subzin und Lantow, und Margrethe Lucie von Brockdorf a. d. H. Alten-Hof, die ihn mit folgenden Kindern erfreute:

         Charlotta Sophia, geb. den 30. Aug. 1725, ward ins Kloster Ribnitz gezeichnet, vermählte sich aber an den bereits verstorbenen Hannöverischen Obersten Adolph Friedrich von Drieberg.

         Sophia Margretha, 1727 ins Kloster Dobbertin geschrieben, starb jung.

         Anna Friderica, geb. den 9. Jenner 1728, ward in eben dem Jahre ins Kloster Malchow eingeschrieben. Ist aber itzo Conventualinn des Stifts Wemmetofte in Seeland.

         Adelheit Christina, geb. den 7. May 1730, ward in demselben Jahr ins Kloster Dobbertin eingezeichnet, ist aber ebenfalls Conventualinn zu Wemmetofte, und haben sich beyde der hiesigen Klöster entsagt.

41.
Carl Adolph, Dänischer Major.

Carl Adolph, geb. den 11. May 1731, Dänischer Major von der Cavallerie, zu Toystrup in Fühnen wohnhaft. Er hat sich zweymal vermählt; 1) mit Ulrica Augusta, eine Tochter des ehemaligen Dänischen Obersten Hinrich Otto von Reventlau a. d. H. Fahren, und Margrethe Eleonore von Plessen a. d. H. Radegast; nach deren 1764 erfolgtem Absterben 2) im Jahr 1768 mit Augusta, eine Tochter des verstorbenen Dänischen Obersten von der Infanterie, Herrn des Gutes Toystrup, Adam Diedrich von Grambow a. d. H. Wildkuhl im Meklenburgischen, und der noch lebenden Margrethe Christine von Winz. Mit der ersteren zeugte er:

                                                      Engelke

Engelke Hinrich, geb. den 30. May 1761, war 1779 Page des Erb-
prinzen Friedrichs Königl. Hoheit. zu Copenhagen, und

Cathrina Dorothea Ulrica, geb. den 21. Julii 1763, eingeschrieben ins Kloster Malchow.

Von der zweyten Gemahlinn ist annoch im Leben:

Adam Diedrich, geb. den 26. Decemb. 1769. Und

Hans Hinrich, geb. den 27. April 1733. Er ist Dänischer Stallmeister, Kammerherr, seit 1776 Ritter vom Dannebrog, und in diesem Jahr Geheimerrath.
Gerne lege ich das dankbare Bekenntniß hier ab, daß, ohne dessen kräftige Unter-
stützung und Aufmunterung, dieses Werk schwerlich zum Vorschein hätte kommen
können. Mit seiner Gemahlinn Maria Hinrietta, eine Tochter des ehemaligen
Dänischen Etats-Rath Töger von Lasson, und der noch lebenden Antoinette Be-
nedicte von Rosenör, hat er bis dahin gezeuget:

Juliana Maria, geb. den 20. August 1773, ist ins Stift zu Rothschild
eingeschrieben.

Hinrietta Benedicta, geb. den 22. Julii 1774, ist ebenfalls zu Rothschild eingeschrieben. Und

Sophia Friderica, geb. den 30. August 1777.

Hardenack Heidenreich, starb 1751 als Dänischer General-Major und Chef des Leib-Drago-
ner-Regiments. Er erhandelte 1728 das im Stifte Schwerin belegene Gut Vietzen von dem
Major Helmuth Joachim Freyherrn von Meerheimb. Zum erstenmal vermählte er sich mit der
Baronesse Eleonora Dorothea, eine Tochter Detloffs Freyherrn von Goeden auf Damekow,
Hannöverischer Oberster von der Cavallerie, und Eve Sabine Baronesse von Meerheimb a. d. H.
Guemern; nach deren 1734 erfolgtem Absterben fiel seine Wahl auf die Baronesse Luise, eine
Tochter Joachims Christophers von Stisser Freyherren von Wendhausen auf Karchitz im Meklen-
burgischen und Görzig im Anhalt-Cöthenschen, Pfand-Innhaber des Amts Plau und Chur-
Braunschweigscher Geheimerrath, und Marie Elisabeth von Wangelin a. d. H. Alten-Schwerin,
mit der er sich den 28. Nov. 1737 vermählte. Von der ersteren Gemahlinn hatte er nur einen Sohn

Hans Detloff, welcher aber bald nach empfangener Taufe wiederum verstarb. Mit
der zweyten aber, welche 1766 die Welt verließ:

Maria Elisabeth, geb. den 16. Novemb. 1738, die sich 1761 den 19. Nov. mit
einem von Schevenbach auf Sommerfeld in Vor-Pommern vermählte.

Sophia Augusta, geb. 1739, starb jung.

Carl Christian Friedrich, geb. den 30. Septemb. 1740. Er verließ die ehedem erwählten Dänische Dienste als Kammerjunker und Major, und ward hierauf
Herzogl. Braunschweigscher Drost, und hiernächst Oberhauptmann. In der brüderlichen Theilung fiel ihm das väterliche Gut Vietzen, und mit seiner zweyten Gemahlinn erhielte er das Gut Schließtätt im Braunschweigischen, an welchem letzteren
Orte er sich auch itzo wohnhaft niedergelassen hat. Er hat sich zweymal vermählt,
erstlich mit einer reichen Dame aus Schleswig genannt Juel, und nach deren un-
beerbtem Absterben mit einer Tochter des Braunschweigischen Geheimerraths, Dänischen Conferenzraths und Ritters vom Dannebrog Hinrich Bernhard von Schrader und Schliestede, und zeugte mit ihr:

Zween Söhne, deren und ihrer Mutter Namen ich eines Zufalls halber
itzo

itzo nicht anzuführen vermag, ich werde sie aber hoffentlich in der Tabelle anzeigen können.

50.

Christoph Diedrich, geb. und gest. 1741.

51. Ludwig Wilhelm, Dänischer Major.

Ludwig Wilhelm, geb. den 29. Oct. 1742. Nachdem er von Jugend auf in Dänischen Kriegsdiensten gestanden, ist er nunmehro vor einigen Jahren zum Major bey den Husaren zu Nyeköping auf der Insel Falster angestellet, und lebt bis dahin unvermählt.

Augusta Sophia, ward 1744 ins Kloster Dobbertin geschrieben, vermählte sich mit Christian von Freyburg a. d. H. Schwaßdorf.

Luisa, ward 1746 dem Kloster Malchow zugeschrieben, es wartete aber auf sie ein minder geruhiges Geschick, indem sie den 20. Nov. 1767 die Gemahlinn des ehemaligen Dänischen Hauptmanns Ernst Carl Diedrich von der Lühe auf Dettmannsdorf und 1775 Wittwe ward, und itzo als solche mit zween Söhnen in Rostock lebet. Und

Sophia Elisabeth, geb. 1750. Sie vermählte sich 1770 mit Friedrich Wilhelm von Kardorf auf Remlin, und lebt in einer gesegneten Ehe.

52. Ludwig Wilhelm, Dän. Geheimer Conferenzrath, Kammerherr, Amtmann und Ritter.

Ludwig Wilhelm, geb. den 11. Julii 1699, ist Dänischer Geheimer-Conferenzrath, Kammerherr und Amtmann zu Coldingen in Jütland, auch seit 1750 Ritter vom Dannebrog. Im Jahr 1737 den 29. Nov. vermählte er sich mit Elisabeth Hedwig, Kammerfräulein bey der Königinn Soph. Magdal. und Tochter des Dänischen Obersten Hans Christoph von Roepsdorf und Marie Elisabeth Storm, und wie diese den 6. Jenner 1758 unbeerbt verstarb zum zweytenmal 1759 mit der Comtesse **Charlotta Elisabeth**, eine Tochter des Ritters und Kammerherrn Christian Friedrich Grafen von Hartzhausen, und Margrethe Hedwig von Juel, die aber auch bereits den 1. Febr. 1761 verstorben ist, nachdem sie eine einzige Tochter zur Welt gebracht.

Friderica Sophia Christiana, geb. den 25. Jenner 1761, die auch gleich darauf ins Kloster Ribnitz eingezeichnet worden ist.

53. Carl Gustav, Dänischer Major.

Carl Gustav, geb. 1702. Er starb zu Bützow als Dänischer Major den 2. Oct. 1779 in einem gesegneten Alter von 78 Jahren. Seine auch bereits verstorbene Gemahlinn war Hedwig Sophia, eine Tochter des Dänischen Stallmeisters Georg Friedrich von Hartzhausen, und Charlotte Amalia von Raben a. d. H. Stück. Von 12 Kindern, die er mit ihr gezeuget, sind zu erwachsenen Jahren gekommen, und mir bekannt geworden:

Sophia Charlotta, geb. den 3. Aprill 1744, ist zur halben Hebung im Kloster Dobbertin.

Anna Friderica Luisa, geb. 1745 und ins Kloster Ribnitz geschrieben, ist bereits gestorben.

Elisabeth, geb. den 6. Oct. 1746, genießet halbe Hebung aus dem Kloster Malchow.

54.

Christopher Detloff, geb. den 15. Oct. 1747, ist Premier-Lieutenant beym See-Etat in Dännemark.

Anna Elisabeth Friderica, geb. den 1. Jenner 1749, ist ins Kloster Ribnitz eingeschrieben.

55.

Johann Hartwig Victor Carl, geb. den 13. Oct. 1754, ist Premier-Lieutenant bey dem 2ten Fühnischen Cavallerie-Regiment. Und

Emilia Wilhelmia, geb. den 6. Aug. 1758, ist ins Kloster Ribnitz eingeschrieben. Und

Anna

Anna Friderica. Sie war 1707 ins Kloster Dobbertin geschrieben, und ist auch als Conventualinn daselbst gestorben.

Breitere Ausführung der Tabelle VII.

Von Joachim, dem Stifter dieser Linie ist schon im ersten Theil unter n. 67 ausführlich gehandelt worden. Er hatte drey Söhne:

Henning, von dem bald mit mehrerem. 1.

Reimar, von dem weiter nichts zu sagen, als daß er mit seinen Brüdern das Dorf Jessenitz an die Gebrüdere Johann und Hartwig von Bülow auf Wedendorf veräusserte. Und 2.

Hinrich. Dieser besaß mit seinen Brüdern einen Antheil von Zibühl und Jessenitz. Er 3. führte den Beynamen Splitt: Sehr wahrscheinlich leitet der Herr von Hoinkhusen dieses von seiner ihm etwa eignen Lebhaftigkeit und hurtigem Wesen her, indem man von einer Person, der in seinen Unternehmungen besonders feurig ist, zu sagen pflegt: he rit und splitt. Seine Frau hieß Adelheit, lebte 1438 im Wittwen-Stande, und machte in demselben Jahr durch Brief und Siegel kund, daß sie und ihr Sohn

Reimar dem unfern der Stadt Mölln belegenen Kloster Marienwolde und dem Vicarius zu 4. Wisel, wegen angeliehener 100 Mark, jährlich 3 Mark Rente aus dem Gute Pehlböcken verschrieben hätten, wie die Urkunde WWW mit mehrerem besaget. WWW

Obengedachter Henning auf Zibühl und Jessenitz wohnte 1438 in der Stadt Gadebusch, 1. wie aus der eben angezogenen Urkunde zu ersehen, seine darinn erwähnten Söhne hießen:

Joachim. Er kommt außerdem noch 1452 in der bald folgenden Urkunde YYY als Bey- 5. stand seines Bruders vor, und zwar in dem Streit, den dieser mit dem Bischofe zu Schwerin wegen einiger Fischereyen hatte. Mit seiner Gemahlinn Sophia von Perkentin a. d. H. Zecher hatte er nur eine Tochter

Margretha, die sich mit Gerd oder Eggerd von Negendank auf Eggersdorf vermählte.

Hartwig, von dem kommt weiter nichts vor. Und 6.

Hinrich. Dieser wohnte auf Zibühl und Krizow. Sein Siegel hat von Hoinkhusen an 7. einer Obligation von 1440 angetroffen, worinn die Zierrathen des Helms aus den mit goldenen Kugeln bezeichneten Büffelshörnern bestanden, zwischen welchen ein kleiner Vogel zu sehen war, woran man aber nicht eigentlich erkennen können, ob er einen Ring im Schnabel gehabt oder nicht. Im Jahr 1447 ertheilte ihm der Herzog Hinrich einen Lehnbrief über das ganze Kirchspiel Kladow, den Hof Krizow, das Dorf Viethusen nebst der Mühle, die Mühle zu Richtenberg und Gr. Pritz, siehe die Urkunde XXX. Mit dem Bischofe zu Schwerin lebte er wegen des Feldes Dretze, XXX des Bachs und des Sees zu Parum, wie auch des Sees zu Geetze im Streit, der 1452 durch die Schiedsrichter und verordnete Commissarien Claus Restorf zu Bolz, Vicke Vieregg zu Rossewitz und Lütke Molzahn zu Schossow entschieden und diese Stücke ihm zugesprochen wurden, wie die Urkunde YYY weiter zeiget. Aus dieser Urkunde ist auch zu ersehen, daß er das Theil der Zibühlschen Gü- YYY ter, wozu gedachte Stücke gehörten, von seinen Vettern geerbet oder sonst acquiriret habe, welches denn keine andere als Dankwards Söhne, Tab. I. n. 56, die ohne Erben gestorben, gewesen seyn können. Seine Gemahlinn ist nicht bekannt geworden, seine Kinder aber waren folgende:

Hans auf Prützen; er war schon 1460 gestorben, indem dazumal dessen Kinder, deren Na- 8. men

men unbekannt geblieben, zum Kriege, welchen die Landesherrn gegen die Stadt Lübeck führeten, zwey Pferde stellen sollten. Ich würde diesen Hans und seinen Bruder

9. Henneke für eine Person halten, wenn nicht N. J. von Beehr ausdrücklich meldete, daß 1467, als jener schon gestorben war, Henneke von Bülow auf Zibühl an Werner, Bischof zu Schwerin, für 200 Mark Stral-Münze einige jährliche Pächte aus Parum und Gülzow verkauft habe. Er giebt ihm Ilsabe von Rohr zur Gemahlinn und fängt mit ihm die Tabelle dieser Linie an. Dagegen macht von Hoinkhusen einen Namens Georg zum zweyten Stammvater dieser Linie. Da es hier darauf ankommt, was am wahrscheinlichsten ist, indem Latomus weder den einen noch den andern hat, sondern seine Tabelle dieser Linie allererst mit den Kindern von einem derselben anfänget; so trete ich meines Theils für dießmal dem Hoinkhusen bey, und nehme

10. Georg zum dritten Bruder an; denn theils hat er um diese Zeit gelebt, indem ihn Hoinkhusen im Jahr 1490 noch auf Zibühl wohnhaft angetroffen, theils hat er unstreitig eine Tochter gehabt, und folglich auch wol Söhne, hauptsächlich aber wird man auf der Tabelle finden, daß in der Folge von seinen beiden verheiratheten Söhnen Kinder vorhanden, wovon die Erstgebornen auch Georg oder Jürgen geheißen; nun war es damals, so wie mehrentheils noch ito, stark im Gebrauch, daß man die Kindeskinder nach ihren Großvätern nannte. Die Gemahlinn hat Hoinkhusen nicht nahmhaft gemacht, die Kinder aber sind folgende:

Anna, welche sich mit dem Meklenburgschen Rath Siegfried von Oertzen auf Gerdshagen und Roggow vermählte.

11. Hinrich auf Zibühl, Gülzow, Karchitz, Parum ꝛc. von dem bald weiter.

12. Georg, welcher in der Jugend starb, und

13. Hans auf Prützen ꝛc. von dem hiernächst mit mehrerem.

11. Jener, Hinrich, lebte 1492 abermal mit dem Bischofe zu Schwerin wegen des Parumer Sees und des dortigen Bachs im Streit, wie im Pap. Meklenb. p. 2517 ꝛc. zu lesen ist. Vorher aber gedenket seiner schon Thiel in der Beschreibung der Güstrowschen Domkirche pog. 21, wie er an Niclaus Peinen zur Schlepermesse eine Mark Stral, aus seinen Gütern zu heben, verkaufte; er war auch unter denen von Adel, welche sich beschwerten, daß die Capitularen und Geistlichen zu Güstrow übermäßige Zinsen von ihnen forderten, darauf der Herzog Albrecht die Sache dahin entschied, daß die Schuldner nicht mehr als sechs von hundert jährlich zu geben schuldig seyn sollten. 1506 findet man ihn in dem Verzeichniß beym Klüver P. I. p. 169 und Beylage UUUU, da er von Karchgeeß zum Lübschen Kriege 2 Pferde stellen sollte. Ob er unter denen Hinrichen mit befindlich, welche die Union unterschrieben, stehet dahin, indem zu der Zeit, sowol zu Simen als zu Plüskow und Harkensee, Hinriche gewohnt haben. Er muß das Gut Radum oder Gr. Raden im Amte Sternberg von denen Vettern dieser Linie zuerst an sich gebracht haben, weil man mit Gewißheit findet, daß seine Nachkommen dieses Gut besessen. Mit den Güstrowern gerieth er 1540 wegen der Fischerey in dem Bache, der aus dem Parumer See in die Nebel fließet, in Streit, und ist er bey der Gelegenheit auf der Grenze erschlagen worden. Durch die Gefälligkeit des Herrn Hofraths und Bürgermeisters Siberth in Güstrow habe ich, so weit es die verwirrten Acten erlauben wollen, einen Auszug diesen Vorfall betreffend erhalten, den ich in der Beylage ZZZ mittheile. Mit seiner heroischen Gemahlinn Anna, Hinrichs von Oldenburg auf Watmannshagen Tochter, Hoinkhusen nennet sie Elisabeth von Rohr a. d. H. Freienstein, hatte er gezeuget:

ZZZ

14. Georg oder Jürgen auf Zibühl, von dem bald mit mehrerem.

15. Hinrich, Hinrich auf Gülzow; er befand sich 1530 in der Suite des Herzogs Hinrich zu Meklen-
Kammerherr. burg, als derselbe zum Reichstage reisete, und war wahrscheinlich in dessen Diensten Kammerherr,

weil

weil er in den Proceß-Acten, wegen seines erschlagenen Vaters, also genennet wird, welchen Proceß er auch bis an seinen 1574 erfolgten Ableben gegen die Stadt Güstrow fortsetzte. Er vermählte sich nach Archivischen Nachrichten mit Cathrina von der Lühe a. d. H. Buschmühlen, und zeugte mit ihr:

 Ilsabe, welche sich mit Bernhard von Plessen auf Arpshagen, Ritter, Meklen-
  burgscher Geheimerrath und Oberster, vermählte.
Cord, der unvermählt verstarb.   16.
Hinrich auf Gülzow, Hohen-Pritz und Raden, dessen Gemahlinn war Eva von   17.
 Lepel, mit der er zeugte:
  Hinrich, welcher in jugendlichen Jahren verstarb, und   18.
  Joachim. Dieser wohnte 1628 und 32 pachtweise zu Hoppenrade, und   19.
   weiter weiß man von ihm nichts beyzubringen. Und
 Anna, an Hinrich von Rardorf auf Böhlendorf vermähl.
Bernd, kommt nach 1545 nicht weiter vor, und   20.
Diedrich, auf einen Theil von Rarchitz. Dieser zeugte mit einer Gans Edlen Frauen   21.
von Putliz nur eine Tochter
 Magdalena, die sich mit Diedrich von Molzahn auf Grubenhagen und Roth-
  spalk vermählte, welcher der erste Begüterte von Adel gewesen, der in Meklenburg
  die von dem sel. Luther verbesserte Religion angenommen.

Vorgedachter Georg oder Jürgen auf Zibühl, theilte 1544 nebst seinem Bruder   14.
Hinrich auf Gülzow mit den Vettern Hans und Jürgen Gebrüdern zu Prützen die Güter Kar-
cheez und Schönenwolde. 1545 führte er nebst seinen Brüdern mit der Stadt Güstrow wegen ihres erschlagenen Vaters, als eine Landfriedensbruch- und Achtssache, bey dem Reichs-Kammer-gericht einen Proceß, und ward hierauf zur gründlichen Untersuchung dieser Sache der Bischof von Havelberg zum Commissarius ernannt: Es muß aber diese Commission nicht zur Ausübung gekommen seyn, weil in der Folge kein Bezug weiter darauf genommen ist; vielmehr ist der Stadt Malchin vom Reichs-Kammergericht die Abhörung der Zeugen aufgetragen, und das Protocoll, das durch einen Päpstlichen Notarius geführet worden, ist noch im Güstrowschen Stadtarchiv vorhanden. Unser Jürgen lebte annoch 1581, und theilte die Güter Zibühl, Gülzow, Parium, Pritz, Schepkendorf und das Feld zum Dretze unter seine Söhne Levin, Diedrich und Joachim. Er zeugte mit Isabelle von Linstow:

 Anna, deren Gemahl ward Joachim von Cramon auf Borkow.
 Levin, Polnischer Geheimerrath. Er bekam in der väterlichen Theilung von 1581 auch   22.
seinen Theil in den Zibühlschen Gütern, und in Curland erwarb er sich das ganz beträchtliche Allo-   Levin, Pol-
dialgut Dondang nebst dazu gehörigen 10 Dörfern. Besonders besaß er auch in Meklenburg das   nischer Ge-
Gut Radum oder Raden, welches aber nach seinem etwa 1610 erfolgten Ableben, und da sich   heimerrath.
seine Wittwe und Kinder um selbiges und um die darauf haftenden Schulden nicht groß bekümmer-
ten, von den Creditoren an den nachherigen Landrath Matthias von Bülow auf Pokrent verpfändet wurde. Ich habe vordem geglaubt, siehe den ersten Theil p. 25, daß dieser Levin in Liefland eine Nachkommenschaft gestiftet habe, ich bin aber nachher eines bessern belehret worden, und
es muß daselbst, statt Liefland, Curland verstanden werden. Das, was ich von ihm bey dem von
Beehr und andern gefunden, ist folgendes: Er hat in seiner Jugend ungemein fleißig studiret, wie solches theils aus seiner nachhero bewiesenen besondern Geschicklichkeit, theils aus zweyen Schreiben, die der berühmte Hochlehrer zu Rostock Johann Caselius 1580 und 88 in Lateinischer Sprache

an ihn abgelaſſen, ſich ſattſam ergiebet. Im Jahr 1580 war er des Markgrafen Albrecht Friedrichs zu Brandenburg und Herzogs zu Preuſſen Rath, bis er, nach dem von Beehr in reb. Meclenb p. 1607, bey dem Könige Stephan Batori in Pohlen, und nachhero bey dem Könige Sigismund in Pohlen und Schweden als Geheimerrath ſich in Dienſte begab. Im Jahr 1594 gab er dieſem letzteren Herrn ein Conſilium, welches der ehemalige Profeſſor zu Roſtock David Chytræus ſo hoch geachtet, daß er es ſeiner Hiſtorie, Saxonia genannt, mit einverleibet hat. Dieſes Bedenkens und des Verfaſſers gedenket auch der bekannte Geſchichtſchreiber Samuel von Puſſendorff in ſeiner Einleitung zur Hiſtorie der vornehmſten Reiche und Staaten in Europa, und zwar in demjenigen Theil, welcher von Schweden handelt, woſelbſt er p. 490 alſo redet: „Herzog Carl hielte ſich immittelſt dem Anſehen nach neutral, und laurete darauf, wo dieſes Spiel hinaus wollte; und weil die Stände ſeiner Gewogenheit verſichert waren, widerſetzten ſie ſich des Königs Willen deſto kühner. Nun waren wol viele, die da ſahen, was dem Könige aus dieſem Handel erwachſen würde, niemand aber erkühnte ſich einen guten Rath zu geben; ohne ein Königl. Bedienter Levin von Bülow, ein ſehr gelehrter Mann, der aus Mitleiden gegen ſeinen Herrn ihm einen ſchriftlichen Rath dahin ertheilte: Er ſollte ſeinen Rath führen mit Einheimiſchen und nicht mit Fremden, weil jene um des Reichs Beſchaffenheit, dieſe aber nicht, wüßten, und wann ihn die Räthe um etwas fragten, ſollte er ihnen Reſolution ertheilen und nicht ſtillſchweigen. Die jetzigen Conjuncturen wären alſo beſchaffen, daß er entweder die Widerſpänſtigen mit Waffen zwingen, oder aus der Noth eine Tugend machen, und in ihr Begehren willigen müßte. Weil nun vor der Hand die Waffen keinen Platz hätten, ſollte er ſich kein Gewiſſen machen, die Evangeliſche Religion für ſich, aber nicht für ſeine Erben, zu conſtituiren, auch den M. Abraham als Erzbiſchof paſſiren, und ſich von ihm krönen zu laſſen kein Bedenken tragen, weil die Religion im Glauben, und nicht in Ceremonien beſtünde; Er ſollte ſich nicht zur Krönung begeben, bevor er die Streitigkeit mit den Ständen abgethan, weil Upſal der widrigen Parthey bequemer wäre, da er leichter etwas zu bewilligen könnte gezwungen werden; aber wann er die Krone weghätte, ſollte er ſich mit Waffen gefaßt machen, und das Schloß zu Stockholm einem treuen Manne vertrauen, dahin er ſich in dem Nothfall retiriren konnte, und immittelſt überall Spionen ausſchicken, zu erfahren, was die Schweden im Sinne hätten.“ Allein an dieſen Rath kehrte ſich König Sigmund nicht, da es dann auch ſchlecht für ihn ausfiel. Im folgenden Jahr 1595, als er von ſeiner bey dem Kaiſer Rudolph verrichteten Geſandſchaft zurück gekommen, hat er dem König Sigismund noch ein anderes Conſilium gegeben, wie nämlich ein Bündniß mit dem Kaiſer gegen die Türken ſchließen ſollte, welches nebſt dem vorigen von David Chytræus in demſelben 1595ſten Jahre zu Roſtock beſonders zum Druck befördert worden, und zwar, wie er ſchreibet, zum Exempel für alle rechtſchaffene Miniſter. Seine Gemahlinn war Dorothea von Köſſeler (vielleicht Köhler) mit der er zeugte:

Eliſabeth, die ſich an den Oberſten Johann von Dänhof vermählte.

23. Hinrich, ſtarb etwa 1632, indem eben gedachte Schweſter mit ihrem Eheherrn in dieſem Jahr ihrem jüngſten Bruder eine Quitung dahin ausſtellte, daß ſie, ſowol wegen ihres Väterlichen und Mütterlichen, als auch der brüderlichen Erbſchaft halber, völlig abgefunden, und an die Dondangiſchen Güter nicht weiter zu prätendiren hätte. Und

24. Friedrich, Curländiſcher Landrath.

Friedrich, Piltenſcher Landrath, auf Dondang. Dieſer verglich ſich 1635 nach dem Tode ſeines einzigen Bruders mit ſeiner einzigen Schweſter wegen des Guts Dondang. Im Jahr 1651 den 13. Junii machte dieſer Landrath wegen ſeiner Güter eine gerichtliche Diſpoſition, nach welcher er ſeine noch lebende Tochter

anderer

anderer Ehe Margretha Elisabeth zur Erbinn und Nachfolgerinn in die Dondanzischen Güter verordnete; bis sie zu mündigen Jahren gekommen, sollte ihre Mutter Anna Sibilla von Sacken, und auch, falls sie eher versterben sollte, nach ihrem Tode die vollkommne Beherrscherinn dieser Güter seyn. Dieser Fall trug sich würklich zu, und obgleich der Sohn der Tochter ersterer Ehe, einer von Recke, hiegegen und überhaupt gegen die großväterliche Disposition manches einwendete, so ist die Wittwe unsers Landraths dennoch im Besitz der Güter geblieben, und brachte, da sie, nach dessen den 10. Junii 1652 erfolgtem Absterben, sich wiederum mit dem Präsidenten Otto Ernst von Mandel auf Zierau vermählte, diese schönen Güter in diese Familie: Wie aber die Söhne des Präsidenten keine Erben hatten, so vermachte der Landrath von Mandel, als der Letztlebende, die Güter Dondang an seine älteste Schwestertochter Anna Sibilla, und das Gut Zierau an die jüngste Cathrina Elisabeth, des baldfolgenden Oberstlieutenants David von Bülow Töchter. Nachdem nun jene sich mit dem Canzler von Sacken vermählte, und ihm diese Güter verließ, er aber ohne Erben verstarb, so erbte solche sein Bruder der Oberstlieutenant Johann Ulrich von Sacken, der ein Vater war des itzigen Herrn Besitzers, des Reichsgrafen und ehemaligen Sächsischen jetzt Preußischen Geheimen Etats- und Kriegesministers von Sacken genannt Osten.

Die erstere Gemahlinn unsers Landraths ist mir nicht bekannt geworden, er zeugte mit ihr, wie gedacht,

 Eine Tochter, die sich an einen von Reck vermählte, und ihm 37000 Fl. mitbrachte, hiezu vermachte ihr Vater, nachdem sie bereits vor ihm verstorben war, in seinem Testament ihrem Sohn annoch 40000 Fl. Ihre Halbschwester war die bereits erwähnte

 Margretha Elisabeth, die kurz nach ihrem Vater den 4. März 1653 in unvermähltem Stande verstarb.

Diedrich bekam zwar in der väterlichen Theilung auch seinen Theil in den Zibühlschen Gütern, er erstach sich aber, wie Latomus berichtet, nachhero selbst.   25.

Georg oder Jürgen, stand als Rittmeister in Diensten, ward 1581 in Over-Yssel in den Niederlanden gefangen, und starb bald darauf in der Gefangenschaft.   26.

Christopher; bey der väterlichen Theilung 1581 kommt er nicht vor, wo er der Zeit sich aufgehalten, ist unbekannt geblieben. Indessen führet N. J. von Behr von ihm an, daß seine Gemahlinn und Wittwe Cathrina von Dewitz sich 1604 mit ihren Schwägern Levin und Joachim wegen der ihm zukommenden Erb-Portion verglichen habe. Und   27.

Joachim. Er wohnte auf Zibühl, und gehörte ihm unter andern Gütern, in Gemeinschaft mit seinem Bruder Levin, auch das Gut Radum oder Radem itzo Gr. Raden genannt. 1594 ward er, nebst andern, von der Stift-Schwerinschen Ritter- und Landschaft zum Einnehmer der Türken-Steuer in Vorschlag gebracht, worauf Herzog Ulrich ihn und Levin von Vieregg zu Wokrent zu Aufsehern derselben erwählte, siehe die zweyte Fortsetzung der actenmäßigen Nachrichten von 1749 Beylage 73. Im Jahr 1602 ward ihm von dem Herzog Ulrich, dem Stifter mancher guten Ordnung, das entworfene Lehnrecht zugesandt, um solches mit Joachim von Bassewitz, Dompropst zu Schwerin, Eccard Hahn zu Arensberg, Vicke Bülow zu Harkensee, Cuno Halberstadt zu Gottesgabe, Henning von Stralendorf zu Preensberg, Clemens Wangelin zu Vielist, Henning Penz zu Redevin, Vollrath von der Lühe zu Schulenberg, Christopher Hagen zu Haushagen und   28.

u   Matthias

Matthias Linstow zu Bellin aufs genaueste zu erwägen, die Zweifel anzumerken, und was noch etwa ermangele beyzufügen, Tornow de Feudis Meclenb. P. I. p. 3. Im Jahr 1621 war er schon gestorben. In Curland hat man ihn in so fern mit dem no. 46 vorkommenden Joachim auf Prützen und Karchitz verwechselt, daß man ihm unrecht Johann auf Prützen und Lucia von Molzahn, als Aeltern, beylegt, und von Hoinkhusen nennet ihn Landrath, und gibt ihm auch Cathrina von Dewitz zur Gemahlinn, welches beides falsch ist; er hat vielmehr zwo andere Frauen gehabt, und zwar erstlich, nach einer auf sie gehaltenen Leichenrede, Elisabeth, eine Tochter von Magnus von Peckatel auf Gevezin und Glambeck, und Anne von Bülow a. d. H. Prützen und Karchitz, geb. 1574, vermählt 1590 und im Kindbette gestorben 1594 den 16. Febr.; hernach Margretha von Walsleben, die sich nach Joachims Tode wiederum mit Christoph von Molke zum Stritzfeld vermählte. Die erstere hinterließ

29.   **Georg Magnus**, von dem bald ein mehreres; die letztere:

           Ilsabe und **Margretha**, von denen man nur die Namen weiß, und

30.   **Otto**. Dieser wohnte 1628 auf Hohenpritz und starb den 4. Aug. 1638. Seine Gemahlinn war Margretha von Oertzen. Von Beehe giebt ihm

31.   **Jasper** zum Sohn, der 1644 gelebt haben soll, und der Herr Hofrath Evers hat in den Schwerinschen archivischen Nachrichten noch einen gefunden, womit auch die Curländischen Tabellen übereinstimmen, als

32.   **Joachim Christoph**. Von beiden weiß man weiter nichts, und sind vermutlich ohne Erben gestorben.

29. Gedachter **Georg Magnus** wohnte 1621 auf Zibühl, wie das Roßdienst-Register in der von Warburgschen Geschichte Beylage V zeigt, hernach erhandelte er, vermuthlich weil er jene abgestanden, im Jahr 1623 von Berend Lütke von Holstein auf Möllenhagen um 20000 fl. die in der Gegend Penzlin belegenen Güter Kl. Lukow, das Dorf Ave und einen Theil in Puchow und Gr. Luckow. Er überließ aber 1636, mit Bewilligung seines Bruders Otto, gedachte Güter wiederum an seinen Verkäufer, erwähnten von Holstein, für 13000 Gulden, und reservirte sich bloß den Antheil in Puchow. Wie lange er nun hieselbst gewohnet, ist unbekannt, indem nur so viel aus dem Schwerinschen Archiv erhellet, daß über diesen Hof ein Concurs entstanden, und 1646, wie er schon todt gewesen, der Distributions-Abschied erfolget ist. Das waren die betrübten Folgen des 30jährigen Krieges! Er hatte nicht allein denselben mit allen seinen Grausamkeiten ausstehen müssen, sondern am Ende war er auch gezwungen, seine Güter noch oben ein mit sichtlichen Schaden zu verkaufen, und den kleinen Rest endlich auch in fremden Händen zu sehen. Da nun bey diesen widrigen Verhängnissen unserm Georg Magnus sein Vaterland nicht anzüglich bleiben konnte, so sind die von Plothofsche Familien-Nachrichten, und die, welche ich aus Curland durch die Frau von Hahn geb. von Bülow erhalten, wol gewiß genug, wann daraus zu bemerken, daß er sein Vaterland verlassen, und sich ins Brandenburgische zu seiner Frauen Freunden begeben habe. Es sind mir diese Nachrichten um so viel angenehmer gewesen, weil dadurch die Abstammung einiger recht großer Männer unsers Namens der Familie bekannt werden, wornach man hiesigen Orts sonst auf immer vergebens würde geforscht haben, indem auch die Nachkommen des Bruders unsers Georg Magnus, folglich das Zibühlsche Haus im engern Verstande, hier zu Lande vorlängst ganz ausgegangen, mithin auch die Archive schweigen. Jetzt nenne ich mit Ueberzeugung seine Gemahlinn, sie hieß Anna, und war eine Tochter des Brandenburgischen Landes-Hauptmanns David von Lüderitz auf Nackel, Segeletz und Drez im Ruppinschen Kreise, und Dorothee von Cölln a. d. H. Gr. Grabow, womit er zeugte:

                                                         Dorothea

Dorothea Elisabeth, die sich mit Wolf Diedrich Brand von Lindow auf Wiesenburg bey Belzig ohnweit Wittenberg vermählte.

Hedwig Maria. Sie ward die Gemahlinn von Sebastian Christian Edlen von Plotho auf Grabow. Und

David, geb. 1641 den 17. May. Er zeigte in seiner frühesten Jugend einen besondern Trieb zum Studiren, besonders zu den Staats-Wissenschaften, und ward daher von seinen Freunden unterstützt, daß er Universitäten besuchen und in verschiedene fremde Länder reisen konnte, da er dann auch 1663 nach Curland zu seinem Vetter, dem Piltenschen Landrath Friedrich von Bülow auf Dondangen, zum Besuch kam, und Gelegenheit fand, am Curländischen Hofe einige Jahre die Stelle eines Kammerjunkers zu bekleiden. Weil er sich aber nunmehro entschlossen hatte, in Kriegsdiensten sein Glück zu versuchen, so ging er nach erhaltener Beurlaubung nach Polen, und ward unter dem damaligen Obersten nachherigen Woiwoden Völkersam Capitain, hierauf Major unter dem Obersten von Löbel in Bialowzirke. Hier mußte er ein sehr widriges Schicksal erdulden, indem er 1672 in einem blutigen Scharmützel mit den Crimmischen Tartaren nach einer tapfern Gegenwehr übermannet, und nach der Tartarischen Hauptstadt Baktschisaray gebracht wurde. Nach dreyjähriger ausgestandenen schweren Gefangenschaft verordnete endlich der König von Polen, daß er gegen andere Gefangene sollte ausgewechselt werden; als nun aber die Tartarische Parthey, welche die Gefangene mit sich führte, sich den Polnischen Grenzen näherte, fügte es sich, daß der Saporowische Feldherr Schirko selbige überfiel, und gänzlich schlug, da er denn zwar der grausamen Gefangenschaft entledigt, aber doch noch ein viertheil Jahr auf Saparowa unter den Cosaken aufgehalten ward, bis er endlich 1675 seine völlige Freyheit erhielte, und über Kiow zu Bialowzirke wiederum anlangte: Nun ward er Oberstlieutenant, und wohnte als solcher noch vier Jahr viele Feldzüge und Schlachten mit so vielem Ruhm als Tapferkeit bey, worauf er das gefahrvolle Kriegswesen verließ, sich wieder nach Curland wendete und daselbst die Güter Abaushof und Bassen pfändete, woselbst er auch 1692 gestorben ist. 1679 vermählte er sich mit Maria, eine Tochter des Präsidenten und Kammerherrn auch Starosten des Piltenschen Kreises Otto Ernst von Maydel auf Zierau, und Marie von Raurer, und nach deren Absterben zum zweytenmal 1687 mit dem Frey-Fräulein Charlotta Sibilla, eine Tochter des Barons Johann Sigmund von Kettler auf Essern und Amboten, und Anne Cathrine Gräfinn von Dänhof. Mit der ersteren Gemahlinn zeugte er:

33. David, Polnischer Oberstlieutenant.

Anna Sibilla, die sich 1699 den 28. Oct. mit Ewald von der Osten genannt Sacken, Canzler und Oberrath, auch Erbherrn auf Bahten, Lehnen ꝛc. vermählte und ihm das von ihrem Mutterbruder geerbte Gut Dondangen zubrachte. Und

Catharina Elisabeth, die sich gleichfalls 1699 einen Tag nachher dem Oberhauptmann zu Goldingen, Erbherrn auf Stricken auch Lehnherren auf Cabillen Otto Friedrich von Beehr beylegen ließ, und das von ihrem Mutterbruder dem Landrath von Maydel geerbte Gut Zierau auf ihre Kinder vererbte. Mit der zweyten Gemahlinn zeugte er:

Juliana Eleonora; ward die Gemahlinn des Piltenschen Landraths Emmerich Johann von Mirbach auf Pussenecken.

Charlotta Sibilla, die sich mit dem Hauptmann zu Durben Friedrich Casimir von Korf auf Paddern und Neu-Autz vermählte; und

Friedrich Gotthard, geb. 1688, auf Ugahlen und Schonden, Königl. Polnischer Geheimerath und Conferenz-Minister, Truchseß der Woiwodschaft Braclav. Nach des Buchholzen Geschichte von Brandenburg P. V. p. 104 ward er zuerst 1726 dadurch bekannt, daß er die Wahl des Grafen Moriz von Sachsen zum Herzoge von Curland, wie er als Curländischer Abgeordneter

34. Friedrich Gotthard, Poln. und Sächsischer Geheimerrath und

Conferenz-Minister. zu Dresden war, einfädelte. Im Jahr 1730 den 22. Sept. ernannte ihn der König Friedrich August von Pohlen zu dero würklichen Geheimenrath, und 1731 empfing er auf Königl. Befehl als Plenipotentiarius des Herzogs Ferdinand von Curland und Semigalien von dem Könige und der Republik Polen die Belehnung dieser Herzogthümer. Wie er vor dem Thron anlangte, machte er zu dreyenmalen eine tiefe Verbeugung, der König zog den Hut ab, setzte ihn aber gleich wieder auf; darauf kniete er auf die unterste Staffel des Thrones, und hielte eine zierliche Lateinische Rede, die ihm von dem Unterkanzler beantwortet wurde: Darauf nahm der König von Letzterem die Lehns-Fahne, und überreichte durch Uebergebung derselben an den Bevollmächtigten die Lehne, welcher selbige knieend in der rechten Hand hielte, während der Kron-Unterkanzler abermal eine kleine Rede vorbrachte. Der Bevollmächtigte stand auf, betrat die erste Stufe, wo er abermal niederkniete, die Finger auf das Evangelienbuch legte, welches der Kron-Referendarius in des Königs Schooß hielte, und den Lehnseid in seines Herrn Principals Seele abschwur, da er indeß die Lehnsfahne in der linken Hand hielte. Der Eid fing sich so an: Ego Fridericus Gotthardus a Bülow S. R. Maj. Intimus Consiliarius Belli, Pocillator Palatinatus Braclaviensis, Illustrissimi Principis Ferdinandi Curlandiæ et Semigalliæ in Livonia Ducis, pro præstando homagii et recipienda investitura, Legatus et Plenipotentiarius, nomine et mandato in animam ejusdem Illustrissimi Ducis juro etc. Diese Handlung beschloß sich mit einer Danksagungs-Rede und deren Beantwortung durch den Kron-Unterkanzler. Wer hievon etwas ausführlicher und auch obgedachte Reden lesen will, den verweise ich auf Pfeffingers Br. Lün. Historie P. II. p. 261 u. f. f.

Im Jahr 1734 war er Polnischer und Churfächsischer Gesandter am Russischen Hofe, und ward in selbigem Jahr Conferenz-Minister. Wie sich 1741 der König von Polen als Churfürst von Sachsen um die Kaiser-Krone bewarb, ward er zu dem Ende nach Berlin gesandt, und abermals dahin 1743. Hiernächst brachte er 1745 als Sächsischer Minister den Frieden zwischen Preußen und Sachsen zu Dresden zu Stande, und endlich starb dieser große Staatsmann 1768 den 26. April zu Merseburg im hohen Alter. Er hatte sich 1710 vermählt mit Anna Catharina, eine Tochter des Starosten, Polnischen Kammerherren und Obersten Georg von Firks auf Lehsten und Alt-Autz, und Marie Luise Barronne von Kettler a. d. H. Essen, sie starb 1714 den 19. Septemb. im Wochenbette, nachdem sie ihren Gemahl beschenkt hatte mit

35. Friedrich, Kaiserl. General-Feldzeugmeister, Geheimerrath und Ritter. Friedrich, geb. 1711 den 12. Aug., starb den 19. Junii 1776 unvermählt zu Brüssel als Kaiserl. Königl. General-Feldzeugmeister. Er begab sich zuerst 1733 in Diensten, 1751 ward er Oberster, 1758 Ritter des Militairischen Marie Theresien Ordens, wegen des bey Liegnitz bezeigten tapferen Betragens; 1767 General-Feldmarschall-Lieutenant, und endlich 1770 General-Feldzeugmeister, zugleich ward ihm das General-Militair-Commando in den Oestreichischen Niederlanden übergeben, und auch von Ihro Römisch-Kaiserl. Majestät dem jetzt regierenden Kaiser wegen seiner 37jährigen unermüdet geleisteten Kriegsdienste zu Dero würklichen Geheimenrath allerhuldreichst ernannt.

36. Ulrich, Major. Ulrich, geb. 1713, begab sich ebenfalls 1733 in Kaiserl. Dienste, und starb frühzeitig 1742 als Major an einer tödtlichen Blessur. Und

Juliana Eleonora, geb. 1714 den 15. Sept. Sie vermählte sich 1735 den 22. Febr. zum erstenmal mit dem Curländischen Landschafts-Ober-Einnehmer Ewald von Beehr auf Zierau, Austern, Cabillen und Stricken,, und wie dieser 1750 den 19. Junii verstarb, zum zweytenmal 1760 den 17. Aug. mit dem Curländischen Hauptmann zu Candau Christopher Philipp von Hahn auf Postenden und Kalitzen ꝛc., welcher sie 1766 den 6. Dec. abermal als Wittwe hinterließ, und lebt diese Dame, als die Letzte ihres Hauses, noch jetzo zu Groß-Dserwen in Curland.

Oben

Oben erwähnter Hans wohnte auf Prützen und Ratcheetz ꝛc. Er war 1506 schon gestorben, weil nicht er, sondern seine Kinder zum Lübschen Kriege Mannschaft stellen sollten. Seine Gemahlinn war Dorothea, eine Tochter von Claus Hahn auf Kuchelmiß und Basedow, und Margrethe von Kardorf a. d. H. Schabow, mit der er zeugte:

    Anna und Margretha, von denen man nicht weiß, ob sie vermähle gewesen.

    Matthias blieb vor Gröningen.   37.

    Georg. Er und sein Bruder Hans theilten sich 1541 die Güter Ratcheetz, Prützen,   38.
Schönwolde, Mühlengeetz und Boldebuck, weil aber nachmals ein Streit unter ihnen wegen
Ratchgeetz und Schönwolde entstand, so verglichen sie sich zwar 1544, die Uneinigkeiten wuchsen aber zuletzt zu einer solchen Größe, daß dieser Jürgen darüber sein Leben einbüßete, doch lebte
er noch 1560, weil er die verwilligte Landessteuer der Zeit entrichten sollte. Mit seiner Gemahlinn
Ilsabe, eine Tochter Lippolds von Bredow auf Reinsberg, und Margrethe Edlen von Plotho,
andere nennen sie Sundershausen, zeugte er folgende Kinder:

      Anna, die sich 1584 mit dem Meklenburgischen Landrath Claus von Oldenburg   Anna, Hofmeisterinn.
auf Vietgest und Gremmelin vermählte, und nach dessen 1591 erfolgtem Absterben bis 1603, da sie gleichfalls verstarb, bey des Herzogs Sigmund August von
Meklenburg-Strelitz und Stavenhagen Gemahlinn Clara Maria Hofmeisterinn war.

      Ilsabe, geb. 1551. Sie war die Gemahlinn von dem Pommerschen Hof- und Landmarschall, nachherigen Meklenburgischen Landrath, Hartwig von Molzahn,
und starb 1606 zu Vanselow.

      Hans, der 1574 lebte, weiter ist nichts von ihm bekannt. Und   39.

      Ulrich auf Prützen und Schönwolde. Er lebte 1582 und hatte Anna, eine Tochter   40.
des Meklenburgischen Geheimenraths Georg von Wackerbarth auf Katelbagen
und Moisall, und Ursule von Vieregg a. d. H. Weitendorf, zur Gemahlinn, mit
der er zeugte:

         Ilsabe, welche sich mit Jürgen von Wopersnow auf Reetz und Damelow vermählte.

         Jürgen auf Prützen, dessen Gemahlinn war Anna Maria, eine Tochter   41.
Joachims von Eichstätt auf Wollin und Roblenz, und Ursule von
Blankenburg a. d. H. Wulfshagen, mit der er unbeerbt blieb, und daher
Gelegenheit nahm Prützen an Gerd von Cölln zu verkaufen. Und

         Cord gleichfals auf Prützen. Dieser Gebrüdere Vormund Joachim von   42.
Bülow auf Zibühl n. 28 nahm, mit Genehmigung des Mitvormundes
Hardenack von Wackerbarth auf Katelbagen und Moisall, deren halbes
Gut Prützen im Jahr 1591 pfandsweise an sich. Im Jahr 1616 ward
selbiges wiederum auf 20 Jahr an Joachim von Bülow auf Ratcheetz n. 46 verpfändet, bis es endlich gedachtermaßen an Gerd Cölln
kam. Dieser Cord ist übrigens unvermählt gestorben. Und

    Johann oder Hans auf Krigow, Prützen und Ratcheetz. Im Jahr 1543 gaben er   43.
und sein Bruder Georg oder Jürgen bey dem Herzoge Magnus von Meklenburg, als Administrator
des Stifts Schwerin, wegen beeinträchtigter Fischerey auf dem Parumer See, eine Supplik ein.
Es ist bereits bey seinem Bruder angeführet, daß, der vielen Communionen halber, der Unwille unter ihnen so weit gegangen, daß dieser Hans das Unglück hatte, seinen Bruder zu erschießen, worauf

er

er nach Ungarn geflüchtet, und daselbst von einem Bauern gleichfalls entleibet seyn soll. Er hatte sich mit Lucia, eine Tochter Lütkens von Molzahn auf Grubenhagen und Raden im Amte Güstrow, und Anne von Alvensleben a. d. H. Kalbe verheirathet, und mit ihr gezeuget:

  Anna, die sich mit Magnus von Peckatel auf Gevezin und Glambeck vermählte.

  Lucia, ward die Gemahlinn von Hinrich von Bibow auf Mollensdorf, Kaiserl. Obeester; der geboren war 1538, und 1589 verstarb.

  Catharina, ward an Moritz von Rardorf auf Pankow, Remmelin und Poggelow verheirathet, der 1597 gestorben ist.

44.   Johann, blieb in Frankreich.

45.   Diedrich, blieb in den Niederlanden. Und

46.   Joachim auf Karcheetz, Prützen und Kritzow, geb. 1549. Er ward 1589 zum Provisor des Klosters Dobbertin in Joachims von Below Stelle erwählet. Im Jahr 1606 pfändete er das halbe Gut Prützen von seinen kurz vorher vorgekommenen Vettern Jürgen und Cord, und starb den 19. März 1616; da er denn in der von ihm neugemachten Grabstätte zu Karchitz beygesetzt ward. Er hatte sich 1573 vermählt mit Anna, eine Tochter Christophs von Cramon auf Borkow und Dorothee von Below a. d. H. Klink und Rossentin, welche 1560 geboren war, und 1625 mit Hinterlassung folgender Kinder verstarb:

  Lucia, geb. 1576. Ihr Gemahl war der Meklenb. Amts-Hauptmann zu Stavenhagen Gerd von Cölln auf Gr. Grabow, Hoppenrade und auf einem Theil von Prützen. Man hat geglaubt, daß deren Tochter Leveke Dorothea, verehligt an den Landrath Hinrich von Levetzow auf Mistorf, die letzte ihres Geschlechts, wenigstens der Meklenburgischen Linie, gewesen sey. Allein der bekannte Polnische Geheime Kriegsrath von Krohn hat in seinem Adels-Lericon P. 1. p. 153 den Bruder des gedachten Gerd von Cölln, den er Jost Agnet nennet, wiederum aufleben lassen, und von ihm angeführet, daß, wie die Meklenburgischen Güter dieses Geschlechts nach dem dreißigjährigen Kriege in Concurs gerathen, er sich eine Zeitlang in der Reichs-Stadt Cöln unter dem angenommenen Namen Wagemann verborgen aufgehalten, und, wie seine Umstände sich verbessert, sich wiederum unter seinem rechten Namen hervorgegeben, eine Fräulein von Demarets geheirathet, und seinen Stamm fortgesetzt hätte. Es ist aber bey solchen Gelegenheiten mit bloßen Erzählungen nichts ausgerichtet, sondern der Herr von Krohn hätte wohl gethan, wann er hievon einige nähere Beweise beygebracht hätte, die von größerer Autorität als seine Worte wären.

47.   Diedrich, von dem bald ein mehreres.

48. Christoph, Meklenb. Stallmeister und Amts-hauptmann.   Christoph auf Karkgeetz und Prützen, geb. 1580. Er studirte zu Rostock, Frankfurt und Helmstätt, ward Meklenb. Hofjunker, zuletzt Stallmeister und Hauptmann zu Sternberg, und starb in seinen besten Jahren 1618. Seine verlobte Braut ist gewesen Abel, eine Tochter Jaspers von Gerzen auf Gerdshagen und Roggow, und Wittwe von Valentin von Plessen auf Hoickendorf. Latomus und nach ihm N. J. von Beehr geben ihm Elisabeth, Diedrichs von Bevernest auf Lüsewitz und Dorothee von Stralendorf Tochter, zur Gemahlinn. Da Latomus zu seiner Zeit gelebt hat, so hat dieß vielen Glauben, allein besonders ist es, daß in seiner Leichenrede ihrer gar nicht gedacht wird. Und

  Dorothea, geb. im Juny 1591, gest. den 30. Sept. 1627. Sie ward 1608 die Gemahlinn des Meklenb. Gemeinenraths und Amts-Hauptmanns zu Güstrow und Schwan Otto von Preen auf Wehnendorf und Vietow, und eine Mutter von dem nachherigen Meklenburgischen Superintendenten des Stargardischen Kreises Adolph Friedrich von Preen.

  Kurz vorher genannter Diedrich war den 3. Dec. 1578 geboren, und ein sehr wohlhabender

der Mann. Er besaß Kriwow, Karchiw, Gülzow, Prüwen, Hohen-Priw, und Dambeck. 1619 huldigte er den Herzogen Adolph Friedrich und Hans Albrecht; 1610 hatte er Hoffnung mit dem Amte Dömiw von der Landesherrschaft investiret zu werden, es ging aber aus höchstwichtigen Ursachen nicht vor sich: Dagegen acquirirte er in demselben Jahre von den Gläubigern des Vicke von Bülow auf Rensow das Gut Dambeck im Amte Schwerin, verkaufte es aber 1625 wieder an Joachim von der Lühe, und 1620 verpfändete er sein in Karchiw habendes Antheil an Lorenz Klevenow aus Güstrow. Wie unser Diedrich die von Wedel aus Pommern heirathete, gab er dadurch Gelegenheit, daß zwischen den Herzogen zu Pommern und Meklenburg, wegen des Abschuß-Geldes von den Erbgütern, 1612 ein Vergleich getroffen, und der sonst geforderte Zehente in Ansehung der von Adel beider Länder aufgehoben wurde, wie solches hin und wieder, und auch im Frank Libr. XII. p. 170 zu lesen ist. Sein Name und Wapen ist auf dem großen Saal zu Rehna befindlich, und hat er noch 1628 gelebet, wie aus dem Hufen-Cataster beym Klüver P. I. p. 196 zu sehen. Er hatte sich zweymal vermählt, 1) mit Anna, eine Tochter des Sachsen-Lauenburgischen Statthalters Bartold von Perkentin auf Zecher, und Catharine von Daldorf a. d. H. Woteresen; 2) mit Maria, eine Tochter Joachims von Wedel auf Blumberg in Pommern, und Dorothee von Arnim a. d. H. Zigow. Mit jener zeugte er:

- **Barteld**, der unbeerbt gestorben; mit dieser 49.
- **Joachim Christoph** und 50.
- **Levin Otto**, die beide gleichfalls nicht beerbt gewesen. Und 51.
- **Hans Diedrich auf Kriwow**. Schon bey Lebzeiten seines Vaters bewohnte er Kriwow, 52. und kommt unter dem Namen Hans in dem Hufenregister von 1628 beym Klüver Tom. I. p. 185 vor. Er vermählte sich mit Leveke Maria, eine Tochter des Landraths und Landmarschalls Diedrich von Molzahn auf Klaber, Teschow und Caarsdorf, und Marie von der Streithorst a. d. H. Zieten in der Mark Brandenburg; andere nennen sie irrig Ilsabe vom Berge a. d. H. Garz und Lindhorst im Lüneburgischen, dieß war aber die Mutter von Diedrich von Molzahn, und ist die Irrung wol daher entstanden, daß dessen Vater auch Diedrich geheißen. Er zeugte mit ihr:
    - **Hans Diedrich**, der jung verstarb. 53.
    - **Joachim Christoph**, von dem bald mit mehrerem. 54.
    - **Adolph auf Kriwow**, welcher sich 1682 zwar mit Gertrud Cathrina, eine Tochter 55. Alexanders von Elvers vermählte, aber ohne mit derselben beerbt zu seyn verstarb.
    - **Friedrich Joachim**, von dem man außer den Namen nichts antrifft. 56.
    - **Victor Otto**, von welchem zuletzt Erwähnung geschehen soll, und 57.
    - **Anna**, geb. den 15. Oct. 1673. Sie starb 1698, nachdem sie sich ein Jahr vorher mit Ulrich Ernst von Winterfeld auf Tieplitz verheirathet hatte.

Eben erwähnter **Joachim Christoph** erhielte nach Abgang seines Bruders Adolph 54. das Gut Kriwow, und ward nebst seinem Bruder Victor Otto 1699 von dem Herzog Friedrich Wilhelm aufs neue damit investiret. Er vermählte sich zum erstenmal mit Barbara Margretha, eine Tochter Davids Friedrich von Raland auf Rey, und Elisabeth Sophie von Zepelin a. d. H. Türkow, und nach deren erfolgtem Ableben zum andernmal mit Ilsabe Hedwig, eine Tochter des Französischen Majors Hartwig von Wackerbarth auf Lunow, und Dorothee von Hagen, sonst Geist genannt, a. d. H. Gröningen im Braunschweigischen, die 1716 verstarb. Die Kinder der ersten Gemahlinn sind:

Alexander Adolph auf Kriwow, Hauptmann. Er vermählte sich mit der Wittwe 58. eines von Kliwing auf Gorschendorf Namens Anna Juliana, eine Tochter Hinrich Christophers von Grabow auf Suckwitz, und Anne Elisabeth von Koppelow a. d. H. Möllenbeck, welche sich nach seinem Tode 1734 zum drittenmal mit Carl Ludewig Gustav von Riebe auf Weseln vermählte, und hierauf 1773 zu Briggow verstarb. Sie und ihrer Kinder Vormünder verpfändeten 1735 das Gut Krizow an den Hauptmann nachherigen Oberstlieutenant Georg Ulrich von Bülow aus dem Jung-Prüzner Hause aus der Plüskowschen Linie. Unser Alexander Adolph zeugte mit ihr:

59. Jürgen Jobst Hinrich, welcher 1756 als Preußischer Lieutenant verstarb.

Sophia Margretha Elisabeth, wohnet annoch unverheirathet in Sternberg. Und

Anna Friderica Wilhelmina, welche 1732 ins Kloster Dobbertin eingezeichnet ward, sich aber nachher an Claus von Pressentin auf Sieten vermählte, und 1779 als dessen Wittwe in Sternberg gestorben ist.

Maria Elisabeth starb als Conventualinn des Klosters Malchow, und

Anna Sophia, die unvermählt gestorben.

Mit der zweyten Gemahlinn zeugte Joachim Christoph:

60. Diedrich Hartwig. Er wohnte anfangs auf Krizow, überließ aber 1732 seinem Bruder Alexander Adolph dieses Gut. Er starb hiernächst in einem 70jährigen Alter ohne mit seiner Gemahlinn Anna Sibilla Cathrina von Degingk a. d. H. Zaschendorf beerbt zu seyn.

57. Vorher gedachter Victor Otto besaß das ehedem mit Krizow combinirt gewesene Gut Rölpin, und vermählte sich mit Gertrud Catharina, eine Tochter Joachims von Braun aus Pommern, und Marie von Wulfrath, welche den 10. Jenner 1721 verstarb, nachdem sie folgende Kinder geboren:

61. Joachim Diedrich, Mecklenb. Major.

Joachim Diedrich, war Major in Meklenburgischen Diensten, und verkaufte das Gut Rölpin an den obgedachten Oberstlieutenant Georg Ulrich von Bülow, der bereits Krizow gepfändet hatte. Er vermählte sich mit der noch itzo als Wittwe in Parchim lebenden Anna Dorothea, einer Tochter des unter der Russischen Garde gestandenen, und in einem Sturm vor Schlüsselburg gebliebenen Majors von Gast, und Anne von Lizko, mit der er zeugte:

62. Carl Leopold, welcher als Capitain unter der Preußischen Garde bey Hohen-Friedberg geblieben.

Carolina Christina, Anna Margretha und Luisa Wilhelmina leben noch unvermählt zu Parchim bey ihrer Mutter.

Elisabeth Dorothea ist gestorben.

63. Immanuel Friedrich, Mecklenb. Oberstlieutenant und General-Adjutant.

Immanuel Friedrich ist Oberstlieutenant und General-Adjutant in Meklenburg-Schwerinschen Diensten. Er kaufte von dem jetzigen Schloßhauptmann Gustav Ludwig von der Lühe das im Amte Kriwitz belegene Gut Möderitz mit den Pertinenzen Neuhof und Wozinkel, und hat sich vermählt mit Juliana, eine Tochter des Drosten Jacob Casper von Müller, Pfandinhaber des Amtes Stavenhagen, und Anne-Margrethe Charlotte von Brandt, deren Vater das Amt Wredenhagen gepachtet hatte, und hat mit ihr gezeuget:

Juliana,

64. Ludwig Detloff Theodor August,

Maria Christina Margretha.

65. Carl Dominicus.

Luisa Sibilla, und

Anna

Tabelle VIII. ad pag. 161.

- Vater der
und Gartow,
von

4. Vicco, auf Stintenburg, Gartow u.
1515, 1560; Gem. von Maren[...]

13. Jürgen, auf Gartow, starb vor 1597.

14. Cord, auf Gartow, Obisfeld und Stintenburg; Gem. Leveke v. Bülow, a. d. H. Gudow.

15. David, † unvermählt vor 1597.

16. Johann starb 1599.

17. Victor, auf Gartow, Stintenburg und Obisfeld, geb. 1570, † 1616, Gem. 1599, Clara v. d. Asseburg, a. d. H. Falkenstein.

Eine Tochter Gemahl. von Lissow.

18. Cord, auf Stintenburg rc. Amtshauptmann; Gem. von Dalwig.

19. Vicco, geboren 1624, † an einer erhaltenen Wunde, 1646.

20. Cord, starb in der Jugend.

Barbara Hedewig, (Gem. 1) 1647, Cuno Ulrich von Pentz, auf Duffin rc. Gem. 2) H. A. Freyherr von Buswinghausen rc.

24. Cord, auf Gartow, geb. 1633, † 1702, Gemahl. von Jagow.

[column faded] Bu[...] 16[...] l. [...] ber[...] ll. [...] gb [...]

M[...] tha [...] 16[...] Ga [...] lof [...] be [...] auf [...] ber [...] g [...]

25. Cord Ludewig, auf Pustohl, geb. 1671, starb 1733; Gem. 1702, J. A. v. Roldig.

36. Adam Joachim, Meckl. Hofmarschall, geb. 1673, starb 1725, unbeerbt ist, Gem. B. Lucia v. Lützow.

85. Friederich, August, starb unbeerbt.

rich, An[...] bor [...] 70, ben ald bri r.

26 bis 34. Cord Ludewig Helmuth, Johann Sigmund Rudolph, Jasper Friederich, Gottlieb Hinrich Joachim, Adolph Friederich, Georg Friederich, Christian Ludewig Wilhelm, Carl Leopold und Otto Wilhelm, starben, theils in der Kindheit, theils unbeerbt.

Catharina Magdalena, Gem. A.D. v. Jagow, auf Scharpenhuse, † 1742.

43. Ernst Ludewig Achaz, auf Kleinen Schwechten, Preußischer Hauptmañ; Gem. v. Rauchhaupt.

hn. V[...] t[...] 1

44. Carl Friederich Gottlieb, ehemaliger Preuß. Lieutenant, verkaufte das Gut Kl. Schwechten.

Augusta Friderica Elisabeth, geb. 1754; Gem. von Steinsdorf, a. d. H. Linstow, Preuß. Lieutenant.

45. Johann Friederich Georg, geb. den 26. May 1757

Anna Cathrina.   Und
Christian Ludwig, geb. den 14. Junii 1736. Er verließ die ehedem erwählten   66.
Preußischen hiernächst Meklenburgischen Dienste als Hauptmann, und vermählte
sich 1766 den 25. May mit Sibilla Christina Oelgard, einer Tochter Christian
Diedrichs von Degingk auf Zaschendorf und einen Theil von Kuhlen Pfandgesessen, und Gertrud Eleonore von Vietinghof. Mit dieser Gemahlinn bekam er
die Pfandgerechtigkeit über gedachte Güter, da er sich denn im Jahr 1774 mit dem
Lehnsmann dieser Güter, dem Dänischen Conferenz- und Meklenburgischen Landrath Magnus Friedrich von Barner auf Bülow ꝛc. verglich, und darnach Zaschendorf und Kuhlen für 45000 Rthlr. eigenthümlich acquirirte. Hiezu erfreute ihn
seine Gemahlinn mit sechs hoffnungsvollen Söhnen: als
        Christian Diedrich Carl, geb. den 5. Nov. 1767.   67.
        Friedrich Ulrich, geb. den 3. Octob. 1768.   68.
        Burchard Hartwig Friedrich Gideon, geb. den 22. März 1770.   69.
        Carl, geb. den 12. Aug. 1771.   70.
        Helmuth Theodor, geb. den 26. May 1773, und   71.
        Georg Ludwig, geb. den 6. Aug. 1776.   72.
Bernhard Christoph, Barbara Maria und Christina Maria sind un-   73.
vermählt gestorben.

Breitere Ausführung der Tabelle VIII.

Hinrich, ein Sohn Hennekens, des Sohns Hinrich des Ritters auf Pluskow, der im Ersten
Theil n. 81 vorgekommen, ist der Stifter dieser Linie, die man die Gartowsche nennet. Er hatte
einen sehr berühmten Sohn

    Vicke, Ritter. Dieser acquirirte die Güter Stintenburg, Neuenkirchen und Drönne-   I. Vicke, Rit-
witz, welche beide erstere denen von Zühlen gehöret hatten, und ward damit von dem Herzoge   ter und
Erich von Sachsen-Lauenburg 1434 beliehen. In demselben Jahr vermachte er dem Kloster   Rath.
Distorf in der Alt-Mark jährlich eine Tonne Hering, Gerkens Codex Diplom. Brandenb. P. II. p. 304.
Im folgenden Jahr war er zugegen, als die Herzoge zu Braunschweig Otto und Wilhelm sich unter
einander verglichen, Treuers Geschlechts-Historie der von Münchhausen p. 62. Er und sein Sohn
Hinrich kauften 1438 von dem Johanniter-Orden das Theil von Gartow, welches dieser Orden im
Jahr 1360 von denen von der Schulenburg gekaufet, und nebst andern Gütern die Comthurey
Gartow ausmachte; das andere Theil brachte er 1441 von dieser Familie gleichfalls an sich.

    Als auf Befehl der Herzoge von Meklenburg die Prälaten, Ritterschaft und Städte ihrer Lande
dem Churfürsten Friedrich von Brandenburg wegen eventueller Succession 1442 huldigen mußten,
und dagegen von dem Churfürsten einen Revers erhielten, worinn aufs bündigste versprochen ward,
die Stände bey allen Gnaden, Freyheiten, Privilegien, Gewohnheiten und Gerechtigkeiten, die sie
gehabt, zu lassen, so unterschrieb solchen unser Ritter Vicke als Rath des Churfürsten, Pötkers
Sammlung Meklenb. Urkunden 2. Stück, p. 30. Wie 1443 gedachter Churfürst die Gesellschaft
unserer lieben Frauen an dem Berge stiftete, so ward ihm die Procuratur des Lüneburgschen
Districts übertragen. In einer einem von Schenk gehaltenen Leichen-Predigt wird seine Gemahlinn
Gödel von Hahn genannt, dagegen nennet sie N. J. von Behr Gödel von Haus, seine
Kinder waren:

                                              L   Anna

Anna, die sich mit Ludolph von Alvensleben aus der schwarzen Linie vermählte, und 1473 verstarb.

2. Hinrich, welcher schon 1441 in dem Kauf-Contract wegen Gartow namhaft gemacht worden. Er hat zwar Erben hinterlassen, die aber unbeerbt und unbekannt geblieben; Und

3. Georg. Br. Lüneb. Rath. AAAA

Georg und Jürgen auf Gartow, Stintenburg rc. Ihm ward vom Latomus und andern der Beyname Hochmuth gegeben. Im Jahr 1485 pfändete er von dem Hochstift Magdeburg laut Beylage AAAA für 12000 Rheinische Gulden die Burg, das Amt und die Stadt Obisfeld oder Obsfeld, das in dem sogenannten Holy-Kreise an der äußersten Spitze von Magdeburg lieget, und itzo nach Hessen-Homburg gehöret. Hierauf confirmirte er in eben dem Jahre der gedachten Stadt alle ihre Privilegia, nach der beyliegenden Urkunde BBBB. Heinkhusen will, daß er

BBBB

1491 das Dorf Witsetza im Lemgowschen an Matthias von dem Knesebeck verkauft habe, ich vermuthe aber, daß es Wozeze im Lauenburgschen seyn soll. Er war des Herzogs Hinrich von Braunschweig-Lüneburg Rath, als er 1505 mit Stintenburg belehnet ward. Zu dem Kriege mit der Stadt Lübeck sollte er 1506, wegen seiner Meklenburgschen Güter besonders im Amte Grevismühlen, sechs Pferde stellen. Er starb nach dem Pfeffinger und von Beehr 1532: Es ist dieß aber falsch, weil seine Söhne schon 1518 sel. Jürgens Söhne genannt werden, f. n. 4. Seine Ehegattinnen waren 1) Anna von Molzahn, von Beehr nennet sie Hardenberg, und 2) eine von Alvensleben. Mit der ersteren zeugte er:

4. Vicke auf Stintenburg rc., von dem gleich ein mehreres.
5. Hinrich auf Gartow und Obsfeld, von dem hiernächst. Und
6. Anton, der jung verstorben. Mit der letzteren aber:
7. Christoph auf Stintenburg, geb. 1514, gestorb. 1555. Seine Gemahlin ist unbekannt geblieben, seine Kinder aber waren:

8. Andreas, der 1543 von seinen Meklenburgschen Gütern zur Türkensteuer contribuiren sollte. Im Jahr 1555 erkaufte er nach dem Zeugniß des Pfeffingers l. c. p. 284 von den Freyherrn von Molzahn das Städchen Schnackenburg im Lüneburgschen mit allen Herrlichkeiten samt dem Elbzoll, und legte 1557 in der, zwischen dem Könige Philipp dem II. von Spanien und Hinrich dem II. von Frankreich, bey St. Quentin in der Piccardie gehaltenen Schlacht besondere Ehre ein, indem er eine Fahne Fußvolk nebst des Grafen von Horn Reuterey, als die Egmontischen Truppen schon in der Flucht waren, wieder zum Stehen brachte, und darauf die Franzosen trennete. Er starb ohne Leibes-Erben.

9. Bernhard, von dem man nur weiß, daß er auf Stintenburg gewohnet, doch kommt er auch 1555 in der Beylage 73 beym letzten Wort vor.

10. Vicke auf Gartow. Er wird 1597 der Aeltere genannt, als er sein halbes Theil der im Klützer-Ort im Meklenburgschen belegenen Güter Wischendorf, Veldhusen, Rosenhagen, Harkensee, Elmenhorst, Mummendorf, Boyenhagen, Tesdorf und Frebbershagen auf 80 Jahr an Engelke von Bülow auf Gr. Raden für 17500 Fl., den Gulden zu 24 fl. gerechnet, verpfändete; die andere Hälfte gehörte denen von Bülow zu Wehningen-Gudow. Seine Gemahlinn war Ilsabe von Wustrow, man weiß nicht anders, als daß er unbeerbt gestorben.

11. 12. Christoph und Hinrich starben in der Jugend. Und

Catharina, starb 1592. Sie hatte sich vermählt 1) mit Paris von Hahn auf Basedow, 2) 1577 mit dem Meklenburgschen Landrath Cuno Wulfrath von Bassewitz auf Lühburg und Basse.

Kurz

Kurz vorher gedachter Vicke schrieb sich von Stintenburg Gartow und Obsfeld, wie er nebst seinem Bruder Hinrich 1515 am Sonntag Oculi der Stadt Obsfeld alle Privilegia, die sie von denen von Oberg, die es vorhin pfandsweise besessen, erhalten hatten; 1518 fertigten sie ein Schreiben aus, worinn sie sel. Jürgens Söhne genannt werden: Beide Urkunden könnten beygebracht werden, wenn es darauf ankäme zu beweisen, daß ihr Vater nicht bis 1532, wie einige wollen, gelebt habe. Am Michaels-Tage 1520 errichteten beide Brüder mit der Stadt Obsfeld weges eines Orts Holzes und des daraus fallenden Nutzens einen Vergleich, der in der Beylage CCCC zu lesen ist. Im Jahr 1538 erhielten sie von dem Erzbischofe Albrecht zu Magdeburg eine Prolongation des Pfand-Contracts auf 12 Jahr über Obsfeld. Unser Vicke lebte noch 1560, indem er, für sich und Namens seines verstorbenen Bruders Sohnes Christoph, mit seinen Vettern zu Gudow die im Amte Buckow belegenen Güter Regsdorf, Niendorf, Horst und Meschendorf an Otto von der Lühe auf Büttelkow auf 36 Jahr verpfändete. Mit seiner Gemahlinn Margretha, andere nennen sie Cathrina, eine Tochter Conrads von Marenholz, und Ilsabe von dem Knesebeck, zeugte er folgende Kinder:

 Jürgen, welcher vor 1597 verstarb. Er hat auf Gartow schon 1555 gewohnt, wie aus dem Verzeichniß der Ritterpferde von demselben Jahr in der Beylage 97 beym letzten Wort zu ersehen.   13.

 Conrad oder Cord, von dem bald mit mehrerem.   14.

 David, welcher gleichfalls vor 1597 schon unvermählt verstorben war.   15.

 Johann, dieser consentirte 1597 in die obgedachte Verpfändung der Güter Wischendorf   16.
2c., und starb 1599.   Und

 Catharina, geb. 1531, gest. 1575. Sie hatte sich an Carsten oder Christian von Schenk auf Tiepin vermählt.

 Eben erwähnter Cord auf Gartow, Obsfeld und Stintenburg entkam 1550 in der Magdeburgischen Belagerung mit sechs Pferden, als die Belagerten einen starken Ausfall thaten, s. Merkels Bericht von dieser Belagerung. Im Jahr 1595 erhandelte er, nebst seinem Bruder Hans auf Obsfeld und seinem Vetter Christoph n. 57, von Victor, Bussens Sohn n. 60, das Gut Stintenburg für 31000 Rthlr., um die Creditores des letzteren damit zu befriedigen. 1597 willigte er in die Verpfändung der Güter Wischendorf 2c. Er hatte sich vermählt mit Leveke, eine Tochter Clemens von Bülow auf Wehningen und Gudow, und Anne von Molzahn a. d. H. Penzlin, die eine Wittwe von Jobst von Bardeleben war, und nachhero mit unserm Cord zeugte: 14.

 Vicke oder Victor auf Gartow, Stintenburg und Obsfeld, geb. den 29. Junii 1570. Im Jahr 1609 huldigte er wegen seiner Meklenburgischen Güter den Herzogen Adolph Friedrich und Hans Albrecht, starb den 25. Octob. 1616 und ward zu Gartow begraben. Er hatte sich den 24. August 1599 vermählt mit Clara, eine Tochter des Braunschweigischen Raths August von der Asseburg auf Falkenstein und Peskendorf, und Elisabeth von Alvensleben a. d. H. Calbe und Hundsburg, und zeugte mit ihr fünf Töchter, wovon die eine einen von Lissow geheirathet, deren Namen aber nicht bekannt geworden, und vier Söhne, als   17.

 Cord auf Stintenburg, Drönnewitz 2c. Er war Amtshauptmann zu Gadebusch, liegt im Dom zu Lübeck begraben, und hatte sich vermählt mit Hedwig, eine Tochter Hansens von Dalwitz, andere schreiben falsch Daldorf, auf Starrzedel in der Lausnitz, und Barbare von Löben a. d. H. Amtitz, mit der er zeugte: 18. Meklenb. Amtshauptmañ.

  Vicco oder Vicke, geb. den 16. May 1624. Er ward den 28. Decemb. 1645 von dem nachherigen Landrath August von Bülow auf Wedendorf und Vehlböcken   19.

auf einer Kindtaufe in der Stadt Rehna schwer verwundet, so daß er den 3. Jenner 1646 zum größten Herzeleid seiner Aeltern seinen Geist aufgeben mußte.

20. **Cord**, dieser starb schon in der Jugend. Und

Barbara Hedwig. Sie vermählte sich 1) im Jahr 1647 mit Cuno Ulrich von Penz auf Düssin und Melkhof, und wie der 1652 gestorben war 2) mit dem Kaiserl. Reichshofrath Hinrich Achilles Freyherrn von Buwinghausen, welcher das Gut Stintenburg theils wegen seiner Frauen Brautschaft, theils wegen anderer Erbschaftsgelder unterpfändlich behielte; nachhero ist dieses Gut an die Freyherrn von Hammerstein gekommen.

21. 22. **August** und **Ludwig**, welche unvermählt verstorben, und

23. **Johann.** Dieser besaß einen Antheil in Gartow, und erhandelte von einem Gans, Edlen Herrn von Putlitz, das in der Alt-Mark belegene Gut Kleinen-Schwechten, so wie er auch Berendshagen und Pustohl acquiriret haben muß. Er hatte sich vermählt gehabt mit Sabina, eine Tochter Achaz von Jagow auf Aulosen und Scharpenhufe, und Kethe oder Catharine von Klitzing a. d. H. Dämeritz und Walsleben, und mit ihr gezeuget:

24. **Cord,** geb. 1633, gestorb. 1702. Er verkaufte 1694 Gartow und dessen Zugehör erb- und eigenthümlich an den Chur-Braunschweigischen Geheimenrath Andreas Gottlieb von Bernstorf, welcher 1715 in den Frey- und Pannerherrn-Stand erhoben ward. Der mit seiner Gemahlinn Anna Tugendreich, eine Tochter Gunzelins von Jagow und Elisabeth von der Schulenburg a. d. H. Betzendorf, gezeugter einzige Sohn war

25. **Cord Ludwig,** geb. 1671. Er wohnte auf Pustohl im Amte Buckow und acquirirte auch das nahe dabey liegende Gut Berendshagen von seinem bald vorkommenden Vetter dem Hofmarschall Adam Joachim von Bülow; verpfändete es aber wiederum auf 12 Jahr an den Dänischen Hauptmann, nachherigen Meklenb. Landrath Cord von Hobe, welches 1720 der Herzog Carl Leopold genehmigte. Er starb zu Pustohl 1733, da denn nach der Zeit auch dieses Gut mit Berendshagen combiniret ward, und seit dem Tode des Landraths von Hobe in den Besitz des Rathsherrn Prehn zu Rostock gekommen ist. Er hatte sich 1702 vermählt mit Judith Anna, eine Tochter Samuel Rudolphs von Koldiz, und mit ihr 14 Kinder gezeugt, die aber alle theils in der Kindheit, theils unbeerbt gestorben sind; die 9 Söhne waren:

26 — 34. **Cord Ludwig Helmuth, Johann Sigmund Rudolph, Jasper Friedrich, Gottlieb Hinrich Joachim, Adolph Friedrich, Georg Friedrich, Christian Ludwig Wilhelm, Carl Leopold** und **Otto Wilhelm.** Die fünf Töchter aber:

Dorothea Margretha Tugendreich, Judith Anna Margretha, Gottlieb Sophia Elisabeth, Sophia Elisabeth und **Sabina Elisabeth.**

35. **Johann Busso** wohnte auf Lübzehe im Amte Güstrow und starb 1680. Seine erste Gemahlinn ward den 10. März 1671 Ursula Catharina, eine Tochter Johannis von Drieberg auf Kl. Sprenz und Gotthun, und Catharine von Barold a. d. H. Dudinghausen und Zehlendorf; nach deren Tode verheirathete er sich wiederum den 14. Febr. 1678 mit Anna Margretha, eine Tochter Gotthards von Vogelsang auf Ermshagen und Karow, und Magdalene

dalene Lucie von Vieregg a. d. H. Moisall, welche den 15. Julii 1650 geboren war, und den 17. Decemb. 1724 die Welt verließ: Sie hatte sich vorher 1668 vermählt gehabt mit Matthias von Linstow, Assessor des Hof- und Landgerichts zu Güstrow, und nach dem Tode unsers Johann Busso trat sie in die dritte Ehe mit Ewald Johann von Oldenburg auf Vietgest. Mit der ersten Gemahlinn zeugte er:

    Adam Joachim, geb. 1673. Er überließ seinem Vetter Cord Ludwig das Gut Berendshagen. Hierauf ward er Kammerjunker, und nachhero Hofmarschall bey der verwittweten Herzoginn Magdalena Sibilla von Meklenburg-Güstrow: Er verließ aber das Hofleben, und ward den 22. Octob. 1711 als Ritterschaftlicher Assessor bey dem Hof- und Landgericht zu Güstrow eingeführt, woselbst er auch hiernächst den 28. Febr. 1726 mit Hinterlassung eines allgemeinen Ruhms, wegen seines gegen jedermann bezeigten freundschaftlichen jedoch in allewege unpartheyischen Betragens, verstarb. Mit seiner Gemahlinn Beata Hedwig, eine Tochter des Hannöverischen Oberstlieutenants Hinrich Detloff von Lützow, und Eve Cathrine von Zülow a. d. H. Gr. Stieten, ward er nicht beerbt. Und   36. Adam Joachim, Mekl. Hofmarschall und Assessor des Hof- und Landgerichts.

    Sabina Elisabeth, geb. 1674, gest. den 22. Junii 1716, vermählte sich den 30. Oct. 1690 mit Joachim von Bassewitz auf Lühburg rc.

    Mit der zweyten Gemahlinn hatte Johann Busso:

    Magdalena Lucia Hedwig, welche 1680 geboren war, und im hohen Alter unvermählt zu Güstrow verstarb.

Achaz Christopher, blieb als Rittmeister in Braunschweigischen Diensten im Duel.   37.
Ernst Ludwig auf Kl. Schwechten, von dem sogleich ein mehreres.   38.
Georg Friedrich, starb 1685 auf der Halb-Insel Morea als Braunschweigischer   39.
Hauptmann unvermählt.

Catharina, vermählte sich 1651 mit Jacob von Alvensleben auf Elmersleben aus der weißen Linie.

Barbara Maria, ward 1667 die Gemahlinn von Thomas von Jagow auf Scharpenhufe und Aulosen. Und

Elisabeth Sophia, geb. den 2. März 1652, gest. zu Wolterschlag den 16. März 1698. Sie hatte sich zweymal vermählt, zuerst 1676 mit Friedrich Wilhelm von Reder auf Gorlsdorf und Wolterschlag, Spanischer Oberstlieutenant; hernach 1680 mit Johann Friedrich von Alvensleben auf Zicheau, Kalbe und Wolterschlag.

Eben genannter Ernst Ludwig bewohnte das väterliche Gut Kl. Schwechten, und   38. starb 1683. Im Jahr 1666 hatte er sich vermählt gehabt mit Sophia Hedwig, eine Tochter des Hessen-Casselschen Obersten Albrecht Vollrath von Rauchhaupt auf Hohenthurm und Landin, und Anne Agnese von Alvensleben a. d. H. Kalbe, sie verstarb den 24. März 1726 zu Kalbe, nachdem sie sich zum zweytenmal mit Joachim Ludolph von Alvensleben auf Kalbe vermählt gehabt hatte, ersterem gebar sie:

    Sabina Agnes, starb unvermählt, und

    Maria Elisabeth, die sich mit dem Chur-Pfälzischen Hauptmann Achaz Samuel Georg von Rauchhaupt auf Flessow vermählte.

    Achaz Ludwig, geb. den 14. Dec. 1681. Er blieb 1706 als Dänischer Lieutenant   40. gegen die Malcontenten zu Benedict in Siebenbürgen mit dem größten Theil des dem Kaiser Joseph zu Hülfe gesandten Dänischen Regiments.

Johann

41. Johann Albrecht, von dem bald das weitere.

42. Ernst Gottfried, geb. 5 Wochen nach seines Vaters Tode den 27. Febr. 1683, hatte als Dänischer Lieutenant das nämliche Schicksal mit seinem ältesten Bruder.

41. Eben gedachter Johann Albrecht bezog das väterliche Gut Kl. Schwechten, und starb den 27. September 1748. Er hatte sich zum erstenmal vermählt den 15. May 1707 mit Dorothea Agnesa, eine Tochter des Domherrn zu Havelberg Ludolph von Bismark auf Schönhausen, und Margrethe Sophie von der Schulenburg a. d. H. Altenhagen, und, wie diese den 13. März 1721 verstarb, zum zweytenmal 1723 mit Catharina Magdalena Hedwig, eine Tochter Christian Friedrichs von Rauchhaupt auf Flessow, und Ilsabe Margrethe von Jeetz a. d. H. Jeetz, die aber mit ihm keine Kinder hatte, dagegen hatte er mit der ersteren:

Cathrina Magdalena, die sich mit August Diedrich von Jagow auf Scharpenhuse vermählte, und 1742 starb.

43. Ernst Ludwig Achaz, Preußischer Dragoner Hauptmann, besaß das Gut Kleinen Schwechten und starb frühzeitig 1764, nachdem er mit Sophia Hedwig von Rauchhaupt a. d. H. Flessow in der Alt-Mark, die 1760 verstarb, gezeuget hatte:

44. Carl Friedrich Gottlieb, verließ die Preußischen Dienste als Lieutenant des ehemaligen von Hordtischen Regiments, und überließ seit kurzem seinem Vetter Hans Adam Ernst Friedrich, n. 49, das Gut Kl. Schwechten.

Augusta Friderica Elisabeth, geb. im May 1754, die sich mit dem Preußischen Lieutenant von Steinsdorf a. d. H. Linstow im Meklenburgischen vermählt hat, und zu Altengehre in der Altmark wohnet. Und

45. Johann Friedrich Georg, geb. den 26. May 1757.

46. Alexander Victor Albrecht, starb 1738 den 18. Junii als Preußischer Lieutenant unverheirathet.

47. August Friedrich, starb den 16. März 1747 als Preußischer Lieutenant des von Bredowschen Cürassier-Regiments.

48. Christian Wilhelm Ludwig, geb. 1714, war Obergerichtsrath zu Stendal in der Altmark, nahm seine Dimission und kaufte 1746 von denen von Lüderitz das Gut Neuburg in der Prignitz, lebte aber nur bis 1752. Er hinterließ als Wittwe die noch lebende Catharina Christina, eine Tochter Adam Wigandts von Retzdorf auf Weisen, und Sabine Dorothee von Kalbutz a. d. H. Campehl im Ruppinschen; sie ist 1714 geboren und ihr einziger Sohn heißet:

49. Hans Adam Ernst Friedrich, itzo auf Neuburg und Kl. Schwechten. Er hat sich 1779 mit seiner nahen Cousine Anna Helena Christina, eine Tochter des Preußischen Majors Joachim Christoph von Retzdorf und Lucie Helene von Mandelslohe a. d. H. Toitenwinkel bey Rostock, vermählt, die 1751 geboren ist.

50. Hinrich Werner Carl, starb unvermählt den 15. März 1742 als Lieutenant des Prinzen Leopold von Anhalt-Dessau Infanterie-Regiments.

51. Levin Christopher, starb gleichfalls unvermählt den 18. May 1742, nach der Bataille bey Chotusitz, als Lieutenant desselbigen Regiments, und

52. Niclaus Philipp Gottlob, der den 13. Januar 1770 als Preußischer Lieutenant des Füselier-Regiments von Dohna unvermählt verstarb.

5. Gleich Anfangs genannter Hinrich auf Gartow und Obisfeld ist verschiedentlich bey seinem Bruder Vicke vorgekommen, sonst trifft man ihn auch noch beym Frank Libr. IX. p. 132 an, wie er sich 1527 nebst andern auf 4000 Gulden für den Herzog Albrecht von Meklenburg an Georg

von

Tabelle VIII. Gartow-Obisfeld-Helmsdorf.

von Platen verbürgte. Er vermählte sich mit Armgard, eine Tochter Buſſons von Bartensleben auf Wulfsburg und Barthe von Hardenberg a. d. H. Hardenberg, und zeugte mit ihr:

    Vicco, Hinrich, Johann oder Henning, die ohne Leibeserben verſtorben.   53 — 55.
    Buſſo, von dem bald das weitere.   56.
    Chriſtoph auf Gartow und Dronnewiz, von dem hiernächſt, und   57.
    Levin auf Gartow. Dieſer ſoll nach dem von Hoinkhuſen einen Sohn hinterlaſſen haben,   58.
Namens
        Victor, der aber ohne Erben geſtorben iſt.   59.

    Ebengedachter Buſſo bewohnte Obisfeld und verſtarb 1571. Seine Gemahlinn Fredeke   56.
oder Friderica, eine Tochter Conrads von der Aſſeburg auf Neindorf und Schermike, und Anne von Haus, machte 1588 in ihrem Wittwenſtande nach der Anlage DDDD eine milde Stiftung   DDDD
von 3200 Rthlr. zum Beſten verſchiedener Kirchen und Kirchendiener, Schulen und Hausarmen. Ihre Kinder waren:

    Victor auf Gartow und Stintenburg. Letzteres Gut, oder vielmehr nur den ihm daran   60.
zuſtehen Theil, verkaufte er, wie Niclaus Joſias von Beehr angeführet, 1595 an ſeinen Vaterbruder Chriſtoph und Vettern Cord und Hans, n. 14 und 16. für 31000 Rthlr. Doch müſſen ſie ihn unter gewiſſen Bedingungen noch Zeit ſeines Lebens darauf haben wohnen laſſen, weil man ihn noch in der Deſignation der Ritterpferde von 1621 auf Stintenburg wohnhaft antrifft, ſ. die Beylage VVVV, und ſonſt kein Vicke aus dieſer Linie zu der Zeit gelebt hat: Andere ſchreiben dieſe Ueberlaſſung des Theils von Stintenburg Vicke dem Aelteren n. 10 zu, und laſſen dieſen Vicke ganz aus den Stammtafeln weg. Seine Gemahlinn ſoll indeſſen Magdalena von Lützow a. d. H. Dutzow geweſen ſeyn, mit der er aber keine Erben zugelegt habe.

    Buſſo, der 1586 im 15ten Jahr ſeines Alters verſtarb.   Und   61.
    Hinrich auf Oebisfeld, Krumkow oder Krumke in der Altmark und Helmsdorf. Er   62.
brachte 1615 von dem Grafen von Mansfeld das Amt Helmsdorf wiederkäuflich an ſich, und wird die von ihm geſtiftete Branſche deshalb die Mansfeldſche genannt. Kurz darauf ward Oebis- oder Obsfeld von dem Churfürſten zu Brandenburg, als Herzog von Magdeburg, eingelöſet, und hiernächſt von dem Könige Friedrich dem Erſten von Preußen an den Landgrafen von Heſſen-Homburg gegen Neuſtadt an der Doſſe abgetreten. Er ſtarb 1625, nachdem er mit ſeiner Gemahlinn Eulalia, eine Tochter des Magdeburgſchen Landraths Achatz von Veldheim auf Harpke und Oſtrau, und Margretha von Saldern a. d. H. Nettlingen, folgende Kinder gezeugt hatte:

    Fredeke oder Friderica, ſtarb 1636, nachdem ſie ſich mit Friedrich von Möllendorf auf Hohen-Görden vermählt gehabt hatte.
    Buſſo Hinrich, von dem bald das mehrere.   63.
    Achatz, ſtarb 1631 ohne Leibeserben als Domherr zu Magdeburg.   64. Achatz, Domherr.
    Berend Günter, ſtarb 1654 unvermählt.   65.
    Ludolph, ſtarb 1632 unbeerbt.   66.
    Hinrich, geb. 1612, ſtarb 1647 in Paris.   67.
    Victor auf Schrapelau, von dem hiernächſt das weitere.   68.
    Chriſtian auf Wallhauſen, ſtarb 1661. Mit ſeiner Gemahlinn Sibilla Catharina,   69.
eine Tochter Hadrians von Woyt a. d. H. Plötzke hatte er:
        Hinrich auf Schnadiz, geb. 1648, ſtarb 1672 ohne Erben.   70.
        Carl Lebrecht, ſtarb 1665 gleichfalls unbeerbt.   Und   71.

Johanna

	Johanna Victoria, die sich im Jahr 1677 mit Balthasar Hermann von Rardorf auf Wobkendorf und Brunsdorf vermählte, er war den 16. August 1643 geboren, und starb 1688.
63.	Kurz zuvor gedachter Busso Hinrich auf Helmsdorf Pfand- und auf Krumkow Erbgesessen, starb 1656. Er hatte sich vermählt mit Anna Sophia, Titens von Möllendorf auf Hohen-Görden, Senior des Stifts Magdeburg, und Rize Marie von Bodendyk a. d. H. Schweege Tochter, und mit ihr erzielet:
	Eulalia, welche sich mit einem von Griesheim auf Griesheim vermählte.
	Rixa Sophia, ward die Gemahlinn von Johann Georg von Schönfeld auf Gr. Rochberg. Und
72.	Hinrich auf Helmsdorf und Stedten, geb. den 27. May 1647, gest. den 6. Junii 1721. Er studirte zu Leipzig von 1665 bis 68, ging hierauf nach Frankreich, woselbst er drey Jahr blieb, und reisete hiernächst über Wien, Rostock und Kopenhagen auf seine Güter zurück, woselbst er in der Folge zum Director der Mansfeldschen Landstände erwählet wurde. Seine Gemahlinn ward den 13. Sept. 1696 Helena Augusta, eine Tochter Hinrichs von Krosigk auf Alsleben, und Marie Elisabeth von der Schulenburg a. d. H. Tuchheim, mit der er zeugte:
73.	Busso Hinrich, von dem bald mit mehrerem.
74.	Friedrich Gottlieb, starb in der Jugend.
	Augusta Charlotta, die sich 1712 mit Adam Hinrich Christoph von Pfuel, Inhaber des Mansfeldschen Amtes Poßleben, und nachhero mit Alexander Thilo von Seebach auf Gr. und Kl. Fahnern vermählte.
	Anna Elisabeth, starb in jungen Jahren, und
	Johanna Christina, starb unvermählt.
73.	Eben bemerkter Busso Hinrich, Erb- Lehn- und Gerichtsherr auf Helmsdorf und Kriegsdorf, war 1700 geboren und starb den 28. März 1774. Er ging 1717 auf die Universität Leipzig und sodann auf Reisen nach Holland und Frankreich, worauf er sich im Jahr 1723 mit Friderica Dorothea, eine Tochter Otto Christophers aus dem Winkel auf Wettin, und Christine Lucie von Gladenbeck, und nach deren Absterben im Jahr 1733 mit ihrer Schwester Johanna Hinrietta vermählte. Mit der ersteren zeugte er:
75.	Otto Hinrich August, geb. 1724, blieb 1757 in der Bataille bey Collin als Lieutenant des Fürst Moritz von Dessau Regiments.
76. Johann Ludwig, Pr. Major.	Johann Ludwig, geb. den 24. April 1728, auf Helmsdorf und Kriegsdorf, war ehedem Preußischer Major der Infanterie, itzo aber Director der Landstände der Grafschaft Mansfeld Magdeburgischer Hoheit, und seit verschiedenen Jahren Curator über das von Hahnsche hernach von Geusausche Amt oder Herrschaft Seeburg in der Grafschaft Mansfeld. Er vermählte sich den 20. Sept. 1779 mit Luisa Charlotta Ernestina, eine Tochter des Sächsischen Kammerherrn Carl Hinrich Ernst von Griesheim auf Netzschke, und Cathrine Margrethe von Bülow a. d. H. Schrapelau; sie ist den 14. Febr. 1761 geboren, und hat ihren Gemahl bereits mit einem Sohn erfreut, Namens
77.	Busso Hinrich August, geb. den 3. Novemb. 1780.
	Helena Christiana Friderica, geb. den 24. März 1730, gest. 1763 unvermählt.
	Mit der zwoten Gemahlinn zeugte Busso Hinrich:
	Augusta Christiana Wilhelmina, geb. den 25. August 1734, gest. 1736.
	Hinrietta Charlotta, geb. den 22. Febr. 1737, ward den 25. Sept. 1768 die

Ge-

Gemahlinn von dem Mansfeldschen Landrath Wilhelm Felix Hinrich von Wedel auf Piesdorf und Gnölbzig.

 Sophia Luisa, geb. den 22. Febr. 1737, vermählte sich den 5. August 1775 mit dem Preußischen Major Magnus Joachim Philipp von Wedel auf Gnölbzig ꝛc.

 Otto Christoph, geb. den 2. Nov. 1739, ist unbeerbt gestorben. Und   78.

 Christiana Lucia, geb. den 26. Junii 1741, deren Gemahl ist der Preußische Oberster beym Regiment Anhalt zu Halle, Leopold von Thadden.

 Vorher erwähnter Victor starb 1667. Er besaß das Mansfeldsche Unteramt Schrape-   68. lau unterpfändlich, welches bereits der König Friedrich Wilhelm von Preußen wiederum eingelöset, und nebst dem gleichfalls von der Herzoginn von Weißenfels eingelöseten Oberamt Schrapelau seinem Prinzen August Ferdinand geschenkt hat. Die mit Bertha, eine Tochter Buffons von der Asseburg, in ältern Zeiten Hagen genannt, auf Falkenstein und Beyernaumburg, und Magdalene von der Asseburg, gezeugte Kinder sind:

  Hinrich, welcher mit einer von Strauff erzielte: 79.

   Eine Tochter, welche an einen von Schönfels auf Ruppergrün verheirathet worden,

   Eva Magdalena, die unvermählt verstarb, und

   Johann Victor, der gleichfalls unbeerbt geblieben.   80.

  Busso, war Herzogl. Braunschweigscher Major, und vermählte sich mit Gisela Helena,   81. eine Tochter Vollraths Ludwig von Krosegk auf Bresen, und Dorothee von der Asseburg a. d. H.   Busso, Br. Falkenstein, und zeugte mit derselben: Major.

   Hinrich Ludolph, der jung gestorben,   82.

   Vollrath Ludolph, war Preußischer Lieutenant und starb 1738. Er soll sich   83. mit einer von Neuendorf a. d. H. Neuendorf vermählt gehabt, und

    Einen Sohn gezeuget haben, dessen Namen mir unbekannt geblieben   84. sind. Und

   Friedrich August, der unbeerbt gestorben.   85.

  Johann Gebhard, dieser stand gleichfalls als Major in Herzogl. Braunschw. Lüneb.   86. Diensten und zeugte mit Johanna von Wiedemann   Joh. Gebhard, Br. Lüneb. Major.

   Vier Töchter, von denen die älteste an einen Schwedischen Baron von Tubal, die zweyte an einen Hauptmann von Kalkreuth, und die dritte an einen von Harzfeld vermählt geworden, die vierte aber unvermählt verstorben ist; und

   Hinrich, der keine Nachkommenschaft hinterlassen.   87.

  Achatz, auf Schrapelau, von dem hiernächst Erwähnung geschehen soll.   88.

  Vicco, welcher auf der Halb-Insel Morea sein Leben im unvermählten Stande endigte. Und   89.

  Vier Töchter, wovon die eine mit einem Rittmeister von Griesheim, die andere erstlich mit einem Major von Beschwitz, und nach dessen Absterben mit einem Major von Raden vermählt gewesen; die beiden andern, als Eulalia, geb. zu Beyernaumburg den 30. Januarii 1663, und Barbara Anna, sind fast zu gleicher Zeit jung gestorben.

 Kurz zuvor gedachter Achatz wohnte auf Schrapelau, und hat sich viermal vermählt ge-   88. habt, 1) mit einer von der Streithorst, N. J. von Beehr nennet sie Eulalia von Bülow, 2) mit Maria Christiana Sophia von Strauff, 3) mit Cathrina Margretha von Hagen, und 4) mit Magdalena von Puffendorf. Mit der zweyten zeugte er:

  Busso, welcher als Königl. Polnischer und Churfächsischer Lieutenant unvermählt verstarb, und   90.

         Y   Hinrich

Tabelle VIII. Gartow=Helmsdorf=Schrapelau.

91. Hinrich Sigismund, Pr. Gehei-merrath.

Hinrich Sigismund auf Schrapelau. Er war Königl. Preuß. Geheimerrath und Director der Landstände der Grafschaft Mansfeld. Seine Gemahlinn ward 1717 die Tochter des Churfächsischen würklichen Geheimenraths Freyherrn von Aßmann, welche 1762 gestorben ist, und ihm folgende Kinder geboren hat:

92. Johann Hinrich, Sächsischer Major.

Johann Hinrich. Er war geb. den 10. Julii 1726, und starb den 29. Julii 1768 als Major in Churfächsischen Diensten bey den Carabiniers. Seine noch zu Cöthen lebende Wittwe Cathrina Sophia Victoria, eine Tochter Anton Ludwigs von Schlegel und Luise Dorothee Magdalene von Geiersheim, ist den 25. May 1742 geboren, ward vermählt den 4. Sept. 1764, und zeugte mit ihm:

Hinrietta Christina Carolina, geb. den 30. Junii 1765.

93. **Ernst Hinrich Adolph**, geb. den 21. Julii 1766.

Luisa Friderica, geb. 1767, gest. 1768, und

94. **Carl Johann Hinrich**, geb. den 12. Februar 1769, der mit seinem Bruder nächstens nach Dresden unter das Cadetten-Corps kommen wird.

Christiana, welche sich mit einem Hauptmann von Rockhausen auf Niederndorf vermählte.

Catharina Margretha, ward die Gemahlian des Hauptmanns, nachherigen Chur-sächsischen Kammerherrn und Stifts-Directors zu Merseburg Carl Hinrich Ernst von Griesheim auf Netzschke. Und

Johanna, welche sich an einen Baron von Zigeser verheirathete, und nebst allen ihren Geschwistern bereits gestorben ist.

57. Ehedem genannter **Christoph auf Gartow und Drönnewitz** erhandelte, nach dem N. J. von Behr, im Jahr 1595, nebst seinen Vettern Cord und Hans oder Johann, n. 14 und 16, von seinem Brudersohn Vicke das Gut Stintenburg, um dessen Schulden zu bezahlen. Wann aber dieser Vicke noch 1621 dies Gut besessen, so müssen sie ihm, da er keine Kinder hatte, verstattet haben, es noch während seines Lebens zu besitzen. Er starb 1609, und hatte sich vermählt mit Ilsabe, eine Tochter Friedrichs von der Schulenburg auf Utze, und Ottilie von Bismark, womit er zeugte:

95. **Victor Friedrich**, geb. 1590. Von Hoinkhusen führt ihn als Meklenb. Landrath auf, dagegen meldet von Behr hievon nichts; er starb 1665 und hatte sich vermählt mit Cathrina, eine Tochter Achaz von Jagow auf Aulosen ꝛc. und Cathrine von Klitzing a. d. H. Dämitzin und Walsleben, mit der er erzielte:

96. 97. **Christoph und Achaz Friedrich**, die beide jung vor dem Vater gestorben sind, und

Elisabeth. Nach Dittmars Nachrichten von den Johanniter-Heermeistern p. 68 hat sie sich mit dem Preußischen Major Georg Albrecht von Gattenhofen vermählt gehabt.

98—100. **Levin Busso, Hans Georg und Casper Ernst** starben ohne Erben.

101. Christoph, Major.

Christoph, besaß einen Theil Gartow und war als Major außer Diensten gegangen. Er starb 1657 und hatte sich 1645 vermählt gehabt mit Gertrud Elisabeth, eine Tochter des Ober-hauptmanns und Domherrn zu Magdeburg Johann Joachim von Gustedt auf Dersheim, und Eve von der Streithorst, welche den 26. Dec. 1618 geboren war, und den 3. Novemb. 1653 ver-starb, nachdem sie geboren hatte:

Sabina Elisabeth, die 1696 die Gemahlinn ward von Christian Wilhelm von Bülow auf Brunsrode aus der Potremser Linie. Anna

Anna Sophia, die sich 1697 mit dem Lüneb. Schatzrath Johann Herbord oder Eberhard von Bülow auf Essenrode verheirathete.

Joachim Christoph, Friedrich Busso, Hinrich Jobst und Ernst, 102—105. die alle ohne Leibeserben abgegangen sind. Hierbey kann ich unangeführt nicht lassen, daß mir eine Stammtafel zu Gesicht gekommen, die dem Vater dieser Kinder nämlich dem Major Christoph einen ganz andern Vater, als ich ihm gegeben, und auch eine zahlreiche Nachkommenschaft beygeleget. Es soll ein Hinrich Münter von Bülow zu Lüchow im Dannebergschen seßhaft, und ein Vater von vier Söhnen, Cord, August, Johann und Ludolph gewesen seyn; Johann soll gleichfalls vier Söhne gehabt haben, Cord, Johann Busso, Achatz Christoph und Georg Friedrich: Der Letztere, heißt es, sey der Vater von dem Major Christoph, und habe dieser fünf Söhne gehabt, Johann Christoph, Friedrich Busso, Hinrich, Jobst und Ernst, hievon habe Jobst endlich Matthias und Jobst gezeuget, und wäre mithin der Stammvater der Borkow- und Woserinschen Häuser geworden. Ich verwerfe nun zwar diesen Mischmasch wegen anderer glaubhafteren Nachrichten; ich habe aber es darum umständlich anführen wollen, damit die, denen es am mehresten angehet, Gelegenheit nehmen mögen, den Grund hievon näher nachzusuchen. Mit den angeführten fünf Söhnen des Majors Christoph möchte es so ziemlich seine Richtigkeit haben, indem das Comma zwischen Hinrich und Jobst leicht beym Abschreiben hinzugesetzt, oder auch bey unsern Tabellen weggelassen seyn könnte; und da der Respects-Grad, worinn die jetzigen von Bülow aus dem Hause Woserin gegen ihre weit ältere Vettern stehen, anstößig zu seyn scheinet, so sollte man wol darauf verfallen zu glauben, daß man die beiden Christophers auf Gartow Vater und Sohn n. 57 und 101 bey Verfertigung der als richtig angenommenen Tabellen nicht genau genug von einander unterschieden habe, allein so viel ist schon gleich einleuchtend, daß Jobst, der Stammvater der Borkow- und Woserinschen Häuser, kein Sohn von dem Major Christoph gewesen seyn kann, weil er nach dem Klüver P. I. p. 192 bereits 1628 auf Drönnewitz gewohnet, und der vermeinte Vater sich erst 1645 vermählt hat. Es leidet also keinen Zweifel, daß er nur ein Bruder von ihm gewesen sey, folglich gebe ich ihm auch jetzo als solchen seinen Platz.

Jobst. Er wohnte, wie gesagt, 1628 auf Drönnewitz. Hiernächst brachte er auch das 105. Gut Zapel im Amte Wittenburg von Henning von Sperling käuflich an sich, überließ es aber 1673 wiederum an dessen Sohn Cord Henning pfandsweise, der bald genöthigt ward, seinen Pfand-Contract 1674 an Christoph Hund zu überlassen. Von dem Bruder seiner Gemahlinn, Hartwig von Bülow, erhielte er das Gut Rüselow, man findet aber beym Frank Libr. XIII. p. 247, daß es 1641 und zwar, welches wegen oben angeführter Umstände wohl zu merken, mit Consens seiner Brüder Victor Friedrich und Christoph auf Gartow, an den Bürger Hartwig Hundt aus Lübeck, dem auch bereits Pokrent zugehörte, wiederum verkaufte. Im Jahr 1650 acquirirte er von dem Herzoge Adolph Friedrich das ehedem in Concurs gerathene, und von seinen Schwägern Detloff und Hartwig von Bülow auf Kloddram und Pokrent eine Zeitlang pfandsweise besessene Gut Borkow mit den dazu gehörigen Meiereyen Arendshören und Gägelow. Es soll dieser Jobst allererst 1683 gestorben seyn; er hatte sich vermählt mit Maria, eine Tochter des Landraths Matthias von Bülow auf Pokrent ꝛc., und Lucie von der Lühe a. d. H. Büttelkow, welche 1664 verstarb, nachdem sie zur Welt gebracht: Y 2 Hans

107—109.	**Christoph, Friedrich** und **Detloff**, die in der Jugend starben.
110.	**Matthias**, auf Borkow ꝛc. Er vermählte sich mit Catharina Maria, eine Tochter des Braunschweig-Zellischen Geheimenraths und Hofmarschalls Hans von Pederstorf auf Lübzin und Wizin, und Marie Eleonore Amalie von Thun a. d. H. Schwarz, und hinterließ mit ihr:
111.	**Hans Ernst**, welcher den 13. Aug. 1704 bey Hochstätt als Chur-Braunschweigischer Lieutenant blieb.
	Anna Emerenzia, starb als Conventualinn des Klosters Dobbertin.
112.	**Jobst Friedrich**, starb 1722 als Chur-Braunschweigischer Capitain.
	Maria Elisabeth, starb 1743 unvermählt. Und
113. Matthias, Hannöv. Oberster.	**Matthias** auf Borkow. Er diente von Jugend auf unter den Hannöverschen Truppen und ward 1740 Oberster eines Dragoner-Regiments. Er hat besonders zu Gägelow vortreffliche massive Zimmer gebauet, und starb den 6. May 1744 zu Rüremonde, als er eben mit seinem Regiment gegen Frankreich zu Felde gehen sollte. Er hatte sich vermählet gehabt mit Augusta Friderica, eine Tochter Georg Hinrichs von Breitenbach auf Breitenbach, und Gertrud Sophie von Adelitz a. d. H. Adelitz, welche 1700 geboren war und 1730 verstarb, nachdem sie ihren Gemahl mit folgenden Kindern erfreut hatte:
	Luisa Eleonora Wilhelmina, ward 1728 ins Kloster Dobbertin geschrieben, sie vermählte sich aber mit dem erst kürzlich verstorbenen Hannöverischen General-Major Ludolph von Estorf auf Tiendorf.
	Sophia Magdalena Elisabeth. Ist Stifts-Fräulein zu Mariensee unweit Hannover. Und
114.	**Hans Friedrich Lotharius August** auf Borkow. Er war den 19. May 1730 geboren, und ist mit unter denen befindlich, die 1755 den Landesvergleich unterschrieben. Er stand als Wrkgabe-Major in Hannöverischen Diensten, blieb aber 1761 bey Marburg zugleich mit seinem Mutterbruder dem General Carl von Breitenbach. Das Gut Borkow fiel hierauf an den Klosterhauptmann Jobst Hinrich auf Woserin. Und
115.	**Jobst**, auf Woserin, geb. 1645, gest. 1705. Er wohnte anfangs auf Mistin, nachhero zu Kl. Pritz im Amte Sternberg. Dieß letztere Gut erhandelte er den 16. Sept. 1690 von Engelkens von Koppelow Erben, und hat seine Wittwe noch 1717 darauf gewohnet. Nachhero acquirirte er von Dorothea Ilsabe von Halberstadt a. d. H. Gottesgabe, des Dänischen Hauptmanns Balthasar Friedrich von Zülow Wittwe, pfandsweise das Gut Woserin im Amte Sternberg, und ward, nachdem die nächsten am Lehn, als Johann Gottfried von Cramon auf Gustevel, und Reinhold Gebhard von Cramon auf Ilow sich ihrer Rechte daran entsaget, von dem Herzog Friedrich Wilhelm von Meklenburg 1698 damit beliehen. Er vermählte sich mit Cathrina Sophia, eine Tochter Johanns von Drieberg, auf Kl. Sprenz, und Cathrine von Hahn a. d. H. Arensberg und Sotzow, welche den 9. Febr. 1659 geboren und den 12. April 1742 verstorben ist. Ihre Kinder waren:
	Maria Cathrina, getauft den 15. Julii 1680, und vermählt mit Hans Detloff von Pederstorf auf Schönberg Pfandgesessen.
	Ida Hedwig, getauft den 23. Oct. 1682.
	Elisabeth Dorothea, starb 1735 als Conventualinn des Klosters Dobbertinn.

Jobst

Tabelle IX. ad pag. 174.

Nro. 1.	2.	3.			7.	
Joachim, auf Paſſow, kaufen, ꝛc. Ritter, 1428; 1451.	Hartwig, † 1474; Gem. Eige.	Buſſo, auf Walmsdorf, Ritter, † zu Wehningen 1473; Gem. Metta.			Friederich, auf Gudow ꝛc. Sophia von Quitz...	

	10.	11.	4.	5.	75.	H...
	Hans, ſtarb ohne Erben.	Jasper, 1470.	Ulrich, Probſt zu Medingen, 1494. 1516.	Hans, auf Wehningen, 1491.	Stephan, auf Wehningen, Gudow, Marnitz ꝛc. Gem. Margaretha von Ahlefeld.	...

12.	13.		81.	83.	
Hartwig, ſtarb vor 1550.	Tönnies, auf Jaſebeck, 1550.		Friederich, auf Gudow, Gem. Urſula von Boßendick.	Hans, auf Marnitz, † 1579; Gem. Margretha v. Pleſſen, † 1560.	...

15.	14.		82.		
Levin, auf Wehningen; Gem. I. v. d. Schulenburg; Gem. II. Eliſabeth von Bülow, a. d. H. Gudow.	Hartwig, ſtarb ohne Leibes-Erben.	Eliſabeth, Levin v. ... auf Wehn... vide N...	Chriſtoph, ſtarb unverm̃ählt.	Margaretha, ... auf Frewenſte... Brandenb. Ab... ſtrow, und ...	

16.	36.	37.	38.	7.	48.
Hartwig Buſſo, auf Worken und Zeeſe, 1627. Gem. Magdalena von Rohr, a. d. H. Meienburg	Hans, ſtarb jung.	Bernhard, ſtarb jung.	Friederich, Staats Landes-Hadeln, u. marſch, unbeerbt, thar. v. Winterfell	Bernhard, ...beck, ſtarb ...m̃ählt	Joachim, der jüngere, a... Gudow ꝛc. Lauenb. Lan... marſhall, g. 1585, † 164... Sophia v. Grote, a. ...

17.				
Johann, auf Worken, Zeeſt und Ketzlin, Gem. Gedewig Maria v. Königsmark, a. d. H. Ketzlin.	Urſula Dorothea, Gem. 1653, Hinrich von Melſing, Lüneb. Landrath, ſtarb 1677.		Jacob, auf Gudow, Wehningen ... ſcher Landrath und Erb-Landri... 1653, Dorothea Margretha Jun. 1668; Gem. 2) be...	

18.	19.	22.			
Johann Friderich, ſtarb vor 1682.	Hartwig Chriſtoph, Landrath im Bremenſchen, † 1692; Gem. Lucia Eliſabeth, Baronne v. Erskin, a.d.H. Erskin.	Georg Wilhelm, auf Hartenſee, Holſt. Obriſt-Lieutenant; Gem. Dorothea Eleonora von Bülow, a. d. H. Hartenſee.	Bendiſch-Ließ, Landmarſchall, 1679, Suſanna b. Lübe. † 1717; 1732 unbeerbt.	Otto Diederich, Holſteiniſcher Gehe... thur zu Euſtum, g... ohne ſich vermä...	

20.	21.	Eine	23.	24.	Hedwi...	62.	63.	Sop...
Ludolph, geb. 1675, ſtarb 1702 unvermählt in Polen als Schwediſch. Capitain.	Theobald Guſtav, geb. 1680, blieb unbeerbt als Schwediſch. Rittmeiſter.	Tochter ward nach Schweden vermählt.	Johann Georg, Sigfried, Schwed. Holſt. Obriſt-Lieuten. ſtarb in Lübeck.	Chriſtian Holſt. Capit. kam 1711 bey der Ue- berfahrt bey Wördyſt ums Leben.	Eleonora ...Gem. Chr... ſtoph Le... lof von Bü- low, auf ... ſchendor...1741.	Chriſtoph Johann, 1695, † 1696.	Otto Dietrich, g. 1698, † 1722 unvermählt in Lon- don.	geb. 1... Gem. ...rich v. Telſon Sachſ. Kam... geb. 1...

| | | | | | | Juliana Bülow...niſch... | ...zu Detlof, auf Gudow, Wehningen ...m. Hofrichter, erſter Landrath und ...b. Dec. 1717; Gem. Chriſtina S... | |

		68.		70.	71...
Chriſtina Dorothea Johanna, geb. den 13. Oct. 1743, iſt im Kloſter Baſſinghauſen.	Eliſabeth Carolina Friderica, geb. den 9. Mrz 1745, und ſtarb den 12. Aug. 1777, als die Ge- mahlinn des Droſt von Lüne- burg.	Hans Caspar, geboren 1746, † 1747.	Id... in... be... W...	Gottfried Joachim Hartwig, geb. den 13. Jul. 1752.	Detlof C... Dän. Lieuten... bent Born... Infant. P... geb. d. 2. 2...

Jobst Hinrich auf Woferin ward getauft den 15. Dec. 1683. In den Jahren, die durch die unerhörten Exactionen des Herzogs Carl Leopolds sich in der Meklenb. Geschichte auszeichnen, bewohnte er bereits Woferin, und seine Mutter Kl. Prinz, sie mußten aber, da sie den bekannten Revers nicht unterschreiben wollten, diese Güter einige Jahre mit dem Rücken ansehen. Im Jahr 1721 ward er Provisor des Klosters Dobbertin, und blieb es so lange, bis er 1755 zum Klosterhauptmann daselbst erwählet wurde. Im Jahr 1733 erhandelte er das Gut Grambow von Sibilla Sophia von Uchteritz, Wittwe des Sächsischen Rittmeisters Niclaus Christian von Welzin, und deren Sohn Christian Hinrich auf Benzen; er veräußerte es aber wieder an den Hauptmann Joachim Ulrich von Bülow a.d.H. Scharfsdorf, der nachher auf Frauenmark gewohnt hat. 1755 unterschrieb er den Erbvergleich, und 1761 fiel ihm durch den Tod seines Vetters Hans Friedrich Lotharius August das Gut Borkow c. p. zu; allein nach seinem Absterben wurde solches von seiner Wittwe als Vormünderinn an den Stallmeister von Seiß auf Below verkauft, so wie auch Woferin an den jetzigen Landrath Friedrich von Pritzbuer auf Gramzow verpfändet. Er starb im hohen Alter 1762, nachdem er sich zweymal vermählt gehabt hatte, erstlich mit **Anna Catharina von Buchwald** a. d. H. Güldenland in Jütland, wie die unbeerbt verstarb zum zweytenmal 1750 mit **Magdalena Isabe**, eine Tochter Hans Christians von Dessin auf Wahmkow, und Magdalene Dorothee von Bülow a. d. H. Stieten, die 1725 geboren ist und noch als Wittwe in Güstrow lebet. Die Kinder, womit sie diesen edlen Greis verjüngerte, waren: 116. Jobst Hinrich, Klosterhauptmann.

Jobst Hinrich, geb. den 25. October 1751, widmete sich den Musen, und ward, nachdem seine Geschicklichkeit in Berlin bewähret gefunden worden, Assessor bey der Preußischen Regierung zu Marienwerder, und darauf 1780 Regierungsrath bey der Neumärkischen Regierung zu Cüstrin. 117. Jobst Hinrich, Preuß. Regierungsrath.

Hans Christian, geb. den 5. März 1753, ist Fähnrich in Hannöverischen Diensten bey dem Hardenbergischen Regiment. 118.

Magdalena Dorothea, geb. 1754, ins Kloster Dobbertin geschrieben.

Carl Friedrich, geb. den 19. März 1755, ist Preußischer Fähnrich unter dem Woldeckschen Regiment. 119.

Matthias Franz, geb. den 19. Oct. 1756, ist Preußischer Lieutenant bey dem Leopold-Braunschweigschen Regiment. 120.

Johann Diedrich Ludwig, geb. den 20. Oct. 1757, ist Preußischer Fähnrich bey dem ersten Bataillon Garde. 121.

Catharina Sophia Gundela, geb. 1758, ins Kloster Malchow gezeichnet.

Gottlieb Friedrich, geb. den 25. Sept. 1760, ist Fähnrich unter dem Preußischen Bayreuthischen Dragoner-Regiment. 122.

Matthias, starb in der Jugend. 123.

Sophia Elisabeth, starb 1745. Sie hatte sich den 16. April 1723 an Jacob Ernst von Holstein auf Rlink rc. verheirathet, war aber nicht glücklich mit ihm, und starb 1755 zu Sitow bey Röbel.

Johann Christoph starb unvermählt. 124.

Lucia Eleonora, geb. 1691, starb 1770 unvermählt zu Güstrow.

Andreas

125.	Andreas Joachim, starb in jungen Jahren.
126.	Matthias Friedrich, starb als Dänischer Lieutenant.

Breitere Ausführung der Tabelle IX.

Der Stifter dieser Wehning-Gudowschen Linie Hartwig ist bereits in dem ersten Theil no. 82 als ein sehr berühmter Mann aufgeführet worden. Seine Gemahlinn ist nicht bekannt, die Söhne aber waren:

1. Joachim, Ritter. Joachim, der schon 1428 Ritter war, weil er zu der Zeit in dem Wehningschen Kaufbrief, darinn er als Hartwigs Sohn anzutreffen, Herr genennet wird. 1441 erhandelte er mit seinen Brüdern Hinrich und Hartwig das Dorf Parsow oder Passow, für sich allein aber erhielte er von den Herzogen Hinrich und Johann zu Meklenburg den Langen-Hof zu Parchim für 200 Mark Lübsch pfandsweise. Er überließ 1444 der St. Georgenkirche zu Parchim eine ewige jährliche Rente aus Lanken, imgleichen 1451 der dortigen Marienkirche 20 Mark weniger einen Schilling Rente aus eben dem Dorfe, welches er von denen von Tralow an sich erhandelt hatte. Hoinkhusen will ihn auch auf Bömtow angetroffen haben.

2. Hartwig, von dem bald weiter.

3. Busso, Ritter. Busso. Er erwarb sich die ritterliche Würde, und erhielte von denen von Estorf das im Lüneburgischen belegene Gut Walmsdorf wiederkäuflich. Er starb auf Wehningen 1473, und hinterließ mit seiner Gemahlinn Metta oder Margretha:

Anneke, die man nur den Namen nach kennet.

4. Ulrich, Probst zu Medingen. Ulrich, der sich dem geistlichen Stande widmete, und von 1494 bis 1516 Probst zu Medingen im Fürstenthum Zelle war, Pfeffinger Br. Lüneburgsche Historie P. L p. 255. Durch ihn ist auch ohne Zweifel die in der Probstey zu Medingen befindliche Fensterscheibe mit seines Vettern des Bischofs Diedrich zu Lebus Wapen, wie solche auf der Kupfer-Tafel Fig. 8 zu sehen ist, veranstaltet worden. Und

Fig. 8.

5. Hans. Er und sein Bruder Ulrich werden des sel. Bussonis Söhne genannt, als sie nebst Clement von Bülow Werners Sohn, Hartwig Friedrichs Sohn, und Hartwig Caspers Sohn, 1491 einen Revers ausstelleten, daß sie die Burg und das Schloß Wehningen e. p. von Johann Herzoge zu Sachsen c. zu Lehn trügen, wie die Beylage EEEE mit mehrerem besaget.

EEEE

6. Werner auf Gudow und Hitzacker, Ritter, von dem hiernächst mit mehrerem.

7. Friedrich auf Gudow und Dannenberg, von dem zuletzt Erwähnung geschehen soll.

8. Hinrich, Stiftshauptm. Hinrich, auf Stove Hauptmann. Dieser verschrieb 1455 der St. Jacobskirche zu Lübeck 7 Mark jährliche Hebung aus dem Gute Drönnewitz für 100 Mark, die er von ihr aufnahm. Und

9. Hans, der so wie der vorhergehende unbeerbt mit Tode abging.

2. Vorher genannter Hartwig, Knape, ward zwar 1428 schon in dem Wehningschen Kaufbrief mit angeführet, er muß aber der Zeit noch sehr jung gewesen seyn. Er und seine Brüder Joachim und Hinrich verglichen sich 1441 mit einem Schwerinschen Vicario wegen des Dorfs Parkow dahin, daß sie sich in solchem nichts als das höchste Gericht vorbehielten. Hoinkhusen lässet ihn 1474 sterben, und legt ihm zur Gemahlinn eine Eige oder Eigenhardis zu, mit der er zeugte:

10. Hans, welcher ohne Erben verstarb, und

11. Jasper. Dieser gerieth mit Ludolph, Johann und Hermd von dem Knesebeck wegen einiger Pfandgüter in Streit, welche Jrrung 1470 von dem Herzoge Otto von Braunschweig und Lüneburg entschieden ward. Er war ein Vater von

Hartwig,

Hartwig, von dem gleich ein mehreres, und 12.

Tönnies oder Anton. Dieser ward 1550, als der älteste aller in denen Lüneburgschen 13.
Landen Angesessenen des Geschlechts, nebst seinen Vettern mit 5 Höfen und dem Vorwerk Jasebeck
beliehen, siehe die Beylage FFFF. Dessen Sohn FFFF

Hartwig, starb ohne Leibeserben. 14.

Allein jener Hartwig stiftete eine längere Nachkommenschaft. Er lebte 1498, muß aber 12.
1550 schon todt gewesen seyn, weil nicht er, sondern sein Sohn in der eben angeführten Beylage
vorkommt. Dieser war

Levin, der auf einen Theil Wehningen und Jasebeck wohnte, auch giebt ihm N. J. von 15.
Beehr die Güter Watzke und Schatzke, deren Lage mir unbekannt geblieben. Seine erste Ge-
mahlinn war eine von der Schulenburg, die zweyte aber Elisabeth, eine Tochter Berend von
Bülow auf Gudow, und einer von Bünau aus der Mark, mit der er zeugte:

Hartwig Busso, welcher nach dem von Hoinkhusen auf Worken und Zeese, nach dem 16.
von Beehr aber auf Watzke und Schatzke seßhaft gewesen seyn soll. Er veräußerte 1623 an seine
Vettern Franz und Joachim, Joachims auf Gudow Söhne, seine ihm in Wehningen und
Gudow zugehörte Antheile, und hinterließ mit seiner Gemahlinn Magdalena, einer Tochter Hel-
muths von Rohr auf Meyenburg, und Anne von Warnstäde:

Johann auf Worken ꝛc. auch Ketzlin. Er willigte 1623 in den von seinem Vater vor- 17.
genommenen Verkauf von Wehningen und Gudow, und zeugte mit seiner Gemahlinn Hedwig
Maria, Cords von Königsmark auf Ketzlin in der Mark und Beatrix von Blumenthal a. d. H.
Horst Tochter, und Schwester des berühmten Schwedischen General-Feldmarschalls nachherigen Grafen von Königsmark, mit der er sich, nach des von Krohn Adels-Lexicon T. II. p. 201, im Jahr
1634 verheirathete, und die nach seinem Tode 1649 sich wiederum mit dem Rittmeister Wichmann
Heino von Barsdorf auf Radensleben vermählte, folgende Söhne:

Johann Friedrich, dieser kömmt 1651 bey seinem Bruder Georg Wilhelm vor, 18.
muß aber schon vor 1682 verstorben seyn, indem er damals bey der Belehnung seiner Brüder nicht
mit angeführet ist.

Hartwig Christoph, war Königl. Schwedischer Landrath im Herzogthum Bremen. 19.
Er starb 1692, und hatte sich vermählt mit der Baronesse Lucia Elisabeth, einer Tochter Alexan- Hartwig
ders Freyherrn von Erskin auf Erskinschwinge und Hohen-Barnekow, Schwedischer Geheime- Landrath
rath und Erb-Kämmerer des Herzogthums Bremen, und Lucie Christine von Wartensleben a. d. H. in Bremen.
Erkstein im Schauenburgischen, die ihn zum Vater machte von

Ludolph, der 1675 geboren war, und 1702 in Polen als Schwedischer Capitain von 20.
den Dragonern blieb.

Theobald Gustav, geb. 1680, welcher gleichfalls als Schwedischer Rittmeister 21.
unbeerbt blieb; und

Eine Tochter, die nach Schweden verheirathet worden. Und

Georg Wilhelm auf Harkensee. Er und seine obgedachte Brüder werden 1651 des 22.
sel. Johannes von Bülow Söhne genannt. Beide erstere erhielten 1682 von dem Herzog Georg GeorgWil-
Wilhelm zu Br. Lüneb. die Investitur ihrer Güter; letzterer aber errichtete den 4. Febr. 1699 zu helm, Holst.
Lübeck für sich und Namens seiner Vettern, seines Bruders Hartwig Christoph Söhne, mit sei- Oberstlieut.
nen Gudowschen Vettern Joachim Werner und Otto Diedrich einen Erbfolge-Vergleich, wobey er sich verbindlich machte, auf begebendem Fall der Lehnsfolge nicht allein 30000 Rthlr. als
eine durch Fleiß und Mühe abgetragene Schuld, den Allodial-Erben auszuzahlen, sondern auch noch
über-

überdem jede Tochter mit 6000 Rthlr. auszusteuern, und der Wittwe standesmäßige Alimenten zu reichen. Wann aber diese Bransche ganz abgestorben, so ist auch dieser Vergleich weiter von keinem Nutzen, sonst könnte ich ihn nach seinem völligen Inhalt mittheilen. Er war übrigens Oberstlieutenant in Schleswig-Holsteinschen Diensten gewesen, und wohnte auf Harkensee, welches er von den Brüdern seiner Frau, Jürgen Diedrich und Cord Diedrich von Bülow aus der Plüskowschen Linie, gepfändet hatte. Seine Gemahlinn hieß Dorothea Eleonora, eine Tochter Cord Jürgens von Bülow auf Harkensee, und Dorothee Eleonore von Plessen a. d. H. Hoickendorf, die ihm gebar:

23.   Johann Georg, welcher als Oberstlieutenant in Schwedischen Diensten zu Lübeck starb.

24.   Christian Siegfried, war Capitain in Holsteinschen Diensten, und ist 1711 in Holland bey der unglücklichen Ueberfahrt bey Mördyck mit dem Prinzen von Oranien im Wasser ums Leben gekommen.

  Hedwig Eleonora, vermählte sich mit Christoph Detloff von Bülow auf Wischendorf. Und

25. Wilhelm Friedrich, Domherr zu Lübeck.   Wilhelm Friedrich, starb als Domherr zu Lübeck. Er hatte sich zweymal verheirathet, erstlich mit Christina Juliana, eine Tochter des Oberstwachtmeisters in Fränkischen Kreis-Diensten Wilhelm Hinrich von Rothschütz auf Borhoven, und Marie Juliane von Jarheim; hernach mit Anna Sophia, eine Tochter des Hauptmanns Cuno Friedrich von der Lühe auf Bütelkow und Clare Mette von Bülow a. d. H. Gr. Simen, sie starb 1741 und hatte ihrem Gemahl zwar 3 Söhne geboren, die aber alle ganz jung gestorben sind, dergestalt, daß er nur von der ersten Gemahlinn eine einzige Tochter hinterließ:

  Juliana Eleonora. Sie war 1728 ins Kloster Dobbertin eingezeichnet, vermählte sich aber mit dem Major Otto Christoph von Bülow a. d. H. Plüskow-Gersdorf-Harkensee, itzo auf Rankendorf.

6. Werner, Ritter.   Oben gedachter Werner war ein sehr berühmter Ritter. Er wohnte auf dem ihm verpfändeten Schlosse Hitzacker, und hatte auch mit seinen Brüdern die Güter Wischendorf und Harkensee im Mecklenburgischen gemeinschaftlich, wie von Beehr angeführet. Als er 1446 nach dem gelobten Lande gezogen war, eroberten die Herzoge von Sachsen-Lauenburg gedachtes Schloß unter dem Vorwand, als ob den Räubern darinn Vorschub gethan würde, die eigentliche Ursache aber war wol, wie Bünting in seiner Br. Lüneb. Chronik berichtet, daß einige von Adel den Fürsten zu mächtig werden wollten, und schreibet dahero Latomus in seinem Manuscript vom Meklenb. Adel, daß, wenn der Ritter Werner nicht abwesend gewesen wäre, diese Wegnahme wol nicht so leicht möchte geglückt seyn. Einige wollen behaupten, daß er Hitzacker niemalen wieder bekommen, allein dieß ist gewiß nicht anders, wie nöthigenfalls aus Urkunden könnte bewiesen werden, genung, daß seine Söhne darauf gewohnt haben, als aus dem Auseinandersetzungs-Vergleich von 1478 zwischen ihnen und ihrem Vaterbruder Friedrich in der Beylage GGGG zu ersehen ist. Im Jahr 1470 erhandelte GGGG er mit seinem Bruder Friedrich von Detloff und Johann Gebrüdern von Zühlen den Hof zu Gudow nebst dem Dorfe, der Mühle und dem See, das Dorf und den See zu Sarnekow, die halbe Feldmark und den See zu Seggeran, das Dorf Kerseme, das Dorf Grambeck, das Dorf Bröthen, die wüste Feldmark Barkholz mit den Höfen und Hufen zu Schwartow, um 4300 Rheinische Gulden, und ist der Kaufbrief in Pfeffingers Br. Lüneb. Historie P. II. p. 232 zu lesen. Der Herzog Johann von Sachsen-Lauenburg bestätigte nicht allein 1471 diesen Kauf, sondern er beliehe auch die Käufer und ihre Nachkommen mit dem auf dem Gute Gudow hastenden Lauenburgschen HHHH Landmarschall-Amte, wie der Lehnbrief darüber in der Beylage HHHH enthalten ist. Es hatte sich

unser

unser Werner, laut Königs Sächsischer Adels-Chronike P. III. p. 1040, vermählt mit Adelheit von Rohr a. d. H. Freyenstein, und mit derselben gezeuget:

Adelheit, deren Gemahl war Bernhard von der Schulenburg.

Hartwig, war Domherre und lebte 1483.   26. Hartw. Dom.

Berend, von dem bald das weitere. Und   27.

Clement. Er erhandelte 1503 wiederkäuflich auf hundert Jahr von Detloff und Hartwig, Gebrüdern von Wackerbarth auf Kugel, das Dorf Lehsten, die wüste Dorfstätte, Feldmark und Hölzung zu Dargow, die halbe Feldmark Segeran mit dem halben See, die halbe Horst zu Vellin, die Dorfstätte zu Brodisende, nebst dem Gericht, welches ihnen in Besenthal zukam, für 1578 gute Lübsche Mark, wie der Kaufbrief in Pfeffingers Br. Lüneb. Historie P. II. p. 789 mit mehrerem besaget. Außerdem besaß er einen Theil Wehningen, Gudow und Hitzacker. Er war 1516 ein Beystand seines Schwiegervaters Berend von Molzahn zu Penzlin, als derselbe sich mit den Herzogen von Mekl. gewisser Umstände halber verglich. 1523 unterschrieb er wegen seiner Meklenb. Güter Wischendorf, Harkensee und Schwartow das sogenannte große Unions-Instrument. Er vermählte sich, nach dem von Hoinkhusen, mit Anna, einer Tochter des Ritters und Meklenb. Geheimen Raths Berend von Molzahn auf Penzlin, der 1529 verstarb, und dessen Söhne Joachim und Georg 1530 von dem Kaiser in den Freyherrenstand erhoben wurden, und Göbel von Alvensleben a. d. H. Erxleben, von Beehr giebt ihm eine von Bredow zur Gemahlin, und zeugte diese Kinder: 28.

Leveke, die sich erstlich mit Jobst von Bardeleben, und hernach mit Conrad von Bülow auf Gartow, Obsfeld und Stintenburg vermählte.

Werner, war Amtshauptmann zu Bleckede, starb unbeerbt.   29.

Bernhard, starb jung ohne Erben.   30.

Vicco. Er ist vor 1568 schon ohne Leibeserben verstorben. Und   31.

Franz. Er kommt nebst seinen dreyen Brüdern 1558 vor, als der Herzog Franz Otto zu Sachsen-Lauenburg zwischen ihnen und ihrem Vetter Joachim von Bülow auf Gudow einen Machtspruch that. Sonst war dieser Franz ein tapferer Kriegsheld; Bernhard Latomus schreibt von ihm, daß sich 1559 von dem Grafen Anton von Oldenburg wegen des Krieges, den König Friedrich II. zu Dännemark gegen die Ditmarsen geführet, hätte bestellen lassen, und Kranz in seinem Bello Ditmarsico p. 446, daß ob er zwar kein Holsteiner gewesen, so sey er dennoch bey dem dortigen Adel wegen seiner ihm beywohnenden Tapferkeit, auch seiner erlangten Schwägerschaft halber, in großem Ansehen gestanden, und in solchem Betracht von dem Feldmarschall Hinrich von Ranzau, der die Dänische Armee gegen die Ditmarsen commandiret, bey dem Könige, als seinen Lieutenant, heutiges Tages so viel als Generallieutenant, in Vorschlag gebracht, welche Function ihm auch wäre verliehen worden. Im Jahr 1555 kaufte er von seinem Vetter Hans, Steffens Sohn, dessen halben Theil an dem Hause Gudow c. p. für 7500 Gulden, und ist der Kaufbrief, und die Bestätigung des Herzogs Franz von Sachsen-Lauenburg, beym Pfeffinger l. c. p. 239 und 41 zu lesen. Mit seiner Gemahlinn Druda oder Gertrud von der Wisch zeugte er: 32. Franz, Dänisch. General-Lieutenant.

Joachim. Er starb noch vor dem Vater, und wie dieser 1568 auch die Welt verließ, so gelangeten dessen Antheile an Wehningen und Gudow ꝛc. an seinen hiernächst vorkommenden Vetter Joachim, Berends Sohn.   33.

Vorhin gedachter Berend machte, nach der bereits angeführten Beylage GGGG, nebst seinen Brüdern mit seinem Vaterbruder Friedrich 1478 dahin einen Vergleich, daß Friedrich und dessen Kinder Dannenberg, sie hingegen Hitzacker behalten, Wehningen aber unter ihnen in Gemeinschaft   27. Berend, Lauenb. Landmarschall.

meinschaft verbleiben sollte, dabey auch verabredet ward, auf gesamte Kosten Ziegel brennen, und damit das Schloß zu Wehningen ausbessern zu lassen. Er wird 1485 des Herrn Werners von Bülow Sohn genannt, als der Herzog Ernst zu Sachsen, der Kirchen zu Magdeburg und Halberstadt Administrator, die Burg und Stadt Obsfeld um 12000 Rheinische Gulden an Jürgen von Bülow auf Gartow verpfändete. Er war 1491 ausserhalb Landes, als Johann Herzog zu Sachsen, nach der Urkunde HHHH denen von Bülow über Gudow und das Erb-Landmarschall-Amt einen Lehnbrief ertheilte. Dessen mit einer von Münchhausen gezeugter Sohn

34.
Berend,
Lauenb.
Landmarschall.

Bernd, auf einem Theil Gudow und Wehningen etc. hatte eine von Bünau aus der Mark Brandenburg zur Gemahlinn, die ihm zur Welt brachte:

Elisabeth, ward vermählt mit dem no. 15 angeführten Levin von Bülow auf Wehningen und Jasebeck; Und

35.
Joachim,
Lauenb.
Landmarschall und
Landrath.

Joachim, der Aeltere genannt, auf Gudow, Wehningen, Jasebeck, Wischendorf etc. Niedersächsischer Rath, Erb-Landmarschall und Landrath. Er ward in seiner Jugend bey seinem Vetter dem Bischofe Diedrich von Bülow zu Lebus erzogen, und wird daher gemeinhin für denjenigen gehalten, der als ein junger Studiosus im Jahr 1505, bey der Inauguration der Universität zu Frankfurt an der Oder, eine zierliche Rede in lateinischer Sprache gehalten hat, wovon der berühmte Frankfurtsche Professor Johann Christoph Beckmann in Notitia Univers. Francofurtanæ folgendes anführet: Hiernächst stand Joachim von Bülow auf, ein Vetter des Bischofs Diedrich, ein Jüngling voller Witz, von den anständigsten Sitten, Religion und edelster Abkunft, der seine Aeltern, Verwandte und Freunde ehret und liebet, und fing, nachdem er den Anmahnungen und Befehlen des Bischofs nicht länger widerstehen mögen, eine so fließende Rede mit so vielem Anstande und Beredsamkeit an, daß nichts zierlichers und schöners seyn konnte, so daß man einen der besten Römischen Redner zu hören glaubte etc. Ich bin aber, um ihn nicht über 100 Jahr alt werden zu lassen, der Meinung, daß der Joachim, von dem hier die Rede ist, derjenige gewesen, welcher bey der Wedendorfschen Linie no. 10 vorgekommen ist. 1552 erhielte er von seinem Vetter Friedrich n. 79 dessen in Gudow und Wehningen gehabtes Antheil, und 1568 bekam er, nach dem Tode seines Vettern Franz n. 32, auch die übrigen Theile gedachter Güter. Er wird des sel. Berends Sohn genannt, als der Herzog Franz Otto den ohnlängst erwähnten Machtspruch zwischen ihm und seinen Vettern, Clemens Söhnen, im Jahr 1558 that; und nachdem er, wie eben gedacht, das ganze Gut Gudow und Wehningen e. p. an sich gebracht, so ward er von diesem Herzog damit, und auch mit dem Landmarschall-Amte beliehen, wie davon die Urkunde beym Pfeffinger l. c. p. 243 zu finden ist. Im Jahr 1573 erhandelte er in der besten Absicht, jedoch zu seiner Nachkommen größtem Unglück, wie bald folgen wird, eine dem Hause Gudow gar nahe gelegene wüste Feldmark, Bandekow genannt, von der Landesherrschaft mit aller hohen Agnaten Bewilligung. 1577 ward er von dem Herzog Ulrich zu Mekl. mit dem im Amte Boitzenburg belegenen Dorfe Schwartow belehnet. Beehr l. c. p. 815. Im Jahr 1581 bekam er von dem Herzog Wilhelm zu Br. Lüneb. eine Bescheinigung, daß er als der Aelteste seines Geschlechts mit Inbegriff seiner Vettern Hans, Hansens Sohn, und Hartwig Busso, Levins Sohn, mit fünf Hufen in Jasebeck wäre beliehen worden. Er starb hierauf 1587 und hatte sich erstlich mit Anna, eine Tochter Friedrichs von der Schulenburg auf Bezendorf und Dorothee von Molzahn, und nach deren Ableben mit Anna, eine Tochter Hernonis von Pfuel und Dorothee von Bredow vermählt. Mit der ersteren zeugte er:

36. 37.

Hans und Bernhard, starben in jungen Jahren.

38.
Friedrich,
Statthalter

Friedrich. Er war Statthalter des Landes Hadeln, und verwaltete schon bey Lebzeiten seines Vaters das Landmarschall-Amt. 1585 unterschrieb er die Lauenburgsche Landes-Union, und

ward

ward zu einem der vier Aeltesten erwählet, die für die Festhaltung derselben sorgen sollten; die übri- und Land-
gen waren, wie Pfeffinger I. c. p. 862 berichtet, Bernhard von Perkentin auf Zecher, Hieronimus marschall.
Schulte auf Marschacht, Canzler, und Hans Daldorf zu Wotersen. Er verpfändete 1597 die Meklenburgschen Güter Wischendorf, Velthusen, Mummendorf, Boyenhagen, Tesdorf, Frebbershagen, Elmenhorst und einen Theil in Harkensee, welche er mit seinen Vettern zu Gartow
in Gemeinschaft hatte, deren Antheil er aber schon vorher von Vicke von Bülow dem Aeltern
auf Gartow pfandsweise an sich gebracht hatte, an Engelke von Bülow a. d. H. Gr. Radum,
wie die Urkunde TTT deutlich zeiget. Vorher trifft man ihn noch 1588 in der Suite des Herzogs
Johann zu Meklenburg an, wie derselbe von den Ständen die Huldigung einnahm. Er starb Aus-
gangs des Jahrhunderts ohne Erben, ob er sich gleich mit Cathrina, Berends von Winterfeld
Tochter, die nachhero wiederum an Hans von Bülow auf Wehningen und Marnitz sich verheirathete, vermählt gehabt hatte.

 Anna, ward die Gemahlinn von Otto von der Lühe auf Büttelkow und Kleinen-
Nienhagen.

 Oswald, Andreas, Georg, Wedig, Steffen, Werner, Franz 39—46.
und Johann starben in sehr jungen Jahren.

 Mit der zweyten Gemahlinn zeugte Joachim:

 Franz Bernhard, welcher 1616 von dem Herzog Christian zu Braunschweig mit Ja- 47.
sebeck beliehen ward, darauf aber unvermählt verstarb. Und

 Joachim, der Jüngere, auf Wehningen, Gudow, Jasebeck rc. Lauenburgscher Land- 48.
rath und Landmarschall. Er war geboren 1585, und also nur zwey Jahr alt, als sein Vater starb. Joachim,
Während seiner und seines Bruders Minderjährigkeit gefiel es dem damals regierenden Herzog in und Land-
Sachsen-Lauenburg Franz II. die oben gedachte Feldmark Bandekow in Ansprache zu nehmen, und marschall.
weil die Mutter Anna von Pfuel, als Vormünderinn ihrer Söhne, solche in Güte sich abzutreten
weigerte, so bemächtigte sich der Herzog im Jahr 1595, mit Hülfe 2000 zusammengebrachter Soldaten und Bauern auch einiger Kanonen, des Hauses Gudow, nahm ihnen alle Güter, die sie im
Fürstenthum Lauenburg besaßen, und trieb die Mutter mit ihren Kindern, so zu sagen, ins Elend.
Es säumte zwar diese standhafte Frau nicht, ihre Klage beym Kaiser anzubringen, und brachte es
auch dahin, daß sie 1601 durch Kaiserl. Ausspruch ihre Güter wieder erhielte, und aller zugefügte
Schade ersetzt werden sollte; es verzog sich aber die Restitution bis 1605, und es war bald ein Vorwand wieder da, daß solche aufs neue vom Herzoge eingenommen wurden. Ob nun gleich solche
abermal der Familie 1621 eingeräumet werden mußten, und unser Joachim sich 1629 vom Kaiser
Ferdinand II. einen weitläuftigen Schutzbrief verschafte, so ward er doch bey den Kriegs-Troubeln
wiederum aus dem Besitz seines Hauses Gudow gesetzt, und ihm das Werk so schwer gemacht, daß
er endlich, nachdem sein einziger Bruder Franz Bernhard auch gestorben war, nach vielen, theils
in Wien theils in Speier, geführten kostbaren Processen, welche 47 Jahr gedauert hatten, sich vor
der ausgebrachten Commission im Jahr 1642 nur dahin mit dem Herzoge August von Sachsen-
Lauenburg vergleichen mußte, daß ihm seine abgenommenen Güter wieder eingeräumet, und ihm
für den erlittenen großen Schaden und Unkosten 3000 Rthlr. baar bezahlet werden sollten: Da indessen die an Eidesstatt übergebene Schadensrechnung sich auf 192000 Rthlr. erstreckte, so wurden
zu einigem Ersatz den Allodial-Erben des Joachims und dessen Nachkommen, auf etwanigen Abgang der männlichen Linie, 30000 Rthlr. in Gudow versichert, wodurch denn wol freylich die mit
so vielem Recht gemachte Forderungen schlechte genung vergütet waren.

Z 2   Sonst

Sonst ließ der Herzog Carl zu Meklenburg ihm und seinem Bruder Franz 1608 einen Mutschein über alle ihre in seinem Lande belegenen Lehne ausfertigen. Im Jahr 1622 acquirirte er erb- und eigenthümlich für 12000 Rthlr. von Ulrich von Wackerbarth auf Kugel das, seinen Vorfahren bereits verpfändet gewesene, halbe Theil Segeran, Lebsten, und Dargenow ꝛc., wie der Consens-Brief in der Beylage IIII des mit mehrerem erwähnet. Im folgenden Jahr erhandelte er auch mit seinem Bruder Franz von seinem Vetter Hartwig Busso dessen Antheil an den Gütern Wehningen und Jasebeck. Es hatte, wie vorgedacht, ihr Bruder Fritz schon 1597 Engelken von Bülow das Gut Wischendorf ꝛc. verpfändet, unsere beiden Brüder aber glaubten, nach erlangter Volljährigkeit, dieser Verpfändung widersprechen zu können, willigten aber endlich 1625 gegen Erlegung 8800 Rthlr. darinn, und ward der Pfandschilling nunmehro auf 18800 Rthlr. gesetzt, nach deren Wiederbezahlung die Güter 1677 an die von Bülow-Gudowschen Erben zurückfallen sollten. Er starb 1643, und hatte sich vermählt gehabt mit Anna Sophia, eine Tochter des Landraths Otto von Grote auf Brese im Bruch und Elisabeth von Holle, und mit derselben gezeuget:

IIII

Ursula Dorothea, die sich 1653 mit dem Lüneburgschen Landrath Hinrich von Melzing vermählte, und 1677 verstarb.

49. Otto Joachim. Er bekam in der brüderlichen Theilung Wehningen und Jasebeck, war geboren 1616, und in Schwedischen Diensten Rittmeister gewesen, bezog aber seine väterlichen Güter 1648. Er hatte während seiner Wirthschaft das Unglück zweymal abzubrennen, und durch drey unterschiedliche Ausbrüche der Elbe großen Schaden zu leiden, daher er nicht allein genöthiget ward, einige Güter zu verpfänden, sondern auch einige Pertinenzen an die von Grote und Platen erblich zu veräußern. Er starb 1669, nachdem er sich 1654 mit Maria, eine Tochter des Braunschweig-Zellischen Großvogts Johann von Behr auf Stelliche, und Marie von Bothmar, vermählt gehabt, und mit ihr gezeuget hatte:

50. Joachim Johann auf Wehningen, welcher 1655 geboren war, und als Braunschweig-Zellischer Lieutenant 1676 verstarb; und

51. Jacob Diedrich, geb. 1659, gest. 1661.

52. 53. Franz und Hans, ertrunken beide in der Elbe, jener im 16ten, dieser im 14ten Jahr ihres Alters.

Catharina, geb. 1620, gest. 1698, ward mit Hans Hinrich von der Lühe vermählt.

Maria Sibilla, die 1638 die Gemahlinn des Dänischen Geheimenraths und Landdrosten der Grafschaften Oldenburg und Delmenhorst Hieronimus Georg von der Osten a. d. H. Hinzenhagen ward.

Ursula Dorothea, die unvermählt starb, und

54.
Jacob,
Dän. General-Major
und Lauenburgscher
Landrath
und Landmarschall.

Jacob. Dieser war am Palm-Sonntage 1625 geboren, und erhielt in der brüderlichen Theilung Gudow c. p. Nach dem Tode seines jungen Vetters Joachim Johann vereinigte er auf sich alle Güter seiner Linie, wie auch im Meklenburgischen die Güter Wendisch Lips und die Bauern in Schwartow, indem, wie hiernächst folgen soll, ersteres Gut durch Hans von Bülow auf Marnitz an dieses Haus gekommen. Unser Jacob war in Dänischen Kriegsdiensten zuletzt General-Major von der Cavallerie, und Commandant aller Truppen und Festungen in Holstein, Oldenburg und der Stadt Wismar, hiernächst Landrath und Landmarschall im Herzogthum Lauenburg. Der von ihm zu Wehningen neu erbaueten Capelle ist bereits bey den Denkmälern der Familie Erwähnung geschehen. Im Jahr 1660 überließen er und sein Bruder Otto Joachim ihren halben Theil an die Güter Wischendorf ꝛc. nunmehro erblich ihren Vettern daselbst, siehe die Beylage UUU. Er starb den 12. Septemb. 1681. Mit seiner ersten Gemahlinn Dorothea Margretha,

gretha, eine Tochter Joachim Werners von Wittorf auf Lüderoburg, und Elisabeth Dorothea von Behr a. d. H. Stellicht, die den 16. Junii 1635 geboren war, und den 12. Junii 1668 verstarb, hatte er sich den 8. Sept. 1653 vermählt; mit der zweyten aber Margretha von Ratlow den 12. Junii 1670. Die Kinder ersterer Ehe waren:

 Joachim Werner, von dem bald ein mehreres.   55.

 Otto Diedrich. Er war 1655 den 22. Febr. geboren, und erhielt 1682 über das Gut   56.
Wehningen c. p., welches ihm nebst Jaßbeck in der Theilung zugefallen war, von dem Herzog   Otto Diedrich, Geheimerrath u.
Julius Franz von Sachsen-Lauenburg einen Mutschein. Nachdem er die Universität Helmstätt ver-   Land-Commenthur.
lassen, und seine Reisen durch Holland, Engelland, Frankreich und Italien zurückgeleget hatte, ward
er in obgedachtem Jahr Kammerjunker bey dem Herzoge von Holstein-Gottorp, und 1684 Hofmeister bey dem Prinzen Friedrich, den er auf seinen Reisen nach den Niederlanden und Schweden von
1685 bis 87 begleitete. Im Jahr 1690 ward er in den Deutschen-Orden eingekleidet, ging hierauf
mit gedachtem Prinzen nach Italien, ward nach der Zeit bey dem Herzoge von Holstein-Gottorp Geheimerrath, und nach dessen tödtlichem Hintritt Ober-Hofmeister bey der verwittweten Herzoginn. Er
brachte nach vielen Zwischen-Reisen endlich die Vermählung obgedachten Prinzens mit der ältesten
Prinzeßinn Tochter des Königs Carl XI. in Schweden zum Stande. Im Jahr 1695 den 3. May
ward er von den Capitularen zu Luklum, ohnweit Braunschweig, zum Coadjutor des Land-Commenthurs von Stain erwählet, und, wie die Beylage KKKK zeiget, den 20. April des folgenden   KKKK
Jahrs von dem Hochmeister des Ordens und Pfalzgrafen am Rhein Franz Ludwig in dieser Würde
bestätiget. Nach erfolgtem Absterben erwähnten Land-Commenthurs trat er 1703 die Administration der Balley Ober- und Nieder-Sachsen zu Luklum an, und hat derselben mit vielem Ruhm
vorgestanden, besonders auch deren Güter durch Ankaufung schöner Grundstücke vermehret: Wie
er denn auch eben so mit seinen eignen Gütern verfuhr. Dadurch aber hat er vorzüglich sein Andenken verewigt, daß er 1704 ein Armenhaus zu Gudow stiftete, und dazu 6500 Rthlr. vermachte.
Er starb endlich 1732 ehrenvoll und von vielen bedauert, ohne sich vermählt gehabt zu haben.

 Anton Ulrich, starb in der Jugend.   57.

  Mit der zweyten Gemahlinn hatte unser Jacob nur einen Sohn

 Anton Ulrich, der gleichfalls jung verstarb.   58.

 Kurz zuvor genannter Joachim Werner war Churfürstl. Braunschweig-Lüneburgischer   55.
Hofrichter, Landmarschall und Landrath im Herzogthum Lauenburg, und Drost zu Bodenteich, auch   Joachim Werner,
Besitzer der Güter Gudow, Segeran, Preten, Gottin, Wendisch Lips, und Londenis in   Lauenb. Hofrichter
Jütland. Er erblickte das Licht der Welt den 17. Aug. 1653. Nach zurückgelegten Studien auf   Landmarschall und
der Ritterschule zu Lüneburg und Hohen-Schule zu Heidelberg trat er seine Reisen an; besahe die   Landrath.
Schweiz und den größten Theil des Königreichs Frankreich, kehrte von da durch die Niederlande,
allwo er dem zu Nimwegen angestellten Friedens-Congreß beywohnte, nach Hause, und ließ sich,
nachdem er seine erste Heirath vollzogen hatte, zuerst auf Horst und nach dem Tode seines Vaters
zu Gudow nieder, da er denn von seinem Fürsten zu vielfältigen Verschickungen gebraucht wurde.
Er acquirirte 1683 das Gut Londenis, welches ehedem die Gebrüdere Johann Peter und Dominicus von Uffel vom Könige Friedrich dem III. für baares Geld an sich gebracht hatten, und machte es
nebst dem Allodial-Gut Preten, welches er 1705 von seinem Schwager Christian August von Perkentin auf Lüttenhof an sich erhandelte, zu Fideicommiß-Güter. Im Jahr 1704 erhielte er von
dem Herzog Friedrich Wilhelm zu Meklenburg einen neuen Lehnbrief über Wendisch-Lips, und so
auch 1708 von Georg Ludwig, Churfürsten zu Braunschweig-Lüneburg, über Gudow c. p., welchen
letzteren man der Vollständigkeit der Pertinenzien und anderer merkwürdigen Umstände halber, besonders

B 3   ders

ders wegen der ihm darinn verliehenen Anwartschaft auf die von Bodeckschen Güter Gülzow, Callow
LLLL und Hasendahl, in der Beylage LLLL finden kann. Im Jahr 1718 ward er von der Königl. und
Churfürstl. Regierung zu Hannover unter gewissen Bedingungen, zum Besten der von Bernstorfi-
schen Familie, mit dem Gute Gottin beliehen, wie solches der Lehnbrief, welchen der Baron Jo-
MMMM achim Hinrich von Bülow als Geheimerrath mit unterschrieben, in der Beylage MMMM bezeuget. In demselben Jahr ward er und sein Bruder von dem König Georg, als Churfürst zu Br.
Lüneburg, mit dem Schloß Wehningen c. p. und besonders mit gewissen Elb-Zöllen beliehen. Aus
allen diesem ist zu bemerken, wie ansehnlich er seine Güter vermehret, und wie sehr er solche in Sicherheit zu stellen gesucht. Die Wohlfahrt seines Vaterlandes besorgte er nicht minder als ein guter
Patriot, und als der Erste unter den Landständen mit besonderm Fleiß und bey aller Gelegenheit,
vorzüglich aber bey dem mit dem Herzog Julius Franz im Jahr 1689 erfolgten Abgange des Fürstl.
Sachsen-Lauenburgischen Manns-Stammes, weswegen und auch wegen seiner Liebe zur Gerechtigkeit, Leutseligkeit und andern liebenswürdigen Qualitäten sein Andenken in seinem Vaterlande sowol
als sonst unvergessen bleiben wird. Er ist auch derjenige, von welchem von Beehr rühmet, daß er
mit vieler Mühe und nicht geringen Kosten aus unterschiedlichen Archiven die mehresten Nachrichten
von seiner Familie gesammlet, und sich also auch in diesem Stück verdient gemacht. Nachdem nun
auch noch sein gnädigster König ihm 1719 die Anwartschaft als Amtshauptmann zu Mölln für sich,
und noch zweene Fälle für seine Nachkommen, huldreichst ertheilet hatte, so starb dieser würklich große
Mann, seinen Bekannten und den Seinigen noch immer zu früh, den 20. Junii 1724, und ward
den 19. Oct., wie er verdiente, mit vielen Feierlichkeiten, wobey der nachmalige Hofgerichts-Assessor
zu Güstrow Detloff Friedrich von Bülow die Parentation hielte, zu Gudow beygesetzet. Er vermählte sich zu dreyenmalen, 1) den 12. May 1679 mit Susanna Franzina, eine Tochter des
Meklenb. Kämmerers und Geheimenraths Bonaventura von Bodeck, und Franzinen von Uffel a.
d. H. Dutzow und Roggendorf, sie war geboren den 16. Febr. 1655, und starb den 2. Decemb. 1691
zu Hamburg; 2) den 27. May 1693 mit Eva Sophia, eine Tochter Jacob Christophers von der
Lühe auf Kölzow, und Cathrine Elisabeth von Wittorf a. d. H. Lüdersburg, die 1717 verstarb,
und 3) mit Hedwig Lucia, eine Tochter des Bischöfl. Eutinschen Hofmarschalls und Lauenburgschen Oberhauptmanns Bartold von Perkentin auf Preeten und Dammerez, und Anne Lucie von
Wittorf a. d. H. Lüdersburg. Sie hatte sich zum erstenmal mit Stats Friedrich von Witzendorf
vermählt, und nach dessen Absterben mit dem Dänischen Kammerjunker Paschen von Regendank auf
Zierow, wie dieser 1709 auch verstarb, so ward den 2. Junii 1724 unser Joachim Werner der
dritte Gemahl, als dessen Wittwe sie bis 1732, da sie starb, in Lübeck gewohnt hat; er war mit
ihr nicht beerbt, dagegen waren die beiden ersteren Ehen desto gesegneter. Aus der ersteren hatte er:

Dorothea Margretha, Charlotta und Margretha Lucie, starben
sehr jung.

59. 60. Bonaventura, geb. 1683, und Jacob, geb. 1684, gleichfalls.

Susanna Franzina, geb. den 20. Decemb. 1686, gest. den 27. März 1729, vermählte sich den 19. Oct. 1703 mit dem nachherigen Mekl. Landrath Helmuth Friederich von
Oertzen auf Gerdshagen und Roggow.

Sibilla Hedwig, geb. den 23. Febr. 1688, gest. den 30. Jenner 1712. Sie ward den
31. Dec. 1704 die Gemahlinn des Meklenburgischen Ober-Stallmeisters, nachherigen Landraths
Hartwig von Bülow auf Elmenhorst und Rolofshagen.

61. Jacob Diedrich, von diesem gleich ein mehreres.

Mit

Mit der zweyten Gemahlinn zeugte er:

Chriſtoph Johann, geb. 1695, geſt. 1696.   62.

Otto Diedrich, geb. 1698, ſtudirte in Straßburg, ging nachher auf Reiſen, und ſtarb 1722, zum großen Leidweſen ſeines Vaters, in London, alwo er in der Kirche, die Savoye genannt, begraben liegt.   63.

Eliſabeth Dorothea, geb. 1700, geſt. 1701.

Sophia Maria, geb. 1701, ſtarb 1762 zu Roſtock als Wittwe des Sachſen-Zeitziſchen Kammerjunkers Diedrich von der Lühe auf Theilkow, mit dem ſie ſich 1719 vermählt hatte.

Joachim Werner, geb. 1702, ſtarb 1717 zu Luklum bey ſeinem Vaterbruder an den Blattern.   64.

Friedrich, geb. 1703, ſtarb 1704. Und   65.

Cathrina Eliſabeth, geb. den 23. Nov. 1706, ſtarb den 15. April 1724 in ihrem erſten Wochenbette, nachdem ſie ſich den 13. Febr. 1723 mit dem Meklenb. Landrath Barteld Diedrich von Negendank auf Zierow vermählt gehabt hatte.

Eben angezogener **Jacob Diedrich** auf Gudow, Wehningen ꝛc. Erb-Landmarſchall, Aſſeſſor des Lauenburgiſchen Conſiſtoriums, und Amtshauptmann zu Mölln, war den 2. May 1689 geboren, und vermählte ſich den 18. May 1715 mit Chriſtina Dorothea, eine Tochter des Däniſchen Geheimen- und Landraths auch Ritters Dettloff von Reventlau auf Himmelmark, und Magdalene Sibille Gräffinn von der Natt oder Dernath, welche 1731 Wittwe ward, und ſich 1732 zum zweytenmal mit dem Däniſchen Oberſtlieutenant Detloff von Ranzau verheirathete; ſie war geb. den 18. May 1699, und ſtarb 1741 als Mutter von   61. Jacob Diederich, Lauenb. Landmarſchall, Conſiſtorial-Aſſeſſor und Amtshauptmañ.

Joachim Werner, auf Wehningen und Droſt zu Mölln. Er hatte den 20. October 1716 das Licht der Welt erblickt, und ſich 1739 vermählt mit Anna Margretha Eliſabeth, eine Tochter Barteld Hartwigs von Penz auf Benz, und Eliſabeth Anne Auguſte von Zülow a. d. H. Bülow; er ſtarb 1749 ohne mit ihr beerbt zu ſeyn. Und   66. Joachim Werner, Droſt.

Dettloff auf Gudow ꝛc. und nach dem Tode ſeines Bruders auf Wehningen ꝛc. im Lauen- und Lüneburgſchen, auf Gorow, Clausdorf und Kl. Bölkow im Meklenburgiſchen, und auf Rühren im Holſteiniſchen. Er ward den 16. Dec. 1717 geboren, und iſt itzo Lauenburgiſcher Hofrichter, erſter Landrath und Landmarſchall, auch Kammerherr zu Hannover. 1764 verkaufte er an den Landrath Franz Johann von Dannenberg die Güter Wehningen, auch Junker-Wehningen genannt, Jaſebeck und Wolfsthal c. p., und nahm das Gut Müſſen dagegen für einen Theil des Kauffſchillings an. Die Güter Gorow, Clansdorf und Kleinen-Bölkow kaufte er 1767 von dem Meklenb. Schweriniſchen Oberhauptmann Claus Detloff von Oerten, und verkaufte demſelben dagegen das Gut Preten; das hierauf haftende Fideicommiß transferirte er nunmehr auf jene Güter. Im Jahr 1778 vertauſchte er, der Entlegenheit halber, das in Norder-Jütland belegene Fideicommiſſi-Gut Londenis an den Däniſchen Etatsrath Klippe gegen deſſen in Holſtein liegendes Gut Rühren, und legte dieſem jene Eigenſchaft wiederum bey. Er hat zur Gemahlinn die Comteſſe Chriſtina Sophia, eine Tochter des Hannöveriſchen Kammerherrn Hans Caſper Gottfried Grafen von Bothmar auf Bothmar ꝛc. und Chriſtine Margrethe von Bülow a. d. H. Elmenhorſt und Rolofshagen, welche den 2. April 1725 geboren, und eine geſegnete Mutter iſt von   67. Dettloff, Chur-Braunſchw. Kammerherr, Hofrichter, Landrath und Landmarſchall.

Chriſtina Dorothea Johanna, geb. den 13. Oct. 1743, iſt im Kloſter Barſinghauſen.

Eliſabeth Carolina Friderica, geb. den 9. März 1745; iſt den 12. Auguſt 1777 als die Gemahlinn des Droſt Georg von Lüneburg auf Wathlingen geſtorben.

184 Tabelle IX. Wehningen-Gudow.

68. Hans Casper, geb. 1746, gest. 1747.

Ida Maria Wilhelmina, ward geb. den 4. Nov. 1747, und vermählte sich mit dem Kammerherrn Wilhelm Friedrich von Oertzen auf Gerdshagen, hiernächst auf Roggow. Sie ist seit den 2. März 1773 Wittwe, und wohnet itzo zu Rostock.

Sophia Margretha, geb. den 4. Sept. 1749, ist vermählt an den Landrath Alexander von Schulte zu Burgsittensen im Bremischen.

69. Georg Ludwig, Würtemb. Rammerherr. Georg Ludwig, geb. den 16. Julii 1751, ist Herzogl. Würtembergischer Kammerherr, und wohnet bereits auf dem väterlichen Gute Müssen; er hat sich mit Luisa Charlotta Hinrietta, eine Tochter Carl Friedrichs von Stammer aus Braunschweig und Antoinette Ernestine Magdalene von Spörken vermählt, die ihm bis dahin zwo Töchter geboren, als:

Christina Sophia Antoinette Dorothea Hedwig, und

Eleonora Luisa Wilhelmina, die 1780 ins Kloster Dobbertin geschrieben ist.

70. Gottfried Joachim Hartwig, geb. den 13. Julii 1752.

71. Detloff Christian, geb. den 2. Junii 1754, ist Lieutenant unter dem Dänischen Bornholmschen Regiment.

72. Burchard Otto Diedrich, geb. den 12. Sept. 1755, ist Fähnrich in Hannoverschen Diensten beym Ahlfeldschen Regiment.

73. Hans Casper, geb. den 9. März 1757, steht als Lieutenant in Hessen-Casselschen Diensten, künftiger Domherr zu Lübeck. Und

74. Adolph Jasper, geb. den 27. August 1767.

7. Friedrich, Braunsch. und Mekl. Rath. Bald Anfangs erwähnter Friedrich stiftete die dritte, die sogenannte Marnitzsche Branche dieser Linie, die aber vorlängst schon wieder erloschen ist. Er war ein überaus berühmter Mann, und sowol des Herzogs Hinrich zu Braunschweig, als der Herzoge zu Meklenburg Rath. 1471 kaufte er mit seinem Bruder Werner das Haus Gudow c. p., und errichtete 1478 nach dem Ausspruch gewisser erbethenen Commissarien, als Alverich von Bodenwick, Friedrich von Wustrow, Berend von der Schulenburg und Cord von Rohr, mit seines Brudern Werners Söhnen wegen Dannenberg, Hitzacker und Wehningen einen Vergleich, vermöge welchem diese jenem Dannenberg gänzlich überließen, dafür aber Hitzacker allein behielten, Wehningen sollten diese Brüder fünf Jahr lang bewohnen, nur reservirte sich Friedrich die Holmpacht, die Hälfte des Elbzolles und der Mastung, wie solches die angezogene Urkunde GGGG mit mehrerem zeiget: Die Meklenburgischen Güter hatte er auch mit ihnen gemeinschaftlich. Nach Grundmanns Versuch zur Uckermärkschen Adelshistorie p. 250 vermählte er sich mit Sophia von Quitzow; sie brachte zur Welt:

Cathrina, die sich mit Georg Freyherrn von Molzahn auf Penzlin vermählte.

75. Stephan oder Steffen, von dem bald ein mehreres.

76. Hans. Nach ebengedachter Adels-Geschichte p. 252 hatte er sich vermählt mit Dorothea von der Schulenburg a. d. H. Apenburg, und mit derselben gezeuget:

Sophia, die sich mit Jacob von Arnim auf Gerdswalde verheirathete.

77. Hartwig. Er und sein Bruder Hans kommen unter ihrem Bruder Stephan in den Jahren 1493 und 1500 vor, sie haben aber keine männlichen Erben hinterlassen.

Sophia, die sich mit Gerhard von Arnim auf Gerdswalde vermählte.

78. Andreas. Er war in der Suite seines Bruders des Bischofs Diedrich, als dieser den Erzbischof Albrecht nach seiner Residenz Magdeburg begleitete. Von seinem Sohn

79. Friedrich ist nichts erhebliches anzutreffen, außer, daß er in der Urkunde FFFF mit angeführet worden. Und

Diedrich

Diedrich, Bischof zu Lebus. Weil der Name Diedrich bey dieser Linie sonst nicht gebräuchlich, so vermuthet man mit Recht, daß er solchen von seinem mütterlichen Großvater erhalten, indem die Familie von Quitzow solchen zu der Zeit mehrentheils geführet, und eben so ist auch wol gewiß, daß er durch diese Verwandschaft nach der Mark, und bey dem Churfürsten von Brandenburg in Dienste gekommen. Was der Hofmeister N. J. von Beehr zu seiner Zeit nur mit Wahrscheinlichkeit behauptete, daß er nämlich von der Wehningen-Gudowschen Linie gewesen sey, das kann man nunmehro mit Gewißheit darthun, indem Grundmann in der obgedachten Uckermärkschen Adels-Historie p. 143, aus dem von Arnimschen reichhaltigen Archiv zu Boitzenburg, eine Urkunde bekannt gemacht, welches eine Ehestiftung ist, die der Bischof Diedrich zwischen Hans von Arnim und Elisabeth, Steffens von Bülow älteste Tochter, errichtet, und worinn er diesen Steffen zum öftern seinen lieben Bruder genennet hat, wie die Beylage NNNN mit mehrerem zeiget. Eben dieß, und daß auch Andreas sein Bruder gewesen, erhellet aus der Vorrede des Achaz Philostrogs Beschreibung des 1512 zu Ruppin angestelleten Turnier-Spiels: So schreibet auch Pfeffinger l. c. p. 216, daß da die Churfürsten von Brandenburg von dem Bischofthum Lebus die Folge gehabt, so daß zur Ehre und zur Noth selbiges 12 bis 18 Pferde senden müssen, so hätte auch der Bischof Diedrich, da der Churfürst Joachim I. seinen Bruder Albrecht zum Antritt des Erzbischofthums Magdeburg dahin begleiten wollen, mit gedachtem Gefolge dabey seyn müssen, als er aber seine Anzahl Pferde nicht voll gehabt, so hätte er seine Brüder Steffen und Andreas mit zu reiten anheischig gemacht. Wann nun keine andere Linie des Geschlechts als die Wehningen-Gudowsche um diese Zeit einen Steffen aufzuweisen hat; so folgete freylich sehr natürlich, daß er derselben zu zuzählen sey. Auch gehöret zu den ehemaligen Beweisen der Stein mit dem Bülowschen Wapen, und die Jahrzahl 1515, der bey einem der unglücklichen Brände, die den Otto Joachim auf Wehningen betroffen, in den Schutt begraben, nachhero aber von dem General Jacob von Bülow in das Mauerwerk der neuen von ihm zu Wehningen errichteten Capelle wiederum einzumauern veranstaltet worden. Dieser Stein Fig. 19 und die Fensterscheibe Fig. 8 haben allerdings einerley Ordnung der Kugeln, und wann nun dazu kommt, daß vor dem Brande bey diesem Stein eine Tafel soll gehangen haben, worauf die Worte gestanden: de Vader unde Biscop tho Lebus het buwet tho Wehningen dat hoge Hus; so waren diese Beweise hinlänglich genung. In neueren Zeiten hat auch der von Hoinkhusen aus Acten gefunden, daß der Bischof 1509 mit seinen Brüdern und Vettern gemeinschaftliche Sache gemacht, wie sie von der Stadt Lübeck, wegen zugefügten unverschuldeten Schadens an ihren im Klützer Ort bey Wißmar belegenen Gütern, Ersetzung verlangten.

So viel nun unsern Bischof für seine Person betrifft, so war er 1499, nach des M. Andreas Angelus Bericht in seinen Märkischen Annalen p. 225, des Markgrafen und Churfürsten Johann von Brandenburg Hofrath; als nun Ludwig von Vorgstorf Bischof zu Lebus verstarb, so ward er von seinem Herrn dem Dom-Capitel so sehr empfohlen, daß, ungeachtet selbiges den bisherigen Dom-Probsten Günthern von Bünow gerne gewählet hätte, dennoch jener diesem vorgezogen wurde. Wie er denn bey dem Churfürsten in solchen Gnaden war, daß er ihn in einem Schreiben in der Anlage OOOO seinen besondern Freund und Gevatter nennet. Er hat auch seinem Stifte überaus wohl vorgestanden, und nicht nur die von seinen Vorgängern gemachte Schulden bezahlt, sondern auch 1518 von Ulrich von Biberstein und Sorow die Herrschaften Storkow und Beskow an das Stift gebracht, wobey von ihm erzählet wird, daß, als er das dafür zu bezahlende Geld in großer Menge habe vor sich liegen sehen, er ausgerufen habe, es sey weiße und gelbe Erde, und nichts mehr. Im Jahr 1504 hatte er einen Streit mit den Bürgern zu Frankfurt an der Oder, weil sie einen gewissen Menschen, der einige Krämer, die von Frankfurt nach Beskow zu Markte reisen wollen, geplündert, ohne vorhergehende Untersuchung, und ohne auf sein Verbot zu achten, hatten enthaupten laßen: Es war dieser Unglückliche nicht allein in des Bischofs Dioces oder vielmehr Gerichtsbarkeit gefangen, sondern man hatte auch aus großer Eil so gar das Pfingstfest zur Execution erwählet; daher that der Bischof die ganze Stadt in den Bann, und brachte es bey dem Churfürsten dahin, daß der Stadt das Halsgericht genommen, und erst nach verschiedenen Jahren, gegen Bezahlung einer namhaften Summe Geldes, wieder gegeben wurde. Einige meinen, es sey dieser beschuldigte Räuber ein Schwager von dem Bischofe gewesen, und Falkenstein nennt ihn, in seinen Antiquit. Marchix Brandenb. P. I. p. 234, sogar Bülow: Ich will gar nicht in Abrede seyn, daß zu der Zeit noch hin und wieder dergleichen von Alters her eingerosteter Unfug von dem Adel betrieben worden, nur kann man doch mit Recht verlangen, daß der, der dergleichen Dinge erzählet, und bekannte Familien-Namen anführet, solches beweise, oder seinen Gewähr-Mann namhaft mache. Ich habe mich wenigstens vergebens bemühet, den rechten Namen zu erfahren.

Zu seiner Zeit wurde die Universität zu Frankfurt an der Oder 1506 gestiftet, und er war der erste Canzler derselben. Von der Inauguration lieset man folgendes: Nachdem der Churfürst Joachim der Erste den Tag vor der Einweihung den 26. April mit seinem Bruder Albrecht, nachmaliger Erzbischof zu Magdeburg und Churfürst zu Mainz, in Begleitung seines ganzen Hofstaats seinen Einzug gehalten, ward er von dem Bischofe feierlich empfangen, und des folgenden Tages Markgraf Albrecht von ihm zum Priester eingeweihet, wobey ein anderer von Bülow, Joachim Namens, ein Vetter des Bischofs, eine zierliche Rede gehalten. Nach aufgehobener Tafel hat sich der Churfürst mit den übrigen, und diesem ihm sehr werthen Bischof zu Pferde gesetzt, da denn der Rector der Academie Wimpin von Buchen den Churfürsten und seinen Bruder, der Ordinarius Blankenfeld aber den Bischof Diedrich und einen Ritter des Johanniter-Ordens, des Geschlechts von Diskau, begleitet: Nach ihnen sind annoch 6 Doctores, 60 Magisters, 600 Studenten und die Burgemeister aus allen benachbarten Städten gefolget. Hierauf hat der Bischof die Inauguration angefangen, zuvorderst in einer Rede Gott gedanket, hiernächst dem Churfürsten die Universität empfohlen, und dem Rector die beiden Scepter, den vier Facultäten aber die offenen Bücher und die Siegel übergeben 2c. Nach dieser vollbrachten Handlung ist von dem Churfürsten offene Tafel gehalten, und von demselben, von seinem Bruder und dem Bischofe viele gelehrte Gespräche geführet worden, so, daß der Churfürst bezeuget, wie ihm dieser Tag eben so lieb und angenehm als sein Geburtstag wäre.

Das Bildniß unsers Bischofs, welches auf dem Kupferblatte Fig. 4 zu sehen, ist aus Martin Friedrich Seidels, Churfürstl. Brandenburgischen Raths, Tractat, betitelt Sermones et Elogia virorum aliquot præstantium, das darauf befindliche Wapen aber aus kurz vorher erwähnter Beschreibung des Ruppinischen Turnier-Spiels genommen; eigentlich aber hat er wol die Kugeln nicht immer auf diese Art geführet, wie an dem gedachten Wehningschen Stein Fig. 19 und aus der Fensterscheibe Fig. 8 zu ersehen ist, als welche letztere ihm zu Ehren sein naher Vetter, der Probst Ulrich von Bülow n. 4, in der Probstey zu Medingen hatte mahlen laßen. Er starb den 1. Oct. 1523, und ist deßen Grabstätte in der Sacristey der Kirche zu Fürstenwalde vorhanden; von deßen Grabschrift ist im ersten Theil bereits hinlänglich gehandelt worden. Es gedenket auch seiner der Professor Michaelis in seiner Einleitung zur Geschichte der Chur- und Fürstl. Häuser in Deutschland p. 344, da er von ihm rühmet, daß er ein staatskluger und gelehrter Herr, und ein Beförderer solcher Gelehrten gewesen, für die das Glück nicht günstig gesorgt hätte. Sein Nachfolger im Stifte war Georg von Blumenthal, und ist nur noch anzuführen, daß das Stift Lebus kein unmittelbares, wie Schwerin, sondern ein landsäßiges Stift gewesen, wie denn daher der Churfürst sowol, als der Bischof selbst protestirten, als man solches 1521 mit in die Reichsmatrikel ansetzen wollte.

Vorher

Tabelle IX. Wehningen-Gudow-Marnitz. 187

Vorher genannter **Stephan** oder **Steffen**, auf Wehningen und Gudow, des Bi- 75. Stephan, schofs Diedrich ältester Bruder, ward 1491 nebst seinen Brüdern und Vettern mit Gudow belie- Rath. hen, wovon ihm der vierte Theil zustand. 1492 verkaufte er mit seinen Brüdern Hans Hartwig und Andreas der St. Peterskirche zu Lübeck 90 Mark Lübsch jährliche Renten aus ihren Gütern im Klützer-Ort, Mummendorf, Boyenhagen, Testorf, Vredenbergshagen, Wischendorf, Rosenhagen, Harkensee, zum Hof, Elmenhorst und Werderhof, gegen Bezahlung von 1500 Mark Lübsch. Er hatte sich die besondere Gnade der Herzoge Magnus und Balthasar zugezogen, daher sie demselben 1496 die Anwartschaft auf Hinrichs von Schmecker Lehngüter Wüstenfelde und Matgendorf im Amte Güstrow, falls dieser, als der damals Einzige seines Geschlechts, ohne männliche Leibeserben abgehen sollte, durch Brief und Siegel ertheilten, und solche Begnadigung 1500 auch auf dessen Brüder Andreas, Hans und Hartwig erweiterten: Allein die Schmeckersche Familie blühete länger als die Nachkommenschaft dieser Brüder, und wie der letzte Schmecker im dreißigjäh- rigen Kriege an der Pest starb, bekamen die von der Kettenburg diese Güter. Unser Steffen streckte den Meklenburgischen Landes-Regenten eine beträchtliche Summe Geldes vor, und bekam dafür das Amt Marnitz zum Unterpfande, bald darauf 1505 ward er damit als einem männlichen Lehn auf dreyer Erben Leben begnadiget, und sollte deshalb im Lübschen Kriege mit 8 Pferden erscheinen, Klü- ver l. c. P. I. p. 163. Als 1504 die Herzoge Balthasar und Hinrich von Meklenburg zwischen dem Herzog Bugislaff und der Stadt Stralsund zu Rostock einen Vergleich stifteten, war unser Steffen nebst andern mit dabey, siehe des Herrn Professor Dähnerts Pommersche Bibliothek II. Band p. 47. Im Jahr 1512 war er nebst seinem Vetter Joachim, wie man will n. 35, bey dem großen Turnier zu Ruppin gegenwärtig. 1520 unterschrieb er nebst mehreren von Adel, als Unterhändler Namens der Meklenb. Ritterschaft, den brüderlichen Vergleich zwischen den Herzogen Hinrich und Albrecht, Franck Libr. IX. p. 84. Im folgenden Jahr findet man ihn als Rath des Herzogs Albrecht zu Meklenburg aufge- führet. Nach der von dem Professor und Rector Möller zu Flensburg herausgegebenen Beschrei- bung des von Ahlfeldschen Geschlechtes p. 84, 118 und 123 scheinet es unser Steffen zu seyn, der im Holsteinischen das Gut Haseldorf an sich, und hiernächst durch seine Tochter Adelheid an ge- dachtes Geschlecht gebracht hat. Er hatte sich mit Margretha, eine Tochter Diedrichs von Ahle- feld und Ilsabe von Rosenkrantz, vermählt, und ward durch sie der Vater folgender Kinder:

Elisabeth, ward 1516 an Hans von Arnim auf Boitzenburg, Chur-Brandenburgscher Rath und Landvogt in der Uckermark, vermählt.

Adelheid, vermählte sich 1520 an den Ritter Johann von Ahlefeld.

Friedrich. Im Jahr 1530 begleitete er den Herzog Ernst von Braunschweig nach dem 81. Reichstag zu Augsburg, von Beehr L. V. p. 896; das an Gudow gehabte Antheil überließ er 1552 an seinen Vetter Joachim dem Aelteren n. 35. Mit seiner Gemahlinn Ursula von Bo- dendick hatte er nur einen Sohn

    Christoph, von dem nur bloß bey seinem Vaterbruder Hans Erwähnung geschicht, 82. und ist er ohne Zweifel unvermählt gestorben. Und

Hans, auf Marnitz, der Aeltere. Er sollte nicht allein 1543 sein Contingent zum Türken- 83. Kriege, sondern auch die bewilligten Meklenb. Contributionen von 1555 bis 1560 entrichten. Er wird des sel. Stephans von Bülow Sohn genennet, als er 1555 den halben Theil Gudow, welchen sein Großvater Friedrich seinem Bruder Werner unterpfändlich übergeben hatte, an seinen Vetter Franz, Clements Sohn, völlig veräußerte, worüber die Urkunde im Pfeffinger l. c. P. II. p. 239 zu lesen ist, worinn er sich, sowol bey dem etwanigen Abgang des Franz ohne männliche Erben, als auch sonst im Veräußerungs-Fall, gegen Erlegung des Kauffschillings von 7500 Gulden, den An-

Aa 2 fall

fall und Verkauf vorbehielte. Im Jahr 1560 bekam er von Wilhelm und Hinrich, Herzoge zu Br. und Lüneb., für sich und seine Vettern Joachim, Berends Sohn, Franz, Clements Sohn, Hartwig Busso, Levins Sohn, einen erneuerten Lehnbrief über das Vorwerk zu Jaseback mit der Mühle zu Schmarsow auch zwo Hufen daselbst, das Dorf Landsasse, das Dorf Wulfskuhl, das Dorf Bredenbrock, vier Höfe zu Kühmen, fünf zu Zerow, drey zu Melenin, drey zu Poplow, zwey zu Langendorf, vier zu Brese, vier Höfe und drey Katen zu Lütten-Sachow, einen Hof und Katen zu Gulow, zwey besetzte und einen wüsten Bauerhof zu Rise, sechs Höfe und zwey Katen zu Bellow, fünf Höfe zu Chumelow, zwey zu Plessow, zwey zu Breze, zwey zu Tiswesland, das Dorf Pfumenbaum, einen Hof zu Metzingen, eine Wiese und Land am Repe bey Barnitz, eine Wiese auf der Lintow, eine Hausstelle zu Hitzacker und zwo Hufen zu Wenzow. Zu der Zeit verpfändete er nebst seinen Vettern Joachim auf Gudow, und Hartwig Busso auf Wehningen, nicht minder Vicke auf Stintenburg und Bartow, für sich und seines verstorbenen Bruders Sohn Christoph, die im Buckowschen Amte belegene Lehngüter Ketzedorf, Niendorf, Horst und Mesekendorf auf 36 Jahr an Otto von der Lühe auf Büttelkow und Buschmühlen. Er starb 1579, worauf ihm und seiner Gemahlin Margrethe von Plessen in der Kirche zu Marnitz zween grosse Leichensteine gelegt wurden, auf welchen sie beiderseits in Lebensgrösse sehr schön ausgehauen mit folgender Umschrift zu sehen sind: 1579 des Mondages nach Pfingsten ist der Edler und Ehrenvester Hans von Bülow der Aeltere in Gott verschieden; 1560 Dionys Tag ist die Edle und Vieltugendsame Margretha, Hansens Hausfrau, in Gott entschlafen. Die in dieser Ehe gezeugte Kinder sind:

Margretha, die sich mit dem Brandenburgischen Abgesandten an den Meklenb. Güstrowschen Hof, und Amtshauptmann zu Ruppin Cord von Rohr auf Freienstein und Neuhaus vermählte. Und

84. Hans, Mekl. Gesandter.

Hans der Jüngere auf Marnitz. Dieser war ein sehr wohlgebildeter und vermögender Mann, und ward 1588 vom Herzoge Johann von Meklenburg gefordert, dessen Suite bey einnehmender Huldigung zu verstärken. Im Jahr 1604 sandte ihn, wie Frank Libr. XII. p. 10 angeführet, der Herzog Carl von Meklenburg mit dem derzeitigen Canzler Daniel Töllner nach Wien, um in des Herzogs Namen die Lehne von Meklenburg zu suchen und zu empfangen, wogegen ihm von dem Herzoge, weil er sowol für die Zehrung für sich und seine Diener auf der Reise, als auch bey der langwierigen Aufwartung am Kaiserl. Hofe nichts angerechnet hatte, nach Inhalt des Lehnbriefes in der Beylage PPPP, das Lehn von der im Amte Boitzenburg belegenen wüsten Feldmark Wendischen Lips aufs neue verliehen, und auch seinen Vettern die gesamte Hand darüber ertheilet wurde. Es hatten die von Bülow diese Feldmark ehedem von Veit Lützow erhandelt, es ward aber solche zur Zeit der schweren Händel mit der Lauenburgischen Landes-Herrschaft eingezogen, und der Fürstl. Cammer einverleibet, nunmehro aber auf die Art wieder restituirt. Als der Aelteste seiner Linie bekam er 1612 für sich und für seine Vettern Franz und Joachim, sel. Joachims Söhne, auch Hartwig Busso, sel. Levins Sohn, einen Lehnbrief über Jaseback c. p. von den Herzogen zu Braunschweig-Lüneburg. Es hatten, wie aus dem vorher angeführten erinnerlich, die Herzoge zu Sachsen-Lauenburg das Haus Gudow gewaltsamerweise an sich gezogen, daß daher die Besitzer genöthigt worden, sich ausserhalb Landes zu begeben, als sich nun im Jahr 1616 daselbst eine solenne Begebenheit ereignete, wozu die Function eines Landmarschalls erforderlich war, so verwaltete solche unser Hans von Bülow ohne allen Scheu und mit grossem Ruhm, indem er auf dieses Erbamt die Mit-Belehnung hatte. Er starb 1625 ohne männliche Leibeserben, indem sein einziger Sohn vor ihm verstorben war, durch welchen Abgang die übrigen Lehne an seine Vettern, das Gut Marnitz

PPPP

c. p.

e. p. aber an die Meklenburgische Landes-Herrschaft, welche schon lange ein wachsames Auge darauf gehabt hatte, zurück fiel. Seine erste Gemahlinn war Anna von Molzahn, wie diese 1592 verstarb vermählte er sich wiederum mit Cathrina, Berends von Winterfeld Tochter, und Friedrichs von Bülow auf Gudow Wittwe, und nach deren 1615 erfolgtem Ableben, zum drittenmal mit Cathrina von Bülow. Mit der zweyten Gemahlinn zeugte er:

 Hans Bernhard, welcher 1618 noch vor dem Vater starb, und   85.

 Anna, die sich mit Eggerd von Hahn auf Arendsberg und Solzow vermählte, und ihrem Gemahl ein ansehnliches Vermögen zubrachte.

Breitere Ausführung der Tabelle X.

Claus oder Niclaus, ein Sohn des berühmten Ritters Hinrich von Bülow auf Plüskow, war nach der Tabelle I. n. 78, der Stifter der bis auf diese Stunde höchstrühmlichst bekannten, und sich sehr weit ausgebreiteten Alt-Plüskowschen Linie. Seine Söhne waren:

 Hinrich, Ritter, auf Plüskow, von dem bald ein mehreres, und   1.

 Joachim auf Plüskow. Er wird 1483 und 84 der Aeltere genannt, als seine Brudersöhne Vicke und Joachim zu Plüskow etwas Geld von dem Wißmarschen Kalande aufnahmen. Will man dieses mit N. J. von Beehr dem im ersten Theil n. 76 vorgekommenen Joachim auf Rambel zuschreiben, und ihm eine Scharfenbergen zur Frau geben, so wird dabey nichts versehen seyn. Sicherer ist aber Clausens Sohn: 2.

 Ebengedachter Hinrich, Ritter, auf Plüskow, Vogt oder Amtshauptmann zu Grevsmühlen. Er war als Besitzer besagten Guts zugegen, als Wedige von Züle 1446 etwas Geld aufliehe, auch wie 1455 die von Plessen den von dem Bischof zu Ratzeburg zu Lehn tragenden Hof Röggelin e. p. dem Bischofe Johann zu Ratzeburg wieder überließen, wie in der Urkunde BBB zu lesen ist. Im folgenden Jahr rettete er durch gute Vermittelung das Haus zu Barnekow, welches die Bürger zu Wißmar wegen Pfändungs-Streitigkeiten schon dachlos gemacht, und eben im Begriff waren es ganz niederzureißen, wie die Anlage QQQQ mit mehrerem besaget. Er gerieth wegen zweyer Ackerstücke, auf dem Deetershäger Felde belegen, mit dem Abt zu Dobran in Streit, der aber 1464 von dem Herzoge Hinrich entschieden wurde. In seinem Beysein überließen auch 1468 Henning und Wippert Gebrüdere von Stralendorf, zu Kiwitz Pfandgesessen, das Dorf Jahren, im Kirchspiel Zurow belegen, erb- und eigenthümlich für 4000 Gulden an Margretha, des Meklenburgischen Raths Lütke von Bassewitz auf Lütkeburg ꝛc. Wittwe, und ihren Sohn Henning von Bassewitz. Bey dem Herzoge Hinrich dem Fetten war er in großem Ansehen, und ward von ihm 1469 zum Zeugen gebraucht, als er darinn willigte, daß Otto Schmecker das Dorf Nienhusen der Stadt Rostock verkaufte. Daß er Amtshauptmann zu Grevsmühlen war, ist aus dem Frank Libr. VIII. p. 116 zu ersehen. Denn als der Ablaß-Krämer Marinus von Fregeno sein Handwerk auch in Meklenburg getrieben, und im Jahr 1463 von Wißmar über Grevsmühlen nach Lübeck reisete, so verlor er einen Beutel worinn 4240 Rheinische Gulden seyn sollten, und es fand ihn eine arme Frau zu Grevsmühlen, die sich mit ihrem Mann herzlich darüber freueten, ihre Schulden bezahlten, sich wohl kleideten, und sich überhaupt gütlich davon thaten. Dieß gab Verdacht, weil der Legat schon seinen Beutel hatte suchen lassen; der Magistrat frug nach, sie leugneten es nicht, und so ward das übrige, etwa noch 2000 Gulden aufs Rathhaus gebracht. Der Herzog Hinrich mochte, wie fast ein jeder, auch Geld leiden, schickte daher zween Räthe, Joachim von Preen und Lütke von Bassewitz, an unsern Amtshauptmann Hinrich von Bülow, um das Geld von dem Magistrat abzu-

I.
Hinrich, Ritter und Meklenb. Amtshauptm.

QQQQ

abzufordern, die es auch nach erlangter Versicherung, daß so wenig der Stadt als dem Hauptmann einige Ungelegenheit deshalb von dem päpstlichen Legaten zuwachsen sollte, verabfolgen ließen. Der Legat, voller Freuden über das wiedergefundene Geld, reisete zum Herzog und bat um selbiges, allein dieser meinte, er könne ihm kein Geld abfordern, weil er ihm nichts in Verwahrung gegeben, und da blieb es bey, ob gleich der Legat bald flehete bald drohete. Sonst war unser Hinrich 1470 Zeitge, als seine Vettern Werner und Friedrich das Gut Gudow kauften, und wird er in dem Kaufbrief ein rittermannsche Mann genannt, wie denn auch Latomus ihn ausdrücklich Ritter nennet. Hoinkhusen hat ihn noch 1476 zu Plüskow wohnhaft angetroffen, als er sich für die Gebrüdere von Regendank bürglich einließ, und leget ihm auch gleichfalls die Würde eines Ritters bey. Er hatte sich zuerst mit Margretha von Grabow, und nachhero mit Ilsabe von der Lühe vermählt. Mit der ersteren zeugte er:

    Hippolita, deren Gemahl ward Gebhard von Alvensleben a. d. H. Calbe.

2.   Claus, welcher 1463 bey der Universität zu Rostock eingeschrieben wurde, hiernächst aber bald ohne Erben verstarb. Mit der letzteren aber:

4.   Vicke, der ein Stamwater der Plüskow- Gersdorf- und Harkenseeschen Branschen ward. Und

5.   Joachim, der die Plüskow-Scharfsdorfsche Bransche stiftete.

4.   Jener, Vicke, veräußerte, mit Genehmigung seines Bruders Joachim, in den Jahren 1481 und 85 ihre an einer gewissen Vicarie der Marienkirche zu Wißmar gehabte Gerechtsame. 1489 war er zugegen, als Hartwig von Scharfenberg seinen Antheil am Gute Knese an das Kloster Rehna verkaufte. 1499 nahm er von dem Kalande zu Wißmar 100 Fl. auf, und verschrieb dafür 6 Mark jährliche Pacht aus dem Gute Gramkow. Im Jahr 1506 sollte er mit seinem Bruderssohn Henning zum Lübschen Kriege 6 Pferde stellen. Er vermählte sich mit Aringard von Sperling a. d. H. Rüting, von der, nach dem Latomus, alle Kinder geboren sind; Hoinkhusen aber führet an, daß er sich nach Abgang jener mit Elisabeth von Platen verheirathet habe. Mit der ersteren hätte er gezeuget:

6.   Hans auf Plüskow und Gersdorf; mit der letzteren:

7.   Hinrich auf Harkensee und Nienhagen, und

8.   Vollrath auf Madsow. Von welchen dreyen nach der Reihe gehandelt werden soll.

6.   Hans auf Plüskow und Gersdorf unterschrieb 1523 mit seinen Brüdern die bekannte Landes-Union, und setzten sich 1530 mit ihren dreyen Vettern Hinrich, Henning und Cord, Joachims Söhnen, wegen ihrer bis dahin in Communion gehabten Güter auseinander. Die mit seiner Gemahlinn Cathrina, eine Tochter des Ritters und Raths auch Obersten Bernhard von Plessen auf Arpshagen und Anne von Penz, gezeugte Kinder waren:

9.   Vicke; er hatte das Unglück sich unversehens selbst zu erschießen. Daß er 1555 auf Plüskow gewohnt, ist aus der Beylage 56 beym letzten Wort, und beym Frank Libr. X. p. 40 zu ersehen, da er im Namen der Ritterschaft, damals ward sie Landschaft genannt, die Vollmacht nebst andern unterschrieb, die dem Ausschuß ausgestellet ward, dem die Besorgung des Abtrags der übernommenen Fürstl. Schulden aufgegeben war.

10. 11.   Hinrich und Bernhard, starben beide in der Jugend.

    Magdalena, welche sich mit Levin von Winterfeld verheirathete.

    Cathrina, deren Gemahl Cuno von Dewitz ward, und kommt sie als dessen Wittwe in der Beylage RRRR vor. Und

Jür-

Jürgen, auf Plüskow nach dem Tode seines Bruders. Er ist derjenige, von welchem Latomus anführet, daß er vom Herzoge Hinrich wehrhaft gemacht, und bey ihm Kammerjunker gewesen, hernach auf dem Beylager des Herzogs Hans Albrecht zu Wißmar 1555 in einem Turnier einen von Averberg, der wahrscheinlich auch ein trefflicher Ritter gewesen, überwunden, und zum Kleinod einen goldenen Spieß, welches aber nur von dessen Spitze zu verstehen, erhalten habe, hiernächst aber mit Herzog Christoph nach Liefland gezogen sey. Es ist oben bey der Wedendorfschen Linie bereits erwähnet, daß Pfeffinger eben gedachten Turnier-Preis unrecht einem Jürgen aus letzterer Linie beygeleget; ich folge dem Latomus um so mehr, da er theils kurz nach dieser Zeit gelebt, theils von Geburt ein Wißmarer war. Bey Gelegenheit dieses Turniers kann ich mich einer Anmerkung nicht entbrigen, daß es nämlich um diese Zeit in unsern Gegenden sehr herrlich muß dahergegangen seyn: Denn 1512 war ein Turnier zu Ruppin; ein Jahr darauf war eins zu Wißmar bey der Vermählung Herzogs Hinrich des Friedfertigen, und obengedachtes war das dritte. Diese Arten von Feierlichkeiten konnten ohne sehr große Kosten nicht angestellet werden. Wie denn Frank von dem ersten Wißmarischen Turnier schreibet, daß daselbst zugegen gewesen der Churfürst Joachim von Brandenburg, Herzog Hinrich von Braunschweig, Herzog Hinrich von Sachsen, Herzog Philipp von Grubenhagen, Herzog Magnus von Lauenburg, der Erzbischof von Bremen, die Bischöfe von Lübeck, Ratzeburg und Schwerin, und daß der Meklenburgsche Adel sich dabey sehr prächtig aufgeführet habe. Dieß klingt herrlich! nur Schade, daß auch schon der Zeit der Luxus übertrieben und zuletzt lächerlich ward, indem Latomus sich darüber also herausläßt: „Zudem waren auch die Edelfrauen aus dem Lande zu Meklenburg mit Kleidern und Kleinodien gegenwärtig, aber von einer wird sonderlich gedacht, die Fineckesche genannt, welcher von Fürstl. Gnaden ihre besten Kleider anzulegen verboten, und nur erlaubt worden, den nächst dem Besten anzuziehen, nichts destoweniger ist sie der Fürstl. Braut fast gleich gekleidet gewesen: Ja! diese Frau soll sich dermaßen der Hoffart beflissen haben, daß Koch, der damalen in meinem Vaterlande zur Schule gegangen, von ihr schreibt: Sie habe einmal in der St. Jürgenskirche auf eines Edelmanns Hochzeit einen mit großen Perlen so sehr gesteiften Rock getragen, daß sie, da alle andere Edelfrauen zur Stillmesse in die Knie gefallen, in ihrem Rocke als in einer Tonne habe müssen stehen bleiben."

Von unserm Jürgen findet man noch, daß er 1589 auf dem zu Sternberg gehaltenen Landtage gewesen, nachher 1604 in Wißmar gewohnt, und einen Revers an diese Stadt ausgestellet, daß er alle Jahr statt des Schosses 4 Rthlr. erlegen wolle. Seine Gemahlinn war Margretha, eine Tochter Johannes von Mörder auf Datschow und Todenhagen in Pommern, und Barbare von Arnim a. d. H. Löwenwalde; seine Kinder aber:

Hans, welcher jung verstarb.

Johann; Latomus, der zu gleicher Zeit gelebt, giebt ihm Eva von Bassen zur Gemahlinn: Hoinkhusen dagegen nennet sie Maria, eine Tochter Adams von Lützow auf Drey-Lützow und Margrethe von Perkentin a. d. H. Zecher, es kann also wohl seyn, daß diese die zwote Gemahlinn von ihm gewesen. Eigentlich leget Hoinkhusen ersterem nämlich Hansen die Maria von Lützow zu, und nennet letzteren Joachim, giebt ihm Anna von Plessen a. d. H. Steinhusen zur Frau, und eine Magdalena zur Tochter, die an Hinrich von Oldenburg zu Vietgest und Gremmelin verheirathet geworden sey. In wie weit er hiezu Gründe gehabt, muß ich zur Zeit dahin gestellt seyn lassen, so auch wann er schreibet, daß dieser Joachim auf Gersdorf gewohnet, und 1599 wegen zu leistender Roßdienste angemahnet worden. Gewisser ist aber, daß unser Johann in den Jahren 1621, 22 und 28 gelebet und auf Plüskow gewohnt habe, wie aus der Beylage VVVV und bey seinem bald folgenden Bruder Vicke zu ersehen ist; und wann gleich Frank

Libr. XI. p. 144 einen Joachim auf Plüskow anführet, so ist dieß ohne Zweifel ein Schreibfehler, wenigstens hat er doch nicht, wie Hoinkhusen will, auf Gersdorf gewohnet. Uebrigens starb Johann ohne männliche Leibeserben.

15. **Franz Bernhard**, vermählte sich mit Barbara, eine Tochter Hansens von Levezow auf Lunow und Dölitz, und Anne von Winterfeld a. d. H. Satow, und zeugte mit ihr:

16. **Hans Jürgen**, von dem man nichts weiter in Erfahrung bringen können.

17. **Vicke**, auf einem Theil Gersdorf, Niendorf, Regsdorf und Horst. Und

18. **Jürgen**, auch auf einem Theil Gersdorf, Harkensee, Rosenhagen, zuletzt auch auf einem Theil Plüskow, von dem hiernächst weiter.

17. Vicke, Domherr zu Lübeck.
Ebengedachter **Vicke** besaß, wie aus allen Catastris zu ersehen, besonders im Klüver P. I. p. 187 oder in der Beylage VVVV, genannte Güter, und Hoinkhusen macht ihn zum Landrath, welches ich aber nicht finden kann, ohne Zweifel hat er ihn mit Vicke auf Rensow verwechselt, sonsten war er Domherr zu Lübeck. Im Jahr 1609 huldigte er die Herzoge Adolph Friedrich und Hans Albrecht, und 1617 ward sein Name und Wapen auf den großen Saal zu Rehna angebracht. 1622 unterschrieb er für sich und in Vollmacht seiner Brüder Johann und Jürgen die Acte, worinn der große Ausschuß zur Besorgung der Bezahlung Fürstl. Schulden bestellet, und den Mitgliedern desselben die Freyheit gegeben wurde, unter sich wiederum einen Ausschuß zu wählen, woraus nachher der bekannte Engere Ausschuß, der itzo als ein ordentliches Collegium das ganze Land vorstellet, erwachsen; siehe vertheidigte Gerechtigkeit &c. von 1750, Beylage 88, a. Er hatte sich mit Anna, eine Tochter Jaspers von Oertzen auf Roggow und Margrethe von Pogwisch a. d. H. Farve, vermählt, und mit ihr gezeuget:

19. **Hans** auf Gersdorf, starb erblos.

20. 21. **Casper** und **Jürgen** starben gleichfalls ohne Erben, und

22. **Otto** auf Gersdorf und Nienhagen &c. Er verkaufte 1646 das von seinem Vater ererbte Theil Gersdorf an seinen Vaterbrudersohn Vicke n. 43, und hatte zur Gemahlinn 1) Eva, eine Tochter des Dänischen Kammerherrn Joachim von Lehsten auf Wardow und Ursule von Vieregg a. d. H. Beliz; 2) Margretha, eine Tochter Hansens von Penz, auf Gersdorf Pfandgesessen, und Anne von der Lühe a. d. H. Büttelkow. Erstere gebar ihm:

23. **Joachim Friedrich**, der ohne Erben starb.

Margretha Elisabeth, deren Gemahl ward Johann von Dannenberg.

24. **Vicke**, ward Holländischer Capitain. Er verheirathete sich 1687 mit Anna Cathrina, eine Tochter Berend Friedrichs von Bülow auf Gr. Simen, und Hinrike von Lozow a. d. H. Levezow, hatte aber keine Kinder mit ihr. Seine Halb-Geschwister waren:

25. **Hans**, von dem bald ein mehreres.

26. **Casper Otto**, starb 1693 ohne Erben, ob er sich gleich mit einer von Reventlau verheirathet hatte.

27. **Cord Jürgen** auf Hohen-Niendorf, von welchem hiernächst ein mehreres.

25. Gedachter **Hans** verließ die Dänischen Dienste als Lieutenant, und vermählte sich mit Dorothea Elisabeth, eine Tochter Schackens von Buchwald auf Nienhagen, und Emerenzie von Bülow a. d. H. Scharfsdorf, die 1742 den 19. Dec. im 74 Jahr ihres Alters verstarb, und folgende Kinder hinterließ:

28. **Cord Joachim**, starb unvermählt als Dänischer Oberster 1768 zu Eckernförde.

29. **Franz Christoph**, von dem bald ein mehreres.

30. **Schack**, starb als Dänischer Capitain 1772 in Fridericia unvermählt.

Juliana,

Juliana, Emerenzia Sophia und Caritas Amalia, starben alle drey unvermählt, und zwar leztere, geb. 1709, als Conventualinn des Klosters Dobbertin: Sie waren zu ihrer Zeit unter dem Namen der drey Grazien bekannt.

Eben erwähnter Franz Christoph starb 1756 als Dänischer Oberstlieutenant zu Bellegaard in Jütland, nachdem er mit seinem Chef dem Obersten von Dombrock manche Verdrießlichkeiten gehabt. Er war zweymal verheirathet, 1) mit Luise, einer Tochter des Dänischen Majors Friedrich von Bülow a. d. H. Wedendorf, und Anne von Westring; 2) mit Christina Sophia, einer Tochter August Friedrichs von Bernstorf auf Bernsdorf und Hanshagen, und Clare Eleonore von Bülow a. d. H. Scharbow. Mit der ersteren zeugte er:

29. Franz Christoph, Dän. Oberstlieutenant.

Christian Friedrich, der als Hauptmann in Dänischen Diensten gestanden, und ist Commandeur des, wegen der wundervollen Befreyung des Königs Stanislaus von Polen, gestifteten Ordens zur Ehre der göttlichen Vorsehung, oder de la providence divine. Er wohnte anfänglich auf dem Gute Laage in Jütland, verkaufte es aber, und kaufte dafür 1774 das Gut Andrupgaarde in Fühnen. Seine Gemahlinn ist Barbara Wittrup, eine Tochter des Majors Thyge von Hoegh, und Ide Sophie von Giedden, die ihm geboren:

31. Christian Friedrich, Comthur.

    Franz Christoph, geb. 1769.
    Sophia Luisa, geb. 1771.
    Thygia Christina, geb. 1773.
    Carolina Christiana, geb. 1775.
    Friderica Charlotta, geb. 1777.

32.

Hinrich Wilhelm, geb. auf der Insel Marsön in Jütland. Er verließ die Dänischen Dienste als Major, pfändete das im Amte Buckow belegene Gut Altenhagen von dem Landrath Jasper von Oertzen auf Roggow, nachher kaufte er das im Amte Gnoyen liegende Gut Woltow aus dem Concurs, überließ es doch bald darauf an den Oberstlieutenant Wedige Gustav von Walsleben, und wohnte in Ribnitz, bis er in diesem Jahr das im Stifte Schwerin belegene Gut Vogelsang nebst einem Antheil in Kl. Strömkendorf aus dem Concurs erhandelte. Seine Gemahlinn ward 1764 die Conventualinn zu Dobbertin Christina Wilhelmina Margretha, geb. den 7. Julii 1721, eine Tochter des Hauptmanns Georg Hinrich von Lehsten auf Wardow, und Margretha Ernestine von Schack a. d. H. Dörphof.

33. Hinrich Wilhelm, Dän. Major.

    Luisa Charlotta Amalia, 1739 ins Kloster Dobbertin, und
    Ulrica Augusta, 1747 ins Kloster Malchow geschrieben, sind beide jung gestorben.

Mit der zwoten Gemahlinn zeugte Franz Christoph:

    Eleonora Cathrina, ward 1747 ins Kloster Ribnitz geschrieben, verheirathete sich aber nachhero mit ihrem Mutterbruder, dem Schwerinschen Kammerjunker Andreas Hans August von Bernstorf auf Ortensdorf und Hanshagen, und ist izo Wittwe.

    August Friedrich, Commandeur des Ordens zur Ehre der göttlichen Vorsehung, verließ die Dänischen Dienste als Capitain, und lebt unvermählt auf dem unweit Altona angekauften Gute Ottmarsen.

34. August Friedrich, Comthur.

    Lorenz Joachim, Dänischer Hofjunker. Und
    Franz Christoph, Preußischer Fähnrich.

35.
36.

Vorher gedachter Cord Jürgen besaß Hohen-Niendorf und Rägsdorf, war geb. 1655, starb als Dänischer Major den 10. April 1697, und lieget zu Alten-Garz begraben. Er hatte sich vermählt mit Elisabeth Christiana, einer Tochter Hinrichs von Plüskow auf Gr. Orell und

27. Cord Jürgen, Dän. Major.

Ebers-

Ebersdorf in Liefland, und Magdalene Dorothee von Both aus dem Hause Kalkhorst; sie war geboren 1656, starb 1729, und hat zur Welt gebracht:

Magdalena Dorothea, Beata Christina, Ida Hedwig und **Dorothea Elisabeth,** die alle vier unverheirathet in Rostock gestorben sind.

Maria Sophia Eleonora, vermählte sich mit Hartwig von Lützow, welcher Anfangs zu Mickenhagen wohnte, nachher aber zu Rostock 1745 starb.

37. **Otto Hinrich,** auf Hohen-Niendorf und Kägsdorf. Er verließ die Dänischen Dienste als Hauptmann, und hatte 1724 das Unglück, den ihn vor seinem Hofe bravirenden Oberstlieutenant Helmuth August von Plessen a. d. H. Wustrow zu erschießen. Er war geboren den 24. Dec. 1684, und starb den 6. Aug. 1760, nachdem er sich zweymal vermählt hatte, 1) mit **Elisabeth,** eine Tochter Hartwig Diedrichs von Lützow auf Saliz, und Susanne Franzine von Uffel a. d. H. Basthorst, 2) 1723 mit **Dividia Maria,** eine Tochter des Landraths Joachim Diedrich von Drieberg auf Gottmannsforde, und Lucie von Bülow a. d. H. Scharfsdorf; sie war geboren den 18. May 1700, hatte sich 1716 zum erstenmal verheirathet mit dem Major Gustav Adolph von der Lühe auf Mechelsdorf, und ist vor einigen Jahren gestorben. Mit der ersten Gemahlinn zeugte er:

38. Diedrich Georg, dän. Major.
Diedrich Georg, geb. den 10. Nov. 1715. Er war Major in Dänischen Diensten, und ist fast überall bekannt unter dem Namen Schimmel-Bülow. Nachdem er die Güter Hohen Niendorf und Kägsdorf an den Jägermeister von Brand verkauft hat, lebt er in Ruhe und immer unvermählt bey seinem Halbbruder, dem Oberstlieutenant Adolph Hans von der Lühe zu Barnekow.

39. **Otto Hinrich,** geb. 1717, war Dänischer Lieutenant, und starb zu Rostock.

40. **Dominicus August,** geb. 1718, ist in Sächsischen Kriegsdiensten gestorben. Und

41. **Hartwig Christoph,** geb. 1719, starb jung.

Mit der zwoten Gemahlinn zeugte er nur:

Christina Elisabeth, geb. den 24. Julii 1724. Sie ward 1726 ins Kloster Dobbertin geschrieben, verheirathete sich aber 1742 mit Bernhard Joachim von Bülow auf Camin aus der Wedendorfschen Linie n. 78.

18. Ehedem genannter **Jürgen** erhielt in der brüderlichen Theilung das ⅓ Theil Gersdorf, hiernächst, nach dem Tode seines Bruders Hans oder Johann, das zu ihrer Bransche gehörige ⅓ Theil Plüskow, und endlich, nach dem Tode seines Vettern Vicke n. 68, das Gut Harkensee und Rosenhagen. In den Verzeichnissen der Lehnpferde und Hufen von 1621 und 28 findet man seinen Namen. Er vermählte sich mit **Anna,** eine Tochter Conrads von der Lühe auf Buschmühlen, und Agathe von Oertzen a. d. H. Roggow, und zeugte mit ihr:

Agatha, deren Gemahl ward der Hof- und Landgerichts-Präsidente Cord Valentin von Plessen auf Gressow und Müsselmow.

42. **Cord Jürgen,** auf Harkensee und Rosenhagen.

43. **Vicke** auf Gersdorf und Rörchow; Und

44. **Johann** auf Plüskow, von welchen nach der Reihe gehandelt werden wird.

42. Ersterer **Cord Jürgen** bewohnte seine Güter, und vermählte sich 1) mit **Ida,** eine Tochter Hennings von Ahlefeld auf Fresenburg und Hedwigs von Brockdorf a. d. H. Garz; 2) mit **Dorothea Eleonora,** eine Tochter des Landraths Daniel von Plessen auf Hoickendorf, und Dorothee Eleonore von Blumenthal a. d. H. Protlin. Mit der ersteren hatte er:

Anna, die sich zum erstenmal mit dem Oberstlieutenant Claus Josua von Schack verheirathete, und, wie der 1670 verstarb, zum andernmal mit dem Rittmeister Georg Ulrich von Voß

auf

auf Gr. Gievitz, endlich zum drittenmal mit Friedrich Gottlieb von Roßboth auf Warlin und Liepen. Mit der zwoten hatte er:

  Jürgen Diedrich, und   45.
  Cord Diedrich, die beide unverheirathet starben.   46.
  Dorothea Eleonora, welche sich mit dem Oberstlieutenant Georg Wilhelm von Bülow, aus dem Hause Gudow, der Harkensee von seinen Schwägern gepfändet hatte, und auch daselbst gestorben ist, vermählete. Und
  Sophia Hedwig, starb unvermählt.

Der zweyte Bruder Vicke oder Victor erbte einen Theil Gersdorf von seinem Vater,   43.
den andern Theil nebst Rörchow kaufte er 1646 von seinem Vetter Otto von Bülow n. 22. Er war 1620 geboren, und studirte in Rostock drey Jahr; reisete nachher in der Suite des Herzogs Christian zu Meklenburg von 1643 bis 45 durch die Niederlande nach Frankreich: Hiernächst bewohnte er seine Güter und starb den 1. April 1695. Er hatte sich 1653 vermählt mit Dorothea, eine Tochter Siegfrieds von Oertzen auf Gerdshagen, und Anne Valentine von Reventlau a. d. H. Ziesendorf, eine Wittwe des Hessen Darmstädtschen Statthalters und Geheimenraths Barteld Diedrich von Plessen, die ihm gebar:

  Dorothea, verehligt an Carl Friedrich von Welzin auf Welsin.
  Margretha Elisabeth, die sich 1691 vermählte mit Hans von Gristow auf Schlechtmühlen in Pommern und zuletzt Pfandherr auf Kl. Tessin, der im Jahr 1740, nach Brüggemanns Beschreibung von Pommern p. 105, als der Letzte seines Geschlechts verstarb; sie war geboren 1659, und starb im Kindbette den 29. März 1695.
  Anna Sophia, deren Gemahl ward Christoph Hinrich von Thun auf Triborn und Plennin.
  Maria, ward die Gemahlin von Bernd Hartwig von Plessen auf Retchendorf und Gottesgabe.
  Jürgen Diedrich, ist unverheirathet gestorben.   47.
  Jasper, auf Gersdorf, war Holsteinscher Capitain. Bey seiner Zeit kamen die Güter   48.
Gersdorf und Rörchow in Concurs, und kaufte sie ein Hauptmann Namens Donner, und wie nachher eben die Umstände eintraten, erhandelte sie in unsern Tagen der Rittmeister von Boye, in dessen Händen sie auch nicht lange geblieben sind. In Rücksicht der Gemahlinn unsers Jaspers, besaß er das Gut Plummendorf in Schwedisch-Pommern; sie war Margretha, eine Tochter Julius von Mörder auf Datschow, dessen Geschlecht 1730 erloschen, und Margrethe von Levetzow a. d. H. Schorrentin, und zeugte mit ihm:

  Victor Julius, auf Ventschau, welches Gut er aber wieder verkaufte, nachdem   49.
  er mit seiner Gemahlinn Hinriette, eine Tochter Woldemars von Sittmann auf Voigtshagen unbeerbt geblieben.
  Margretha Dorothea, starb unvermählt.
  Joachim Friedrich, ist in Sächsischen Kriegsdiensten gestorben.   50.
  Carl Leopold, und   51.
  Christian Diedrich, starben beide als Lieutenante von der Cavallerie in Dänischen   52.
  Diensten.   Und
  Christian, auf Harkense und Rosenhagen. Er hatte diese Güter zwar wieder eingelöset,   53.
ward aber durch Kriegsschäden und andere widrige Umstände dahin gebracht, daß er selbige seinen Gläubigern überlassen mußte, da sie denn hiernächst 1737 an einen von Fabrice verkauft wurden.

Seine

Seine erste Gemahlinn war Agneta, eine Tochter des Hof- und Landgerichts-Assessors Hinrich von Plessen a. d. H. Schlieven, Gressow und Müsselmow, und Isabe von Regendank a. d. H. Kranlow; die zwote Sophia Hedwig, geb. 1687, eine Tochter des Landraths Otto Christoph von Halberstadt auf Langenbrütz, und Marie Cathrine von Perkentin a. d. H. Volz. Die erste gebar ihm:

Dorothea, die sich an einen Dänischen Major von Winterfeld verheirathet gehabt. Die zwote aber:

54. Victor, der als Cadet in Dresden gestorben.

55. Otto Christoph, stand viele Jahre, und zuletzt als Major von der Cavallerie beym 2ten Jühnschen Leibregiment in Dänischen Diensten. Kaufte hierauf das im Amte Grevsmühlen belegene Gut Rankendorf, und wohnet itzo in Lübeck. Er hat sich vermählt mit Juliana Eleonora, einige Tochter des Domherrn zu Lübeck Wilhelm Friedrich von Bülow a. d. H. Gudow, dessen Vater Harkensee pfandsweise bewohnt hatte, und Christine Juliane von Rothschütz a. d. H. Bonhowen, die ihm folgende Kinder zur Welt brachte:

Otto Christoph, Dän. Major.

Hedwig Christina Dorothea, 1759 ins Kloster Dobbertin eingezeichnet.

56. Christian Friedrich.

57. Jürgen Victor, ist Page zu Hannover. Und

58. Otto Wilhelm, ist als Page zu Schwerin eingeschrieben.

59. Johann Friedrich, ist in Copenhagen als Lieutenant bey der Garde zu Pferde an den Blattern gestorben.

60. Claus Hartwig, und

61. Hans Jürgen, sind beide klein gestorben.

44. Obgedachter Johann auf Plüskow machte nebst seinem Bruder Vicke von 1643 bis 45 die Reise in die Niederlande und Frankreich, vermählte sich hierauf mit Dorothea von Ahlefeld und zeugte mit ihr:

62. Hans Joachim, und

63. Johann Friedrich, welcher unvermählt gestorben.

62. Jener, Hans Joachim, verkaufte sein Antheil Plüskow an den Meklenb. Landrath, und zur Linie von Wischendorf gehörigen Cord Detloff von Bülow auf Wölzow, und wohnte nachhero zu Grabow, welches er aber 1700 nebst einigen Hufen zu Sommersdorf im Amte Neustadt wiederum für 7200 Rthlr. an Carl Friedrich von Koppelow verkaufte. Kurz vor seinem Tode 1731 acquirirte er Tramz mit dem Bauerdorf Moltow von dem Rittmeister Cuno Ulrich von Stralendorf, hat es aber nicht selbst beziehen können. In seiner Jugend hatte er verschiedene Feldzüge mitgemacht, und darüber in einer Bataille einen Arm verloren. Er vermählte sich mit Elisabeth, eine Tochter Carl Levins von Stralendorf auf Kl. Krankow, und Dorothee Elisabeth von Plessen a. d. H. Großenhof, und zeugte mit ihr:

Dorothea Elisabeth, die sich 1732 mit dem Dänischen Kammerjunker Christian Siegfried von Bassewitz auf Gneven vermählte. Und

64. Johann. Dieser wohnte auf Tramz, nach seinem Tode aber ward dieß Gut von den Vormündern seiner Kinder an den Landrath Magnus Friedrich von Barner verkauft. Er hatte sich zweymal vermählt, 1) mit Margretha Benedicta, eine Tochter Cay Friedrichs von Reventlau auf Altenhof, und Hedwig Ide von Buchwald a. d. H. Lambrechtshagen; sie war geboren 1711 und starb den 9. Julii 1742: 2) im Jahr 1745 mit Hedwig Margretha Sophia, eine Tochter des Schwedischen Oberstlieutenants Detloff Hans von Bassewitz auf Neuhof, und Divisie Dorothee Eleonore von Bülow a. d. H. Scharfsdorf, die den 5. Sept. 1730 geboren ist. Mit der ersteren zeugte er:

Cay

Cay Friedrich, welcher den 5. Julii 1742 geboren, und als Kammerherr, Land- und Regierungsrath zu Glückstadt in Dänischen Diensten stehet. Er hat sich den 28. August 1778 vermählt mit Christina Friderica, geb. den 13. April 1756, eine Tochter des Ritters vom Dannebrog und Dänischen Conferenz- und Landraths Johann Rudolph von Rumohr zu Bothkamp und Kronsburg, und Ide Beathe Margrethe von Ahlfeld, die ihn bereits mit einem Sohn erfreuet, als:

   Johann Rudolph, geb. den 1. Octob. 1779.

Mit der zwoten Gemahlinn zeugte Johann:

   Detloff Hans, geb. den 9. Nov. 1746. Er verließ die Meklenb. Dienste als Hauptmann, und erkaufte das im Stifte Bützow belegene Gut Steinhagen, woselbst er bis dahin in unvermähltem Stande lebet.

   Dividia Eleonora Dorothea, ist 1747 ins Kloster Dobbertin eingezeichnet, verheirathete sich aber 1780 mit dem n. 141 vorkommenden Lieutenant Franz Detloff von Bülow a. d. H. Scharsdorf. Und

   Juliana Dorothea, geb. 1748, vermählte sich mit Carl Stephan Niclaus von Plönnies auf Penzin.

   Bald anfangs angezogener Hinrich auf Harkensee, Rosenhagen und Nienhagen unterschrieb 1523 die oftgedachte Union. 1530 ging er nebst 14 andern Hofbedienten von Adel in der Suite des Herzogs Albrecht VIII. von Meklenburg zum Reichstage nach Augsburg, Beehr de reb. Meclenb. p. 734. Er verglich sich 1534 mit den Vicarien zu Schwerin wegen einiger Pächte aus seinen Gütern dahin, daß er jährlich an dieselbe 14 Mark zu entrichten sich verpflichtete. Seine Gemahlinn war Cathrina von Preen mit der er zeugte:

   Vicke. Dieser war 1561 Rath bey dem Herzoge Christopher, Coadjutor zu Riga und zuletzt Bischof zu Ratzeburg; nachhero bezog er seine Güter Harkensee x. Er ist als ein überaus geschickter und in Landessachen sehr erfahrener Mann zu den wichtigsten Geschäften gebraucht worden, wie seine auf den Landtägen abgegebene Vota vielfältig zeigen. Wie 1568 die Herzoge von Meklenburg zu Rostock eine Festung anlegen wollten, diese Stadt aber deshalb schwürig wurde, und sich beym Kayser beschwerte, dergestalt, daß es zur Sequestration kam; so wurden drey aus dem Meklenburgschen Adel von wegen des ganzen Reichs auf die Festung gelegt, als Philipp von Plessen, Bernd von der Osten und unser Vicke von Bülow. Sie ließen die Kaiserliche Fahne wehen, und ein jeder bekam von der Stadt monatlich 100 Gulden, Frank Libr. X. p. 174. Im Jahr 1572 ward er von der Ritterschaft nebst andern erwählet, die Policey-Ordnung zu revidiren, und abermal 1589, die alten Meklenb. Lehngebräuche zu untersuchen. Wie auf dem Landtag zu Sternberg in dem letztgedachten Jahr vier Landräthe fehlten, so ward er mit an den Directorial-Tisch gezogen; er war auch mit unter denen, welchen der Herzog Ulrich das entworfene Lehnrecht zusandte, um ihr Bedenken darüber abzugeben, Frank Libr. 9, p. 132. Zuletzt ward er Hofrath, oder nach dem heutigen Stil Geheimerrath, bey dem Herzoge Ulrich, und folgte 1603 in solcher Qualität dessen Leiche, Klüver P. 2, p. 231, und Westphal Tom. IV. p. 520. Mit seiner Gemahlinn Ilsabe von Hahn bekam er keine Erben, und fielen seine Güter an seine Vettern, nachdem seine sechs Brüder, als:

   Vollrath, Claus, Detloff, Jürgen, Lippold und Fritz oder Friedrich, zum Theil jung oder doch ohne Erben, vor ihm verstorben waren.

   Der obengedachte Vaterbruder Vollrath auf Madsow unterschrieb gleichfalls den 1. Aug. 1523 die bekannte Landes-Union, und 1530 war er nebst 17 der angesehensten Räthe, Hofbediente und Noblesse in dem Gefolge des Herzogs Hinrich von Meklenburg, als derselbe zum Reichstag verreisete. Klüver P. III. p. 223, und Beehr de reb. Mecl. p. 734. Er lebte annoch 1555 am Hofe des

des Herzogs Ulrich. Die mit Anna von Vieregg a. d. H. Weitendorf gezeugte Kinder waren: Lucretia, die sich 1575 mit Cuno von Plessen auf Großenhof verheirathete. Und

75.

Paris. Er wohnte auf Madsow und sollte 1599 seine Lehndienste leisten. Seine Gemahlinn Sophia, eine Tochter Balthasars von Both auf Rankendorf, und Cathrine von Reßdorf a. d. H. Bolz, die sich nach seinem Tode wiederum an Reimer von Lehsten auf Wardow verheirathete, brachte ihm zur Welt:

76.
Vollrath,
Meklenb.
Stallmeister.

Vollrath; war Meklenburgscher Stallmeister, wohnte zu Madsow und besaß auch einen Theil Wardow. Er starb 1628, und hinterließ mit seiner Gemahlinn Anna Sophia, eine Tochter Eggerds von Bibow auf Berendshagen, und Adelheit von Hobe a. d. H. Wasdow folgende Kinder:

    Sophia, welche sich mit Paul Christoph von Woyen auf Redevir vermählte.

    Adelheit, deren Gemahl ward 1668 Georg Hinrich Freyherr von Molzahn auf Penzlin.

    Cathrina, geb. 1628. gest. 1694. Sie hatte sich 1657 mit Bugislav von Somnitz verlobet, und da derselbe vor der Copulation verstarb, vermählte sie sich 1663 mit dem Stiftshauptmann Georg Andreas von Thun auf Steinhövel in Pommern und auf Borgfeld in Meklenburg.

77.

Paris, blieb im Kriege, und

78.
Vollrath
Matthias,
Brandenb.
Major.

Vollrath Matthias, ward Brandenburgscher Oberstwachtmeister und Commandant zu Oderberg. Seine Gemahlinn war Lucretia von Klitzing, mit der er nicht beerbt geworden seyn soll. Und

79.
Paris,
Domherr
zu Ratzeburg.

Paris. Er wohnte 1628 auf Gr. Stiten, war 1600 Domherr zu Ratzeburg, und hatte zur Gemahlinn Cathrina, eine Tochter Christophs von Kerberg a. d. H. Göhren, und Adelheit von Kleinow, wovon aber keine Nachkommenschaft vorhanden.

5.
Joachim,
Ritter.

Gleich anfangs gedachter Joachim auf Plüskow, des Ritter Hinrichs auf Plüskow dritter Sohn, veräußerte 1481 und 85 einige bey der Wißmarschen Marienkirche habende geistliche Gerechtsame. Er wird 1484, in Betracht seines eben also genannten Vaterbruders Achim von Bülow, der jüngere genannt, als sein Bruder Vicke von dem Wißmarischen Kalande etwas Geld aufnahm, Pap. Mekl. p. 2364. Hoinkhusen schreibt von ihm, daß er zuletzt die Ritterliche Würde erhalten, seines hohen Alters halber die Güter seinen Söhnen überlassen, und sich zu Ratzeburg zu wohnen begeben habe, alwo er auch 1514 gestorben sey; auch habe er außer Anna von Poggwisch noch Margretha von Scharfenberg zur Frau gehabt, welches er aus einem auf Pergament geschriebenen Original-Instrument gesehen habe. N. J. von Behr eignet letztere Dame hingegen Joachim dem Aeltern zu. Es kann uns dieß einerley seyn, da es gewiß ist, daß von Anna von Poggwisch ihm folgende Söhne geboren worden:

80—82.

    Hinrich, Henning und Cord.

Alle drey Brüder unterschrieben 1523 die Union, und setzten sich 1530 mit ihren Vettern Hans, Hinrich und Vollrath, Vickens Söhnen, in Ansehung der Großväterlichen Güter auseinander; auch nannten sich diese drey Brüder Joachims Söhne, als sie an das Kloster Dobran eine Versicherung ausstellten, daß sie das an diesen Convent versetzte Dorf Regsdorf nicht in den ersten 10 Jahren einzulösen berechtiget seyn wollten, Pap. Meklenb. p. 2783.

82.
Cord,
Meklenb.
Rath.

Der jüngste Bruder, Cord, war des Herzogs Hinrich des Friedfertigen Rath, und der Einzigste unter seinen Brüdern, der den Stamm fortgepflanzet. Er bewohnte einen Theil Plüskow, Gramkow, und mit seiner Gemahlinn Anna, eine Tochter Hansens von Lohe und einer von Barold

Barold Erbtochter von Moisal oder auch, wie andere sie nennen, Margrethe von Barner, bekam er Scharfsdorf und Beidendorf. Sie vermählte sich zum zweytenmal mit Johann von Barnekow auf Warlitz; einige nennen sie Elisabeth, welches aber fehlerhaft ist, wie aus einer Urkunde in den Wißmarschen Erstlingen p. 178 erhellet, woselbst sie ausdrücklich Anna genennet wird. Aus dieser Urkunde zeigt sich auch, daß die Angabe des Latomus falsch ist, daß er nämlich nebst 6 Pferden mit Herzog Georg von Meklenburg 1550 vor Magdeburg gezogen, indem er nach selbiger 1543 schon todt war: Frägt man aber, wer denn eigentlich dieser Cord gewesen? so ist es der, welcher auf Gartow und Stintenburg der Zeit gelebet. Die Kinder von unserm Cord waren:

Cathrina, deren Gemahl ward Carin von Hagenow auf Dargelün.

Ilsabe, vermählte sich 1) mit Balthasar von Scharfenberg auf Gr. Walmsdorf; 2) mit Eberhard Weckebrod, nicht Weikelroth, (wie er auch in der Beylage RRRR genennet wird, indem man das Wapen derer Weckebrod würklich in dem großen Weigelschen Wapenbuch antreffen kann,) auf Warmsdorf, vermuthlich Walmsdorf.

Anna, ward die Gemahlinn von Jasper von Lützow auf Goldenbau und Perlin.

Paul, auf Scharfsdorf, von dem gleich ein mehreres. 83.

Balthasar, blieb bey der Belagerung vor Metz. 84.

Jürgen, starb in der Jugend. Und 85.

Christopher, auf Plüskow. Er sollte von 1555 bis 60 die bewilligten Landes-Contributionen entrichten; bald darauf ward er zu Krankow erstochen. Mit seiner Gemahlinn Abel, eine Tochter Hartwigs von Perkentin auf Zecher, und Abel von Quitzow, die sich 1563 zum zweytenmal mit Bertram von Buch auf Malmow in der Mark verheirathete, zeugte er nur zwo Töchter: 86.

Eva, starb jung, und

Anna, die sich 1578 mit dem Dänischen und hiernächst Meklenburgschen Rath auch Klosterhauptmann zu Dobbertin Joachim von Bassewitz auf Levetzow vermählte. Sie war geb. 1560, ward eine Erbjungfer, und starb den 11. Jenner 1595.

Eben gedachter Paul auf Scharfsdorf, hiernächst auch auf Plüskow, war ein friedliebender, verständiger und geschickter Mann, und bey den Landesfürsten in großem Ansehen. In der auf ihn gehaltenen Leichenrede wird angeführt, daß er im Lustgarten zu Plüskow ein eignes Studier-Häuschen gebauet, worinn er eine auserlesene Bibliothek gehabt habe. Um sich eine Idee von dem damaligen Briefstil und eingerissenen Luxus bey Beerdigungen zu machen, lege ich aus dieser Leichenrede das Einladungsschreiben und die Designation des Leichen-Conducts in der Beylage RRRR bey. Unser Paul starb den 14. Oct. 1589; er hatte sich 1557 zum erstenmal vermählt mit Anna, eine Tochter Hartwigs von Perkentin auf Zecher und Abel von Quitzow, von Behr nennet sie unrecht Margretha Ranzow, a. d. H. Voigtshagen, und, wie diese 1569 verstorben, zum anderenmal 1578 mit Cathrina, eine Tochter des Meklenb. Landraths Joachim von Halberstadt auf Belitz und Gottesgabe, und Armgards von Quitzow a. d. H. Stavenow. Mit der ersteren hatte er folgende Kinder gezeuget: 83. RRRR

Cord, auf Scharfsdorf; er hatte sich zwar mit Cathrina von Below vermählt, starb aber 1592 unbeerbt. 87.

Hartwig, auf Plüskow. Im Jahr 1603 pfändete er von Engelke von Bülow auf Wischendorf verschiedene Bauer-Höfe und Cossaten in Boyenhagen, Tecdorf und Freddershagen, wie aus der oben angeführten Beylage VVV zu ersehen. Sein Name und Wapen ward auf dem Rehnaschen Saal abgezeichnet und 1621 befand er sich noch auf dem Verzeichniß der Ritterpferde. 88.

pferde. Die mit seiner Gemahlinn Elisabeth, eine Tochter Detloffs von Negendank auf Zirow, und Anne von Oertzen a. d. H. Roggow, gezeugte Kinder waren:

89. Cord, der jugendlich gestorben.

90. Paul Detloff, der 1628 einen Theil Plüskow bewohnte. Nach seinem ohne Leibserben erfolgten Tode, verkauften in der Folge dessen Lehns-Vettern, und in deren Vollmacht der damalige Oberster, nachhero General und Baron, Thomas Christian von Bülow no. 151 diesen Antheil Plüskow c. p. an den nachherigen Landrath Cord Detloff von Bülow a. d. Linie Wischendorf erb und eigenthümlich.

91. 92. Joachim und Ulrich starben unvermählt. Und

93. Paschen, den Pfessinger Sebastian nennet. Er bewohnte 1648 Gr. Stiten, und hatte sich 1628 mit Anna Sophia, eine Tochter Adams von Lepel auf Grambow und Ilsabe von Pressentin a. d. H. Prestin, die 1604 geboren und 1662 verstorben ist, vermählt, womit er aber keine Kinder hinterließ.

Margretha, welche sich mit Victor von Stralendorf auf Preensberg vermählte.

Cathrina, Dorothea und Anna, von welchen man nicht weiß, ob sie vermählt gewesen.

Mit der zwoten Gemahlinn zeugte Paul nur einen Sohn:

94. Joachim auf Gramkow und Scharfsdorf. Das Jahr seiner Geburt ist eigentlich nicht bekannt; wahrscheinlich ist es etwa 1581 gewesen, indem sein Vater, dessen Benjamin er gewesen, in einer Bibel aufgezeichnet gehabt: Mein Sohn Joachim hat 1587 angefangen zu lernen, Gott der Herr gebe ihm seinen heiligen Geist und einen guten Sinn, Amen. Nach dem unbeerbten Absterben seines Bruders Cord bezog er das Gut Scharfsdorf. 1609 huldigte er den Herzogen Adolph Friedrich und Hans Albrecht zu Meklenburg. Sein Name und Wapen ist auf dem Saal zu Rhena befindlich, und 1621 ist er mit einem Ritterpferde aufgeführet. Er starb 1640, und hatte mit Ilsabe, eine Tochter Joachims von Hahn auf Basedow, und Dorothee Gans Freyinn von Putlitz gezeuget:

95. Cuno Hans auf Scharfsdorf, von welchem gleich ein mehreres.

96. Paul Joachim auf Abbensen im Lüneburgschen, von dem hiernächst weiter.

97. Cord Josua auf Prützen, von dem zuletzt gehandelt werden soll.

98—100. Hartwig, Claus Friedrich und Christoph starben unbeerbt.

Hippolita, deren Gemahl war Christoph von der Kettenburg auf Gr. Wüstenfelde und Matgendorf. 1686 trifft man sie als Wittwe an.

Cathrina Elisabeth, geb. den 14. Julii 1615, gest. den 24. Nov. 1686. Sie hatte sich 1637 vermählt mit Joachim von der Lühe auf Panzow.

95. Cuno Hans, Meklenb. Landrath.
Eben erwähnter Cuno Hans auf Scharfsdorf war geboren 1605 und verstarb 1681. Da man um diese Zeit sonst keinen des Namens findet, so ist zu glauben, daß er der sey, von welchem Frank Libr. XIV. p. 215 schreibt, daß er 1667 Herzogl. Schwerinscher Assessor beym Hof- und Landgericht geworden; zuletzt war er aber Meklenb. Landrath. Er hatte sich 1634 vermählt mit Elisabeth, eine Tochter Bartolds von der Lühe auf Panzow und Enterenzie von Oertzen a. d. H. Roggow, die 1672 verstarb, nachdem sie ihm folgende Kinder geboren hatte:

101. Joachim Christopher, starb jung.

102. Bartold, Würtemb. Geh. Rath u. Obervogt.
Bartold, ward Herzogl. Würtembergscher Geheimer Regiments-Rath, Mit-Vormund und Obervogt. Er war geboren den 9. May 1636, und starb den 29. Junii 1690. Im Jahr 1667 hatte er sich vermählt mit der Br. Wolfenbüttelschen Hofdame Margretha, eine Tochter

Joachims

Joachims Johann von Gustedt auf Derscheim und Ursule von Krachten a. d. H. Milkersdorf; sie war geboren den 15. Aug. 1638, und starb den 15. März 1700 als Mutter folgender Kinder:

  Maria Elisabeth, geb. 1668, ward hiernächst Kammer-Fräulein bey einer ver- Maria Elisabeth, Hofdame.
wittweten Churfürstinn von der Pfalz.

  Elisabeth Juliana, geb. den 1. April 1669, vermählte sich 1699 mit dem Braunschweigschen General-Major und Commandanten zu Braunschweig Georg Albrecht von Hering.

  Eberhard Ludwig, geb. 1672, starb 1673. 103.

  Friedrich Wilhelm, geb. 1674, gest. 1675. 104.

 Hartwig auf Scharfsdorf rc., von dem gleich ein mehreres. 105.

 Niclaus, auf Wichmannsdorf, ward mit einer von Passow nicht beerbt. 106.

 Hans Georg, war Major, erhielt die väterlichen Güter, und starb 1689 ohne Leibeserben. 107.

 Johann Christoph und Cord Josua starben unvermählt. 108. 109.

 Emerenzia, starb 1704, deren erster Gemahl war Schack von Buchwald auf Nienhagen; der zweyte Hans Cord von der Lühe auf Mulsow.

 Sophia Dorothea, verheirathete sich an Jacob von Glöde aus der Uckermark. Und

 Ilsabe, geb. 1643, gest. 1703, war vermählt mit dem Major Otto von der Lühe auf Mechelsdorf und Berendshagen, Provisor zu Ribnitz.

 Eben angezogener Hartwig auf Scharfsdorf ward mit der Zeit Br. Lüneburgscher Rath 105. Hartwig, Oberhauptmann.
und Oberhauptmann zu Bleckede. Im Jahr 1679 erhandelte er von Elisabeth von Vieregg, Wittwe des in der Wedendorfschen Linie n. 89 vorgekommenen Georg Hinrichs von Bülow, das Pfandgut Gottmannsforde, und nachdem die von Drieberg ihm das daran habende Recht auch abgetreten, so ward er damit 1690 von dem Herzog Christian Ludwig belehnet: Er vertauschte selbiges aber gegen das im Amte Gadebusch belegene Gut Lützow, welches seinem Schwiegersohn dem Landrath Joachim Hinrich von Drieberg gehörte, und da dieses höher im Preise wie jenes stand, so gab er ihm noch 5000 Rthle. zu. Er war geb. den 31. Aug. 1637, starb den 13. April 1713. Im Jahr 1664 hatte er sich vermählt mit Davidia, eine Tochter des Englischen Ritters und Obersten Gottfried von Loyd, und Catherine von Klebot aus der Provinz Wallis, welche den 2. Febr. 1710 verstarb, nachdem sie ihm zum Vater von 13 Söhnen und dreyen Töchtern gemacht, als:

  Johann Wilhelm, Christian, Friedrich August, Jürgen, Hinrich, 110—118.
Georg Ernst, Barteld, Barteld Claus und Hartwig, die alle frühzeitig gestorben.

  Johann Joachim Gottfried, auf Scharfsdorf, von dem bald das weitere. 119.

  Carl Jacob, Forst- und Jägermeister, von dem hiernächst. 120.

  August Wilhelm, blieb 1703 als Hannöverscher Hauptmann bey Speierbach. 121.

  Georg Ludwig. Er bekam in der brüderlichen Theilung das Gut Lützow, und stand, 122. Georg Ludwig, Ober-Apellationsrath zu Zelle.
nachdem er die Universität verlassen hatte, anfangs als Kammerjunker in Meklenburgschen Diensten. Als aber im Jahr 1711 das Ober-Apellations-Gericht zu Zelle eingerichtet wurde, so beriefen ihn der Churfürst Georg Ludwig als Rath dabey; doch ist er nach der Zeit davon abgegangen, und starb als Landdrost zu Gifhorn. Er war den 27. Sept. 1681 geboren, und vermählte sich 1717 mit Metta Dorothea, eine Tochter Otto Friedrichs von Buchwald auf Tremburg, und Ide Hedwig von Ranzau, und zeugte mit ihr:

   Otto Friedrich, geb. den 22. Nov. 1718. Nachdem er 4 Jahr auf der Ritter- 123. Otto Friedr. Dän. Generalmajor.
Academie zu Lüneburg zugebracht, ging er in Sächsische Dienste; verließ sie als Capitain 1743, ging mit dem Feldmarschall von Löwendahl, als dessen General-

C c   Adjutant,

Adjutant, in Französische Dienste, wurde Oberstlieutenant und Commandant des von gedachtem Feldmarschall neu errichteten Deutschen Infanterie-Regiments, hernach Oberster, dann Brigadier. Im Jahr 1761 quitirte er diese, ging als General-major in Dänische Dienste, und bekam das Bornholmsche Regiment; nahm aber 1764 seinen Abschied, und lebt ito auf Pension von Frankreich und Dännemark zu Bingen, hinter Mainz.

124. **Hartwig**, geboren und gestorben 1720.
125. **Gottfried Carl**, geb. den 11. Jenner 1721, starb gleichfalls jung.
126. **Friedrich**, geb. den 23. März 1722, war anfänglich Page zu Hannover, und hernach Capitain. Verließ 1750 diese Dienste, und ging mit demselben Character unter das Französische Löwendahlsche Regiment, bis er solche Dienste 1759 quitirte. Er ist, wie sein Bruder, nie verheirathet gewesen, und lebt bey demselben ito in Bingen. Und

Ida Hedwig, welche 1723 geboren und 1724 ins Kloster Dobbertin geschrieben worden. Sie hielt sich nach ihrer Mutter Tode in Mühlhausen auf, und starb daselbst 1752 unvermählt.

Lucia, vermählte sich 1692 mit dem Meklenb. Landrath Hinrich von Drieberg auf Lützow, hernach Gottmannsförde.

Anna Eleonora, starb 1733, deren Gemahl war der in der Meklenburgschen Geschichte sehr bekannt gewordene Dänische Etatsrath, Ober-Landdrost und Amtmann der Insel Femern und des Amts Oldenburg, Joachim Friedrich von der Lühe auf Panzow und Mulsow, der 1680 geboren war, und den 17. Jenner 1742 verstarb. Und

Sophia Dorothea, ward die Gemahlinn von dem Dänischen Hauptmann Adam Diedrich von Drieberg auf Gotthun, welcher 1729 verstarb.

119. Johann Joachim Gottfried, Hannöv. Ober-Landdrost.

Kurz zuvor gedachter **Johann Joachim Gottfried** auf Scharfsdorf war Major in Hannöverschen Diensten, hiernächst Oberhauptmann und zuletzt Ober-Landdrost zu Bleckede. Er brachte von dem Herzog Friedrich Wilhelm zu Meklenburg Luttersdorf permutationsweise an sich, und machte eine sehr schöne Meierey daraus. Das Gut Scharfsdorf a. p. verordnete er zum Fidei-commiß, vermöge welches auf diese Güter keine andere Schulden, als die zur Melioration derselben abzwecken, gemacht werden, und also solche stets bey der Familie bleiben sollten: Seine Söhne aber haben dieses unverantwortlich vernachlässiget, so, daß dessen Kindeskinder, statt daß es ihnen nach der besten Intention dieses Mannes wohl gehen sollte, nur durch saure Schritte ihre Laufbahn durchwandeln müssen. Unser gute Ober-Landdrost war geboren den 29. May 1665 und starb 1734. Er hatte sich dreymal vermählt, 1) den 22. Oct. 1690 mit Juliana Beata, eine Tochter Joachims von Struppen auf Gallenhausen, und Anne Juliane von Kiepen, die 1692 bereits ohne Kinder verstarb; 2) 1695 mit Anna Elisabeth, eine Tochter Christian Ulrichs von Wackerbarth auf Tüschenberg, und Engelburg Margrethe von Bernstorf a. d. H. Bernsdorf, die 1673 geboren ward, und gleichfalls 1696 unbeerbt verstarb; 3) mit Cathrina Hedwig, eine Tocher des Br. Lüneburgschen Schatzraths in der Grafschaft Hoya Johann Albrecht von Behr auf Falkenstein, und Sophie Eleonore von Hak a. d. H. Ohr. Diese letztere brachte ihm folgende Kinder zur Welt:

127. **Hartwig Joachim Ulrich**, ward Hauptmann in Chur-Braunschweigschen Diensten, und kaufte 1735 das im Amte Lübs belegene Gut Grambow von Jobst Hinrich von Bülow nachmals auf Woserin; verkaufte es aber nach einigen Jahren wieder, und ward dagegen Besitzer von dem Gute Frauenmark im Amte Kriwitz. Er war geboren den 13. May 1700 und starb 1769, nachdem er sich vermählt gehabt mit Maria Margretha, eine Tochter Gottfried Friedrichs von

Plessen

Plessen auf Röchelsdorf, und Magdalene von Stralendorf, die den 15. Julii 1715 geboren war, und mit der er folgende Kinder zeugte:

  Hans Joachim Gottfried, Herzogl. Braunschweigscher Capitain bey der Garde.   128.
  Eleonora Margretha, ist gestorben.
  Gottlieb Christian Ulrich, starb als Braunschweigscher Lieutenant.   129.
  Cathrina Eleonora. Ist iho Wittwe des Hanöverschen Hauptmanns Friedrich von Plessen a. d. H. Schönfeld.
  Detteloff Carl, starb als Meklenburg-Schwerinscher Lieutenant 1776.   130.
  Sophia Charlotta, hat den Meklenb. Schwerinschen Land-Rentmeister Otto Christian Rychenthal geheirathet.
  Wilhelmina Diederica, ward 1751 ins Kloster Dobbertin gezeichnet, vermählte sich aber an den Lieutenant Wilhelm von Höfisch auf Poischendorf.
  Hartwig Hans, ist Preußischer Lieutenant.   131.
  Hans Casper, hat sich mit Catharina Dorothea, eine Tochter des Schwedischen   132. Rittmeisters Claus Joachim von Plessen a. d. H. Schönfeld, und Sophie Barbare von Schmalensee a. d. H. Dönnige in Pommern vermählt, und wohnet zu Neuendorf bey Schwan. Dessen Kinder sind:
    Johanna Dorothea, geb. den 25. Jenner 1777, und
    Joachim Victor Gottlieb, geb. den 28. Oct. 1778.   133.
  Joachim Ernst, ist Braunschweigscher Kammerjunker und Lieutenant von der Garde.   134. Joachim Ernst, Br. Kammerj.
  Francisca Hedwig und Ilsabe Davidia, sind noch ledig.   135.
  Albrecht Carl Friedrich, geb. 1704, war Hannöverscher Hauptmann. Ihm wurden von seinem ältesten Bruder 1734 die väterlichen Güter überlassen; er blieb im Zweykampf, und hinterließ als Wittwe Sophia Charlotta Clara von Klenken a. d. H. Hämelschenburg im Calenbergschen und drey Töchter, als:
    Luisa Hedwig Amalia, die 1739 ins Kloster Dobbertin eingezeichnet worden, iho aber im Hanöverschen Stifte Barsinghausen Klosterfräulein ist.
    Carolina Augusta Eleonora, ist 1739 in Malchow eingeschrieben, und daselbst zur halben Hebung, und
    Eleonora Elisabeth Juliana, vermählte sich mit dem Major Joachim Otto von Bülow auf Wischendorf, die aber beide schon gestorben sind.
  Davidia Eleonora Dorothea, geb. den 3. Aug. 1709, ward 1711 ins Kloster Dobbertin geschrieben, vermählte sich aber 1725 mit dem Schwedischen Oberstlieutenant Detloff Hans von Bassewitz auf Neuhof, Schönhof, Wendorf und Hohen-Lukow, und starb gesegnet an Gütern und Kindern.
  Otto Friedrich Levin, geb. den 3. August 1714, starb unvermählt zu Stade als   136. Hannöverscher Lieutenant.
  Gottfried Ludwig, geb. den 1. April 1716, war Hannöverscher Jagdjunker, und   137. wohnte vordem auf Dargelütz pachtweise, lebt aber iho in der Stadt Goldberg. Seine bereits verstorbene Gemahlinn war Ilsabe Hedwig, eine Tochter Niclaus Joachim von Plessen a. d. H. Schönfeld und Sophie Barbare von Schmalensee a. d. H. Dönnige, die ihm hinterließ:
    Joachim Hartwig, ist Meklenb. Schwerinscher Lieutenant.   138.
    Gustav Wilhelm, verließ die Meklenb. Dienste als Hauptmann, und vermählte   139. sich mit Hinrietta Dorothea, eine Tochter des Etatsraths Hinrich von König

auf Hindenberg, und Dorothee von Thomsen aus Pommern, wovon bis dahin eine Tochter:

Elisabeth Hedwig Augusta.

Sophia Margretha Elisabeth, ist noch unverheirathet.

140. **Gottfried Ulrich**, Preußischer Fahnjunker. Und

141. **Franz Detloff**, Römisch-Kaiserl. Lieutenant unter des Prinzen Georg von Meklenburg Regiment, verheirathete sich 1780 nach genommenen Abschied mit Davidia Eleonora Dorothea, eine Tochter des Johann von Bülow auf Tramz und Hedwig Margrethe Sophie von Bassewitz a. d. H. Neuhof. Und

142. Wilhelm Diedrich, Kammerherr.
Wilhelm Diedrich, geb. den 20. April 1717, war Römisch-Kaiserl. Kammerherr. Er kam nach dem Tode seines Bruders Albrecht Carl Friedrich durch einen Vergleich mit seinen beiden ältern Brüdern zum Besitz der Güter Scharfsdorf, Luttersdorf und Beidendorf, und unterschrieb 1755 den bekannten Erbvergleich. Wie er 1775 unbeerbt verstarb, hinterließ er gedachte Güter, ganz wider die Intention seines guten Vaters, und aus unbegreiflicher Nachgiebigkeit seiner Brüder, mit Schulden beschwert. Scharfsdorf und Beidendorf sind würcklich einstweilen in Creditoren Händen, und Luttersdorf erhielt 1775, nach langwierigen Processen durch einen Vergleich, dessen Stiefsohn der Kaiserl. Königl. Kammerherr und Landrath Johann Nepomuck von Hagen, der darauf dieses Gut dem Doctor Lemke in Wißmar wiederum überlassen hat. Es werden aber alle diese Güter von den Söhnen des ältesten Bruders Hartwig Joachim Ulrich, als ein Fideicommiß ihres Großvaters, in Anspruche genommen, und wird der Ausgang des Processes zeigen, ob diese schönen Güter bey der Familie bleiben werden. Die Gemahlinn unsers Kammerherrn war Mariana Francisca Baronne von Buckenheim aus Oesterreich, Stern-Kreuz-Ordens-Dame und Wittwe des Majors von Hagen auf Gr. Stiten; sie starb 1774.

150. Carl Jacob, Forst- und Jägermeister zu Zelle.
Vorher erwähnter **Carl Jacob**, des Oberhauptmanns Hartwig auf Scharfsdorf zweyter Sohn war Chur-Hannöverscher Forst- und Jägermeister zu Zelle. Er war den 10. Febr. 1677 geboren, und vermählte sich 1705 mit Maria Margretha, eine Tochter des Geheimenraths Johann von Hattorf auf Hethorn im Bremischen, und Anne Cathrine von Hattorf, welche ihn durch die Geburt folgender Kinder erfreute:

143. Georg Ludwig, Hann. Oberjägermeister.
Georg Ludwig, Chur-Braunschweigscher Oberjägermeister, geb. den 24. May 1706; starb zu Hannover ohne Erben.

Cathrina Davidia, geb. den 18. Oct. 1707, vermählte sich 1724 mit dem Landrath des Fürstenthums Zelle und Hofrichter Joachim Ernst von Grote, Amtsvogt zu Eißlingen.

144. **Johann Hartwig**, geb. 1708, gest. 1709.

Dorothea Hedwig Philippina, geb. den 25. Nov. 1710, lebt noch zu Zelle als Wittwe des Landraths des Fürstenthums Zelle Freyherrn Georg Wilhelm von Spörken.

145. Gottfried Philipp, Berghauptmann.
Gottfried Philipp, geb. den 16. April 1712, kaufte das Gut Beienrode, im Amte Fallersleben Lüneburgschen Antheils, von dem Hofjägermeister Georg Philipp von Veltheim, und starb als Chur-Braunschweigscher Geheimer-Cammerath und Berghauptmann. Er hatte sich zweymal verheirathet, 1) mit Margretha Ottilia, eine Tochter des Oberhauptmanns Adam Christoph Freyherrn von Knigge zu Bredenbeck, und Anne Juliane von Hattorf; 2) mit Luisa Charlotta, eine Tochter des Braunschweigschen Geheimen-Cammer- und Schatzraths Johann Christian von Hoym auf Esbeck und Mollsdorf, und Anne Magdalene von Schönfeld. Mit der ersteren zeugte er:

146. Joh. Jul. Franz.
Johann Julius Franz auf Beienrode, der als gemeinschaftlicher Oberforstmeister der Braunschweigschen Häuser zu Zellerfelde angestellet ist. Er hat sich vermählet mit

mit Lisette, eine Tochter des Braunschweigschen Hofjägermeisters Georg Philipp **Oberforst-**
von Veltheim auf Destedt, und Charlotte von Lindheim aus Frankfurt am Mayn, **meister.**
und mit ihr folgende Kinder gezeuget:
   Gottfried Philipp, geb. den 29. Sept. 1770.   147.
   Charlotta Dorothea Luisa Friderica, geb. den 8. Nov. 1771.
   Julius Carl August Otto, geb. den 13. August 1773.   148.
   Carl Friedrich, geb. den 27. März 1776.   149.
   Philippina Carolina Sophia, geb. den 9. Junii 1777.
   Carolina Amalia Luisa, geb. den 18. Julii 1778.
   Antoinetta Charlotta Luisa, geb. den 6. Nov. 1779.
   Mit der zwoten Gemahlinn zeugte Gottfried Philipp:
 Juliana Christiana Luisa, die 1780 noch ledig war.
Hinrich Christoph, geb. 1713, starb unbeerbt in Hannöverschen Kriegsdiensten.   150.
Lucia Juliana, geb. 1715, starb 1722.
Ernst August, geb. 1716, starb 1722.   151.
Johann, geb. 1718, starb unbeerbt. Und   152.
Joachim Friedrich, Chur-Braunschweigscher Drost des Amts Brunstein im Fürsten-   153.
thum Calenberg, geb. 1721. Er starb ohne Erben.   **Joach. Fr. Zann.Drost**

 Oben gedachter Paul Joachim, Joachims auf Gramkow und Scharfsdorf zweyter   96.
Sohn, ward der Stammvater einer zahlreichen, höchstangesehenen und glücklichen Nachkommenschaft. **Paul Joa-**
Er war den 1. Dec. 1606 geboren, ging zuerst auf die Ritter-Academie zu Lüneburg, und dann von **chim, Ge-**
1621 bis 25 auf die Universitäten zu Rostock, Jena und Tübingen. Nach abgelegten Reisen gefiel **heimen-**
es ihm, Kriegsdienste beym Herzog Albrecht von Friedland oder dem bekannten Wallenstein anzuneh- **raths-Prä-**
men, doch findet man ihn schon 1634 wiederum unter den Meklenburgschen Landständen auf dem **sident &c. zu**
Landtage zu Sternberg, daher ihm der Zeit das Gut Scharfsdorf, wo nicht ganz doch zum Theil, **Zelle.**
mit zugehöret haben muß. Bald hierauf ward er Hofmeister der jungen Braunschweigschen Prinzen
Friedrich und Ernst August, und hiernächst Hofrath. 1642 war er erster Assessor des dortigen Hofgerichts, und 1645 ward er zum Geheimenrath und Cammer-Präsidenten zuerst in Hannover, und
hernach unterm Herzog Georg Wilhelm zu Zelle zum Präsidenten in allen Collegiis bestellet. Er erwarb im Lüneburgschen die Güter Abbensen, Sülsee und Göddenstätt, und starb 1669, nachdem
er sich zweymal vermählt gehabt hatte: Zuerst 1630 mit Ilsabe Dorothea, eine Tochter Christophers Johann von der Assburg auf Anfuhr, und Elisabeth von Munchhausen a. d. H. Letzkow;
nach deren 1647 erfolgtem Absterben zum andernmal mit Lucia, eine Tochter des Obersten Georg
von Ahlfeld auf Quarenbeck, und Margrethe von Blomen a. d. H. Tesdorf und Seedorf.
 Von der ersten Ehe waren diese Kinder:
 Johann Friedrich, Lüneburgscher Capitain; er vermählte sich mit Anna Sibilla, eine   154.
Tochter des Anhaltschen Vice-Directors und Landraths Siegmund Wiprecht von Zerbst auf Hun-
debach, und Anne Elisabeth von Zigesar a. d. H. Kleitze, und zeugte mit ihr:
   Anna Elisabeth, die sich mit dem Dänischen Oberstlieutenant und Commandanten
    zu Friedrichshall in Norwegen Joachim Friedrich von Arenswald vermählte.
 Ilsabe, ward die Gemahlinn von Cord Hinrich von Kornberg auf Kleiner Eckel und
Moringen. Siehe Ditmars Nachrichten vom Johanniter-Orden P. II. p. 64.
 Aus der zwoten Ehe hinterließ er:
 Georg Ernst, Domherr zu Brandenburg und Oberschenk zu Zelle, geboren den 29. Sept.   155.
                             1649. **Georg Ernst.**

Domh. und Oberschenk zu Zelle.	1649. Er starb 1681 ohne sich vermählt gehabt zu haben, nachdem er auf der Jagd von einem Hirsch verwundet worden.
156. Joachim Hinrich, Dän. Ober-Hofmarschall, Geheimerrath und Ritter, Großvogt zu Zelle und Baron.	Joachim Hinrich, geb. den 29. August 1650, war bey der Königinn Sophia Amalia, des Königs Friedrich III. zu Dännemark Gemahlinn, Ober-Hofmarschall, wie auch Königl. Geheimerrath und Ritter vom Dannebrog, und hatte zum Wahlspruch: Magnum in adversis innocentia praesidium, die Unschuld ist im Unglück ein großer Trost. Nach der Zeit ward er bey dem Herzoge Georg Wilhelm zu Zelle Geheimerrath, Cammer-Präsident und Ober-Hofmarschall, und zuletzt des Königs Georg des Ersten von Groß-Britannien und Churfürsten von Br. und Lüneburg Geheimerrath und Großvogt. Im Jahr 1705 ward er nebst seinen der Zeit noch lebenden vier Brüdern Thomas Christian, Cuno Josua, Hans Otto und Wilhelm Diedrich, ihrer vorzüglichen Verdienste wegen, von dem Kaiser Joseph zu Reichs- Frey- und Edlen Panner-Herrn für sich und
SSSS	ihre Nachkommenschaft erhoben, wie das Diploma in der Beylage SSSS mit mehrerem zeiget. Er starb 1724 und hinterließ eine vortreffliche Bibliothek von beynahe 9000 Bänden, die er zum öffentlichen Gebrauch widmete, und von seinen Erben der 1737 errichteten Universität Göttingen geschenkt wurde.
157.	Thomas Christian, auf Göddenstätt, Freyherr, von dem bald ein mehreres.
	Margretha Cathrina, geb. 1652, und Lucia Hedwig, geb. 1653, starben jung.
	Anna Eleonora, geb. den 15. Sept. 1654, vermählte sich 1671 an den Landes-Director August von Grote auf Brese, welcher 1700 verstarb.
158.	Paul Diedrich, geb. 1655, starb 1656.
159.	Ludwig Ulrich, geb. 1656, starb 1677 unvermählt.
160. Cuno Josua, Hann. Generalfeldmarschall, Baron.	Cuno Josua, auf Abbensen, geb. den 13. Jenner 1658. Er ward zuletzt, nachdem er fast alle Feldzüge des bekannten Successions-Krieges als General mitgemacht, und sich bey allen Bataillen und sonstigen Gelegenheiten besonders aber am Schellenberg und bey Hochstätt überaus wohl verhalten hatte, Chur-Hannöverscher General-Feldmarschall, Oberster der Garde und eines Regiments Dragoner, auch Gouverneur zu Hannover. Er ist uns in Meklenburg besonders bekannt geworden, indem er die Truppen commandirte, die Hannover und Braunschweig auf Befehl des Kaisers Carl VI. gl. And. im Jahr 1719 zur Execution gegen den Herzog Carl Leopold, und zur Conservation der Meklenburgschen Landstände anrücken ließen. 1705 ward er Freyherr, und starb endlich ruhmvoll und lebenssatt den 27. Julii 1733. Er hatte sich 1695 vermählt mit Anna Oelgard, eine Tochter des Dänischen Obersten Benedict von Ahlfeld auf Lehmkuhlen, und Margrethe Elisabeth von Qualen a. d. H. Siggen, welche 1672 geb. und den 4. Jenner 1736 verstorben ist, und mit ihr gezeuget:
	Sophia, geb. den 12. Jenner 1696; sie vermählte sich 1717 mit dem Chur-Braunschweigschen Kammerherrn und Oberhauptmann Friedrich von Steinberg auf Wispenstein. Und
161. Ernst August, Graf, Ritter und Hannöv. Ober-Kammerherr.	Ernst August, geb. den 9. Jenner 1697, Chur-Braunschweigscher Ober-Kämmerherr und Geheimer Cammerrath, auch Ritter vom Russischen Alexander Newsky Orden. Als einziger Sohn seines Vaters erbte er alle wichtige Güter desselben, ging einige Jahre auf Reisen, besonders nach Engelland zum Vermählungsfest des damaligen Prinzen von Wallis mit der Prinzessinn von Sachsen-Gotha, und ward 1736 von dem Kaiser Carl dem Sechsten in den Reichs-Grafenstand erhoben. Das ihm ertheilte Wapen ist auf dem Kupferblatte Fig. 6 zu sehen, und wird in dem Diplom zum unsterblichen Ruhm seines Vaters unter andern angeführet, wie Kaiserl. Majestät sich bereits zu zweyenmalen seiner ausnehmenden Verdienste halber bewogen

gen

gen gefunden hätten, ihm den Reichsgrafenstand mildest andeuten zu lassen; welcher Kaiserl. höchstgeneigten Erhebung er aber aus bedenklichen Ursachen sich nicht unterziehen wollen. Ich hätte das Diploma mit abdrucken lassen können, wann ich es theils nicht zu spät erhalten, theils es auch fast gleichen Lauts mit dem Freyherrlichen ist. 1742 ward er als Chur-Braunschweigscher Gesandter nach Paris geschickt; damals war er noch Kammerherr, im Jahr 1757 aber ward er Ober-Kammerherr. 1765 nahm er seine Dimission mit einem Gnaden-Gehalt von 1000 Rthlr. Er hatte sich 1724 zum erstenmal vermählt mit der Comtesse Sophia Charlotta, eine Tochter des Hannöverschen Geheimenraths, Ober-Kammerherrn und General-Erb-Postmeisters Ernst August Grafen von Platen, und Sophie von Uffeln; nach deren Absterben ließ er sich 1761 die Comtesse Anna Clara Luisa, eine Tochter des Hannöverschen Generallieutenants Georg Ludwig Grafen von Kielmannsegg und Meloisine von Spörken, des Feldmarschalls von Spörken Schwester, beylegen: Beide Ehen sind aber unfruchtbar geblieben, indem er 1766 auf seinen Gütern in Holstein ohne Erben verstarb, und hat sich seine Wittwe nach der Zeit wiederum an einen Baron von Brinz verheirathet. Das Großväterliche Gut Abbensen fiel nach seinem Tode an die Baronen von Bülow auf Marschacht und Göddenstätt, und besonders das darauf ruhende Fideicommiß an den Herrn Regierungsrath Ernst Josua zu Stade. In Ansehung des Allodiums ward der Baron Friedrich Ulrich Aroeh von Bülow zu Falkenberg durch ein Testament Universal-Erbe. Wie wichtig die Güter gewesen, die der Graf von seinem Vater bekommen, theils aber von ihm selbst, theils von seinem gedachten Erben nunmehro verkauft sind, kann man aus folgendem beurtheilen:

1) Die Güter Löhrsdorf, Sagewitz, Großen-Bröde, Clausdorf und Rethwisch wurden 1712 von Cay von Ranzow für 140000 Rthlr. Species angekauft.
2) Für Siggen nebst Goddersdorf oder Qualendorf c. p. hat der sel. Feldmarschall 1716 an Jasper Ludwig von Qualen 150000 Rthlr. Dän. Kronen bezahlt.
3) Das Gut Ernkendorf mit den dazu gehörigen Meiereyen erstand er 1729 von der Herzoginn von Kendal für 120000 Rthlr. N. Itel.

Sophia Juliana, geb. 1659, ward die Gemahlinn von Eberhard von Grote, Mecklenburgscher Geheimerrath.

Margretha Elisabeth, geb. 1660, starb jung.

Hans Otto, geb. den 13. Dec. 1661, war Chur-Braunschweigischer Landrath und Landdrost zu Harburg, Wilhelmsburg, Moisburg und Winsen an der Luhe, und ward 1705, wie oben gedacht, Freyherr; er starb 1729 unvermählt.

162. Hans Otto, Baron und Hannöv. Lands. &c. 163.

Wilhelm Diedrich, auf Falkenberg, Baron, von dem hernach ein mehreres. Und

Bertha Lucia, geb. den 27. Jenner 1668, starb als Stifts-Fräulein zu Stederburg.

Gedachter Thomas Christian auf Göddenstätt, Baron, war geb. den 2. Sept. 1651, und stand anfänglich bey dem Prinzen Georg von Dännemark in Diensten, und mit der Zeit als Generalmajor bey dem Könige Christian dem Fünften; wie er diese Dienste verlassen, ward er bey dem Herzoge Georg Wilhelm zu Lüneburg Zelle Geheimerrath und Oberhauptmann über die Grafschaft Danneberg. Als nach dem Tode des Paul Detloff von Bülow n. 90 das demselben zugehörte halbe Theil Plüskow, wie auch die dazu pfandweise besessenen Antheile in Boyenhagen, Tesdorf und Stedderehagen an die Abbensensche Linie gefallen war, so überließen sie, und besonders

157. Thomas Christian, Baron, Dän. General. Major, auch Geheimerrath u. Oberhauptmañ zu Zelle.

unser

unser derzeitige Oberster in ihrem Namen, etwa 1685 diese Güter an Cord Detloff von Bülow aus der Radum-Wischendorfer Linie, wie aus der Urkunde VVV zu ersehen ist. Er starb den 4. Sept. 1706, und hatte sich 1685 zum erstenmal vermählt mit der Baronesse Charlotta Elisabeth, eine Tochter des Dänischen Generals Hinrich Freyherrn von Uffel, die 1687 ohne Erben verstarb, worauf er sich 1696 zur zwoten Gemahlinn erwählte die Baronesse Magdalena Silvia, eine Tochter Elias von St. Hermine, Baron von Laignac, und Margrethe Silvie von Valois, Wittwe des Grafen Alexanders von Olbreuse, dessen Schwester des Herzogs Georg Wilhelm zu Lüneburg-Zelle Gemahlinn war. Sie war geboren 1665, und hinterließ nur einen Sohn

164.
Georg Wilhelm, Baron, Oberhauptmann und Landrath zu Bleckede.

Georg Wilhelm, auf Göddenstädt, Frey- und Edler Panner-Herr, geb. den 3. Sept. 1699. Nachdem er in Holland seine Academischen Jahre, und seine Reisen durch Frankreich und Deutschland vollendet hatte, ward er als Oberhauptmann nach Fallersleben und nachmals in gleicher Qualität nach Bleckede gesetzt. Die Stände des Fürstenthums Lüneburg erwählten ihn zugleich zum Landrath, und der König Georg II. von Engelland bestätigte als Churfürst die Wahl. Er starb 1737, und hatte sich vermählt gehabt den 12. Sept. 1729 mit der Baronesse Eleonora Charlotta, eine Tochter des Lüneburgschen Landschafts-Directors Ernst Joachim von Grote auf Brese im Brock und Horn und Mariane von Pibrac, deren zweyter Gemahl Wilhelm Albrecht Georg von Behr auf Stellicht, Landdrost zu Bleckede, geworden, und 1781 den 27. Febr. gestorben ist, mit der er nachstehende Kinder gezeuget:

165.
Ernst Josua, Baron, Hannöv. Regierungsrath und Landrath.

Ernst Josua, Freyherr, auf Marschacht und Hohne, und einen Theil Abbensen, geb. den 15. Nov. 1733, ward nach Absterben seines Vaters bey seinem Großvater dem Landschafts-Director von Grote erzogen, und nach dessen Tode von seinem nachmaligen Vormund, dem Staats-Minister von Schwicheld, anfangs nach Lüneburg auf die Ritter-Academie, und hiernächst auf die Universität gesandt. Nach der Zeit ward er Amts-Auditor, und 1754 als Assessor des Zellischen Hofgerichts eingeführet. 1756 ward er zum Ritterschaftlichen Deputirten des Gifhornschen Districts ernannt. Als im Jahr 1757 Französische Kriegsvölker ins Hannöversche rückten, und der Marschall Herzog von Richelieu jemanden ins Haupt-Quartier verlangte, der die geforderte Fourage, Wagen und andere Bedürfnisse regulirte und besorgte, so sandte ihn die Lüneburgsche Landschaft mit diesem Auftrag dahin, und er stand diesem verdrießlichen Geschäfte so lange vor, bis sich die Franzosen zurückziehen mußten.

Bey Gelegenheit der Vermählung des Königs Georg III. von Engelland Maj. that er 1761 eine Reise nach Engelland und Holland. Im Jahr 1762 ward er von den Ständen des Fürstenthum Lüneburg zum Landrath erwählet, und allergnädigst dazu bestätiget, und endlich 1765 von Sr. Königl. Maj. als Regierungsrath der Herzogthümer Bremen und Verden nach Stade berufen. Nach dem Tode des Grafen Ernst August von Bülow fiel ihm und seinem Bruder das Gut Abbensen zu; das Gut Marschacht erhielt er aus einer seinen Vorfahren ertheilten Lehns-Expectanz, das Gut Hohne aber kaufte er selber an von einem von Sebisch. Er hatte sich 1754 vermählt mit Mariana Ernestina, eine Tochter des Ober-Forst- und Jägermeisters Beaulien Marcomay, und Anne Marie de la Pottrie, die ihn mit folgenden Kindern erfreuet hat:

166.   Georg Carl August, starb jung.

167.   Wilhelm Carl Ferdinand, geb. den 5. May 1756, Hannöverscher Fähnrich unter Scharnhorst.

    Hippolita Carolina Christiana, geb. den 13. April 1757, ist an den Hannöverschen Oberstlieutenant von Dachenhausen vermählt.

168.   Georg Wilhelm, geb. den 20. Julii 1758, Hannöv. Cornet unter Jung-Bremer.

Friedrich

    Friedrich Wilhelm, starb jung. Und   169.
    Georg Ludewig Hinrich, geb. den 20. Novemb. 1764.   170.
  Anna Bertha Dorothea, ist bereits 1771 gestorben, sie war verheirathet an den Drost Albrecht Johann von Reinbeck, itzo aufs Amt Neuhaus im Lüneburgschen.
    Sophia Charlotta, geb. den 25. Dec. 1734, ward vermählt den 28. Dec. 1751 an den Hannöverschen Obersten Christian Hieronimus Adolph Graf von Schulenburg; sind beide aber schon gestorben, jene den 13. März 1778, dieser den 20. April 1773.
    Hinrich August, geb. 1735, starb jung.   171.
  Friedrich Ludwig Ernst, Freyherr, auf Göddenstädt und einem Theil Abbensen, geb. im März 1738 nach dem Tode seines Vaters. Er war in der Jugend auf der Ritteracademie zu Lüneburg, und ward nachhero Hof- und Jagdjunker in Hannöverschen Diensten. Auf einer Jagd hatte er das Unglück am rechten Arm gefährlich verwundet zu werden, doch ward er bis auf eine Steifigkeit in den Fingern glücklich curirt. Er ging hierauf in Dänische Dienste als Kammerjunker, Major und General-Adjutant, und ward in der Folge Kammerherr, Stallmeister und Ritter vom Dannebrog. Im Jahr 1772, ein Zeitpunct merkwürdig durch Struensee und Brand, erhielt er seine Erlassung mit einer jährlichen Pension von 1200 Rthlr. Er hat sich 1762 den 10. Dec. mit der Comtesse Anna Sophia, älteste Tochter des Dän. Admirals Christian Conrad Graf von Danneskiold Lauerwig, und Dorothee Sophia von Holstein, vermählt, und mit ihr folgende Kinder gezeuget:

172. Fridr. Ludwig Ernst, Baron, Dän. Kammerherr, Stallmeister und Ritter.

    Friderica Juliana Christiana, geb. den 18. Sept. 1763.
    Carolina Mathilde, geb. den 3. Dec. 1766.
    Christian Conrad, geb. den 29. Sept. 1768.   173.
    Anna Joachima Charlotta, geb. den 9. Jenner 1770. Und
    Friedrich Ernst, geb. den 8. Febr. 1771.   174.

  Vorhin erwähnter Wilhelm Diedrich, Freyherr, war den 16. Sept. 1664 geboren. Im Jahr 1701 ward er der Königinn Sophie von Preußen Oberhofmeister, auch Ritter des am 8. Januar desselben Jahrs gestifteten Schwarzen Adler-Ordens, und Ordens-Canzler; hiernächst aber Staats-Minister des Königes, würklicher Geheimerath und Oberhauptmann zu Spandau, nachdem er 1705 nebst seinen noch lebenden Brüdern von Kaiserl. Maj. zum Reichs- Frey- und Bannerherrn erhöhet worden. Er erwarb sich die in der Altmark belegene wichtigen Güter Falkenberg, Schönberg und Herzfelde, und starb den 18. Sept. 1737. Er hatte sich den 7. Febr. 1694 vermählt mit Christina Antoinetta, eine Tochter Ludolphs Lorenz von Krosigk auf Hohen Erxleben, Chur-Brandenburgscher Kammerherr, und Rosine Juliane Baronne von Klossen von Heidenburg a. d. H. Bresenberg in Schwaben, und seine Kinder waren:

163. Wilhelm Diedrich, Baron, Pr. Staatsminister Oberhauptmann und Ritter, auch Ordens-Canzler.

  Charlotta Eleonora Friderica, geb. 1696, ward Stifts-Fräulein zu Levern im Fürstenthum Minden.
  Christina Luisa, geb. 1700, ward Hofdame bey der Königinn von Preußen.
  Sophia, geb. 1702, ward Stifts-Fräulein in dem Evangelischen Fräulein-Stift der Kirche St. Marien zu Minden, und

Christina Luisa, Hofdame.

  Friedrich, Baron, auf Falkenberg, ward den 18. Jenner 1698 geboren, und studirte 1714 bis 16 auf der Universität zu Halle. Hiernächst ward er Chur-Märkscher Kammergerichts-Rath und Ritter des Johanniter-Ordens zu Sonnenburg. Im Jahr 1724 schickte ihn der König von Preußen als Gesandten nach Warschau und Stockholm, und 1728 als Preußischen Comitial-Gesandter nach Regensburg. 1730 ward er Präsident des Hofgerichts zu Insterburg und Chef der Kirchen-

175. Friedr. Baron, Preuß. Geheimer Staats- und Kriegsminister und Ritter.

Kirchen-Commission im Königreich Preußen; endlich aber 1733 würklicher Geheimer Etats- und Kriegs-Minister, und 1735 Prelat zu Collberg. Ihm ward allein die Vereinigung des Littauischen Hofgerichts mit dem Haupt-Amte Insterburg zugeschrieben, wiewol er zuvor nicht wenige Schwierigkeiten zu überwinden gehabt. Er starb im Monat Junii 1738 auf dem Königl. Lustschloß Klein-Heide. Buchholz meldet in seiner Brand. Geschichte P. V. p. 198, daß er zuvor in Sächsischen Diensten Geheimerrath und Gesandter in Berlin gewesen sey. Er hat ihn aber mit Friedrich Gotthard, dessen bey der Zibühlschen Linie erwähnt worden, verwechselt. Er hatte sich den 16. Aug. 1721 vermählt mit Johanna Augusta, eine Tochter des Preußischen Feldmarschalls Georg Abraham von Arnimb auf Boizenburg, und Sophie Helene von Ohr, eine Erbfräulein des Guts Brock im Osnabrüggischen, mit der er zeugte:

176. 177.   **Friedrich**, geb. 1724, **Theodor Friedrich Wilhelm**, geboren 1725, und noch 4 Söhne und 2 Töchter, starben jung.

178.   **Friedrich Ulrich Aroeb**, Freyherr. Er ward den 16. Junii 1726, wie sein Vater Gesandter in Stockholm, und seine Mutter demselben gefolget war, daselbst geboren, da denn der König und die Königinn von Schweden hohe Taufzeugen abgaben. Er war Lieutenant unter des Feldmarschalls von Schwerin Regimente, bewohnet iho die väterlichen Güter Falkenberg und Schönberg, und bekam nach dem Tode des Ober-Kammerherrn Grafen von Bülow durch ein Testament den beträchtlichsten Theil von dessen Nachlaß: Er hat aber die ererbten Güter nicht conserviren wollen, denn er verkaufte 1771 das in Holstein belegene Gut Retwisch an den Geheimenrath von Thienen, und so auch das dortige Gut Satjewitz an Diedrich Wirnark auf Tesdorf, und 1778 das Gut Siggen an Ernst August Lassen auf Godderstorf, vielleicht aber ist letzteres eine Irrung, denn man findet es noch in dem neuesten Dänischen Staats-Calender unter seinem Namen. Buchholz führet von ihm P. VI. p. 253 an, daß er im Jahr 1757, wie er schon in der Altmark gewohnt, seines Königs Truppen einen Anschlag an die Hand gegeben habe, die Franzosen zu Osterburg zu überfallen, und daß solches unter ihnen einen solchen Schreck gegeben, daß sich selbige aus der Altmark wieder ins Lüneburgsche gezogen hätten. Mit seiner Gemahlin, deren Namen mir unbekannt geblieben, soll er verschiedene Kinder gezeuget haben, als:

179.   **Carl Ulrich**, Preuß. Lieutenant beym Braunschen Regiment.

180.   **August Christian**. Er hat sich mit einer Fräulein von Brück a. d. H. Niemeck in Sachsen verheirathet, und seit kurzem einen Sohn mit ihr gezeuget Namens

181.   **Friederich**, und eine Tochter **Sophia**.

182.   **Friedrich Wilhelm**, ist Preuß. Lieutenant beym Regiment von Braun.

183.   **Adam Hinrich Diedrich**, ist Standartenjunker unter dem Marwitzschen Küraffier-Regiment, und

184.   **Georg Ludwig**, ist noch jung.

185. *August Christian, Baron und Hannöv. Major.*   **August Christian**, Freyherr, geb. 1728, starb am hitzigen Fieber im Sept. 1760 als Preuß. Major und Commandeur der Hannöverschen Legion Britannique von 1500 zu Pferde und zu Fuß; er war auch General-Adjutant bey dem Herzoge Ferdinand von Braunschweig, und ward sein frühzeitiger Tod von allen und jedem sehr bedauert. Den Französischen Ritter Muy überfiel er zu Arolsen, als er eben bey dem Fürsten von Waldeck zur Tafel war, und es fehlte wenig, daß er ihn nicht gefangen bekommen hätte, hiernächst machte er sich dadurch bekannt, daß er die Französische Besatzung zu Marburg zu Kriegsgefangenen machte. Und

186.   **Friedrich Wilhelm**, geb. 1733, blieb als Preußischer Lieutenant des Knoblauchschen Regiments 1757 bey Prag.

Vorlängst genannter Cord Josua kaufte Prützen und Schönwolde, welche Güter ehedem zur Zibühlschen Linie gehöret, nunmehro aber in Gläubiger Hände gerathen waren. Er erblickte 1612 das Licht der Welt und starb 1671, nachdem er sich dreymal vermählt hatte, 1) 1641 mit Cathrina, eine Tochter Johannis von der Wisch auf Goldenstein, und Elisabeth von Damm a. d. H. Seefätt, 2) 1646 mit Anna Sophia, eine Tochter Gebhards von der Lühe auf Varenhaupt, und Jde von Ranzau a. d. H. Siggen, 3) 1660 mit Jlsabe Cathrina, eine Tochter Hartwigs von Lepel a. d. H. Grambow, und Armgard Lucretia von Halberstadt a. d. H. Langenbrütz, die ihn alle drey mit Kinder erfreueten. 97.

Von der ersten Gemahlinn hatte er:

Joachim Hans, auf Prützen, welches Gut er einem von Bornefeld verpfändete. Er war den 22. Junii 1642 gebohren, und starb 1719, nachdem er sich vermählt gehabt hatte mit Lucretia Lucia, geb. 1641, eine Tochter Emekens von Schack auf Wendorf, und Adelheid Lucretie von Cramon a. d. H. Guftevel, die ihm gebar; 187.

Lucretia, geb. 1675, gest. 1718, ward die Gemahlinn von Cord Valentin von Plessen auf Gressow.

Anna Eleonora, geb. 1677, gest. 1717, hatte sich 1713 vermählt mit Cuno Hans von Cramon auf Jlow und Lischow, welcher 1689 gebohren war, und 1769 verstarb, und

Cord Josua, der als Dänischer Hauptmann 1709 in der Bataille bey Malplaquet in unvermähltem Stande blieb. 188.

Anna Cathrina, geb. 1644, gest. 1694, deren Gemahl war der Rittmeister Jürgen Ernst von Lepel auf Gülzow.

Mit der zwoten Gemahlinn zeugte er:

Christian Friedrich, auf Prützen, von dem bald mit mehrerem. 189.

Cuno Hans, geb. den 10. Octob. 1655. Er verließ die Chur-Braunschweigschen Dienste als Hauptmann, und erhandelte 1706 von seinem Schwager Jürgen Ernst von Lepel das Gut Gülzow c. p, veräußerte solches aber wieder 1708 an Otto von Hagen, und kaufte dahingegen von einem von Wedel und andern Interessenten das im Amte Wittenburg belegene Allodial-Gut Tessin, woselbst vor Alters ein nach der damaligen Zeit sehr befestigtes Haus gestanden, dessen in der Meklenburgschen Historie sehr oft gedacht wird. Im Jahr 1687 vermählte er sich mit Dorothea Augusta, eine Tochter Hinrichs von Lüneburg, und Margrethe Elisabeth von Ranzau, welche 1727 verstarb, nachdem er folgende Kinder mit ihr gezeuget hatte: 190.

Cord Hinrich, geb. 1690, starb 1741 unvermählt als Hannöverscher Hauptmann. 191.

Detloff Friedrich, auf Tessin, geb. 1691. Er war Ritterschaftlicher ordentlicher Assessor des Hof- und Landgerichts zu Güstrow. 1755 unterschrieb er den schon oft erwähnten Landes-Grundgesetzlichen Erbvergleich. Wie er 1758 unvermählt verstarb, setzte er den größten Theil seines hinterlassenen Vermögens zum Fideicommiß aus, doch haben seine testamentarischen Verordnungen nach seinem Tode durch einen Vergleich derer Interessenten einige Aenderungen gelitten, wiewol das Wesentliche geblieben, wie bey Cord Hans auf Prützen bald folgen soll. 192. Detloff Friedrich, Hof- und Landgerichts Assessor zu Güstrow.

Margretha Elisabeth, geb. 1692, vermählte sich 1714 mit Dominicus von Lützow auf Salitz, und brachte durch ihren kurz vorher erwähnten Bruder ein ansehnliches Fideicommiß auf ihre Kinder.

Christian Hans, geb. 1694, starb 1722 als Hannöverscher Lieutenant, und 193.

Sophia,

Sophia Dorothea, geb. 1695, ward 1732 die Gemahlinn von Ludolph Franz Ernst von dem Knesebeck auf Ponsdorf.

Sophia Hedwig, geb. 1657, starb 1689 als die Gemahlinn von Julius von Raden auf Russow in Pommern, und

194. Gustav Adolph, starb unvermählt.

Mit der dritten Gemahlinn hinterließ Cord Josua:

195. **Paul Detloff, Dän. Oberstlieutenant.** Paul Detloff, dieser stand als Oberstlieutenant in Dänischen Diensten, und vermählte sich mit Sophia Amalia, eine Tochter des Ober-Hofmeisters und Ritters vom Dannebrog von Speckhan, und einer von Raben, die ihn aber unbeerbt ließ.

Ilsabe Lucretia, geb. 1665, starb 1719 unvermählt.

196. Hartwig Josua, geb. 1666, starb 1749 in ledigem Stande, und

197. **Niclaus Christoph, Dänischer Oberstlieutenant.** Niclaus Christoph, auf Agrupgaard auf der Insel Laaland in Dänemark, woselbst er auch 1740 gestorben ist. Er stand als Oberstlieutenant bey der Garde zu Pferde in Dänischen Diensten, und heirathete daselbst Cöcilia Cathrina, eine Tochter Johann Diedrichs von Werberg, Dänischer Oberster auch Commandant zu Nyburg, und Cöcilie von Grubbe: Sie verkaufte als Wittwe das Gut Agrupgaard an den Etatsrath von Flindt, starb 1757 und hinterließ folgende Kinder:

198. Johann Diedrich, ist Rittmeister beym zweyten Jühnschen Regiment gewesen, und wohnet itzo zu Kielstrup in Jühnen im unverheiratheten Stande.

199. **Conrad Hartwig, Dän. Maj.** Conrad Hartwig, ist Major in Dänischen Diensten beym Seeländischen Infanterie-Regiment gewesen, wohnet itzo zu Raunstrup in Seeland und hat sich mit Metta Catharina, Tochter des Dänischen Capitains von Peterstorf und Christine von Peterson, vermählt, mit der er gezeuget:

Necilina Catharina, geb. den 12. May 1750, annoch unverheirathet.

200. Adam Gottlob Josua, geb. den 16. Aug. 1751, Dänischer Lieutenant beym Seeländischen Infanterie-Regiment.

201. Magnus Martin, geb. den 30. Nov. 1752, Auscultant bey dem Oeconomie- und Commerz-Collegium zu Copenhagen.

202. Friedrich Wilhelm, geb. den 4. Junii 1754, Premier-Lieutenant beym zweyten Seeländischen Cavallerie-Regiment.

203. Thomas Eugenius, geb. den 16. März 1757, Unter-Officier beym ersten Seeländschen Cavallerie-Regiment.

204. Niclaus Diedrich Christian, geb. den 3. Junii 1764, Volontair beym zweyten Seeländischen Cavallerie-Regiment, und

205. Johann Friedrich, geb. den 16. Nov. 1771.

206. Niclaus Christoph, stand als Capitain beym Jütschen National-Regiment, wohnet zu Tywkiär bey Coldingen in Jütland, und ist nie verheirathet gewesen.

207. **Christian Friedrich, Dän. Maj.** Christian Friedrich, stand als Major beym Jütschen geworbenen Regiment, und wohnet auf sein Gut Musberg in Jühnen. Er vermählte sich zuerst mit Christiana Ernestina, Tochter des Kammerjunkers Cornelius Johann von Lerche und Luise von Reichow, und hiernächst mit einer von Clausen aus Jühnen. Erstere hat ihm folgende Kinder geboren:

208. Christian Lerche, ist Lieutenant beym Jütschen geworbenen Regiment, und

209. Friedrich Christian Mösting, war zuerst Land-Cadet, hiernächst Page in Copenhagen, itzo Lieutenant bey dem Jütschen geworbenen Regiment.

Luise, ist noch unvermählt.

Cöcilia Cathrina, lebt als Wittwe des Oberstlieutenants von Wind zu Drontheim in Norwegen. Ilsabe

Ilsabe Sophia, starb als Klosterfräulein zu Stöfringgaaed in Jütland.

Hylleborg Christiana, ist Wittwe des ehemaligen Majors und Commandanten zu Christiansburg auf der Küste Guinea in Afrika, Magnus von Lützow.

Dorothea Ulrica, starb zu Rendsburg, war Klosterfräulein zu Stöfringgaaed.

Johanna Ingeberg und Amalia Cathrina, leben unverheirathet zu Ringe in Fühnen. Ob gleich diese Bransche auch in Dännemark die Laaländische genannt wird, so wohnet doch itzo keiner derselben mehr auf Laaland.

Ohnlängst angezogener Christian Friedrich war geboren den 27. August 1654. Er ward zuletzt Oberstlieutenant in Dänischen Diensten, nachdem er in Ungarn, in Irland und in den Niederlanden die schwersten Campagnen mit beygewohnt. Als er seinen Abschied genommen, wohnte er einige Jahre zu Maelow, welches seine zwote Gemahlinn pfandsweise besaß und ihm zugebracht hatte; nachhero löste er 1702 Prützen von dem von Bornefeld, und geraume Jahre hernach Schönwolde von dem Hauptmann Schulz ein, als welche Güter sein Halbbruder Joachim Hans verpfändet hatte. Er starb den 1. März 1734, und hatte sich zweymal vermählt, erstlich 1684 mit Magdalena Cathrina von Carisien, aus dem Königreich Dänemark gebürtig, welche 1688 unbeerbt starb; zweytens 1695 mit der Wittwe des Obersten Hans Jürgen von Levens, Ilsabe Sophia, eine Tochter des Rittmeisters Hinrich von Sperling auf Rubow, und Ursule Dorothee von Negendank a. d. H. Eggersdorf, die den 6. April 1736 verstarb, und ihrem letztern Gemahl folgende Kinder zur Welt getragen hat:

189. Christian Friedrich, Dänischer Oberstlieutenant.

Cord Hans, auf Prützen, Schönwolde und Hägerfelde, geb. den 8. April 1696. Er verließ 1730 die Preußischen Dienste als Capitain, begab sich auf seine Güter, und ward ein glücklicher Landwirth. Er war lange Jahre Deputierter des Ritterschaftlichen Amts Güstrow, und 1755 unterschrieb er den Landesvergleich, an dessen Existenz er vielen Theil hatte. Er erhielte von der besondern Gnade des Herzogs Christian Ludwig, daß sein Gut Prützen aus dem Stifte Bützow in das Amt Schwan verlegt wurde, wogegen die Herzogl. Güter Konow und Neuhof wieder in das Stift traten. Bey den Denkmälern der Familie ist bereits im Ersten Theil angeführt, daß er die verfallene Capelle zu Prützen, in welcher der Prediger zu Tarnow alle vier Wochen Gottesdienst zu halten schuldig ist, aus seinen eignen Mitteln herrlich wieder aufgebauet. Nach Absterben seines nahen Vetters des Hof- und Landgerichts Assessors Detloff Friedrich von Bülow n. 190 schloß er den 22. Sept. 1758 mit dessen Schwestersohn dem Oberstallmeister von Lützow auf Saliz wegen dessen Nachlaß einen Vergleich, den sein Bruder Georg Ulrich auf Krizow gleichfalls genehmigte; Kraft dessen zwey Fideicommisse zum Vortheil der von Bülowschen Familie gestiftet wurden: Das eine von 6000 Rthle. N. ⅔tel, welche in dem Gute Schönwolde belegen sind, wovon er und der jedesmalige älteste Sohn seiner männlichen Descendenz die Zinsen erheben sollten, nach deren Abgang aber auf seinen Bruder Georg Ulrich und dessen männliche Nachkommen, nach deren Abgang auf die männlichen Nachkommen des sel. Claus Christoph von Bülow, n. 197, nachher auf die von Bülow auf Scharfsdorf, dann auf die von Bülow auf Camin, ferner auf die von Bülow zu Plüskow, und endlich auf die von Bülow a. d. H. Scharbow verfallen seyn sollten, allemal aber nur auf den ältesten Sohn der ehelichen männlichen Descendenz. Das zweyte Fideicommiß von 30000 Rthle. N. ⅔tel, welche in dem Gute Tessin stehen, sollte nicht eher als nach Abgang der männlichen Nachkommen des gedachten Oberstallmeisters Anton Friedrich von Lützow an die von Bülowsche Familie kommen, und zwar zuerst an den ältesten des Prützenschen Hauses, und so, nach dessen gänzlichem Abgang, in der Ordnung, wie bey dem ersten Fideicommiß angezeiget ist. Diese beide Fideicommissarische Veroednung und Vergleich wurden den 9. Sept. 1760 von dem

210.

Durchl.

Durchl. Herzog Friedrich Landesherrlich bestätigt, und erging den 18. Dec. 1762 von der Schwerinschen Lehns-Canzelley deshalb ein öffentliches Proclama, und unterm 23. März 1763 der Präclusiv-Abschied zur nochmaligen Bestätigung des Vorzugs-Rechts der gedachten 6000 Rthlr. und 30000 Rthlr. N. Ztel in den Gütern Schönwolde und Tessin.

Im Jahr 1764 trat er seinem ältesten Sohn Christian Friedrich die Güter Prützen und Hägerfelde ab, und begab sich auf das Gut Schönwolde, alwo er den 7. März 1775, von Patrioten und jedermann bedauert, verstarb. Seine Gemahlinn, die ihm schon den 23. März 1757. in die Ewigkeit vorangegangen, war Hartwiga Dorothea, eine Tochter Hartwigs von Bülow auf Camin, und Cathrine Lucie von Negenbank a. d. H. Eggersdorf, mit der er sich den 27. Julii 1731 vermählt, und die ihn mit folgenden Kindern erfreut hatte:

    Ilsabe Sophia Dorothea, geb. den 25. April 1734, vermählte sich den 12. Oct. 1758 mit dem Rittmeister Joachim Gottfried von Bassewitz auf Hohen-Luckow.

    Luisa Eleonora, geb. 1735, starb 1746.

211. Christian Friedrich, Dän. Kammerjunker.

    Christian Friedrich, geb. den 29. Junii 1737, trat in Königl. Dänische Hof-Dienste als Kammerjunker des Königs Friedrich des Fünften. Im Jahr 1764 nahm er die Güter Prützen und Hägerfelde an, und ward ein aufmerksamer Landwirth, wie er denn die Ehre hat, zuerst das Eis wegen der so heilsamen Inoculation der Rindviehseuche gebrochen zu haben; er ließ zu dem Ende 1779 eine genaue Beschreibung des Verfahrens dabey durch den Druck bekannt machen, worauf mein besonderer und jedes Menschen Freund, der Oberhauptmann Claus Detloff von Oertzen zu Rühn, es zum Wohl des Vaterlandes weiter nachsuchte, und noch in demselben Jahr seine Erprobte Bemerkungen darüber zum gemeinnützigen Endzweck drucken ließ. Unser Kammerjunker vermählte sich den 18. Nov. 1763 mit Luisa Gertrud Sophia, eine Tochter des Erb-Landmarschalls und Landraths des Fürstenthums Lüneburg Georg Ludwig von Medingen auf Schnellenberg, und Sophie Caroline von Wurmb a. d. H. Großen-Jurra in Sachsen, und hat in dieser gesegneten Ehe folgende Kinder:

212.   Cord Hans, geb. den 19. Nov. 1764.

    Carolina Dorothea, geb. den 18. Dec. 1766, ins Kloster Dobbertin geschrieben.

213.   Georg Bernhard, geb. den 11. Febr. 1768.

214.   August Wilhelm Friedrich Hartwig, geb. den 18. April 1769. Er erhielt 1778 eine Minor-Präbende beym Hochstift Naumburg.

    Eleonora Sophia Juliana Wilhelmina, geb. den 31. May 1770, ist ins Kloster Malchow geschrieben.

    Bernhardina Elisabeth, geb. 1772, gest. 1776, war ins Kloster Ribnitz gezeichnet.

215.   Ernst Gottfried Georg, geb. den 13. April 1775.

    Sophia Friderica, geb. den 9. März 1776, ins Kloster Dobbertin eingezeichnet.

216.   Werner Ludwig, geb. den 25. Julii 1778.

217. Hartwig. Dän. Kam-

    Hartwig, geb. den 26. Oct. 1738, trat gleichfalls in Dänische Dienste als Kammerjunker der verwittweten Königinn Juliana Maria Maj., und ward 1775 bey der Vermähmählung des Erbprinzen Friedrichs Königl. Hoheit zum Kammerherrn und Amtmann zu Neumünster im Holsteinschen ernannt. Er erbte nach dem Tode seines Vaters das Gut Schönwolde, und vermählte sich im Nov. 1775 mit Eva, eine Tochter Cuno Ludwigs von Lützow auf Pokrent, und Rahel Elisabeth von Döring aus dem Lüneburgschen, er ist aber bis dahin mit ihr unbeerbt geblieben. *merherr u. Amtmann.*

Juliana Agnesa, geb. den 23. April 1741, war ins Kloster Ribniß geschrieben, vermählte sich den 20. Junii 1761 mit dem Hauptmann Magnus Friedrich von der Rettenburg auf Vierßchau.

Christina Wilhelmina, geb. den 8. Jenner 1743 und ins Kloster Dobbertin eingezeichnet, ward den 5. Aug. 1765 die Gemahlinn des Hauptmanns Christian Hinrich von Zepelin auf Thürkow.

Ulrich, geboren 1745, gestorben 1746. *218.*

Bernhardina, geb. den 8. Febr. 1747, war zwar dem Kloster Malchow gewidmet, eine höhere Vorsicht aber bestimmte sie zur zweyten Gemahlinn des itzigen Herzogl. Meklenb. Strelitzschen Geheimenraths-Präsidenten und Rittern des Polnischen weissen Adler- und Stephan-Ordens, Stephan Werner von Dewitz auf Rölpin, der sich den 5. Febr. 1768 mit ihr zu Schönwolde vermählte, und endlich seinen Stamm durch sie beglückt fortgepflanzt siehet. Und

Margretha Elisabeth, geb. den 8. May 1751, vermählte sich den 18. April 1776 mit dem Erb-Landmarschall des Wendischen Kreises Lüdeke Adolph von Molzahn auf Grubenhagen ꝛc.

Ursula Dorothea, geb. 1698, ward 1724 mit dem Sächsischen Oberstlieutenant Friedrich Wilhelm von Vieregg auf Warrmannshagen verehliget.

Constantin, geb. 1699, starb 1730 unvermählt. Und *219.*

Georg Ulrich, auf Kritzow, welcher 1703 geboren ward. Er verließ die Chur-Braunschweigschen Dienste als Hauptmann, ward aber nachhero mit dem Titel von Oberstlieutenant begnadiget, und erhandelte, doch mit Vorbehalt des Wiederkaufs, im Jahr 1735 das Gut Kritzow von des Alexander Adolphs von Bülow Kinder Vormündern, und die ehedem zu diesem Gute gehörige Pertinenz Rölpin von dem Major Joachim Diedrich von Bülow, welche beyde bey der Zibühlschen Linie vorgekommen sind; nach der Zeit hat er sich mit den Söhnen gedachten Majors, als Lehnsfolgern, dahin verglichen, daß sie sich des Einlösungs-Rechts begeben haben, worauf er mit diesen Gütern ordentlich belehnet worden. 1755 findet man ihn unter denen, die den Erbvergleich mit unterschrieben haben, und war er hierauf verschiedene Jahre Deputirter bey der darinn festgesetzten allgemeinen Landvermessungs-Commission. Er starb den 10. Sept. 1779, nachdem er sich zu dreyenmalen vermählt gehabt, 1) den 11. Nov. 1735 mit Anna Catharina, eine Tochter Christians von Sala auf Bellin, und Ide Margrethe von Levetzow a. d. H. Gr. Grabow, die 1739 verstarb; 2) den 18. Jenner 1744 mit der Baronesse Johanna Eleonora, eine Tochter Friedrich Wilhelms Freyherrn von Göden auf Damekow, und Dorothee von Waldenburg; 3) den 8. Sept. 1751 mit Susanna Maria, eine Tochter des Lauenburgschen Regierungs-Raths Otto Christoph von Schrader, und Sophie Marie von Penz a. d. H. Besendorf, die den 22. Febr. 1731 geboren ist. *220. Georg Ulrich, Gen. Oberstlieutenant.*

Mit der erstern zeugte er:

Ilsabe Sophia, geb. 1736, vermählte sich mit dem Hauptmann Christian Ludwig von Welzin auf Sammit.

Ida Hedwig, geb. 1737, ist im Kloster Malchow zur halben Hebung.
Ida Dorothea, geb. 1739, starb zu Wattmanshagen.
  Mit der zweyten Gemahlinn hatte er:
Ilsabe Eleonora, die sich mit dem Hof- und Landgerichts Assessor zu Güstrow Friedrich Christian Julius Hesse verheirathete.
Luisa Dorothea, ist 1755 in Malchow eingeschrieben.
  Die dritte Gemahlinn hat ihm geboren:
Eleonora Dorothea Friderica, ist 1755 in Dobbertin eingeschrieben.

221.
Christian Friedrich, Meklenb. Drost.

Christian Friederich, geb. den 28. Nov. 1754, Drost und itziger Besitzer des Gutes Kritzow; Kölpin hat er in diesem 1780sten Jahre an einen Hauptmann Riebow verkauft. Er vermählte sich den 17. März 1780 mit Heilwig Hedwig, eine Tochter des Dänischen Kammerherrn Joachim Ehrenreich von Beehr auf Nustrow, und Margrethe Hedwig von Lützow a. d. H. Holldorff, die 1759 geboren ist.

Benedicta Sophia, ist 1756 ins Kloster Ribnitz eingezeichnet.

222.

Hans Hellmuth Ulrich, geb. den 31. Oct. 1757, ist Dänischer Kammerjunker bey der verwittweten Königinn Juliana Maria Maj.

Charlotta Eleonora, ward 1759 in Ribnitz geschrieben, und
Ida Dorothea Margretha, ist 1765 in Dobbertin eingezeichnet.

Ungewisse des Geschlechts,
oder denen man keinen Platz in den obigen Tabellen anweisen können.

Bülow, Langebost.
Im Jahr 1357 unterschrieb ein Bülow, Langebost genannt, die Urkunde als Zeuge, wie Niclaus und Ludolph Gebrüdere von Hahn dem Pfarrherrn, und auch dem Rathsverwandten Claus Molcke zu Lage 4 Hufen in dem Dorfe Wozeten verkauften. S. Tabelle I. no. 54.

1368 kommt in Pölkers Samml. 3. Stück, p. 20, ein Ritter Gottschalk von Bülow vor: Es ist dies aber ein Schreibfehler, und soll Bülow heißen, wie er denn um die Zeit unter letzterem Namen in der Urkunde DD zu finden ist.

Ulrich.
1376 hat ein Ulrich von Bülow gelebt, dessen Siegel in der 13ten Figur des Kupferblattes zu sehen ist.

Joachim, Ritter. Johann, Domherr.
1395 unterschrieb ein Ritter Joachim von Bülow als Mitbürge die Urkunde VV.
In demselben Jahre kommt im Pap. Meklenb. p. 3142 ein Johann von Bülow vor, der Domherr zu Schwerin gewesen. Es lebte zwar kurz vorher ein anderer Johann, der gleichfalls Domherr zu Schwerin war, es zeiget aber die Urkunde GG, daß er schon eine ziemliche Zeit vor 1395 verstorben seyn muß.

Gödeke, Domherr.
1405 war, nach dem Westphal Tom. II. p. 2305, ein Gödeke von Bülow Domherr zu Ratzeburg.

Clemens, Probst. Niclaus, Comthur.
1409 war Clemens von Bülow, nach dem Pap. Meklenb. p. 3144, Probst zu Rehna.
1426 ist, nach dem Pfeffinger Tom. II. p. 168, Niclaus von Bülow Comthur zu Gartow gewesen.

Anna.
1500 hatte Anna von Bülow a. d. H. Gartow Berend von Molzahn zu Schoffow und Wolde zum Gemahl.

Sophia.
Zu eben der Zeit war Sophia von Bülow mit Cord von Mandelsloh verheirathet. S. von Krohns Adelsley. T. I. p. 309, und Mushards Denkmal der adlichen Geschlecter in Bremen,

p. 241.

p. 241. Hieselbst wird auch ihr Vater Hartwig, ihre Mutter Anna von Alvensleben, ihr Großvater Busso, und die Großmutter von Moltken genennet: Es ist nicht unwahrscheinlich, daß dieses der Busso sey, der nach der zweyten Tabelle nach Schweden gegangen. *Hartwig. Busso.*

1518 hat Agatha von Bülow a. d. H. Gartow mit Albrecht von der Schulenburg, Hauptmann in der Altmark, gezeuget Fritz von der Schulenburg auf Nineburg, welcher Ilsabe von Saldern zur Gemahlinn hatte, wie solches ein Grabstein in der Johanniskirche zu Braunschweig beweiset. *Agatha.*

Um diese Zeit war auch Hippolita von Bülow a. d. H. Gudow mit Fritz von dem Berge auf Grumke verheirathet. *Hippolita.*

In des von Krohn Adelslexicon T. I. p. 296 ist aufgezeichnet, daß im Anfange des 16ten Säculums ein Pommerscher Edelmann von Bülow mit Erasmus von Finkh nach Ulm reisen wollen, um allda in ein Mönchskloster zu gehen, sie wären aber zu Augsburg durch die Reformation des sel. Luthers so gerühret worden, daß sie ihr Vorhaben aufgegeben, und sich zur Evangelischen Lehre bekannt hätten.

1550 etwa war Sophia von Bülow a. d. H. Potremse die Gemahlinn von Otto von der Lühe auf Thelkow. *Sophia.*

1563 hat Magdalena von Bülow ihrem Gemahl dem General und Landmarschall Lücke Hahn auf Pleetz in die Kirche daselbst ein Monument setzen lassen. *Magdalena.*

1570 ist Pollidora von Bülow an Thomas von der Decken auf Schölisch vermählt gewesen. Von Krohn Adelslexicon T. I. p. 214. *Pollidora.*

1589 soll, nach dem von Beehr de reb. Meclenb. p. 1608, ein Joachim von Bülow als Klosterhauptmann zu Dobbertin gestorben seyn, er hat sich aber geirrt, indem es ein Joachim von der Lühe auf Büttelkow rc. gewesen. Frank Libr. IX. p. 48 und 65.

1600 etwa hatte Sophia von Bülow a. d. H. Berendshagen Wilhelm von Warnstedt zum Gemahl. *Sophia.*

Zu der Zeit war Eva von Bülow a. d. H. Ganderan (ist nicht bekannt) mit Michael von Tribbesees auf Sarentin verheirathet. Ditmars Nachrichten vom Johann. Orden, P. II. p. 23 und 33. *Eva.*

1611 kommt Margretha von Bülow als eine Wittwe des Landmarschalls Lücke von Hahn vor. *Margretha.*

1615 ist Cathrina von Bülow mit Christoph von Welzin zu Krakow verheirathet gewesen. Archiv. Nachrichten. *Cathrina.*

1620 soll, nach Gauhens Adelslexicon p. 289, ein Hans von Bülow, auf Spornitz und Siggelkow in Meklenburg, Pommerscher Geheimerrath, Statthalter und Landeshauptmann gewesen seyn; dessen Vater, gleichfalls Hans genannt, soll als Geheimer Cammerrath zu Bützow gelebet, und ihm Clodram und Zuckow zugehöret haben; des letzteren Vater nennet er Hartwig, und soll Ritter des goldnen Vliesses und Commandant der Provinzen Wesel und Rürerat in den Niederlanden gewesen seyn, und von diesem soll endlich der Großvater Victor auf Löben als Geheimer Cammerrath in Lauenburg gestanden haben. *Hans, Geh. Rath und Statthalter. Hans, Geh. Cammerrath. Hartwig, Ritter. Victor, Geh. Cammerrath.*

Ich habe lange gewünscht, den Grund zu wissen, worauf Gauhe diese Genealogie gebauet habe, bis mir endlich ein Vetter, der itzo in Leipzig studirt, das Vergnügen gemacht, mir einen Auszug aus einer alten Leichenrede mitzutheilen, den ich in der Beylage TTTT, so wie ich ihn empfangen, anfüge. So umständlich nun auch alle obgedachte Personen vorkommen, so wenig bin ich vermö- *TTTT*

genb,

Johann Hinrich, Major. Johann Donath u. Christine Magdalene. gend, weder ihnen noch dem Major Johann Hinrich von Bülow bey irgend einer Linie ihre Stellen anzuweisen, auch weiß ich nicht, was aus den Kindern des Majors, nämlich dem Johann Donath, und der Christine Magdalene geworden ist, und muß mit Paulus ausrufen: Unser Wissen ist Stückwerk. Die zu den Zeiten, wenigstens in Meklenburg, noch ungewöhnliche Titulatur Geheimer Cammerrath, und daß Spornitz niemalen ein Ritterschaftliches Gut gewesen, macht die Sache in Ansehung seiner Vorfahren ziemlich verdächtig.

Hippolita. 1640 ungefehr soll, nach Krohns Adelslexicon T. II. p. 175, Hippolita von Bülow, mit August Julius von der Kettenburg auf Wüstenfelde in der Ehe gelebt haben. Es ist dieß aber gewiß ein Irrthum, weil alle glaubhafte Familien-Nachrichten darinn übereinstimmen, daß dessen Bruder Christoph sie zur Gemahlinn gehabt, und war sie Joachims auf Scharsdorf Tochter.

Albrecht. Im 4ten Buch des von Puffendorfs Historie Carl Gustavs Königs von Schweden §pho 50 wird eines von Bülow gedacht, der in dem Register Albrecht genennet wird, und von dem Schwedischen General de la Gardie in einer wichtigen Unterhandlung mit den Russen gebraucht, kurz darauf aber bey Kakenhusen von den Littauern gefangen genommen worden. N. J. von Beehr hat es nicht getroffen, wann er ihn zur Zibühlschen Linie, und zwar zu den Nachkommen des Polnischen Geheimenraths Levin von Bülow rechnen will.

1644 soll, nach des Gauhe Adelslexicon l. c. und auch nach der vorher gedachten Leichenrede, ein Cuno Hartwig von Bülow Generallieutenant in Schwedischen Diensten gewesen seyn: Er hieß aber Bartold Hartwig. Tabelle III. n. 71.

Peter, Oberster. In Grundmanns Uckermärkschen Adelshistorie p. 127 wird angeführt, daß Peter von Bülow Churbrandenburgscher Oberster eines Dragoner-Regiments gewesen, auf Starnitz gewohnet, sich 1684 mit Maria Tugendreich, eine Tochter des Oberstlieutenant Berend Friedrichs von Arnim auf Lehmen, und Hedwig Sophie von Kracht, verheirathet habe, und 1695 den 29. April gestorben sey.

Cay Gotth. Landdrost. 1710 soll, nach Gauhens Adelslexicon l. c. ein Cay Gotthard von Bülow Landdrost über die Oldenburgschen Vogteyen gewesen seyn.

Friedrich Christian Ludwig, Oberstl. 1763 endlich ist, nach dem Genealogischen Handbuch Th. 2, S. 64, Friedrich Christian Ludwig von Bülow, Churfächsischer Oberstlieutenant, gestorben. Dessen Wittwe Francisca Hinrietta Eleonora, Gräfinn von Castell-Remlingen, geb. den 7. Januar 1725, vermählt 1750, lebt noch zu Abschwind in Franken, jedoch ohne mit ihm beerbt gewesen zu seyn. Sie ist eine Tochter Carl Friedrich Gottliebs, Grafen von Castell, ehedem Sächsischer General der Infanterie und Gouverneur zu Leipzig, und Friderike Eleonore Gräfinn zu Castell Rudenhausen.

Ahnentafeln. Jetzt füge ich noch einige mir zugesandte Ahnentafeln bey, nach deren Modell sich einjeder die Seinige entwerfen kann:

Ahnentafeln. 219

Linie Wedendorf-Zurow.

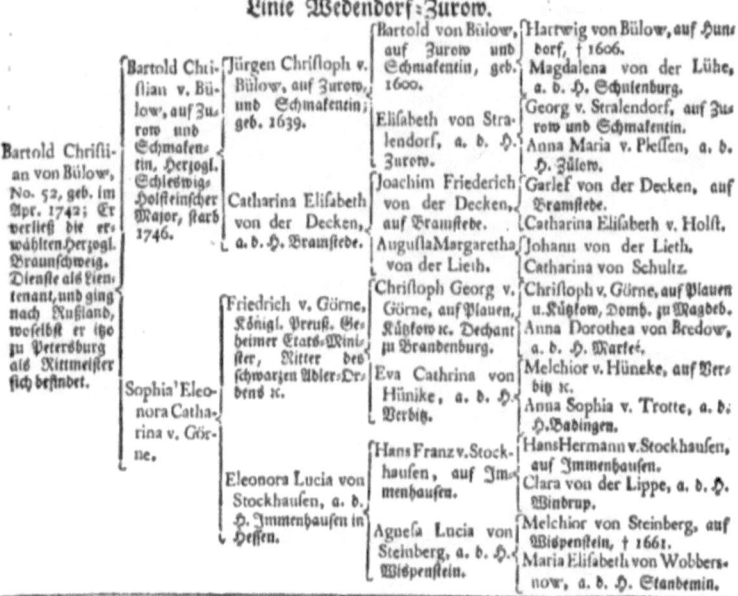

Linie Wedendorf-Camin.

Linie Wedendorf-Pokrent.

Christian Adolph Friederich von Bülow, Herzogl. Meklenb. Strel. Oberstallmeister, geb. 1747. No. 141.	Paschen August von Bülow, Herzogl. Strel.Oberstallmeister, geb. den 22. Nov. 1707, starb den 10. Oct. 1778.	Detloff Joachim von Bülow, auf Pokrent und Käselow, Chur-Braunschw. Major, geb. 1659, † 1716.	Hartwig von Bülow, auf Pokrent u. Käselow, geb. den 2. Febr. 1634, † den 18. Oct. 1688.	Hans Hinr. v. Bülow, auf Holdorf, g. d. 2. Jul. 1593, † d. 4. März 1653. Margaretha v. Oertzen, a. d. H. Roggow, geb. 1602, starb 1652.
			Anna Maria v. Bülow, a. d. H. Zurow, starb 1695.	Bartold v. Bülow, auf Zurow und Schmakentin, geb. 1600. Elisabeth von Stralendorff, a. d. H. Zurow.
		Anna Elisabeth von Plüskow, a. d. H. Kobrow, geb. 1685, starb 1734.	Paschen v. Plüskow, auf Kobrow, g. 1655, blieb in Polen als Schwed. Maj. b. 3. Sept. 1702.	Hans Adolph v. Plüskow, a. d. H. Ebersdorf, Kais. Rittmeister. Ida von Buchwald, a. d. H. Bohmshof, starb 1680.
			Dorothea Elisabeth von Voss, a. d. H. Givitz, geb. den 7. Febr. 1661, starb 1729.	Daniel Friedr. v. Voss, a. d. H. Givitz, Pfandh. auf Sandelsb. u. Depzow. Catharina Lucia von Preen, a. d. H. Sandelsdorf.
	Augusta Gottlieb Baronne von Münchingen, a. d. H. Hochdorf in Schwaben.	Franz Carl, Freiherr von Münchingen, a. d. H. Hochdorf, Gräflich Hohenlohe Deringscher Oberstallmeister.	Magnus, Freiherr von Münchingen, auf Hochdorf.	Werner Diderich Freiherr von Münchingen, auf Hochdorf. Sibilla von Pliningen.
			Sibilla Sophia v. Lützelburg.	Antonius von Lützelburg. Maria Magdalena Bock v. Erleburg.
		Maria Francisca von Gaisberg, a. d. H. Seckingen in Schwaben.	Ernst Eriderich v. Gaisberg, Forstmeister in Kronberg.	Ulr. Albr. v. Gaisberg, Roth, Burgvogt und Würtemb. Hofmeister. Margaretha von Fürkenhein.
			Maria Margaretha von Liebenstein.	Philipp Conrad von Liebenstein. Anna Elisab. Thump v. Neuburg.

Linie Wedendorf-Engelstedt-Zülow.

Jasper Friderich, geb. den 18. Oct. 1769, und Volrath Joachim Helmuth, geb. den 27. May 1771, Gebrüdere von Bülow, Nris. 183 u. 84.	Caspar Friderich v. Bülow, auf Zülow und Nohten, Kön. Dän. Obristlieutenant, g. den 19. Jul. 1721, starb d. 20. May 1781.	Friderich Barnewitz v. Bülow, auf Rubbergaard und Fritzholm, Königl. Dän. Etatsrath, geb. 1689, starb 1728.	Christian v. Bülow, auf Käselund, Rubbergaard u. Fritzholm, Dän. Kammerh. und Gen. Adjut. geb. b. 2. Jan. 1643, † d. 16. Oct. 1692.	Christian von Bülow, auf Fadeholm, Engelstedt, Schnistrup u. Käselund, Königl. Dän. Kammerjunker und Amtmann. Anna von Beck, a. d. H. Wagne.
			Oelgard von Barnewitz, a. d. H. Rejsbank in Meklenb. und Rubbergaard in Dännemark, starb 1729.	Friderich v. Barnewitz, auf Rubbergaard und Fritzholm, Dän. Stifts Amtmann, geb. 1622, starb 1653. Ida von Grubben, a. d. H. Tostrup. starb 1700.
		Sophia Hedewig v. Holstein, a. d. H. Möllenhagen, starb 1727.	Caspar Fridrich v. Holstein, auf Möllenhagen, Klink und Grabenitz, † d. 5. Dec. 1712.	Henning von Holstein, auf Möllenhagen. Anna Benedicta von Below, a. d. H. Klink.
			Eva Dorothea von Scheel, a. d. H. Zülow.	Gabriel v. Scheel, auf Zülow, Kaiserl. Obrist-Wachtmeister, † 1671. Sophia Hedwig v. Oldenburg, a. d. H. Kötel, geb. den 27. Aug. 1628.
	Ilsabe Margaretha, Baronne von Meerheimb, a. d. H. Gnemern, geb. den 16. Jun. 1748.	Jasper Friderich, Freiherr v. Meerheimb, auf Gnemern, Gr. Pelitz, Neu und Alten Pokrent, Nienhorf, Schwarfs, Penitz, und Gr. Gischow.	Helmuth Joachim, Freiherr von Meerheimb, auf Wokrent und Biessen, Königlich Dän. Major, starb 1729.	Hans Wilh. Freiherr v. Meerheimb, auf Gnemer u. Gischow, Dän. Gener. Maj. u. Ritter, geb. 1620, u. † 1688. Eleonora Dorothea von Oerzen, a. d. H. Roggow, geb. 1639. † 1705.
			Catharina Dorothea von Zülow, a. d. H. Grossen Stieten, † 1723.	Joachim Balthasar von Zülow, auf Grossen-Stieten. Ursula Maria von Lützow, a. d. H. Perlin und Gammelin.
		Ilsabe Margaretha von Moltzahn, a. d. H. Grubenhagen, geb. den 19. Januar. 1722.	Levin Joachim v. Moltzahn, auf Grubenhagen, Landrath und Erb-Landmarschall des Fürstenthums Güstrow.	Volrad Levin v. Moltzahn, auf Grubenhagen, Rohtmohr, Metl. Landr. g. b. 26. Oct. 1636, † b. 12. Jun. 1700. Ilse Margaretha von Grambow, a. d. H. Wildfuhl, † d. 26. Apr. 1729.
			Ilsabe Margar. v. Moltzahn, a. d. H. Grubenhagen, geb. den 19. Jan. 1722.	Joh. Löwe von und zu Steinfurth, Burggraf der Burg Friedberg, Metl. Oberhofmarschall :c. Anna Ilsabe v. Bül. a. d. H. Käselund, g. d. 23. Febr. 1675, † d. 23. Jan. 1701.

Linie

Ahnentafeln.

Linie Großen Simen-Klaber.

1) Adolph Friederich Albrecht Georg, geb. den 10. April 1761; 2) Ilsabe Anna Augusta, geb. den 21. May. 1763; 3) Ernst Hinrich Friederich, geb. den 4. Dec. 1765; 4) Dorothea Juliana Louise, geb. den 8. Jun. 1768; 5) Carl Christian LudeWig, geb. den 13. Jun. 1769; 6) Friderica Elisabet Eva Augusta geb. den 23. Jan. 1771; Geschwistere von Bülow, aus dem Hause Klaber. No. 56 — 58.	Jocob Friederich Joachim v. Bülow, auf Klaber, Herzogl. Mecl. Strel. Geh. Kammerrath, geb. zu Goldberg den 10. May 1732.	Friderich Christoph v. Bülow, auf Goldberg, Königl. Dän. Capitaine, geb. den 4. Jan. 1700, starb den 11. Jan. 1733.	Cord Hinrich v. Bülow, auf Gr. Simen, Königl. Schwed. Lieut., geb. d. 29. Aug. 1655, starb den 9. Sept. 1707.	Bernhard Friedrich v. Bülow, auf Großen-Siemen, g. 1628, † 1672.
				Heinrica v. LoWtzoW, a. d. H. Levitzow, g. 1631, verm. 1651, † 1709.
			Brigitta v. Plessen, a. d. H. Dargelün u. Radegast, verm. den 4. Dec. 1696, starb den 12. May 1716.	GeorgChristoph v. Plessen, auf Dargelün u. Radeg. K. Schwed. Rittm.
				Margaretha v. Brockdorf, aus d. m. Herzogthum Holstein.
		Christina Gertrud Ilsabe vou Wetken, a. d. H. Goldberg u. Trenthorst, geb. den 28. Jan. 1698, verm. 1729, starb zu Goldberg d. 9. May 1741.	Hermann von Wetken, auf Goldberg, Königl. Dänisch. Lieutenant.	Thomas v. Wetken, auf Trenthorst, Wulffenow, Grinau, Arensfelde und Schenkenberg, starb 1695.
				Abel Magdalena von Plessen, a. d. H. Barnelow, vermählt 1682.
			Catharina Margaretha von Pircass Soldat, a. d. H. Gielberg, vermählt 1693, starb 1736.	Jacob v. Pircass Soldat, auf Goldberg, Kön. Schwed. Oberstlieut. † 1678.
				Christina Margaretha von Dessin, a. d. H. Wahntow, starb 1693.
	Dorothea Sophia Louise von Thomstorf, a. d. H. Rohrspalt, geb. den 23. Aprill 1735, vermählt den 23. Novemb. 1759.	Cord Diedrich von Thomstorf, auf Rohtspalt, Herzogl. Schleew. Holstein. Oberstlieut. geb. den 23. April 1688, starb den 7. April 1748.	Clement Hinr. v. Thomstorf auf Kargow und Rohtspalt, geb. den 14. Febr. 1654, starb den 2. May. 1724.	Sigismund August von Thomstorf, auf Kargow und Bergfeld, geboren zu Bergfeld den 8. Febr. 1600.
				Lucia v. Stasseld, a. d. H. Grammentin, g. d. 26. Sept. 1615, †d. 18. May 1672.
			Dorothea Leveke v. Reventlow, a. d. H. Fahren, geb. den 25. März 1656, verm. den 25. Jun. 1683, starb den 27. April 1697.	HartW. v. ReventloW, Erbherr auf Fahren, und Pfandgesessener auf Jesaborf, starb 1668.
				Clara Metta von Beehr, a. d. H. Greese, starb 1668.
		Magdalena Juliana Baronne v. Wendhausen, geb. 1701, vermählt den 2. Jan. 1723, starb zu Güstrow den 10. Jul. 1760.	Joach. Christoph v. Stisser, Freyh. v. Wenthausen, auf Görtzic. Ch. Braunsl. Geh. R. geb. 1652, im Blau 1724.	Joach. v. Stisser, Ober-Inspector der ehemaligen Grafschaft Danremberg.
				Catharina von Gerdes, aus d. m. Herzogthum Bremen.
			Maria Amalia v. Hacke, a. d. H. Buchhagen im Lüneb. geb. d. 7. Jun. 1668, verm. 1691, im Karcheeg d. 14. März 1708.	Christoph Diederich v. Hacke, auf Buchhagen, Dassel, u. Bodenwerder.
				Arngard Catharina v. Fulle, a. d. H. Estrop u. Nenzelfelde, starb 1680.

Linie Radum-Wischendorf.

1) Christoph Detlosf, Prem. Lieut. beym See-Etat in Dännemark, geb. den 15. October 1747; und 2) Johann Hartwig Victor Carl, Prem. Lieutenant beym 2ten Fühnschen Cavallerie-Regiment, geboren den 13. October 1754. Gebrüdere von Bülow, aus dem Hause Wischenudorf. No. 54-55.	Carl Gustav von Bülow, Königl. Dän. Major, geboren 1702, † zu Bülow den 18en Oct. 1779.	Reimar Hans v. Bülow, Königl. Dän. Genr. Maj. und Chef des Leib-Dragoner-Regiments, blieb den 20. Dec. 1712 in der Schlacht bey Gadebusch.	Engelke von Bülow, auf Wischendorf, stand als Rittmeister in Diensten.	Engelke von Bülow, auf Wischendorf, Elmenhorst, Kön. Schwed. Rittmeister.
				Cathar. v. Negendank, a. d. H. Eggersdorf.
			Dorothea von Negendank, a. d. H. Zirow.	Paschen von Negendank, auf Zirow, Rewisch. geb. 1585, † 1665 d. 20. Dec.
				Ilsabe von Reventlow, a. d. H. Zistudorf, vermählt 1611.
		Sophia Elisabeth von Bibow, aus dem Hause Blengow.	Hardenack von Bibow, a. d. H. Blengow, Kön. Dän. Obr. g. d. 15. Aug. 1628, †d. 24. Apr. 1684.	Heidenreich von Bibow, auf Blengow, geb. den 2. Aug. 1595, † d. 17. Apr. 1663.
				Elisabeth von Vieregge, a. d. H. Eischow, vermählt den 1. Dec. 1620, starb 1637.
			Elisab. Anna v. Wietersheim, a. d. H. Operode † im Monat Jan. 1692.	Gabriel v. Wietersheim, auf Operode und Apler, Domherr zu Lübeck und Großvogt.
				Anna Judith v. Schulz, a. d. H. Ditterschop.
	Hedewig Sophia von Haxthausen.	Georg Friedrich von Haxthausen, Kön. Dän. Stallmeister.	Hermann Rabau von Haxthausen, Freyherr zu Saalheim.	Christian Friedrich von Haxthausen, Hessischer Geheimerrath.
				Clara Agn. v. Weißphalen zu Fürstenberg.
			Agnesa Maria von Kamptz, a. d. H. Gustbew, Federow und Barchow.	Hans Joach. v. Kamptz, a. d. H. Gudow, u. Rath der unmittelbaren Reichs-Ritterschaft in Franken.
				Anna Maria Bibiana von Rohtenstein.
		Charlotte Amalia v. Raben, a. d. H. Stück in Meklenburg, und Windelsgaard in Dännemark, geboren 1694.	Johann Otto v. Raben, auf Stück u. Windelsgaard, Dän. Geh. Rath, geb. 1645, starb 1719.	Victor von Raben, auf Stück, Roggow u. Moltenow, Schwed. Major, geb. den 11. Jun. 1600, starb den 18. Jun. 1657.
				Sophia Hedewig v. Walsleben, a. d. H. Kristenow u. Buschmühlen, vermählt 1637
			Emerentia v. Levetzow a. d. H. Oxholm in Dänemark, u. Misdorf und Markow in Meklenburg.	Hans Frieder. v. Levetzow, auf Oxholm Dän. Gen. Lieut u. Ritter vom Dannebrog.
				Lucia Emerentia von Brockdorf, a. b. H. Hornsdorf.

Linie Gartow, Kl. Schwechten-Neuburg.

Noch zu hoffende Kinder in dem Hause Neuburg u. Kleinen-Schwechten. No. 49.	Hans Adam Ernst Friedrich von Bülow, auf Neuburg und Kleinen-Schwechten, geboren 1747.	Christian Wilhelm Ludwig v. Bülow, auf Neuburg, Hannöverscher Ober-Gerichtsrath, geboren 1714, starb 1752.	Johann Albrecht v. Bülow, auf Kleinen-Schwechten, starb 1748.	Ernst Ludwig von Bülow, auf Kleinen Schwechten, starb 1683. Sophia Hedewig von Rauchhaupt, a. d. H. Hohenturm, starb in Calbe den 24. März 1726.
			Dorothea Agnesa v. Bismark, a. d. H. Schönhausen, vermählt den 15. May 1707, starb den 13. März 1721.	Ludolph v. Bismark, auf Schönhausen, Canonicus zu Havelberg. Margaretha Sophia von der Schulenburg, a. d. H. Altenhagen.
		Catharina Christina von Retzdorf, aus dem Hause Weißen, geboren 1714.	Wichand von Retzdorf, auf Weißen.	Adam David v. Retzdorf, auf Weißen. Catharina von Wartenberg, a. d. H. Lukendorf.
			Sabina Dorothea v. Kalbutz, a. d. H. Kampehl.	von Kalbutz, auf Kampehl. von Blumenthal, a. d. H. Horst.
	Anna Helena Christina von Retzdorf, aus dem Hause Großen-Bresen, geb. 1751.	Joachim Christoph von Retzdorf, Königlich Preußischer Major.	Hartwig Adam v. Retzdorf, auf Gr. Bresen im Churfürstenthum Brandenburg.	Adam Samuel von Retzdorf, auf Großen Bresen. von Krusecken, a. d. H. Dannenwolde.
			Anna Elisab. v. Stralendorf, a. d. H. Kleinen-Krankau, geboren 1676.	Joachim Christoph v. Stralendorf, auf Kl. Krankow, g. 1622, † 1680. Eva Catharina v. Plessen, a. d. H. Gr. Hof, geb. 1654, vermählt 1673.
		Lucia Helena von Mandelsloh, aus dem Hause Ribbesbüttel, geboren 1708.	Otto Albrecht v. Mandelsloh, auf Ribbesbüttel u. Walensien, Canonicus zu St. Sebastian in Magdeb. † 1709.	Gebhard Julius v. Mandelsloh, auf Ribbesbüttel, Chur-Brandenburgischer Kammerherr, starb 1692. Maria Lucia von der Schulenburg.
			Christina Elisab. v. Veltheim, a. d. H. Harpke.	Cord von Veltheim, auf Harpke, Oberstedt ꝛc. Ursula von Bartensleben, a. d. H. Wolfsburg.

Linie Gartow-Borkow.

Louise Eleonora Wilhelmina v. Bülow, No. 113, a. d. H. Borkow; Gemahl Ludolph von Estorf, auf Leindorf, Chur-Hannöverschl. General-Major, starb 1779.	Matthias von Bülow, auf Borkow, Chur-Hannöverscher Oberst eines Dragoner-Regiments, starb zu Ruremonde den 6. May 1744.	Matthias v. Bülow, auf Borkow.	Jobst von Bülow, auf Drönewitz, Gorkow, Arendsbühren und Gägelow, starb 1683.	Christoph von Bülow, auf Gartow und Drönewitz, starb 1609. Ilsabe von der Schulenburg, aus dem Hause Utze.
			Maria von Bülow, aus dem Hause Pokrent, starb 1664.	Matthias von Bülow, auf Pokrent, Mecklenb. Landrath, starb 1636. Lucia von der Lühe, aus dem Hause Büttelkow.
		Catharina Maria von Pederstorf, aus dem Hause Lübzin.	Hans von Pederstorf, auf Lübzin u. Witzin, Braunschw. Zellscher Geheimerrath, Hofmarschall, geb. 1585, † 1657.	Levin v. Pederstorf, auf Poßen und Remplin, blieb 1596 als Rittmeister bey Erlau. Anna von Walsleben, aus dem Hause Leistenow.
			Maria Eleonora Amalia von Thun, aus dem Hause Schwarz, vermählt 1637.	Jürgen Sigismund von Thun, auf Schwarz. Margaretha von Eldingen, aus dem Hause Eldingen.
	Augusta Friderica von Breitenbach, aus dem Hause Breitenstein, geb. 1700, starb 1730.	Georg Hinrich von Breitenbach, auf Breitenstein.	Georg Ludwig von Breitenbach, auf Breitenstein.	Georg Friederich von Breitenbach, auf Breitenstein. Anna Margaretha Schulz von Holzhausen.
			Dorothea von Fleckenbühl, genannt Bürgel.	Peter Hinrich von Fleckenbühl, genannt Bürgel. Anna von Breitenbach.
		Gertrud Sophia von Adelips, aus dem Hause Adelips.	Albrecht Ernst v. Adelepsen.	Burchard Christoph von Adelepsen, starb den 15. Nov. 1673. Gertrud von Veltheim.
			Anna Magdalena v. Bützow, a. d. H. Poppendorf.	Georg Christoph von Bützow. Margaretha von Morin.

Linie

Ahnentafeln. 223

Linie Gartow=Woserin.

1) Jobst Hinrich, geb. 1751; 2) Hans Christian, geb. 1753; 3) Carl Friderich, geb. 1755; 4) Matthias Franz, geb. 1756; 5) Johann Diederich Ludewig, geb. 1757; und 6) Gottlieb Friederich, geb. 1760, Gebrüdere von Bülow. Nris. 117 — 122.	Jobst Hinrich v. Bülow, auf Woserin, Borkow ꝛc. Klosterhauptmann zu Dobbertin, getauft den 15. Decemb. 1683, st. 1762.	Jobst von Bülow, auf Mustin, Kleinen Pritz und Woserin, geb. 1645, †1705.	Jobst von Bülow, auf Drönewitz, Borkow, Arendbehren u. Gägelow, starb 1683.	Christoph von Bülow, auf Gartow und Drönewitz, starb 1609. Ilsabe von der Schulenburg, a. d. H. Litze.
			Maria von Bülow, a. d. H. Pokrent, starb 1664.	Matthias von Bülow, auf Pokrent, Mecklenb. Landrath, starb 1636. Lucia von der Lühe, a. d. H. Büttelsdorf.
		Catharina Sophia v. Drieberg, a. d. H. Kleinen Spreng, geb. den 9. Febr. 1689, starb den 12. April 1742.	Johann von Drieberg, auf Kl. Spreng, Gottun ꝛc. † den 31. März 1696.	Adam von Drieberg, auf Kl. Spreng, Dolgen und Gottun, g. 1560, †1626. Ursula von Fineck, a. d. H. Carow, starb 1643.
			Catharina von Hahn, a. d. H. Arensberg und Solzow, vermählt den 10. Jun. 1656.	Joachim von Hahn, auf Arensberg, und Solzow, starb 1636. Leveke von Krakevitz, a. d. H. Divitz, starb 1637.
	Magdalena Ilsabe von Dessin, a. d. H. Wahmkow, geb. den 1. Jun. 1725, verm. 1750.	Hans Christian von Dessin, auf Wahmkow, geb. den 18. April 1679, starb den 10. Febr. 1736.	Gerd Carl von Dessin, auf Wahmkow, starb den 5. März 1690.	Johann von Dessin, a. d. H. Penzlin und Daschow. Dorothea Christina von Steding, a. d. H. Tiesenabrock u. Borgwall.
			Catharina von Bülow, a. d. H. Elmenhorst, † den 14. März 1714.	Hartwig von Bülow, auf Elmenhorst. Gödel von Bülow, a. d. H. Hundorf, starb 1650.
		Magdalena Dorothea von Bülow, a. d. H. Kleinen Bölkow, geb. 1688, verm. den 22. Oct. 1718, starb 1758.	Paul Andreas v. Bülow, auf Stiten Pfandgesessener.	Johann Friderich v. Bülow, auf Kl. Bölkow ꝛc. g. 1605, †d. 11. Dec. 1667. Margaretha von Vieregge, a. d. H. Wustrow, vermählt 1637.
			Dorothea v. Sperling, a. d. H. Schlagsdorf.	Matthias von Sperling, auf Schlagsdorf und Keth. Anna Hedwig von der Kettenburg, a. d. H. Gr. Wüstenfelde, verm. 1641.

Linie Wehningen=Gudow.

1) Georg Ludewig; 2) Gottfried Joachim Hartwig; 3) Detlof Christian; 4) Burchard Otto Diederich; 5) Hans Caspar; und 6) Adolph Jasper, Gebrüdere von Bülow. Nris. 69 — 74.	Detlof v. Bülow, auf Gudow, Wehningen, Gorow, Clausdorf, Kl. Bülow, Kuhren ꝛc. Lauenb. erster Landrath und Erblandmarschall, Hofgerichts- u. Consistorial-Assessor, u. Kammerherr zu Hannover, geb. den 16. Dec. 1717.	Jacob Diederich von Bülow, auf Gudow, Wehningen ꝛc., Lauenb. Erbrandmarsch. u. Consistorial-Assessor, auch Amtshauptmann zu Mölln; geb. den 2. May. 1689.	Joachim Werner v. Bülow, auf Gudow ꝛc. Lüneb. Hofrichter, auch Lauenb. Landrath u. Erb-Landmarschall, geb. den 17. Aug. 1653, starb den 20. Jun. 1724.	Jacob v. Bülow, auf Gudow, Wehningen ꝛc. Gen. Major, Landrath und Erb-Landmarschall, g. 1625, †1681. Dorothea Margaretha von Wittorf, a. d. H. Lüdersburg, geb. den 16. Jun. 1635, starb den 12. Jun. 1668.
			Susanna Francina v. Bodeck, a. d. H. Gültzow, geb. den 16. Febr. 1655, starb den 3. Dec. 1691.	Bonaventura v. Bodeck, auf Gültzow, Mecklenb. Kämmerer u. Geh. Rath, geb. 1624 d. 3. April, †1691 d. 14. Oct. Francina v. Uffel, a. d. H. Dutzow und Roggendorf, vermählt 1645.
		Christina Dorothea, von Reventlow, a. d. H. Himmelmarf, geb. den 18. May 1699, verm. den 18. May 1715, starb 1741.	Detlof von Reventlow, auf Himmelmarf und Stubbe, Dänisch. Geheimerrath, Ritter vom Dannebrog ꝛc. geb. 1666.	Henning v. Reventlow, auf Himmelmarf u. Glasow, Dän. Geh. R. u. Ritter vom Dannebrog, g. 1640, †1705. Margaretha von Kumohr, a. d. H. Rost, starb im April 1705.
			Magdalena Sibilla Gräfinn von der Nath.	Gerhard Graf von der Nath. Catarina v. Ahlefeld, a. d. H. Haselow.
		Hans Casper Gottfried, Reichsgraf von Bothmer, auf Bothmer, auf Hof zum Felde ꝛc., Hannöv. Kammerherr, geb. d. 5. März 1695.	Friedrich Johann, Edler Frey- u. Pannerherr von Bothmer, Hannöv. General-Lieut., geb. 1658, † in Copenhagen den 9. März 1729.	Julius August, Edler Frey- u. Pannerherr v. Bothmer, auf Lauenbrück ꝛc. Geh. Rath, geb. 1620, starb 1703. Maria Eleonora v. Pederstorf, a. d. H. Lübzien u. Wipin, †d. 18. Jan. 1703
	Christina Sophia Gräfinn von Bothmer, aus dem Hause Bothmer, geb. den 2. April 1725.		Justina Sophia von Moltke, geb. 1671, †d. 2. Jan. 1703.	Casimir Albrecht von Moltke. Anna Dorothea von Schleppegrell.
		Christina Margareta von Bülow, a. d. H. Elmenhorst und Roloffshagen, geb. den 11. Jan. 1708, vermählt 1724.	Harwig v. Bülow, auf Elmenhorst und Roloffshagen, Mecklenb. Landrath.	Bartold Hartw. v. Bülow, auf Elmenhorst, Mecklenb. Amtshauptm. zu Rehna. Anna Agnesa Lucia Luisa v. Geismar.
			Sibilla Hedewig v. Bülow, a. d. H. Gudow, Wehningen ꝛc. geb. den 23. Febr. 1688, starb den 30. Jan. 1712.	Joachim Werner von Bülow, auf Gudow ꝛc. Hofrichter, Landr. Landmarschall ꝛc. geb. 1653, starb 1724. Susanna Francina v. Bodeck, a. d. H. Gültzow, starb den 3. Dec. 1691.

Ee 4 Linie

Linie Plüskow-Rankendorf.

1) Christian Friederich,
2) Georg Victor, und
3) Otto Wilhelm, Gebrüdere von Bülow, Nris. 56. 57. 58.

- Otto Christoph v. Bülow, auf Rantendorf, Königl. Dänischer Major.
  - Christian v. Bülow, auf Harkensee, und Rosenhagen.
    - Victor von Bülow, auf Gersdorf und Körchow, geb. 1620, starb den 1. Aprill 1695.
      - Jürgen von Bülow, auf Harkensee, Rosenhagen, Plüskow und Gersdorf.
      - Anna von der Lühe, a. d. H. Buschmühlen.
    - Dorothea von Oertzen, a. d. H. Gerdshagen, vermählt 1653.
      - Sigfried von Oertzen, auf Gerbshagen und Clausdorf, starb 1633.
      - Anna Valentina von Reventlow, a. d. H. Ziesendorf, †den 9. Jun. 1653.
  - Sophia Hedwig von Halberstadt, a. d. H. Langenbrütz, getauft den 18. Nov. 1687.
    - Otto Christoph von Halberstadt, auf Langenbrütz, Woltow rc. Mellenb. Landrath.
      - Balthasar Gebhard v. Halberstadt, auf Langenbrütz, Leetzen rc. Mellenb. Gener. Major, geb. 1621, †1692.
      - Hedewig Clara von Thun, a. d. H. Schlemmin, geb. 1620, vermählt 1651, starb 1690.
    - Maria Catharina von Berkentin, a. d. H. Zechar, verm. 1684.
      - Friederich Ulrich von Berkentin, auf Zechar, Dolg, Tiplitz u. Ruchow, geb. 1626, starb 1679.
      - Sophia von Oertzen, a. d. H. Gorow, vermählt 1649.
- Juliana Eleonora von Bülow, aus dem alt-väterlichen Hause Sudow und Wehningen,
  - Wilhelm Friederich von Bülow, starb als Domherr zu Lübeck.
    - Georg Wilh. v. Bülow, Pfandherr auf Harkensee, Herzogl. Schlesw. Holst. Obristlieutenant.
      - Johann von Bülow, auf Worten, Jesse und Ketzlin.
      - Hedewig Maria von Königsmark, aus dem Hause Ketzlin.
    - Dorothea Eleonora von Bülow, a. d. H. Harkensee.
      - Cord Jürgen von Bülow, auf Harkensee und Rosenhagen.
      - Dorothea Eleonora von Plessen, a. d. H. Hölendorf.
  - Christina Juliana von Rohtschütz.
    - Wilh. Hinrich v. Rohtschütz, auf Vorhoven, Obristwachtmeister des Fränkischen Kreises.
      - Hans Georg von Rohtschütz.
      - Anna Sabina von Beulwitz.
    - Maria Juliana von Jaxheim.
      - Jobst Wilhelm von Jaxheim.
      - Philippina Margareta v. Schönborn.

Beschluß.
UUUU
VVVV

Zum Schluß muß ich noch einiger Beylagen gedenken: Man findet den Innhalt der Beylagen UUUU und VVVV zwar in Klüvers Ersten Theil der Beschreibung von Mecklenburg p. m. 162 und 182, und habe ich mich darauf in den vorhergehenden Blättern hin und wieder bezogen, weil sie aber daselbst überaus fehlerhaft abgedruckt sind, so glaube ich den Liebhabern der Mecklenb. Genealogie einen Dienst zu thun, wann ich sie diesem Werk möglichst correct, mit einigen dienlichen Anmerkungen versehen, beylege. Habe ich nun noch in der Beylage WWWW ein nicht überflüssiges kurzes Verzeichniß aller jetzt Lebenden des Geschlechts; in der Beylage XXXX einen ziemlich vollständigen Aufsatz der von der Familie besessenen Güter; in der Beylage YYYY aller bekleideten Chargen; endlich in der Beylage ZZZZ ein Register von allen in diesem Werke vorkommenden adlichen Familien beygebracht: So verlasse ich eine Beschäftigung, wobey die Mühe groß war, sehr groß aber auch das Vergnügen. Nur von letzterem die Hälfte — nur einen Theil meinen Lesern, und ich bin belohnt genug!

WWWW
XXXX
YYYY
ZZZZ

Ende.

Beylagen.

A

Von den Hebungen des Bischofs zu Ratzeburg.

Im Jahr 1154, als der Papst Adrian die Römische Kirche, und der Glorreiche und allezeit Mehrer des Reichs Friedrich, Römischer Kaiser, glücklich regierten, ist die Ratzeburgsche Kirche von dem Hochsel. Herzog Hinrich, Sohn des Herzogs Hinrich, ersten Herzoges zu Sachsen, mit Bewilligung und treuer Beyhülfe des Herrn Erzbischofes zu Bremen Hartwig des Großen gestiftet worden. Vorgedachter Hinrich aber errichtete auch die Grafschaft Ratzeburg, und gab sie einem Edelmann Hinrich Barwede zu Lehn, und hat sich daher dieser Hinrich zuerst Graf von Ratzeburg geschrieben.

Nach dem Rath des erwähnten Bremischen Hartwigs und Hinrichs verordnete der Herzog Hinrich, daß in den dreyen Provinzen Ratzeburg, Wittenburg und Gadebusch der Graf Hinrich die Hälfte der Zehenden von dem Bischofe zu Lehn empfangen, die andere Hälfte aber der Bischof behalten sollte, und zwar durchgängig sowol von den itzigen Erbgütern des Grafen, als von den noch inskünftig neu cultivirten Ländereyen; beiden aber sollte freystehen, von ihrem Theil beliebigst an andere wiederum zu verleihen. Wobey noch ferner verabredet worden, daß in einem jeden Dorfe, das zwölf Hufen und darüber enthielte, der Bischof zwo Stellen, und der Graf auch zwo Stellen, in den geringern aber nur eine Stelle mit Enken oder Knechten (jus Settenke) besetzen sollten. Dieß ward gleichsam zum Gesetz gemacht, und von allen angenommen.

Nun folget das Verzeichniß der Bischöflichen Lehne und Hebungen, wobey zu merken 1) daß die Seiten-Zahlen die Anzahl der Hufen bedeuten, welche der Zeit in jedem Dorfe befindlich gewesen, 2) daß daraus hier nur das angeführet ist, was uns zu unserm Endzweck dienlich ist.

In der Provinz Gadebusch. Der Landesherr hat die Hälfte der Zehenten von dem Bischofe zu Lehn. Die andern verzeichneten Personen sind mit den Zehenten der angeführten Hufen beliehen.

In dem Kirchspiel Rehna.

24. Bülowe. Gottfried 2, Eilbert 2, die übrigen halben Zehenten gehören dem Bischofe.
10. Warneckow und
10. Löwitz. Gottfried 2. Die übrigen halben Zehenten gehören dem Bischofe.
16. Vitense. Detloff 2, die übrigen halben Zehenten dem Bischofe.
16. Hunnendorf. Hieselbst ist kein Lehn, die Hälfte dem Bischofe.
9. Wedewendorf. Theodor 1. Den andern Theil des Bischofs hat die Kirche im Dorfe.
10. Das andere Wedewendorf. Eilard 2, Johann zu Camin 3.

In dem Kirchspiel Vietlübbe.

21. Vietlübbe. Gottfried 1. Johann 1. Die Kirche 1. 7 hat der Bischof offen. Rosenow. Thetloff hat alle halbe Zehenten von dem Bischofe.

In dem Kirchspiel Pokrent.

Pokrent, Räslow, Lützow, Balenste, Alten-Pokrent. In diesen Dörfern hat Detloff die halben Zehenten vom Bischof.

Wer dieses ausführlicher im Lateinischen lesen will, der findet diese Urkunde im Pag. Mecklenb. p. 311, und beym Westphal Tom. II. p. 2003.

B

Vier Meklenburgsche Herrn bestätigen dem Kloster Dobran die Schenkung ihrer Vorfahren.

Im Namen der heiligen und unzertrennlichen Dreyfaltigkeit. Johann und Pribislaus zu Meklenburg, Niclaus und Hinrich zu Rostock, Brüder und Herrn, entbieten allen Söhnen der heiligen Kirche ihren Gruß. Damit das was hier geschiehet durch die Länge der Zeit nicht aus dem Gedächtnisse verloren gehe, u. u. u. Zeugen sind: Herr Brunward, Bischof zu Schwerin, Gerhard, Probst zu Sonnenkamp, Magister Diedrich, Domherr zu Schwerin, Walter, Gerhard, Prediger zu Rostock, Geistliche. Hinrich Graf Ascharie, **Detloff von Godebuß**, Johann von Schnakenburg, Hinrich Ganime, Küchenmeister, Brunward, Castellan von Marlow, Hinrich von Ungerede, Bertram, Castellan von Rostock, Gerhard, Küchenmeister, Sigebode von Goldorp, **Gottfried von Bülowe**, Hermann und Günther Gebrüdere, Hinrich Wargus, Ritter, und andere mehr. Geschehen Rostock im Jahr der Gnaden 1231, unter der Regierung des Glorreichen Kaisers Friedrich des Zweyten: Gegeben durch die Hand des Notarii Conrad.

Wer diese lange Urkunde im Lateinischen lesen will, der findet sie im Westphal Tom. III. p. 1477.

C

Des Bischofs Ludolph zu Ratzeburg Stiftungsbrief des Klosters zu Rehna.

Im Namen der heiligen und unzertrennlichen Dreyeinigkeit. Ludolph, von Gottes Gnaden der achte Bischof zu Ratzeburg, entbietet allen Christgläubigen, die dieses sehen und hören, Heil auf ihren Wegen und das Leben im Vaterlande. u. u.

Dieser Sachen Zeugen sind **Detleff Senior zu Gadebusch, Gottfried von Bülow und Johann sein Bruder**, Gerard, Truchseß (Dapifer), Diederich von Bibow, Eckard Hahn, Voltquin von Landwedel, Burchard Wolff, Werther Alverich von Barnekow, Lener von Plüskow, Elias Ruß, Ravene von Ratzeburg, Otte von Cowale, Eckard von Cölpin; Detlef von Barkentin, Hinrich von Crumesse, Hinrich Ribe, Druglev und Engelhard Gebrüder von Gutzkow, Herr Rudolph, Cappellan zu Gadebusch, Jonatas zu Vitelübbe, Florenz zu Wedwendorp, Conrad zu Rene, Rindogus zu Pokrent, Conrad zu Gressow, Diedrich zu Hohenkirchen, Diedrich zu Sadewalz, Magister Cono zu Klüz, Gottfried zu Thomshagen, Johann zu Elmenhorst, Johann zu Wismar, Diedrich zu Bevensdorp, Diedrich zu Grevsmühlen, Hinrich zu Dartsow (Dassow), Ludolph zu Mummendorp, alle daselbst Prediger, und andere mehr sowol Geistliche als Weltliche. Gegeben zu Ratzeburg in der Kirche der h. allezeit Jungfrau Marien den 26. Dec. des Gnaden Jahrs 1236. In dem 2ten Jahr Unserer Regierung.

Wer diese lange Urkunde in seiner völligen Ausdehnung auf Lateinisch lesen will, kann solche finden beym Westphal in seinem Monum. Ined. Tom. IV. p. 930. und im Papistischen Meklenburg p. 588. Wobey ennoch zu bemerken, daß Westphal das Jahr 1236, hingegen das Papist. Mekl. das Jahr 1237 zum Stiftungs Jahr macht.

D

N. J. von Behr Beschreibung des Geschlechts von Gadebusch.

Ich führe das Geschlecht dieses Namens deswegen an diesem Orte ein, weil M. Bernhardus Latomus desselben Erwehnung thut, denn meiner Meynung nach haben die von Bülow als Burgmänner oder Castellani

lani zu Gadebusch eben darum diesen Namen angenommen, aber auch bald wieder fahren lassen; wenn der Geschlechts-Name derer von Bülow solchergestalt nicht prävaliret hätte, würde das Andenken derer von Gadebusch länger seyn bekant geblieben. Es ist auch schon unterschiedliche Male in diesem Werke angezeiget worden, daß die von Bülow viele Beynamen, (wie auch solches von andern Geschlechtern geschehen) um sich dadurch von einander zu unterscheiden, geführet haben. Inzwischen lautet der von Latomo gethane Bericht, die von Gadebusch betreffend, also: Zweene dieses Geschlechts, als Detloff und Dieterich habe ich in alten Briefen gefunden, davon jener Anno 1219 von Henrico Burevino Herrn zu Mecklenburg in der Fundation des Neuen Klosters, dieser aber Anno 1236 von Herrn Brunwardo, Bischofe zu Schwerin, in Dero Confirmation zu Zeugen gesetzet worden; werden aber, wie der Name zeiget, zu Gadebusch gewohnet haben. Bis hieher Latomus.

Detloff von Gadebusch ist nach der Hand Ritter geworden, und hat sich nicht allein bey Henrico Burevino, Herrn zu Mecklenburg, sondern auch bey desselben Herrn Sohne Johanne Theologo in Gnaden zu erhalten gewußt, ja was noch mehr, er hat das Land und Stadt Loisitz oder Loitz in Pommern gelegen, an sich gebracht, und der Stadt das Lübische Recht und andere Privilegia ertheilet, wie solches aus der sub Lit. a angedruckten Urkunde kann ersehen werden. Dessen Sohn, Namens Werner, hat selbiges Land nach ihm besessen.

Lit. a.

Thetlev, Ritter, genannt von Gadebusch, Herr des Landes Loiz, entbietet allen, denen diese Schrift vorkommen wird, Heil in dem, der allem ein wahres Heil ist. Damit zeitliche Handlungen durch Länge der Zeit nicht in Vergessenheit kommen, ist es nothwendig, daß des Erinnerns werthe Dinge durch Zeugenkundschaft und Schriften dagegen genüglich verwahret werden.

Wann wir nun unsre geliebte Stadt Loiz, da sie der Schlüssel unseres Landes ist, durch unsere besondere Freygebigkeit begünstigen wollen, so gestehen wir hiedurch den Bürgern dieser Stadt sowol in gerichtlichen als sonst weltlichen Dingen das Lübsche Recht zu, um sich dessen, gleichwie andere Städte, die mit solchem Rechte begabet sind, rechtlich und mit aller Freyheit zu bedienen: Ueberdem befreyen wir das ganze Ackerwerk dieser unserer Stadt von allem und jedem Schoß und Zehenten, und geben ihr die Erlaubniß, alles Buschwerk und Hölzung auf den Wiesen und den Aeckern, bey dieser Stadt belegen, abzuhauen, zu Vermehrung ihrer Aecker zu rahden, und in ihren Nutzen zu verwenden. Die Grenzen dieser Stadt bestimmen wir westwerts gegen das Dorf Rustow von der Mitte des Flusses, die Peen genannt, bis zu der Brücke, die man die Polbrücke nennet, und so hinaufwerts erstrecken wir selbige durch den sumpfigten Busch bis zum Dorfe Mederow, und so mitten durch die Wiese und den Wald gegen das Dorf Janickendorf, und ferner durch die Mitte der Wiese. Ueberdieß legen wir bey gedachter Stadt, und schenken ihr mit allem Rechte die beiden Dörfer Trusdow und Zarnaglow, so wie solche in obgedachter Marktscheide belegen sind. Weiter gehet die Grenze von vorgedachtem Dorfe Jankendorf nördlich gegen das Dorf Pretwisch, Duweger und Nilans hinunterwerts nach dem Hügel, der der alte Borgwall genannt wird, und von da bis zur Mitte des Baches Schwinga, die ganze Wiese bis zum festen Lande des entgegengesetzten Ufers mit eingeschlossen. Ferner schenken und ertheilen wir gegen Mittag oder südlich alle Wiesen, Buschagen und Weiden, die um gedachten Bach, bis er in den Fluß Peene einfließt, und bis zur Mitte dieses Flusses liegen, den Einwohnern gedachter Stadt für sich und ihre Erben und Nachfolgern zum freyen und ewigen Besitz.

Zur Bestärkung des obigen ist zum ewigen Gedächtniß unser Siegel der gegenwärtigen Schrift angehänget. Zeugen sind: Herr Johannes Thüringius, Lüdike von Slavkesdorf, und dessen Bruder Bolto und Herr Egbertus von Baggendorf, Bartoldus Thüringius, Sigfrid Lode, Brunwardus von Losiz und andere mehr glaubwürdige Leute. Gegeben Losiz (Loiz) im Jahr des Herrn 1242.

Not. In des Herrn Professor Dähnert zu Greifswald Pommerschen Bibliothek III. Band, p. 409 stehet auch das Diploma, da sich Werner und Hinrich, Herrn von Loiz, mit der Stadt Greifswald wegen der Zollfreyheit verglichen, und im II. Band p. 146 kommt die geänderte Meinung des Herrn von Schwarz vor, als ob die Herrn von Loiz aus dem Hause Putbus wären, wie auch etwas von dem Siegel derer erwähnet wird. Wie der erste Theil abgedruckt ward, war mir dieses nützliche Buch noch nicht vorgekommen.

E

Fürst Johann Theologus z. M. begabet das Kloster Rehna.

Im Namen der heiligen und unzertrennlichen Dreyfaltigkeit. Johann, von Gottes Gnaden Herr zu Meklenburg, wünschet allen Christgläubigen Seelen ewiges Heil. Weil das schwache Gedächtniß der Menschen gleichwie fließendes Wasser sich verlieret; so ist es gut und vernünftig, daß rechtlich geschehene Handlungen mit glaubhaften Schriften versehen werden. Dahero sey es sowol den Gegenwärtigen als Künftigen kund und zu wissen, daß Wir, zum Heil Unserer, Unserer Aeltern und Unserer Erben Seelen, dem Gott dienenden Nonnenkloster zu Rehna die Kirche der h. Jungfrauen Marien daselbst, und die Kirche in Wedewendorf verliehen, und Uns des Patronats und Vergebungsrechts daran entsaget haben. Ueberdem treten Wir demselben alle Rechte ab, die Wir an den 25 Hufen gehabt, welche der Herr Gottfried von Bülow in Lübser, Thankenshagen und Walkenhagen, und an den zwoen Hufen, welche Herr Johann von Bülow in Walkenhagen von Uns zu Lehn besessen, und der vorgedachten Kirche verehret hat ꝛc. ꝛc. Zeugen sind, Gottfried und Johann Gebrüdere von Bülowe ꝛc. Gegeben zu Gadebusch im Jahr des Herrn 1237.

Wer dieß im Latein lesen will, findet es in Pfessingers Br. Lünb. Historie P. II. p. 190, und im Pap. Mekl. p. 193.

F

Bischof Rudolph zu Schwerin bestätiget die Zehenten des Klosters Doberan.

Im Namen des Herrn. Rudolph, v. G. G. Bischof zu Schwerin. Allen, welchen gegenwärtige Schrift zu Gesichte kommt, sey Heil in dem wahren Heiland. Weil Wir die geistlichen Oerter und Personen vermöge Unsers Amts, nach dem Vorgang Unserer Vorfahren derer Gottsel. Bischöfe Berno und Brunward, zu erhalten und zu befördern schuldig sind; so bestätigen Wir auch die Zehenten, welche die weltlichen Landesherrn und Andere zu ihrem Theil dem Kloster Doberan Cystercienser Ordens zugewandt haben, mit eben dem Bischöflichen Bann nach dem Willen und Einwilligung Unsers Capitels, wie Wir dazu nach Unsern Synodal-Befugnissen, Kirchen-Sorge und Ordnung vollkommen Recht und Gewalt haben. Damit aber diese Unsere und Unsers Capitels feyerliche Anordnung und Bestätigung dem besagten Kloster fest und unverbrüchlich verbleibe, so haben Wir zum Zeugniß diese Schrift mit Unsrem Siegel bekräftigen wollen. Bey dieser Handlung sind Zeugen gewesen: Das ganze Schwerinsche Capittel, als Werner, Probst, Eilward, Dechant, Niklaus, Scholiast, Johann, Custos, Diedrich, Cantor; Herr Hinrich, Abt zu Dargun, Herr Alexander, erster Abt zu Neuenkamp (Neu Kloster), Johann, Scholiast zu Lübeck, Bruder Arnold, Prior zu Lübeck, Johann, Priester an der Peterskirche zu Rostock. Edle (nobiles) aber, die Landesherrn und Gebrüdere, als Herr Johann, Herr zu Meklenburg, Herr Niclaus, von Werle, Herr Burwin, von Rostock, Herr Pribislav, von Parchim; Herr Guncelin, Graf zu Schwerin: Ritter aber, Johann von Schnakenburg, Hinrich Grabow, Bernhard von Wigendorf (Wizendorf), Gottfried von Bülow, Johann Molke, Otte und Johann von Schwinga Gebrüdere, Conrad Verschau, Hinrich und Arnold Clawe, Günther von Buchow und andere mehr sowol Geistliche als Weltliche. Geschehen zu Doberan im Jahr der Menschwerdung Christi 1255 den 5. März. In der dreyzehnten Indiction, zur Zeit des Pabstes Innocenz IV.; im fünften Jahr Unserer Bischöflichen Regierung, wie Herr Hinrich Abt zu Doberan, und dieses Geschäftes Beförderer war.

Das Lateinische Original hat Westphal l. c. Tom. III. p. 1497 herausgegeben.

G

Ritter Gottfried von Bülow stiftet einen täglichen Meßdienst in der Kirche zu Rehna.

Allen Christgläubigen, die diese Schrift sehen oder hören mögen, wünschet Gottfried, Ritter, genannt von Bülowe, alles Heil in Ewigkeit. Nach dem andächtigen Willen und freywilligen Gelübde meiner verehrungsehrungswürdigen Herrn des Bischofs Ludolph zu Razeburg, und des Herrn Johann zu Meklenburg, hat es sich gefüget, daß zu Ehren Gottes, und der heiligen Jungfrau Marien, auch aller Heiligen in dem Dorfe des Landes Gadebutz, welches Rene genannt wird, eine Klosterkirche gegründet worden, und ihr Daseyn hat. Und da diese meine Herrn und Stifter gedachter Kirche, auch ebenfalls zum Heil ihrer Seelen, und zum Unterhalt der hieselbst Gott dienenden Nonnen ganz beträchtliche Beysteuer von dem Ihrigen hergegeben; so habe auch ich, der ich schuldig bin, für mein und der Meinigen zeitliches und ewiges Wohl zu sorgen, gedachter Rehnischen Kirche, zu meinem und der Meinigen Heil, freywillig zugestanden, den dritten Theil der alten Mühle in Rehna mit dem Fischteich und dem Acker, welcher der Mühlenkamp genennet wird; auch die Mühle, genannt Sinen-Mühle, mit seinem Fischteich, ganz bis zum Teich Brünkow, nicht minder den Acker, welcher Papenkrug genennet wird, und meinen Theil der Wiese, welcher zwischen Vitense und Schindelstätt lieget; außerdem habe ich fünf Hufen in Valkenhagen und drey in Rodochelstorf mit allen Zinsen und Zehenten besagter Kirche mit der Bedingung verliehen, daß der Probst und die Domina daselbst in der Kirche täglich zu meiner und der Meinigen, sowol Lebenden als Verstorbenen, Seligkeit, eine Misse zu halten verbunden seyn sollen, und habe ich dieserhalb in Gegenwart und mit Einwilligung meiner Erben, als Adelheid meiner Ehefrau und meiner Kinder, Johann, Gottfried, Hinrich, Niclaus, Walburge und Mathilde, meinen letzten Willen aufgerichtet. Damit nun meinem letzten Willen nichts entgegen gehandelt, sondern fest und unverbrüchlich gehalten werden möge, habe ich gegenwärtigen Brief mit Anhängung meines Pittschafts bezeichnet. Im Jahr der Gnaden 1255.

Diese Urkunde findet man auch im Latein beym Pfeffinger l. c. pag. 226., und im Papist. Meklenb. p. 656.

H

Fürst Hinrich zu Meklenburg bestätiget dem Kloster Rehna den freyen Besitz des Dorfes Vitense.

Im Namen des Herrn, Amen. Hinrich, V. G. G. Herr zu Meklenburg und Stargard, entbietet allen Christgläubigen seinen Gruß. Wir bekennen durch Gegenwärtiges, daß, nachdem Wir die Begnadigungen Unsers Großvaters Herrn Johann und Unsers Vaters Herrn Hinrichs, guten Gedächtnisses, gesehen, gehöret und untersuchet, Wir gefunden haben, daß die Rehnaische Kirche rechtmäßig besitze das Dorf Vitense mit der Nieder-Gerichtsbarkeit und dem dritten Theil des hohen Gerichts, mit allen Rechten und Freyheiten, welche die übrigen Klöster in Unserer Herrschaft an Gewässer, Fischereyen, Hölzungen, Möören, urbaren und nicht urbaren Wiesen, Weiden und allen Nutzungen, welche bereits da sind oder noch veranstaltet werden können, in ihren Gütern genießen. Wir haben nämlich gefunden, daß das Dorf Vitense sechzehn Hufen habe, wovon zwo der Ritter Gerhard von Vitense sel. zu Lehn von gedachter Kirche inne gehabt, und derselben mit einem Pferde gedienet; zwo Hufen, welche der Herr Detloff abgetreten; sieben der übrigen Hufen haben Gottfried von Bülow Ritter und Johann sein Bruder, nicht weniger Otto und Vollrath Gebrüdere mit der Nieder-Gerichtsbarkeit abgestanden; eine Hufe daselbst hat Hinrich von Bülow mit der Gerichtsbarkeit abgetreten; gleichfalls hat der Ritter Christian von Bresen vier Hufen daselbst mit der Hälfte der Jurisdiction des ganzen Dorfes Vitense an gedachte Kirche zu Rehna verkaufet, welches alles Unsere Vorfahren, in Betracht des Heils ihrer Seelen, der Kirche zu Rehna mit aller kirchlichen Freyheit zu besitzen freywillig überlassen haben. Zum Zeugniß und zur Bescheinigung haben Wir gegenwärtige Schrift zu verfertigen befohlen, und Unser Siegel anhängen lassen. Zeugen sind die Ritter Ulrich Molzahn, Hinrich von Gustekowe, Johann von Bülowe, Hinrich von Bülowe. Gegeben und geschehen zu Sternberg im Jahr 1310, am Sonntage Oculi.

Dieß ist auf Lateinisch zu lesen im Papist. Meklenb. p. 3002.

I

Bischof Rudolph zu Schwerin bestätiget die von dem Fürsten Witzlaf zu Rügen an den Bischof zu Razeburg gemachte Schenkung des Dorfs Putnitz.

Rudolpus de Bülowe Dei gratia Episcopus VI, Præpositus seu Decanus, totumque Capitulum Zwerinense illustri Principi Rujanorum (Wizislao) orationes in Domino cum sincere charitatis affectu. Notum Vobis esse volumus, quod nos privilegium *Patris nostri*, Ratzeburgensi Ecclesiæ collatum super villa Putitz, non cancellatum, non vitiatum, non rasum, non pro aliqua parte sui invalidum aut inficimum, de verbo ad verbum et legimus et perspeximus in hec verba:

Wizislaus Dei gratia Rujanorum Princeps &c. &c.

Not. Da dieses Fragment, so wie es im Pfeffinger p. 192 bekannt ist, hauptsächlich nur für Gelehrte anzüglich seyn wird; so habe ich es unübersetzt gelassen, um ihnen die Mühe des Nachschlagens zu entheben. Der Professor Schwarz meldet in seiner Beschreibung der Pommerschen Städte p. 395, daß Fürst Witzlaf der Erste dieses Dorf Putnitz schon 1221 dem Razeburgschen Stift vereignet, und daß das Razeburgsche Dom-Capitel dieses Gut 1261 wiederum einem Eccard von Dechau mit der Bedingung verkauft, daß er dasselbe von ihrer Kirche zu Lehn tragen sollte.

K

Fürst Hinrich zu Meklenburg bestätigt die von dem Ritter Johann von Bülow und seinen Brüdern gemachte Schenkung an das Kloster Rehna.

Hinricus Dei gratia Dominus Magnopolensis omnibus hoc scriptum intuentibus salutem in eo, qui est salus omnium. Cum ea, que fiunt in tempore, simul cum lapsu temporis evanescunt, memoriis hominum facile excidunt et mutantur, nisi scriptis vel testium vocibus perhennentur; notum esse volumus presentibus et futuris, quod nos ad Dei reverenciam et specialem favorem, quo circa claustrum Rene movemus, proprietatem quatuor mansorum in Vitense sitorum illi concedimus &c. item quicquid proprietatis seu libertatis *Johannes de Bulowe* et fratres ejusdem in villa Volkendorpe a nobis habuerunt, ad manus nostras resignarunt, et hoc ipsum pure propter Dominum præfato Claustro conferimus perpetuo possidendum. Unum quoque mansum situm in Herbordeshagen, quem præfatus *Johannes de Bülowe et sui fratres* ad manus nostras resignarunt, libertate et jure prehabito in sepedicti Claustri proprietatem assignamus, ejusque promotioni devote intendimus, ut uberius fructu crescat et virtutibus

Hinrich, von Gottes Gnaden Herr zu Meklenburg, entbietet allen, denen diese Schrift zu Gesichte kommt, seinen Gruß in dem, der unser aller Heil ist. Da das, was hier geschieht, zugleich mit der Zeit verschwindet, und leicht dem Gedächtniß der Menschen entgehet, oder allerhand Veränderungen leidet, falls solches nicht durch Schriften oder Aussagen von Zeugen verewiget wird; so wollen Wir sowol für jetzt als für die Zukunft bekannt machen, daß Wir zu Gottes Ehren, und wegen besonderer Gunst, womit Wir dem Kloster Rehna zugethan sind, demselben das Eigenthum von vier Hufen in dem Dorfe Vitense belegen, überlassen ꝛc. Ebenfalls überlassen Wir auf ewig, des Herrn wegen allein, dem gedachten Kloster, was Johann von Bülow und seine Brüder in dem Dorfe Volkendorp eigenthümlich und frey von Uns gehabt, und zu Unsern Händen sich entsaget haben. Ebenso übertragen Wir das Eigenthum einer Hufe in Herbordshagen gelegen, die gleichfalls besagter Johann von Bülow und seine Brüder zu Unsern Händen gestellet, dem oftgedachten Kloster mit aller Freyheit und darauf haftenden Rechten, indem Wir dessen Aufnahme aus frommen Eifer wünschen, und gerne dazu beytragen, damit es ferner an allen Guten und

tutibus conferimus supplementum. Testes hujus sunt *Hinricus de Bülowe* Castellanus de Godebutz, Helmoldus de Plesse. Datum Wisinarie Anno MCCLXVI.

und an Tugenden zunehmen möge. Zeugen hierüber sind Hinrich von Bülow, Castellan zu Gadebusch, Helmold von Plesse. Gegeben zu Wismar, im Jahr 1266.

Not. Diese Urkunde hat der Herr Hofmeister N. J. von Behr in seiner geschriebenen Beschreibung des von Bülowschen Geschlechts beygebracht sub Lit. C.

L

Fürst Johann Theologus zu Meklenburg überläſſet dem Kloſter Rehna das von denen von Bülow erhaltene Dorf Brusekow.

Im Namen der heiligen und ewigen Dreyfaltigkeit. Johann, v. G. G. Herr zu Meklenburg und Gadebuſch, entbietet allen, denen dieſes zu Geſichte kommt, seinen Gruß in dem Herrn. Es sey zu wissen allen denen daran gelegen, daß, nachdem Wir das Dorf Brusekow, im Lande Gadebusch belegen, von den Rittern und Gebrüdern Johann und Hinrich von Bülow, wie auch von dem Knapen Gottfried ihrem Bruder, nebſt andern ihren Gütern, welche sie in dem Gadebuscher Lande von Uns zu Lehn gehabt, für eine gewiſſe Summe Geldes erhandelt, und Uns von ihnen freywillig überlaſſen worden, Wir gedachtes Dorf, mit Bewilligung Unſerer Bruder-Kinder, Hinrich und Johann Herrn zu Meklenburg, und Unſerer Frau Mutter Anaſtaſie, dem Probſt und dem Jungfrauen-Kloſter zu Rehna für ſechs hundert Mark Lübiſche Pfenninge verkauft haben ꝛc. — Zeugen ſind Herr Niclaus, Unſer Bruder und Probſt zu Schwerin und Lübeck, Gottfried genannt von Bülow, Rector der Kirche zu Gadebuſch, Hinrich von Bülow, Ulrich von Blücher, Arnold Haneſterd, Ritter: Gottſchalk von Guſtekow, Hinrich ſein Bruder, Caſtellan zu Gadebuſch, Eggard von Luitzow, Knapen: Markward Hildemar, Gottfried von Cremun, Siegfried von Ponte (Brügge) Wilkin Haneſterd, Gerhard Frieſe, Bürger zu Lübeck.

Wir von G. G. Anaſtaſia, Hinrich und Johann zu Meklenburg, verbinden Uns, oben beſchriebenen Verkauf getreulich zu halten, und bezeugen Unſere Einwilligung dazu durch Anhängung Unſerer Siegel. Zeugen ſind, der Hochwürdige Herr Hermann, Biſchof zu Schwerin, wie auch die Edle (nobiles) Herrn Helmold und Niclaus, Grafen zu Schwerin; Johann von Barnekow, Gottſchalk Preen, Ludolph von Travemünde, Hinrich von Stralendorf, Anthon von Tribow, Johann von Dambeck, Ritter, und mehr andere glaubwürdige Männer. Gegeben im Jahr der Menſchwerdung 1286 in dem Dorfe genannt Eigle (Eicheln) den 18. October.

Der Anfang dieſer Urkunde iſt auf Lateiniſch zu finden beym Pleſſinger a. O. p. 194, und im Dipiſt. Meklenburg p. 769. In der völligen Ausdehnung aber im Dipl. Mekl. p. 791. Wobey zu bemerken, daß am letzteren Orte, ohne Zweifel durch einen Schreibfehler, der Ritter Hinrich von Bülow unter den Zeugen nicht befindlich iſt.

M

Die Erben des Ritters Hinrich von Bülow ſtiften zu Rehna eine jährliche Memorie.

Hinricus Dei gracia Prepoſitus in Rena univerſis In perpetuum ſalutem in Domino. Preſentibus recognoſcimus ac futurorum memorie commendamus, quod *Domini Hinrici de Bülowe militis* tam

Hinrich, von Gottes Gnaden Probſt zu Rehna entbietet allen ſeinen Gruß in dem Herrn. Hiedurch bekennen wir und machen der Nachwelt kund, daß die Söhne und Erben des Herrn Ritters Hinrich von Bülow, zum Seelen-Heil deß gedachten

tam filii quam heredes, pro remedio anime dicti *Hinrici*, duos Manſos in villa, que dicitur *Lovitze* Terre Godebutz, eccleſie Renenſi cum ſuis redditibus libere contulerunt, dictorum manſorum redditus ita diſtribui poſtulantes, ut unus manſus ad communes uſus dictæ eccleſie, alter ad Servicium anniverſarii diei ipſius perveniat, hoc ſervicium anniverſariorum dierum, quod idem dictus conventus ante vel poſt circumciſionem Domini elegerit, celebrabit annuatim. Nos vero tantis beneficiis non ingnati eorum ordinationi libenter ac liberaliter annuentes conſenſum noſtrum benivolum ſigilli noſtri appenſione proteſtamur. Ceterum ut hec ordinatio teſtamenti de conſenſu Capituli decrevimus apponendum. Hujus rei teſtes ſunt *Dominus Gerhardus de Cremun, Hermannus de Cremun, Gerhardus dictus Ketelhot* et alii quam plures. Datum Anno Domini MCCLXVII Die Circumciſionis Domini.

Hinrichs, zwey Hufen in dem Dorfe Löwitz des Landes Gadebuſch mit deren Renten dem Kloſter Rehna freywillig überlaſſen haben, dergeſtalt, daß die Renten dieſer Hufen folgendergeſtalt vertheilet werden ſollen, als eine Hufe ſoll zum gemeinen Gebrauch der beſagten Kirche, die andere aber zum Dienſt eines Jahrstages für denſelben angewandt werden; und ſoll dieſer Dienſt jährlich gefeyert werden, wozu der Convent einen Tag, entweder vor oder nach der Beſchneidung des Herrn, erwählen kann. Wann wir nun gegen ſo große Wohlthaten nicht undankbar ſeyn können, ſo genehmigen wir auch dieſe Anordnung ſehr gerne, und bezeugen unſere geneigte Einwilligung durch Anhängung unſers Inſiegels. Uebrigens fügen wir noch hinzu, daß dieſe Teſtaments-Verordnung mit Einwilligung des Capitels geſchehen ſey. Deſſen ſind Zeugen: Herr Gerhard von Cremun, Hermann von Cremun, Gerhard genannt Retelhot, und andere mehr. Gegeben im Jahr des Herrn 1267, am Tage der Beſchneidung des Herrn.

Dieſe Urkunde hat der Hofmeiſter von Behr in ſeinem Mſpt. von der von Bülowſchen Familie beygebracht ſub Lit. E.

N

Ritter Johann von Bülow vergrößert ſein Gut Wedendorf durch einen Tauſch mit dem Kloſter Rehna.

Im Namen Gottes, Amen. Hinrich, V. G. G. Herr zu Meklenburg und Stargard, wünſchet allen Chriſtgläubigen ewiges Heil. Durch Gegenwärtiges geben Wir zu erkennen, daß Unſer Ritter Johann, genannt von Bülow, mit Einwilligung ſeiner Ehefrau und aller ſeiner Erben, aus bewegenden Urſachen und mit Unſerer Erlaubniß, mit dem Herrn Probſt Hinrich und dem ganzen Kloſter-Convent zu Rehna vertauſchet habe vier ſeiner Hufen in Ober-Teſau mit den Kathen, und vier Scheffel Rocken jährlich aus einer andern Hufe daſelbſt, auch eine ihm gehörige Hufe in Frauenmark mit der Fiſcherey und allen darauf haftenden Vorzügen, Gerichten, gegenwärtiger und künftiger Nutzung an Hölzungen, Brüchen, Brinken, Weiden, Gewäſſer, Waſſerläufe und deren Stauungen, gegen und für 6 Hufen und 2 Kathen in Gundorf mit allen Gerechtſamen und Nutzungen, wie beſagtes Kloſter ſelbige bisher beſeſſen hat, und zwar vier Hufen, welche der Hochberühmte Herr Hinrich zu Meklenburg, Unſer geliebter Vater rühmlichen Andenkens, für ſeine angenommene Tochter Cathrina, die er auf ſeinen Reiſen den Heiden abgenommen und mit ſich aus Liefland gebracht, dem beſagten Kloſter gegeben, und zwo Hufen, die der Ritter Lambrecht von Langwedel, Gottſel. Andenkens, in ſeinem Teſtament mit allen Rechten, die er ſelbſt gehabt, dem Kloſter vermacht, Unſer Vater aber das völlige Eigenthum darüber dem Kloſter überlaſſen, und durch Schriften beſtätiget hat. Ueberdieß machen Wir gleichfalls bekannt, daß eben derſelbe Johann von Bülow, Ritter, Uns zu erkennen gegeben, wie er mit Einwilligung ſeiner Ehefrau und ſämtlichen Erben freywillig mehrbeſagtem Probſt und Kloſter zu Rehna die Fiſcherey geſchenket, die ihm und ſeinen Leuten, nach Verhältniß der Hufen ſeines Dorfes Obberdesdorp, in dem See zukommen kann, welcher zwiſchen dieſem Dorfe und Herbordshagen belegen,

wie

wie auch das Stau an diesem See, dergestalt, daß der Probst und das Kloster das abfließende Waßer recht=
mäßig aufhalten können, so hoch es ihnen beliebt, und nützlich seyn kann. Sollte aber ein oder der andere
der Colonisten in Odberdsdorp, oder sonst jemand, hierüber sich beklagen, damit nicht friedlich seyn, und
den Probst und Kloster in gedachter Stauung, Fischerey und überhaupt in dem Genuß obiger Güter hindern,
schaden oder stöhren wollen, so sind Johann von Bülow und seine Erben gehalten, auf geschehener Anzeige
dem Probst und dem Kloster den Schaden zu ersetzen, die Stöhrer zu befriedigen, und alle Hinderniße bey
Seite zu schaffen. Gleichermaßen entsagen sich Johann von Bülow und seine Erben aller Rechte und An=
sprüche an den See Wowenmank, und die Fischerey darinn, des sechsten Theils der Fische wegen seiner
Hufen in Poterow, wie auch der Befugniße an den See des Orts, der Poterowestad genennet wird.

 Hierauf haben Wir auf geziemendes Ansuchen das völlige Eigenthum gedachter Güter in Nesow und
Frauenmark der Kirche und dem Convent zu Rehna mit dem Nieder= und dem dritten Theil des höchsten
Gerichts, gleich sie solches in andern ihren Gütern haben, verliehen, zum Ersatz der Güter in Gundorf, wel=
che nunmehro Johann von Bülow und seine Erben von Uns hinwiederum als Lehne dagegen besitzen.

 Damit nun obige Verabredungen zu ewigen Zeiten deutlich bleiben, so haben Wir befohlen, diese Schrift
darüber auszufertigen, und mit Unserm und dem Siegel des Johann von Bülow öffentlich zu bestärken.
Zeugen sind, die Ritter Friedrich Molzahn, Gödeke und Belto von Ekelenförde, Hinrich von Gustecow,
Hinrich von Bülow und mehr andere glaubwürdige Männer. Geschehen und gegeben zu Sternberg
im Jahr 1310 am Sonntag Oculi.

Diese Urkunde ist genommen aus dem Pap. Mekl. pag. 3001, wo selbige auf lateinisch befindlich.

O

Ritter Johann von Bülow stellet an das Kloster Rehna einen Revers aus wegen der
Fischerey zu Oberdesdorf.

Allen, denen diese Schrift zuhanden kommt, wünschet der Ritter Johann von Bülow Heil in Ewigkeit.
Ich bekenne, daß, da es dem Probst zu Rehna mit meinem guten Vorwißen gefallen, den See zwischen dem
Dorfe Herbordshagen und Oberdesdorf zu stauen, verglichen worden, daß ich, zum Ersatz der Aecker oder
der Grundstücke, die durch diese Aufstauung denen aus Oberdesdorf überschwemmet worden, diesen meinen
dortigen Colonisten eins für alles fünf Joch Aecker von dem Aeckerwerk meines Hofes Wedendorf geben wolle,
dergestalt, daß gedachte Colonisten diese fünf Joch mit eben dem Rechte besitzen sollen, als sie jenen durch die
Stauung verlorenen Aecker beseßen haben.

 Ich entsage auch für mich und meine Erben durch diese Schrift, gleichwie die Colonisten zu Obberdesdorf
für sich, ihre Erben und Nachfolger, der Fischerey und aller Rechte, welche dem einem oder dem andern
von uns an gedachtem See und überschwemmten Aeckern zustehen möchten; es ist vielmehr der Probst und
das Jungfrauen=Kloster zu Rehna befugt, sich der Fischerey in dem See und deßen Stauung zu allen Zeiten
ohne jemandes Behinderung zu bedienen, wie solches in dem darüber ausgefertigten Privilegio meines Hoch=
berühmten Herrn, Herrn Hinrich zu Meklenburg, und dem ich gleichfalls mein Siegel untergesetzt, völlig
festgesetzet worden.

 Zu mehrerer Beglaubigung habe ich auch unter dieser Schrift mein Siegel anhängen wollen. Geistliche
Zeugen sind: Gerhard, Rector der Kirche zu Grabow, Conrad, Rector der Kirche zu Lübse; Ritter:
Ulrich Molzahn, Hinrich von Gustekow; auch die Knapen **Vicke von Bülow**, Lübbezin, Stolnin
und andere Glaubwürdige. Gegeben zu Rehna 1313 den 13. Junii.

Die Lateinische Urkunde stehet im Pap. Meklenb. p. 3009.

P

Ritter Johann von Bülow stiftet zu Rehna eine Vicarie.

Markward, V. G. G. Bischof zu Ratzeburg, wünschet allen Christgläubigen, denen diese Schrift vorkommen möchte, Heil in dem Herrn in Ewigkeit. Wir bekennen in diesem Schreiben, daß vor Uns erschienen der geliebte Sohn in Christo Ritter Johann von Bülow auf Wedendorf, und seine Begierde angezeiget, zum Dienst des Herrn beyzutragen, und die Gott gewidmeten Jungfern im Kloster zu Rehna durch eine liebreiche Beysteuer hiezu aufzumuntern, solche bestände in sechs Hufen, und einem Hof in Griben, und sechs Hufen in Poterow mit dem Niedergericht (Judicio Vasallorum) und allen Gerechtsamen und Nutzungen an Wiesen, Weiden, Möören, Gewässern, Hölzungen, und überhaupt mit allen Einkünften, Früchten und ihrem Zugehör, wie er Johann solche besessen.

In dem Ende hat er mit Einwilligung aller seiner Erben, als Johann, Nicolaus und Gödeke, um seiner Seelen-Seligkeit willen, und zu Ehren des Ritters Johann von Bülow seines Vaters, und Reimar seines Bruders, guten Andenkens, diese geschenkte Hufen zum Zeichen des übertragenen Besitzes freywillig, zum Nutzen des Klosters, zu Unsern Händen wieder übergeben (Uns aufgelassen). Die Anwendung dieser Schenkung hat gedachter Johann auf die Art ausgedrückt, daß der Herr Probst Hinrich allenthalben, es sey in der Schule Studirens halber, oder im Dienst eines weltlichen oder geistlichen Herrn, die Früchte und Nutzung aller dieser Hufen, so lange er lebet, ganz allein genießen und zu seinem eigenen Nutzen nach Gefallen verwenden könne: Doch aber soll gedachter Herr Hinrich, entweder selbst oder durch einen andern Geistlichen, den er dazu bestellen wird, alle Tage in der Kirche zu Rehna vor dem Altar, der den heiligen Aposteln Peter und Paul, und dem heiligen Apostel und Evangelisten Johannes gewidmet ist, eine feyerliche Messe halten.

Nach des gedachten Hinrichs Tode aber, sollen die Früchte und Einkünfte dieser Hufen dem Kloster selbst anheim fallen mit dem Beding, daß der jedesmalige Probst einen geistlichen Capellan halte, der alle Tage den Dienst am gedachten Altar verrichte: Damit nun der Vorsatz bey dieser Schenkung weder aus Nachlässigkeit oder Betrug hinterstellig gemacht, und während eines ganzen Monats bey erwähntem Altar, und bey dem Altar Elisabeth, welcher durch den Großvater gedachten Johannes, Herrn Gottfried von Bülow, Ritter, in demselben Kloster gestiftet worden, ohne Noth der Meßdienst nicht möge versäumet werden; so verordnen und wollen Wir durch diesen Brief, daß in dem Fall sowol dem Probst als der Priörinn der Eintritt in die Kirchen verwehret seyn solle, bis dergleichen Betrug oder Nachlässigkeit schuldigermaßen nicht ferner statt habe. Nachdem Wir nun gesehen und erwogen, daß diese Schenkung, zu Errichtung einer Vicarie, nach den geistlichen Regeln, wie sich gebühret, eingerichtet worden, so genehmigen und bestätigen Wir solche unter Anrufung des göttlichen Namens. In immerwährender Bescheinigung alles obigen, haben Wir Unser Siegel mit den Siegeln des oftgedachten Johann von Bülow als Schenkern, des Probst und des Rehnaischen Convents gegenwärtigem Aufsatz anzuhängen für nöthig befunden. Zeugen sind: der Ehrwürdige Vater in Christo Gottfried, Bischof zu Schwerin, und die achtbaren Männer: Magister Peregrin, Domherr zu Hamburg, Mag. Hinrich Goldoge, Domherr zu Lübeck, Mag. Johann von Campe, Gerard, Capellan des Herrn Bischofs zu Schwerin; Ritter: Johann von Brütschow, Friedrich Molzahn, Hinrich von Gustekow, Hinrich Boot; und die Knapen, Vicke von Bülow, Lobezin und Stolnin, und mehr andere Glaubwürdige. Gegeben und geschehen zu Rehna 1313 den vierten Tag nach dem Sonntag Invocavit.

Diese Urkunde ist auf Lateinisch zu lesen beym Westphal l. c. Tom. II. p. 223, und im Pap. Meckl. p. 938, jedoch sehr fehlerhaft, wiewol solches p. 3008 verbessert ist.

Q

Ritter Niclaus von Bülow verkauft Botelsdorf an das Kloster Rehna.

Allen, denen diese Schrift zu Gesichte kömmt, entbietet Niclaus von Bülow, Ritter, genannt von Zibühl, ewiges Heil in dem Herrn. Zu wissen sey allen sowol itzigen als künftigen, daß ich mit völliger Einwilligung meines Brudersohns Niclaus und anderer meiner Erben, denen daran gelegen, verkauft, und mit eben gedachtem meinen Brudersohn Niclaus dem Ehrwürdigen und Andächtigen Herrn Probst und Priorinn des ganzen Convents auch der Kirchen zu Rehna für 300 Mark Lübscher Münze, die mir wohl bezahlet sind, überlassen habe, die Aufkünfte dreyer Hufen im Dorfe Bothlrvestorp, welche ich von Gottfried Schnellot durch einen rechtmäßigen Kauf an mich gebracht, wie auch das Lehn des ganzes Dorfes, und was ich sonsten darinn gehabt habe, dergestalt, daß ich und gedachter Niclaus, der Sohn meines Bruders, und meine Erben, wie auch meine Nachfolger, uns auf keinerley Art darinn etwas vorbehalten: In dessen Beglaubigung sind mein und meines Vetters Siegel angehänget worden; Zeugen sind die Herren Friedrich, Johann, Gottfried und Hinrich, Ritter und Gebrüdere von Bülowe, und andere mehr Glaubwürdige. Gegeben Rehna im Jahr 1322.

<small>Man findet diese Urkunde im Pfeffinger l. c. p. 275, und im Papist. Meklenb. p. 1001 in Lateinischer Sprache.</small>

R

Fürst Hinrich zu Meklenburg überläßt Warnemünde der Stadt Rostock.

Wir Hinrich, V. G. G. Herr zu Meklenburg und Stargard, bekennen und bezeugen in diesem gegenwärtigen Briefe, daß Wir den Ehrbaren Mannen, unserm Rath und der Gemeine der Stadt Rostock, das Haus und den Thurm zu Warnemünde verkauft haben, also, daß sie es niederreißen können. Wollte sie daran jemand zu irgend einer Zeit behindern, so wollen Wir ihnen hierinn beystehen. Auch wollen Wir Uns nicht versöhnen mit dem Edlen Fürsten, Unserm Herrn dem Könige von Dännemark, ohne den vorbenannten Rath und die Stadt Rostock mit in den Frieden einzuschließen. Ferner soll gedachter Rath und die Stadt Rostock bey allen ihren Gerechtsamen bleiben, die sie von Alters her gehabt, und Wir und Unsere Erben mögen sie wol verbessern, aber nicht schmälern: Doch soll alles, was zur Herrschaft gehöret, bey Uns und Unsern Erben bleiben. Dieser Sache sind Zeugen: der Edle Herr Graf Gickel (soll wol Niclaus heißen) von Schwerin, Unser Oheim, Herr Johann Rosendahl von Plessen, und sein Bruder, Markward von Plessen, Herr Wipert Lützow, Unser Marschall, Herr Johann und Gödecke von Bülow, Herr Berend Preen, Herr Gottschalk von Barnekow und mehr brave Leute Pfaffen und Layen. Daß alle diese Dinge ferner also bleiben sollen, haben Wir Unser Insiegel diesem Briefe anhängen lassen, der gegeben ist nach Gottes Geburt in dem 1322sten Jahre, des Freitags nach St. Mauritius-Tag in Unserer Stadt Gadebusch.

<small>Diese Urkunde ist in plattdeutscher Sprache zu lesen beym Franck Meklenb. Gesch. Lib. VI. p. 42.</small>

S

Das Kloster Rehna bezeuget eine ihr von dem Ritter Johann von Bülow gemachte Schenkung.

Ick Herr Ericke Schwerze Provest, vor Berta Priorinn unde dat ganze Convent des Klosters to Rene,	Ich Herr Erich Schwerze, Probst, Frau Berta, Priorinn, und der ganze Convent des Klosters Rehne,

Rene, bekennen apenbar vor allen denghenen, de deffen Bref zeen edder hören lefen, dat us de erlike Ridder Her Johan van Bülowe, deme God gnedig sy, hefft gegeven mit ganzer Vulbard siner ehlicken Sönes, Hennecken Clawes Gödecke und Hennecken und aller siner andern erlicken Erven mit alleme Rechte acht Mark Gheldes Lübeckischer Penninghe to ewigen Tyden an deme Dorpe tho Benzin, up tho börende von Könecken Bucken Erve, van Hennecken Millies Erve, und van Curd Bilntes Erve tho ener ewighen Dechtniffe tho Seligheit siner Seelen siner Kinder und siner Erven. Davör schöle wy unde wollen emme unde sinem Vader Johann Bülow twyer in deme Jare begahn an deme Denefte unses Heren, alze tho Sunte Vites Daghe unde tho Sunte Mauritius Daghe mit Bigilien und mit Seel-Myffen, Gade tho Love unde tho ern, unde eren Seelen unde allen Christenen Seelen to Trofte, unde van deffen acht Mark Gheldes schole wy holden tween Denefte in dem Jare tho ewygen Tyden. Were it, dat deffe acht Mark Gheldes nicht uthegevernen, unde deffe vorufchrevene Begentniffe nichten fchegke, des God nichten willen, fo fchal de Provest unde de Begevenen tho Banne wefen. Dat alle defe Stücke ftede unde veft blyven unde unthobracken; fo hebbe wy witlicken unfe Jngheftegele henghet laten vor deffen Bref, dhe gheven und fcreven is tho Rene na Gades Bort im Dufent drehundert unde acht unde achtenthigenften Jare an unfers Herrn Hemelfardes Daghe.

Rehne, bekennen offenbar vor allen denen, die diefen Brief fehen oder lefen hören, daß uns der ehrliche Ritter, Herr Johann von Bülow, dem Gott gnädig fey, hat gegeben mit voller Einwilligung feiner ehelichen Söhne, Hennecke, Claus, Gödecke und Hennecke, und aller feiner andern ehrlichen Erben, mit allem Rechte acht Lübfcher Pfenninge zu ewigen Zeiten in dem Dorfe Benzin zu heben, von Löhn Bucken Erbe, von Hennecken Milties Erbe, und von Cord Bilntes Erbe, zu einer ewigen Memorie oder Gedächtniß zur Seligkeit feiner Seelen, feiner Kinder und feiner Erben. Dafür follen und wollen wir ihm und feinem Vater Johann Bülow jährlich zween Dienfte unfers Herrn, als auf St. Vites-Tag und auf St. Mauritius-Tag, mit Vigilien und mit Seel-Meffen halten, Gott zu Lobe und zur Ehre, und ihrer Seelen und aller Chriften Seelen zum Trofte, zu ewigen Zeiten. Wäre es auch, daß diefe acht Mark Geldes nicht gehoben würden, und daher diefe vorgefchriebene zugeftandene Dienfte nicht wollten gehalten werden, welches Gott nicht wolle, fo follen der Probft und die Begebenen (Klofter-Jungfern) im Bann feyn. Damit alle diefe Stücke ftets feft und unverbrüchlich bleiben, fo haben wir wiffentlich unfer Infiegel vor diefem Briefe hängen laffen, der gegeben und gefchrieben ift zu Rehne nach Gottes Geburt im Taufend dreyhundert und acht und achtzigften Jahre, an unfers Herrn Himmelfahrts-Tage.

<small>Diefe Urkunde ift genommen aus R. J. von Behr Mfpt. der Befchreibung des von Bülowfchen Gefchlechts, und bis daher ungedruckt.</small>

T

Hennecke von Bülow verpflichtet fich dem Markgrafen von Brandenburg gegen die Herrn von Werle beyzuftehen.

Wir Otto und Gunzel, Gänfe und Herrn zu Putlitz, Herr Eckard von Dybow, Ritter, Hennecke von Bülow, Gumprecht von Alvensleben, Baldewin von dem Kroge, Markward von der Zude und Henning von Stavenow bekennen und bezeugen in diefem Briefe, daß wir getreulich geloben, mit gefamter Hand den achtbaren Leuten Otten von Plburg, Droft des Markgrafen, Herrn Beteken von Wildberg und Herrn Henning von Jagow, Ritter, daß wir uns nicht ausföhnen wollen mit den Wendifchen Herrn und ihren Helfern, und auch in Anfehung unfer Beftungen und unfer Häufer uns nicht vergleichen wollen, es fey denn mit unfers Herrn des Markgrafen Rath und Willen. Das bezeugen wir in diefem Briefe, den wir mit unferm Infiegel befeftiget haben, und gegeben ift nach Gottes Geburt MCCCXXXIV, an unferer lieben Frauen Tage, als fie gen Himmel fuhr; zu bem Neuen-Haufe.

Alles diefes foll der Brief der vorbenannten Leute enthalten. Dieß find die Schlöffer derfelben: Putlitz Haus und Stadt, Krywitz Haus und Stadt, Rumpöhagen, Ketsdorf, Lenzen Haus und Stadt, Gorlofen, Dömitz

Dömitz und Stavenow. Daß sie mit diesen genannten Schlössern zu des Markgrafen Diensten seyn sollen, und ich ihm darüber ihre offene Briefe schaffen will, das gelobe ich Otto Gans mit aller Treue in diesem Briefe, woran mein Insiegel hänget.

Diese Urkunde findet man in plattdeutscher Sprache in Gerkens Codice Diplom. Brandenb. p. 256. Tom. I.

U

Ludolph, von G. G. Bischof zu Schwerin, bestätiget die Schenkung des Wapeners (armigeri) Johann von Bülow, zu Gülzow wohnhaft, an die Kirche zu Bützow von einer Hufe in Petersberg zu Errichtung einer kleinen Präbende für seinen Sohn Hermann; und weil er abwesend, so ist für ihn Hinrich von Bülow der Jüngere, Domherr zu Bützow, eingeführet, und ihm sowol im Capittel als im Chor eine Stelle angewiesen worden ꝛc. ꝛc. Zeugen sind unter andern: **Hinrich von Bülow der Jüngere, Domherr, und Herr Bottho von Hasekop, Herr Gottfried von Bülow und Herr Hinrich von Bülow,** Ritter. Im Jahr 1335 den 27. Junii.

Dieses ist im Lateinischen zu lesen in Pfeffingers Br. Lüneb. Historie P. II. pag. 203.

V

Ritter Hinrich von Bülow bekommt die Beden und Jurisdiction zu Kegsdorf, Niendorf ꝛc.

Allen, denen dieses zu Gesichte kommt, entbietet Hinrich, V. G. G. Herr zu Meklenburg und Stargard, Heil in dem, der unser aller Heil ist. Hiedurch bekennen Wir und wollen es allen bekannt machen, daß Wir Unserm lieben und Getreuen Hinrich, Herrn von Bülow, und seinen rechten Erben überlassen und rechtlich verleihen, die Beden in allen Hufen derer Dörfer Keteldesdorp, Niendorp, Horst und Westingbrügge, wie sie in ihren Scheiden liegen, für 450 Mark Slavisch, also, daß er und seine wahre Erben jährlich von Neujahr an eine Mark von jeder Hufe einnehme, bis vorgedachte Summe ihm und seinen Erben völlig abgetragen worden, da sodann die Bede so gleich wiederum an Uns verfällt. Ueberdieß überlassen Wir gedachten Hinrich und seinen wahren Erben, und verleihen ihm in erwähnten Dörfern die hohe und niedrige Jurisdiction, wie wir selbige gehabt haben, für 200 Mark Slavisch, welches aufhöret, so bald ihm dieses Geld wieder bezahlet worden. Noch überlassen Wir ihm und seinen Erben alle Dienste, welche Uns in diesen Gütern zustehen, außer daß Wir Uns und Unsern Erben die Lehnpferde (Servitia dextrariorum) vorbehalten. Damit aber inskünftig kein Streit sich hierüber entspinnen möge, so haben Wir diesen Brief durch Einhängung Unsers Siegels bestärken lassen wollen. Zeugen sind: Conrad von Cremun, Wedekin von Plote, Albert von Dewitz, Hinrich von Vilin, Ritter und Unsere Räthe, und mehr andere glaubwürdige Leute. Gegeben Schönberg 1318 den dritten Tag nach dem Sonntag Judica.

Auf Latein ließ man dieses beym Westphal Tom. IV. p. 958.

W

Ritter Hinrich von Bülow schenket dem Kloster Dobran zum Vortheil der Armen jährlich 10 Drömt Rocken aus Ketelhodsdorf.

Hinrich, v. G. G. Herr zu Meklenburg, Stargard und Rostock, entbietet allen Christgläubigen, die gegenwärtigen Brief sehen werden, Heil in dem Herrn. Da das Gedächtniß der Menschen hinfällig, so ist es gut daß

daß dasjenige, was zur Wissenschaft der Nachkommen gelangen soll, durch Schriften, die mit Zeugen und Siegel glaubhaft gemacht, verewiget werde. Zu dem Ende machen Wir durch gegenwärtiges kund, daß Unser getreuer Vasall, Herr Hinrich von Bülow, Ritter, zur Vergebung seiner Sünden und zum Heil seiner Seelen, mit Wohlgefallen und Einwilligung seiner Ehefrau, seiner Erben und aller seiner Freunde, auch bey vollkommener Gesundheit, mit andächtigem Gemüth und freygebiger Hand unserer lieben Kirche zu Doberan von seinen ihm von Gott zugewandten Gütern verliehen habe zehn Drömt (trimodia a)) Pacht-Rocken aus seinen Gütern zu Retelhudesdorp gemeiniglich genannt; welchen Rocken der Herr Abt gedachter Kirche und das Kloster jährlich und allstets durch ihre eigene Leute auf Martini aus besagtem Dorfe zu heben haben, ehe noch sonst irgend jemanden aus demselben etwas an Zinsen verabfolget worden: Sie haben auch diese zehn Drömt Rocken nicht aus gewissen bestimmten Hufen, sondern aus dem ganzen Dorfe überhaupt zu empfangen, und mit ihren eigenen Wagen und Pferden wegzuschaffen; dagegen sie auch von dem besten gedroschenen und rein gemachten Korn, von welchem Einwohner es sey, und so lange sie etwas finden können, zu nehmen berechtiget sind. Wann aber wider Vermuthen obgedachte Hebungen nicht nach dem Willen und Wohlgefallen des Herrn Abts und des Klosters abgetragen würden; so haben selbige vollkommene Befugniß und Gewalt, solche durch den Kloster-Vogt durch Auspfändungen beyzutreiben, wenn auch oberwähnter Herr Hinrich oder seine Erben und Freunde solches widersprechen oder verhindern wollten. Außer diesem, jährlich auf Martini etwa nöthig befundenen, Auspfändungs-Recht hat der Abt und das Kloster an diesem Dorfe weiter nicht das geringste zu fordern. Uebrigens ist der jedesmalige Abt zu Doberan für obige Hebungen immer und in Ewigkeit das ganze Jahr hindurch, allemal um den sechsten Tag, sechzig Brode, so wie sie in dem Kloster gebräuchlich sind, und weder verkleinert, verändert, oder angeschnitten, sondern vollkommen ganz seyn müssen, den Armen aus Liebe und Gott zu Ehren auszutheilen verbunden. Damit aber alles obige steif und fest zu ewigen Zeiten also gehalten werde, haben Wir diese Schrift mit Unserm, und des Ehrwürdigen Vaters in Christo des Bischofs Johann zu Schwerin, wie auch des oben gedachten Ritters Hinrich von Bülow Siegeln bestärken lassen. Zeugen sind: Johann Rosenthal, Wippert Lützow, Bertold Breno, Gottfried von Bülow, Hinrich von Barnekow, Matthias von Axecowe, Ritter. Diedrich und Johann, Knapen, Brüder des oberwähnten Ritters Hinrich von Bülow. Gegeben im Jahr des Herrn 1324, am Reinigungs-Tage der heiligen Jungfrau Marien.

Diese Urkunde ist im Latein zu finden beym Westphal l. c. Tom. III. p. 1614.

[a Trimodium ist 3 Himten, ein Himten 4 kleine Scheffel, wovon ein jeder 12 Metzen zu fünf Pfund hält.

X

Der Archidiaconus Ludolph von Bülow investiret seinen Bruder Thesaurius Hinrich von Bülow mit der Kirche zu Stralsund.

Im Namen des Herrn, Amen. Im Jahr nach der Geburt Christi 1327. In der zehnten Indiction den 27sten Febr. Im 11ten Jahr der Regierung des heiligen Vaters in Christo des Papstes Johann des 22sten, erschien in der Sanct Egidien Kirche zu Lübeck der Ehrwürdige und Besondere (discretus) Mann Herr Ludolph von Bülow, Stift Schwerinscher Archidiaconus des Landes Tribesees, in meiner und der unterzeschriebenen Zeugen Gegenwart, und behauptete für gewiß, daß in Ansehung seines Archidiaconats nach einer alten und gutgeheißenen Gewohnheit, die auch seit undenklicher Zeit in Friede und Ruhe beobachtet worden, die Besetzung der Pfarrkirche zu Stralsund in der Schwerinschen Dioces ihm allein zukäme: Wann nun gedachte Pfarrkirche durch den Tod des Herrn Otte Sloren, weiland Rector derselben, bereits seit sechs Monaten vacant geworden und noch offen stünde, und wegen des Patronat-Rechts gedachter Kirche zwischen dem Hochwürdigen Vater in Christo Herrn Johann, Bischofen von Schwerin, an einer, und den Edlen (nobiles) Männern, Herrn Hinrich zu Meklenburg und Herrn Johann und Henning, zu Werle Herrn, am andern,

andern, auch den Söhnen des weiland Herrn Wislaus, Herzog von Stettin, am dritten Theil, Streit entstanden, und solcher binnen sechs Monaten, seitdem die Kirche erlediget worden, noch nicht entschieden noch beygeleget sey, und noch ito immer in Ungewißheit bliebe; so glaubte er um so mehr berechtiget zu seyn, gedachte vacante Kirche mit einer geschickten Person besetzen zu können. Nachdem er nun dies gesagt, hat er, Herr Ludolph, dem gleichfals gegenwärtigen Ehrwürdigen Herrn Hinrich von Bülow, Thesaurarius zu Schwerin, gedachte Kirche, wie sie vordem Otto Gloren gehabt, und die Besorgung der Seelen der Eingepfarrten aufgetragen, und ihn mit besagter Kirche gegenwärtiglich durch Darreichung seines Hutes (p. caputium suum) beliehen a). Gedachter Herr Hinrich aber hat diese ihm aufgetragene Kirche angenommen, und dabey versprochen, so bald er zu dem geruhigen Besitz gedachter Kirche gelangen könnte, er bereit und willig sey, seine Stelle als Thesaurarius der Schwerinschen Kirche zu verlassen. Geschehen rc. in Gegenwart der Ehrwürdigen Männer, Herrn Johann Hakon, Johann von Mul, Scholasticus, Nicolaus von Strassendorp, Magister, Ditmar Sculoph, Johann von Sago, Domherr zu Lübeck, Johann Westfal, Rector, Diedrich von Zobern, Capellan der Sanct Egidienkirche zu Lübeck, und andere mehr glaubwürdige Zeugen sowol Geistliche als Layen, die zu dieser Handlung besonders berufen und erbeten worden.

Und ich Johann von Hamburg, Geistlicher des Schwerinschen Dioces und öffentlicher Kaiserlicher Notarius, bin bey dieser Auftragung der Seelen-Sorge und derer Investitur, und bey allem, was vorher gesagt worden, samt den gedachten Zeugen zugegen gewesen, und habe alles und jedes auf Verlangen gedachter Herrn Ludolph und Hinrich von Bülowe in diesem öffentlichen Instrument gebracht, und mit meinem gewöhnlichen Pittschaft bezeichnet.

<small>Diese und die darauf folgende Investitur des Bischöflich-Schwerinschen Candidaten Aschwin von Saldern ist auf Lateinisch zu lesen im Pap. Meklenb. p. 3023 u. f.</small>

<small>a) Die Investitur der Geistlichen war zweifach, symbolisch oder reell. Die symbolische geschahe bey den Bischöfen per annulum et baculum, durch den Ring und Stab; bey den geringern Geistlichen aber per Biretum oder Capucium, durch den Hut: Der Ordinans überlieferte solchen dem andern, und dieses war das Symbolum oder Zeichen der Bevollmächtigung. Siehe Böhmer ius eccles. protest. Libr. III. Tit. VII. Vol. a. §. 7. p. 537.</small>

Y

Schreiben des Churfürsten von Brandenburg an den Bischof Ludolph von Bülow.

Dem Ehrwürdigen Vater in Christo Herrn Ludolph, Bischofe zu Schwerin, entbietet Ludolph, V. G. G. Markgraf zu Brandenburg und Lausnitz, Pfalzgraf am Rhein, Herzog in Bayern, des h. R. R. Erz-Kämmerer, alle Ehrerbietung in dem Herrn, und allen gefälligen geneigten Willen.

Es hat Uns Unser lieber Hof-Capellan Gerhard Bücken, Propst zu Arnwald, vorgestellet, was er mit Euch, wegen der Gerechtsamen Eurer Kirche an das Land Tribesees abgehandelt, und wie dieselbe von dem Römischen Kaiser mit dem Eigenthum gedachten Landes begünstiget worden seyn soll; und daß, wann Wir zum Erhalt der Gerechtsame dieser Kirche etwas beytragen könnten, Wir dadurch Unsern guten Willen gegen Euch und Eurer Kirche in der That beweisen, und Unser Ansehen und Ehre dadurch ohne Zweifel vermehret werden würde. Wann es Euch daher und dem Capittel Eurer Kirche daran gelegen, so wollet Ihr entweder persönlich oder durch hinlänglich Bevollmächtigte an Unsern Hof kommen, und entweder die Begnadigungs-Briefe selbst, oder wenigstens beglaubte Abschriften davon mitbringen, da denn nach derselben Einsicht Wir gerne gewilliget sind, Euch mit gutem Rathe beyzustehen. Wann Ihr aber, wie zuvor gedacht, persönlich zu Uns zu kommen verhindert werden solltet, so soll Euch oder Euren Bevollmächtigten Unser lieber und getreuer Oberhauptmann Johann von Buch nebst noch einigen Unserer Geheimschreiber bis die Meklenburgschen Städte Lychen, oder wol gar Neubrandenburg entgegen kommen, und wollet Ihr Uns, nach Unserm Vorgang, durch den Beförderer des gegenwärtigen Schreibens zurück wissen lassen, wann und an welchem Orte gedachter Hauptmann Euch binnen zwey oder drey Wochen treffen könne, oder Ihr könnet es ihm auch allenfalls selbst wissen lassen. Gegeben Berlin am dritten Tage der Trinitatis-Woche.

Dieses Schreiben ist im Latein zu lesen im Pap. Meckl. p. 3121. Die Jahrzahl fehlt.

Z

Ritter Gottfried von Bülow stiftet eine Memorie zu Rehna.

Johann (von Bülow) Probst, Adelheit (von Bülow) Priorinn, und das ganze Jungfrauen-Kloster zu Rehna, entbieten allen Christgläubigen, die diesen Brief lesen oder lesen hören, alles Heil in dem allgemeinen Heiland. Wir bekennen durch gegenwärtiges, daß wir von dem Herrn Gottfried von Bülow 46 Mark Lübsch völlig empfangen, und zum Nutzen unsers Klosters gegen vier Mark Renten in gleicher Münze verwandt haben, welche besagter Herr Gottfried dazu verordnet hat, daß dafür jährlich, zum Heil der Seelen seiner verstorbenen Ehefrau Margrethe, der Tag des h. Viti und Modesti, als deren Sterbetag, festlich begangen werde; auch daß am besagten Tage der ganze Convent auf folgende Art bedienet werde, nämlich daß der jedesmaligen Domina von gedachten Renten ein Semmel gegeben, dem ganzen Convent aber ein Leggel Bier, und gekochtes und gebratenes Fleisch gereichet werde. Zu mehrerer und vollkommener Bescheinigung haben wir dieses mit unsern Siegeln bestärken lassen. Gegeben Rehna 1323 am Sonntag Quasimodogeniti.

Das Pap. Meckl. enthält pag. 3020 diese Urkunde in lateinischer Sprache.

AA

Ritter Gottfried von Bülow stiftet eine Vicarie zu Bützow.

Im Namen Gottes, Amen. Ludolph, von Gottes Gnaden Bischof zu Schwerin, entbietet allen Christgläubigen, die Gegenwärtiges sehen oder lesen hören, Heil und ewige Liebe im Herrn. Durch gegenwärtiges öffentliches Instrument sey allen sowol gegenwärtigen als künftigen kund, daß vor Uns erschienen der Gestrenge Ritter Gottfried von Bützow, Unser Bruder, und Uns unterthänigst gebeten, daß, da er die Heilsmittel für seine und der Seinigen Seelen nachgedacht, und er sich entschlossen, abermal zum Heil derselben ein einfaches Beneficium oder eine Vicarie in der Kirche zu Bützow aufzurichten und zu stiften, Wir ihm dabey mit gutem Willen behülflich seyn und mit Unserm Beyfall bewürdigen möchten; er wolle als ein gottesfürchtiger und treuer Patron das Beneficium liebreich begaben, gleichwie er denn die unten beschriebene Güter und die daraus zu erhebende Renten sogleich dazu abgetreten, nach Innhalt des folgenden Instruments, wie einjeder daraus sehen und beurtheilen kann. Es lautet selbiges folgendermaßen:

Allen Christgläubigen, die dieses sehen oder hören werden, versichert Gottfried von Bülow, Ritter, aufrichtige Liebe in dem Herrn. Damit verhandelte Dinge nicht zugleich mit der Zeit in Vergessenheit gerathen; so ist es nützlich, daß das, was rechtmäßig geschehen, durch Schriften, von Zeugen unterschrieben, verewiget werde. Daher will ich auch hiedurch allen und jeden sowol itzt als in Zukunft bekannt machen, daß ich zu Ehren des allmächtigen Gottes, seiner heiligen Mutter der Jungfrauen Marien, der heiligen Apostel Peter und Paulus und Johannes des Apostels und Evangelisten, zur Erlassung meiner Sünden, eine Vicarie in der Kirche zu Bützow, mit Genehmigung und Einwilligung der Ehrwürdigen Männer und Herrn Diedrichs Dechanten und dessen ganzen Capitels, gestiftet habe, und dazu vermache und schenke durch gegenwärtigen Brief zwo Hufen auf dem angränzenden Felde des Dorfs Zepelin, davon eine Steffen, und die andere Köpke Burmeister in Cultur hat, wovon einjeder jährlich 18 Scheffel Hafer, und für ein Schwein ein Mark Slavischer Münze, nach dem Werth von acht Schilling Lübsch, abträgt; ferner eine halbe

halbe Hufe auf dem Felde zu Wolken, welche Cop bewirthschaftet, aber in Zepelin wohnet, wovon er jährlich sechs Scheffel Rocken, drey Scheffel Gerste, neun Scheffel Hafer und vier Schilling Slavischer Münze Schweingeld entrichtet; ferner einen Katen im Dorfe Zepelin, welchen Hinrich, Jacobs Sohn, bewohnet, wovon er jährlich 24 Schilling Slavisch und 8 Hühner giebet; ferner einen Katen daselbst, welchen Eteffen, der Schuster, bewohnet, wovon er jährlich zwey Mark und vierzehn Pfenning Slavisch bezahlt; ferner einen Katen alda, welchen Heinicke, Johanns Sohn, bewohnet, wovon er eben so viel als jener abträgt; ferner zwo Hufen auf dem angränzenden Felde des Dorfes Schadelock belegen, welche Diedrich, Markwards Sohn, inne hat, von welchen er jährlich neun Mark Slavisch bezahlt; ferner einen Katen daselbst, welchen Gödecke Schoff bewohnet, wovon er zwey Mark jährlich in obgedachter Münze abträgt; ferner das Haus, den Hof, den Kornspicker und die Scheune, belegen zwischen dem Hause und dem Hofe des Ritters Georg Hasenkop an der einen, und Gottschalk, genannt Sperling, beständiger Vicarius in der Bützowschen Kirche, an der andern Seite vor dem Schlosse, mit der Jurisdiction, Freyheit, Eigenthum und allem Rechte der kleinen Zehenten, und mit den Rauchhühnern, so wie auch ich, meine Voreltern und Vorfahren, diese Güter zusammen oder getheilt besessen haben, und bis auf den heutigen Tag besitzen. Verordne, begehre und setze hiebey fest, daß der Aelteste meiner Erben, wann diese Vicarie nach meinem Tode offen kommen würde, dazu einen geschickten Mann, wie es einem rechtmäßigen Patron eignet und gebühret, nach seinem Wohlgefallen vorschlage, welcher als Besitzer und Inhaber dieser Vicarie jährlich zwey Mark Slavisch, nach oben besagter Taxe, den Domherrn und Vicarien gedachter Kirche, nach dem bey selbiger üblichen Gebrauch, zu Seelmessen und nächtlichen Gebetern an meinem Jahrstage, zu meinem und der Meinigen Andenken, zu ewigen Zeiten auszahlen solle. Schließlich begehre ich von euch allen inständigst die Beharrlichkeit in Haltung des Versprochenen und ein Zeugniß darüber. Geschehen und gegeben zu Bützow in Gegenwart Unsers des Bischofs Ludolph zu Schwerin und der sich untergeschriebenen Zeugen, als: Hinrich und Friedrich, Ritter, und Hinrich Thesaurarius der Kirche zu Schwerin, Unsere Brüder, wie auch Hinrich, Waffenträger, Unser Vetter, allerseits genannt von Bülow, und andere mehr Glaubwürdige. Im Jahr des Herrn 1335.

Da nun Unsere Absicht ist, den Dienst des Herrn während Unserer Regierung zu vermehren, so billigen Wir das gerechte Gelübde des gedachten Patrons und errichten in Gottes Namen hiemit von denen bemerkten Gütern, Renten und Höfen mit aller Nutzung, Eigenthum, Freyheit und allem Recht, welche ihm und den Seinigen daran zugestanden, ein einfaches Beneficium oder eine ewige Vicarie in der Kirche zu Bützow, mit Einwilligung des Ehrwürdigen Herrn Dechant Diedrich und des ganzen Capitels, und legen sie, nach der Schenkung des gedachten Patrons, selbiger als einen ewigen Dotem bey; bestätigen auch und genehmigen wissentlich und nach der Uns zukommenden Gewalt, was durch vorerwähnten Gottfried in Ansehung der Stiftung und Beschenkung dieser Vicarie verordnet ist, und wollen, daß diese Güter und Renten als ein Eigenthum Christi, und als eine der gedachten Kirche gewidmete Wohlthat auf ewig angesehen werde: Wir genehmigen auch, und stehen ganz gerne zu, daß besagter Gottfried, und nach seinem Tode seine wahren und rechtmäßigen Erben des Patronatrechtes, oder der Befugniß im Eröffnungsfall einen zu dieser Vicarie zu bestellen, sich bedienen mögen, damit andere dadurch um so leichter bewogen werden, das Einkommen der Kirche zu vermehren. Damit aber übrigens diese Unsere Zugestehung dem Dechant und dem Capitel in Zukunft nicht schädlich oder gefährlich werde, so verordnen und befehlen Wir, daß der jedesmalige Priester, welcher der Vicarie vorstehen wird, dem Dechant und dem Capittel alle ihnen zukommende und geziemende Ehre beweise, und überhaupt nichts unternehme, was ihnen auf irgend eine Art nachtheilig seyn könnte. Zum Zeugniß alles dessen haben Wir unser und des oftgewähnten Schwerinschen Capitels Insiegel anhängen lassen. Geschehen und gegeben an demselben Ort, Jahr und Tag wie oben, in Gegenwart annoch aller übrigen Stifts-Verwandten.

Diese Urkunde ist im Lateinischen zu lesen im Pfeffinger l. c. p. 200, und im Papistischen Mecklenburg p. 1143.

BB
Bischof Hinrich von Bülow stiftet zu Schwerin eine Vicarie.

Allen, die gegenwärtige Schrift sehen oder hören, entbietet Hinrich, v. G. G. Bischof zu Schwerin, Heil in dem Herrn Jesu Christo. Da nach der Bestimmung der Menschen wir von dieser Welt abscheiden müssen, und auch das Leben des Gerechten mit manchen Vergehungen umgeben ist; so muß man sich erinnern, daß man durch Austheilung milder Gaben auch solches so zieren könne, daß die Seele eines jeden Gläubigen, also von Rost gereiniget, seinem Schöpfer zum ewigen Leben wieder dargebracht werden möge. Dahero sind auch Wir zum Heilsmittel Unserer und Unserer Vorfahren Seelen entschlossen, aus Unserm eignen Vermögen, durch diejenigen fünf Hufen und zwo Katen, die Wir frey von allen Zehenten, Pächten, Steuer, Diensten, Beden und sonstigen Abgiften von Unsern Einkünften, die Wir seit vielen Jahren aus der Schwerinschen und Lübeckschen Kirche genossen, erworben haben, eine ewige Vicarie, mit allgemeiner Einwilligung der achtbaren Männer, des Probsts Hinrich, des Dechantens Conrad und des ganzen versammleten Capittels, zu Ehren der heiligen Dreyfaltigkeit, der heiligen Jungfrau Marien und aller Heiligen, einzurichten und zu stiften. Wir stiften und gründen also selbige durch Gegenwärtiges in die Schwerinsche Kirche unter den unten ausdrücklich beschriebenen Bedingungen und Beschwerungen, und legen ihr noch folgende Begünstigungen bey.

(Hier werden die Consens-Briefe der gekauften 5 Hufen ꝛc. angeführet, die aber der Kürze halber weggelassen worden.)

An welchen Hufen, Katen, Menschen und Gütern unsere Schwerinsche Kirche vorher nichts zu fordern berechtiget gewesen, denn ob gleich der Herr Probst, der Herr Dechant und das Schwerinsche Capittel in obbeschriebenen 2 Hufen im Dorfe Beyendorp die Dienste eines Pferdes gehabt, so sind doch von gedachten Herrn und von dem Capittel, nachdem alle und jede Domherrn Unserer Kirche, die da haben wollen, müssen oder können gegenwärtig seyn, zusammen berufen worden, nach reifer Ueberlegung und einhelliger Bewilligung sich dessen wissentlich, ordentlich und canonisch entsaget, wogegen zum Ersatz den gedachten Herrn und dem Capittel die Niedergerichtsbarkeit, die bisher Uns in den beyden Hufen, und ihnen anliegenden Katen des Dorfes Beyendorp zugekommen, von Uns abgetreten worden. Wir schenken und vermachen aber der Vicarie und deren jedesmaligem Verweser die oftgedachten Hufen, als drey Hufen in Klein, welche Bernhards Sohn, Johann, (ehemaliger Verkäufer) bewirthschaftet, und wovon er 4 Drömt Rocken, 2 Drömt Gerste und 6 Drömt Hafer kleine Maaße, vier Schilling und ein halbes Schwein, nach einer billigen Taxe, und 4 Mark Bedegelder entrichten muß; einen Katen in gedachtem Dorfe, wovon gegeben werden 12 Schilling Lübsch; ferner zwo Hufen im Dorfe Beyendorp, wovon der Vicarius, wann er sie etwa für den vierten Theil des Ertrages jemanden verheuret, so wie von den dabey befindlichen Wörden die Pension erhält; gleichergestalt auch einen Katen daselbst, wovon jährlich 12 Schilling Lübsch zu erheben sind, mit allen Gerechtsamen, Nutzungen, Eigenthum, Freyheiten, Genießbrauch, Gerichten, wie oben gemeldet, Diensten und Diensten, wie Wir solche nach obigem gekauft und besessen haben, an Höfen, Häusern, Wiesen, Weiden, Brüchen, Brinken, Hölzungen, Busch und Busch, Gewässer, Bächen, Aeckern, sie seyn bebauet oder liegen wüste, und so wie überhaupt diese Hufen und Katen in ihren Scheiden und Grenzen belegen, so sollen sie auch dieser Vicarie beygeleget seyn. Das Patronatrecht aber und das Recht diese Vicarie jederzeit, so oft es nöthig seyn wird, mit einer dazu tüchtigen Person zu besetzen, legen Wir dem jedesmaligen Thesaurarius Unserer Schwerinschen Kirche bey, verordnen aber zugleich, daß er dahin sehe, daß der Vicarius an Unserm Sterbetage zwey Mark, und eben so viel an den Sterbetagen Unsers Vaters Hinrich, Unserer Mutter Elisabeth, und Unsers Bruders Vicke, allerseits Vielgeliebte und sel. Verstorbene, jährlich in dem Schwerinschen Chor vertheile, und zwar die Hälfte an die Vicarien, die gedachte Jahrtage feyerlich begehen, dafür sie auch die Lampe, welche vor dem Gewölbe des Altars dieser Vicarie brennet, alle Nacht anzünden und auslöschen müssen ꝛc. Gegeben und geschehen zu Schwerin im Jahr 1341 den fünften Tag nach dem Feste der Bekehrung des h. Apostels Paulus. Amen.

Auf Latein liefet man diesen Stiftungs-Brief weitläuftiger im Pap. Mekl. pag. 1239.

CC

Verwandte des Bischofs Friedrich von Bülow.

Von den Urkunden, von welchen der Verfasser des Pap. Mekelnb. Herr Pastor Schröder zu Wismar, versichert, sie in Händen gehabt zu haben, von welchen er aber nur die Rubriken angezeigt, lautet es p. 3139 folgendergestalt:

1369. Fundation einer Misse Friderici B. zu Swerin: Zu welcher Misse der Rath zu Schwan und zu Cröpelin jährlich ein gewisses an Geld, und der Rath zu Parchim ein gewisses an Korn hergeben sollen: denen Bülowen zu gute hat der Vicarius jährlich eine Memorie halten sollen. Noch hat von einigen Pächten eine Refectio, Mehldienst mit Wein und Bier, gehalten werden sollen. Von den Verwandten Bischofs Friderici lieset man folgendes: Unserer Vorfahren Bischoppen to Schwerin Gottfridi, Ludolphi und Hinrici, und Vicken des Ridders unses Vaders, Ghese unser Moder, Johann des Archidyaken tho Tribuzeses, Henrici des Knechts, Reymari des Ridders unser Bröder wandages seliger Gedächtnisse.

DD

Hennecke von Bülow verkaufet seinen Antheil in Benzin.

Ich Hennecke von Bülow auf Röggelin bekenne offenbar mit meinen rechten Erben vor allen denen, die diesen Brief sehen, oder lesen hören, daß ich mit voller Einwilligung meiner rechten Erben zu ewigen Zeiten verkauft habe dem ehrlichen Mann Herrn Erich Schwerzen, Probst, Frau Berte Rilen, Priorinn, und dem ganzen Convent des Klosters Rehna, alle mein Gut in Benzin. Zum ersten in Könecke Bauken Erbe zwey Drömte Hafer, sechs Hüner, eine halbe Last und einen und einen halben Scheffel hart Korn, 24 Schilling Bede für eine Hufe und 2 Topp Flachs, mit Gerichten und mit Diensten. Ferner in Henneke Wolties Erbe vier und ein halb Drömt hartes Korn, die Hälfte Rocken und die Hälfte Gerste; 15 Scheffel Hafer, 24 Schilling Bede für eine Hufe, und 2 Topp Flachs, mit Gerichten und mit Diensten. Ferner in Cord Vipntes Erbe 6 Scheffel Hafer, 6 Drömt hart Korn, als 2 Drömt 10 Scheffel Rocken und 3 Drömt 2 Scheffel Gerste, 2 Mark 4 Schilling Bede von einer und einer halben Hufe, 3 Topp Flachs, mit Gerichten und mit Diensten. Ferner in Henneke Reimars Erbe 24 Schilling Bede für eine Hufe. In Henneke Redings Erbe 24 Schilling Bede mit Gericht und Diensten. In Butes Erbe 4 Hühner, 6 Schilling mit Gericht und Dienste. In lüdeke Röghenichts Erbe 3 Scheffel hart Korn. In Johann Bokes Erbe 15 Scheffel hart Korn. In Henneke Bullens Erbe 32 Hühner. In Quade Arends Erbe 23 Hühner.

Diese vorgeschriebene Stücke überlasse ich frey und quit, so wie ich und meine Aeltern sie besessen und geerbet haben, mit dem Holze, Möören, Feld, Wasser, Fischereyen, Wiesen, Weide, Rauchhünern, Schmalz-Zehenten, Pflege, Nutzung, allem Zubehör, Eigenthum, und mit allen Gerichten an Hals und Hand, mir und meinen Erben zu ewigen Zeiten nichts daran vorbehalten, für 455 Mark guter Lübscher Pfenninge, die mir und meinen Erben richtig und völlig ausbezahlet und zu meinem Nutzen gekommen sind. Auch soll und will ich dem vorgedachten Probst, Priorinn und ganzem Convent zu ewigen Zeiten die Gewähr leisten für mich, meine Erben und für alle, die sich Bülow nennen, sie mögen geistlich oder weltlich seyn; und wäre es, daß sie gehindert würden an diesem vorbeschriebenen Gute von mir oder meinen Erben, oder von einem, der sich Bülow nennet, so sollen ich und meine Erben sie völlig und gänzlich davon befreyen ohne Widerspruch oder Zögerungs-Einwendungen, sie mögen geistlichen oder weltlichen Rechtens seyn. Alle Briefe, die ich und meine Erben auf dieses Gut haben, sind machtlos, und sollen ihnen zu keinem Schaden, und mir und meinen Erben zu keinem Frommen gereichen, sondern sie sind quit und los von mir und meinen Erben wegen des vorgeschriebenen Gutes.

Diesen Kauf und alle vorerwähnte Stücke gelobe ich Hennecke von Bülow, und mit mir

Hen-

Henneke von Bülow, mein Sohn, wie auch Hartwig von Bülow, Reddach Schözen, Henning Parkentin, Claus Parkentin, und Detloff Negendank, Gerds Sohn, mit unsern Erben, mit einer gesamten Hand dem redlichen Manne Herrn Erich Schwerzen, Probst, Frauen Berte Rulen, Priörinn, und dem ganzen Convent des Klosters Rehna, und, zu ihrer getreuen Hand, Herrn Gottschalk von Zülow, Herrn Ulrich von Penz, Herrn Heidenreich von Bibow, Rittern, Herrn Gerd Vrimannsdorf, Kirchherrn zu Wittenburg, und Gerd Negendank, Knapen, zu ewigen Zeiten stets und fest ohne Arglist zu halten. Vergleichs-Leute und Zeugen dieser Dinge sind: Herr Gerd Vrimannsdorf, Gerd Negendank, Vicke von Bülow, Detloff Negendank, Gerds Sohn, und viele andere brave Leute, die des Zeugens und Gelobens wohl fähig sind. Und damit dieser Kauf und alle Stücke ganz und unverbrüchlich bleiben, so habe ich Henneke von Bülow und Henneke, mein Sohn, Hartwig von Bülow, Reddach Schözen rc., wissentlich unser Insiegel vor diesem Briefe hängen lassen, der geschrieben und gegeben ist zu Rehna nach Gottes Geburt 1388, am St. Jürgens-Tage, des h. Märtyrers.

<small>Diese Urkunde ist in plattdeutscher Sprache zu lesen im Papist. Meklenb. p. 1579, und ist der Anfang ziemlich einstimmig mit der Urkunde S.</small>

EE

Henneke von Bülow versichert seiner Tochter Sophie eine jährliche Rente.

Ich Henneke von Bülow auf Röggelin, und Henneke, mein Sohn, und unsre rechten Erben, bekennen und bezeugen offenbar in diesem Briefe, daß wir Soffen (Sophien) meiner Tochter, Kloster-Frau zu Rehna, überlassen und überlassen haben zehn Mark Geldes in dem Gute Ratzendorf aus Nagers Erbe, dessen sie sich ihr Lebelang bedienen, und dazu das erste Geld aufheben kann, das aus diesem Erbe kommt. An diesen zehn Mark Geldes sollen und wollen wir und unsere Erben der gedachten Soffen nicht hindern noch verwehren, so lange sie lebet. Auch geben wir dem Probst zu Rehna, oder wer der Vorsteher des Klosters Rehna seyn mag, oder wen die vorgenannte Soffe dazu bitten will, das Recht, das Geld auszupfänden, so oft es nöthig seyn wird, sondern einigen Widerspruch von uns oder unsern Erben. Diese vorgeschriebene Stücke gelobe ich Henneke von Bülow mit Henneken meinem Sohn, und mit unsern rechten Erben; auch mit uns geloben Herr Johann von Bülow von dem Wedendorf, mein Vetter, Joachim von Bülow von Zibühl, mein Vetter, Hermann von Carlow und Reimar von Carlow alle diese Stücke stetig und fest zu halten in guter Treue. Zu einem größeren Bekenntniß haben wir vorgenannte rc. unser Insiegel wissentlich hieran hängen lassen. Gegeben 1394 an dem Tage der 10000 Ritter.

<small>Diese Urkunde ist in plattdeutscher Sprache zu finden im Papist. Meklenb. p. 1611.</small>

FF

Henneke von Bülow verkauft Röggelin.

Im Namen Gottes, Amen. Ich Henneke von Bülow, der Alte, wohnhaft zu Röggelin, Knape, thue zu wissen allen denen, die diesen Brief sehen oder lesen hören, und bekenne und bezeuge offenbar in dieser gegenwärtigen Schrift, daß ich durch einen rechten Kauf dem Ehrwürdigen Vater in Gott und Herrn, Herrn Detloff Bischofen zu Razeburg, seinen Nachfolgern und denen, die diesen Brief mit ihren Willen besitzen, sie seynd geistlich oder weltlich, überlassen habe alles das, was ich mit meinen Erben an Eigenthum, Recht und

Freye

Freyheit an dem Hofe und dem ganzen Gute Röggelin besitze, so wie es in seinen Scheiden und Feldmark mit allen Zubehörungen begriffen und belegen ist ꝛc.

Dieß vorgenannte Gut habe ich Henneke, wie versprochen ist, mit Briefen verkauft für 2000 Mark guter Lübscher Pfenninge: Darzu soll mir Herr Detloff oder seine Nachfolger, Bischöfe zu Razeburg, bringen und begaben zwey Kinder mit 200 Mark Lübsch in das Kloster zu Rehna. Dieses vorgemeldeten Kaufes und Gutes halber gelobe ich gedachter Henneke mit meinen Erben und mit meinem Vetter Herrn Johann von Bülow, wohnhaft zu dem Wevendorf, Ritter, und mit seinen Erben, mit gesamter Hand unzertrennt und in guter rechter Treue, in diesem Briefe die vollkommste Gewähr, und wollen dem Ehrwürdigen Vater in Gott und Herrn, Herrn Detloff, Bischof zu Razeburg, und seine Nachfolger, Bischöfe daselbst, und alle, die diesen Brief mit ihren Willen besitzen, sie mögen geistlich oder weltlich seyn, von aller Ansprache eines jeden befreyen, der zu Recht und vor Gerichte kommen will.

Und ich Johann von Bülow bekenne offenbar in diesem Briefe, und bezeuge, daß ich mit meinen rechten Erben, mit meinem Vetter dem alten Henneken von Bülow und seinen rechten Erben, alle diese vorgeschriebene Stücke ungetrennt mit gesamter Hand und guter rechter Treue gelobet habe und gelobe, dem vorgedachten Ehrwürdigen Herrn Detloffen, und seinen Nachfolgern, Bischofen zu Razeburg, und den Inhabern dieses Briefes stets und fest zu halten, sonder einiger Arglist, Erfindung oder Hülfrede, die uns und unsern Erben in Ansehung des vorgedachten Kaufes, Vorwerks und Gutes möchten behülflich, ihnen aber schädlich seyn können.

Zu einem größeren Zeugniß aller dieser vorgeschriebenen Stücke, sind unsere Insiegel insgesamt mit unserm Wissen an diesen Brief gehänget worden, der gegeben und geschrieben ist nach Gottes Geburt 1399, des Donnerstages nach dem Zwölften.

Dieses ist plattdeutsch zu lesen im Papist. Meklenb. pag. 1658.

GG

Hinrich und Gottfried von Bülow stiften zu Büzow eine Memorie.

Kund und zu wissen sey allen, die dieses sehen oder hören, daß wir Hinrich und Gottfried Gebrüdere genannt von Bülowe, zugleich mit unsern wahren Erben, den Ehrwürdigen Männern, Herrn Dechant, Domherrn, dem Capittel und sonstigen Personen der Büzowischen Collegialkirche Schwerinschen Sprengels, richtig und ordentlich mit einer Schuld von drey und dreyßig Mark Lübscher Pfenninge, aus einem Vermächtniß unserer Aeltern Niclaus und Armgard, wie auch derer Herrn Niclaus und Johann unserer Brüder, weiland Domherrn der Kirche zu Büzow, sel. Andenkens, zu einer ewigen Memorie in der Büzowschen Kirche, verhaftet und verbunden sind, und daß wir auch diese 33 Mark Lübsch auf des h. Martini Fest gleichfolgenden Jahres gedachtem Dechant, Domherrn, Capittel und andern Personen der Büzowschen Kirche, baar in gäng und gebigen Lübschen Pfennigen, oder auch mit so vielen Pfändern, daß dafür besagte 33 Mark von Christen oder Juden füglich in einer Summe in Empfang genommen werden können, binnen den Mauern der Stadt Büzow, wirklich bezahlen wollen und sollen, und soll dagegen weder Aufschub noch Ausflucht, und sonstiger Widerspruch etwas gelten. Wir entsagen auch hiedurch ausdrücklich aller Hülfe und Wohlthaten, die das Canonische- oder Civilrecht darbieten, oder noch darbieten möchten, und durch welche wir entweder selbst, oder durch Zwischen-Personen uns von obigem Versprochenen los zu machen suchen möchten, dergestalt, daß wir Hinrich und Gottfried Gebrüdere von Bülow, zugleich mit unsern wahren Erben und Gewähr-Männern, als Vicke von Bülow wohnhaft zu Zimen, Gemeke (Henneke) von Bülow wohnhaft zu Röggelin, Henneke von Bülow wohnhaft zu Wedewendorp, und Hinrich von Bülow wohnhaft zu Arinow, den gedachten Herrn, dem Dechant, Domherrn, dem Capittel und andern Personen der Büzowschen Kirche, solches vielmehr fest und unverbrüchlich zu halten hiemit in gutem Glauben, und mit gesamter Hand versprechen und zusagen. Zu mehrerem Zeugniß haben wir, die

Hauptschuldener, unsere Siegel und auch zugleich die unserer Mitversprecher mit unser aller Wissen der gegenwärtigen Schrift anhängen lassen. Gegeben Bützow im Jahr des Herrn 1382 am Tage der h. Marie Magdalenen.

Diese Urkunde ist sowol im Pfeffinger l. c. p. 276, als auch im Pap. Mekl. p. 1553 auf Lateinisch zu lesen.

HH

Drey Brüder von Bülow verkaufen Benz.

Allen Christgläubigen, die Gegenwärtiges sehen werden, entbieten Henneke, Hermann und Hinrich, Gebrüdere genannt von Bülow, Knapen, ihren Gruß in dem Herrn. Damit die Handlungen der Menschen, die in der Zeit geschehen, nicht mit derselben verschwinden, so ist es nothwendig, daß selbige durch Schriften, die von Zeugen unterschrieben worden, verewiget werden. Dahero sey hiedurch allen, denen daran gelegen, kund und zu wissen, daß wir nach reifer Ueberlegung, mit Vorwissen und Einwilligung aller Erben und sonstigen Verwandten, deren Einwilligung hiezu billig erforderlich gewesen, hiedurch mit voller Vernunft verkauft und zu ewigen Zeiten den löblichen Männern, den Herrn Bürgermeistern und gemeiner Stadt Wißmar überlassen haben unser ganzes Dorf Benz mit allem Zugehör an cultivirten und nicht cultivirten Aeckern, Wiesen, Weiden, Möören, Brinken und ihren Abnuzungen, Gewässern, Wasserläufen, Deichen und deren Fischereyen, mit allen Jagden, der ganzen hohen Gerichtsbarkeit an Hand und Hals, und mit der ganzen Niedergerichtsbarkeit, nämlich von 60 Schilling und darunter, mit allen Beden und Diensten, und überhaupt mit allen Freyheiten, Eigenthum, Nuzungen, Bequemlichkeiten, Früchten und Hebungen, als unsere Vorfahren und wir selbst solches besessen haben, um und für fünf hundert Mark Lübscher Pfenning in einer Summe zahlbar, dagegen sie auch von Diensten mit Handpferden (dextrariis) und sonsten befreyet sind, jedoch alle Wege unserm Hochgeliebten Herrn, dem Herrn Albrecht zu Meklenburg, das Vorkaufsrecht vorbehältlich. Wir entsagen auch öffentlich für uns und unsere Erben allen Gerechtsamen, Zuständnissen und Nuzungen an diesem Dorfe, und allen Ausflüchten, die gegen diesen Verkauf gemacht werden könnten. Wir versprechen auch überdem, zugleich mit unsern untergeschriebenen Mitgelobern, mit Hand und Mund, und durch diesen Brief, daß wir vorgedachten Herrn Bürgermeistern, wegen dieses Dorfes Benz, und was sonsten dabey bedungen ist, binnen Jahr und Tag, wie die gemeinen Rechte es erfordern, die Gewähr leisten, und daß unsere jüngere Brüder, so bald sie zu ihren Jahren gekommen seyn werden, denen Bürgermeistern und der Stadt gleichfalls gedachtes Dorf, nach allen festgesezten Bedingungen, vor unserm Herrn zu Meklenburg zu ihrem Theil überlassen sollen: Wie denn auch gedachte Bürgermeister und die Gemeine binnen Jahr und Tag, von jezo angerechnet, wenn es ihnen gefällig seyn möchte, von der ehrbaren Frau Regendankſche die Renten von sechs Mark Lübsch für funfzig Mark gleicher Münze wiederum einlösen, und solche Renten in dem Dorfe Benz zu ihrem Nuzen ewig beybehalten mögen. Daß dieses alles und jedes ohne Hinterlist unverbrüchlich gehalten werden soll, versprechen zugleich mit gedachten Brüdern von Bülow, Verkäufern, durch Reichung der Hand und mit völligem Glauben, wir Helmold von Plesse, Sohn des Reimar von Plesse, und Hermann von Oertze, Knape, Sohn des Herrn Hermann von Oertze Ritters, und haben wir zum offenbaren Zeugniß und zu desto mehrerer Bestärkung unser Siegel zugleich mit den Siegeln oft bemeldter Brüder gegenwärtiger Schrift anhängen lassen. Gegeben und geschehen Sternberg im Jahr des Herrn 1339 den dritten Tag nach dem Fest der Enthauptung des h. Johannis des Täufers; in Gegenwart derer berühmten und ehrlichen Männer Bolton Hasenkop, Johann von Plesse, Gottschalk Storm, Eggard von Bybow und Eggard Hardenack, Ritter; Johann Cröpelin, Bernhard Alkum, und Hinrich des Jüngeren von Stralendorp, Knapen, und mehr andere Glaubwürdige.

Wer dieses und auch den Bestätigungs-Brief des Fürsten Albrecht zu Meklenburg im Lateinischen lesen will, findet solches im Papist. Mekl. p. 1217, wie auch in den Beylagen der Deduction Das lezte Wort genannt pag. 155.

II

II
Kaufbrief wegen der Graffschaft Schwerin.

In Gottes Namen, Amen. Wir Herr Albrecht und junge Herr Hinrich, Unser Sohn, V. G. G. Herzoge zu Meklenburg, zu Stargard und zu Rostock Herrn, bekennen und bezeugen offenbar in diesem Briefe für Uns und Unsere Erben, daß Wir mit Einwilligung Unserer nächsten Freunde, und mit Rath Unserer Rathgeber, haben gekauft und kaufen in diesem gegenwärtigen Briefe alle die Herrschaft und die ganze Graffschaft Schwerin, mit Städten, Häusern, Mannen und Landen, als bey Namen Schwerin, Wittenburg, Neustadt, Marnitz und das halbe Land Lenzen, mit aller Ansprache und Gerechtigkeit, wie solche die Edlen Herrn Claus und Otto, sein Sohn, Grafen zu Tecklenburg, oder ihre Vorfahren gehabt haben oder haben an Boizenburg und Krievitz, also die Herrschaft und Graffschaft mit allen ihren Zubehörungen, geistlich und weltlich, binnen ihren Scheiden gelegen, und was vor Alters dazu gehöret hat; und Wir kaufen überall alle Forderungen, Ansprache und alle Briefe, welche diese Grafen und ihre Vorfahren wegen der Graffschaft Schwerin gehabt haben und noch haben, für 20000 Mark löthigen Silbers von den vorgedachten Edlen Leuten Claus und Otten seinem Sohne, Grafen zu Tecklenburg, und ihren rechten Erben. Gedachte 20000 löthige Mark versprechen Wir folgendermaßen zu bezahlen: Vors erste sollen Wir ihnen auffsprechen, überantworten und bezahlen am andern Tage in der nächsten Fasten in einer von den Städten Lübeck, Hamburg oder Boizenburg, als sie es am bequemsten finden, und uns 4 Wochen vorher kund machen werden, fünf Tausend Mark löthigen Silbers; für diese 5000 löthige Mark sollen Wir an die vorgedachte Grafen an Zinsen bis zur Fasten-Zeit und alsdann bezahlen 150 löthige Mark: Ferner sollen Wir ihnen am nächsten St. Niclaus-Tage abermal 5000 löthige Mark auffsprechen und bezahlen, worüber Wir denen gedachten Grafen und ihren Erben mit Unsern getreuen Rittern und Knechten, die in Unsern Landen sind, versichern und schwören mit Hand und Mund mit aufgerichteten Fingern in dem Heiligen ein rechtes Gefängniß. Wäre es, daß Wir an einem der vorgedachten Tage die erwähnten 5000 löthige Mark, in einer der beliebigst bestimmten, und Uns 4 Wochen vorher durch glaubhafte Boten brieflich kund gemachten Stadt, nicht bezahleten; so sollen Wir unverzüglich binnen den nächsten 14 Tagen darnach allesamt nach dem Schlosse Tecklenburg kommen, und daselbst ein rechtes Gefängniß halten, und nicht eher wieder von dannen gehen, bis daß Wir die 5000 löthige Mark Silbers ihnen auf einmal in der bestimmten Stadt bezahlet haben, und wann die Bezahlung geschehen ist, so sind Wir und die Unsrigen erst des Gefängnisses los und ledig ꝛc.

Ferner sollen Wir und Unsere Erben ihnen zum Pfande setzen und überantworten Boizenburg, Haus, Thurm, Stadt, den Zoll zu Wasser und zu Lande mit den Gebäuden, Vestung und Mannen, und mit allem Zubehör, so wie es, im Ganzen genommen, in seinen Scheiden liegt, für die andern 10000 Mark löthigen Silbers, die Wir geben und bezahlen sollen ꝛc.

Das geloben Wir Albrecht und Hinrich, Unser Sohn, Herzoge zu Meklenburg für Uns, Unsere Erben und Erbnehmer in guter Treue, und schwören das in dem Heiligen mit Hand und Mund mit aufgerichteten Fingern benen obgedachten Grafen Clausen und Otten seinem Sohn, und ihren Erben; gleich auch Unsere Rathgeber, Herr Hinrich von der Glandorf, Herr Graven von Barnekow, Ritter, Herr Bertram Bere, Unser Canzler, Vicke von Bülow, Rheinhard von Plessen, Hinrich von Bülow, Vicke Lützow, Knapen, von Unserer und Unserer Erben wegen, zu Unsern Eiden geloben dem oftgedachten Grafen Clausen, und Grafen Otten seinem Sohn, und ihren Erben, und dem Edlen Manne Grafen Cordten von dem Rettberge, Herrn Bernd von Drosten, Rittern, Herrn Werner Struven, Pfarrherrn zu Tecklenburg, Hugen Beren, Tileken von Schlieven und Walrade Tzule, Knapen, in guter Treue alle diese vorgeschriebene Stücke stetig und fest zu halten: Und Unser Gelobniß soll nach Unsern Eiden und Gelobniß ihrem Gelobniß auf keinerley Weise hindern und schaden, vielmehr sollen sie beide in ihrer ganzen Stärke bleiben, und Wir Herzoge Albrecht und Hinrich, Unser Sohn, haben zu mehrerer Bekenntniß aller dieser Dinge Unser Insiegel und Unserer vorgenannten Rathgeber Insiegel an diesen Brief hängen lassen, der gegeben und geschrieben ist auf dem Hofe zu Plükow nach Gottes Geburt 1358, des nächsten Freytages nach St. Luciey Tage, der heiligen Jungfrau.

Diese Urkunde ist weitläuftiger in plattdeutscher Sprache zu lesen in Gerdes Samml. Mekl. Urkunden. 9te Samml. p. 22.

KK

Bürgschaftbrief von 61 Meklenburgschen Edelleuten wegen Bezahlung des Kaufgeldes für die Grafschaft Schwerin.

Wir Albrecht, von der Gnade Gottes Herzog zu Meklenburg, zu Stargard und zu Rostock Herr, und Wir Hinrich, Sein Sohn, Hinrich von Stralendorf, Claus von der Lühe, Otto von Dewin, Claus Hasenkop, Otto von Helpede, Ritter, Vicke von Bülow, Hinrich von Bülow, Dankward von Bülow, Reimbert von Plesse, Vicke Molteke von Mützelmow, Vicke Molteke von dem Streitfelde, Henneke Molteke von Tobtendorf, Hinrich Molteke von Westenbrügge, Vicke Lützow, Hartwig Rule, Hermann Storm, der alte Gödeke Preen, Gottschalk von Barnekow, Claus Küze, Claus von Bülow von der Wedemendorf, Johann von Plesse von Lübetze, Gottschalk Storm, Grübe Vieregge, Otto Schmeker, Claus Schmeker, Tydeke Sukow, Otto Tydendorf, Matthias von Axekow, Wernke von Axekow, Cord Molteke zu Teliz, Cord Molteke zu Wokrent, der jüngere Vicke Alkun, Putze Rowe, Tydeke Lovize, Zabel Xoghelin, Claus Buck, Cöneke Pren von Wenendorf, Borchard Wolff, Vicke Babbe, Henneke Babbe, Hinrich Hoghe (vermuthlich Howe), Hartwig von Reventlow, Boldewin von Lübke, Lüdeke Clawe, Helmold von Plesse, der alte Hardenacke, Hermann Hanensagel, Gottschalk Pren von Goreze, Eggerd von Buchwald, Reimbert von Plesse von Parin, Detloff Negendank von Kämmersdorf, Eggerd Negendank von Zirow, Hennecke Quizow, Eggerd von dem Loe, Cord von der Lühe, Gödeke Pren von dem Steinhause, Vicke Berkehan, Reimbern Barnekow, Martin Wenkstern, Heinow Wagel (vielleicht Wangelin), Knapen bekennen und bezeugen offenbar in diesem gegenwärtigen Briefe, daß wir haben angelobet in Treue mit gesamter Hand, und mit Mund auf den Heiligen mit stehenden (unverbrüchlichen) Eiden und mit aufgerichteten Fingern ec. Zu einem größeren Zeugniß, und zu einem mehreren Bekenntniß aller dieser vorgeschriebenen Stücke haben wir mit einträchtigem Willen unsere Insiegel hängen lassen an diesen Brief, der gegeben und geschrieben ist nach Gottes Geburt Tausend Jahr, Drey Hundert Jahr, in dem Neun und Funfzigsten Jahre, des nähesten Mittwochs nach unser (lieben) Frauen Tage in den Fasten.

> Wer dies auch in plattdeutscher Sprache lesen will, findet diese aus dem Herzogl. Schwerinschen Archiv genommene Urkunde in der alten Mundart nebst der Uebersetzung in des Herrn Landsyndicus Pistorius Beschreibung des von Warburgschen Geschlechts p. 16.

LL

Ehestiftungs- und Bündniß-Brief zwischen den Herzogen von Meklenburg und Sachsen-Lauenburg.

Wir Albrecht, V. G. G. Herzog zu Meklenburg, Graf zu Schwerin, zu Stargard und zu Rostock Herr, bekennen und bezeugen offenbar in diesem Briefe, daß zwischen dem Durchl. Fürsten, Herzogen Erich von Sachsen, unserm lieben Oheim, und seinen Erben auf einer Seite, und Uns und Unsern Erben auf der andern Seite, verabredet ist, daß Herzog Erich geben will und soll seine Tochter Kutten an Herzog Magnus von Meklenburg, Unsern Sohn, und dieselbe soll Unser gedachter Sohn nehmen zu einem rechten Weibe: Und wann Herzog Erich von Unserm vorgenannten Sohn begehren wird, daß er sie nehmen soll, so soll Herzog Erich es ihm vier Wochen vorher wissen lassen, und eben so sollen Wir Herzog Albrecht es halten, wann wir von Herzog Erich begehren, daß er seine Tochter Unserm Sohn geben soll. Wir Herzog Albrecht zu Meklenburg sollen der gedachten Jungfrau Kutten zu einem Leibgedinge vermachen Stadt und Land Grevsmühlen und was dazu liegt und dazu gehöret. Dieß Leibgeding sollen Wir Herzog Albrecht der Jungfrau Kutten überliefern, wenn die Hochzeit gewesen ist, und wann sie von unserm Sohn Herzog Magnus am ersten Morgen

Morgen aufstehet; und was von dem vorgedachten Leibgedinge versetzet ist, das sollen Wir Herzog Albrecht in ersten Jahr darnach, als wir es ihr überliefert haben, frey machen, so wie es vordem gewesen ist. Auch sollen die Manne und Bürger der Jungfrau Lutten 14 Tage hernach, als sie bey ihm zu Bette gewesen ist, als ein Leibgedinge huldigen. Auch soll Herzog Erich von Sachsen, sein Sohn Herzog Erich und ihre Erben Uns Herzogen Albrecht und Unserm Sohn Magnus, und Unsern Erben bey allen Erb- und Nothfällen mit aller ihrer Macht, als treue Brüder einer dem andern thun sollen, getreulich behülflich seyn: Und das sollen sie Uns Herzoge Albrecht von Meklenburg, Unsern Söhnen Herzogen Hinrichen, Albrecht und Magnus, und Unsern Erben leisten, wann Wir es begehren und heischen, sonder Verzug und Arglist; und auf gleiche Weise sollen Wir ebengenannte es auch gegen den Herzog Erich von Sachsen, und seinen Sohn Herzog Erich und ihren Erben halten.

Wäre es oder würde zwischen Unserm Oheim, Herzoge Rudolph von Sachsen an einer Seite, und Herzoge Erich von Sachsen auf der andern Seite, einigerley Uneinigkeit oder Widerwillen entstehen, so sollen Wir Herzog Albrecht von Meklenburg solches zu vermindern suchen, oder auch nach den Rechten sechs Wochen hernach, daß Wir von dem Herzog Rudolph oder Erich dazu aufgefordert werden, entscheiden; so oft Uns aber diese Macht gegeben wird, so sollen sie binnen den sechs Wochen einander auf keinerley Weise Schaden thun: was aber das Römische Reich betrifft, das suchen sie vor dem Kaiser so oft sie wollen. Wäre es auch, daß Uneinigkeiten entstünden zwischen dem Herzog Rudolph von Sachsen und Uns Albrecht von Meklenburg; so soll Herzog Erich von Sachsen solches in der Güte beyzulegen suchen; kann er solches nicht, so solle er des Rechtes mächtig seyn.

Auch entsagen sich Herzog Erich von Sachsen, und sein Sohn Herzog Erich für sich, ihre Erben und Nachkommen aller Ansprüche, Forderungen ꝛc. an die Herrschaft Meklenburg, Grafschaft Schwerin, oder an irgend ein Schloß, Gut oder Lehn derselben, dergestalt, daß sie und ihre Erben und Nachkommen nimmermehr sich derselben gebrauchen wollen: Wann Wir, Unsere Söhne und Erben es begehren, so sollen auch Herzog Erich von Sachsen, sein Sohn Herzog Erich und ihre Erben, sich dieser Ansprüche, vermeintlicher Gerechtigkeiten und Forderungen auch selbst vor dem Kaiser, Uns zum Besten, entsagen, und zwar, wenn Wir es nöthig finden werden, ohne Verzug, da sie alsdann diese Sache treulich befördern, und Uns sonder Arglist günstig und behülflich seyn sollen.

Wäre oder würde zwischen dem Markgrafen von Brandenburg, oder den Holsteinischen oder Wendischen Herrn auf einer Seite, und dem Herzog Erich von Sachsen auf der andern Seite, irgend ein Zwietracht oder Uneinigkeit entstehen, so sollen Wir Herzog Albrecht von Meklenburg binnen den ersten sechs Wochen darnach, als Wir darum angesprochen worden, solche so viel möglich zu vermitteln suchen, können Wir nicht, so sollen Wir des Rechts mächtig seyn binnen ebenfalls sechs Wochen, woferne der Markgraf, die Holsteinischen und Wendischen Herrn, womit die Uneinigkeit obwaltet, Uns Gehör geben wollen, da dann binnen den sechs Wochen keiner dem andern Schaden zufügen solle.

Wäre auch oder würde zwischen dem Durchlauchtigsten Fürsten, König Woldemar von Dännemark und seinen Erben auf einer Seite, und dem Herzog Erich von Sachsen und seinen Erben auf der andern Seite, einigerley Unwillen oder Zwietracht, das Gott nicht wolle, entstehen, so sollen Wir, Herzog Albrecht von Meklenburg, sie beyzulegen suchen, so oft Wir können; können Wir nicht, so sollen Wir des Rechts mächtig seyn: Würde auch zwischen König Woldemar und seinen Erben, und Uns Herzog Albrecht von Meklenburg und Unsern Erben einige Uneinigkeiten entstehen, die soll Herzog Erich von Sachsen beylegen, so oft er kann; kann er nicht, soll er des Rechts mächtig seyn.

Hiemit soll auch alle Zwietracht, Krieg und Unwillen, und was sonsten zwischen den vorgenannten Herzog Erich zu Sachsen, und Uns Herzog Albrecht von Meklenburg und den Unsrigen von Unsernwegen auf beiden Seiten bis auf den heutigen Tag geschehen seyn mag, todt und gänzlich abgethan seyn, dergestalt, daß keiner dem andern deshalb jemals etwas zur Last legen soll. Würde aber, nach dieser Zeit, welches Gott verhüten wolle, zwischen Herzog Erich, und Uns Herzog Albrecht oder Unsern Erben, einige Uneinigkeit entstehen, so sollen solche auf folgende Art entschieden werden, daß nämlich zwey von Herzog Erichs von Sachsen Räthen, als Vicke von Zizacker, und Hartwig von Rigerow, und zwey von Unsern Herzog Albrechts von Meklenburg Räthen, als Hinrich von Bülow und Hartwig Rule, zu Schönberg zusammen kommen, wann einer von Uns oder Wir beide zusammen es verlangen, und binnen den ersten vierzehn Tagen hernach die

die Mißhelligkeiten nach den Rechten entscheiden sollen, wie sie es am besten wissen und verstehen. Könnten aber die viere die Sachen nicht beylegen, so sollen sie diese Mißverständnisse dem König Woldemar von Dänemark vierzehn Tage hernach, da sie von Schönberg gereiset sind, schriftlich senden, der sie denn binnen einem Monat, nachdem es ihm zugekommen, mit Güte beyzulegen suchen soll; kann er dieß nicht, so soll man sich von beiden Seiten daran genügen, was er für einen rechtlichen Ausspruch thun wird. Wäre es auch, daß von den vier Schiedsleuten welche verstürben, oder sonst nicht kommen könnten, die aus Unserm des Herzog Albrechts Rathe wären, so soll Herzog Erich oder seine Erben andere an deren Stelle aus Unserm Herzogs Albrecht Rath erwählen; und begebe es sich, daß von den zween aus Herzog Erichs Rath einer oder der andere verstürbe oder zu erscheinen verhindert würde, so sollen Wir Herzog Albrecht von Meklenburg oder Unsere Erben andere an deren Statt aus des Herzogs Erich von Sachsen Rath ernennen; und einjeder Herr soll die Seinigen dahin vermögen, daß sie das ausrichten, wozu sie erwählet sind oder erwählet werden. Wäre es auch, daß der König Woldemar in Unsern Tagen abginge, welches Gott verhüten wolle, so sollen Herzog Erich und Wir Herzog Albrecht, oder Unsere Erben, einen andern in dessen Stelle wählen, an welchem Wir und Unsere Erben an beiden Seiten versichert sind.

Daß Wir Herzog Albrecht von Meklenburg, und Unsere Söhne, vorgenannte Herzoge Hinrich, Albrecht und Magnus, alles, was die vier vorgeschriebene Schiedsleute oder der vorgeschriebene Obmann entscheiden werden, und alles, was in diesem Briefe geschrieben stehet, stets, vest, ganz und unverbrüchlich, sondern einiger Hülfrede oder Arglist, halten wollen und sollen, das geloben Wir Herzog Albrecht von Meklenburg und Unsere Söhne, Herzoge Hinrich, Albrecht und Magnus, mit Uns bey Treue und bey Ehren, und haben es Herzogen Erich von Sachsen und seinem Sohn Erich geschworen in dem Heiligen.

Und daß unsere vorgenannte Herrn, Herzog Albrecht von Meklenburg und seine Söhne, Herzoge Hinrich, Albrecht und Magnus, alle diese vorgeschriebene Stücke vest, ganz und unverbrüchlich halten sollen, das geloben wir Hinrich von Stralendorf, Otto von Dewitz, Vicke Moltke von dem Strietfeld, Johann Molteke von Trutendorf, Carsten Bosell, Otto von Helpede, Claus von der Lühe, Gottschalk Preen, Diedrich Suckow, Droste von Stove, Gottschalk Sturm, Ritter, Vicke von Bülow, Reimar von Plesse zu Barnekow, Hinrich von Bülow, Dankward von Bülow, Vicke Lünow, Henning Knop, Tönnies (Anthon) Schönfeld, Johann von Plesse, Herrn Johannes Sohn, Matthias Raven, Detloff Lützow, Hartwig Rule, Hinrich Molteke, Otto Hardenacke, Hermann Sturm, Gottschalk Preen von Goritz, Detloff Negendank, Herrn Detloffs Sohn, Eggerd von Buchwald, Claus Schmecker, Eggerd von der Lühe und Cord von der Lühe von Buschmühlen, Knapen, mit unsern vorgenannten Herrn, dem Herzoge Erich von Sachsen und seinem Sohne Herzoge Erich, und zu ihrer Hand mit Treue und Ehren in diesem Briefe, Detloff von Parkentin von Belendorf, und Hartwig von Krummesse, Rittern, Vicke von Hinacker, dem Alten, Hartwigen Zabell, Hartwigen von Riperow, Cord von Riperow, Schelen Detloffen von Tzule, Volkrathen von Tzule von Weteritze, Detloffen Gronow, Eggerd Schacken von Gülzow, Hartmann Scharfenbergen, Detloffen Wackerbarth, Cord Wackerbarth, Otten Wackerbarth, Schortecken von Seedorf, Hinrichen von Zecher, Otten von Stove, Henneken von Krumesse, Hinrichen von Krumesse, Wasmoden Schacke, Hinrich Schacke, Rönen von Züle, Heineken Lasbeck, Betemann Zabell, Hartwigen von Bülow, Gerken Godow, Lüdicke Schortecken, Henneken Meierodorf und Maker Barnevot, Knapen. Und wäre, daß unsere vorgenannte Herrn, Herzog Albrecht von Meklenburg, und seine Söhne, Herzoge Hinrich, Albrecht und Magnus, oder ihrer einer in diesen Stücken etwas brechen oder nicht halten sollten, das Gott verhüte, so sollen wir vorgenannte Bürgen, die für die Herzoge Albrecht, Hinrich, Albrecht und Magnus, seine Söhne, gelobet haben, zu Wißmar binnen dem ersten Monat darnach, daß wir gemahnet worden, einreiten, und nicht wieder heraus gehen, bis sie gänzlich erfüllen, was dieser Brief im Munde führet. Sollte es auch seyn, daß einige unser vorgenannten Mitbürgen binnen dem ersten Monat, daß wir gemahnet worden, nicht, wie vorgeschrieben, einkämen, den sollen und mögen diejenigen, welche in diesem Briefe das Gelübde empfangen haben, und einjeglicher von ihnen, wegen seiner Treue zu Rede stellen, auf gleicher Weise, als wäre er aus einer rechten Gefangenschaft, im Felde gefangen, treulos geworden, und so lange, bis er einkommt und sein Gelübde hält, wie vorgeschrieben stehet. Wäre es auch, daß Wir Herzog Albrecht von Meklenburg und Unsere Erben Unsere Mitlober wollten gleichwol zu Wißmar liegen lassen, so mögen Uns Herzog Erich von Sachsen und sein Sohn Erich

Erich bey dem Eide, den Wir geschworen, und bey dem Gelübde, daß Wir ihm geleistet haben, annahmen; demunerachtet aber sollen die Unsrigen, die hier vorgeschrieben stehen, ihr Einlager so lange halten, bis Wir und Unsere Söhne völlig das erfüllen, was vorgeschrieben stehet. Zu mehrerem Bekenntniß und zum Zeugniß aller dieser vorgeschriebenen Dinge haben Wir Herzog Albrecht von Meklenburg und Herzog Hinrich, Albrecht und Magnus, Unsere Söhne, Unsere und aller Unserer vorgenannten Mitgelober Insiegel an diesen Brief hängen lassen; der geschrieben und gegeben ist vor dem Hause zu Helsingburg nach Gottes Geburt 1360 am St. Laurentii-Tage des h. Märtyrers.

Diese Urkunde ist genommen aus Scheidts Nachrichten vom Adel in Teutschland, und ist daselbst pag. 410 u. f. in Plattdeutscher Sprache zu lesen.

MM

Ehestiftungs-Brief zwischen den Herzogen von Meklenburg und Pommern.

Wir Albrecht, von der Gnade Gottes Herzog von Meklenburg, Graf von Schwerin, Herr der Lande zu Stargard und Rostock; und Wir Hinrich, Albrecht und Magnus, Söhne gedachten Herzogs, und von derselben Gnade Gottes Herzoge zu Meklenburg, und Herrn der vorgenannten Länder, thun allen den Getreuen Gottes, die diese Schrift sehen oder lesen hören, zu wissen, daß Wir, mit gutem Willen und mit völliger Einwilligung Unsers Rathes, der Hochgebornen Jungfrauen Elzeben, des jungen Herzogs Barnim zu Stettin Tochter, die an den vorgenannten Herzog Magnus von Meklenburg als eine ächte und rechte Ehefrau vermählt ist, zu einem rechten Leibgedinge gelobet haben, und in diesem Briefe geloben, die Stadt Grevesmühlen und die Vogthey über das ganze Land Grevesmühlen mit allem Zubehör, als sie binnen ihren Scheiden lieget, und als sie zu der Herrschaft Mecklenburg gehöret, und von Unserm Vater, dem Gott gnädig sey, und Uns frey besessen worden, mit allen Früchten und mit allen Nutzungen, auf welcher Weise sie daraus kommen und fallen mögen, an Orbör, Renten und Pächten, Gerichten, Brüchen, Dickungen und an allen Sachen, woher man Früchte nehmen mag: das alles soll vorgedachte Frau ihr Lebelang in Friede und ohne einige Behinderung als ein Leibgeding gebrauchen. Wäre es, daß Wir oder Unsere Vorfahren von diesen vorgedachten Stücken irgend etwas versetzet hätten, so wollen und sollen Wir es der gedachten Frau frey machen sonder einigen Verzug binnen dem Jahr, da Uns 3000 löthige Mark (Mitgabe) bezahlet sind.

Alle diese vorgedachte Stücke geloben Wir vorgenannte Herzoge und Unsere Erben, und mit Uns Unsere Mitlobere, die hier geschrieben stehen, in guter Treue mit gesamter Hand, als: Hinrich von Stralendorf, Otto von der Welze, Raven Barnekow, Claus von der Lühe, Vicke Molteke von dem Strietfelde, Henneke Molteke von Tölendorf, Otto von Helpde, Diedrich Buckow, Reimar von Plesse, Gottschalk Storm, Claus Buck, Ritter, Vicke von Bülow, der zu Bützow wohnet, Reimar von Plesse, Hinrich von Bülow, der da wohnet zu Plästow, Dankward von Bülow, Hermann Storm, Eggerd von dem Loh, Lüder Lützow, Hermann Kerkdorf, Hinrich Moltke von dem Westenbrügge, und Reimar Barnekow, Knapen, denen Hochgebornen Fürsten Bogislaus, Barnim und Wartislaus, Gebrüdere Herzoge von Stettin und Fürsten zu Rügen, und Wartislaus und Bugislaus Herzogen, Söhne des jungen Herzogs Barnim von Stettin, und ihren rechten Erben, und zu ihrer Hand, Wedigen Bugenhagen, Woltern und Henningen Gebrüdere von Penz, Claus Rölewe, Engelken Mandelvel, Oldewig Lepeln, Arend Neuenkirchen, Vicken Molteken von Dlwitze, Rodeloffen Kerkdorp, Ritter, Alte Claus Borken, Treveling Perdölen, Zinnard Loden, Peter Vidarben, Hinzen von dem Walde, Bartels Preen, Cord Molteken, Hinrich Dotenberg, Albrecht von Helpde, Hinrich von Schwerin, Bartels und Vicke von der Osten, Hermann Lepeln, Henneken und Otten von Plöne, und Burchard Horn, Knapen, stets und fest zu halten sonder irgend eine Hülfrede und Widerspruch. Zeugen aller dieser Sachen sind die vorgeschriebene Ritter und Knapen, und zum vollkommen Zeugniß alles diesen haben Wir Herzoge von Meklenburg und die mit Uns gelobet, Unser Insiegel hängen lassen an diesen Brief, der gegeben ist zu Damgarten auf der Brücke, nach Gottes Geburt 1362, des nächsten Dingstages nach dem Tage der Apostels St. Peter und St. Paul.

Diese Urkunde findet man in Plattdeutscher Sprache beym Westphal Tom. IV. p. 986.

NN

Ritter Hinrich von Bülow verkauft seinen Hof Rutzebeck, jetzo Ruschenbeck.

Im Namen des Herrn, Amen. Ich Hinrich von Bülow, Ritter, auf Plau, Niestadt, Luchow und Dömenitz Vogt, thue durch gegenwärtigen Brief zum ewigen Gedächtniß kund und bekenne, daß ich, mit Einwilligung meiner geliebten Söhne und meiner übrigen Freunde, für einen billigen Preis und sonst auf gebührende Weise verkaufet und überlassen, und durch gegenwärtiges würklich verkaufe und überlasse an den Hochwürdigen Vater in Christo, dem Herrn Bischofe Hinrich zu Ratzeburg, meinem vielgeliebten Herrn, für sich und seine rechtmäßigen Nachfolger, meinen Hof Rutzebeck, in seinem Lande Boitin biegen, mit allem Rechte und Gerichten, die mir darinn zugestanden, wie auch mit allen und jeden Renten, Früchten und Nutzungen auch andern Zugehörigen, wie es in seinen Scheiden und Gränzen belegen, und ich solches bishero geruhiglich besessen habe, mir und meinen Erben nichts vorbehältlich, um und für hundert und fünfzig Mark Lübsche Pfenninge, welche auf mein besonders dienliches Ansuchen durch meinen Herrn Bischof an den Knappen Detloff Scarpenberg bezahlet worden, und quitire deshalb hiedurch wegen richtiger Zahlung für mich und meine Erben in bester Form. Ich verspreche nichts destoweniger in diesem Briefe gedachtem meinem Herrn Bischof und seinen Nachfolgern getreulich und unauflöslich die Gewähr wegen dieses Hofes und allem Zugehör, und deshalb zu Recht zu stehen und Recht zu geben und zu nehmen, wie es das Landrecht mit sich bringet. Zum Zeugniß dessen x. Gegeben Schönberg 1373 in Gegenwart derer ehrlichen Männer Herrn Bernhard von Brocke, Prediger (Rector) zu Mummendorf, Detloff Negendank, Detloff Scarpenberg, Vicken von Bülow zu Bredentin, (Niclaus von Bülow,) Lüdeke von Negendank, Vick Blücher, Marquard Röbel, Ludolph Pyl, Knapen, und andere glaubwürdige Zeugen mehr.

Dieß ist im Lateinischen zu lesen im Pap. Mekl. p. 1439, und Westphal Tom. II. p. 2264.

OO

Des Probst Hinrich von Bülow Consensbrief wegen des Verkaufs von Rothenberg, Menzendorf x.

Wir Hinrich von Bülow, von Gottes Gnaden Probst der Kirche zu Schwerin und Domherr zu Lübeck, thun kund und bekennen durch gegenwärtiges, daß wir, nach reifer Ueberlegung und vorhergegangenen fleißigen Unterhandlungen mit unsern Vettern und untergeschriebenen Freunden, den Kauf- und Verkaufs-Contract zwischen unserm geliebten Bruder Dankward von Bülow, Ritter, Verkäufer an einem, und, dem Hochwürdigen Vater in Christo Herrn Hinrich Bischofe zu Schwerin für sich und seine Nachfolger, Käufer am andern Theil, wegen des Hofes Rodenberg und der Dörfer Menzendorp, Blüsime, Gryben, Lypzee und allen daran habenden Rechten, wie solches an uns und unsern gedachten Bruder durch den Tod des weiland Herrn Friedrich Bischofs zu Schwerin, unsers Vetters, Hochsel. Gedächtnisses, nach Erbrechts rechtmäßig gekommen, mit gutem Willen und wissentlich genehmiget haben und durch gegenwärtiges noch einmal genehmigen x. Geschehen und gegeben zu Lübeck in unserm großen Canonicats-Hofe im Jahr des Herrn 1376 am Tage des h. Märtyrers Hyppoliti; in Gegenwart der Ehrwürdigen Männer, Herrn Johann

Niul, Domherr zu Lübeck, und Hinrich Domherrn zu Hamburg, Conrad Rörebrand, Hinrich Soltwedel, Lüder Breseke, Vicarien in besagter Kirche zu Lübeck, und mehr anderer glaubwürdigen Zeugen.

<blockquote>Diese Urkunde findet man in Latein im Pap. Mekl. pag. 1498, wie auch beym Pfeffinger l. c. p. 251. Westphal Tom. II. p. 2267.</blockquote>

PP

Ritter Dankward von Bülow verkauft Rothenberg, Menzendorf, Blüssen, Griben, Lübsee und Ruschenbeck.

Ich Dankward von Bülow Ritter thue kund und bekenne vor allen, die dieses sehen oder hören, daß ich mit reifer Ueberlegung und fleißiger vorhergegangener Berathschlagung mit meinen Vettern und Freunden, und auch mit ihrem Rath und Bewilligung verkaufet und überlassen, auch mit der gehörigen Feierlichkeit vor dem Hochgebornen Fürsten, meinem Hochgeliebten Herrn, dem Herrn Albrecht, Herzoge zu Meklenburg, Grafen zu Schwerin und zu Rostock und Stargard Herrn aufgegeben habe, und durch gegenwärtiges verlasse und aufgebe an den Hochwürdigen in Christo Herrn Hinrich Bischof zu Razeburg für sich und seine rechtmäßig nachfolgende Bischöfe der Razeburgischen Kirche, meinen Hof Rodenberg mit allen Mobilien und sonst beweglichen Gütern, die dem weiland Hochsel. Herrn Friedrich Bischofe zu Schwerin zuständig gewesen, wie auch die ganzen Dörfer Menzendorf, Blüssen, Greben mit der Mühle, und was ich gehabt habe in dem Dorfe Lipzehe, und was mir sonst für Rechte sowol an Huldigungen (homagiis) als Diensten, oder auf irgend eine Weise in den Höfen Ruzenbeck zugestanden oder zugestehen können, mit allen und jeden Zugehörden, Fischteichen, Seen und Gewässern, mit der Winter- und Sommer-Fischerey, mit den Hufen und übrigen Aeckern, sie seynd tragbar gemacht oder nicht, Wiesen, Weiden, Brüchern, Möören, Hölzungen, Wäldern, Rusch und Busch, Ausgängen und Eingängen, mit den großen und kleinen Zehenten, Zinsen, Reden und übrigen Abgiften und Pächten auch Diensten, nichtminder der hohen und niedern Gerichtbarkeit, mit allem Eigenthum, Freyheiten und Nutzungen, und ausdrücklich mit dem Ober- und Nutz-Eigenthum (dominio directo & utili), und wie es überall in ihren Scheiden und Grenzen belegen, und an mich und meine Vorältern besonders aber zuletzt an den weiland Herrn Bischof Friedrich zu Schwerin meinen Vetter, Hochsel. Andenkens, gekommen, und hiernächst auf mich vererbet werden, mir und meinen Erben und Nachfolgern an obigen Höfen und Dörfern nichts vorbehalten, um und für vier tausend dreyhundert Mark Lübscher weißer Pfenninge

Und wir Hinrich von Bülow und Detloff von Gude Ritter, Henning von Stralendorp Vogt zu Kriwiz, Henning von Bülow zu Rögelin, Henning von Bülow zu Wedewendorp, Hartwig von Bülow, Hinrich von Bülow zu Krizow, und Hinrich von Bülow zu Prüzen, Knapen, Gewähr-Männer und Bürgen des vorgedachten Herrn Dankwards, versprechen durch gegenwärtiges nach reifer Ueberlegung wissentlich und wohlbedächtlich in treuem Glauben steif und fest, zugleich mit oftgesagtem Dankward, daß alles und jedes hierinn Versprochene dem Hochwürdigen Vater in Christo Hinrich und seinen Nachfolgern, und an dessen Statt dem Detleff von Gronow, Barthold von Rizerow, Johann Schacken und Otte Schacken, unverbrüchlich gehalten werden solle. Zum Zeugniß dessen, und zur völligen Beglaubigung haben wir unsere Siegel zugleich mit dem Siegel des Herrn Dankwards gegenwärtiger Schrift anhängen lassen. Geschehen und gegeben im Schlosse Schwerin, im Jahr des Herrn 1376, am Marien Magdalenen Feste, in Gegenwart der Hochwürdigen und Gestrengen Männer, Herrn Markward Bischofs zu Schwerin, Albrecht von Cono, Probst des Mönchen-Klosters zu Elvena und Canzler, Niclaus, Dechant der Güstrowschen Kirche, Erich, Probst des Jungfern-Klosters zu Rene, Martin Stoyzen, Probst zu Cernelyn (Zarrentin), Heidenreich von Bibow,

Hinrich

Hinrich Parow, Ritter, und Johann Boghenne, Vogt zu Schwerin, und anderer glaubwürdigen Zeugen.

Wer dieses ausführlicher im Lateinischen lesen will, findet es im Pap. Meklenb. p. 1485, und beym Pfeffinger l. c. p. 211 & 12. Westph. Tom. II. p. 2269.

QQ

Consensbrief des Ritters Hinrich von Bülow wegen des Verkaufs von Rothenberg ꝛc., auch Papenhusen.

Dem Hochwürdigen Vater in Christo Herrn Hinrich Bischofe zu Ratzeburg, wie auch dem Gestrengen Ritter Herrn Dankward von Bülow, seinem vielgeliebten Vetter, und allen und jeden, denen gegenwärtiger Brief bekannt werden möchte, entbietet Hinrich von Bülow, Ritter, zu allen Gefälligen den geneigtesten Willen. Ich thue allen hiemit kund, daß ich den Kauf- und Verkauf-Contract, welcher zwischen euch dem vorgedachten Herrn Bischof in eurem und eurer Nachfolger Namen, Käufer an einem, und euch dem Herrn Dankward in eurem und eurer Erben und Nachfolger Namen, Verkäufer am andern Theil, über den Hof Rodenberg, wie auch Menzendorf, Blüsen, Gryben, Lypze und einige Gerechtsame in den Höfen zu Rutzenbeck, und übrigen Sachen und Güter, in gedachtem Hofe Rodenberg befindlich und dazu gehörig, rechtmäßig und ordentlich errichtet worden, gleichfals genehmiget und vollzogen habe. Wie denn auch alle und jede Mobilien, und was sonsten auf irgend eine Weise unter die beweglichen Güter in gedachtem Hofe! mit zu rechnen, und vordem dem Hochsel. Bischofe Friedrich zu Schwerin, eurem des Herrn Dankwarths Vettern, zuständig gewesen, nach seinem Tode aber auf den Ehrwürdigen Herrn Hinrich von Bülow, Probsten zu Schwerin, eurem Bruder, und euch nach Erbgangs-Recht rechtmäßig gekommen sind, imgleichen was wegen des euch zustehenden in Papenhusen entweder ganz oder zum Theil in diesem Verkaufs- und Kauf-Contract begriffen und ausgedrücket worden, hierunter mit von mir zu verstehen ist. Zum Zeugniß dessen habe ich mit vollkommnem Wissen diesem Briefe mein Siegel aufhängen lassen. Gegeben zu Rigenstadt im Jahr des Herrn 1376 (a) am vierten Tage nach dem Feste des h. Mauritii und dessen Gefährten, in Gegenwart der ehrbaren Männer, Herrn Bernhard von Brocke, Priester der Pfarrkirche zu Mummendorp, Vicke von Bülowe zu Bredentin, Wedekin Karkdorp, Bodo von Dewytze, Otto Majorke, Waffenträger, und andere mehr Glaubwürdige.

Diesen Verzicht-Brief findet man Lateinisch im Papistischen Meklenburg pag. 1460, wie auch beym Westphal Tom. II. pag. 2264.

(a) Die Jahrzahl ist daselbst verdruckt, und muß 1376 und nicht 1373 heißen, indem der Bischof Friedrich im letzteren Jahr noch lebte.

RR

Ritter Dankwards von Bülow Revers wegen Rothenberg ꝛc.

Ich Dankward von Bülow, Ritter, bezeuge und bekenne vor allen, die diesen Brief sehen oder hören werden, daß da ich nur einen Begnadigungs-Brief (privilegium) des Hochgebornen Fürsten Herrn Albrecht, Herzogs zu Meklenburg und Grafen zu Schwerin, meines Hochgeliebten Herrn, über den Hof Rodenberg und daran liegenden Dörfern und Gütern, nach dem Tode des weiland Friedrich Bischofs zu Schwerin, meines geliebten Vetters, Höchstsel. Andenkens, habe auffinden können, und ich auch solchen bereits dem Hoch-

Hochwürdigen Vater in Christo Herrn Hinrich Bischofe zu Ratzeburg durch meinen vielgeliebten Vetter Hennecke von Bülow zu Wedemendorp habe zustellen lassen; mehrere Begnadigungs-Briefe von gedachtem Herrn Herzoge und Grafen, oder dessen Vorfahren über den erwähnten Hof und dazu gehörige Dörfer und Güter, ich aber weder besitze noch herbey zu schaffen vermögend bin: So cassire ich hiedurch, und mache null und nichtig alle Schriften und Begnadigungs-Briefe weß Inhalts sie seyn mögen, wann dergleichen bey einem meiner Erben, er sey von den Meinigen oder ein Fremder, zu irgend einer Zeit, und die diesen gedachten Hof und die dazu gehörige Dörfer und Gütern betreffen möchten, sollten gefunden werden. Zu besto mehrerem Zeugniß habe ich gegenwärtigem Brief wissentlich mein Siegel anhängen lassen. Gegeben auf meinem Hofe Zibühl im Jahr des Herrn 1386.

Man findet diese Urkunde im Lateinischen im Pap. Mekl. p. 1574.

SS

Fürst Albrecht zu Meklenburg überläßet denen von Bülow das völlige Eigenthum und auch die Oberherrschaft über die Güter Rothenberg, Menzendorf 2c.

Albrecht, v. G. G. Herr zu Meklenburg, Stargard und Rostock, entbietet allen, denen gegenwärtige Schrift vor Augen kommt, seinen Gruß in dem Herrn. Zu wissen sey hiedurch, daß Wir und Unsere Erben, nach reifer Ueberlegung und nach dem Rath Unserer Räthe, verkauft und überlassen haben Unsern lieben Reimar, Ritter, Hinrich und Vicke, Knapen, Gebrüdere genannt von Bülow, und ihren wahren Erben für 450 Mark Lübscher Pfenninge, die Uns auch bereits bezahlet sind, das ganze Eigenthum, (omnem proprietatem) das höchste Gericht, alle Leben und die ganze Herrschaft (omne dominium) über die Dörfer Rodenberg und den dabey gelegenen Hof, Griben, Plüssen, Menzendorf und Lübsee, und willigen freywillig darinn, daß diese Güter, so wie sie in ihren Scheiden und Grenzen liegen, auch an auswärtige Herrn oder Herren Vasallen, sowol zum weltlichen als geistlichen Gebrauch, mit allem Eigenthum und völliger Herrschaft, welche Wir und Unsere Erben daran gehabt, können verkauft, verschenkt, oder verpfändet werden. Zu dessen Zeugniß ist Unser Siegel hieran gehänget worden. Gegeben Rostock 1341 den dritten Tag nach dem Sonntage Cantate: in Gegenwart Unserer Getreuen Gottschalk Storm, Eggerd Hardenack, Johann Ummern, Henning von Godenschwege und Raven von Barnekow, Ritter, und anderer mehr Glaubwürdigen.

Dieses ist im Lateinischen zu lesen beym Westphal Tom. II. p. 2250.

TT

Ritter Reimar und Vicke Gebrüdere von Bülow stiften eine Präbende zu Bützow.

Da es die Klugheit und Vorsichtigkeit will, daß, wann man etwas verordnet, es so eingerichtet werde, daß man von den Gegenwärtigen Lob, von den Zukünftigen aber keinen Tadel verdiene; und wir Reimar, Ritter, und Vicke Gebrüdere, genannt von Bülow, den guten Vorsatz unsers Bruders Hinrich sel. Andenkens wegen Errichtung einer Präbende, die er von seinen eignen selbst erworbenen Gütern zum Heilsmittel der Seelen der Hochwürdigen Väter Gottfried, Ludolph und Hinrich, Bischöfe zu Schwerin, unsers Vaters Friedrich des Ritters und anderer unserer Vorfahren, wie auch gedachten Hinrichs selbst, allerseits gottsel. Andenkens, und unserer eignen, stiften wollen, auszurichten, und dadurch den göttlichen Dienst zu vermehren des Willens sind: So haben wir in der Collegial-Kirche zu Bützow, Schwerinschen Sprengels, ein ewiges Beneficium oder Präbende, die für sich bestehen, und mit andern nicht braucht vereiniget zu werden, unter folgenden Bedingungen errichtet und gestiftet:

1) daß,

1) daß, so lange ich Reimar lebe, ich dem jedesmaligen Bischofe zu Schwerin eine geschickte Person zu besagter Präbende darstelle, welchem derselbe die Domherrn-Stelle zu dieser Präbende alsdann ertheilen, ihn durch den Dechanten und das Capittel einführen, und ihm eine Stelle im Chor und im Capittel nach canonischer Weise anweisen lasse; wann ich gestorben, soll mein Bruder Vicke das Patronatrecht haben, und die Befugniß zu der Präbende jemanden zu ernennen.

2) Gleichergestalt haben unsere als Reimaro und Vicken Kinder, wenn wir dergleichen haben werden, und welcher von ihnen der älteste seyn wird, dieses Recht auszuüben: Wann wir aber

3) wider Wünschen ohne Kinder versterben sollten, alsdann verfällt das Patronatrecht an unsere Vettern, als an Hinrich, Archidiaconus zu Tribesees, und Dankward, Gebrüdere von Bülow, und wer von ihnen der älteste seyn wird, welches denn also bey uns, unsern männlichen Kindern und unsern Vettern von dato dieses Briefes an sechzig Jahr also gehalten werden soll: Wann aber

4) diese sechzig Jahr verflossen, oder wann wir viere binnen den sechzig Jahren abgehen sollten, alsdann soll das Patronatrecht, und die Verleihung dieser Präbende gänzlich dem jedesmaligen Bischofe zu Schwerin anheim fallen.

Wann wir nun des Vorhabens sind, diese Präbende mit Renten zu begaben, und mit ein gewisses Einkommen zu versehen; so geben wir zu dieser Präbende, oder weisen derselben als eine Mitgift an, das Dorf Schepkendorf, welches bisher auf keinerley Weise und in irgend einem Stücke zur Schwerinschen Kirche gehöret hat, sondern von besagtem unsern Bruder Hinrich, sel. Gedächtnisses, für sein Geld gekauft und angeschaffet worden, mit allen Zinsen, Gerechtigkeiten, Nutzungen und Aufkünften, welche sich auf achtzehn Mark Lübsch erstrecken, mit der Gerichtsbarkeit, welches Mannrecht (a) genennet wird. Ebenso weisen wir dazu an, aus dem Dorfe Varnholte drey Drömt sechs Scheffel hart Korn und drey Drömt acht Scheffel Hafer, und wollen, daß dieses Korn von unsern ersten Pächten dieses Dorfes durch den jedesmaligen Domherrn eingehoben und eingesammlet, und zum Nutzen der Präbende verbraucht werde, und soll es zu ewigen Zeiten also und nicht anders gehalten werden. Wir bitten anbey den Hochwürdigen Vater in Christo, den Herrn Andreas Bischof zu Schwerin, daß er diesen guten Willen und Dankopfer unsers Bruders Hinrich unterstützen und zur Würklichkeit verhelfen wolle ꝛc. Zum Zeugniß haben wir diesem Brief unsere Siegel anhängen lassen. Im Schloß Waryn im Jahr des Herrn 1352 am Tage Epiphanias. Wir wollen auch, daß der Domherr dieser Präbende seine Woche hindurch, gleich andern Domherrn der besagten Büzowischen Kirche, am hohen Altar die Dienste verrichte.

Dieses ist im Lateinischen zu lesen beym Pfeffinger l. c. p. 207, und im Pap. Mekl. p. 1311.

(a) Es ist dieses wol ohne Zweifel das Jus Vasallorum, welches sonst durch Nieder-Gerichtsbarkeit übersetzt worden.

UU

Verschiedene von der Meklenburgischen Ritter- und Landschaft stellen eine Obligation auf 1000 Mark aus an die Stadt Lübeck und andere Hanseestädte.

Wir alle nachbenannte Herrn, und ein jeglicher besonders, als Herr Wipert Lützow, Marschall, H. Henning von Stralendorf, H. Olerick von Penz, H. Helmold von Plesse, H. Henning Halberstadt, H. Reimar Hagenow, H. Otto Beyenfeld, H. Gerd Negendank, H. Eggerd Negendank, H. Johann Lützow, H. Johann Storm, H. Hinrich Ralebus, H. Gerd Hasenkop, H. Bernd von Plesse, Ritter; Jacob Henckendorf, Reimar Barnekow, Vicke Völschow, Hinrich Schwisow, Helmold von Plesse zu Parin, Thomas von Plesse, Hartwig Preen, Henning Parkentin, Detloff von Buchwald, Sywert von Buchwald, Hinrich Raven, Borchard Dambeck, Vollrath von Tzüle zu Camin, Heinke von Tzüle zu der Neuenkirchen, Hinrich Negendank, Markward Negendank, Markward von dem Hagen, Hinrich Quitzow, Lüder Lützow, Borchart Lützow, Hartwig von Bülow, Claus Parkentin, Otto Tzichbusen,

Knapen;

Knapen; der Rath zu Schwerin, der Rath zu Grevsmühlen, der Rath zu Gadebusch, der Rath zu Wittenburg, der Rath zu Grabow, der Rath zu Boitzenburg und der Rath zu Kriwitz, unsers Herrn Königs Albrecht von Schweden Manne und Städte, bezeugen und bekennen offenbar in diesem gegenwärtigen Briefe vor allen, die ihn sehen und lesen hören, daß wir den Ehrbaren Mannen, Bürgermeistern und Rath der Stadt Rostock und Wißmar, schuldig sind mit gesamter Hand als eine wissentliche Schuld Tausend Lübsche Mark, von wegen unsers Herrn des Königs, als wir uns zu unserm Antheil auf den dritten Theil verbürget haben, wie andere Manne und Städte unsers Herrn die andern zwey Theile unter sich vertheilet, um den nachgeschriebenen Städten, als Lübeck, Stralsund, Greifswald, Thorn, Elbing, Danzig und Reval, drey Tausend Lübsche Mark zu bezahlen, die zur Hülfe der Zehrung und Kosten kommen sollen, die sie, nun das Stockholmer Schloß und die Stadt zu erhalten, machen müssen, welche sie in Verwahrung und zum Pfande für sechzig Tausend löthige Mark angenommen haben, als sie sich der Königinn für den König auf so hoch verbürget. 3000 Mark haben die vorgeschriebene Städte dem König Albrecht und Herzog Erichen, unsern vorgenannten Herrn, auf 3 Jahr versprochen, und sechs Kirchspiele sind deshalb von dem Stockholmer Schloß und Stadt dem Pfande zugeleget worden; als die Briefe ausweisen, die unsere vorgedachte Herrn den genannten Städten, und diese hinwiederum ihnen darauf gegeben haben. Die obengedachten 1000 Lübsche Mark nun wollen und sollen wir ,erwähnte Manne und Städte auf drey Jahre in Wißmar in dreyen Terminen bezahlen, als nun, auf St. Michaelis und auf Ostern jedesmal 333 Mark 5 Schilling 4 Pfenning an unverrufenen guten Lübschen Pfenningen ohne Verzug, Hülfrede und Arglist; die andern 2000 Mark bezahlen den gedachten Städten die von Rostock und von Wißmar mit andern unsers Herrn Mannen und Städten, die ihnen darinn zu Hülfe kommen, als ihre zwey Drittel zu den 3000 Mark, wie zuvor angeführet ist. Wäre es, daß jemand von unsers Herrn Manne und Städte, die uns hierbey zu Hülfe kommen müssen, sie mögen entweder gegenwärtig seyn und diesen Brief besiegeln, oder nicht gegenwärtig seyn und diesen Brief nicht besiegeln, seinen Antheil der vorgedachten 1000 Lübschen Marken nicht vorgeschriebenermaßen bezahlte, so soll einer dem andern gegen die, die sich davon trennen wollen, zu Hülfe kommen, um so viel aus seinen Gütern zu fordern und zu holen, als ihm zu den 1000 Mark beyzutragen zukommt; wie solches das Geheiß und der Wille unsers Herrn des Königs ist. Wäre es auch, daß ein oder mehrere, die hiebey zu Hülfe kommen müssen, diesen gegenwärtigen Brief nicht besiegelten, so soll er gleichwol seine völlige Gültigkeit haben.

Alle diese vorgeschriebene Stücke, und ein jegliches insbesondere, geloben wir vorgenannte Manne und Städte mit gesamter Hand in guter Treue den Bürgermeistern und Rath der Städte Rostock und Wißmar stetig und fest zu halten ohne Hülfrede und Arglist. Zu mehrerer Bekenntniß der Wahrheit dieser vorgeschriebenen Dinge haben wir erstgenannte Manne und Städte unser Insiegel wissentlich vor diesem Briefe gehänget, der gegeben und geschrieben ist zu Schönhof nach Gottes Geburt 1395 des nächsten Freytags nach dem achten Tage des heiligen Leichnams.

<small>Diese Urkunde ist in Plattdeutscher Sprache zu lesen in Pökkers Sammlung Meklenburgscher Urkunden, Fünftes Stück, p. 19.</small>

VV

Einige Hanseestädte stellen eine Versicherung an die Königinn Margretha von Dännemark aus bey Empfangnehmung des Königs Albrecht und seines Sohns.

Kund sey hiermit allen, die diesen Brief lesen oder lesen hören, daß die X. nachgeschriebenen Städte, Lübeck, Stralsund, Greifswald, Thorn, Elbing, Danzig, Revel, Rostock, Wißmar und Stockholm, mit ihres Raths Wissen, und unter der Städte Insiegel, versiegelt haben der Hochgebohrnen Fürstinn Frau Margarethen, Königinn zu Schweden, Norwegen, und rechten Erbinn zu Dännemark, das, was einige aus den X Städten Ihr und Ihrem Rathe und Männern gelobet haben und geloben für den Großmächtigsten Fürsten, König Albrecht und Herzogen Erich seinem Sohn, Herzogen zu Meklenburg, Grafen zu Schwerin, Herrn zu Stargard und Rostock; das bekennen wir Hinrich Westhof und Johann Niebur, Bürgermeister zu Lübeck,

e

Berend

Berend von Rode und Wulff Wulflav, Rathmann zu Stralsund, Goddecke Tebbe, Burgermeister zu Thoren, Johann Stode, Burgermeister zu Elbing, Johann Stoltemod, Burgermeister zu Revel, Johann von der Aa, und Hinrich Witte, Burgermeistere zu Wißmar, Marquart Gunokawe, Johann Tückeshwert und Hermann Meyer, Burgermeister zu Wißmar; Auch bekennen wir offenbarlich mit diesem Briefe, daß wir vorerwähnte, mit gutem Willen und wohlbedachtem Muthe unsers Raths und unserer Städte, auch der andern Städte wegen, haben diesen offenen besiegelten Brief hier zu Helsingburg überantwortet Hochbemeldteter Königinn Margarethen, und vorerwähntem Herrn Reichs-Rathe; und haben wieder angenommen und empfangen hier zu Helsingburg, von vorerwähnter Königinn und Ihrem Reichs-Rath, vorerwähnte Herrn, welche sind vorerwähnter König Albrecht und sein Sohn, auf unser und der Städte Rath und der andern Städte wegen, auf sothane Treu und Glauben, als vorerwähnter Frau Königinn und Dero Reichs-Räthe, und Dero Erben und Nachkommen unsere Räthe und Städte und die andern Städte gelobet und zugesaget haben, in aller Maaße, als unsers Raths und unserer Städte offener Brief ausweiset, welchen wir Ihro und Ihrem Reichs-Rath hier ausgeantwortet haben, und wie es verabredet und geschlossen war zu Falsterbo, im Sommer, da wir von Ihr und Ihrem Reichs-Rath Abschied nahmen, zu unserer Verwahrung. Auf diese vorbeschriebene Stücke haben wir Burgermeister und Rath vorerwähnt unsere Insiegel mit Wissenschaft und gutem Willen lassen hängen an diesen Brief; Und wir Barnim, von G. G. Herzog zu Stettin-Pommern, Fürst zu Cassuben, und dabey wir Johann Schönfeld, Vogt zu Dargow, Johann Degende, Comptur zu Marienburg in Preußen, und wir Otto Pflug, Wypert Lützow, Henrich von Jasmund, Werner von Linckhoff, Wedige Bugenhagen, Hinrich von Bülow, Segebank Thun, Reimer Gagenow, Gerd Tegendank, Otto Byrenstiet, Jochim von Bülow, und Henning Heyn, Rittere, Werner Thydicke von der Borne, Knape; wir alle vorgemeldet haben unser Insiegel, mit vorgemeldeten Burgemeistern und Rathsverwandten in den Städten lassen hängen an diesem Brief. Datum Helsingburg Anno 1395, Sonntags vor St. Michaelis-Tag.

Genommen aus Pöckers Sammlung Mekl. Urk. Fünftes Stück. p. 21.

WW

Errichteter Friede zwischen dem König Albrecht von Schweden H. z. M. und der Königin Margretha von Dännemark.

Wir Johann, von Gottes Gnaden Herzog zu Meklenburg, und, von desselben Gnaden, Graf zu Schwerin, zu Stargard und Rostock Herr, bekennen und thun kund öffentlich mit diesem Briefe, daß die nachgeschriebene Herren und Gesandten, Graf Albrecht zu Schwarzburg, Commenthur, der Schwarze, Johann Degerde, Commenthur zu Marienburg, Herr Hinrich Westhof, Herr Johann Tiebur, Burgermeister zu Lübeck, Herr Gedecke Tebbe, Burgermeister zu Stralsund, Herr Berend Rode, Herr Hermann Elmhorst, und Herr Wulff Wulflef, Raths-Verwandten daselbst, Herr Hinrich Hitfeld, Burgermeister zu Elbing, Herr Rupert Sucke, Burgermeister zu Danzig, haben geschlossen und gemachet einen endlichen Frieden, zwischen der Hochgebornen Fürstinn Königinn Margaretha und deren Manne, Diener und Helfer, so nun sind, und alle Lande, so sie nun hat, auf der einen, und Unsern Vettern, König Albrecht und Herzog Erich, ihren Mannen und Diener, und die nun ihre Helfer sind, und alles, was sie haben, ohne Ausnahme, auf der andern Seite, und den Tag haben wir festgesetzt, da dieser Brief unterschrieben ist, auf beyden Seiten, den wir wollen und sollen halten in aller Maaße, als vorgeschrieben stehet, von der Zeit an bis Michaelis-Tag zukünftig über 3 Jahre, zu Wasser und zu Lande, der vorgemeldten Fürstian, ihren Mannen, Dienern und Dero Helfern, die nun sind, und alles ohne Ausnahme was sie nun haben, ohne alle Argelist, mit Rath und That, in den drey Jahren, so hernach geschrieben sind. Aber geschähe es und wäre so, daß vorerwähnter König Albrecht und Herzog Erich sein Sohn lebendig nicht wiederkämen in der vorbeschriebenen Zeit, so soll der Friede stehen neun Wochen, in der vorerwähnten Zeit des Aufsagens nach der Zeit: Wäre es auch, daß

daß er der Königinn und den Ihrigen die Summa Geldes gebe, so versprochen ist vor ihre Rantion, so soll der Friede stehen ein Jahr vor dem Aufsagen; aber wäre es auch, daß Stockholm ihr überantwortet würde in der vorgeschriebenen Zeit, so beraumet ist, so soll es bleiben ein stetiger und fester Friede, doch so mit dem Frieden auch Wysby und Gothland zu halten, als hernach geschrieben stehet. Ferner wäre es auch, daß etliche den Frieden brächen, in was Maaße das seyn könnte, oder auf was Weise das geschehe in der vorerwähnten Zeit, da soll der eine gleich dem andern behülflich seyn, mit aller Macht und Treue, nachdem er darum ist angesprochen worden, und sich nicht von der Hülfe absondern, bis ihm Recht geschehen sey von dem Theile, so den Frieden gebrochen hat, und wer die Friedbrüchigen wissentlich hausen und beherbergen wird, den soll man so schuldig halten, als den Friedbrecher selbst, und helfen ihn zur Strafe ziehen als den Friedbrüchigen selbst. Hülfe Gott, daß man etliche finge, so den Frieden brächen zu Wasser und zu Lande, in der vorbenannten Zeit, auf welcher Seiten es geschehe, da muß man das Recht über die Fried-Störer ergehen lassen, und in keiner Maaße den Frieden damit aufheben. Ferner sollen und wollen Wir Herzog Johann, Unsere Mitbürgen, und mit Uns Unser Vetter König Albrecht und Herzog Erich, Ihre Manne, Diener, und die Ihre und Unsere Helfer nun sind, und alles was sie haben ohne Ausnahme, vorbemeldter Fürstinn, Königin Margaretha, deren Mit-Bürgen, Mannen und Dienern, so nun ihr zu Hülfe sind, und alles was sie in ihrer Gewalt hat, keines Schaden oder Verderben wissentlich thun, mit Rath und That, zu Lande oder zu Wasser, so lange der Friede steht. Ferner behält Unser Vetter, König Albrecht und Herzog Erich, so lange erwähnter Friede währet, was Er und Unsere Helfer auf Gothland, nun am verwichenen St. Jürgens-Tage, in ihrer Gewalt hatten auf Gothland und des Landes-Bewohnern; und wäre es, daß Unser Vetter, König Albrecht oder die Seinigen, hätten etwas eingenommen von erwähntem Gothlande seit verwichenen St. Jürgens-Tage, so sollen vorbemeldte Königinn und die Ihrigen es um gleich wieder haben, und das soll bey der Königinn bleiben, so lange der Friede dauret; und nachdem diese 3 Jahre verstrichen sind, sollen König Albrecht und Herzog Erich vorbemeldeter Königinn und deren Nachkommen, wer da noch etwas hat auf Gothland, der eine dem andern das Jahr zuvor aufsagen, und das Jahr soll sowohl friedlich bleiben, als die andern drey Jahre, welche zum Frieden bestimmt waren, Unserm Vetter König Albrecht, und Unsern Freunden Herzog Erich und der Königinn, deren Recht hiemit und in allen andern Stücken unversäumet bleibet, und haben, in diesen oder andern Stücken, in keiner Maaße ihre Gerechtigkeit weggeben, doch daß der Friede ja bestehe, wie er getroffen ist. Ferner so lange der Friede stehet, mag man reisen, Handthiren und Kaufschlagen mit dem andern völlig und frey, zu Wasser und zu Lande, so als es vor diesem gewesen ist; doch einem jeden ohne Schaden; welcher es bricht, der soll es bessern und büßen nach des Landes Gesetze, wo er angesprochen wird, doch daß der eine nicht handele dem andern zum Schaden oder Verderb, so lange der Friede dauert. Keiner soll bauen, so lange der Friede währet, dem andern zum Schaden, Städte oder Schlösser, in Schweden oder Gothland, ohne was gebauet ist; was gebauet, mag man bessern und vestigen. Und damit dieses alles desto besser könne gehalten werden, sind die Königinn und König Albrecht eins geworden, daß, nachdem Unser Vetter, König Albrecht, und sein Sohn Herzog Erich sollen losgelassen werden, so sollen sie auf beiden Seiten den Frieden bestätigen und befestigen, als er nun auf beiden Seiten gemacht, verbrieset und verfasset ist. Daß also dieses vorgeschriebene folgendes soll gehalten werden, geloben Wir Herzog Johann, und mit Uns Unsere Mit-Bürgen, erstlich Unsers Vetters Königs Albrechts und Herrn Erichs Manne, und die Städte so nachgeschrieben stehen, welche sind Herr Reimer von Plessen, Herr Werner Axkowe, Herr Ulrich von Plessen, Herr Hinrich von Rode, Herr Wipert Lützow, Herr Henning von Stralendorf, Herr Gerd Schnackenburg, Herr Gohn Geergersohn, Herr Helmold von Plessen, **Herr Hartwig von Bülow**, Herr Johann Lützow, Herr Henning Molke, Herr Johann von Stralendorf, Herr Hinrich von Stralendorf, Herr Magnus Trattesson, Herr Johann Dün, Herr Berend Carlsson, Herr Henning Halberstadt, Herr Segeband Thun, Herr Peter Lützow, Herr Henning Hasse, Herr Reimer Lagenow, Herr Gerd Negendank. Herr Otto Byenstiet, **Herr Johann Bülow**, Herr Hinrich Molke, Herr Eggert von Bibow, Herr Otto Vieregge, Herr Essert (Gevert, Gebhard) Negendank, Herr Gerold Haasenkopf, Herr Johann Storm, Herr Hinrich Kälbus, Herr Berend von Plessen, Herr Diederich Molke, Herr Hinrich Babbe, Herr Otto Trettow, Herr Johann Stockflet, die von Rostock, die von Wißmar, die von Stockholm, Henning Molke von Strielselde, Hermann Lützow, Lüder Lützow, Herrn Wieperts Bruder, **Hartwig von Bülow**, Lüder

Lützow,

Lützow, Herrn Johanns Bruder, Ulrich von Plessen, Vicke von Bülow, von der Jtme, Reimer Barnekow, Burchard Lützow, Volrad von Jülen von Camin, Heine von Jülen, Röpcke Segensdorf, Erich Moltke von Ribbenitz, Hans vom Kruge, Helmold von Plessen, Einrich von Dewitz, Henning Parkentin, Jnngelde Cornessen, Helmold von Plessen, Thomas von Plessen, Hinrich Wegendank, Marquart Wegendank, Hartwig Preen, Claus Parkentin, Detloff Bockwold, Sivert Bockwold, Hinrich von der Lühe von Tedmersdorf, Lange Hinrich von der Lühe, Hermann von der Lühe zu Panzow, Arend von der Lühe, Hermann von Oertzen, Albrecht Zepelin, Curd Zepelin, Röpke Zepelin, Berend Kalendorf, Sitwieg Lützow, Otto zu Husen, Hinrich zu Husen, Burchard Dambeck, Hinrich Rave, Hennicke von der Lühe von Kölzow, Hermann von der Lühe von Mechtelsterf, Hinrich Penn, Henning Breide, Ricke Swissow, Vicke Velhennen, Vicke Plüscow, Eggert Rove, die von Schwan, die von Boytzenburg, die von Wittenburg, die von Greffsmühlen, die von Gadebusch, die von Grabow, die von Crivitz, die von Gnöhen, die von Ribbenitz. Wir alle vorerwähnte mit gesamter Hand in fester Treue geloben, ohne alle Arglist und Hülfrede, zu halten der Hochgebornen Fürstinn, Königinn Margarethen, und Ihren getreuen Mannen und Räthen, so mit Ihr haben gelobet vorerwähnten Frieden, welche sind der Erz-Bischof Hinrich von Upsal, der Erz-Bischof Wienold von Drondheim, Bischof Peter von Aarhuus, Bischof Cord von Strengnäs, Bischof Esfield von Riepen, Bischof Knut von Linköping, Bischof Birger von Abö, Bischof Theewo zu Odensee, Bischof Augustin zu Opslo, Bischof Jacob zu Bergen, Bischof Swen zu Wendsyssel, Herr Henning von Putbus, Herr Wendelbow, Herr Erich Rettelsson, Marschalk, Herr Johann Anderson, Herr Steno Bendson, Herr Ivar Lücke, Herr Carl von Toffe, Herr Jon Rud, Herr Krugiesel Nielson, Herr Andres Offrson, Herr Woldemar Jakobson, Herr Steno Bolssen, Herr Niels Efferson, Herr Isser Nielson, Herr Thure Benedictson, Herr Andres Jacobson, Herr Arend Bendson, Herr Michel Rud, Herr Mogens Hogesson, Herr Flemming, Herr Erich Nielson, Herr Christian Raas, Herr Abraham Broderson, Herr Rangwart Philipson, Herr Styge Agesson, Herr Matthias Gustafson, Herr Styg Petersen, Herr Torckild Havildsson, Herr Predbiörn Putbusch, Herr Magnus Petersen, Herr Peter Basse, Herr Vicke von Vigen, Herr Niels Wieckelson, Herr Johann Moltke, Herr Carl Carlsson, Oera, Herr Niels Aagesson, Herr Joen Bittelsson, Herr Andres Rannesson, Herr Gregers Bentsson, Herr Otto Jensson, Herr Anmund Joenson, Herr Michel Bilcherr, Wulff Jenson, Herr Erich Vennersson, Herr Jacob Bilde, Herr Erich Erlandsson, Herr Wulff Gregersson, Herr Heine Rockenborg, Herr Bartelt von der Osten, Jacob Axelson, Axel Riettelsson, Coord Baad, Jacob Abrahamsson, Algud Magnusson, Jesse Dun, Hemecke Olofsson, Grote Erichson, Joen Martensson, Peter Nielson, Hans Putbusch, Carl Magnusson, Carl Carlsson, Bernecke Schinckel, Joen Tomesson, Joen Darre, Anmund Bolte, Philip Carlsson, Magnus Sture, Joen Jacobsen, Anders Offessen, Sind Giondson, Oluff Harildson, Henning Moltke, Cord Ulefeld, Biörn Olufssen, Carl Benediction, Magnus Raas, Anders Nielson, Hennecke Scharffenberg, Otto Römer, Svale Römer, Niels Joenssen von Claus-Holm, Jesse Lücke, Wernecke und Hernetz Wieperson, Eocke Langsson, Axel Pedersson, Guldbrand Elingsson, Haagen Top, Hans Nieckelsson, Jacob Knope, Eocke Falk, Jesse Falk, Lasse Glob, Gerlach Schwertebrock, Benedict Pich, Claus Flemming, Schwend Sture, Hartwig Lünbeck, Torckild Brade, Joen Petersson, Jesse Arnidsson, Wend Pich, Arvid Stensson, Jeppe Hackel, Claus Dodell; Und, zu deren treuen Hand, geloben wir, in diesem gegenwärtigen Briefe, den Herrn Burgemeistern und Raths-Verwandten in vorerwähnten Städten, alle diese vorgeschriebene Stücke, und ein jedes vor sich, stets und feste zu halten, in aller Maaße, als vorgeschrieben stehet. Die vorgeschriebene Erz- und Bischöfe haben gelobet, den Frieden zu halten, wie er in diesen Frieden begriffen ist. Actum Lindholm Anno 1396 am achten Tage nach dem Fron-Leichnams-Feste.

Genommen aus Pölkers Sammlung Meckl. Urkunden. Fünftes Stük. p. 33.

XX

XX

Hennecke von Bülow stiftet eine Vicarie.

Ich Henneke von Bülow, der Junge; des alten Hennekens auf Röggelin, dem Gott gnädig sey, Sohn, bekenne und bezeuge offenbar vor allen, die diesen Brief sehen oder lesen hören, daß ich um Gottes Willen und wegen der Seele meines Vaters, ferner um meiner Vorältern Seelen und auch meiner eigenen an den Herrn Peter Tengelern, Prediger, der auch meines Vaters Pfaffe gewesen ist, und seinen Nachfolgern, vor meinem Herrn dem Könige, und vor meinem Herrn dem Herzog Johann, und vor ihrem Rath, worinn zugegen gewesen Herr Johann Bere, Ritter und Küchenmeister, Herr Johann von Bülow, Ritter, Hinrich Schröder, Großvogt zu Schwerin, Lüder Lützow, der Alte, Henning Hoge, Hinrich Pressentin, Burgermeister zu Schwerin, diejenigen 100 Mark Lübsch überlassen habe, die mein Vater in seinem Testament, wie er im letzten lag, gegeben. Diese 100 Mark habe ich ihm angewiesen bey Joachim von Bülow meinem Vetter, der ihn auch mit seinem Briefe befriediget, und ihn sofort eingewiesen hat; als, da für die 100 Mark jährlich 10 Mark fallen sollen, in Parzow vier und eine halbe Mark, und zu dem Jeseniße fünf und eine halbe Mark, die Herr Peter Tengeler, Priester, und seine Nachfolger alle Jahr unverkürzt einfordern können: Und ich und meine Erben sollen und wollen zu ewigen Zeiten darinn nicht entgegen seyn, sondern dieß soll bleiben zu einer ewigen Vicarie. Ferner wenn Joachim von Bülow oder seine Erben diese vorgedachte zehn Mark, nach dem Inhalt seines Briefes, wieder einlösen sollte, so soll der jedesmalige Priester, der die Vicarie besitzt, das Geld wieder in ein Gut, wo es am nützlichsten ist, anlegen, jedoch mit Rath des Lehnherrn und des ältesten des Geschlechts von Bülow, die diese Vicarie gestiftet und ihr Gut dazu geleget haben; der soll auch nach des obgenannten Herrn Peter Tengelern Tode die Vicarie ertheilen, wem er will. Ferner so haben ich und meine Erben dem Herrn Peter Tengelern den Kauf der Hufe zu Grambow, die der alte Herr Johann von Bülow, dem Gott gnädig sey, seiner Tochter mitgeben, und welchen Herr Peter mit seinem eignen Gelde zur Verbesserung und zur Hülfe der Vicarie verabredet hat, vergönnet; woran denn weder ich noch meine Erben sie zu ewigen Zeiten hindern oder stören sollen, sondern ich und meine Erben sollen und wollen ihnen vielmehr jederzeit helfen und vertheidigen, gleich als ob es unser erbliches Gut sey. Alle diese vorgeschriebene Stücke gelobe ich Henneke von Bülow mit meinen Erben stetig und fest zu halten, sonder Arglist, Hinderung, Hülfrede oder neue Erfindungen, es sey geistlichen oder weltlichen Rechtes, die Herrn Peter Tengelern oder seinen Nachfolgern irgend schädlich, mir und meinen Erben aber vortheilhaft seyn könnten.

Zu größerem Zeugniß aller dieser vorgeschriebenen Puncten und Artikeln, habe ich Henneke von Bülow für mich und meine Erben mein Insiegel mit gutem Willen und mit vollkommnem Wißen an diesen Brief hängen lassen, der gegeben und geschrieben ist 1405, an unserer lieben Frauen Tage, als sie geboren ward.

Diese Urkunde ist im Papist. Meklenb. p. 1732 in Plattdeutscher Sprache zu lesen.

YY

Dankward von Bülow stellet eine Verschreibung an das Gotteshaus zu Tempzin aus.

Ich Dankward von Bülow, Tidekens von Bülow, dem Gott gnädig sey, Sohn, bekenne und bezeuge offenbar in diesem Briefe allen, die ihn sehen oder lesen hören, daß Johann Bonsack, der Vater meiner Mutter, der Gott gnädig sey, nebst andern Geldern sonderlich 15 Mark Lübsch in meinem Gute Ge. Radyn verbauet, die ihm und seinen Erben mein Vater wohl verbrieset hat, so, daß er sie versetzen oder vergeben mag, wem er will; und wem er sie versetzet oder verschenket, dem soll ich darüber, so wie mein Vater gethan, einen Brief ertheilen. Wann nun Johann Bonsack diese 15 Mark mit meiner Einwilligung dem Ehrbaren Herrn Peter, Magister des Gotteshauses St. Anthons zu Tempzin, und seinen Nachfolgern zu einer ewigen Vicarie vergeben hat, daß er damit schalten und walten kann; nur daß es ewig bey dem gedachten Gotteshause bleibe, und dafür gedacht werden soll Johann Bonsacks und Hinrich Bonsacks und Riccarden, des Johann Bonsacks Aeltern, wie auch Tideken von Bülow und Riccarden seiner Hausfrauen, welche meine Aeltern waren, und endlich meiner zu ewigen Zeiten, so lange das Gotteshaus stehet: So soll Bruder Peter und seine Nachfolger diese 15 Mark alle Jahr einheben auf St. Michaelis-Tag von denen, die hiernach geschrieben stehen und auf den Stätten wohnen, und von denen, die hiernächst darauf zu wohnen kommen werden; als von Hermann Fischern 1 Pfund (Mark), von Hinrich Dubing 2 Mark, von Hinrich Coppen 2 Mark, von Peter Lambrecht 2 Mark 4 fl., von Lorenz 3 Mark, von Hinrich Crutzen 1 Pfund, von Stollen 3 Mark 8 fl. Lübsche Pfenninge ꝛc.

Ferner stehet es mir und meinen Erben frey, diese 15 Mark dem Bruder Peter und seinen Nachfolgern wann wir wollen, gegen 150 Mark Lübsch zu kündigen, welches wir allemal auf Ostern fund machen sollen, da denn auf dem nächstfolgenden St. Michaelis-Tage die Zahlung der 150 Mark nebst 15 Mark Lübsch Rente in der Münze, die zu Wißmar gäng und gebig ist, geschehen muß.

Alle diese vorgeschriebene Stücke gelobe ich Dankward von Bülow mit meinen Erben, und mit meinen Mitgelobern Brunning von Redestorf, der da wohnet zu dem Toße, und Johann Bonsack, meiner Mutter Vater, mit gesamter Hand sonder Arglist dem Bruder Peter und seinen Nachfolgern stetig und fest zu halten. Zu größerem und mehrerem Zeugniß dieser geschehenen Dinge habe ich Dankward von Bülow mein Insiegel zugleich mit den Insiegeln meiner Mitgelobern an diesen Brief wissentlich hängen lassen, der geschrieben und gegeben ist nach Gottes Geburt 1400 Jahr, am St. Thomas Abend des h. Apostels.

Diese Urkunde ist zu finden im Papist. Meklenb. p. 1647 in Plattdeutscher Sprache.

ZZ

Vicke von Bülow zu Plau wird in den Frieden eingeschlossen, den Lorenz Herr von Werle 1392 bekannt macht.

Wir Lorenz, V. G. G. Herr zu Werle, bekennen und bezeugen in diesem Briefe, daß Wir dem Hunke von Königsmark, Hauptmann in der Alten-Mark, einen billigen Frieden geloben für alle die, die entweder unsern Willen thun oder darnach lassen, ferner für diese nachgeschriebene Lande und Städte, als für Parchim, für das Land zu dem Lage, für das Land zu dem Kalande (Kahlben), und für diejenigen, die in Unsern vorgenannten Ländern und Schlössern gesessen sind: Wäre es, daß Hinrich Moltzahn von dem Goldberge, und Vicke von Bülow von Plau, wegen dieser ihrer Pfaude, ihre besiegelte Briefe, nach dem Inhalt dieses Briefes, aussendeten; so ziehen Wir sie mit in Unsern Frieden: Und man soll Unsers Friedens genießen mit der Bedingung, daß niemand, der in Unsern vorgedachten Ländern, Städten und Schlössern eingesessen ist, in der Alt-Mark, Unserer lieben Frauen von Holstein Ländern, (wor wol ohne Zweifel Ingeburg, Markgrafens Ludwig des Römers Wittwe, und nachherige Gräfinn von Holstein) in dem Lande von Perleberg, in dem Lande von Wittenburg, und in dem Lande von Wulfshagen rauben soll: Wäre es, daß es jemand thäte, der in Unsern gedachten Ländern, Städten oder Schlössern eingesessen wäre, so sollen Wir mit ganzer Treue dazu helfen, daß der Schade wieder erlegt werde: Wäre es, daß das nicht geschähe, so sollen Wir mit Mannen und Städten von Stund an dessen Feind seyn so lange, bis der Schade ersetzet ist. Ferner, wäre es, daß jemand in Unsern vorgedachten Ländern und Schlössern einen oder den andern auf seinem Hofe oder in seinem Hause verheheltete oder speisete, der die Alte-Mark beraubete, der soll eben so schuldig seyn, als der Räuber selbst. Wäre es auch, daß jemand die Alt-Mark beraubte, der nicht eingesessen wäre in Unsern vorgedachten Ländern, Städten und Schlössern, so wollen Wir mit ihm eben so verfahren, als vorhin geschrieben stehet. Ferner, wäre es, daß jemand aus den vorgedachten Ländern, Städten und Schlössern sein geraubtes Gut in Unsern Ländern fände, das während dieses Friedens genommen

men wäre, das mag er sich wieder nach den Rechten zueignen, ohne Hinderniß. Dieser Friede soll seinen Anfang nehmen von Stunde an, und bis nächstkommenden Weihnachten über 4 Jahr dauren: Wäre es, daß Wir diesen Frieden binnen der vorbenannten Zeit aufsagen wollten, so sollen Wir dieses zu Perleberg in Unserm offenen Briefe thun; hernach, wann die Briefe da gekommen sind, soll der Friede noch völlig vier Wochen dauern.

Dieß geloben Wir Lorenz, Herr von Werle, dem Hunre von Königsmark in guter Treue sondern Arglist stetig und fest zu halten: Zu größerer Bezeugung der Wahrheit haben Wir Unser Insiegel wissentlich vor diesem Briefe hängen lassen, der gegeben und geschrieben ist zu Güstrow nach Gottes Geburt 1392 des Dingstages nach St. Lorenz des h. Martyres Tage, das ist am St. Hyppolitus-Tage.

Diese Urkunde enthält Gerkens Codex Diplom. Brand. Tom. I. p. 365 in Plattdeutscher Sprache.

AAA

Hartwig von Bülow kaufet Wehningen.

Ich Segeband von Danneberg bekenne für mich und meine Erben wissentlich vor jedermann in diesem Briefe, daß ich mit Einwilligung und mit meines und meiner Erben freyen wohlbedachtem Muthe verkauft habe und verkaufe, zu einem ewigen Erbkauf, an Hartwig von Bülow, seine Söhne Joachim und Hartwig, und andere seine Söhne und ihren Erben, mein Schloß und Burg Wehningen mit allen Zubehör, was man dazu zählen mag, wie solches in allen seinen Scheiden belegen ist, quit, frey, ledig und los, so wie meine Vorfahren und ihre Erben solches von der Herrschaft von Sachsen gekauft haben, und ich solches von ihnen geerbet und empfangen, auch ohne Widerspruch bis auf diesen Tag besessen habe, für 1800 Mark Lübsche Pfenninge, Lüneburgsche Währung, die ich vordem von ihm aufgenommen habe, und zu meinem und der Meinigen Nutzen verwandt worden sind. Das vorgenannte Schloß Wehningen soll gedachter Hartwig, seine Söhne und Erben zu ewigen Zeiten, sonder einige Widersprache von mir oder meinen Erben, gebrauchen mit allen Zubehörungen, und mit den Dörfern, sie seynd besetzt oder unbesetzt, so wie meine Vorfahren und Erben Wehningen von der Herrschaft von Sachsen gekauft haben, es sey an Aeckern, an Holz, an Feld, an Gewässern, an Wiesen, an Weide, an Fischereyen, an Zufluß und Abfluß, mit den niedrigen und höchsten Gerichten, Auf- und Absetzung (Settinge und Entsettinge), nichts ausbeschieden, so wie es war und zu meiner Zeit gewesen ist.

Und ich Segeband soll und will Hartwigen, seinen Söhnen und ihren Erben wegen des Schlosses Wehningen mit meinen Erben die völlige Gewähr leisten für alle Ansprache, falls es von einigem Belange und Noth ist, gegen alle die vor Gerichte kommen, und Recht geben und nehmen wollen.

Auch soll und will ich vorgeschriebener Segeband mit meinen Erben vorgedachten Hartwigen, seinen Söhnen und Erben zu gute, die Lehn-Waare des erwähnten Schlosses so lange halten, und für meinen Herrn von Sachsen anfragen als recht und gewöhnlich ist, bis sie dasselbe von der Herrschaft von Sachsen selbst zu Lehn erwerben, und geruhiglich besitzen mögen.

Alle diese vorgeschriebene Artikeln, und einen jeglichen besonders, gelobe ich vorgedachter Segeband für mich und meine Erben stetig, fest und unverbrüchlich zu halten, sonder Arglist, und habe ich zu dessen Bekenntniß, und zu besserer Festhaltung mein Insiegel wissentlich an diesen Brief hängen lassen, der gegeben und geschrieben ist nach der Geburt Gottes 1428, an des h. Leichnams Tage.

Diese Urkunde stehet in Plattdeutscher Sprache in Pfeffingers Braunsch. Lüneburgsch. Historie Parte II. pag. 229.

BBB

BBB

Hans von Bülow ist als Fürstlicher Rath, und Hinrich von Bülow als Bürge bey dem Verkauf von Röggelin gegenwärtig.

Wir Hinrich, V. G. G. Herzog zu Meklenburg, Fürst zu Wenden, Graf zu Schwerin, der Lande zu Rostock und Stargard Herr, bekennen und bezeugen offenbar in diesem gegenwärtigen Briefe vor allen, die ihn sehen oder lesen hören, daß in Unserer und Unsers Rathes Gegenwart erschienen sind der Ehrwürdige Vater in Gott und Herr, Herr Johann, Bischof der Kirche zu Ratzeburg, mit Herrn Lübecken, Probst zu Ratzeburg, Herrn Johann Zecher, Prior der benannten Kirche: Und Unsere getreue Manne Berend, Wipert, Helmold, genannt Plessen, Berend von Plessen nachgelassene Söhne, und Frau Cathrina ihre Mutter, haben für sich und ihre Brüder Reimar, Cord, Lüder, Hartwig und für ihre Schwestern Anna und Sophia, als ihre recht geborne Vormünder, und für ihre Erben, recht und redlich verkauft, ganz und gar überlassen, und vor Uns und Unsern Rath mit Hand und mit Mund aufgelassen dem vorbenannten Bischof Johann von Ratzeburg und seinen Nachfolgern, und den Inhabern des von denen obgedachten von Plessen besiegelten Kauf-Brief, den Hof zu Röggelin mit allen seinen Zubehör, Eigenthum, Herrlichkeit, Herrschaft, Freyheit, mit allem Rechte, hoher und niederer Gerichtsbarkeit an Hals und Hand, dergestalt, daß vorgedachte von Plessen, ihre Mutter, Brüder und Schwestern, und alle ihre Erben und Nachkommen zu ewigen Zeiten sich nichts daran vorbehalten, es sey groß oder klein, benannt oder unbenannt, und ihre Briefe darauf besiegelt haben, also, daß der gedachte Bischof Johann mit seinen Nachfolgern und die Inhaber dieses Kaufbriefes, mit diesem Hofe zu Röggelin machen mögen, was ihnen beliebt, gut und bequem ist, für 2000 Mark Lübsch ꝛc.

Des zu mehrerer Verwahrung und Zeugniß in zukünftigen Zeiten haben die obengedachten Berend, Wipert und Helmold, und ihre Mutter Frau Cathrina, vor sich und für Reimar, Cord, Lüder, Hartwig, Anna und Sophia, ihre Brüder und Schwestern, als geborne Vormünder, und für alle ihre Erben und Nachkommen, und mit ihren getreuen Bürgen, als Hinrich von Bülow, wohnhaft zu Plüskow, Barteld Berse, wohnhaft zu Rambow, Joachim von Plesse, zu Arpshagen, Lüder Lützow, Claus Lützow, Hans Lützow, Gebrüdere zu Grabow wohnhaft, für alle ihre Erben und Nachkommen wissentlich, einmüthiglich und mit ihrer Einwilligung an diesen Kaufbrief ihr Insiegel hängen lassen.

Daß dieß vor Uns und Unserm Rath also verhandelt, rechtlich verabredet und verfertiget ist, haben Wir Herzog Hinrich zum Bekenntniß der Wahrheit mit Unserm vollkommnen Wissen und Willen Unser Insiegel an diesen Brief hängen lassen, der gegeben und geschrieben ist nach der Geburt Christi 1455 Jahr, am St. Agathen-Tage der heiligen Jungfrau. Hiebey und hierüber sind gewesen Unsere getreue Manne und Räthe, Hans von Bülow, Eggerd Lützow, Joachim von Penz, Hans Parkentin, Lüttke Bassewitz, Bertold Berse, Lüder Lützow, Henning Parkentin, und viele andere Unserer getreuen Manne.

Genommen aus dem Papist. Meklenb. pag. 2092, wo diese Urkunde in der völligen Ausdehnung im Plattdeutschen zu lesen ist.

CCC

Hartwig von Bülow auf Pokrent beweiset seine vier Ahnen.

Wir Gebhard Moltke, Fürstl. Meklenb. Landrath, zu Toitkendorf, Joachim von Oldenburg, Fürstl. Meklenb. Hofrath, Hauptmann zu Dobbertin, zu Gremmelin, Hartwig Lützow, Fürstl. Hofmarschall, zu Turow, und Hans Negendank, auch Fürstl. Hofrath, auf Eggersdorf, respective alle Erbgesessen, bekennen und bezeugen vor Jedermänniglichen mit diesem offenen Briefe, sonderlich aber vor dem Hoch- und Ehrwürdigen, Gestrengen und Edlen Herrn Domdechanten, Seniorn und Cappittels-Gemeinde der Primat-Ertz

Erzbischöflichen Kirchen zu Magdeburg, daß der Edle und Ehrenveste Hartwig von Bülow von dem auch Edlen und Ehrenvesten Matthias von Bülow, Fürstl. Meklenburgschen Hauptmann zu Neukloster, zu Pokrent Erbgesessen, seinem Vater, wie denn der auch Edlen und Vieltugendreichen Frauen Lucien von der Lühen, seiner Mutter, auch fürders von Dorothea von Weihe von Vötterssen, als Großmutter wegen des Vaters, und Annen von Bülow von Wehningen und Gudow, Großmutter wegen der Mutter, und also von seinen vier Ahnen Adlicher Rittermäßigen Art ehrlich und recht geboren; dasselbige, ob es von nöthen, und wir rechtlichen dazu erfordert, sind wir mit unsern Eyden zu betheuren und zu erhärten erböthig. Und haben dessen zu Kund der Wahrheit unsere angeborne Pettschaften wissentlich an diesen Brief gehänget, und uns mit eigenen Händen unterschrieben. Geschehen am Sonntage Reminiscere im Jahr nach der Gnadenreichen Geburt unsers geliebten Heilandes Jesu Christi tausend sechs hundert und zwölfe.

Gebhard Molcke. Jochim von Oldenburg. Hartwig Lützow. Hans Negendank.
(L.S.)   (L.S.)   (L.S.)   (L.S.)

DDD

Jasper von Bülow zu Potrems ist Zeuge eines Handels zwischen denen von Nortmannen und von Bassewitz.

Wy Claves unde Vicke Eröder heten Nortmanne Her Jochim Nortmands Säne wanaftlik to Rossewitz, bekennen unde betüghen apenbar in dessen Breve, dat wy heben verköfft unde verkopen jegenwardig mit unsen rechten erven Zegefryd Bassewitzen unde synen rechten erven Säven Hoven tho Weitendorp dat dar ligt by Tessin to erve alzo alze liggen binnen allen eren Scheyden, so quit unde so vry atzo alze use Vader dat vryst besten hefft unde Claves Bassewitze un beseten hefft to ene Pande unde dar nichts uthe namen sünder dat de Herscop van dem Lande dar ween an van Rechte to lozende be wy en myt Rechte nich wehren känen, so menghe Marc lübisches Geldes, alze je van de Säven Hoven ingenamen, so menghe teyn Marc lübisch stäle wy ebber unse erven Zegefryd Bassewitzen unde synen rechten erven wedder gheven binnen veer Wecken darna wen de Loznnghe schen is. Dit vörben: God scäle wy Nortmanne Claves unde Vicke vorbenömet wyd unsen rechten Erben Zegefryd Bassewitze unde synen rechten Erven waren unde entfryghen alze recht is, je vor alle den jenen de recht geven unde nehmen willen ze son geistlick ebber werlpck. Dit vorben: God hebbe wy em vorlaten vor Richte vn vor Buren, unde scälen em dat vorlaten vor den Heren wan be dat van uns eschende. In alle desse vorstevene Stücke lave wy Claves unde Vicke Brödere heten Nortwanne myd unsen rechten erven Zegefryd Bassewitzen unde synen rechten erven stede vnd fast to hollende sünder Arg. To högeren Loven vnde Bewarynghe hebbe wy unse Ingheseghele wetende

Wir Claus und Vicke Gebrüdere Nortmannen, Herrn Joachim Nortmanns Söhne, wohnhaft zu Rossewitz, bekennen und bezeugen in diesem Briefe, daß wir mit unsern rechten Erben verkauft haben und gegenwärtig verkaufen, an Siegfried Bassewitz und seinen rechten Erben sieben Hufen zu Weitendorf bey Tessin, als sie binnen ihren Scheiden zu Erbe liegen, quit und frey, so wie sie unser Vater besessen, und Claus Bassewitz als ein Pfand itzo besessen hat, nichts davon ausgenommen, außer daß die Herrn von denen daneben liegenden Ländereyen das Recht zu kündigen haben, welches wir ihnen nicht wehren können. So manches Mark lübsch, als von denen Hufen eingenommen wird, so manche 10 Mark lübsch sollen wir oder unsere Erben, nachdem 4 Wochen vorher die Losung geschehen, an Siegfried Bassewitz oder seine rechte Erben wiedergeben. Dieß vorgenannte Gut sollen wir Claus und Vicke die Nortmanne mit unsern rechten Erben dem Siegfried Bassewitz und seinen rechten Erben gewähren und frey machen, wie es Rechtens ist, vor allen die Recht geben und nehmen, sie seyn geistlich oder weltlich. Dieß Gut haben wir ihm verlassen vor Gerichte und in Gegenwart der Bauren, und wollen es ihm auch verlassen vor unserm Landesherrn, wann er es von uns fordert. Alle diese vorgeschriebene Stücke geloben wir Claus und Vicke, Gebrüdere genannt Nortmann, mit unsern rechten Erben, dem Siegfried Bassewitz und seinen rechten Erben stetig und fest zu halten sonder Arglist. Zu höherem Gelöbniß und Ver-

f

tynde henget vor bessen Breev, de ghevert un screven na Gades Lord veertenhundert Jar, darna in deme veer unde twyntigesten Jare anne Sunt Nicolas Dhage des hilghen Bischops; Hir hefft an un aver wesen Harmen van Oetze tho Lütten Tessin, Gerd Passewitze tho Bassewitze, Zegefryds Bröder, Gerd Passewitz tho Dalwitze, Jasper van Bülow tho Puttremnytze unde vele andere bederver Lüde, de eren unde thügens werdigh syn.

Verwahrung haben wir unser Insiegel wissentlich vor diesem Briefe gehänget, der gegeben und geschrieben ist im Jahr nach Gottes Geburt 1424, am St. Niclaus-Tage des heiligen Bischofs. Hieben und über sind gewesen Hermann von Oertze zu Lüttens Tessin, Gerd Bassewitz zu Bassewitz, Siegfrieds Brüder, Gerd Bassewitz zu Dalwitz, Jasper von Bülow zu Putremitze, und viele andere brave ehrenwerthe und glaubhafte Leute.

Die Urkunde hat von Hainhusen in seinem Manuscript bey dem Artikel von Bassewitz beygebracht.

EEE

Des Statthalters Julius von Bülow hinterlassener Aufsatz wegen seiner Familie.

Lieben Kinder, damit ihr wissen möget, von welchem Hause, Stamm und Linie, albieweil unser Geschlecht der von Bülow fast groß, und sich weit ausgebreitet, unsere Vorfahren entsprossen, so thue ich euch hiermit kund und zu wissen, daß mein seliger Vater Hans aus dem Lande zu Meklenburg gewesen, und sich daselbst wegbegeben, wegen eines Unfalls mit seinem Bruder so geheißen Waldemar. Und hat sein Vater, mein Großvater, geheißen Berndt, hat gewohnt zu Kindnitz im Fürstenthum Meklenburg, welches er pfandsweise besessen.

Mein Aeltervater hat geheißen Johann, seine Mutter, meine Großälter-Mutter, ist eine von Preen gewesen; als gedachter mein Aelter-Vater noch unmündig gewesen, hat seine Mutter in ihrem Wittwenstande das Gut Rensow an sich gekauft, nun hat dieser mein Aeltervater Johann nebst seinem Bruder einen Vormund gehabt, ihren Vetter Joachim von Bülow, dieser hat in wehrend der Vormundschaft ihnen dieß Gut Rensow aus den Händen und um geringes Geld an sich und seine Kinder gebracht, und besitzen es seine Nachkommen noch bis auf den heutigen Tag.

Man hält es dafür, daß unsere Linie von dem Hause Siemern ihren Ursprung habe, denn die von Bülow zu Siemern, welches ein vornehmes Haus im Lande Meklenburg ist, haben mit meinen Aeltervätern Erb-Verträge, und die gesamte Hand oder ein pactum successorium aufgerichtet; Wie aber nach der Zeit sein Haus Potremitz abgebrandt, sind solche Briefe auch mit im Feuer aufgegangen.

Dieß Gut Potremin ist ein feiner Edelmanns Sitz, lieget 2 Meilen von Güstrow, daselbst haben unsere Vorältern gewohnet, ist auch meinem Vater seligen in der Theilung zugefallen, und für 30,000 Lübsch Fl. angerechnet worden, derselbe aber hat es seinem Bruder Heinrich wieder abgetreten, und zu seinem Antheil überkommen 10,000 Lübsch Fl. Dieses Heinrichs Sohn Cord wohnt noch diese Stunde darauf, hat eine von Trotha zum Weibe, mit derselben hat er einen einzigen Sohn: Wann demselben etwas menschliches begegnen sollte, wären ich und mein Bruder die nächsten zu solchem Gute Potremin, welches ihr, meine lieben Kinder, hiernächst werdet in Acht zu nehmen wissen. Celle den 20sten Jenner 1635.

Julius von Bülow.

FFF

Testament Joachims von Bülow zu Potrems von 1532.

In dem nhamen der Heiligen Drefaldicheit, Heue ick Joachim von Bülow an, Myn testamente tho makende

In dem Namen der heiligen Dreyfaltigkeit fange ich Joachim von Bülow an, mein Testament zu machen,

makende welk geschehen, als men schrifft Dusent ꝛc. XXXII, des andern Dages na der Hemmelfart des Herrn.

Int erste beuele ick dem almechtigen gade myne seele, vnd gelove trumlick, dat sick godt auer sie erbarmen wil, nah syner groten mildenn Barmherticheit, wo hie my arme sunder in synenn gotlichen Hilligen worde des eine trostlicke thosage gedan, Marci am Lateften, we dar gelowet vnd werde gedofft, die schal selich sin, So sette ick mynen gelowen thouorsicht, Trost, vnd Hopeninge an den barmhertigen godt alleine vnd bekenne nergenst vor dorch selich sonnen werden, Sunder durch Jesum Christum vnsern Hern,

„Darnach geue ick mynem Licham der erden, wente „nach gades tosage, von aschen erden, is hie geworden, tho aschen vnd erden, vnd tho einer Spise der „worme, niot hie gedien, bet, als dar Nowen tho der „gemeynen vpperstandinge der Doden, vnd alßden „erlangen dat ewige leuen,

Darnach beuele ick myne arme Frowe vnd Kinder dem, die wedemen vnd wesen schuldich sindt vortowesen, alße mynem gnedigen Landesforsten vnd Hern, sie durch godt sich willen der laten benalen sie, vp sie nicht moge vorvnrechtet werden, vnd ere f. g. alße beyde myne gnedige Herrn, sette tho Testamentarien, tho trost myner armen Frowen, vnd Kindern, dar beneuenst sette ick tho formundern, vnd bidde dorch godt, sie mogen mynenn latesten willen genoch don, vnd handeln by myner armen Frowen vnd Kindern, als sie vor godt willen vorantworden, als beyde myne leuen Broder, Doctor Heinrich von Bulow vnd Berendt von Bulow, vor nach myne fruntliken leuen Ohemen, alße Jurgen vnd Johan die Prenbe, dornach Vicken vnd Marten geuebern, die Roßen, vnd Jurgen Stoßloff, Ju bydde ick alle dorch godt, sy willen alßo by den mynen handeln, gelick als godt by Jwer selen schal handeln,

Darna bekenne ick Jochim von Bülow offentlick vor disser myner fruntschop, dat ick entlich vnd Urstlick vorbragen bun, mit mynen leuen Brudern, alle mynes gudes haluen, dar sie affgelaten hebben, np vnd mynen armen gentzlich, dar nichts vp tofalende, dat wer den sacke, dat ick vnd myne Kinder sturuen, alßden scholen myne Bruder myner frowen, webber vth dem gude geuen Dusent gulden, vnd ehre beteringe mit alle gerechticheit, vnd sefftig gulden morgen gaue,

Ock bekenne ick, dat ick Otten von der Lue hebbe mynes seligen Vedderen Dochter thogesecht mit ver Hundert gulden Brutschattes, vnd dar bauen, vmme alle

machen, welches geschehen ist des andern Tages nach der Himmelfahrt des Herrn, als man schreibt 1532.

Zuerst befehle ich dem allmächtigen Gott meine Seele, und glaube festiglich, daß sich Gott ihrer erbarmen wird nach seiner großen milden Barmherzigkeit, und nach der tröstlichen Zusage, die er mir armen Sünder in seinem göttlichen heiligen Worte Marci am Letzten gethan hat: Wer da gläubet und getaufet wird, der soll selig werden. So setze ich meinen Glauben, Zuversicht, Trost und Hoffnung auf den barmherzigen Gott allein, und bekenne, durch keinen selig werden zu können, als allein durch Jesum Christum unsern Herrn.

Darnach gebe ich meinen Leichnam der Erden, bis nach Gottes Zusage, wann er von Aschen-Erde wieder zu Asche und Erde, und eine Speise der Würmer geworden, er denen gleich seyn wird, die da ruhen bis zur allgemeinen Auferstehung der Todten, und alsdann das ewige Leben erlangen.

Hierauf befehle ich meine arme Frau und Kinder denen, die Wittwen und Waisen vorzustehen verbunden sind, als meinen gnädigsten Landesfürsten und Herrn, und bitte durch Gott, sie wollen sich dieselben empfohlen seyn lassen, damit ihnen nicht möge Unrecht wiederfahren, daher setze ich Ihre F. G., als beide meine gnädige Herrn, zum Trost meiner armen Frauen und Kinder zu Testaments-Vollstreckern ein. Hiernächst setze ich zu Vormündern, und bitte durch Gott, daß sie meinen letzten Willen erfüllen, und bey meiner armen Frauen und Kindern so handeln mögen als sie es vor Gott zu verantworten gedenken, als meine beide lieben Brüder Doctor Hinrich von Bülow und Berend von Bülow, dann auch meine freundlich geliebte Oheime Jürgen und Johann die Preene, ferner Vicke und Marten, Gevettere die Roßen, und Jürgen Stoißloff: Die bitte ich alle durch Gott, sie wollen alßo bey den Meinigen handeln, als sie wollen, daß Gott bey ihrer Seelen handeln solle.

Hiernächst bekenne ich Joachim von Bülow öffentlich vor diesen meinen Freunden, daß ich völlig und erblich mich meines Gutes halber mit meinen lieben Brüdern verglichen habe, dergestalt, daß sie darauf niemalen einige Ansprüche machen wollen, es sey denn, daß ich und meine Kinder stürben; alsdann sollen meine Brüder meiner Frau aus dem Gute wiederum herausgeben 1000 Gulden, und ihre Verbesserung mit aller Gerechtigkeit, und 50 Gulden Morgengabe.

alle fruntschop willen, noch nagegeuen thofegende Feftig. Item Bernd von Bülow, myn leue Broter, is my schuldich, festich hundert gulden, vppe IIII C hebbe ick segel und breue, vnd die andern L. hebbe ick ehm vp synen geloven gedan.

Dat hefft myn Bruder, die Doctor, dat Receß, wo wy uns vnsers veddern gudes, seligen Laurentz von Bülow, bruderlick voreiniget, vnd bidde noch vp bruderlicke Treve, datsulvige myner frowen vnd Kindern tho handen stelt moge werden nach bruderlicker vnd lofflicker tosage.

Auch bekenne ich, daß ich Otten von der Lühe habe meines sel. Vettern Tochter zugesagt mit 400 Gulden Brautschatz, und ihm noch darüber wegen aller Freundschaft, die er mir bewiesen, nachgegeben und versprochen habe 50 Gulden. Ferner ist Berend von Bülow, mein lieber Bruder, mir schuldig fünftehalb hundert Gulden; auf 400 habe ich Siegel und Briefe, und die andern 50 habe ich ihm auf seinem guten Glauben gethan.

Auch hat mein Bruder, der Doctor, den Receß, worinn wir uns wegen unsers Vetters, des sel. Lorenz von Bülow, Guts halber brüderlich verglichen haben, und bitte, daß selbiger, nach brüderlicher und löblicher Zusage, meiner Frau und Kindern getreulich möge zu Händen gestellet werden.

P. M. In dorso dieses auf Papier entworfenen und im Archiv zu Schwerin vorhandenen Testaments oder copia Testamenti stehet noch folgendes von einer andern, wiewohl gleich alten Hand geschrieben:

„Testament Achym Büllouw seligen von potremze ao. 32 am tage vincenti bekommen In der lage ao. 33.

GGG

Schreiben Herzogs Wilhelm von Braunschweig und Lüneburg an den Rath und Hofmeister Julius von Bülow.

Meinen günstigen gruß und alles gutes zuvor. „Edler Vester besonders getreuer lieber günstiger: mir hat „mein Rahtt und Cantzler referendo hochgerühmet, welcher gestalt der Herr, bey dem mühseligen, aber „endlich zufreudiger ruhe sich geendigten Braunschweigischen Tractaten, dahin treweyferig mit cooperiret, „das meine unstreitiges Recht, und Fürstliche Würde, wieder meinen streitenden Vettern behauptet, und „erhalten werden mögen.

„Ob ich nun woll Seiner mir bekanten Rühmlichen aufrichtigkeit halber, Ich mich ein solches zu Ihm „gahr woll Ver Sehen, So Contentiret und erfreuet mich aber, Sein gegen mir beständig rechtliebendes „und dapffers gemüthe. Sehr hoch bedanke mich desselben wie auch der Sonst mitt meinen Cantzler beschehe„ne Communication und genommene Abrede, mit sonder danknehmiger Affection, alles gebührendes fleißes. „Ich erkenne auch Solche des Herrn gewogen bezeigung, da durch er sich umb mich Immer mehr verdienet, „mit woll Zugewantter gegenneigung Sehr hoch. Es verrichtet aber darin derselbe was meinem freundlichen „lieben Vettern und Ihm wollanständig, was der erbarkeit, dem Rechte, Christlicher billigkeit und dem „Gewißen gemäß. Befinde mich auch gegen Ihm und die Seinigen Sehr hoch obligiret, will auch an mei„ner gegen gebühr nichtt manquiren. Sondern als ein danckbartlicher bekendtlicher Fürst gegen Ihm und die „Seinigen allemahl erfunden werdenn, wünsche damit den Herren und dessen Lieben angehörigenn einn glück„sehliges neues Jahr, zu beständiger gesundheitt, fristung eines langen Lebens, Sambet erfüllung alles, „was er und gerechte Lieben Seinigem, So woll dessfals zu gedeilicher Wolfährigkeitt als sonsten In Ihrem „eigenen Voto desideriren; zu solchem Effect Thue Ich Sie Sämblich des Allerhöchstenn bewahrung fleißig „entfehlenn und verbleibe unverendert

Des Herrn

Harburgk denn 24. Decemb.
Anno 1605.

Bereitwilliger getrewer Freundt weill
Ich lebe
Wilhelm Herzog zu B. vndt Lüneb.

HHH

HHH

Gevatterbrief Herzogs Georg von Braunschw. und Lüneburg an den Geheimenrath Julius von Bülow.

Von Gottes Gnaden, Georg Herzog zu Braunschweig und Lüneburgk ꝛc. ꝛc. des Löblichen Niedersächsischen Creißes General.

„Unsern gnädigen gruß undt allen wolgeneigten Willen zuvor, Vester, Lieber getreuer. Auß erfreutem „gemüthe geben Wir euch in Gnaden hiemit zuvernehmen, waß gestalt der liebe getreue Gott die Hochgebohr„ne Fürstin, Unsere freundliche Herz;vielgeliebte Gemahlin, Fraw Annen Eleonoren Herzoginn zu Brauns„schweig und Lüneburgk ꝛc. ꝛc. geborne Landgrevin zu Hessen ꝛc. Gestriges Morgens, zwischen Sieben und „Acht Uhren, Ihre bißhero getragenen Leibsbürden gnediglich entbunden, Undt Uns beyderseits mit einem „wolgestalten Jungen Sohn Väterlich begabet. Wofür Er. Göttlichen Allmacht Wir billig Lob und Preiß „und Dank sagen, dieselben auch zugleich innig bitten, Sie geruhen Mutter und Kindt, so sich noch ziemlich „auf und in erträglichen Zustande befinden, Ihr lassen ferner in Gnaden befohlen seyn.

„Undt als Wir mit Göttlicher Verleihung entschloßen, solchen Unsern Jungen Sohn, Uf den Sontag „Lätarä wird seyn der 7te negstkünftigen Monats Martii hieselbst zur Heiligen Taufe bringen, und der Christ„lichen Kirchen einverleiben zu lassen; Auch aus Gnädig Wolgemeinter Affection euch als einen Zeugen undt „Gevatter darbey gerne sehen, und haben mügten. So gelanget demnach an euch unser gnädiges gesinnen, „Ihr wollet eure Gelegenheit darnach richten, daß Ihr den Sonnabend als den 6ten Martii vorher zeitlich „einkommen, folgenden Tages dem Actu der heiligen Taufe beiwohnen, und also das Christliche Werk der „Gevatterschaft neben andern, in Persöhnlicher Präsenz verrichten möget, Hieran erzeiget Uns Ihr einen „sonders dankbenügsamen Willen, So Wir in gnaden und allen guten, womit Wir euch ohne das auch wolbey„gethan verbleiben, zuerwiedern undt zuerkennen geneigt. Datum Zell den 17. Januar. An. 1624.

Georgius, H. z. Br. undt Lüneburgk.

III

Schreiben des Königs Gustav Adolph von Schweden an Julius von Bülow, Statthalter zu Zelle.

Gustavus Adolphus, Dei gratia Suecorum Gothorum Vandalorumque Rex, Magnus Princeps Finlandiae, Dux Estoniae et Careliae nec non Ingriae Dominus.

„Gratiam et Favorem nostram singularem. No„bilis et amplissime nobis sincere dilecte, Pluri„bus nobis commendavit tuum erga Nos et causam „communem devotissimum, ac sincerum affectum, „Consiliarius Noster Secretior Nobilis Nobis sincere „fidelis, Johannes Salvius. Gratissima sint nobis „officia tua. Ideoque clementer a te requirimus, „ut in iis fideliter continues ac perseveres. Quem„admodum eo modo rem feceris Reipublicae „utilem, ac tibi honorificam; Ita certum te faci„mus, nullam nos occasionem praetermissuros, „quae,

Gustav Adolph, V. G. G. der Schweden, Gothen und Wenden König, Großfürst von Finnland, Herzog zu Ehstland und Karelien und von Ingermannland Herr.

Unsere Gnade und besondere Gunst zuvor. Edler, und Uns vorzüglich lieber Besondere. Es hat Uns Unser Geheimerath, der Edler Unser lieber Getreuer Johann Salvius euren gegen Uns und die gemeine Sache sehr geneigten guten Willen zu mehrermalen zu verstehen gegeben. Es ist Uns diese eure Dienstfertigkeit besonders angenehm: Daher begehren Wir von Euch gnädigst, daß ihr darinn getreulich fortfahret und beharret, wie es dem Gemeinen-Wesen nützlich, Euch aber zur Ehre gereichen wird. Dagegen versichern Wir Euch, daß Wir keine Gelegenheit verabsäumen werden, hinwiederum nach Würden Unsere gnädige Gesinnungen gegen euch darzulegen.

Wir

„quae tuae viciſſim dignitati commodisve cle-
„menter gratificemur. Mandavimus Conſiliario
„Noſtro Secretiori Salvio, ut affectum hunc et
„deſideria Noſtra pluribus tibi ſignificaret; Cui ut
„plenam in omnibus fidem habeas, gratioſe a te
„requirimus. Atque hisce te Deo clementer com-
„mendamus." Datum in Caſtris Noſtris ad Halam
Saxoniae die 17. Septembris Anno 1631.

Guſtavus Adolphus.

Die Addreſſe war:
Nobili et Magnifico, nobis ſincere dilecto Domino
Julio a Bulowen Illuſtriſſimorum Principum
Brunsvicenſium et Luneburgenſium pro duci et
Conſiliario Secretiori ac primario, nec non prae-
fecto in Campen et Eſſenrode.

Wir haben Unserm Geheimenrath Salvius befohlen,
dieſe Unſere Geneigtheit und Verlangen Euch mit
mehrerem zu erkennen zu geben, dem Ihr übrigens in
allen, wie Wir hiemit gnädigſt verlangen, völligen
Glauben geben werdet, womit Wir Euch der Obhut
Gottes empfehlen. Gegeben in Unſerm Lager bey
Halle in Sachſen den 17. Sept. 1631.

Guſtav Adolph.

Dem Edlen und Großachtbaren Unſern lieben Beſondern Herrn Julius von Bülow, der Hochgebornen
Fürſten zu Braunſchweig-Lüneburg Statthaltern und
erſtem Geheimenrath, auch Hauptmann zu Campen
und Eſſenrode.

KKK

Document wegen der 1716 lebenden von Bülow aus dem Quitzöbelſchen Hauſe.

Zu wiſſen ſey hiemit, daß Sr. Hochwohlgebohrnen, Herr Auguſt Berndt von Bülow auf Quitzöbel, Erbherr, an heute untergeſetztem Dato alhier erſchienen und vorgetragen, daß nach Abſterben des weyland
Königl. Großbritanniſchen Hofraths von Bülow auf Eſſerode ꝛc. die Lehns-Muthung von denen Herrn
Vettern von Bülow negſtens vorgenommen werden ſollte. Wie nun die Königl. Regierung zu Hannover
verlange, daß ſolchenfalls die ſämtlichen Herren von Bülow aus dem Hauſe Quitzöbel ihre Namen dabey
angeben ſollten, ſo wolle Er mir ſolche nebſt Ihren Alter dabey melden, bittet ſolches alles ad Protocollum
zu faſſen, und Ihn darüber ein Atteſt in forma probante zu ertheilen. Da nun Hochwohlgedachter Herr von
Bülow mir folgende Perſonen, ſo anjetzo aus der Quitzöbelſchen Linie im Leben ſeyn, ernennet hat, als:

Herr Otto Chriſtoph von Bülow, 42 Jahr alt,
Herr Johann Georg von Bülow von 31 Jahren,
Herr Chriſtian Julius von Bülow, welcher 32 Jahr alt,
Herr Auguſt Berndt von Bülow von 28 Jahren, und
Herr Thomas Albrecht von Bülow im 26. Jahr,

ſo habe ſolches alles verlangtermaßen regiſtriret, und darüber dieſes Atteſt unter meiner eigenhändigen Na-
mens-Unterſchrift und beygedrucktem Notariat-Siegel ausgefertiget, ſo geſchehen Seehauſen den 22ſten November Anno 1716.

(L.S.)
Burchard Gottfried Paalfur,
Notar. ord. Caeſ. ac Reg. immatriculat. mmp.

LLL

Obligation derer von Barnekow auf 200 Mark, ausgeſtellt an Jaspar von Bülow.

Wy Reymer unde marquard vnn Raven brodere
gheheten barnekowen, wonafftlich to ghuſteuel. Bekennen vnde tughen apenbare in beſſem breue vor
alles

Wir Reimar, Markward und Raven, Gebrüdere
geheißen Barnekow, wohnhaft zu Guſtevel, bekennen und bezeugen offenbar in dieſem Briefe vor jedermann,

alles weme, bat wy to lyfen houetluden mpt vsen rechtern eruen schuldich synt van rechter witliken schult, deme duchtighen Knapen Jaspar van Bülow van sinen rechten eruen twehundert mark lubescher penninghe, de he vs rede leent hefft. Vor dessen vorbenomten summen penninghe hebbe wy Reymer vnde marquard vnn raven brodere vorbenomt myt vsen eruen, Jaspar vorbenomt vnn sinen rechten eruen vor set vnn vorlaten, vorsetten vnde vorlaten, twintich mark lubisch yärliker ghulde, bede in deme dorpe to olten Karyn vnn to dem oldenhaghene vnn in aller tobehoringhe, also dat ghud bynnen alle sinen scheden beleghen vnn begrepen is, de he vnde sine eruen alle yar to sunte mertens Daghe brukelsen hebben vnde to voren vpboren scholen, vnde worde en wedborst effte brake in dessen vorbenomten ghude, dat schal he vnn sine eruen alle yar hebben vnn tho voren vpboren vt vseme Dorpe to gholchen, also dat he vnn sine eruen alle yar yo twintich mark ghelbes vul hebben scholen. Desser vorbenomte Bede vnn ghulde Schole wy vnn vse eruen Jaspar vorbenomt vnn synen eruen waren vnn entfrigen vor alle an-sprake ghestlik vnde werlik vn vor heren gesette ny-ge effte olt. Desse vorbenomte twintich mark ghelbes mach Jaspar vorbenomt vnn sine eruen panden vnn panden laten vt dessen vorbenomten ghude alle yar so vakene also en des not vnn behoff is sunder brake, vnde möghen de pande drynen effte vören vpene stede bynnen vser heren lande to meklenborch, war en dat euenst kumpt; vnn moghen yere penninghe mede nemen ghelyk voruolgheden panden, de in alleme rechte voruolghet sint, vnn vorkopen sunder hinder effte wedderstat. Were dat en wedderstat scheche in der pandynghe, vnn Jaspar vorbenomt vnn sine eruen vnn ere hulpere dar schaden öuer nemen edder beden, dar schole wy vnn vse eruen se ghans van vultfrigen vnn schadelos van holden. Voertmer dat toseghhent schole wy hebben in beyden syden, wanner wy vnde vse eruen desse vorbenomte ghulde wedder losen wyllen. Edder wanner Jaspar vorbenomt vnde sine eruen eren summen penninghe wedder hebben wollen, so schal vser een deme anderen to voren toseghhen to sunte Johannes Daghe to myddensomer, vnn to deme sunte mertens Daghe, de dar den aller neghest to-komende ys. So schole wy vnde vse eruen Jaspar van Bulow vorbenomt vn spnen rechten eruen gheuen vnde to ener noghe betalen, twehundert mark lubesch vp ener stede bynnen vnser heren lande to meklenborch wor em vnn sinen eruen dat euenst kumpt an gheuen lubischen suluer penninghen, also bynnen der wystner denne ghinghe vnn ghene sint, an

mann, daß wir zu gleichem Theil samt unsern Erben dem tüchtigen Knapen Jaspar von Bülow und seinen rechten Erben als eine rechte wissentliche Schuld schuldig sind 200 Mark Lübsche Pfenninge, die er und ehedem geliehen hat. Für diese Summe haben wir Reimar, Markward und Raven Gebrüdere vorgenannt mit unsern Erben dem gedachten Jaspar und seinen rechten Erben versetzet und überlassen, versetzen und überlassen hiemit 20 Mark Lübsch jähr-lich an Ghülde und Bede In den Dörfern Alten-Karin und Altenhagen und in ihren Zugehör, als sie binnen ihren Scheiden belegen und begriffen sind, die er und seine Erben alle Jahr auf St. Martins-Tage gebräuchlich heben, und vor allen andern ein-fordern soll, und sollte ihm hieran etwas in den vor-gedachten Gütern ermangeln, das soll er und seine Erben alle Jahr haben und zuerst erheben aus un-serm Dorfe zu Golchen, also, daß er und seine Er-ben alle Jahr völlig und gewiß 20 Mark haben sollen.

Diese vorgedachte Bede und Ghülde sollen wir und unsere Erben gedachtem Jaspar und seinen Erben gewähren, und ihn von aller Ansprache befreyn, sie seyn geistlich oder weltlich, neuen oder alten Rechtens. Diese vorgedachte 20 Mark mag vorgenannter Jaspar und seine Erben aus diesen Gütern pfänden oder pfänden lassen, so oft es vonnöthen seyn wird, und mögen sie dieses Pfand hintreiben oder fahren allenthalben binnen den Landen unsers Herrn zu Mekklenburg, wo ihnen das am bequemsten fällt, auch solches ihres Geldes wegen rechtlich ihnen zuständiges Pfand ohne Hinderniß und Widerspruch verkaufen. Wäre es, daß eine Hinderniß in der Pfändung geschähe, und gedachter Jaspar und seine Erben, auch ihre Helfer darüber Schaden litten oder machten, so sollen wir und unsere Erben sie ganz davon entfreyn und schadlos halten. Das Aufkündigen soll beiden Thei-len frey bleiben; es sey daß wir oder unsere Erben diese vorgedachte Ghülde wieder lösen wollen, oder daß Jaspar und seine Erben ihr Geld wieder haben wollten: Alsdann soll einer dem andern auf Johan-nis aufkündigen, und auf dem nächstfolgenden Mar-tini sollen wir und unsere Erben an Jaspar von Bülow und seinen Erben geben und genüglich bezah-len 200 Mark Lübsch an einem Orte in unsers Herrn Lande zu Mekklenburg, wo es ihm und seinen Erben am bequemsten ist, an guten Lübschen silbernen Pfen-ningen, wie alsdann zu Wißmar sie gäng und gebig sind, in einer Summe unverkürzt und ohne Verzug; dazu soll er und seine Erben zur selbigen Zeit 20 Mark Lübsch aus vorgenannten Gütern erheben. Und wäre es, daß wir vorgenannte Brüder und unsere Erben

an enem summen vnbeworen sunder lengher vortoch. Dar schal he vnde syne eruen vppe de suluen tyd to vpboren twintich mark lübsch ot dessem vorbenomten ghude.

Vnde were dat wy vorbenomte brodere vnn vse eruen Jaspar vorbenomt vnn sinen rechten eruen dessen vorbenomten summen penninghe vnde renthe nicht to danke betaleden vppe den neghesten sunte mertens Dach, wanner dat vore toseth is to sunte Johannes Daghe, So schole wy Reimer vnde marquard vnn raven brodere vorbenomt, vnn vse eruen vnn vse naseruen medelouere, vnn wyllen ryden vp ene stede bynnen deme lande to mekelnborch, wor Jaspar vorbenomt vnde synen eruen dat euene kumpt, vnn don em vnde sinen eruen so vele also wy en van rechtes weghene plichtich sint. Vn wer dessen breff hefft myt willen van vulbort Jaspars van Bülow vorbenomt vnde siner eruen, dem se des bekennen he sy ghestlik edder werlik, de schal wesen en vullenkomen houetman dar mede to manende gheyk en suluen. Alle desse vorscreuen stucke vnde eyn yewelk artikel besundergghen loue wy reymer vnde marquard vnn raven brodere, houetlude, gheheten barnekowen vorbenomt, myt vsen rechten eruen vnde wy truwen medeloure also Reymer von plesse to dem brule, henneke von plesse wonafftlich to müselmow, bernd barnekow to malmendorpe, vnde hinrik van der Lü to dem nygenhaghen, louen vnde sagghen alle myd ener samenen hant Jaspar van Bülow vnn sinen rechten eruen, vnde to erer truwen hant hern egghardte van bülow ridder, vnde henneken van bülow to dem enen hus. In ghuden truwen myt ghansem louen stede vnde vast to holdende sunder hinder hulperede vnn sunder alle arghelist. To begher betuchnisse vnde merer bewaringhe, So hebbe wy Reymer vnde marquard vnn raven brodere gheheten barnekowen vorbenomt, vnde wy medeloure also Reymer van plesse, henneke van plesse, bernd barnekow vnde hinrik van der Lü vorbenomt, myt willen vnde witschop vse Inghesegheke henghet laten an dessem bref. De gheuen vnde screuen is na godes bort vertennhundert yar in deme seuentzuden yare des neghesten Sunnauendes na des hilghen lychnamen daghe.

Erben gedachtem Jaspar und seinen rechten Erben das erwähnte Geld nicht auf den nächsten Martini Tag, wann es auf vorhergehendem Johannis Tag gekündiget worden, zu Dank bezahleten; so sollen wir Reimar, Markward und Raven, Gebrüdere vorgenannt, unsere Erben und unsere nachgeschriebene Mitlobere willigst einreiten, wohin in dem Laude Meklenburg Jasper und seine Erben es für gut finden werden, und ihm und seinen Erben leisten, was wir von Rechts wegen zu thun schuldig sind. Wer diesen Brief mit Wissen und Bewilligung von Jaspar von Bülow und seinen Erben besitzet, und sie solches zu erkennen geben, er sey geistlich oder weltlich, der soll gleichwie er vollkommene Macht zu mahnen haben.

Alle diese vorgeschriebene Stücke und einenjeglichen Artikel besonders geloben wir Reimar, Markward und Raven, Gebrüdere und Haupt-Schuldner, genannt Barnekow, mit unserm rechten Erben, und wir getreue Mitgelobere Reimar von Plesse zu dem Brühl, Henneke von Plesse, wohnhaft zu Müsselmow, Bernd Barnekow zu Malmendorf und Hinrich von der Lühe zu Nienhagen, geloben und sagen zu alle mit einer gesamten Hand Jasper von Bülow und seinen rechten Erben, und zu einer getreuen Hand Herrn Eggerd von Bülow, Ritter, und Henneke von Bülow zu dem Einhause, in guter Treue stetig und fest zu halten sonder Zögerung, Hülfrede und ohne alle Arglist. Zum größerm Zeugniß der Wahrheit haben wir Reimar, Markward und Raven, Gebrüdere von Barnekow, und wir Mitlobere, als Reimar von Plesse, Henneke von Plesse, Bernd Barnekow und Hinrich von der Lühe mit Willen und Wissen unser Insiegel an diesen Brief hängen lassen; der gegeben und geschrieben ist nach Gottes Geburt 1417 am nächsten Sonnabend nach dem Tage des heiligen Leichnams.

P. M. An dieser auf Pergament geschriebenen und im Herzogl. Schwerinschen Archiv befindlichen Original-Urkunde hangen sieben unbeschädigte Siegel.

MMM

Jaspar von Bülow zu Rensow stiftet in die Kirche zu Beliz eine Memorie.

Vor alle den, de dissem Brieff sehen edder horenn lesen, bekenne ick Jaspar van Bülow Knape erffseten to Rensow vor mi vnd mine eruen, dat ick hebbe gegeuen veffftich sundesche mark houetstol in dat gadeshuß to Belize to einer ewigen dechtnisse vor mi, vnd mine geschlechten, van ock vor de geschlechte miner leuen vedderen die breitschouwen, van welkerem wi dat gudt Rensow hebben, der vnd vnser de gadeslude scholen laten denken, vorbidden alle sundage van deme predickstole, vnd ein mael des Jars begahen laten deme Kertheren vnd Köster mit Vigilien vnd selemissen am sundage in der quatuor Tempere Inne heruefte. Vor disse bauenschreuen veffftich mark sette ick Jaspar van Bulow denn vorstenderen einen kamp ackers in de hende, belegen up dem Velde to Rensow vor der groeten daluitzer scheiden tendest der dünen wolen wisch, ock an der groten daluitzer serckwech an den vort. Dissen vorbenomeden acker met tendest der Wisch alse de grauen na dem rensouwer kampe mogen de vorbenomeden gadeslude buwen vnd seigen brueken sunder min vnd miner eruen behinderung. Weret auer dat ick efft mine eruen den suluen acker mit den Wisschen nicht wolden entberen van dem haue to Rensow, so will ick efft mine eruen den gadesluden efft vorstenderen de vorbenomeden L mark houetstol wedder vtgeuen vp ene tibt to Beelze, vnd den vorstenderen behulplich wesen, so dane L mark houetstol wedder an to leggenn, dar dat gadesshuß sine pechte alle Jar van nemen mach, dat idt bliue to einer ewigen dechtnisse der schlechte van Bulow. Dit stede vast vnbrefflich to holdenn laue ick Jaspar van Bülow vor mi vnd mine eruen, des to thüege min Ingesegel gehenget an dessen brieff. Ock de erbarn duchtigenn Goetke van Bulow to potrempne vnde wedege van lestenn tho gottin to tuege ere Jngesegel gehenget vor dissen brieff gegeuen vnd geschreuen na der bort christi dusent vierhundert Jm viff vnd viertigesten Jar in den vier dagen des paschen.

Collationata et diligenter revisa est presens Copia, Quae de verbo ad verbum cum suo vero sigillato Originali concordat per me Hinricum Braschen Caminenſ. Dioec. Clericum atque Apostolica Auctoritate Notarium, quod propria manu mea atteftor.

Vor allen denen, die diesen Brief sehen oder lesen hören, bekenne ich Jaspar von Bülow, Knape, Erbgeſeſſen auf Rensow, für mich und meine Erben, daß ich funfzig Sundische Mark Hauptstuhl in das Gotteshaus zu Beliz gegeben habe zu einem ewigen Gedächtniß für mich und mein Geschlecht, und auch für das Geschlecht meiner lieben Vettern die Breitschuen, von welchem wir das Gut Rensow erhalten haben; derer und unser sollen die Gottesleute (Vorsteher) alle Sonntage gedenken, und für selbige von dem Predigtstuhl Vorbitte thun und einmal des Jahrs in den vier Zeiten des Herbstes von dem Prediger und Küster deren Andenken mit Vigilien und Seelmessen feyern lassen. Für diese obengeschriebene 50 Mark gebe ich Jaspar von Bülow denen Verstehern einen Kamp Acker in Besitz, der auf dem Felde zu Rensow vor der Großen-Dalwitzer Scheide an der tiefen Wocken-Wiese und an dem Großen-Dolwitzer Kirchen-Wege bey dem Fuhrt belegen ist. Diesen vorgedachten Acker nebst der Wiese daran und den Graben nach dem Rensower Kamp mögen die vorgedachten Gottesleute bauen, besäen und gebrauchen, sonder meine und meiner Erben Behinderung. Wäre es aber, daß ich oder meine Erben diesen Acker mit den Wiesen nicht von dem Hofe zu Rensow entbehren wollten, so will ich oder meine Erben den Gottesleuten die vorgedachte 50 Mark Hauptstuhl auf einmal zu Beliz wiederum herausgeben, und den Verstehern behülflich seyn, daß sie die 50 Mark wiederum anlegen können, davon das Gotteshaus seine Pächte alle Jahr nehmen mag, damit es zu einem ewigen Gedächtniß des Geschlechts von Bülow bleibe. Dieses stetig, fest und unverbrüchlich zu halten gelobe ich Jaspar von Bülow für mich und meine Erben; des zum Zeugniß habe ich mein Inſiegel an diesen Brief hängen lassen. Auch haben die ehrbaren und tüchtigen Götke von Bülow zu Potremſe und Wedige von Lehsten zu Gottin, als Zeugen ihre Inſiegel vor diesem Briefe gehänget, der gegeben und geschrieben ist nach der Geburt Christi 1445, in den vier Oſter-Tagen.

Diese Urkunde ist in Abschrift, welche von Hinrich Braschen, einem Caminischen Geistlichen und Päpſtlichen Notarius, vidimiret worden, im Herzogl. Archiv zu Schwerin in nebenstehender Plattdeutscher Sprache vorhanden.

NNN

NNN

Barold Britzkow verkauft seinen Antheil in Kowalz und Drevsdorf an Claus Bassewitz.

Wyttick sye allen dennenen de dessen Bryef zeen edder hören lesen dat ick Barolt BryteKow myt minen rechten Erven hebbe vorlofft myn Gut dat yck hebbe to Kuwalze unde to Drevstorpe, mynes rechten Vaders Erwe, Clawes Bassewitzen und synes rechten Erwen an Clawes Wytten Howe unde Huven dre Mark Gheldes Sundesch myt Rychte unde myt Deneste, enen Top Blasses unde een Rockhun; Reymer Wytte twee Huwen mit soes Mark Gheldes Sundesch myt Rychte unde myt Deenst, twe Toppe Blasses unde twe Rockhöner; Gherele Sigghelow myt ener Huven, myt ener Lübeschen Mark Geldes, myt Rychte unde mit Denste mit ene Toppe Blasses unde een Rockhun; Reimer Bom, myt ener Huven myt ener Lübeschen Mark Gheldes myt Rychte unde myt Deenste, enen Top Blasses unde en Rockhun; twe Huven, de nu Wicke Gronenbach buwet, twe Sundesche Mark Gheldes; een verdendeel von ener Huven de Techghen buwet hadde, twelff sundesche Schyllynghe Geldes myt Nychte unde mit Deneste; an Pawele tween Sundische Schyllynghe, enen halwen Top Blasses, unde een half Rockhon vor den Denst. To drevstorpe ene Huwe, dar Witte uppe wohnet hatte, teyn Sundische Schyllynghe vor den Denst, unde dat Nychte over de Huven to Maurechte; ock ene Huve to drevstorpe, dar Techgen uppe wohnet hadde, teyn Sundische Schyllynghe vor den Denest, unde dat Nychte over de Huven to Manrechte; vor den Croch, den Kale plach to buwen, veer Sundische Schyllynghe to Manrechte. Dyt vorbenomede Ghut alzehyr vore screven ys, unde alze dat lycht an allen synen Scheden unde Tobehorynghen, schal ick unde myne Erven, em unde synen Erven, dat waren vor alle Ansprake, unde schal yck em entoryghen vor aldenenen, de Recht gheven unde nemen wyllen, yb sy gheistlyck edder werlyck alzo en laut recht ys. Unde yck edder myne Erven scholen an dessene vorbenomeden Ghude unde Huven nichts ane hebben, edder beholden to ewyghen Tyden. Unde ick edder myne Erven scolen Clawes Batzewitzen unde synen Erven dyt vorbenomende Gut vorlaten vor den Leenherren, wann sye dat von uns esschen. Dyt lave yck Barolt Britzekow vorbenannt myt mynen rechten Erven unde mit mynen Medeloweren alzu mit Hinrick Britzekow, de wohnet to Rensow, Peter Zwetzyn, de wohnet to Zwerstorff unde mit Marten Britzekow, Hinrichs Sohne myt ener samenden Hant: deme vor-

Zu wissen sey hiemit allen, die diesen Brief sehen oder lesen hören, daß ich Barold Britzekow mit meinen rechten Erben verkauft habe mein Gut, das ich habe zu Kowalz und zu Drevsdorf, meines rechten Vaters Erbe, an Claus Bassewitz und seinen rechten Erben; als aus Claus Witten Hofe und Hufen 3 Mark Sundisch, mit Gericht und mit Diensten, 1 Topp Flachs und 1 Rauchhun; Reimer Witte von 2 Hufen 6 Mark Sundisch mit Gericht und Diensten, 2 Topp Flachs und 2 Rauchhüner; Gerd Siggelow von einer Hufe 1 Mark lübsch, mit Gericht und Diensten, 1 Topp Flachs und 1 Rauchhun; Reimer Bohm von einer Hufe 1 Mark lübsch, mit Gericht und mit Dienste, 1 Topp Flachs und 1 Rauchhan; zwo Hufen, die itzt Wicke Grünvach bauet, und 2 Mark Sundisch giebet; ein Viertel von einer Hufe, die Techen bewirthschaftet hat, und 12 fl. Sundisch giebet, mit Gericht und mit Diensten; von Pageln 2 fl. Sundisch, ein halbes Topp Flachs und ein halbes Rauchhun für den Dienst. Zu Drevsdorf: Eine Hufe, alwo Witte auf gewohnt hat, giebt 10 fl. Sundisch für den Dienst, und das Gericht über die Hufen zu Maunrecht; eine Hufe, da Techen auf gewohnt hat, giebt 10 fl. Sundisch für den Dienst, und das Gericht über die Hufen zu Maunrecht; für den Krug, den Kale bewohnen pflegte, 4 Sundische Schilling zu Mannrecht. Dieß vorgeschriebene Gut, wie es in seinen Scheiden liegt mit allem Zugehöre, sollen ich und meine Erben ihm und seinen Erben für alle Ansprache gewähren, und ihn davon befreyen vor allen denen, die da Recht geben und nehmen wollen, sie seynd geistlich oder weltlich, wie es Rechtens ist. Und ich und meine Erben sollen an diese vorerwähnten Güter und Hufen zu ewigen Zeiten nichts weiter zu fordern haben. Auch sollen ich und meine Erben dieses Gut dem Claus Bassewitz und seinen Erben auflassen vor dem Lehnherrn, wann sie es von uns fordern.

Dieß alles gelobe ich Barold Britzkow mit meinen rechten Erben, und mit meinen Mitgelobern, als Hinrich Britzkow, der da wohnet zu Rensow, Peter Zwetzin, der da wohnet zu Schwerstorf, und Marten Britzkow, Hinrichs Sohn, mit einer gesamten Hand dem vorgedachten Claus Bassewitz und seinen rechten Erben, und zu seiner getreuen Hand allen denjenigen, die diesen Brief mit des Claus Basse-

vorbenommende Claves Bassewitzen unde synen rechten Erven unde to syner truwen Hant alle benymenen, de dessen Bryef hebben mit Claves Bassewitzen Wylen und syner Erven Wyllen, deme schall desse Bryef Hulpelyck unde Brückelick wesen algu Claves Bassewissen unde synen Erven. To merer Bewahrpughe unde groterme loven, hebbe yck myn Ingheseghel mit myner Medelovere Inghesegheke wetende henghet vor dessen Bryef de gheven unde streven ys na Godes Bort veerteyn hundert Jar, darna an deme Besten Pare an Sunte Marcus Daghe des hylyghen Evangheliften.

Bassewitz und dessen Erben Wissen und Willen besitzen, denen denn dieser Brief eben wie Claus Bassewitzen und seinen Erben behülflich und brauchbar seyn soll. Zu grösserem Zeugniß der Wahrheit und der Angelobung habe ich mein Insiegel, und meiner Gewährmänner Insiegel wissentlich gehänget an diesen Brief, der gegeben und geschrieben ist nach Gottes Geburt 1405, am St. Marcus Tage, des heiligen Evangelisten.

Diese Urkunde ist in Plattdeutscher Sprache zu finden im Landes-Archiv zu Rostock, im Manuscript des von Beehr unter dem Artikel von Britzkow.

OOO

Martin Britzkow stellet einen Urfede-Brief aus.

Ich Marten Britzkow Knape bekenne und bezeuge offenbar in diesem Briefe vor allen, die ihn sehen oder lesen hören, daß ich nimmermehr zu ewigen Zeiten weder für mich selbst, noch für meine Freunde oder für sonst jemanden heimlich oder öffentlich derer Herrn von Meklenburg und aller Ihrer Landes-Einwohner, Rittern, Knechten, Bauern oder sonst irgend jemandes, sie mögen Namen haben wie sie wollen, nicht weniger der Ehrbaren Manne, Burgermeister, Rathmänner und Bürger zu Rostock, Feind werden soll und will ꝛc.

Alle diese vorgeschriebene Stücke und Artikel, einen jeglichen für sich, gelobe ich Marten Britzkow mit meinen Gewährmännern, und wir Gewährleute, als **Hinrich Britzkow zu Rensow Martens Vater**, Bolto auf Gützchendorf, Albrecht auf dem Wulfshagen, Gebrüdere geheißen Zepelin, und **Ahrend Britzkow, Knape, zu Ganschendorf**, geloben, als wären wir Hauptpersonen, mit einer gesamten Hand den Ehrbaren Burgermeistern und Rathmannen der Stadt Rostock, und ihren Nachfolgern im Rathe, in guter Treue stetig und fest zu halten sonder Arglist. Dessen zum Zeugniß haben wir unser Insiegel hängen lassen an diesen Brief, der gegeben und geschrieben ist nach Gottes Geburt 1406 am Tage St. Pauls des Apostels Bekehrung.

Diese Urkunde ist in Ungnadens Amoenit. p. 525 in Plattdeutscher Sprache zu lesen.

PPP

Hans Britzkow verkauft seine Antheile in Kowalz, Drewsdorf und Repnitz an Claus Bassewitz.

Ik Hans Brytzkow Knape wanachtych to Gantzeckendorpe bekenne und bethüghe openbare in desser Schrift, dat yck hebbe myt mynen rechten Erven verkofft deme bescheden Manne Claves Bassewigen, wohnachtigh to Bassewitze, unde synen Erven alle

Ich Hans Britzkow, Knape, wohnhaft zu Ganschendorf, bekenne und bezeuge offenbar in dieser Schrift, daß ich habe mit meinen rechten Erben verkaufet dem bescheidenen Mann Claus Bassewitz, alle Guth, was myn Vader unde myn Broder Arnd vorn und ick na hebben had an deffen Dorpen, alzu to Suwalpe twee Huven, dar Brundel hadde buwet, de da gheven föß Mark Sundescher Pennynghe; twe Huven, de Hinrick Boen hefft gebuwet, de ghevet dree Mark; twe Huven, de da Stuppendorp hefft gebuwet, de da gheven söß Mark; vort mer ene Huven dar Pawel hefft uppe wohnet, de da ghyfft tween Schyllinge vor den Denst, enen halven Topp Blaßes, eyn half Rockhun; vortmer ene Huven, dar Tempel uppe wohnet hefft, de da ghyfft ver unde zwyntych Schyllynghe myt Rychte und myt Denste; vortmer ene Huwe, da Techgen uppe wohnet hefft, de da ghyfft dre Mark myt Rychte unde mit Denste; vortmer an deme Dorpe to Drewstorpe en Verdendel Landes, dar Butzin hefft uppe wohnet, dat ghyfft veer Schyllynghe unde mit Rechte unde myt Denste; vortmer ene Huve, dar gherecke Kale hefft uppe wohnet, myt Rychte und myt Denefte, und vor den Denst ver Schyllynghe plach be tho ghevende; vortmer en Verdendel Landes, dat olle Hemecke Techgen hatte buwet, myt Rychte und myt Denste, vor den Denst ver Schyllynghe; vortmer an deme Dorpe to Retemysse anderthalve Huwe, dar nu Vicko Gronnbergh uppe wahnet, de gheven to der Pacht söven Mark Sundescher Pennynghe, ock so ghyfft twee Toppe Blaßes unde en Rockhun; vortmer ene halve Huven, de da buwet Herman Kickestorp, darvore ghyfft he ver unde twynteghestehalve Schyllynghe, vortmer enen halven Topp Blaß, myt Rychte unde Deneste to Manrechte; vortmer de Kothe, dar Luttele Peter hadde uppe wohnet, de gifft achte Himmene; vortmer dat drudden deel an den Kalichuven, dat ghyfft en Punt Sundescher Pennynghe; vortmer de Huve, de da lycht to der Vykarye, de buwet Trosteeche buten Tunes, de ghyfft dre Schyllinge unde en Halfhun, unde enen halven Topp Blaßes. Deße vorsprocke Pacht unde Ghulde, de hebbe ick unde myne Erven Claves vorbenömet unde synen Erven Vorkofft myt Water, myt Winde, myt Wischen unde myt aller Tobehörynge, alze dyt Ghud vorbenomet lycht begreven in alle synen Scheden; unde my unde mynen Erven scholen Clawes Baffewitze unde synen Erven deßes vorbenomeden Gudes waren, unde entvryen vor alle Anspracke, unde vor alle dieyenen, de da Recht gheven edder nehmen willen, gheystlyckes edder werlickes, dat love ick Hans Bryzekow vorbenomet myt mynen rechten Erven Claves Baffewitzen unde synen rechten Erven alle Dynk vorscherven stede, unde fast to holdende sunder jenegherleye Arghe Lift. To hoghermer Loven unde Bewahrynghe so hebbe ick Hans

wiz, wohnhaft zu Baffewiz, und seinen Erben alles Gut, was mein Vater und Bruder zuvor und ich nachher in diesen Dörfern gehabt, als zu Zowalz zwey Hufen, die Brundel bauet, und davon giebet 6 Mark Sundisch; zwey Hufen, die Hinrich Boen bewirthschaftet, und davon 3 Mark entrichtet; zwey Hufen, die Stubbendorf bauet und davon 6 Mark giebet; eine Hufe, die Paul bewohnet, und für den Dienst entrichtet 2 fl., ein halbes Topp Flachs und ein halbes Rauchhuhn; eine Hufe, die Tempel bewohnet, und davon 24 fl. entrichtet, mit Gericht und mit Dienst; eine Hufe, die Techen bewohnet, und davon 3 Mark giebet, mit Gericht und mit Diensten. Ferner in dem Dorfe zu Drevsdorf: ein Viertel Landes, das Butzin bebauet, und davon 4 fl. entrichtet, mit Gericht und mit Diensten; eine Hufe, die Gherke Kale bebauet, mit Gericht und mit Diensten, und pflegte er für den Dienst 4 fl. zu geben; ein Viertel Landes, das der alte Henneke Techen bebauet, mit Gericht und mit Diensten, für den Dienst giebt er 4 fl. Ferner in dem Dorfe Retemiffe itzo Repenitz: ein und eine halbe Hufe, die Vicke Grünberg bewohnet, der giebt an Pacht 7 Mark Sundisch, 2 Topp Flachs und 1 Rauchhun; eine halbe Hufe, die Hermann Kicksdorf bebauet, und davon drey und zwanzig und einen halben Schilling giebet und ein halbes Topp Flachs, mit Gericht und mit Diensten zu Mannrecht; den Kathen, den Lütke Peter bewohnet, und davon 8 Himmene entrichtet; ein Drittel an den Kalkhufen, wovon ein Pfund Sundische Pfenninge fällt; die Hufe, die da liegt zur Vicarie, und Trotsche außerm Zaun bebauet, wovon entrichtet wird 3 fl., ein halbes Huhn, und ein halbes Topp Flachs. Diese vorgedachte Pächte und Ghülde habe ich und meine Erben an vorgedachten Claus und seinen Erben verkauft mit Waffer, mit Wind, mit Wiesen und mit allem Zugehör, als es in seinen Scheiden liegt, und ich und meine Erben sollen dieß Gut Claus Baffewitzen und seinen Erben gewähren, und von aller Ansprache befreyen, sie seynd geistlich oder weltlich, falls sie recht geben oder nehmen wollen. Alles das gelobe ich Hans Britzkow mit meinen rechten Erben dem Claus Baffewitz und seinen rechten Erben stetig und fest zu halten, sonder einige Arglist. Zu deffen mehrerer Bestärkung und Festhaltung habe ich Hans Britzkow mein Justegel an diesen Brief gehänget, und wir Hinrich Dirkow, Gerd Baffewiz, Gottschalks Sohn, sind hierbey und über gewesen,

Hans Brizekow vorbenommet myn Jnghezeghele henget vor deffen Bryef unde wy Hinrick Derekow, Gherd Gaßewitze Ghotschalkes Sone hebben hyr an unde ewer wesen, unde hebben unse Jnghezeghele ock henget vor deffen Bref, de, gheven unde screven is na Godes Bord dusend Jar verhundert Jare darna an dente nehgenden Jare an Sünte Mertens Daghe des Hoylghen Byschofes.

wesen, und haben unser Jnsiegel auch gehänget an diesen Brief, der gegeben und geschrieben ist nach Gottes Geburt 1409, am St. Martens-Tage des heilligen Bischofs.

Diese Urkunde ist in des von Behr Manuscript, unter dem Artikel von Britzkow, im Landes-Archiv zu Rostock auf Plattdeutsch zu lesen.

QQQ

Die von Bülow zu Rensow stellen an die Kirche zu Belitz wegen eines Kamp Ackers einen Revers aus.

Wy vigke, gemegke, Johann Broder die Bülowenn erffgesetenn thor Simenn vund rennsow bekennenn Jn dieffem vunsem Brieue, dat wy eindrechtiglichen geuen de beteringe Jnn dem Kampe aglers vor grotenn daluiffe deme gadeshufe tho Beltze also, dat die kamp aglers schall ewich bliuen der kerglen tho einer ewigenn dechteniffe vor vuns vund vnfe geschlechte, wo vunse vedderenn Jnn erem brieue bestemmet is, so ferrne idt so geholdenn wert; ock beholde wy dat hogeste vund sideste gerichte, sorder beholde wy de herlicheit vund jus patronatus, effte die vorstauder denn agler der kerglenn thom besten nicht konnden butvenn, so schalenn vunse lude tho Rensow tho pacht rechte nhemen, vund deme gadeshufe alle Jar twey margk Sundisch geuenn, vund Nemande buten dorpes vorgounth werdenn, wedder vnsenn willenn, dat die vorbenomede kamp aglers nicht vth vunser schede kame, vund vnß vnd vunsenn eruen effte vunsena Luden Nenen schadenn in vnssu komne effte wischen moge tho gefoget werdenn, dit vorschreuen Stede fast vnbregtlikenn tho holdenn, wy mit vunsenn eruen des tho tuge vunse angeborna Jnngesegel hirunder gehenget ahn diffen Brief, ock vmuhe vunser bede die Erbare vund duchtige Mathias schmegker, tho tuge sin Jngefsigel ock ahnn diessen brieff gehenget, geuen vnd schreuen Na Christi gebort dusent vier hundert Jhm LXXVIII Jar ahm dage Lucie.

Wir Vicke, Gemeke und Johann Gebrüdere die Bülowe, erbgefessen zu Simeu und Rensow, bekennen in diesem unsern Briefe, daß wir einmüthiglich dem Gotteshause zu Belitz, in Ansehung des Kamp Ackers vor der Großen Dalwitzer Scheide, die Verbesserung haben angedeihen lassen, daß dieser Kamp Acker ewig der Kirche verbleiben soll, zu einem immerwährenden Gedächtnisse für uns und unser Geschlecht, nur daß auch alles so gehalten werde, wie es in dem Briefe unserer Vettern bestimmet ist. Auch behalten wir uns die höchste und niedrige Gerichtsbarkeit, und alle Herrlichkeit auch das Patronatrecht bevor. Sollten die Vorsteher den Acker der Kirche zum Besten nicht recht benutzen können, so sollen unsere Leute zu Rensow ihn in Pacht nehmen, und dem Gotteshause alle Jahr zwey Mark Sundisch geben, solches aber niemanden außerhalb unsers Dorfs vergönnet seyn, damit wider unserm Willen der vorgedachte Kamp nicht außer unsern Grenzen komme, und uns und unsern Erben oder unsern Leuten an Korn und Wiesen möge Schade zugefüget werden. Daß wir und unsere Erben das vorgeschriebene stetig und fest halten wollen, des zum Zeugniß haben wir unstr Jnsiegel an diesen Brief gehänget; auch hat auf unsere Bitte der Ehrbare und Tüchtige Matthias Schmeeker als Zeuge sein Jnsiegel an diesen Brief gehänget, der gegeben und geschrieben ist nach Christi Geburt 1478, am Tage Lucie.

Ausculta et Renisa est presens Copia per me Hinricum Braschen Camineus. Dioec. Clericum

Diese Urkunde ist in Abschrift, vidimiret von dem Caminschen Geistlichen und Päpstlichen Notarius Hinrich Braschen.

cum atque Apostolica auctoritate Notarium publicum. Que de verbo ad verbum cum suo vero sigillato Originali consentit, Teste manu mea propria.

Groschen, im Herzogl. Schwerinschen Archiv in nebenstehender Plattdeutscher Sprache befindlich.

RRR

Auszug eines Schreibens, welches Daniel Levin, der Vater des Herrn General-Lieutenants von Bülow zu Pasewalk, einige Zeit vor seinem Tode von seiner Tochter, der Frau von Pellet hat aufsetzen lassen.

Mein Großvater hat geheißen Joachim von Bülow, und ist aus der Meklenburgschen Linie gewesen, und meine Großmutter, Barbara Köpeln von Eger. Bey dem Schwedischen oder 30jährigen Kriege aber, da der General Tilli und Wallenstein der Orten alles verwüstet, so sind auch meines Großvaters Güter abgebrandt und zum Steinhaufen gemacht worden, wodurch er sich genöthiget gesehen, unter der Schwedischen Armee Dienste zu nehmen, in welchen ihm der König Gustav Adolph zum Lieutenant ernannt. Es ist aber mein Großvater in der ersten Schlacht bey Leipzig 1630 todt geschossen worden, und seine Frau mit einer Tochter und zwey Söhnen, wovon der älteste 4 Jahr alt, Adolph von Bülow geheißen, und der jüngste $1\frac{1}{2}$ Jahr alt, und Daniel von Bülow geheißen (welches mein Vater gewesen) zurück geblieben. Die Tochter ist in ein Stift gekommen. Mit den Söhnen aber hat sich meine Großmutter, weil es überall unsicher gewesen, nach Hannover retirirt. Daselbst hat sie einen Lieutenant, George von der Meihe, wieder geheirathet. Dieser hat gut gelebt. — In die Stadt Hannover hat meine Großmutter 1000 Rthlr. geliehen, in welche alte Obligation, welche noch vorhanden, mein Großvater, Großmutter, und auch ihr zweiter Mann mit Vor- und Zunamen benannt sind. Es ist aber meine Großmutter nach wenig Jahren gestorben, und da die Kinder keine Vormünder gehabt, so hat der Stiefvater nicht allein die 1000 Rthlr. gehoben, sondern auch das übrige meist verzehrt, und meines Großvaters abgebrandte Gründe verkauft, daß man also bey den vieljährigen Krieges-Troubeln nicht weiß, wie sie geheißen, und aus was für einem Hause mein Großvater eigentlich gewesen. Von denen beyden Söhnen ist der älteste, nämlich Adolph, in Diensten gekommen, und in Ungarn geblieben. Der jüngste ist etliche Jahr in Zelle Reitpage gewesen, nachgehends Stallmeister in Braunschweig geworden, und dieser Daniel ist mein Vater. Meine Mutter ist eine von Tauben gewesen. — Da der General-Lieutenant von Arnim nach den Ober-Rhein mit 12000 Mann commandirt wurde, gieng ich mit selben Anno 1705 im Frühjahr mit in die Campagne als Volontair, in welcher die Festung Druseenheim eingenommen wurde. Da hernach der General das Commando in Preußen bekam, so begab ich mich mit selbigen dahin, heyrathete, und habe nunmehro schon an 50 Jahre hier gewohnt, da ich denn mein Alter bis 77 Jahr gebracht.

SSS

Copie einer Antwort der Frau von Pellet, Schwester des Herrn Generallieutenants von Bülow zu Pasewalk.

Mein lieber Bruder!

Ich habe das Vergnügen gehabt, euer wehrtes Schreiben vom 21sten wohl zu erhalten, und daraus ersehen, daß Ihr gern Nachricht von der Familie unsers seligen Vaters haben wollt. Was mir davon bekannt ist, will ich Euch mit Vergnügen mittheilen. Ich hab ihn so oft gebeten, mir zu sagen, aus was für einem Hause er wäre, allein er antwortet mir, ich machte ihn nur betrübt, wenn ich ihn daran erinnerte, indem

seine

seine Vorfahren, welche aus der Meklenburgschen Linie herstammten, bemittelte Leute gewesen wären, und er es sich so sauer in der Welt hätte müssen werden lassen. Kurz vor seinem Ende kamen wir wieder auf die Sache. Allein er sagte mir nur, daß alles Seinige im Anfang des Krieges verbrannt wäre. Diesen Stammbaum habe ich nach seinem Tode, nebst einer Copie von einer alten Obligation, die von unser Aeltermutter ist, auch schon bezahlt ist, noch gefunden. Ich erinnere mich, daß wie der selige Vater das Portrait seines Bruders gezeigt, allein nach seinem Tode habe ich solches nicht gefunden. Auch erinnere ich mich, daß in meiner Kindheit ein Lieutenant von Bülow in Rastenburg in Quartier gestanden, der als ein Verwandter oft bey unserm Vater kam. Er ist hernach Landrath in der Mark geworden, und hat eine von Grunckau zur Frau gehabt. Er ist todt, soll aber Söhne nachgelassen haben. Vielleicht wissen die, ob ihr Vater aus dem Stammhause Steinenburg ist, u. s. w.

Königsberg
den 30sten Januar. 1765.

Treue Schwester
von Pellet.

TTT

Vicke von Bülow auf Gartow verpfändet die Güter Wischendorf, Harkensee, Elmhorst ꝛc. an Engelke von Bülow.

Ich Vicco von Bülow der ältere, auf Gartow Erbgesessen, thue kund und bekenne in und mit diesem Briefe für mich, meine Erben und Erbnehmern, und sonst jedermänniglich, daß ich auf vorgehabten Rath meiner nächsten Agnaten und Vettern mit wohlgedachtem Gemüthe, nach Erheischung und Förderung meiner Gelegenheit und Nothdurft, sonderlich aber zu Abtragung meiner obliegenden beschwerlichen Schulden, meine Lehn und Güter, so im Herzogthum Meklenburg, im Klützer Orte genannt, und beyseiten Grevismühlen, zu Wischendorf, Veldhusen, Rosenhagen, Harkensee, Elmhorst, Mummendorf, Boyenhagen, Testorf und Freberohagen belegen seyn, so als sie meine sel. in Gott ruhende liebe Vettern und Brüder, die von Bülow weiland zu Strindborg Erbgesessen, erblich inne gehabt, und auf mich also transferiret, verstammet und erlediget haben, auch ich für etlichen Jahren meinem jetzo in Gott ruhenden lieben Vetter Fritze von Bülow, weyland auf Gudow Erbgesessenen, verpfändet, und derselbe, mit meinem Willen, meinem auch freundlich lieben Vetter, dem Edlen gestrengen Engelken von Bülow ferner pfandweise eingeantwortet; wie auch dieselbigen Güter, welche er künftig durch Urtheil und Recht an dem Werthe, Felde und Höfen auch derselben Pertinentien und Zubehörungen (jedoch ausgenommen die im Rostocker Ort belegenen Güter, die ich mich ausdrücklich vorbehalte) in meinen Namen erhalten könnte und möchte, dem obgedachten meinen freundlichen lieben Vettern Engelken von Bülow, seinen Erben, Erbnehmern, oder getreuen Einhabern dieses Briefes, mit Höfen, Katen, gebauet und unbebauet, und alle dazu belegenen Hufen, Aecker, Wiesen, Heiden, Weiden, Rusch, Busch, Hölzungen, hart und weich, und derselben Abnutzungen, Mühlen, Vieh- und Schaftriften, höchsten und niedrigsten Gerichten, so da seyn, Diensten, Pachtung und Hebung, Rauchhünern, laut eines dieser Kauf-Verschreibung angelegten Pacht-Registers, Jagden, Fischerey und dero angehörigen Freyheit, Ein- und Ausflüssen, wie sie zu diesem Gute gehörig und jetzo dazu gebraucht wird, auch sonsten auch allen andern Nutzungen und Zubehörungen, Frey- und Gerechtigkeiten, auch allen Rechten und ganzem Eigenthum nichts ausbeschieden, unstreitig und streitig, für 17500 Fl. Münz, Meklenburgischer guter vollgeltender gangbaren Währung, in 24 bis auf einen Gulden gerechnet, eines beständigen, wahren, unwiederruflichen Wiederkaufs auf Achtzig Jahr negsten von dato anzurechnen, (aber nach Abgang solcher Achtzig Jahre meinen hernach benannten negsten Erben von der Linie, so die negsten zu dieser meiner Verpfändung jetzo seyn, und darinnen consentiret haben, den Wiederkauf per expressum vorbehalten), zu Kauf geben, verkauft, abgetreten, eingeräumet, und aus meinen und meiner negsten hernach benannten Vettern Gewalt in seine Engelken von Bülow und seiner Erben und Erbnehmen Gewalt, Besitz, Gebrauch und Nutz eingeantwortet habe. Inmaßen ich dann ihme und seine Mitbeschriebene in der beständigsten und kräftigsten Form und Weise, als es zu rechte beständigst geschehen sollen, können und mögen, durch meine verordnete den Donnerstag

nach

nach Nicolai Anno der wenigern Zahl ... daran würklich habe weisen und immittiren lassen; Also und dergestalt, daß Engelke von Bülow, und seine Mitbeschriebene, Erben und Erbnehmen, auch getreue Einhaber dieses Brieses, sich solcher meiner Lehn-Güter mit allen und jeden obgesetzten Stücken, dem allgemeinen Landes-Gebrauch nach, zu ihren Besten christlich gebrauchen und genießen sollen. Solche obgesagte Summa Geldes habe ich baar und vollenkommen empfangen, und dieselbige also fort wiederumb zu meine höchstbeschwerliche Schulde gewendet, immaßen ich dann auch für mich und meine Erben gemeldten Engelken von Bülow und seine Mitbeschriebene derowegen gebührlich und beständig thue quitiren, auch der Exception non numeratæ pecuniæ gänzlich entziehend. Albieweil aber unter meinen obgemeldten Lehn-Gütern etliche Stücke seynd, sonderlich aber das Werderfeld genannt, auch Fischerey, und Straßen-Freyheit zu Harkensee, deswegen ich und Fritze von Bülow sel. mit unsern Vetter Vicco von Bülow, zum Harkensee Erbgesessen, zu rechte erwachsen, wie denn gemeldeter Vicco von Bülow auch ohne diese Rechtfertigung sonsten, wegen angemaßter Hölzungen und Ackerscheiden auf dem Feldhuser Felde und andern Orten mehr, mit Engelken von Bülow in Irrungen und Mißverstande gerathen, und sowohl ist gemeldeter Vicco von Bülow, als die Bülowen zu Plüskow künftiger Zeit anderer mehr Hebungen und Stücke, so Engelke von Bülow in diesem Kaufe mit, oder aber auch nicht, in Streit ziehen und in Irrung gerathen möchten, und Engelke von Bülow und seine Erben davon nicht abstehn, sondern die mit Recht zu erhalten, und wieder an sich zu bringen getrauen wollten; So soll er Engelke von Bülow und seine Mitbeschriebene auf meine oder meiner Erben eigne Kosten dazu verbunden seyn, dann ich meine Erben und Erbnehmern ihm die angezegene Güter, sowohl der streitigen als unstreitigen, ohne einigen seinen Kosten und Schaden eine vollenkommene Gewehr seyn soll und will. Jedoch sollen Engelken von Bülow und seinen Erben alle nothwendig aufgewandten Unkosten bis nach Verfließung der verschriebenen Pfand-Jahre neben dem Pfandschilling vollenkömmlich und unverkürzt wiederum erleget und bezahlet werden. Weil auch mein und Fritz von Bülow auf dem Wischendorfer Felde belegene Aecker, Wiesen und Hölzungen, seit Fritz von Bülow Verpfändungen, und itzo bey Anlegung des Hofes zu Wischendorff, unter einander vermischet seyn, und nun Engelke von Bülow, was er allhier von mir gekauft, und in der Vermischung mit ist, von einander will separiret haben, oder sonsten, wie solches gemenget belegen, eigentlich wissen will, was und wie viel mir davon zuständig; Als lobe und zusage ich hiemit, bey Fritze von Bülow halb Bruder oder deren Vormünder zu beschaffen, daß solche Separirung der Aeckern durch die Kerl, so auf denen Bauerhöfen gewohnet, in nächstkünftigen Fasten oder kurz hernach geschehen sollen. Ob aber Engelke von Bülow mit der Zeit bey der Landesfürstl. Meklenburgischen Obrigkeit, der angedeuteten zwischen ihme und Vicco von Bülow zu Harkensee eingerissenen und jetzo schwebende Irrungen halber, etwas zu Hofe suchen, und Commissarien zum Verhör, Besichtung und Hinlegung solcher Gebrechen ausbitten und erhalten, dieselbigen auch zu Stelle bringen würde; So will ich mich befleißigen, ob ich solche Tagefahrt wegen Feldhusen und Harkensee selbst besuchen könnte, im Fall ich aber meiner Schwachheit halber davon verhindert würde, so will ich meine Bevollmächtigten dahin ordnen, und was alsdann zur Ruhe und Richtigkeit gebracht werden kann, zu Werke richten helfen. Wo aber auf solche Tagefahrt alle Irrungen nicht zur Richtigkeit gebracht würden, und sonsten in diesen Gütern etwas mehr mit zuständig mit Vicco von Bülow zu Harkensee, den Bülowen zu Plüskow oder andern im Streite verblieben, oder ferner streitig gemacht werden möchten, das soll Engelke von Bülow auf mein oder meiner Erben Kosten zu Rechte zu verfolgen und wieder an sich zu bringen, und nach geendigten Achtzig Jahren die erweißliche angewanten Kosten und Verlag, inmaßen wie obstehet, nebenst den verschriebenen 17500 Fl. Pfand Summa von den Wiederkaufer dieses meines Guts wieder zu fordern befugt seyn. Jedoch soll und will ich oder meine Erben auf der ersten Tagefahrt, wie oben gemeldt, alle Kosten, so viel deßen auf eines Gelahrten und Notarii Besoldung zur Helfte gehen wird, aus meinen Beutel erlegen. Da aber durch Gottes Verhängniß, und durch Donner, Blitz und Sturmwinde oder auch Verwahrlosung und Unachtsamkeit der Bauren, oder sonst durch einen feindlichen Durchzug, Streif-Raub, oder Einnahme dieser Lande, den Gebäuden und Zimmern einiger Schade zugefüget würde, solcher Schaden soll Engelke von Bülow und seine Mitbeschriebene keinesweges tragen, sondern von meinen Erben nach Endigung der Pfand-Jahre wieder fordern. Geschehe aber, daß über Zuversicht den Zimmern zu Wischendorp durch Engelken von Bülow oder durch seines Gesindes Verwahrlosung ein Brand-Schade zustoßete, derowegen sollen uns beiderseits niedergesetzte Freunde zu entscheiden haben. Und dafern die Wiederkaufer in dem letzten Jahre dieser Pfand-Jahre den obbemeldten Pfand-Schilling der 17500 Fl. und dabey auf die Verbesserung, so Engelke von Bülow und seine Mitbeschriebene ins Gut gewand, wie denn

auch

auch die verlegte Gerichtskosten auf einmal und in einer Summa baar aber nicht erlegt würden, auf solchem Fall sollen Engelke von Bülow Erben und Erbnehmen, so der Zeit solches Gut in Besitz haben werden, dasselbe Gut ferner und weiter zum Erb und Lehn behalten, und sich damit von den Landesfürsten belehnen lassen, ohne meine Mitbeschriebenen Verhinderung, und auch alsdann weder Heller noch Pfennig darum mehr zu geben oder zu thun nicht pflichtig seyn ꝛc. Und dieweil ich Vicco von Bülow für 14000 Fl. hiebevor diese Güter Fritz von Bülow auf Gudow versetzet und verpfändet, ich aber diese 14000 Fl. nicht empfangen, so soll diese des Fritz von Bülow Verpfändung, und mein darin gegebener Consens durch diesen Brief, da es nöthig, abgethan seyn, und mir und meinen nächsten Erben die 14000 Fl. von Fritz von Bülowen Erben wieder zu fordern vorbehalten bleiben. Und habe den Durchlaucht. Hochgebornen Fürsten und Herrn Ulrich Herzogen zu Meklenburg ꝛc. ich hiermit unterthänigst gebeten, inmaßen ich auch hiermit gethan haben will, Sr. Hochfürstl. Gnaden, als jetzo allein regierender Herr, mir in Gnaden geruhen wollen, diesen Kaufbrief gnädigst zu confirmiren und zu bestätigen, wie denn auch meine nächsten Agnaten und Gevettern in dieser Alienation und Verkaufung zu consentiren nicht weniger darum ersuchet haben. Verzeihe und begebe ich obgenannter Vicco von Bülow, für mich und meine Erben und Nachkommen, auch Agnaten, aller Actionen, Exceptionen, Beneficien und Wohlthaten, geistlichen und weltlichen Rechte, deren wir uns wieder diese bewilligte Wiederkaufs-Verpfändung gethaner Bezahlung gebrauchen möchten, und sonderlich der Exception ungezahlten Geldes, simulati contractus, Arglist und Betrugs über die Hälfte des rechten Werths, der Restitution in integrum, Absolution, Privilegien und Freyheiten, geistl. und weltl. Kaiserlich, Chur und Fürstlich, auch des heil. Reichs Constitutionen, Sequestrationen, Arrestationen und allen andern, wie die Namen haben, und von Menschen jetzt oder künftig erdacht werden können oder möchten. Alles in Kraft dieser Verschreibung getreulich und ohne Gefährde, und soll alles obbeschriebene also und nicht anders stete und feste und bey gutem Glauben wohlgehalten, und dawider von mir oder meinen Miebeschriebenen nicht gehandelt werden. Und wir Curt und Hans Gebrüdere, auch Christof und Hinrich Gevettern die Bülow, bekennen, daß wir auf Vicco von Bülow des ältern, jetzo zu Gartow Erbgesessen, freundlich ansuchen und bitten, in diese käufliche Verpfändung seiner Lehngütere, wie er in und mit diesem Briefe dieselbige mit Engelke von Bülow jetzt getroffen und gemacht, wohlbedächtlich, frey und gutwillig consentiret und gewilliget haben, auch noch malen in Kraft dieses gethan haben, auch dawieder nichts handeln oder thuen lassen wollen. Zu Urkund steter und fester Haltung haben ich Vicco von Bülow jetziger Verkäufer und wir seine Agnaten mit benannt sammt und sonders diesen Brief für uns und unsre Erben und Erbnehmern mit unsern adelichen angebornen Pettschaften wissentlich und wohlbedächtlich versiegelt, und mit eigenen Händen unterschrieben. Geschehen und gegeben zu Gartow Tausend fünfhundert und sieben und neunzig den 20sten Tag des Monats Februarii.

Vicco von Bülow.	Curt von Bülow, meine Hand	Johann von Bülow meine Hand	Christoff von Bülow meine Hand	Hinrich von Bülow mpp.
(L.S.)	(L.S.)	(L.S.)	(L.S.)	(L.S.)

Diese Urkunde hat von Hoinkhusen in seinem Mscpt. von der Familie von Bülow beygebracht.

UUU

Lehnbrief über Wischendorf und Elmenhorst c. p. von 1690.

Von Gottes Gnaden Wir Friederich Wilhelm, Herzog zu Meklenburg, Fürst zu Wenden, Schwerin und Ratzeburg, auch Graf zu Schwerin, der Lande Rostock und Stargard Herr.

Bekennen öffentlich für Uns und Unsere Successores, Regierende Herzogen zu Meklenburg, und sonst Jedermänniglich: Nachdem Uns die Ehrbare, Unsere Lehn-Männer und Liebe Getreue, Barthold Hartwig, Hans und Detloff, Gebrüdere von Bülowen, Elmenhorster Linie, Imgleichen Court Detloff, Reimar Hans und des Bruder Engelken von Bülowen Söhne, Engelke und Christoph Detloff von Bülow, Wischendorfer Linie, unterthänigst hinterbracht, welchergestalt Dero respective Groß- und Aelter-Vater Engelke von Bülow

h auf

auf Gartow die im Amte Grevesmühlen belegene Güter und Dörfer, Wischendorf, Veldhausen, Rosenhagen, Harkensee, Ellmenhorst, Mummendorf, Boyenhagen, Testorff und Frebbershagen von sel. Victor von Bülow mit Landesfürstl. und Nechsten Vetterlichen Consens der Lehens Folger wiederkäuflich in Anno 1597, laut der in Originali producirten und bei Unser Lehn-Canzley Registratur Copeyisch beygelegten Documenten, auf Achzig Jahr erhandelt, mit dieser Restriction, daß wenn nach Verlauf dieser Achzig Jahren diese Güter nicht sollten reluiret seyn, solche niemalen wieder revociret werden sollten, wie dann auch obigen Engelken von Bülowen Söhne, namentlich Hartwig und Engelke von Bülow, als der Supplicanten respective Vater, Groß-Vater und Vetter, nachhero den von denen von Bülowen zu Gudow inne gehabten Halbscheidt Guts Wischendorf, mit Landesfürstl. Consens, in Anno 1660 auch käuflich an sich gebracht, und also dieses ganzes Gut consolidiret; In nachgefolgten Zeiten aber wäre mit diesen Gütern ein Theil und Aenderung geschehen, und das ganze Dorf Rosenhagen auf Vetterliche Linie nach Harkensee gekommen, die Dörfer Boyenhagen, Testorff und Frebbershagen aber von Wischendorf ganz getrennet, und Ihme Court Dettloff von Bülowen irrevocabiliter abgetreten worden. Und wann dann solchergestalt Er Barthold Hartwig von Bülow das Gutt Ellmenhorst, Er Christoph Dettloff von Bülow aber das Gut Wischendorf mit der Meyerey Veldhausen, und dem Dorf Mummendorf, auch dem zum Aequivalent nach Wischendorf, für die In Harkensee gehabte derselben Guts-Besitzern abgetretene Bauren, laut Permutations-Vergleichs, empfangenen Nienhagen und Hof Kost besitzen, und Jeder gerne einen besondern Lehn-Brief hätte; Sie insgesamt aber unter sich die gesamte Hand, gemeinen Lehn-Rechten nach, auch auf jetzt vorerwehnte Dörfer Boyenhagen, Testorf und Frebbershagen, nicht minder auf Harkensee und dessen Pertinentien behalten: Solchemnach Uns Unterthänigst angelanget, Ihnen begehrtermaßen Investituram über die specificirten Gütern in Gnaden zu confirmiren, und darüber einen förmlichen Lehn-Brief zu ertheilen, hingegen von Ihnen allerseits Unterthänigste Versicherung anzunehmen, daß Sie samt und sonders es an demjenigen, was getreuen Vasallis oblieget, niemalen ermangeln lassen, sondern solches In Schuldigster Devotion erweisen wollen. Daß Wir demnach solch Ihr Unterthänigstes Suchen, und dabey die getreuen und nützlichen Dienste, so Uns und Unserm Fürstl. Hause besagte Unsere Lehen-Männern, Gebrüdere und Gevettere die Bülowen, geleistet, auch künftig zusamt Ihren Nachkommenden Lehnsfolgere zu prästiren und zu leisten sich anheischig gemachet, auch woll Thun können, mögen und sollen, gnädigst angesehen, und darauf nach eingezogener vollkommenen Bericht, mit Wohlbedachtem Muthe und rechtem Wissen, selbigen Unsern Lehn-Männern, Bartholdt Hartwig, Hans und Dettloff, Gebrüdere von Bülowen, Ellmenhorster Linie, wie auch Court Dettloff, Reimar Hans, und dero Bruders Engelken von Bülowen Söhnen, Engelke und Christoph Dettloff von Bülowen, Wischendorfer Linie, mehrbesagte Güter, Höfe und Dörfer, als Ellmenhorst auch Wischendorf, mit der Meyerey Veldhausen, und dem Dorf Mummendorf, auch durch Permutation erlangte Nienhagen und Hof Kost, und unter Ihnen die gesamte Hand auf die Dörfer Boyenhagen, Testorf und Frebbershagen, nicht minder auf Harkensee und dessen Pertinentien, mit allen dazu gehörigen Unterthanen, Diensten, Pachten, Hebungen, Wässern, Fischereyen, Hart und Weichen Hölzungen, Mastungen, Weyden, Triften, Wiesen, Aeckern, Hufen, Mühlen und allen andere dieser Güter, Höfe und Dörfer Zubehörungen, Pertinentien, und ganzen Feldmärken, wie sie in Ihren Umgriff und Grenzen belegen, zusamt allen andern Freyheiten und Gerechtigkeiten, wie solche bey diesen Gütern, Höfen und Dörfern hergebracht, und bishero genossen und gebrauchet worden, oder werden können, in der Qualität und mit dem Rechte eines Altvätterlichen Mann-Lehns conferiret und zu rechten Mann-Lehn verliehen haben; Thun dasselbe auch hiermit, und in Kraft dieses, nochmalen wissentlich und wohlbedächtlich, conferiren, reichen, und leihen darauf mehr gemeldten Unsere lieben Getreuen Barthold Hartwig, Hans und Detloff, Gebrüdern von Bülowen, Ellmenhorster Linie, und Court Detloff, Reimar Hans und dero Bruders Engelken von Bülowen Söhnen, Engelken und Christoph Dettloff von Bülowen, Wischendorfer Linie, und derselbigen Männlichen Leibes-Lehns-Erben zu rechten Mann-Lehn diese mehrbemeldte Güter, Höfe und Dörfer, als Ellmenhorst und Wischendorf, samt der Meyerey Veldhausen und dem Dorfe Mummendorf auch durch Permutation erlangte Nienhagen und Hof Kost, dann auch unter Ihnen die gesamte Hand, auf die Dörfer Boyenhagen, Testorff und Frebbershagen, nicht minder auf Harkensee und dessen Pertinentien, mit allen und jeden Zubehörungen, Recht und Gerechtigkeiten, allermaßen Ihre Vorfahren, solche Höfe, Güter und Dörfer, samt und sonders besessen und genützet haben, oder zu nutzen befugt gewesen, dergestalt und also, daß Sie von Uns und Unsern Successoren, Regierende Herzogen zu Mecklenburg, diese Güter, Höfe und Dörfer zusamt allen deren Pertinentien und Gerechtigkeiten, gedachter maßen, einha-

einhaben, behalten, darinn Succediren, Sie jeho und künftig besitzen mögten, genießen und gebrauchen sollen, und mögen, hingegen sollen Sie, und Ihre Männliche Leibes-Lehns-Folgern, oder wenigst Jededmal die Aeltesten der Familie, oder würkliche Possessores dieser Güter, Höfe und Dörfer für sich und alle Mit-Interessenten, so oft sich ein Lehns-Fall begiebt, dieselbe zu ersten Zeit gebührlich muthen, empfahen, Unsere Getreue Lehn-Männer darum seyn und bleiben, Uns den schuldigen Roß-Dienst auf Erfordern allemal gehorsamlich leisten, allezeit Unsern Schaden warnen, Bestes thun, Arges abwenden, wie getreue Lehn-Männer Ihren Erb- und Lehn-Herren zu thun pflichtig seyn und billig thun sollen, und Sie Uns dasselbe gelobet und geschworen, auch Ihren Revers-Brief darüber gegeben haben.

Wir und Unsere Successores, Herzoge zu Meklenburg, sollen und wollen auch Mehrgedachte Unsere liebe Getreue, Gebrüdere und Gevettere die von Bülowen, und Ihre Männliche Leibes-Lehns-Erben bey Ihren Rechten gleich andern Unsern Lehn-Leuten schützen und handhaben, alles ohne Gefehrde und Argelist.

Urkundlich Unter Unserm Fürstl. Hand-Zeichen und Insiegel, der gegeben auf Unsere Residenz und Vestung Schwerin, den 24. Julii Anno 1690.

Friedrich Wilhelm.

Diese und die folgende Urkunde sind mir von den Herren Vettern aus dem Wischendorfer Hause mitgetheilet worden.

VVV

Vergleich derer von Bülow aus dem Wischendorfer und Elmenhorster Hause unter sich.

Wir Reimer Hans, Dettloff, Hans, Barthold Hartwig, Engelke und Christopher Dettloff, Gebrüdere und Gevettere von Bülow, respective auf Wischendorf und Elmenhorst Erbgesessene, urkunden und bekennen hiermit, für Uns, Unsere Erben und Lehns-Folger. Als Unser in Gott ruhender Seliger Großvater, Herr Engelke von Bülow, seine Ihm von Seligen Ticke von Bülow auch Fritz von Bülow, Weyland zu Gartau und Strubteburg auch Gudow und Weningen Erbgesessenen, Verpfändete Bau-Erbe und Cossaten zum Seyenhagen, zu Testorff und zu Frebbershagen, um seines bessern Nutzen und Abkehrung zuwachsenden Schadens Willen, im Jahr Christi 1603 an Seel. Hartwigen von Bülowen zu Plüschow und dessen Erben weiter Pfandesweise eingeräumet und abgetreten, mehrern Inhalts der darüber errichteten Uns in Originali vorgezeigten zween Pfand-Contracten, deren Dato stehet, am Tage Antonii 1603, und Wismar am 20sten Januarii 1603, dieses des Seel. Herrn Hartwig von Bülowen Erben und Nachkommen auch sothane Bau-Erben mit allem An- und Zubehörungen bisanhero ruhig besessen, genutzet und gebrauchet haben; Von denen aber, und in Specie von dem Herrn Obristen Thomas Christian von Bülow, Unser Vielgeliebter respective Bruder und Vetter Herr Capit. Court Dettloff von Bülow das Gut Plüschow, zusamt vorermeldten Bau-Erben, durch einen mit Landesfürstl. und Lehn-Herrlichen Consens bestätigten Kauf ohnlängst an sich erhandelt, und dann dieselbige Uns ersuchet, daß weil solchergestalt die von seinem und Unserm Allerseitigen lieben Seel. Groß-Vater verpfändete Bau-Erben nunmehro an Ihn in und durch das an sich gekaufte Gut Plöschau kommen wären, wir hierum Uns das Uns sonst gleich Ihm etwa zugestandenen wieder Einlösungs-Recht gänzlich begeben, und sothane Bau-Erben Ihm, seinen Erben und Erbnehmern beym Gute Plaschau irrevocabiliter lassen möchten. Daß demnach aus angezeigter Ursache, und Mitwirkungen Brüder- und Vetterlicher Affection Wir Uns der Reluition erwehnten Bau-Erben mit Ihren Zubehörungen gänzlich begeben: Begeben auch Uns für Uns Unsere Leibes-Lehns-Erben und Nachkommen dieser Reluition, und damit alles Rechtens, so Wir an geregte Bau-Erben sonstens noch gehabt oder haben können, hiermit und Kraft dieses nochmals mit gutem Wissen und Vorbedacht gänzlich, und allerdings auf ein Ewiges beständiges und unwiederrufliches Ende, dergestalt, daß ernannter Unser Bruder und Vetter, seine Erben und Nachkommen sothane Ihnen nunmehro als Erb- und eigenthümlich von Uns übergebene Bau-Erben Uns, Unsere Leibes-Lehns-Erben und Nachkommen, unterm Vorwand eines nur gehabten (doch nicht gänzlich ausgelöschten) Pfand-Rechts, abzutreten nimmer schuldig seyn, noch darum in Ewigkeit soll angefochten werden; Immaßen Wir Uns dazu nicht allein für Uns, Unsere Erben und Nachkommen aufs kräftigste verbunden, sondern auch absonderlich Unsre Leibes-Lehns-Erben zu steter, fester und unwiederruflichen Haltung dieser von Uns ausgestellten Cession und Renunciation verpflichtet haben wollen: Wie solches alles zu Recht am kräftigsten und bündigsten geschehen sollen oder mögen, und Wir der Ursache für Uns Unsere Leibes-Lehns-Erben, und Nachkommen Uns darwieder aller Einwürfe und Exceptionen, als der Einrede nicht gehaltener Bedachts, gefährlichen Beredens, Uebereilens, oder wie es sonsten Namen haben mag, auch die Wohlthat der Wiedereinsetzung in vorigen Stand, und der Rechts-Regul, daß eine gemeine Verzicht ohne einer Specialen nichts nütze rc. In Summa alles und Jeden, welches Uns, Unsere Leibes-Lehns-Erben und Nachkommen zu Hülfe, hingegen Herrn Capit. Court Dettloff von Bülow seinen Erben und Nachkommen zu Nachtheil und Abbruch gedeyen könnte, und einer besondere Renunciation bedürfe, so vollenkommen, als wäre es hierinnen ausgedrucket in der besten Form aller Rechten hiermit öffentlich verziehen und begeben haben wollen, wie wir dann Kraft dieses Unsern respective Bruder und Vetter Herrn Hauptmann Court Dettloff von Bülow freystellen, bey Ihro Hochfürstl. Durchl. Unserm jetzigen Regierenden Landes-Fürsten und Lehn-Herrn die Belehnung auf sich, seine Leibes- und Lehns-Erben zu suchen, und solhane Bauren auf ewig dem Lehn-Gute Plüschau einzuverleiben. Alles zum getreulichsten und ohne Gefährde. Des zu mehrerm Glauben und Urkund ist dieser unser respective Cessions- und Renunciation-Brief von Uns Gebrüder und Gevetter von Bülowen eigenhändig unterschrieben, mit anhängenden angebornen Signeten bestätiget, und darauf dem Herrn Court Dettloff von Bülowen mit Wunsche göttlichen Segens ausgehändiget worden. Geschehen Wischendorf den 10ten Monats-Tag May, des Eintausend Sechshundert Sieben und Achtzigsten Jahres.

<table>
<tr><td>Reimer Hans von Bülow.</td><td>Dettloff von Bülow.</td></tr>
<tr><td>(L.S.)</td><td>(L.S.)</td></tr>
<tr><td>Hans von Bülow.</td><td>Barthold Hartwig von Bülow.</td></tr>
<tr><td>(L.S.)</td><td>(L.S.)</td></tr>
</table>

Demnach Ich meine Mündige Jahre erreichet, als habe diesen Cessions-Brief wissentlich und wohlbedächtlich Anno 1695 unterschrieben und mit meinem angebornen Pittschaft versiegelt.

Engelle von Bülow.
(L.S.)

WWW

Reimar von Bülow und seine Mutter verkaufen 8 Mark Renten jährlich an das Kloster Marienwolde gegen 100 Mark Kaufschilling.

Wir Alheid, Hinrich Splittes nachgelassene Wittwe, und Reimar von Bülow, mein Sohn, und seine rechten Erben, bekennen und bezeugen offenbar in diesem Briefe, daß wir mit Eintracht und mit gutem Willen verkauft und verlassen haben, und itzo in Kraft dieses Briefes verkaufen und verlassen denen geistlichen Personen Mutter und Vater und gemeinen Schwestern und Brüdern des Klosters Marienwolde, belegen in dem Stifte Ratzeburg bey Möllen, und Herrn Johann Wamekow, der zur Zeit eine Vicarie in unsr lieben Frauen Kirche zu Wismar besitzet, und allen seinen Nachfolgern 8 Mark Lübsch jährlich Pacht, wegen 100 Mark Lübsch Hauptsumme, die uns die vorgedachten Schwestern und Brüder zu Marienwolde und Herr Wamekow zur Genüge bezahlet haben.

Diese 8 Mark jährliche Pacht sollen gedachte Schwestern und Brüder und der jederzeitige Vicarius haben und gebräuchlich besitzen in dem Dorfe Vehlböcken in den Erben und Hufen mit allen ihren Zugehörungen, die nun besitzen und bauen, als rc.

Aus Gnaden haben wir den Wiederkauf auf diese Weise behalten, daß wir solchen den vorgedachten Schwestern und Brüdern und dem jedesmaligen Vicarius auf St. Johannis-Tag oder binnen 8 Tagen hernach verkündigen, und hiernach auf folgenden St. Martini-Tag oder binnen 8 Tagen hernach 100 Lübsche Mark bezahlen sollen, und zwar in einer Summe, wie alsdann die Münze zu Lübeck und Wismar gänge und gebe

gebe seyn wird, und an einem Orte im Meklenburgschen Lande, der ihnen am bequemsten fällt, sonder Verzug; gleichwol aber sollen sie zuvor die 8 Mark Pacht wie gewöhnlich erheben. Alle diese vorgeschriebene Stücke zusammen und jeglichen Artikel besonders geloben wir Alheid und Reimar, mein Sohn, als gleiche Hauptschuldner mit unsern rechten Erben und mit unsern getreuen Mitgelobern, Gewährmänner, als Joachim, Hartwig und Hinrich Gebrüdere von Bülow, Hennekens Söhne zu Gadebusch wohnhaft ꝛc.

Zu größerem Zeugniß haben wir Alheid, Reimar, Joachim, Hartwig und Hinrich unsere Insiegel hängen lassen an diesen Brief nach der Geburt Christi unsers Herrn 1438, am Sonnabend vor Palmen.

Diese Urkunde ist auch in Plattdeutscher Sprache völlig zu lesen im Papist. Meklenburg pag. 1975.

XXX

Hinrich von Bülow zu Zibühl wird mit dem Kirchspiel Kladow, dem Hofe Kritzow ꝛc. beliehen.

Zu wissen sey allen denen, welchen gegenwärtiger Brief bekannt wird, daß Wir Hinrich der Alte, V. G. G. Herzog zu Meklenburg, Fürst zu Wenden, zu Stargard und zu Rostock Herr, nach vorgehabtem Rath Unserer Räthe, in diesem Briefe verliehen haben Unsern lieben getreuen Hinrich von Bülow, wohnhaft zu Zibühl, und seinen rechten Erben, das ganze Kirchspiel zu Kladau, den Hof zu Kritzow mit denen Mühlen, die in diesem Kirchspiel belegen sind, das Dorf Vithusen, die Mühle zu Rechenberg und Großen-Prilz, mit aller Nutzung, Freyheit und Eigenthum, mit allen Gerichten das höchste und niedrigste, mit allen Beten oder Schosse von denen Hufen und Mühlen, wie sie Namen haben, Muthgelder und überhaupt allen Beden, die Wir oder Unsere Erben alle Jahr in Unsern Ländern setzen und verordnen, als ein wahres und rechtes Lehn jetzt und zu ewigen Zeiten geruhiglich zu besitzen, so daß er die Macht haben soll, solches zu verkaufen, zu vergeben und zu versetzen an allerley Personen, sie mögen geistlich oder weltlich seyn. Hierbey und über sind gewesen, Unsere liebe Getreue Herr Hinrich Kran, Probst zu Friedland, Henning Warburg, Unser Küchenmeister, Lüdicke Schinkel, alle Unsere Räthe, und Bernhard Colbow, Unser Schreiber.

Zum größerm Zeugniß der Wahrheit haben Wir erstgedachter Fürst Unser Insiegel an diesen Brief anzuhängen befohlen, der gegeben ist in Unserm Schlosse zu Alten-Stargard nach der Geburt Christi 1447, am Mittwochen Unserer lieben Frauen zu Lichtmeß.

Diese Urkunde ist in Plattdeutscher Sprache, doch ziemlich fehlerhaft, im Papist. Meklenb. zu lesen pag. 2046.

YYY

Der Streit Hinrichs von Bülow auf Zibühl mit dem Bischofe zu Schwerin wird durch Schiedsrichter entschieden.

Ich Claus von Restorf, wohnhaft zu Bolz, und ich Vicke Vieregg, wohnhaft zu Rossewitz, und ich Lücke Molzahn, wohnhaft zu Schossow, bekennen einmüthiglich in diesem unsern offenen Briefe, daß unser Herr der Bischof Claus zu Schwerin uns gefordert hat Recht zu sprechen und Bescheid zu ertheilen, zugleich mit den Stiftsmännern, die unser vorbeschriebener Herr bey seinem Capitel angesetzet hat, wegen einer Ansprache, die er an Hinrich von Bülow zu Zibühl in Ansehung des Feldes zu dem Dretze, des Baches und des Sees zu Parum und des Sees zu Gaze, zu haben vermeinet, und daß diese Stücke seiner Kirche zu Schwe-

ihn zugehören müßten. Darauf antwortete Hinrich von Bülow: die vorgeschriebenen Güter wären
seine, er hätte sie geerbt und seine Vettern, die hätten solche besessen von Herrn zu Herrn und von Erben
zu Erben, und er, Hinrich von Bülow, nachher. Und Hinrich will beweisen durch Leute, die jetzt
nicht mehr unter ihm wohnen, die aber den Acker bewirthschaftet und das Wasser gefischet haben, daß sie
davon an niemanden Zins oder Pacht abgegeben haben, als an die Bülowe zu Zibühl und an ihn Hinrich
nachhero, außer von denen sechs Jahren, als so lange und länger nicht er dem Bischof Hermann solche von
dem halben Felde zum Dreeze gelassen, nach der Zeit aber aber auch solches als sein Erbe und Gut in Anspruch
und Besitz genommen, und keinem verweigert hätte, deßhalb Recht zu geben. Auch kann das Hinrich
auch mit einigen von denen beweisen, die den Vergleich zwischen dem Bischof Hermann und ihn gemacht, daß
er seines Rechts an diesen vorgeschriebnen Stücken unverkürzt seyn soll; nun aber hat unser vorgeschriebene
Herr an Hinrich von Bülow nd allen Stiftsmännern schriftlich versichert, daß er es bey allen Besitzun-
gen, sie seynd alt oder neu, lassen wolle. Dahero habe ich Claus und ich Vicke und ich Lübecke vorgenann-
tes Gut gedachtem Hinrich und seinen Erben zugesprochen, und gefunden, daß sie so viel Recht daran
haben, daß ihnen wol schwerlich etwas abgewonnen werden möchte. Besonders da sich unser Herr der
Bischof und gedachter Hinrich dahin verbriefet, daß einer dem andern Recht geben, und auch zu Recht
stehn wolle, nun aber ist uns wissend, das unser vorgedachter Herr dem Hinrich von Bülow auf seine
Ansprache nicht hat antworten wollen, da er doch darauf gute besiegelte Briefe gehabt.

Alle diese vorgeschriebene Stücke und Artikeln bekenne ich Claus von Restorf, ich Vicke Vierregg und ich
Lütke Molzahn, und haben wir zu mehrerer Bestätigung der Wahrheit unsere Insiegel an diesen Brief
hängen lassen, der geschrieben ist nach Gottes Geburt 1452 am Abend Peter und Pauls. Zu mehrerem
Zeugniß sind hierbey und über gewesen Claus von Oldenburg, Dietrich von Plessen, Achim von Bülow,
Claus Pressentin, Lütke Welzin und viel mehr belobte und ehrwürdige Leute.

Dies ist auch in Plattdeutscher Sprache zu lesen im Papist. Meckl. p. 2069.

ZZZ

Beschreibung einer Bataille zwischen Hinrich von Bülow auf Zibühl und den Güstrowern von 1540,
gefertigt aus dem Güstrowschen Stadt-Archiv.

Das Güstrowsche Gliner Feld gränzt mit dem im Stift belegenen Dorf Parum, nach Bolbebuck gehörig,
und zwar besonders an den dem Dorfe Parum zuständigen See, und einen aus demselben nach dem Flusse
Nebel rinnenden Bach. Diesen Bach zu befischen, haben sich die Güstrower sowohl, als die von Bülow
privative angemaßt, und von 1520 an finden sich häufige beyderseitige Beschwerden und Protestationen in
den Acten. Anno 1540 war Hinrich von Bülow, der zu Zibühl wohnte, davon und von Bolbebuck und
Parum Eigenthümer, dem Ansehein nach auch von Gülzow, wiewohl dies so deutlich nicht erhellet, seine
Ehefrau war eine von Oldenburg, und seine Söhne hießen Bernhard, Hinrich, Jürgen und Dietrich, welche
ihn in dem nachherigen Proceß als einen 90jährigen Mann angeben.

Am Tage Catharina M. Novemb. 1540, da die Güstrowsche Domherren des Morgens die Abgiften in
Parum abfordern, befindet sich der alte Hinrich mit der Frauen und den Söhnen Hinrich und Jürgen allda,
und wie Jürgen ein paar Güstrower in gedachtem Bach fischen siehet, eilt er dahin, schlägt dem einen den
Arm entzwey, und nimmt den Fischkorb nebst den Kleidern, so die Leute abgeleget haben, mit sich übern
Bach nach Parum. Die That aber wurde in der Stadt bald ruchtbar, und da Vater und Söhne sich in
Parum mit den Domherren bene thun, mithin bis zum Nachmittag daselbst verweilen, fallen mittlerweile
den Nachmittag, anfangs auf 20 Männer, als Freunde des Geschossenen, mit allerhand Gewehr bewaffnet
aus, welchen eine Rotte von mehr als 50 Menschen kurz darauf nachfolget. Wie Jürgen von Oldenburg,
der

der Frauen Bruder, den Vortrab von weiten erblickt, räth er an, mit der Beute nach Zibühl zu gehen, wozu der Alte nebst den Söhnen auch bereit sind; allein die Heldin Mutter schilt sie für feig, erinnert sie des Adelsstandes, beruft alle Einwohner des Dorfs zusammen, bewaffnet sie mit Mistgabeln, Spießen ꝛc., und beredet ihren Mann und Sohn anzurücken. Eine kleine Anecdote: Eine Bauersfrau, der dabey übel zu muthe wird, redet ihr ein, die Güstrower möchten sich wehren, und wann mehr kämen sie übermannen. Die Amazoninn antwortet: Dat di de Düwel im Buck fahr! Wag ick minen Kerl, so kannst du dinen ock wagen.

Der Alte, der mit einer Büchse, Spieß und Schwerdt sich versehen, lagert sich nun mit seinen Bauern hinter einem Zaun, während daß sein Sohn Jürgen (von Heinrichs des jüngern Thaten findet sich nichts) und etliche Gehülfen zu Pferde auf der Wiese vorwärts herum flanquiren, um die Güstrower nach dem Zaun zum guten Empfang hinzuziehen. Der erste Trupp, der inmittelst durch Nachläufer verstärket ist, rückt heran, und wie er übern Bach kommt, schießt Jürgen einmal nach dem andern darauf, die Büchse versagt ihm aber, und so nimmt er die Flucht seitwerts, weil die Güstrower ihm die Rückkehr nach dem Zaun verwehrt haben müssen. Alba an einem Berg wird er umringt, gebunden, gefangen, und nach Güstrow geschlept. Ein anderer Theil stürmt währender Zeit den Zaun, hinter welchem der alte Hinrich etliche mal schießt, und die Bauern mit gesammleten Steinen herauswerfen. Wie sie jedoch nahe genug zum Faustgemenge kommen, stößt der Alte einen Schusterknecht mit dem Spieß in die Brust, welcher ihn hinwieder durchschießet, wovon er jedoch nicht fällt, sondern mit dem Säbel noch einige verwundet, bis zuletzt Jemand ihm den Kopf durchspaltet.

Der Proceß ist von dem Sohn Hinrich, der Kammerherr und dessen Gemahlinn Catharina von der Lühe hieß, und Consorten, welches seine Brüder wohl gewesen sind, bis Anno 1574 geführt, und nach seinem Tode noch von seinem Bruder Jürgen für sich und Hinrichs Kinder fortgesetzt. Von Dietrich und Bernhard aber findet sich in den Acten ferner keine Spur.

Uebrigens erscheint aus einem Schreiben Herzogs Magnus als Administratoris des Stifts d. d. Montag nach Circumcisions-Tag 1556, daß die von Bülow zu Prützen mit den von Bülow zu Zibühl gemeinsame Befehdung wider die Stadt zu machen Vorhabens gewesen, indem darinn Hinrich, Dieterich und Behrend zu Zibühl, und Hans und Jürgen Gebrüdern zu Prützen alle Thathandlung wider die Güstrower verboten wird. Der Erschlagene wird darin der Vater der erstern und Vaterbruder der andern genannt.

AAAA

Jürgen oder Georg von Bülow pfändet die Burg und Stadt Obisfeld.

Wir Ernst von Gottes Gnaden Administrator der Kirchen zu Magdeburg und Halberstadt, Herzog zu Sachsen, Landgraf zu Döringen und Margrav zu Meißen, bekennen öffentlich in diesem Briefe für uns und unsere Nachkommen, Erzbischöfe zu Magdeburg. So alsdenn Unser Vorfahr, Erzbischof Friderich löbl. Gedächtniß, mit Willen und Vollbord dazumal seines Capittels zu Magdeburg, Unser und Unser Gotteshaus Burg und Stadt Obisfeld mit ihren Zubehörungen dem Gestrengen Alverich von Bodendick und seinen Erben, und ihren getreuen Händen vor 12000 Rheinische Gulden auf einen Wiederkauf verschrieben hatten, und der gestrenge George von Bülow, Ern. Vicken sel. Sohn, dieselbe Burg und Stadt Obisfelde mit allen ihren Zubehörungen, mit Unsers und Unsers Capitels zu Magdeburg guten Wissen und Willen, von den Ehrhaftigen und Gestrengen Ern Johann, Thumherrn zu Hildesen, Otraven Alvericke und Werners Gebrüdere von Bodendick, des genannten Alverichs Söhnen, vor die berührten zwölf tausend guten Rhein Gulden zu sich gelöset und gebracht hat. Daß wir nun mit Wissen und Vollbord unsers Capitels zu Magdeburg dieselbe Burg und Stadt Obisfelde mit allen ihren Zubehörungen, Dörfern, Dorfstäten, Märkten, Hölzern, Wiesen, Weiden, Wassern, Teichen, Gerichten, Gleiten, Zöllen, Zinsen, Diensten, Früchten, Freyheiten, Renten, und Rechten gesuchet und ungesucht, woran die gelegen, und wie die genannt sind, nichts ausgenommen, den alleine Unser Ehrbaren Mannschaft und Weltlichen Ritter-Lehn, die Wir und Unsere Nachkommen behalten, dem genannten Jürgen von Bülow und zur getreuen Hand Berend von Bülow, Werners sein

Sohn

Sohn, Ern Busien Rittern, Gebhart und Ricken von Alvensleben Gevettern, Werner von der Schulenburg, Ern Werners sel. Sohn, Ludolphen und Hansen von Veldheim, Hansens sel. Söhne, und Berend von der Schulenburg dem jüngern, olden Berendes Sohne, vor 12000 gute Rheinische Gulden auf ebben Wiederkauf verkauft und geschrieben haben, und verkaufen und verschreiben yn die yn kraft dieses Triefes die geruhiglich inne zu haben, und datzu gebrauchen und genießen vor einem jedermann ungehindert ane Geferde. Und wir behalten Uns, Unsern Nachkommen und Gotteshause zu Magdeburg die Macht, daß wir nach den nächstkommenden zwölf Jahren die vorberührte Stadt und Burg Obisfelde mit ihren Zubehörungen obgerührte vor die zwölf Tausend gute Rhein Gulden, welches Jahres wir wollen, von ihm wiederkaufen mögen, und wenn Wir und Unsere Nachkommen den Wiederkauf thun wollen, das sollen und wollen wir ihm ein halb Jahr vor Ostern zuvor verkündigen und zu wissen thun, und uf den Freytag in der heil. Ostern Wochen, nach der Verkündigung nechstfolgende, ihm die vorberührte Summa Geldes zu Wulfsburg oder Garbelage, ohne Verzug und bekümmert aller Gerichte, Geistlich und Weitlich, gütlich bezahlen, und ihnen dasselbe ihr Geld von dannen vier Meile Weges geleiten lassen ane Geferde. Und wann wir ihnen die Bezahlunge als vorgeschrieben ist gethan haben, die vorberührte Stadt und Burg Obisfeld mit allen ihren Zubehörungen, als vorgeschrieben stehet, und wir ihnen die verkauft haben, und was datzu verledigt und loß worden wäre, von Stund an und ohne Widerrede einantworten, lediglichen abtreten, und diesen Unsern Brief wiedergeben, ane alle Geferde. Auch mögen sie in der vorgedachten Unser Burg und Stadt Obisfeld, nur daß es nach Erkenntniß zwey Unser Thumherrn und Manne noth were, hundert Rheinische Gulden verbuwen, die wir ihnen, wenn wir dieselbe Unsere Burg und Stadt von ihnen wieder kaufen wollen, oder was sie der hundert Gulden nach Erkenntniß zwey Unser Thumherrn', zwey Unser Manne, und zwey ihrer Freunde also daran gebuwet hätten, auch wiedergeben und bezahlen sollen und wollen ohne Geferde. Was auch Uns und Unsern Nachkommen an männlichen Lehngüter in der Stadt und dem Gerichte verledigt, und loß werden möchte, wann sie uns die binnen vier Wochen, nechster nachfolgende, eigentlich beschrieben und verzeichnet senden, so sollen und wollen Wir Ihnen gönnen, daß sie die bey der Burg unverlieben behalten, und anders nicht. Auch sollen die genannte Burg und Stadt Obisfeld Uns, Unsern Nachkommen und Gotteshause zu Magdeburg zu allen unsern Nöthen, Kriegen und Geschäften offen seyn, und sie sollen uns davon und mitte getreuen Diensten behülfen, gehorsam und gewartende seyn gegen allermänniglichen, niemand ausgeschlossen sonder unsern Oheim und Schwager von Lüneburg, und wie dicke sie ermahnet werden ane alle Zusage, Befehl und Geverde; als der obgenannte Jörge von Bülow, vor sich und seine Erben den also thun und zu halten mit seinen Freunden vorbenannt, in ihren versiegelten Briefe bey ihren Ehren, Tren und Glauben geredt, gelobt und verwissert haben. Wir sollen auch ihnen gleichen und Rechten nach Unserer Erkenntniß zu geben und zu nehmen, von der Stadt und Burg wegen, allezeit mächtig seyn, und sie deswegen gegen jedermann getreulich schützen und vertedigen, gleich andern unsern besessenen Mannen. Wäre auch, daß sie von jemand, des wir und unsere Nachkommen zu gleiche und Rechte nicht mächtig gesyn, möchten vorunrechtet, oder mit Raube oder Brand angegriffen würden; so mögen sie sich des Unrechtes und der Gewalt, von der Burg und der Stadt und wieder dazu, gegen die erwehren und aufhalten, so sie förderst können und mögen, das wir ihnen denn gönnen und gestatten sollen und wollen one Geverde. Darüber sollen sie von der vorgedachten Burg und Stadt keine Kriege, Vehde oder Geverre machen, noch mit eymand anheben, sie thäten es denn mit Unserm, oder Unser Nachkommen Wissen und Willen, und wäre auch, daß wir davon Kriegen (Kriegführen) wollten, das sollen uns allezeit gönnen sollen, so sollen die Kösten darauf Uns und Unser Gotteshaus seyn, und wir sollen denn mit ihrem Rate einen bequemen Hauptmann dahin setzen, die sie und die ihren auf der Burg und in der Stadt, und in dem Gerichte vor Schaden und Unfug bewahre, so er getreulich möge. Wäre auch, daß zwischen den Unsern und ihren oder der ihren einig Schaden oder Unfug geschehe, das soll sich derselbe Unser Hauptmann beginnen, den nächsten vier Wochen in Freundschaft oder Rechte mit ihm gütlich vertragen und verfügen, ane Geferde. Wäre auch, daß dieselbe Unser Burg und Stadt dem also in Unser Dienst oder Kriege verlehren würde, da Gott für sey, sollen und wollen Wir Uns mit den, die das gethan hatten, nicht freden, sünen oder richten, Wir hätten ihn den der Burg und Stadt zu einen Kaufe, als sie die jetzund haben, oder ihres Geldes wieder gehülfen, oder thäten das mit ihren guten Willen. Wäre auch, daß sie in unsern Dienste oder Kriege verstallet oder verbuwet würden, so sollen Wir Uns aber mit den, die das thäten, nicht freden, sünen oder richten, sie wären denn des Lagers entlastet und das Gebuwe wäre abgethan, oder Unser

ein

ein thäte das mit des andern guten Willen. Und mit weine Wir Friede, Süne oder Fehde haben, die sollen sie auch mit der Burg und Stadt mit Uns auch also haben und Holden, ane Geverde. Auch sollen sie alle Unsere, Unserer Thumherrn und Capitels-Leute und Güter, die sie daselbst in der Stadt und in dem Gerichte haben oder gewinnen, bey ihren Freyheiten, Gewohnheiten und Rechten getreulich schützen und verteidigen, ane Geverde. Und der ehe hiergenannte Görge von Bülow und seine Erben sollen die Bürger zu Obisfelde und die Leute, in dem Gericht wohnende, bey allen Gnaden, Freyheiten und Rechten lassen und beholden, als sie bey der von Oberge Zeiten gelassen und beholden sind, und sie darüber nicht beschweren ungeverlich. Wenn Wir auch oder Unsere Nachkommen, mit Vulbort unsers Capitels zu Magdeburg, in Unserm Lande eine gemeine Bethe nehmen werden, die sollen sie Uns von den Leuten in der Stadt und in dem Gerichte zu Obisfelde wohnende auch nach Anzahl gleich wie andere den Unsern folgen lassen, und Uns und den Unsern darzu getreulich behülflich seyn ane Inbeholt und Geverde. Auch sollen die Leute in der Stadt und in dem Gerichte in Obisfeld wohnende Unsern Nachkommen und Gotteshaus zu Magdeburg zu gebauen, und gemeinen Nutz und Bestellung Unsers Landes ut dem Orte, wenn wy dicke es Not seyn würde, behülflich seyn, nach ihrer Gelegenheit, gleich andern Unsern und Unsers Stiftes Leuten und Untersassen, ane alle Wiederspruche, Argelist und Geverde. Wäre auch, daß Wir von Todes wegen abgingen, oder Unser Stift verließen, ehe wir die genannten Schloß und Stadt mit ihren Zubehörungen von ihnen wieder gekauft hätten; so sollen sie sich denn mit der genannten Burg und Stadt an Unsere Thumherrn und Capittel zu Magdeburg halten, zu thun und zu lassen, inmaßen sie Uns des jetzund pflichtig sind, so lange daß ein ander Erzbischof mit Willen und Vulbort des Capitels zum Stiefte Magdeburg komme. Und daß wir obgenannter Ernst Administrator, Unser Nachkommen und Gotteshaus zu Magdeburg den obgenannten Jörgen von Bülow, und seinen Erben und getreuen Händen, alle und igliche Stücke, Puncte und Articul dieses Briefes stede, ganz und unverbrochen halten sollen und wollen, des zu Bekäntniß haben Wir Unser Insiegel an diesen Brief thun hängen. Und wir Techant, Eltister und Capitel der obgenannten Kirchen zu Magdeburg bekennen auch öffentlichen mit diesem selben Briefe, daß alle und igliche Stücke, Puncte und Articul dieses Briefes mit unsern Wissen und Willen und Vulbord geschehen sind, und haben des zu Bekänntnisse unsers Capitels-Insiegel auch an diesen Brief lassen hängen, der gegeben ist zu Magdeburg nach Christi unsers Herrn Geburth tusend vier hundert darnach in fünf und achtzigsten Jahre ane Mittewochen nach dem Sonntage Cantate.

<small>Diese Urkunde ist dem Herrn von Hoinkhusen von der Familie mitgetheilet worden.</small>

BBBB

Jürgen von Bülow bestätiget die Privilegia der Stadt Obisfeld.

Ich Jürgen von Bülow bekenne offenbar in diesem Briefe für mich, meine Erben und jedermann, als der von Oberg sel. dem Rath zu Obesfelde und der Stadt daselbst privilegiret, begiftet und begabet hat mit vielen Artikeln, wie der Brief, der darüber ausgefertiget ist, ausweiset, und dasselbe Privilegium der Ehrwürdigste in Gott Vater und Herr Friedrich, Erzbischof zu Magdeburg, und sein Capittel daselbst dem Rath und der Stadt zu Obesfelde in einem besondern Briefe in der Maaße bestätiget haben, als der Brief des von Oberg sel. es ausgewiesen, nachdem die Burg und die Stadt Obesfelde durch den Tod des von Oberg dem Stuhl Magdeburg erblich angefallen ist; so soll und will ich erstgenannter Jürgen von Bülow und meine Erben, daß der gedachte Rath und die Stadt Obesfelde alle erwähnte Stücke überall in vollen Würden beybehalten, und sich darnach richten mögen ohne Verhinderung, ohne alle Behelfe und Gesehede. Des zum Zeugniß habe ich Jürgen von Bülow für mich und meine Erben mein Insiegel wissentlich unter dieser Schrift hängen lassen: nach Christi Geburt 1485, am Tage Jacobi.

<small>Diese Urkunde hat der Herr von Hoinkhusen in Plattdeutscher Sprache beygebracht.</small>

CCCC

Vergleich zwischen Vicke und Hinrich von Bülow und der Stadt Obisfeld.

Zu wissen, daß die Gebrechen, so sich zwischen dem Gestrengen, Vesten Vicken und Hinrich von Bülow Gebrüdere, eines, und den ersamen Bürgermeistern Räthe und Gemeine zu Obösfeld, andern Theils, von wegen der Gebrauchung etlicher Gehölze in den Dremeling, etlicher Wiesen und Gärten, oder Maste, Immen, Grummet und des Krügers, zu den alten Dorf gelegen, und sonsten allenthalben irrig gehalten, durch Uns den Hochwürdigen in Gott Vater und Herrn Herrn Albrecht ꝛc. ꝛc. (tot. tit. Archi-Episc. Magdeb.) beim gelassenen Hofräthen, als nehmlich Ehren Büsen von Alvensleben, Thum-Probsten zu Brandenburg, Hans Ratzen und Johann Krausen Doct., im Beywesen der Geschickten des Hochwürdigen Dom-Capitels zu Magdeburg, nehmlich Herrn Sebastian und Joh. Edlen von Plotow, Thumherrn der Kirchen zu Magdeburg, mit Wissen und Willen der Partheien obgedacht in der Güte gänzlich beygeleget seyn auf nachfolgender Meynung: Und anfänglichen mit dem Gehölze, den Drömeling genannt, sollte lauts und Inhalts des Raths und Stadt Obösfeld Privilegien, auch fürder gehalten werden, aber das Eichenholz im Drömling sollen die Einwohner berührter Stadt nicht anders denn zu Nothdurft ihrer Trücken und Gebäude gebrauchen, und davon nichts verkaufen. Auch sollen und mögen alsdenn diejenigen zu Oblöfeld, die bisher Gärten und Wiesen gehabt und gebrauchet, dieselbigen hinfürder, ane männliche Verhinderung, genießen, besitzen und gebrauchen, und die Zinse wie vormals geschehen, davon geben. Wo aber nun Wiesen oder Gärten gemacht worden, darauf noch gar keine Zinse gesetzt, oder die vorige geweichert, darauf sollen nach Ziemlichkeit auch neue Zinsen gesetzet, oder die alten erhöhet werden. Aber mit den Gärten, so vor dem Braunschweiger Thor belegen, solle es seinen Anstand bis zur Wiederkunft unsers Gnädigsten Herrn, oder sonsten andern weitern gütliche Handlung, wo es die Nothdurft erfordert, behalten; doch daß die Besitzer derselben in mitler Zeit in ihrer Gebrauchung gänzlich ungehindert bleiben. Aber mit der Mast soll es dermaßen gehalten werden, daß wenn da Wochen-Mast ist, alsdenn mögen die von Bülow, als Innhaber des Schlosses, eine Eiche vor sich hegen, wann aber Gott voll Mast giebet, alsdann mögen die von Obösfeld ane Verhinderung in allen Gehölzen allenthalben, wo die Burg-Schweine hingetrieben werden, nach alter Gewohnheit und Vermeldung des Raths Privilegien, ihre Schweine auch treiben lassen, auch sollen die Mast-Schweine, so ein iglicher Einwohner zu Obösfeld zu seinem Hause das Jahr über bedürfen und schlachten werde, alten Gebrauchs nach frey seyn, was aber ein iglicher zu schlachten in seiner Behausung nicht nothdürftig, da solle von einem iglichen Schwein die Woche zwey Pfenning bis St. Nicolaus-Tage auf die Brück zum Pfane Geld gegeben werden. Wann aber St. Nicolaus-Tag verschienen, alsdann soll ein iglicher zu Obösfeld alle Schweine auch in allen vormals gehegten Hölzungen in der Eckermast treiben zu lassen, ane einige Verhinderung, das Jahr aus Macht haben. Es soll auch derhalben von ihnen gar nichts gegeben werden, wo sie aber Schweine zu verkaufen wieder annehmen würden, alsdann sollen sie sich gleichmäßig, wie andere umliegende, und wie vor Alters bisher gewöhnlich, mit dem Pfangeld erzeigen; aber mit den Immen solle es, wie vor alters bisher gewöhnlich, gehalten, und die von Obösfeld weiter nicht darüber beschweret werden. Es sollen auch obgedachte Parteyen von beiden Seiten der Klinke-Graben und Wällen mit Holzhaufen und Triften, und andere Beschwerung aufs allerhöchste allenthalben verschonen. Auch solle es mit dem Grummet zukünftig dermaßen gehalten werden, daß ein iglicher zu Obisfeld das Seine vor Michaelis abbringen und nicht länger hegen solle. Aber des Krügers halben in dem alten Dorfe ist beredet, daß obgedachte die von Bülow, als Inhaber des Schlosses, sollen und mögen darinnen Garbelower Bier und kein anders schenken lassen, und sollen auch in dem ganzen Gerichte zu Obisfeld alle Kruge fremd Bier darinnen fürder zu schenken abthun, und allein Obisfeldisches Bier darinnen schenken lassen. Aber der Rath zu Obisfeld solle sich förder in ihrem Keller Garbelower Bier zu schenken gänzlich enthalten, aber sonsten sollen jetzgedachter Rath allerley Getränke von Bier und Weyn zu schenken Macht haben, und damit gänzlichen ungehindert bleiben. Solche Abrede, wie berühret, haben obgedachte Parteien allenthalben stet und feste unwiederrufflich zu halten bewilliget, angenommen und zugesaget. Des zu Urkund und Bekäntniß ist dieser Receß gleich lauts zweyfach, und unter zweyer obgedachten Hofräthe aufgedrukten Secreten, jeden Theil einer gegeben, und geschen zu Calbe am Tage St. Michaelis ao. 1520.

Diese Urkunde ist dem Herrn von Hoinkhusen von der Familie mitgetheilet.

DDDD

DDDD

Friderica von Bülow geborne von der Asseburg fundirt eine Stiftung für Kirchendiener und Haus-Armen.

In Namen der heiligen Dreyfaltigkeit und unzertrennlichen Gottheit, Gottes des Vaters, des Sohnes und des heiligen Geistes, bekenne und thue kund ich Fredecke, gebohrne von der Asseburg, Bussow von Bülow des nächsten Inhabers des Hauses und Amtes Obisfeld sel. nachgelassene Witwe, vor mich und alle meine Erben und Erbnehmen hiemit öffentlich und gegen jedermänniglich. Nachdem mich Gott der Allmächtige, nach seiner väterlichen Güte, mit zeitlichen Gütern ziemlich gesegnet, so habe ich mich aus Gottes Wort erinnert und schuldig erkannt, seiner göttlichen Allmacht zu Ehren, und zu Anzeige meines dankbaren Gemüths, Kirchen und Kirchendienern, armen Schülern und Hausarmen Leuten nach meinem Vermögen davon wies derum Gutes zu thun, und denselben zu ihrer bessern Unterhaltung etwas mitzutheilen, und habe derowegen wohlbedächtlich, mit zeitlicher Vorbetrachtung und Berathschlagung, Kirchen und Kirchendienern, armen Schülern und Hausarmen Leuten zum Besten, insonderheit aber um die Ehre Gottes, und damit die Jugend in den unten gesetzten Dörfern in den Hauptstücken unser Christlichen Lehre, und in dem Cathechismo Lutheri desto getreulicher und fleißiger unterrichtet und unterweiset, und also die reine Lehre der Augsburgischen Confession fortgepflanzet werden möge, nachfolgende Fundation, Verordnung und Uebergabe gemacht und aufgerichtet; Thue auch dasselbe hiemit und in Kraft dieses Briefes in der besten Form und Weise, wie es zu Recht und nach Gelegenheit dieser privilegirten Sachen am kräftigsten und beständigsten geschehen soll und kann, daß es von nun an unwiederruflich und zu ewigen Zeiten damit gehalten und gebühret werden soll, wie dieser meiner Fundation, Verordnung und Uebergade einverleibet und darinn allenthalben zu befinden. Stifte und verordne demnach hiemit, weil ich bey einem Ehrbaren und wohlweisen Rath der Stadt Hall drey tausend und zweyhundert Reichsthaler Haupt-Summa, jährlich mit einhundert und sechzig Reichsthaler zu verzinsen, unablöslich stehen habe und alba beleget, alles nach Besage der darüber aufgerichteten Haupt-Verschreibung, am dato Hall Mittewochens nach dem heil. Oster-Tage dieses laufenden acht und achtzigsten Jahres, und darauf fünf und funfzig Reichsthaler jährlichen auf Philippi Jacobi durch den Rath zu Obisfeld, den unten benannten Pfarr-Herrn und Küstern, damit sie die Kinderlehre, wie auch ohnedes, wegen ihren tragendes und befohlenen Amts, schuldig und pflichtig, desto fleißiger halten und treiben, an baarem guten gangbaren Gelde gegeben werden sollen: Erstlich dem Pfarr-Herrn und Küstern im Amte Obisfeld sieben Gulden Müntz Braunschweiger Wehrung, dem Pfarr-Herrn zu Obisfeld sieben Gulden, dem Pfarrherrn zu Kattendorf acht Gulden, dem Küster daselbst neun Gulden, dem Pfarrherrn zu Reßlingen neun Gulden, dem Küster daselbst neun Gulden, dem Pfarrherrn zu Jehrenstorf sechs Gulden, dem Küster daselbst sechs Gulden, und folgenden Pfarrherrn und Küstern von dero von Bülow Erbgütern sieben Gulden, dem Pfarrherrn zu Salzdorf sieben Gulden, daselbst dem Küster sieben Gulden, den Pfarrherrn zu Velpke und Warstedt sieben Gulden, zu Velpke dem Küster sieben Gulden, dem Küster zu Warstedt sieben Gulden, dem Pfarrherrn zu Gartow sieben Gulden: Summa thut vier und neunzig Gulden Braunschweigischer Wehrung, thut an Thalern zwey und funfzig Thaler acht Mariengroschen. Wann dann von obgedachten zwey und funfzig Reichsthaler Zinsen noch zwey Thaler acht und zwanzig Mariengroschen übrig, so sollen Rath zu Obisfeld dieselben haben und behalten, damit sie davon das Bothenlohn, wenn man das Geld jährlich von Halle abholen läßt, entrichtet, er sich des Austheilens nicht beschweren noch verdrießen lasse, sondern desto williger dazu seyn möge. Ferner habe ich fünf Thaler Zinse, auf Bitten eines Ehrbaren Raths der Stadt Halle, der Schulen daselbst geschenket und gegeben. Thue auch hiemit dasselbe und in Kraft dieses Briefes dergestalt und also, daß dieselben fünf Thaler durch obgemeldten Rath jährlich auf Philippi Jacobi, des nächstkünftigen neun und achtzigsten Jahres anzufangen, armen Schülern, welche gern und fleißig studiren, und bey denen es bewand seyn möchte, getreulich ausgespendet und ausgetheilet werden sollen. Damit auch allenthalben hiemit recht gebahret, und keinesweges darwieder gehandelt, sondern alles, wie oben erzählet, getreulich ausgetheilet werden möge, so soll der Amtmann und Befehlshaber zu Obisfeld, welcher des Orts jederzeit seyn wird, die Inspection haben, und soll mit dessen Vorwissen obengesetztermaßen jährlich die Austheilung der zwey und funfzig Reichsthaler und acht Mariengroschen geschehen, und ihm ein Rath zu Obisfeld, er aber

i 2

meinem

meinem Sohn und dessen Erben und Erbnehmen jährlichen richtige und klare beständige Rechnung zu thun schuldig seyn. Der fünf Thaler halben aber, so ich armen Schülern zu Halle verordnet und gegeben, soll Superintendent und Pfarrherr zu unser lieben Frauen daselbst, welcher des Orts jederzeit seyn wird, die Inspection haben, und die Austheilung derselben mit seinen Vorwissen geschehen; Er auch mir und meinem Sohne und unsern Erben davon jährlich Bericht zu thun schuldig seyn. Die übrigen hundert Thaler Zinse von obgedachter Haupt-Summa will ich mir Zeit meines Lebens und Gefallens zu verwenden vorbehalten haben, auch in meinem Testament, oder in einer sonderlichen Fundation, davon Versehung thun, wie es nach meinem Tode damit soll gehalten werden. Da es sich auch zutragen würde, daß Gott gnädig verhüten wolle, daß die reine Lehre des allein seligmachenden Evangelii, wie im Pabstthum geschehen, wiederum verfinstert werden sollte, so will ich hiemit verordnet haben, daß man für Papistischen und allen andern Secten, wie dieselben Namen haben mögen, so etwa den Prophetischen und Apostolischen Schriften, den drey Haupt-Symbolis der unveränderlichen Augsburgschen Confession und derselben Apologie, Schmalkaldischen Articuln, und dem Cathechismo Lutheri entgegen wäre, gar nichts, sondern solche 52 Rthlr. 8 Mariengroschen jährlichen zu Obisfeld denen Armen Leuten, denen es sehr von Nöthen, und nicht nach Gunst, sondern nach Nothdurft den rechten Armen gegeben, und ausgetheilet werden sollen. Also auch, da ein Pfarrherr oder Küster im Amte Obisfeld, denen diese Fundation zum Besten kommt, in ihrem Amt und Treibung des Cathechismi säumig und unfleißig befunden würden, darauf denn der Amtmann des Orts und der Rath ein fleißiges Aufsehen haben sollen, auf solchen Fall da derjenige, so strafbar befunden, ihre Vermahnung nicht gefolget, soll solches vorenthalten werden, bis man siehet, daß sie sich bessern, und in ihrem Amt treulicher und fleißiger seyn. Und daß dieses alles, wie oben stehet, mein endlicher Wille, Fundation, und Ordnung, und Uebergabe sey, dabey es auch ich und meine Erben und Erbnehmen unwiederruflich bleiben lassen sollen und wollen, so habe ich obgemeldete Fredeke, gebohrne von der Asseburg, Bussow von Bülow sel. nachgelassene Witwe, für mich und allen meinen Erben und Erbnehmen und Freundschaft diesen Brief dreyfältig verfertigen, mein Petschaft an einen jeglichen hangen, und folgends einen dem Ehrbaren Rath zu Halle, einen dem Ehrbaren Rath zu Obisfeld zustellen lassen, den dritten aber für mich und meinen nächsten Erben behalten. Geschehen und gegeben nach Christi unsers lieben Herrn und Seligmachers Geburt im Tausend fünfhundert und acht und achtzigsten Jahre, Mittewochens nach den heil. Oster-Tagen.

Diese Urkunde ist dem Herrn von Hoinkhusen von der Familie mitgetheilet worden.

EEEE

Die von Bülow verpflichten sich dem Herzog von Sachsen-Lauenburg wegen des empfangenen Lehns von Wehningen.

Wir Ulrich und Hans Gebrüdere sel. Bussens Söhne, Clemens, Herrn Werners Sohn, Hartwig, Friedrichs Sohn, und Hartwig, Caspers Sohn, genannt von Bülow, bekennen offenbar in diesem offenen Briefe vor jedermann, besonders vor uns, unsere Erben und Erbnehmen (Magen), die zu jeder Zeit die Burg und das Schloß Wehningen mit seinem Zugehöre von den Herzogen zu Sachsen zu Lehn haben, daß der Durchl. Hochgeborne Fürst und Herr, Herr Johann Herzog zu Sachsen 2c. uns nun wieder mit der Burg und Schloß Wehningen mit allem Zugehöre, als 2c. belehnet, und wir es sämtlich also von seiner Gnade empfangen haben, als es unsere Vorältern vorhin von des obgedachten Fürsten und Herrn Hochsel. Vorfahren aus Gnaden zu Lehn gehabt, wofür wir Ihro Gnaden aufs höchlichste und dienstlichste bedanken, und verpflichten uns davor Sr. Gnaden, Sr. Gnaden Erben und Nachfolgern so zu dienen, und überhaupt es unter solchen Bedingungen zu empfangen, als wozu unser erstere Erbmann sich und seine Erbnehmer verpflichtet gemacht, und wie der Lehnbrief es ausweiset. Auch haben wir Clemens und Hartwig, sel. Herrn Werners und Friedrichs Söhne, nachdem unser liebe gnädiger Herr unserer Bitte gnädigst statt gegeben, wegen unserer Brüder, die itzund außerhalb Landes sind, die Lehne mit empfangen, so daß sie gleichfalls

falls noch unsern geleisteten Eiden und der Huldigung das, was sich gebühret, zu thun schuldig sind. Des zu Urkund der Wahrheit haben wir Ulrich und Hans, Gebrüdere, Clemens, Hartwig und Hartwig, sel. Büssens, Herrn Werners, Friedrichs und Caspers von Bülow Söhne, unser aller Insiegel, und ein jeglicher das seine wissentlich an diesen Brief hängen lassen; der gegeben ist zu Neu-Haus nach Christi Geburt 1491.

Diese Urkunde ist in Plattdeutscher Sprache zu lesen in Lünings Corp. Jur. Feudalis Tom. II. p. 1398.

FFFF

Tönnies von Bülow empfängt das Lehn von Jasebeck für sich und seine Vettern.

Thomas Grote, Statthalter, Balthasar Clammer, der Rechten Licentiat und Canzler, Jürgen von der Wense, Großvogt, und Joachim Agler, der Rechten Doctor, haben in Macht und auf Befehl des Hochwürdigsten Fürsten und Herrn, Herrn Adolph, Erzbischofs zu Cöln und Churfürsten ec., und des Wohlgebohrnen Herrn Otten, Grafen zu Holstein ec., als von Röm. Kaiserl. Maj. den Durchl. Fürsten und Herrn, des weiland Herrn Ernst Herzogen zu Braunschweig und Lüneburg nachgelassener jungen Herrschaft und Erben, verordnete Vormünder, dem Ehrbaren und Besten Tönnies von Bülow, als dem Aeltesten und im Namen seiner Vettern Levin des Hartwigs, Vicke und Franz des Clemens, Friedrich des Andrews, und Joachim des Berends sel. Söhne, alle Gevettere von Bülow, zu einem rechten Erb-Mannlehn ihnen und ihren leiblichen niedersteigenden Linien nachbeschriebene Güter zu Lehn gereichet, nämlich fünf Höfe und das Vorwerk zu Jasebeck mit aller Gerechtigkeit ec. Und der Lehnbrief ist mit dem Fürstlichen Insiegel, so daran gehänget worden, versehen. So geschehen im Jahr Christi 1550, am Freytag nach Cathrinen.

Dieser Interims-Lehnbrief ist in Plattdeutscher Sprache zu lesen in Lünings Corp. Jur. Feudalis Tom. II. p. 1358.

GGGG

Vergleich derer von Bülow unter sich wegen Danneberg, Hitzacker, Wehningen und Jasebeck.

Im Jahr des Herrn 1478 am Sonnabend nach Michaelis haben wir Alverich von Bodendick, Friedrich von Wustrow, Berend von der Schnlenburg und Cord Rohr besprochen und Handlung gepfleget zwischen Friedrich von Bülow, Herrn Hartwig, Berend und Clement von Bülow, Herrn Werners sel. Kinder, von wegen der Wohnung und der Güter Danneberg, Hitzacker und Wehningen mit allen ihren Zugehören, so daß Friedrich und seine Erben behalten und bewohnen sollen Dannesberg mit allem dessen Zugehöre, nichts davon ausbeschieden; und Herr Hartwig, Berend und Clement sollen gleicherweise behalten und bewohnen Hitzacker mit allem Zugehöre, nichts ausgenommen, und Friedrich von Bülow und seine Erben entsagen sich des Schlosses Hitzacker mit allem Zugehöre gänzlich und überall. Ferner ist besprochen und behandelt, daß Herr Hartwig, Berend und Clement und ihre Erben sollen behalten und bewohnen Wehningen fünf Jahr lang, dazu alle dazu gehörige Dienste, Aecker und Wiesen, nichts ausgenommen, ausser daß Friedrich und seine Erben die Hälfte der Pächte, wie solche schon vorher vermöge der Register erblich getheilet worden, erheben sollen, so auch die Hälfte aller Hebungen des Elb-Zolles. Wäre auch, daß Gott in dem Holze zu Wehningen Mast gäbe, so sollen sich dessen Herrn Werners Kinder und ihre Erben bedienen; wäre es aber, daß Mast in dem Holze zu Jasebeck wäre, so bedienet sich solcher nebst allem Acker, der bisher dazu gehöret hat, Friedrich zu Danneberg; imgleichen des Vorwerks zu Jaseback und des Ackers, den sie gekauft und dazu geleget haben; und der Mühle zu Schmarsow mit ihrem Zugehöre, ausgenommen den Deich zu Schmarsow, welchen sie sämtlich besitzen können. Auch sollen Herr Hartwig, Berend und Clement, während sie Wehningen haben, auf ihre Kosten Ziegel brennen lassen, und das Schloß damit bauen und unterhalten, auch sollen sie die Bestung erhalten, wozu Friedrich und seine Erben das Lohn hergeben, und sich deshalb alle acht Tage mit den Arbeitsleuten berechnen; Und wann fünf Jahre verflossen sind, daß Herr Hartwig, Berend und Clement das Schloß Wehningen besessen haben, so soll Friedrich oder seine Erben es auf fünf Jahre wieder annehmen und bewohnen, in der Art und Weise, wie sich des Herrn Werners Kinder dessen bedienet, und Hartwig, Berend und Clement sollen alsbann die fünf Jahr über die Mühle zu Schmarsow, und das neue Vorwerk zu Jaseback mit den dazu gelegten Aeckern und Wiesen gebrauchen. Auch sollen Herr Hartwig, Bernd und Clement und ihre Erben an Friederich und seinen Erben die Saat überliefern, die im vorigen Jahr zu Wehningen gesäet worden, als auf dem Felde zu Wehningen sechs Wispel Rocken, sieben Wispel Hafern, drey Wispel Gersten, fünf Wispel und fünf Scheffel Buchweizen; und auf dem Felde zu Jaseback einen Wispel Rocken, sechs und zwanzig Scheffel Weizen, fünf Wispel Gersten, zwölf Wispel Hafern und sechs Scheffel Erbsen.

Wann auch die zu Wehningen gehörige Leute brinksälig werden, so soll einjeder die Brinke von dem seinen nehmen, und einer soll des andern Leute nicht aufpfänden, sondern ordentlich Klage anstellen, da denn der andere Theil über das angeschuldigte ordentlich Recht pflegen, und dem Kläger schadlos stellen soll. Wann aber denen Herrn Hartwig, Berend und Clement nach verloffenen fünf Jahren Hinacker abgelöset wäre, und sie keine andere Wohnung bekommen könnten, so sollen sich Friedrich und seine Erben, falls ihnen nicht selbst binnen der Zeit Dannenberg abgelöset wäre, willig finden lassen, sich noch ferner wegen der Wohnung zu Wehningen mit ihnen zu vergleichen. Auch sollen Herr Hartwig, Berend und Clement und ihre Erben für sich behalten das Dorf Marwark und zwo Hufen zu Leuden und dem Acker zu dem Jagendorf und alle Zugehöre, als es zuletzt der Herzog gehabt hat und Friedrich und seine Erben entsagen sich aller dieser Güter. Auch so bleiben ihre Erbgüter im Lande zu Mecklenburg, die Königs-Heide zu Wehningen, und ihre Güter zu Gudow ungetheilet, und sollen sie solche unter sich erstlich theilen, so wie den Buchweizen-Acker zu Wehningen, den unser gnädige Herr von Mecklenburg uns sel. Herrn Werners Kinder und Friedrichen gegeben hat, denn ob schon derselbe Herrn Werner sel. allein versetzet war, so stehen wir doch Friedrichen und seinen Erben einen Theil davon zu, indem er von unserm gnädigen Herrn uns insgesamt gegeben ist, ohne alle Einrede und Gefährde.

Auch ist ferner besprochen und verglichen wegen der Vormundschaft seit dem Tode des sel. Herrn Werners, welche Friedrich seit der Zeit geführet, und hat letzterer deshalb Herrn Werners Kinder Rechnung abgeleget, welche sie mit voller Genüge empfangen und angenommen haben, und deshalb Friederichen höchlich und ergebenst danken, und hiemit dieserwegen alles vertragen und abgethan ist, dergestalt, daß alle Zwistigkeiten und Processe, die ihre Freunde seit der Zeit, daß Herr Werner sel. verstorben, und Friedrich ihre Güter unter Händen gehabt, todt und quit seyn sollen in Kraft und Macht dieses Briefes. Zu mehrerer Urkunde und Wissenschaft sind hierüber zween gleichlautende Briefe ausgefertiget, die von beiden Theilen versiegelt sind; der, den Friedrich bekommen, ist mit Herrn Hartwigs, Berends und Clements Insiegel, und der, den Hartwig, Bernd und Clement empfangen, ist mit Friedrichs Insiegel versiegelt worden. Zu mehrerem Zeugniß haben wir Alverich von Bodendick, Friedrich von Wustrow, Berend von der Schulenburg und Cord Rohr, mit beider Theile Willen, unser Insiegel mit an beide Briefe hängen lassen.

Diese Urkunde ist dem von Hoinkhusen von der Familie mitgetheilet worden.

HHHH

HHHH

Werner und Friedrich von Bülow empfangen das Lehn von Gudow und das Marschall-Amt in Sachsen-Lauenburg.

Wy Johann van Gades Gnaden tho Saßen, Engern und Westphalen Hertoge, des hilligen Römischen Rickes Erth-Marschalk bekennen und betüghen apenbar in unde mit Krafft deses Breves vor uns unde unsern rechten Erven unde Nakömmelingen, unde vor alle dejennen, de dessen Bref sen, hören effte lesen, apenbar betügende, so alse de gestrenge Her Werner Ritter unde Frederick van Bülowen Gebrödere, unse Manne nahe leven getruwen, van den Zülen allen den Hoff to Godow, dat Dorp Mölen unde See, dat Dorp unde See tho Zarnkow, de halve Feldmark unde den halven See to Seggeran, dat Dorp Kerseme, dat Dorp Grambeck, dat Dorp Bröten, dat se darane hebben, mit dem Schlüsen, belegen uppe unde by dem Felde tho Bröten, unde dat wöste Dorp unde Feldmark tho Bartholte, unde dree Höfe mit den Hofen tho Schwartow mit allen eren thobehöringe to eneme rechten Erflope gekofft hebben u. So confirmiren und bestedigen wy deses u. doch unser Rechtigkeiten unde Privilegien nicht verfenglick tho wesende. Wy vorbenömende Johann Hertoge to Saßen beholden uns unde unse Erven ock dat, dat de vorbenömenden van Bülowen uns van denselven Gödern, de desse van der Herrschop to Saßen allrede hebben, denen scholen, so en Mann sineme Heren pflichtig is to donde, unde also ock jeher geschehen is, unde schölen van den Gödern muse Marschalke wesen mit den Rechtigkeiten de tho donende, alse de tho deme vorbenömenden Marschalk-Amte hören, dar wy se truwelken by holden willen unde ere bekennige Here davon wesen schölen. Ocken schölen de vorbenömende van Bülowen ebber ere Erven sodane verschrevene Göder nemande entfremden, dar se uns unde unsen Erven tho Schaden effte Verfangen mögen kamen nenerley Wyse u. Unde wenn de vorschrevenen Her Werner Ritter unde Frederick van Bülowen Gebrödere in Gott sind verfallen, so se Gott lange friste, dat denn ere Mannes-Erven sodane Göder uppe dat nye van der Herschop tho Saßen tho lehen emtfangen scholen, unde Lehn-Recht davon dohn, unde alse vordem de Lehen-Wahre tho entfangen, so dick unde facken dat noet unde Behoef is, wann der vorsellet unde verlediget, tho ewigen Tyden, were ock, dat wy effte unse Erven in thokamenden Tyden van des vorrevenen Gudes wegen, dat den Zülen plach tho

Wir Johann, V. G. G. zu Sachsen, Engern und Westphalen Herzog, des heil. Röm. Reichs Erz-Marschall, bekennen und bezeugen offenbar in und mit diesem Briefe vor uns, unsere Erben und Nachkommen, und vor alle diejenigen, die ihn sehen oder lesen hören: Als der Gestrenge Herr Werner, Ritter, und Friedrich von Bülow, Gebrüdere, unsere Manne und liebe Getreue, von den Zülen den Hof zu Gudow, das Dorf, die Mühlen und den See; das Dorf und den See zu Zernekow; die halbe Feldmark und den halben See zu Segran; das Dorf Kersem; das Dorf Grambeck; das Dorf Bröten, was sie darinn haben, mit beyden Schleusen auf und an dem Felde Bröten belegen, und das wüste Dorf und Feldmark zu Bergholz, und drey Höfe mit den Hufen zu Schwartow, mit allen ihren Zugehören zu einem rechten Erblaufe gekauft haben u. So confirmiren und bestätigen Wir dieses u. jedoch Unsern Gerechtigkeiten und Privilegien nicht verfänglich. Wir Johann, Herzog zu Sachsen, behalten Uns und Unsern Erben auch bevor, daß die vorgedachte von Bülow Uns von diesen Gütern, die sie von der Herrschaft zu Sachsen itzo haben, dienen sollen, als ein Mann seinem Herrn zu thun schuldig und als von jeher geschehen ist, auch sollen sie wegen dieser Güter Unsere Marschalle seyn mit den Gerechtigkeiten als zu dem gedachten Marschall-Amte gehören, wobey Wir sie getreulich schützen und ihr gnädiger Herr seyn wollen. Auch sollen die vorgenannte von Bülow und ihre Erben solche Güter nicht entfremden, so daß Uns und Unsere Erben daraus Schaden und Nachtheil erwachse u. und wann der vorgeschriebene Herr Werner, Ritter, nud Friedrich von Bülow, Gebrüdere, nach Gottes Willen verstürben, welches Gott lange hinausseyn wolle, so sollen ihre Manns-Erben diese Güter von neuen zu Lehn empfangen, und der Herrschaft zu Sachsen davon Lehn-Recht thun und so wie vordem Lehn-Waare empfangen, so oft es vonnöthen ist, und der Fall eintritt, zu ewigen Zeiten.

Wäre es auch, daß Wir und Unsere Erben in der Zukunft dieser vorgeschriebenen Güter halber, die sonst denen von Zülen zugehöret, wegen dieser Bewilligung und Belehnung von denen Zülen oder sonst jemand sollten von Rechtswegen angelanget oder be-

tho hörende van Rechtswegen van der Bewilligunge, Belehnunge, Besulbordinge willen, van den Zälen alle esste jemande angelanget esste beschuldiget werden, der Schuldinge unde Ansprake halven scholen de vorbenömenden van Bülowen und ere Erven uns unde unse Erven ganz beger unde alle schadlos holden, unde der Ansprake unde Schuldinge benemen. Alle dese vorschrevene Stücke, Puncte unde Articulen, unde en jewelkes besunder laven wy Johann, Hertog tho Sassen rc. vorbenömt vor uns, unsern Erven den vorbenömenden Her Werner Ritter unde Frederick van Bülowen Gebrüdern stedt unde feste unverbrocken wol tho holdende, sondern jenighe Argelist, nye Funde rc. unde hebben dessen tho fördern Gloven, fester Orkunde, unde mehrerer Verwahringe unser Ingesegel witlichen mit gudem Willen henget beten tho dessen Bref, de gegeven unde geschreven is na Christi Gebordt veertein hundert Jahr, darna in deme een unde söventigesten Jare am Sondage, so man singet in der hilligen Kerken Invocavit.

beschuldiget werden, so sollen die gedachte von Bülow und ihre Erben Uns und Unsere Erben überall schadlos halten, und Uns dieser Ansprüche und Beschuldigungen entnehmen.

Alle diese vorgeschriebene Stücke, Puncte und Artikeln, und einjedes besonders geloben Wir Johann, Herzog zu Sachsen rc. vor Uns und Unsere Erben dem vorgedachten Herrn Werner, Ritter, und Friedrich von Bülow, Gebrüdere, stetig, fest und unverbrüchlich zu halten sonder Arglist, neue Erfindungen rc. Dessen zu mehrerem Glauben, fester Urkunde und Verwahrung haben Wir wissentlich und mit gutem Willen Unser Insiegel an diesen Brief hängen lassen, der gegeben und geschrieben ist nach Christi Geburt 1471, am Sonntag, da man in der heiligen Kirche Invocavit singet.

Diese Urkunde ist dem von Behr und von Heinkhusen von der Familie mitgetheilet, und in ihren Handschriften in plattdeutscher Sprache angeführet.

IIII

Landrath Joachim von Bülow kaufet Seegran c. p.

Von Gottes Gnaden Wir Augustus, Herzog zu Sachsen, Engern und Westphalen, bekennen öffentlich hiemit für Uns, Unsere Erben und Nachkommen. Demnach der Ehrwürdiger, Ehrenvester, Unser Land-Rath und lieber getreuer Ulrich Wackerbarth zu Kugel uns unterthänig zu erkennen gegeben; wie daß er sein von Uns habendes Lehn-Gut Segran cum pertinentiis, laut seines Uns überschickten Contracts, unsern auch lieben getreuen und Land-Rath, dem Ehrenvesten Jochim von Bülow erblichen Kaufs aus bewegenden Ursachen, zuförderst aber zu seinem und seiner Erben merklichen Frommen und Nutzen, auch zu mehrerer Abwendung befahrenden Schadens und Nachtheils, zu verkaufen Vorhabens sey mit unterthäniger Bitte, Wir als sein Landes, und Lehns-Fürste gedachtes sein Lehn-Gut ihm nicht allein zu verkaufen gnädig gestatten, sondern auch zu mehrer Bestärkung Unsern Consens und Vollborth debita forma in Schriften mitzutheilen geruhen wolten. Als Wir nun angesehen seine zimliche Bitte, auch die getreuen Dienste, welche er uns bishero prästiret und geleistet, er auch und seine Erben hinfürder desto fleißiger, williger und nützlicher erweisen soll, kann und will, in Gnaden Consideriret und erwogen, haben wir seine Bitte Raum und Statt finden, auch denselben Contract, welcher von Worten zu Worten also lautet: (allhier war der Kaufbrief eingerückt) diesem Unsern Consens einverleiben lassen. Consentiren derowegen vor Uns Unsern Erben und Nachkommen in jetzt gesetzten Contract, und bevestigen denselben in allen seinen Clausulen und Puncten Kraft dieses vollkömmlich, und also und dergestalt, daß er gerühretes von Uns zu Lehn tragendes Gut Seggeran mit allen und jeden seinen zugehörenden Pertinentien Ihm Jochim von Bülow und seinen Erben um obgedachte Summe verkaufen möge, jedoch Uns, Unsern Erben und Unserm Fürstenthum an Lehnhaften, Lehnrechten und Gewohnheiten unschädlich, sonder alle Gefährde. Urkundlich haben Wir diesen Consens mit Unserm Fürstlichen

Lehn

Lehn Seret befestiget, und eigenen Händen unterschrieben. Geschehen und geben auf Unserm Hause Schwartzenbeck, den neunzehnten Januarii Anno Eintausend sechs hundert zwey und zwanzig.

(L.S.)

Augustus, H. zu S.

Diese Urkunde ist dem Herrn von Hoinkhusen von der Familie mitgetheilet worden.

KKKK

Bestätigung des Teutschmeisters über die Wahl des Otto Diedrich von Bülow zum Land-Commenthur der Balley Sachsen.

V. G. G. Wir Franz Ludwig, Administrator des Hoch-Meisterthums in Preußen, Meister des Teutschen Ordens in Teutsch- und Welschland, postulirter Bischof zu Worms, Probst und Herr zu Elwangen, Bischof zu Breßlau, Pfalzgraf beym Rhein, in Bayern, zu Gülich, Cleve, und Berg, Herzog ꝛc. Entbieten den Ehrwürdigen, Wohlgebohrnen und Edlen auch Geistlichen, Unsern lieben Andächtigen und Getreuen Friedrich Maximilian Freyherrn von Stain, Land-Commenthuren, Commenthuren, Verwalter, Pastoren, Amtleuten, auch sonsten allen und jeden Unsers Ordens Personen und Unterthanen, Angehörigen und Verwandten, Dienst- Hof- Zinß- und Gült-Leuten der Balley Sachsen, Unsern Gruß, Gnade und alles Gutes, und sagen daben zu vernehmen: Als Uns Ihr, der Land-Commenthur, und die übrige Commenthuren und Capitulares, vermittelst Einsendung Eures, bey letzhin am 3ten May 1695 zu Lucklum gehaltener Capitular-Versammlung, einstimmig erfolgten Capitular-Schlusses, in Schriften gehorsamlich zu vernehmen gegeben, aus was erheblichen darin angezogenen Ursachen Ihr allerseits wäret bewogen worden, Euch bey Zeiten um einen Coadjutoren und künftigen Successoren um zu sehen, auch hiezu ein oder anderes qualificirtes Subjectum, um eines daraus zu erkiesen, in Unterthänigkeit haben präsentiren wollen, daß Wir hierauf aus angeführten und mehr andern triftigen Ursachen, forderst aber Unserer und Unseres Ritterlichen Ordens Balley Wohlfahrt und Aufnahme damit zu befördern, und allen widrigen Besorgnissen in Zeiten vorzukommen, sothanen wohlgemeynten und einhelligen Capitular-Schluß und Statutenmäßigen Vorschlag gnädigst approbiren, und nach reifem Bedacht und mit gehabtem Rath, den Würdigen, Edlen und Geistlichen Unsers Teutschen Ordens Rittern, Commenthuren zu Domnitsch, und lieben Andächtigen Otto Diedrich von Bülow, zu Eurem, des Landes-Commenthuren, Coadjutoren, und Unserm künftigen Statthalter der Balley Sachsen, bis auf ein künftiges Groß-Capitul, gnädigst angesehen und verordnet, und ihm auf die Pflicht und Eyd, damit Uns und Unserm Orden er verbunden ist, solche Coadjutorie, und nach Eurem Absterben, so Gott lange verhüten wolle, die Verwaltung der Balley Sachsen, es sey mit setzen oder entsetzen, inn- oder außerhalb Rechtens zu klagen, zu antworten, zu schützen, zu schirmen, und getreulichen vor zu seyn, befohlen und confirmiret, dabey auch auferleget, noch mehrere und so viel adliche Ordens-Personen, als die Balley erhalten und ertragen mag, oder die sich ohne Entgeld und Zuthun derselben bis auf Zeit der füglichen Accommodation selbst zu unterhalten genugsam verschreiben wollen, doch daß sie in alle Wege Unsers Ordens Buch und desselben Statuten, Satzungen und Ordnungen, auch den Groß-Capitular- und approbirten Provinzial-Capitul-Schlüssen gemäß beschaffen und qualificiret seyn, in solchen Unsern Orden und diese Balley auf und anzunehmen, und dann sich in einiges andern Fürsten oder Herrn Pflicht, ohne vorgehende Unserer oder Unserer Nachkommen, ausdrückliche Bewilligung oder Erlaubniß, nicht zu begeben oder einzulassen, solches auch andern Unsers Ordens ihme untergebenen und unbefohlenen Ordens-Personen nicht zu gestatten. Meynen, verordnen, befehlen und confirmiren auch Ihn also hiemit, und in Kraft dieses Briefes, und gebieten hierauf Euch allen und jedem insonderheit bey der Pflicht des heiligen Gehorsams, damit Ihr samt und sonderlich Gott und Uns, als Eurem Obristen, verwandt seyd, daß Ihr den vorbenannten Otto Diedrich von Bülow, in Zeit Eures des Land-Commenthuren Lebens, für Euren Coadjutoren, und nach berührten Land-Commenthurs tödtlichen Abgang als Unsern Statthaltern mehrgedachter Balley und Euren Obern, dieser Unserer gnädigsten Meynung, Bedenken, Ansehen, Verordnung und Confirmation

nach,

nach, annehmen, achten, ehren und halten sollen und wollen, wie sich solches nach Anweisung der Rechten und Unseres Ordensbuchs gebühret, ihm auch an Unserer Statt und von Unsertwegen in allen ziemlichen, billigen und gebührlichen Sachen nach Unsers Ordens Ehr, Nutz, Nothdurst und Gedeyn, gehorsam, unterthänig, willig, räthlich, beständig und behulfen zu seyn, wie Ihr des Belohnung von Gott, auch Gnade und Dank von Uns, Eurem Obristen, zu verdienen begehret. Daran erzeuget Ihr, über das Ihr solches schuldig, Uns ein sonderlich gnädigstes Gefallen, und Wir wollen Uns auch darauf gänzlich verlassen. Und des zu wahrem Urkund haben Wir Uns eigenhändig unterschrieben, und Unser Insiegel an diesen Brief wissentlich gehangen, der gegeben ist in Unser Residenz-Stadt Mergentheim den 20sten April 1696.

Franz Ludwig, Pfgr. ꝛc.

Dieses ist auch zu lesen in Pfefsingers Br. Lüneb. Historie P. II. p. 221.

LLLL

Lehnbrief von 1708 über Gudow und Segeran für den Hofrichter und Landmarschall Joachim Werner von Bülow.

Von Gottes Gnaden Wir Georg Ludewig, Herzog zu Braunschweig-Lüneburg, des heiligen Röm. Reichs Churfürst ꝛc. ꝛc. bekennen hiemit öffentlich und thun kund, für Uns und Unsere Successores am Fürstenthum Sachsen-Lauenburg. Demnach weyland Unsere Herrn Vorfahren im Herzogthum Sachsen-Lauenburg des Edlen, Vesten, unsers Hofrichters, Land-Marschals und lieben getreuen Jochim Werner von Bülow Vor-Eltern um ihre getreue Dienste willen, so ihren vormaligen Herzogen zu Sachsen-Lauenburg sie geleistet, mit dem Gute Gudow und Seggeranischen Gütern beliehen; und dann er Unser Land-Marschal, nachdem Unsers in Gott ruhenden Herrn Vetters weyland Herzogs Georg Wilhelm zu Braunschweig-Lüneburg liebd. dieses Zeitliche gesegnet, solche Lehne hinwieder gebührend gesuchet; So haben Wir ihn Unsern Hofrichter und Land-Marschal Jochim Werner von Bülow, Jacob von Bülowen sel. Sohn, mit Zubehuf seines Brudern des Geheimten Raths und Land-Comters Otto Diderich von Bülow, hinwieder mit solchen Gütern belehnen wollen; thun das auch hiemit und Kraft dieses Briefes, belehnen ihn Jochim Werner von Bülow und seinen mitbeschriebenen Bruder mit dem Lehn-Gute, der Burg und dem Hofe zu Gudow, dem Dorfe, Mühlen und See, zusamt den Zehnden auf dem Felde zu Gudow, dem Dorf und See Samtekow, dem Gut Seggeran, dem See und ganzen Zehnden, mit dem Dorf Lehsten und der Feldmark Dargenow samt den Hörsten Bellun, dem Dorfe Keisin samt der ganzen Feldmark Broderbende, dem Dorfe Fröthen samt der Schäferey und Feldmark Barkholz, dem ganzen Dorfe Besenthal, auch mit dem sogenannten Steinfelde, und den an den Belluner Hörsten gelegenen District Brockes, mit der großen sogenannten Schwanen-Heide, welche drey letztere Stücke, er auf seine Kosten aus Fürstlich Mecklenburgischen Händen mit unsers Vettern, weyland Herzogen Georg Wilhelm zu Braunschweig-Lüneburg liebd. Gutfinden zum Sachsen-Lauenburgschen Fürstenthum gebracht, zusamt der vormals so lange in Kaiserlichem Proceß hangenden, nunmehro aber vorbesagten Ursachen halber per donationem remuneratoriam gnädigst von uns ihm völligst abgetretenen, Steinfelde und dem zuhöfer von besagtem Steinfelde von ihm erbauten neuen Vorwerke Sophienthal, als auch die zu Lehn gebrachte Schwaan-Heide, mit anliegendem Brocke, zusamt der Schäferey Rosegarten, und alle obstehende Güter, mit dem Schloß und Burg, auch aller ihrer andern Gerechtigkeiten, mit dem Erb-Land Marschaln-Amt Unsers Herzogthums Sachsen-Lauenburg cum juribus et emolumentis, samt der Belehnung der Kirchen daselbst und mit Leuten, Diensten, Korn- und Geld-Pächten, Rauch-Hühnern, Ablagern, Schnidel-Schweinen, Feldern, Aeckern, Bröken, Buschen, Hölzungen, fruchtbar und unfruchtbar, weichen und harten, als das der Wind bewehet, oben und unten der Erde, nichts daraus beschieden, samt der Gerechtigkeit in Försten, Hölzungen und gesamten Districten, und denen darüber gehenden Wegen und Straßen, und alles was zu den vorbenannten Gütern zugehöret, mit allen In- und Ausflüßen, Jagden, Geist- und Weltlichen Gerichten und Rechten an Hals und Hand, höhest, middelst und siedest, auch Wasser und Windmühlen, Stauungen und Bauungen, und allen andern ihren Zubehörungen, Herrlichkeiten, Nutzungen, Guts-

Herr-

Herrlichkeiten, Gerechtigkeiten und allen Freyheiten, Gewaltsam, Gebothen und Verbothen, Unterthanen, Einwohnern, nichts davon ausgeschlossen, wie solches alles in seinen Enden und Scheiden begriffen und belegen ist, auch was Jacob von Bülow sel. und seine Vorfahren sonsten von unsern Vorfahren, Herzogen zu Sachsen-Lauenburg, in Belehnung, Besitzung und Gebrauch gehabt, besessen, genutzet und gebrauchet hat Wir auch solches zu verlehnen Recht und Macht haben, solches verlehnen und reichen Wir dem obgedachten Jochim Werner von Bülow und seinen männlichen Lehn-Erben, mit denen beyden Gudow und Seggeranischen Gütern. Dann belehnen Wir denselben auch mit der Strick-Jagd auf dem Dannekower Felde auch mit allen und jeglichen Zubehörungen, wie obgemeldet, zu rechtem Mannlehn, in bester Form, Maaß und Weise, als solches zu Recht am kräftigsten geschehen soll, kann oder mag, dergestalt und also, daß er und seine männlichen Lehns-Erben das obgedachte Haus, Burg und Güter Gudow und Seggeran ungehindert nutzen und gebrauchen mögen, allerfreiest, wie die von Bülow, und die von Wackerbarth, und dero Vorfahren dieselbe genutzet, gebrauchet und besessen haben. Wir lassen es auch bey der von denen Herzogen zu Sachsen-Lauenburg, und folgens von Uns und Unserm Herrn Vetter Hochsel. Gedächtnuß, unter den 24sten Julii 1702 verwilligten Begnadigung, daß auf dem Fall des Abganges Unsers Land-Marschals Jochim von Bülow Manns-Stamm dessen nachgebliebene Töchter und Allodial-Erben aus den Gudowschen Gütern von den Lehnfolgern 30000 Rthlr., als ein Allodial-Capital, so titulo oneroso darauf haften, bezahlet werden sollen, es bewenden, und sollen solchergestalt solche Gelder darauf consentirt verbleiben. Nicht weniger verbleibet mehrgedachten Unsers Land-Marschals mit seiner seligen Frauen Susanna Francisciua von Bodecken erzeugten Kindern die Anwartschaft auf die Güter Gälzow, Collow und Hasenthal, auf den Fall, da deren jetziger Besitzer Bonaventura von Bodeck oder dessen eheliche Leibes-Descendenten hiernächst abgehen würden: immaßen Wir denn ihnen von Bülow und vorbesagten Erben dieselbe auf solchem Fall verlehnen, und soll nun Jochim Werner von Bülow und seine Mitbeschriebene Uns und Unsern Successoren von denen Gütern Gudow und Seggeran mit fünf Pferden gebührenden Roßdienst leisten. Es soll auch Jochim Werner von Bülow nach seinem höchsten Verstand mit Rath und That Unser Bestes wissen und befördern, Schaden und Nachtheil alle Wege verhüten, und als der Land-Marschal Unsers Fürstenthums Sachsen-Lauenburg, wie von seinen Vorfahren vom Hause Gudow und alle Wege geschehen, alles dasjenige thuen und leisten, was auf Fürsten-Höfen, Ehren-Zügen und sonst innerhalb Landes einem Land-Marschal und getreuen Lehn-Mann eignet und gebühret, alles getreulich ohne Gefährde. Alle diese obbeschriebene Stücke und Puncte und Articul, und ein jegliches besonders, geloben Wir obbenannter Chur-Fürst vor Uns und Unsere Successoren vorbenannten Jochim Werner von Bülow und seinen männlichen Lehns-Erben, so in den Bodeckschen Lehnen succediren werden, und denjenigen, welche die vorerwehnte 30000 Rthlr. als allodial verschrieben worden, jetzt, alsdann, und dann als jetzt, stets fest und unverbrochen wohl zu halten, sonder einiger Argelist, damit dieser Brief gekränket oder gebrochen möge werden. Der zu mehrer Urkund haben Wir Unser Churfürstl. Groß-Insiegel wissentlich hierunter an diesen Brief hängen lassen, und mit eigener Hand unterschrieben, welches geschehen und gegeben zu Hannover nach Christi Unsers Erlösers Geburt im 1708ten Jahre, den 20. Monats November.

     Georg Ludwig, Churfürst.

          A. G. v. Bernstorf.

  Diese Urkunde ist dem von Hoinkhusen von der Familie mitgetheilet worden.

MMMM

Lehnbrief von 1718 über Gottin für den Hofrichter und Landmarschall Joachim Werner von Bülow.

Wir Georg von Gottes Gnaden König von Groß-Britanien, Frankreich und Irrland, Beschützer des Glaubens, Herzog zu Braunschweig-Lüneburg, des heil. Röm. Reichs Erz-Schatzmeister und Churfürst ꝛc. ꝛc. Urkunden und bekennen hiemit für Uns und Unsere Nachkommen an der Regierung gegen Männlichen in Kraft dieses Briefes, daß nachdem Unser Hof-Richter und Land-Marschall im Lauenburgischen, Jochim Werner von Bülow, das aus vier besessenen und aus einer wüsten Bauerstelle bestehende Dorf Gottin von Philip Anton von Daldorps Vormündern mit unserm Consens erhandelt, Wir als regierender Herzog von Lauenburg besagten Land-Marschall von Bülow, und deßen ehelichen Leibes-Lehns-Erben von neuen belehnet haben, belehnen auch denselben mit besagtem Dorf Gottin, und allen beßen Pertinentien, An- und Zubehörungen, mit aller Herrlichkeit, Freyheit und Gerechtigkeit, welche die von Daldorf vormaln und auch der von Falkenberg wiederkäuflich, und der General von Daldorf, als gewesene Poßeßores des Lauenburgischen Guts Woterßen, an solchem Dorfe, und was dazu gehöret, aufs freiest genoßen und gebrauchet haben, wie es Anton Philip von Daldorf, als rechtmäßiger Lehns-Folger ohne die geschehene Relution hätte besitzen, genießen und nutzen können und mögen, also und dergestalt, daß der Land-Marschall und seine Erben obbesagtes Dorf Gottin dem von Uns gleichfalls zu Lehn tragenden Gute Cudow incorporiren, und es bey denselben nutzen könne. Wann aber des Land-Marschalls von Bülow männliche Descendence nach Gottes Willen abgehen sollte, so daß davon keine Lehnfolger mehr übrig wären, auf solchem Fall soll Unser Geheimter Rath Andreas Gottlieb von Bernstorf und deßen Lehnfolgern mit solchem Dorfe hiedurch eventualiter belehnet seyn, also, daß derselbe und deßen Lehnfolgere oft erwähntes Dorf, auf Abgang der von Bülow Manns-Stammes, an das Gut Woterßen wieder nehmen, und selbiges dabey, als ein von dem Herzogthum Lauenburg recognoscirendes Lehn, nutzen und gebrauchen können, sollen und mögen. Dahingegen soll der von Bülow und deßen Mitbeschriebene, auch auf dem gänzlichen Abgang der eventualiter mit belehnete von Bernstorf und deßen Lehnfolger, Uns solch Lehn halten Treu und Hold seyn, Unser Bestes befördern, Schaden aber verhüten und abwenden, die Lehne zu jeden Fall empfahen, und sonst alles thun und leisten, was einem getreuen Lehnmann zu thun eignet und gebühret, und wollen Wir ihnen sämtlich solchen Lehns bekenntiger Herr und Gewehr seyn, wo und wie oft ihnen das zu thun, und sie von Uns erfordert werden; doch Uns an Unsern und einem jeden an seinen Rechten ohnschädlich. Deßen zu Urkund haben Wir an diesen Brief Unser Groß-Insiegel wißentlich heißen hängen. So geschehen Hannover den 3ten August ao. 1718.

Königl. Groß-Britanische zur Churfürstl. Braunschweigschen Regierung verordnete heimgelaßene Geheimte Räthe, Kraft Königl. Specialen Vollmacht.

v. Görtz.   J. H. v. Bülow.   v. Eyner.   Albrecht v. d. Busch.   Jlten.

Barkhusen.

Dieser Lehnbrief ist dem von Heinthusen von der Familie mitgetheilet worden.

NNNN

Bischof Diederich von Bülow veranstaltet eine Ehestiftung zwischen Hans von Arnim und seiner Brudertochter Elisabeth.

Zu wißen, daß Wir Diederich v. G. G. Bischof zu Lebus, zu Ehren Gottes des Allmächtigen, und Mehrunge Liebe und Freundschaft, eine Beredinge von wegen Unsers freundlichen lieben Bruders Stephan von Bülow an einem, und Hansen von Arnym am andern Theil gehabt, also, daß gedachter Unser lieber Bruder gemeldetem Hansen von Arnym seine älteste Tochter Elisabeth zur Ehe verloben, derselben auch 400 Gulden Rheinisch, samt Kasten, Geräthe und Fräuliche Geschmücke, wie zu Ehren ihm wohl geziemet, mitgeben soll; und ob Stephan von Bülow an Leibes-Lehns-Erben, das Gott gnädig verhüte, abgienge; so sollen Stephans Lehns-Erben gedachter Elisabeth oder ihren Leibes-Erben noch sechshundert Gulden nachgeben: Würde aber Stephan von Bülow andern seiner Töchter, einer oder mehr, so da ehelich vermählet und berathen, mehr, wie oben geschrieben, an Ehegeld, Geschmuck, oder was es wäre, gegen Verziehung väterlichen und mütterlichen Erbes, mitgeben, alsdann soll gedachter Stephan

oder

oder seine Erben Elisabethen seiner Tochter solches gleichmäßig zu geben schuldig seyn. Hier entgegen soll Hans von Arnym und Elisabeth von Bülow neben Verreichunge des Ehegeldes, wie nothdürftiglich und genung, nochmaligen väterlichen und mütterlichen Erbes Absage und Verzeyhunge thun. So aber Stephans von Bülow eheliche Hausfrau seinen Tod erlebete, und Barschaft an Gelde und Fräuliche Geschmucke nach ihrem Tode hinterlassen würde, was denn Stephans und andere ihre Töchter an dem ererben würden, soll gedachter Elisabeth und ihren Erben ihre behörliche Part und Antheil, unangesehen der Verbesserung, fürbehalten werden. Hierauf haben Wir Hansen von Arnym zugesaget und gelobet, daß Unser lieber Bruder Stephan von Bülow ihm seine älteste Tochter Elisabeth am Montage nach assumptionis Mariæ (Mariä Himmelfahrt) schier kommend, zu Ruppin, in Beywesen daselbst beyder Theile Freundschaft, auch Hansens von Arnym bittlich Ansinnen, wie denn wehentlich das Hans auch also zu thuende Uns mit Handgeben treuwen zugesaget, ehelich zu geben, geloben und zusagen soll; daselbst auch das Ehegeld und Leibgedinge von beyden Theilen, wie wehentlich verweiset und verbürget, und alles das andere, was zu dieser Sachen nothdürftig erkannt, gehandelt werden soll. Des zu Urkund haben wir zwey Receß eines Lauts thun begreifen, und einen mit Unserm, von Unsers Bruders Stephan von Bülows wegen, und Hans von Arnym den andern mit Pytzier thun versiegeln. Geschehen und geben zu Lebus am Donnerstage nach divisione apostolorum (Apostel Theilung), nach Christi unsers Herrn Geburth 1516.

Genommen aus Grundmanns Uckermärksche Adels-Historie p. 143.

OOOO

Churfürst Joachim von Brandenburg vergleicht den Bischof Diedrich von Bülow mit der Stadt Frankfurt.

Wyr Joachim, von Gottes Gnaden Margrgraf zu Brandenburg, des h. Römischen Reichs Erz-Kämmerer und Churfürst ꝛc. Nachdem sich Burgermeister und Rathmanne Unser Stadt Frankfurt mit einem gewaltiglichen Eingriff in des Erwürdigen inn Gott, Unsers Gevattern, Rabs und besondern Freundes, des Bischofs zu Lebus, Oberkeyt und peinliche Järnehm gegen und wider Kerstian Friedrich Krüger zu N. merklichen vergriffen, haben Wir bey gemeldeten Unserm Gevattern und Freund so viel erhandelt, daß Er, Uns zur Freundschaft, in der Güte der von Frankfurt vorsetzlich übertreten möchtiglichen zu vertragen, heimgestellet: darauf haben Wir solche Irrung uf nachfolgende Mittel, und Vorwilligung Unsers Freunds in Lebus und der Geschickten von Frankfurt, gütlichen vertragen und entschieden dergestalt, daß die von Frankfurt den Krüger obgemeldt, so sie haben hangen lassen, zwischen hier und nächsten Montag nach Palmarien bey der Nacht vom Gericht nehmen, und denselben zu der Morgen-Stunde uf eine geweihete Statt begraben, und desselbigen Tages ein gemein Begenkniß, allen gläubigen Seelen zu Trost, sollen halten lassen. Zu Urkund mit Unserm anhangenden Ingesegell versiegelt, und geben zu Cöln an der Spreu am Mittwoch nach Judica, nach Christi Unsers Herrn Geburt funfzehn hundert und im sechzehenden Jahr.

Genommen aus Pfeffingers Br. Lüneb. Historie Tom. II. p. 214.

PPPP

Hans von Bülow zu Marnitz wird 1605 mit Wendisch-Lips belehnet.

V. G. G. Wir Carl, H. z. Mekl., F. z. Wenden, Gr. z. Schwerin, der Lande Rostock und Stargard Herr, von Uns, und in tragender Vormundschaft der Hochgebornen Fürsten Adolph Friedrich und Hans Albrecht Gebrüder Herzogen zu Mekl. ꝛc. Unsern lieben Vettern und Pflegesöhnen, auch Unsern allerseits

Erben

Erben und Nachkommen, thun kund und bekennen öffentlich mit diesem Briefe; nachdem Busso von der Schulenburg sich vor etlichen Jahren die Feldmark Wendischen Lieps an sich zu bringen unterstanden, die von Bülow aber zu Gudow Wehningen und Wischendorf, wie auch Hans von Bülow zu Marnitz demselben contradiciret, und, nachdem beide Theile zur rechtlichen Förderung darüber gerathen, die Sache vor Unserer Regierung tractiret geworden; aus derer von Bülow und allen in dieser Sachen einkommenden Berichten so viel gefunden worden, daß der Bülowen Vorältern dieselbe vor vielen Jahren von Veit Lützow mit Unsers löbl. Vorfahren Consens und Bewilligung an sich gekauft, aber doch wegen Busso von der Schulenburg unziemliche Machination, und daß er weiland dem Hochgebornen Fürsten Herrn Ulrich, Unsern in Gott ruhenden freundlichen lieben Bruder, vorbey gegangen, bey demselben kein Lehn gesuchet, von seiner Gottsel. Liebden eingezogen, und darauf bey vierzig Jahr angeregte Feldmark Wendischen Lieps zu Unserm Amte Boitzenburg geleget und gebrauchet, das Hochfürstl. Haus Mellenburg auch dadurch verjährte Zeit nebst der unstreitigen Possession das jus utile dominio directo consolidiret und plenissimam servitutem erhalten; daher Wir auch, Unsers Vertrauens, dieselbe weiter zu behalten wohl befugt gewesen: Weil aber Hans von Bülow hernach, nachdem er in unserm Namen bey Röm. Kaiserl. Maj. nebenst Unserm Cantzler die Belehnung dieses Fürstenthums gesucht und erhalten, Uns auch für sich und seine Diener, für die Reise und lange verdrießliche Aufwartung keine Zehrung angerechnet, und jederzeit zu unterthänigen Diensten willig gewesen und noch ist; so sind Wir durch sein vielfältiges unabläßiges Suchen in Gnaden bewogen, von Unserm habenden Rechte der Possession, von dem directi ac utilis dominii jure, verjährter Zeit und erlangter Servitut, aus sondern Gnaden und auch für das andere, damit es nicht das Ansehen hätte, daß Wir ihm oder jemanden das Seine nulla praevia causae cognitione abzuziehen gemeinet wären, abgestanden, und haben darauf gemeldtem Unserm Lehn-Mann und lieben Getreuen Hans von Bülow zu Marnitz, und seinen rechten Leibes-Lehnsfolgern und Erben, in Betrachtung voriger und anderer seine und seiner Vorältern getreuen Dienste, so sie Unserm Fürstenthum bis daher geleistet, auch er und seine Lehnsfolgere hinfürder leisten können und wollen, angeregte Feldmark Wendischen Lieps mit allen Nutzungen ꝛc. zu einem rechten Mann-Lehn gnädiglich gereichet und geliehen: Wie wir denn als jetzt regierender Landesfürst dessen von Rechts und Billigkeit wegen zu thun Fug und Macht haben. Reichen und lehnen solch Lehn ihm und seinen rechten männlichen Leibes-Lehnsfolgern vor Uns ꝛc. als ein altväterliches Stammlehn, dafür Wir es ihm und seinen männlichen Leibes-Lehnsfolgern aus Gnaden eingeräumet und verliehen, nach altem Herkommen, Recht und Gerechtigkeit ꝛc. auch da er und seine Erben ohne männliche Leibes-Lehns-Erben mit Tode abgehen würden (doch ander Gestalt, und außerhalb des Mangels männlicher Leibes-Erben nicht) seinen Vettern und nächste Agnaten die gesamte Hand oder simultaneam investituram daran haben und dieselbe jederzeit fordern, aber nach seinem und seiner männlichen Leibes-Lehnsfolgern in absteigender Linie tödlichen Abgang allererst, und nicht eher, zu genießen und gebrauchen haben mögen; jedoch Uns und Unsern Erben an Unser Landesfürstl. Obrigkeit, Hoheit und aller andern Gerechtigkeit unschädlich; alles getreulich ohne Gefährde. Zu mehrerer Urkund haben Wir Unser Fürstliches Pitschaft an diesen Brief lassen hangen, und Uns mit eigenen Händen unterschrieben. Geschehen und geben zu Güstrow den 21. Monatstag November nach Christi unsers lieben Herrn und Seligmachers Geburt 1605.

Carl, H. j. M.

Diese Urkunde ist dem von Hinckhusen von der Familie mitgetheilet worden.

QQQQ

Hinrich von Bülow auf Plüskow rettet das Haus zu Barnekow.

Des Tages vor St. Thomas Abend sandte der Rath zu Wismar seine Diener aus, und ließen des Gottes-Hauses unserer lieben Frauen wegen zu Weitendorf in den Gütern derer Plessen auf Barnekow, als Johann und Cord, einen Bauern Namens Ritter auspfänden, wie solches die von Plessen besiegelt und verbrieft hatten.

hatten. Die Diener sandten das Pfand mit den Knechten des Gottes-Hauses, drey an der Zahl, nach Wismar, und die Stadt-Diener, auch selbst dritte, ritten nach Greffow, und pfändeten daselbst auch einen Mann. Der Bauer ritt mit nach Wismar und wollte sich dorten mit den Kirchherrn vergleichen, als aber der Bauer Ritter sah, daß ihrer nicht mehr denn drey waren, die ihn gepfändet hatten, so ritt er nach dem von Plessen zu Barnekow auf den Hof, und sagte dieß seinem Junker. Die Plessen mit ihren Bauern rannten selbst zwölfte nach bis an das Gehölze bey Wendorf, und nahmen den Wismarschen Kirchen-Knechten das Pfand wieder ab, und trieben es nach Barnekow in dem Wege zwischen Grossen und Kleinen-Woltersdorf gegen das Dorf. Als die Diener von ungefehr diesem nahe kamen, so sagte Cord Hageböcke zu den andern: sind das nicht die Pferde und das Schwein, die wir zu Weitendorf gepfändet haben? und beredeten sich, ihnen das Pfand wiederum abzunehmen in der Meinung, daß ihrer auch nicht mehr seyn würden. Der Plesse aber kam mit seinem Volke zu den Dienern, und schlugen auf sie los, und verwundeten sie sehr. Die Diener kamen nach Wismar und klageten dieses dem Rath. Der Rath, die Bürger und das Amt wurden eins, und zogen dieselbige Nacht hinaus mit 600 Mann zu Fuß und mehr denn 100 zu Pferde, mit Büchsen und auch mit Booten versehen, und kamen noch die Nacht vor Barnekow; hielten sich aber still bis es Tag war, da stürmten sie den Hof, und schossen mit Büchsen gegen das steinerne Haus, gewannen den Hof und griffen fünf Mann auf dem Hofe, worunter auch Ritter, der Bauer von Weitendorf, war, der allen diesen Lerm verursachet hatte. Sie schossen von dem steinernen Hause den Giebel entzwey und rissen das Dach ab, nur plünderten sie nicht. Wäre Hinrich von Bülow nicht gekommen, sie hätten das Haus ganz niedergerissen. Man handelte mit den Herrn und dem Rathe, Herrn Barteit Niemann und Herrn Diedrich Wilde, für die von Plessen, also daß die Plessen dem Rath aus Wismar alles das, was sie pflichtig wären, und was die Landesherrn nach Recht und Billigkeit aussprechen würden, abtragen sollten, darauf zogen die Wismarschen wieder von dannen.

Zu lesen in Platdeutscher Sprache im Papist. Meklenb. pag. 2096.

RRRR

Ausschreiben, wodurch die Freunde des Paul von Bülow auf Plüskow 1589 sind zur Begräbniß geladen worden, und der Leichen-Conduct, genommen aus der Leichenrede.

Unsern freundtlichen Gruß, vand willige Dienste, mit wündschung aller zeitlichen vnd ewigen wolfarth, zuvorn. Edle und Ehrenveste, Freundliche liebe Ohme, wir können euch, auß hochbekümmerten gemüthe vnd trawrigen herzen, freundtlicher wolmeinung nicht fürenthalten, welcher gestalt, vnser herzallerliebster seliger Vater, Paul von Bülowen, dessen Seelen Gott gnedig sey, am vergangenen Dienstage, auff den abendt vmb sechs vhr, welches war, der xiiij. tag Octobris, in warer rechter erkenntnis des Herrn Jesu Christi sanfft vnnd seliglich eingeschlaffen, vnd also aus dieser betrübten mühseligen welt in den ewigen frewdensahl des vnuergenglichen lebens von Gott dem allmechtigen ist abgefordert worden.

Weil aber des verstorbenen im Herrn ruhender leib, vermittelst Göttlicher hülfe, nach Gottes gerichte, ordenung vnd befehl, mit Christlichen gewöhnlichen Ceremonien, auff der beyden Aposteln Tag Simonis vnnd Judä, welcher wird seyn der xxviij. dieses lauffenden Monats, alhie zur Wißmar, in S. Marien Kirchen, sol zur erden bestattet vnd begraben werden, wozu denn, nach altem Christlichen vnnd in Gottes worte gegründetem gebrauch, fürneme personen, benebens andern Christlichen anwesenden leuten, gefodert werden: Als gelanget an euch vnsere freundtliche bitte, Ihr wöllet mit den ewrigen den Montag zuvor alhie ankommen vnnd den folgenden Tag, erwenten Monats, vnserm lieben seligen Vatern in dieser welt die letzte ehre erzeigen, vnnd zu bis an sein ruhebettlein begleiten, auch nach gendigten Ceremonien, vnd geschehener Leichpredigt, euch in vnsere behausung sampt anderen geladenen Freunden widerumb einstellen, vnnd mit demjenigen, was Gott an essen vnd trinken in dieser ongelegenheit vnd trawrigen Zeit bescheren wird, fürlieb nemen, auch in diesem nothfalle ewres aussbleibens keine entschüldigung einwenden, in betrachtung, daß solcher ewrer Christlicher dienst, Gottes willen gemeß, vnserm lieben seligen Vatern rhümlich, vnd vns

f 4 allen,

ollen, sampt der ganzen Erbaren freundtschafft, zu sonderlichem lob, vnd krefftigen trost gereichen wird. Solches sind wir wiederumb, nach vnserm höhesten vormögen gegen euch vnd die ewrigen ynnerschülden, zu jederzeit erbötig, vnd thuen euch hiemit Gott dem allmechtigen befehlen. Datum Wißmar den xvj. Octobris Anno M. D. lxxxix.

Cordt, Hartwig vnd Jochim gebrüdere von Bülowen.

Verzeichnis

derselbigen Adelichen Personen, so neuebens dem Ehrwirdigen Ministerio einem Erbaren Rath, vnd der löblichen Gemeine zur Wißmar, dieser Christlichen Begrebnis persönlich beygewohnet.

Cordt von Bülow Erbgesessen zu Scherffeodorff, Paul von Bülowen sein Sohn.
Hartwig von Bülow, Erbgesessen zu Plußkow, P. V. B. sein Sohn.
Jochim von Bülow, Paul V. B. sein Sohn, Erbgesessen zu Niendorff.
Victor von Stralendorff, Erbgesessen zum Preinßberg, seligeren Paul von Bülowen tochter Mann.
Vlrich von Stralendorff, Erbgesessen zum Preinßberg, Victoris Sohn.
Eberhret Welebrot zu Warmesdorff gesessen.
Jaspar von Lutzow, Erbgesessen zu Goldenbow vnd Perlin.
Hartwich von Bernelow, zu Warliz gesessen.
Bartold von Perkentin, Niedersächsischer Fürstlicher Stadthalter vnd fürnemer betraweter Rath, Erbgesessen zum Großen Zecher.
Jorgen von Bülow, Erbgesessen zu Plußkow.
Vicke von Bülow, Erbgesessen zum Harkensche.
Vicke von Bülow, von Renzow, Fürstlicher Mekelnburgischer Hoffrath.
Adam von Bülow, Erbgesessen zu Wedendorff, Fürstlicher Mekelnburgischer Hoffmarschalk vnd fürnemer vertraweter Rath.
Periß von Bülow, Erbgesessen zu Madsaw.
Lütke Halberstadt, Erbgesessen zu Gottesgabe.
Köne Hans Halberstadt, Erbgesessen zu Cammin, Fürstlicher Mekelnburgischer Heuptmann zu Wittenborch, vnd vertraweter Rath.
Baltzer von Schöneich, Erbgesessen zum Schönenfelde.
Henning Halberstadt, Erbgesessen zu Kampes.
Hartwich von Perkentin, Gesessen zu Kampes.
Wilhelm von Belaw, Erbgesessen zur Klinken.
Cordt von Plessen, Erbgesessen zum Dammeshagen.
Clawes Fincke, Erbgesessen zum Gretze.
Cordt von Plesse, Erbgesessen zum Jamen, Fürstlicher Mekelnburgischer Landtrath.
Jochim von Ortzen, Erbgesessen zu Wustrow.
Jorgen Moltcke, Erbgesessen zu Töttendorff.
Jaspar von Ortzen, Erbgesessen zu Roggaw vnnd Gurow.
Volrath Prein, Erbgesessen zu dem Hermenshagen.
Merten von Plessen, Erbgesessen zu Bernekow.
Christoff von Stralendorff, gesessen zur Wißmar.
Borchardt von Stralendorff, Erbgesessen zu Krankaw.
Berendt von Prestenthin, Erbgesessen zu Prestenthin.
Luber Barsse, Erbgesessen zu Rambaw.
Hinrich von Stralendorff, Erbgesessen zu Goldebehr.
Adam Barsse, Erbgesessen zu Rambaw.
Hieronymus Plußkow, gesessen zur Wißmar.
Georg Plußkow, gesessen zur Wißmar.
Hinrich Sperling, gesessen zur Wißmar.

Georg Warneſtede, geſeſſen zur Wißmar.

Es ſind auch viel andere vom Adel zu dieſer Begräbnis ſchrifftlich gefordert, als nemlich die von der Lühe, die von Quitzowen, die von Paſſewitz, die Hanen, die Rauen, vnd die Schöſſen, auch etliche andere. Weil aber dieſelbigen, auß nothwendigen ehehafften vrſachen nicht haben mit den jtzigen erſcheinen können, haben ſie ſich gegen ihre Ohme, Vettern, Schwegern vnnd Freunde, die von Bülowen, freundlich entſchuldigen laſſen.

Verzeichnis
der Erbarn Framen vnnd vieltugendſamen Jungfrawen vom Adel, ſo der Leiche nachgefolget.

Catharina Halberſtadt, ſeligern Paul von Bülowen nachgelaſſene hochbetrübte Widfraw.
Margareta von Bülowen, Vicken von Stralendorfen eheliche Haußfraw.
Jungfraw Catharina von Bülowen.
Jungfraw Dorothea von Bülowen.
Jungfraw Anna von Bülowen.
Catharina von Bülowen, ſeligern Charin Hagenawen nachgelaſſene Widfraw.
Elſe von Bülowen, Ebert Wekebrotes eheliche (im Original ſteht hier Weikelrotes) Haußfraw.
Margareta Mörders, Jorgen von Bülowen eheliche Haußfraw.
Jungfraw Dorothea Scharffenberg.
Catharina von Bülowen, Könen Dewitzen nachgelaſſene Widfraw.
Sophia Bothen, Parhys von Bülowen eheliche Haußfraw.
Vrſel von Belaw, Vicken von Bülowen eheliche Haußfraw.
Anna von Bülowen, Jochim von Baſſewitzen, Hauptmanns zu Dobbertin vnd Fürſtlichen Mekelaburgiſchen fürnehmen geheimten Rathes, eheliche Haußfraw.
Elſe Halberſtadt, Adam von Bülowen eheliche Hausfraw.
Dorothea von Bülowen, Lütken Halberſtadtes eheliche Haußfraw.
Catharina von Bülowen, Köne Wolffen von Baſſewitzen, Erbgeſeſſen zu Maßlav, fürnemen Fürſtlichen vertraweten Mekelnburgiſchen Rathes eheliche Haußfraw.
Jungfraw Margaretha von Bülowen.
Elſe Holſten, Henning Halberſtadtes eheliche Haußfraw.
Ingelborch Halberſtadt, Eggertes von Perkentins ſeligern nachgelaſſene Widfraw.
Jungfraw Anna von Perkentin.
Jungfraw Lucia von Perkentin.
Benedicta Peccatel, Wilhelmen von Belawen eheliche Haußfraw.
Jungfraw Mette von Stralendorff.
Catharina Molteken, Cordt von Pleſſen zum Dammeshagen eheliche Haußfraw.
Elizabeth Weltzin, Franz von Bülowen ſeligern nachgelaſſene Widfraw.
Margareta von der Jane, Cordt von Pleſſen zur Gamel eheliche Haußfraw.
Dorothea von Stralendorff, Deileſſen Regendankes eheliche Haußfraw.
Catharina von Stralendorff, Baltzern von Schöneichen eheliche Haußfraw.
Beke Lutzowen, Chriſtoff von Stralendorffen eheliche Haußfraw.
Sophia Wangelin, ſeligern Vicken von Ortzen nachgelaſſene Widfraw.
Anna von Ortzen ſeligern Volrath Sperlinges nachgelaſſene Widfraw.
Margareta von der Wiſche, Jaſper von Ortzen eheliche Haußfraw.
Jungfraw Emmerentia von Ortzen.
Jungfraw Elizabeth von Ortzen.
Sophia von Pleſſen, Jaſper Sperlinges eheliche Haußfraw.
Vrſula von Stralendorff, Merten von Pleſſen eheliche Haußfraw.
Jungfraw Eva von Pleſſen.
Catharina von Reſchſtorf, Baltzer Bothen ſeligern nachgelaſſene Widfraw.

Jungfrau Eva Barssen.
Jungfrau Elizabeth Regenbank.
Jungfraw Clara von Basserwitz.
Elizabeth Prestentin, Volrath Preinen eheliche Hausfraw,
Anna von Plessen, Hieronymi Pluskowen eheliche Hausfraw.
Barbara von Restorf, seligern Henneken von Plessen nachgelaßene Widfraw.
Jungfraw Armgart von Bülowen.
Anna Plücherinne, Jorgen Warnestden eheliche Haußfraw.
Jungfraw Pollyth, Hippolyta, Plücherinne.
Jungfraw Magdalena Plücherinne.
Jungfraw Emmerentia Warnestede.

SSSS

Kaiserl. Barons-Diploma für die von Bülow.

Wir Joseph von Gottes Gnaden erwählter Römischer Kayser, zu allen Zeiten Mehrer des Reichs, in Germanien, zu Hungarn, Boheim, Dalmatien, Croatien und Sclavonien König, Erzherzog zu Oesterreich, Herzog zu Burgund, zu Braband ꝛc.

Bekennen für Uns und Unsern Nachkommen, am heiligen Römischen Reich auch Unserer Erbkönigreich, Fürstenthum und Landen, öffentlich mit diesem Brief, und thun kund allermänniglich, wiewohl die hohe Römische Kayserlicher Würdigkeit, darin uns der Allmächtige nach seiner väterlichen Vorsehung gesetzet hat, durch Macht ihres erleuchten Throns mit vielen herrlichen Geschlechtern und Unterthanen gezieret ist, jedoch weil solche Kayserliche Hoheit, jemehr daß Edle Ritterliche Geschlechte ihren adelichen fürtreflichen Herkommen, Tugenden und Verdienen nach mit Ehren, Wohlthaten und Würden begabet werden, je herrlicher der Thron Kayserl. Majestät glänzet und scheinbarlicher gemacht wird, auch die Unterthanen, durch Erkenntniß Kayserl. Würdigkeit, zu destomehr schuldiger Gehorsamen Verhaltniß, Ritterlichen Thaten und getreuen, beständigen Diensten bewegt und verursachet werden, und wir dann aus jetzt berührter Kayserl. Hoheit, auch angeborner Güte und Milde, in Gnaden vorderst geneigt seyn, aller und jeglicher unserer und des heiligen Reichs, auch unserer Erbkönigreich, Fürstenthum und Landen, Unterthanen und Getreuen Ehr, Würden, Aufnehmen und Wohlstand zu betrachten, und zu befördern, so sind Wir doch mehrers geneigt und begierig gewogen, deren Namen, Stammen und Geschlecht in höhere Würde zu erhöhen, und zu setzen, deren Vor-Eltern und Sie selbsten von guten alten Herkommen sind, auch Sich in unstrer und des heiligen Römischen Reichs Obliegenheiten und Geschäften mit getreuen gehorsamen Diensten standhaftig erzeigen, und durch ihre Ritterliche Tugenden vor vielen andern herfürthun und der Welt kundbar machen.

Wann wir nun gnädiglich angesehen, wahrgenomm und betrachtet die sonderbare gute Sitten, Tugenden, Vernunft, Tapfer- und Geschicklichkeit nebst anderen adelichen Qualitäten mit welchen Joachim Heinrich, Thomas Christian, Cuno Josua, Hans Otto und Wilhelm Diederich, sämtlich Gebrüdere von Bülow, vor unserer Kayserl. Maj. vielfältig gerühmet worden, vorderst auch erwogen Ihr uralted im heil. Römischen Reich teutscher Nation von Vater- sowohl als Mütterlichen Seite, ohnausseßliches bis aushero bey denen hohen Reichs-Stiftern, ganz pure ohne Defect oder Ausstellung, von verschiedenen Seculis sich löblich aufgeführtes, Ritter- und Stiftsmäßige Geschlecht, welches in Niedersachsen am meisten, insonderheit aber in den Mellenburgischen, also in Specie die von Bülow von dem Hause Pluskow, von welchem besagter Fünf Brüder Linie abstammet, schon über Achthundert Jahre floriret, inmaßen aus verschiedenen glaubwürdigen Geschichtsschreibern erweislich auch merkwürdig, daß der erste teutsche Kayser Carolus Magnus nebst vielen anderen adelichen Familien, nit weniger die Bülowische mit sich in Teutschland gebracht, und nach solcher Zeit ihre Vorfahren nit allein bey denen Kaysern und größesten Teutschen Herzogen, hernach bey vielen Chur- und Fürstl. auch auswärtigen Königlichen Höfen in Ministerio und Hof-Aemtern gestanden, auch zu stattlichen Krieges- und Civilbedienungen gezogen worden, und sich um das Publicum bestermaßen verdient gemacht, sondern auch aus dieser Familie in denen hohen Stiftern des Teutschlands

viel

viele Bischöfe und geistliche Reichs-Fürsten, Prälaten und Domherren hervorgebracht worden, deren in dem Bisthum Schwerin unterschiedliche dieses Namens und Geschlechts regieret, und zwar ao. 1291 Bischof Gottfried, daselbst zum Achten Bischof, ao. 1331 Bischof Rudolph zum Eilsten, ao. 1339 Bischof Heinrich zum Zwölsten und ao. 1365 Bischof Friederich, welcher auch das große Collegium zu Rostock erbauen lassen, zum vierzehenden Bischofen zu gemeldeten Schwerin erwählet worden, vieler zugeschwiegen, so in adelichen und Ritterlichen Stand continua serie geblieben, und fort und fort vornehmen geistl. und weltlichen Aemtern vorgestanden, denen auch ihr abgelebter Vater, weyland Paul Joachim von Bülow, mit größten Nachruhm gefolget, welcher anfänglich derer weyland respective Herzogen und Churfürsten Johann Friederich und Ernst August zu Braunschweig und Lüneburg Lbd. Lbd. Hofmeister, mit damals noch lebenden Eltern sowohl als der Untergebenen vollkommener Zufriedenheit, nachgehends aber bey des jüngst verstorbenen Herzogen Georg Wilhelm zu Celle Lbd. erst zu Hannover die Geheime-Raths und Cammer-Präsidenten Bedienung, hernach aber zu Celle und bis an sein Ende die Präsidenten Stelle in Ihrer Lbd. Raths-Collegiis löblich verwaltet, nach dessen löblichen Exempel seine noch lebende fünf Söhne sich zu verhalten äußersten Fleißes getrachtet, immaßen Joachim Heinrich von Bülow der ältere erstlich bey der Königin weyland Sophia Amalia, weyl. Friderici tertii Königs in Dännemark Lbd. Gemahlin, die Geheime-Raths und Oberhofmarschalls Bedienung versehen, also er auch in den Königl. Dänischen Ritter-Orden von Dannebrog aufgenommen worden, nachgehends aber sich in obgemeldeten weyland Herzogs zu Br. Lüneb. Celle Lbd. als seines angebohrnen Landsherrn Geheimen-Raths, Cammer-Präsidenten und Oberhofmarschalls-Verwaltung bis an dero Ende gebrauchen lassen, und in solchen seinen Diensten, weyl. unseres Herrn Vaters Kayserl. Maj. glorieusen Andenkens auch dem Publico, gute und ersprießliche Dienste erwiesen hat, und nunmehro bey des jetzigen Churfürsten zu Hannover und Herzogen zu Br. und Lüneburg Lbd. als Geheimer-Rath stehet; Thomas Christian von Bülow ist ehemahls bey Prinz George von Dännemark, als der anjetzo regierenden Großbrittannischen Königin Anne Lbd. Ehegemahl, nachgehends bey Christian des Fünften Königs von Dännemark Lbd. als Brigadier, und folgends, in weyland Hochgedachten Fürsten zu Braunschweig Celle Lbd. Diensten, als Rath und Ober-Hauptmann oder Land-Drost gestanden; Cuno Josua ist obgedachten Churfürsten zu Hannover und Herzogen zu Braunschweig Lüneburg Georg Ludewig Lbd. General-Lieutenant und Obrister über ein Regiment Dragoner, und hat seine Tapferkeit für des gemeinen Wesens Bestes damalen zu allseitigen Vergnügung um so mehr verspühren lassen, als er in solchem Caractere die gesamte Chur- und Fürstl. Braunschweig-Lüneburgische, Hannöver- und Cellische Trouppen, unter des heil. Römischen Reichs-Fürsten von Mindelheim und Königl. Engelländischen Mylord Duc de Marlebourg, den ganzen Feldzug hindurch, sonderheitlich bey denen zweyen, von dem Allerhöchsten Gott uns und unseren hohen Alliirten gegen Frankreich und Bayern bey dem Schellenberg am Donauwerth und bey Hochstedt verliehenen, ansehnlichen Victorien, zu welchen, zumal der letzteren, vorbesagte Braunschweig-Lüneburgschen Trouppen viel beygetragen haben, commandiret, über welches er auch, in Ansehung seines tapfern Verhaltens und geführter vernünftiger Bescheidenheit, beordert gewesen, mit denen unter seinem Commando stehenden Trouppen vieler vornehmen Reichsfürsten und Ständen vorderist aber die Churfürstliche Maynzische Lande und Leute zum Theil bedecken und conserviren zu helfen; Hans Otto von Bülow bekleidet die Fürstl. Braunschweig-Lüneburgsche Landraths-Stelle, und Wilhelm Diederich von Bülow, Ritter des Königl. Preußischen Ordens, hat bey weyl. der ersten Königin in Preußen die Obrist Hofmeister- und Landes-Hauptmann-Stelle vertreten, mehr anderer uns angepriesenen, auch selbst bekannter tapfer und emsiger Thaten mit weitläuftigen Beschreibungen vorbeyzugehen, worin die sämtliche Gebrüdere künftighin, ihrer bisanhero bezeigter Begierd und Eifer nach, in allerunterthänigster Devotion gegen uns, das heilige Römische Reich und allgemeine Teutsche Vaterland unabläßig und unverändert fortzufahren, vor allem aber unsere Kayserl. und des gemeinen Wesens Interesse mit möglichsten Kräften zu beobachten, auch die Ihrige gleichmäßig dahin anzuhalten, bis an ihr Ende fest entschlossen sind, und wohl thun können, mögen und sollen.

So haben wir demnach mit wohlbedachtem Muth, gutem Rath und rechtem Wissen ernannten fünf Gebrüderen Joachim Heinrich, Thomae Christian, Cuno Josua, Hans Otto und Wilhelm Diederich diese besondere Kayserl. Gnade gethan, und Sie samt Ihren jetzigen und künftigen ehelichen Leibes-Erben, und derselben Erbens-Erben, Mann- und Weibes-Personen absteigender Linie für und für in ewiger Zeit, in den Stand, Ehr und Würde unserer und des heil. Reichs Freyherrn und Freyinnen gnädigst erheben, gewürdiget und gesetzet, auch der Schaar- Gesell- und Gemeinschaft derselben zugefüget, zugesellet und verglichet,

chet,

chet, ihnn das, erhöhen, würdigen und setzen diesemnach mehrbesagte fünf Gebrüdere, Ihre eheliche Leibes-Erben, und derselben Erbens-Erben, jetzt und künftige wie obgehört, in den Stand, Ehr und Würde Unserer und des heiligen Römischen Reichs, auch unserer Erbkönigreich, Fürstenthum und Landen rechtgebohrner Frey- und Edlen Panner-Herren und Freyinnen, zufügen, gleichen und gesellen Sie zu derselben Schaar, Gesell- und Gemeinschaft, ertheilen und geben Ihnen den Titul und Namen des Heiligen Römischen Reichs Frey- und Edlen Panner-Herren und Freyinnen von Bülow, und erlauben Ihnen sich also, wie auch bey allen der Zeit besitzenden und etwa künftig mit Rechtmäßigen Titul überkommenden Herrschaften und Gütern, gegen uns und sonst männiglich zu nennen und zu beschreiben, meinen, setzen und wollen, daß oftermeldetere Joachim Heinrich, Thomas Christian, Cuno Josua, Hans Otto und Wilhelm Diederich, Gebrüdere, deren eheliche Leibes-Erben, auch derselben Erbens-Erben, jetzige und künftige, Manns- und Weibes-Personen für und für in ewige Zeit, unsern und des heiligen Römischen Reichs auch unserer Erbkönigreich, Fürstenthum und Landen, Frey- und Edlen Panner-Herren und Freyinnen seyn, sich also nennen und schreiben, auch von uns und sonst jedermänniglich dafür gehalten, geehret, genennet und erkennet werden, und dazu alle und jegliche Gnad, Ehr und Würde, Vortheil, Präeminenz, Fürstand, Recht und Gerechtigkeit in Reichs und anderen Versammlungen, Beneficia auf Dom-Stiften, Geist- und weltlichen Aemter und Lehen anzunehmen, zu haben und zu tragen, deren theilhaftig, würdig und empfänglich seyn, und sich alles dessen freuen, gebrauchen und genießen sollen und mögen, immaßen sich andere unsere und des heil. Reichs, auch unserer Erbkönigreich, Fürstenthum und Landen, von Ihren vier Ahnen Väter- und Mütterlichen Geschlechts rechtgebohrne, Frey- und Edle Panner-Herrn und Freyinnen, von Recht und Gewohnheit wegen, freuen, gebrauchen und genießen von allermänniglich ungehindert. Und zu mehrerer Bezeugniß, Glauben und Gedächtniß unserer Kayserl. Gnade, mit welcher wir mehrbenannten fünf Gebrüderen gewogen sind, haben wir Ihnen, samt allen ihren jetzig und künftigen ehelichen Leibes-Erben und derselben Erbens-Erben, Manns und Frauens-Personen, das vorhin geführte Ritterliche Wapen gnädiglich confirmiret, und nachfolgender Gestalt zu führen gegönnet und erlaubet, als mit Namen ist ein in vier gleiche Theil abgetheilter Schild mit himmelblauer Feldung, in der hinter unter, und vorder oberer, sind der Breite nach über einander fünf weiße Balken oder vielmehr Ströhme, Flüsse, in jeder vorder unter und hinter oberer aber ein blau und goldener Vogel, in dem Schnäbelein einen goldenen Ring, worin ein Diamant gefasset, haltend, zu sehen; in Mitte des Haupt-Schildes zeiget sich ein blaues Herz-Schildel, und in demselben vierzehen gelb oder goldene Kugeln, auf dem Schild erscheinen zwey offene neben einander stehende adeliche und Ritterliche Turniers-Helm, zur Rechten mit blau und weißen, und zur Linken mit gelb und blauen Helm decken, der rechte mit goldener Cron, der linke aber mit einem gelb- und blau umwundenen Bund gezieret, auf der goldenen Cron sind zwey blaue mit den Sachsen einwerts gekehrte Adlers-Flügel, und auf jedem die in beyden Theilen des Haupt-Schildes beschriebene weiße Balken oder Ströhme, auf dem Bund linker Seite zwey gleiche mit den Sachsen ebenermaßen einwärts gekehrte aber gelb oder goldfarbene Adlers-Flügel, zwischen welchen auch ein von denen in dem Haupt-Schild beschriebenen gleichförmigen einen Ring im Schnabel haltenden Vogel, und auf oder zwischen der Flügel zwey mit den Mundlöchern auswärts gekehrte blaue Piffels-Hörner, und auf solchen der Ordnung nach die im Herz-Schildel beschriebene vierzehen Kugel als jeden sieben zu vermerken, alsdann solches Freyherrlich Wapen und Kleinod in Mitte dieses unseres Kayserl. Libell weiß geschriebenen Briefes mit seinen Farben und Zierden eigentlich entworfen und vorgestellet ist.

Ferner und damit mehrgedachte fünf Gebrüdere Joachim Heinrich, Thomas Christian, Cuno Josua, Hans Otto und Wilhelm Diederich, Frey- und Edle Panner-Herren von Bülow noch mehr unsere Kayserl. Gnade verspühren und genießen möge, haben wir mit wohlbedachtem Muth, gutem Rath und rechtem Wissen denselben, ihren jetzigen und künftigen ehelichen Leibes-Erben und derselben Erbens-Erben, Manns- und Frauens-Personen absteigender Linie, diese besondere Gnad und Freyheit gegeben, thun und geben Ihnen die auch hiermit von Röm. Kayserl. Machtvollkommenheit, wissentlich in Kraft dieses Briefes also und dergestalt, daß nun fürohin von uns und unseren Nachkommen am heil. Reich Römischen Kaysern und Königen gedachten Frey- und Edlen Panner-Herren von Bülow, samt allen ihren jetzt und künftigen ehelichen Leibes-Erben und derselben Erbens-Erben, aus allen unsern und Unserer Nachkommen Canzleyen in unseren und ihren Reden, Schriften, Briefen, Missiven und anderen, so von uns und unseren Nachkommen an Sie, oder sonst darinnen Sie benennet oder bestimmet ausgehen werden, der Titul, Prädicat und
Ehren-

Ehren-Wort Wohlgebohrn gegeben und geschrieben werden solle, immaßen wir denn solches zu gestehen bey unsern Canzleyen allbereits bestellet und befohlen haben.

Gebiethen und befehlen demnach hiemit denen Hochwürdig- Durchlauchtig- Hochgebohrnen unseren lieben Neffen und Vettern den Erzbischofen zu Maynz, Trier und Cölln rc. rc. rc. als unseren und des heiligen Reichs Churfürsten und Erzcanzlern durch Germanien, Gallien, das Königreich Arelath und Italien, auch allen unsern Canzlern, Canzley-Verwaltern und Secretarien, gegenwärtigen und zukünftigen, ernstlich und festiglich mit diesem Brief, und wollen, daß Sie ferneren Befehl und Ordnung in unseren und unserer Nachkommen Canzeleyen geben, schaffen und befehlen, auch mit Ernst und Fleiß daran seyn und darob halten, daß fürohin mehrgenannten fünf Gebrüderen, Frey- und Edlen Panner-Herren von Bülow, Ihren jetzigen und künftigen ehelichen Leibes-Erben, und derselben Erbens-Erben absteigender Linie für und für ewiglich, unter unser und unserer Nachkommen Namen das Prädicat und Ehrenwort Wohlgebohrn zugelegt, geschrieben und gegeben werde.

Und gebiethen imgleichen ferner allen und jeden Churfürsten, Fürsten, geistlichen und weltlichen Prälaten, Grafen, Freyherren, Rittern, Knechten, Landmarschallen, Landshauptleuten, Landvögten, Hauptleuten, Vizedomben, Voigten, Pflegern, Verwesern, Amtleuten, Landrichtern, Schultheißen, Burgermeistern, Richtern, Räthen, Kundigern der Wappen, Ehrenholden, Persevanten, Bürgern, Gemeinden und sonst allen anderen unseren und des heil. Reichs auch unserer Erbkönigreichen, Fürstenthum und Landen Unterthanen und Getreuen, in was Würden, Stand oder Wesen die seind, ernst- und festiglich mit diesem Brief und wollen, daß sie vielgedachte fünf Gebrüdere Joachim Heinrich, Thomas Christian, Cuno Josua, Hans Otto und Wilhelm Diederich Frey- und Edle Panner-Herren von Bülow, ihre jetzige und künftige eheliche Leibes-Erben, und derselben Erbens-Erben Manns- und Frauens-Personen nun hinführo ewiglich, in allen und jeden ehrlich- und redlichen adelichen Ritter- und Freyherrlichen Versammlungen, Turnieren, Ritterspielen, Feldzügen, hohen und niedern Aemtern, auf Dom-Stiften, geist- und weltlichen, und sonsten allen Orten und Enden für unsere und des heil. Reichs, auch unserer Erbkönigreichen, Fürstenthum und Landen, als rechtgebohrne alte Frey- und Edle Panner-Herren, Freyinnen und Freyiein annehmen, halten, zulassen, würdigen, nennen und erkennen, Ihnen auch den Titul und Prädicat Wohlgebohrn geben, auch sonst aller und jeder Gnaden, Vortheilen, Recht und Gerechtigkeiten geruhiglich gebrauchen und genießen lassen, und daran nicht hindern noch irren, sondern Sie bey dem allen, wie hier voro geschrieben stehet, von unsert- und des heil. Reichs wegen festiglich handhaben, schützen, schirmen und gänzlich dabey verbleiben lassen, darwieder nichts thun noch das jemand anderen zu thun gestatten, in keine Weise noch Wege, als lieb einem jeden sey, Unsere und des Reichs schwere Ungnade und Straf, und dazu eine Poen nemlich ein hundert Mark löthigen Goldes zu vermeiden, die einjeder, so oft er freventlich hierwieder handelt, uns halb und in Unser und des Reichs Cammer, und den andern halben Theil vielgedachten fünf Gebrüderen Frey- und Edlen Panner-Herren von Bülow, ihren jetzig und künftigen ehelichen Leibes-Erben, und deren Erbens-Erben, so hierwieder beleidiget würden, unnachläßig zu bezahlen, verfallen seyn, und nichts destoweniger dieselbe alle bey oberzählten Freyherrlichen Ehrenstand, Würden und Freyheiten verbleiben, auch würklich geschützet und gehandhabet werden sollen, doch uns an unseren und sonst männiglich an seinen vorhin habenden Rechten und Gerechtigkeiten unvergriffen und unschädlich, und dieses ist unser ernst- und endlicher Will und Meinung. Mit Urkund dieses Briefes, besiegelt mit unserer anhangenden Kayserl. güldenen Bull, der geben ist in unserer Stadt Wien den 16 Monatstag Decembris nach Christi unsers lieben Herrn und Seligmachers gnadenreichen Geburt im 1705, unserer Reiche des Römischen im 16ten, des Hungarischen im 19ten, und des Böheimbschen im ersten Jahre.

Joseph.

Vt. Fried. Carl Gr. von Schönborn.
Ad mandatum Sacrae Cæsareæ Majestatis proprium.
C. F. Consbruch.

TTTT

CuRriCuLuM ViTæ, oder Lebenslauf Herrn Major Johann Heinrich von Bülow, ausgezogen aus einer gedruckten Leichenrede, gehalten im December 1664.

Nachdeme wir nun den letzten Ehren-Dienst erwiesen, und nach hergebrachtem Christlichen Ehrenbrauch das Geleite biß hierher gegeben haben, dem Weyland HochEdelgebohrnen Gestrengen und Mannfesten Herrn Johann Heynrich von Bülow, Rittersaß zu Großehrner, und dann hierbey gewöhnlich, seeliger Herr Major auch wegen seiner bekannten Qualitäten wohl würdig, daß, in Präsenz dieser Hochgräfl. wie auch ansehnlichen Adelichen und anderer ansehnlichen Volkreichen Versammlungen, von dessen HochEdeln Ankunft, Christlich geführten Wandel, und sel. Abschiede aus diesem Jammerthal, etwas erwähnet und angeführet werde: Als will sich geziemen davon auch einige Meldung zu thun. Es ist unser sel. Herr Major von Bülow Anno 1616 in Pommern auf dem Hause Franzburg aus dem uralten, und an die tausent Jahr im Röhmisch.en Reich, und andern benachtbahrten Königreichen und Landen, besonders im Herzogthum Meklenburg sattsam bekanten und florierenden Hochadelichen Geschlechte derer von Bülow entsprossen, und auf diese Welt gebohren, wie denn aus demselben viel Ruhm- und lobwürdige Leuthe entstanden, welche wegen ihrer Gottseeligkeit und Geschicklichkeit, sowohl im Geistl. als Weltlichen Staudte, zu hohen Dignitäten und vornehmen Chargen erhoben worden. Als zur Geistl. Bischöflichen Würden zu Schwerin ist erwehlet zum achten Bischof, Herr Gottfried von Bülow Anno Christi 1291, welcher das Stifft Drey und zwanzig Jahr Christrühmlich administriret und regieret. Ferner ist zum eilfften Bischoff dieses Stifftes Schwerin ordentlich erwehlet Herr Ludolphus von Bülow Anno 1331, welcher Anno 1339 diese Welt gesegnet, und acht Jahr dem Stifft wohl vorgestanden.

Weider ist aus diesem Edlen Bülowischen Geschlechte abermahl Herr Heinrich von Bülow zum zwölften Bischoff zu Schwerin erwehlet Anno 1339, hat präsidiret acht Jahr, ist Anno 1342 verstorben, und letzlich ist aus demselben derer von Bülow Geschlecht zum sechzehnten Bischoff vom Hochwürdigen Dom-Capitul zu Schwerin erwehlet worden Herr Fridericus von Bülow Anno 1365, der des Stiffts Präsul zehn Jahr gewesen, und hat Anno 1375 diese Welt gesegnet, wie solches ihre Insignia in der Stiffts-Kirchen zu Schwerin ausweisen, auch das Schwerinsche Croniken-Buch M. Bernhardi Hederici Rectoris Scholæ ibidem seel. bezichnet: Und ist also unsers seeligen Herrn Majors sein Herr Vater gewesen der weyland HochEdelgebohrner Herr Hans von Bülow, ein fürnehmer, Ehrlicher, aufrichtiger, wohlgereister, und in allen Sprachen erfahrner gelahrter Mann, also daß er wegen seiner Geschicklichkeit von dem Durchl. Herzogen Herrn Christian (muß wohl Ernst heißen) Ludewigen zum Geheimen-Rath, Stadt-Halter und Lands-Hauptmann in Vorpommern, gnädig gesetzet worden, sonsten auf Spornitz und Ziegelkow im Fürstenthum Meklenburg gelegen, Erbsaß.

Seine Frau Mutter aber die Weyland HochEdelgebohrne Frau Margretha, gebohrne von Roßdorfen, von den Häusern Commin und Malow.

Der Großvater auf der Schwertseiten ist gewesen der HochEdelgebohrne Herr Hauß von Bülow, Fürstl. Bischofflicher geheimter Cammer-Rath zu Bützow, auf Clodram, Spornitz und Cickow Erbsaß.

Die Großmutter von der Schwertseiten ist gewesen die HochEdelgebohrne Frau Eleonora gebohrne Ratlowin aus dem Hause Hohenbrück und Dretzow in Hollstein.

Der Aelter Herr Vater auf der Schwertseite oder Väterlichen Lienie ist gewesen der Hochedelgebohrne Herr Hardwig von Bülow, Ritter des Gülden Fluß, und Commendeur der Provinz Wesel und Rurerat in Niederland.

Die Aelter-Mutter an solcher Seiten ist gewesen die HochEdelgebohrne Frau, Euphrosina Maria von Rothsenhausen aus dem Harkenstein, im Lande Ober-Elsaß wohlbekant und uhralten Adlichen Geschlechts.

Der Aelter Herr Vater von der Frau Großmutter Seiten der HochEdelgebohrne Herr Joachim von Rathlow auf Hohenbrück und Dretzaw.

Die Aelter Frau Mutter von solcher Linie ist gewesen die HochEdelgebohrne Frau Margretha, gebohrne von Mandelslow, aus den Häußern Warstorff und Blumenberg.

Der Ober-Aelter Herr Vater von der Schwertseiten ist gewesen der HochEdelgebohrne Herr Hans Heynrich von Bülow auf Marnitz.

Die

Die Ober-Aelter-Mutter von der Schwertseiten ist gewesen die HochEdelgebohrne Frau Elisabeth, gebohrne Ranzowin, aus den Häusern Bredenburg und Gläz in Hollstein.

Sein seel. Ober-Aelter-Vater, wegen der Großmutter vom Vater auf der Spilseiten, ist gewesen der HochEdelgeborne Herr Barthram von Rathlow, auf Hohenbröck und Dörsaw.

Seine seel. Ober-Aelter-Mutter an solcher Seiten ist gewesen eine HochEdelgebohrne von Strahlendorf aus Meklenburg.

Sein seel. Urälter Herr Vater wegen des Vaters ist gewesen Herr Victor von Bülow, Fürstl. Sächscher-Lauenburgischer Geheimter Kammer-Rath und Großvoigt, auf Löblin Erbsaß.

Seine seel. Urältere Mutter war eine HochEdelgebohrne von der Schulenburg, aus dem Hause Leegnitz.

Seind also die Fürnehme und im Röhmischen Reich genugsame bekante Hochadliche Geschlechter unsers seel. Herrn Majors von Bülow fürnehme Gebuhrts-Ahnen.

Alldieweilen er aber wie wir alle in Sünden empfangen und gebohren, ist er alsobald von seinen Christ-Adlichen Eltern zur Taufe gebracht, und ihme der Name Johann Heynrich gegeben worden. Als er nun ein wenig herbengewachsen, so haben seine Adlichen Eltern an sorgfältiger und fleißiger Auferziehung nichts ermangeln lassen, zu dero Behuf ihme denn gelehrte Præceptores sind gehalten worden. Nachdeme er aber seine Fundamenta Pietatis, Linguæ latinæ et gallicæ, Artiumque humanarum gutermaßen geleget, sind bey ihme die Begierden nach dem Kriegswesen und Orlogen, und seiner Vorfahren tapferen Fußtapfen nach zu treten, aufgestiegen, zu dem Ende er sich denn Anno 1634 im achtzehnten Jahre seines Alters von dem damahligen Königl. Schwedischen bestalten Obristen, dem Hochwürdigen HochEdelgebohrnen Gestrengen und Hoch-Mannfesten Herrn Hanß Christoph von Burgersdorf, jetzo Sr. Churfürstl. Durchl. zu Brandenburg Hochbestalten Kammerherrn, Obersten-Halberstedtischen Regierungsrath und selbigen Landes-Guarnisonen Gouverneurn, designirten Comptorn zu Nemero, des S. Johanniter-Ordens Rittern, auf dem Hauße Darsaw und Melentin Erbherrn, in Maynz bey dessen Leib-Compagnie für einen Fähnrig bestellen lassen, und förder nach Ein und Neunzig Monatlicher solcher seiner Bedienung, weilen er darin, und sonderlich in der bey einem Jahre dauerenden und über alle Maß harten Belägerung Hanau, da ihm zwölfftausend Menschen mit Wahrheits-Grunde von der Seiten hingestorben, als auch darauf erfolgenden Wittsto.ker Feldschlacht, und ferner unterschiedenen Occasionen sich tapfer und rühmlich allemal erwiesen, von Hochwohlgemeldetem Herrn Obristen zu dessen Capitain-Lieutenant befördert worden, welcher Charge er ebenermaßen redlich und mit Ruhm in die Ein und zwanzig Monat bedienet, allermaßen solches wohl angesagten des von Burgersdorf unter seiner eigenen Hand und angebohrnen Adlichen Petschafte ihme den Herrn Major zu Osterwig am 21. Febr. Anno 1644 ertheilte Abschied mit mehrern rühmlich besaget, also daß dannenhero der HochEdelgebohrne Herr Cuno (muß Barteld heißen) Hardwig von Bülow, der Königl. Mayst. und Cron Schweden jetziger Hochberühmter General-Lieutenant, damaliger Obrister zu Fuß und Commendant in Nördlingen, Sein Hochgeehrter Herr Vetter, Ihme die Capitän-Stelle anzupræsentiren veranlasset worden, welcher er gleichfalls dergestalt mit tapfern Lob und Renomee in die Sechzig Monat bedienet, daß wohlgemeld:er Herr General-Lieutenant von Bülow dahero nicht wönig Ursache genommen, Ihn weider für einen Major unter seinem Regimente fürzustellen, welcher fürnehmen Charge er nichts minder mit trefflicher Reputation und großer Estim in die vier und zwanzig Monat rühmlich und tapfer biß auf den Anno 1650 in ganz Teutschland Gottlob erfolgten güldenen Frieden, den uns Gott noch lange conservire, fürgestanden, wie abermals des Herrn General-Lieutenants dem seel. Herrn Major zu Parchen den 22sten September Anno 1650 unter seinem vorgetruckten Adelichen Pettschaft und eigenhändiger Subscription gegebener Abschied weitläuftig attestiret. Nach solcher Zeit, wie er den Krieg quittiret, hat er sich in diese Graffschaft Mannßfeldt, und zwar anfangs zu Eißleben, und hernachmals alhier zu Mannßfeld wohnhafft niedergelassen, und sein Domicilium und Oeconomie angestellet. Nachdeme er aber wahrgenommen, daß solche ohne Assistenz und Beywohnung eines getreuen Ehegattens nicht mit Nutzen von statten gehen wollen, hat er, aus sonderbarer Fügung Gottes des Allerhöchsten, sich mit der HochwohlEdelgebohrnen Jungfer, und jetzt hochbetrübten Wittben Frauen Christianen Sibillen, gebohrnen von Freywald, des weyland HochEdlen, gestrengen und festen Herrn Johann Donath von Freywald, der Röm. Keyserl. Mayst. Rath und Kammerherr, auf Kähnert und Dammenhan Erbsassen hinterlassenen Eheleiblichen Tochter, Anno 1657 in ein Christlich Eheverbündniß eingelassen, welche ihme den ferner Anno 1658 den 7ten Februarii der weyland WohlEhrwürdige und Hochgelahrte Herr M. Georg Lautenschläger, der Graffschaft Mannßfeld General-Decanus, wie auch des Löbl. Consistorii zu Eißleben Assessor, und getreuer

Pastor

Paſtor und Seelen-Sorger alhier, auf dem Adelichen Schloß Beyernaumburg Chriſtlich copuliret und angetrauet hat, mit welcher er drey Söhne, namentlich Joh. Donath, Hardwig Heynrich und Bardolt Hardwig von Bülow, und zwo Töchter, als Bartha Magdalenen, und Chriſtiana Magdalenen, hernachmahl erzeuget, davon aber die zwey jüngſten Söhne und älteſte Tochter wiederum nach Gottes Willen ſeel. Todtes verfahren, und mehr nicht als der älteſte Sohn Johann Donath, und das jüngſte Tochterleyn Chriſtiana Magdalena von Bülow annoch am Leben, und jeßo nebſt ihrer hochbetrübten Frau Mutter ihrem ſeel. Herrn Vater das traurige Geleit zu dieſer Leichen-Proceſſion geben; und, als mit derſelben ſeiner Eheliebſten, 6 Jahr und 10 Monath eine geſegnete, keuſche und getreue Ehe beſeſſen hat, maßen denn die hinterlaſſene Frau Witbe über den annoch allzufrühzeitigen Hintritt ihres ſeel. Eheherrn in Großer Traurigkeit und Bekümmerniß begriffen.

UUUU

Regiſter über die Gemeine von Adel im Lübſchen Kriege vom Jahr 1506; ſ. Klüver P. I., p. m. 162.

Not. Die Zahl der Pferde iſt weggelaſſen; bei hernach oder andere iſt aus einem jüngern Roßdienſt-Regiſter genommen, ſ. die Beylage 97 im Letzten Wort; die mit kleinern Lettern bezeichnete Familien ſind entweder ausgeſtorben, oder doch in Meklenburg nicht mehr anſäſſig.

Vogtey Sternberg.

Helmuth, hernach Claus von Pleſſe zu Müſſelmow.
Rave Barnekow zu Guſtevel.
Gottſchalk Barner zu Görnow.
Joachim von Bülow, h. deſſen Erben zu Raden.
Henneke von Pleſſen zu Bruel.
Lücke Neſdorf zu Muſtin und Tolze.
Hermann Cramon zu Borkow.
Reimar Preſſentin zu Stiten.
Dicke Pleſſe, fehlt hernach, zu Roband.
N. N. Bruſehaver zu Ruchow.

Vogtey Kriwitz.

Henning Halberſtadt, Ritter, zu Campe.
Martin Barner zu Zaſchendorf.
Jürgen und Hans Bekendorf zu Buchholz.
Otto Sperling für ſich und ſeinen ſel. Bruder Cord zu Schlagsdorf.
Caſper Sperling zu Rubow.
Vicke Stralendorf zu Trams.
Herr Claus, h. Achim Lützow zu Eickhof.
Die Meiſter, fehlt hernach, von Tempzin.
Vicke und Hans Preen zu Rutteln.
Cord Sperling.
Joachim Lützow zu Eickhof.

Vogtey Lübs.

Hans Tralow.
Jürgen und Kerſten Paſſow zu Paſſow.

Die Lindbecke zu Lindenbeck.
Die Troſſe oder Troſte zu Grabow.

Vogtey Marnitz.

Steffen von Bülow, h. deſſen Erben zu Marnitz.
Die Weiſine zu Malow.
Hans Koppelows Kinder zu Siggelkow.
Ernſt Koppelows Kinder zu Pankow.

Vogtey Neuſtadt.

Lüder Neuenkirchen, h. deſſen Erben.
Bolto Drieberg.

Vogtey Grabow.

Gottſchalk und Detloff Kleinow zu Kleinow, (ißo Ludwigsluſt.)
Hans, Hinrich und Paſchen Ditten zu Werle.
Jürgen, hernach Hans von der Jahne zu Reſt.
Bartold Turow zu Kremmin.
Hans Wagel zu Pinnow.
Hans Winterfeld zu Dalmin wegen Hünerland.
Cord, h. Berend Rohr zu Neuenhauſe, (ißo Märkiſch.)
Lücke Quißow zu Staveno, (ißo Märkiſch.)

Vogtey Dömiz.

Alle Wenkſtern zum Lenzerwiſch, (ißo Märkiſch.)

Vogtey Boitzenburg.

Reimar Blücher zu Wibendorf.
Hinr., Raven, Joachim, h. Hinrich Sprengel zu Greſſe.
Jürgen

Jürgen Sprengel, h. deſſen Sohn zu Blücher.
Jeremias, h. Jeronimus Golte oder Galte zu Zarnsdorf.
Joachim Glabatz zu Greſſe.

Vogtey Wittenburg.

Veit Lützow zu Lützow.
Lüder Blücher zu Waſchow.
Ewald Blüchers Sohn zu Leſen.
Joachim Zicker, hernach ausgelaſſen, zu Babow.
Heine Stralendorf, h. Hans Bralsdorf zu Teſſin.
Paul Wölzow zu Wölzow.
Hartwig Blücher, h. deſſen Sohn zu Boddin.
Alte Ulrich und Lüke Ulrich, h. Reimar und Alte Ulrichs Sohn, die Penzen zu Redevin.
Bartold Lützow zu Prizier.
Joachim Penz und Bartolom. Wenkſtern zu Toddin.
Die Penzen zu Gammelin.
Die Lützow zu Lakendorf.
 (Bende letztere Oerter ſind gegen Jneuack vertauſcht.)
Jiriacus von Biſchwang, h. deſſen Erben zu Körchow.
Cord Heine und ſein Bruder, hernach Ulrich.
Lüke Willig, iſt nicht zu erklären.
Markward Lützow.
Henneke Penze zu Beſendorf.
Herr Matthias von Oertzen zu Gammelin.
Andere noch: alle Zülen zu Warsow,
Und Claus Penze zu Raguth.

Vogtey Schwerin.

Jürgen, h. Achim Halberſtadt zu Brütze.
Henneke Rabe zu Stüt.
Henning, h. Achim Ballich oder Balge zu Rogahn.
Joachim, hernach Ulrich Dambeck zu Dambeck.
Vollrath Preen zu Steinfelde.
Joachim Preen zu Wandrum.
Der Comter zu Krakow, vielleicht Kraak.
Ulrich, h. Jürgen Drieberg zu Gottmannsforde.
Die Zülow zu Zülow.
Caſper Schöneich, h. Cantzler, zu Schönenfeld.

Vogtey Gadebuſch.

Hartwig von Bülow mit ſeinem Sohn Detloff zu Wedendorf.
Claus Lützow, Ritter, hernach Achim zu Lützow.
Hartwig von Bülow zu Pokrent.
Joachim Cordslagen, and. Cordshagen, zu Vietlübbe.

Vogtey Grevsmühlen.

Alte Parkentin zu Priſchendorf und Daſſow.
Hans, h. Detloff Parkentin zu Neuhof.

Eggerd von Quitzow zu Vogtshagen.
Die Schanzen, h. die Boſſe und Bothe zu Kalthorſt.
Claus Buchwalds Wittwe zu Johannsdorf.
Otto Pleſſe zu Gr. Hoikendorf.
Reimar, h. Achim und Jürgen von Brocke zum Bruche.
Joachim und Hans, h. Achim Tarnewitz zu Tarnewitz.
Joachim, h. Berend Pleſſen zu Dammshagen.
Lüder Pleſſen zu Gantenbeck.
Sivert Pleſſen zu Arpshagen.
Henneke, h. Johann Pleſſen zu Barnekow.
Joachim Negendank zu Zirow.
Gerd Negendank zu Zirow und Eggersdorf.
Vicke und Henning Bülow zu Plüskow.
Jaſper Stralendorf zu Gr. Krankow.
Matthias von Hagen zu Hanshagen.
Reimar, h. Stephanus von Pleſſen zu Gr. Hof.
Gerd Baſſe zu Thorsdorf.
Joachim Pleſſen, h. Joachim Preen zu Parin.
Der Cantzler (vermuthlich ein Pleſſe.)
Jürgen und Hans Plüskow zu Walmsdorf.
Hans Both.
Cord Pleſſen Wittwe zu Treſſow.
Johann Pleſſen Wittwe, hernach Claus Parkentins Wittwe zu Jameln.

Vogtey Meklenburg.

Jürgen Finck, h. deſſen Wittwe zu Greſe.
Thomas Baſſe zu Levetzow.
Vicke Stralendorf zu Tramſe.
Wedige Plate zu Keez.
Joachim Preen zu Mödentin.
Bartold Baſſe.
Lorentz Schack, h. Obers zu Rambow.
Cord Pleſſen zu Roſenthal.
Die Stralendorfe zu Zurow.
Sel. Niclaus Lützow Erben zu dem Eickhof.
Jürgen Finckſche zu Buſchmühlen.
Brandanus Barſe zu Stiten.

Vogtey Buckow.

Matthias von Oertzen zu Wuſtrow.
Jaſpar und Lippold von Oertzen, ſamt deren Bruder Sivert zu Roggow.
Joachims hernach Ottonis von der Lühe Kinder zu Panzow und Büttelkow.
Reimar von der Lühe zu Mechtelsdorf.
Cord von der Lühe zu Vogelſang.
Nebele Schönberg zu Meſchendorf.
Cord von Alvensleben Wittwe.
Hardenack Bibow zu Weſtenbrügge.
Heidenreich Bibow zu Alten Carin,

Hinrich

Hinrich Preen zu Nederang.
Jaspar Finck zu Gnemer.
Karsten Preen zu Hermshagen.
Henneke Lützow und Henneke von der Lühe zu Panzow.
Heine Libow und Otto Overberg zu Steinhagen.
Götke und Herrmann von See zu Damlow.
Johann Stralendorf zu Preensberg.
Hinrich Stralendorf zu Goldebeck oder Goldebeh.
Helmold Plessen Kinder zu Steinhusen.
Barteld von See zu Eichholz.
Martin Bibow, h. dessen Erben zu Berendshagen.

Vogtey Schwan.

Diedr. und Johann Bieregg zu Wokrent und Weitendorf.
Gemeke Bülow zu Siemen.
Hinrich Bassewitz zu Hoh. Luckow.
Joachim Stralendorf zu Töllow.
Hinrich Moltke zu Neuenkirchen.
Henneke Reventlow zu Zisendorf.
Ars Parsche besitzt zum Leibgedinge Konow und Hausdorf.

Vogtey Ribbenitz.

Iven Menzen zu Reinkendorf in Pommern.
Henneke, h. Wolters Zepelin Erben.
Jürgen Claus von der Lühe zu Schulenberg.
Hermann Kardorf zu Nebberödorf.
Claus und Joachim Kardorf zu Wöpkendorf.
Lorenz Preen zu Wendorf.
Segeband Oertzen zu Kl. Tessin.
Joachim von der Lühe zu Kölzow.
Der alte Claus und Otto von der Lühe zur Sülte.
Alle die Preen zu Gubkow.
Vicke von der Lühe zu Thelkow.
Otto, Lorenz und Hans Preen zu Bandelsdorf.
Claus Stoisloff zu Panklow.
Hans Preen zu Dummersdorf.
Barteld Hoge oder Hoye zu Fiensdorf.
Hinrich, h. Gregorius Bevernest zu Lüsewitz.
Cord Bülow zu Poppendorf.
Hermann Kardorfs Wittwe, wohnet zu Ribbenitz.
Die Thun zu Zeppelin.

Vogtey Gnoyen.

Lütke Moltke zu Wesselsdorf.
Johann Moltke zu Teutendorf.
Gevert Moltke zu Strietfeld.
Heine Behr zu Nustrow.
Die Bassewitzen zu Basse.
Cord und Hennig Hobe zu Waschow.

Claus Kardorf zu Granzow.
Joachim Levezows Wittwe, hernach Achim Levehorn zu Lunow.
Ewald Blücher, h. Lüder Blüchers Erben.
Lütke, hernach Lütke und Vicke Bassewitz zu Dalwitz und Madlow.
Die Kardorfen zu Bölendorf.
Hermann Kardorf zu Nieköhr.
Hermann, h. Johann von der Lühe Erben zu Liepen.
Die Hoben zu Bestland in Pommern.

Vogtey des Landes Wenden oder Güstrow.

Die Finecken zu Karow.
Hans Drieberg zu Kl. Sprenz.
Die Holsten zu Ottelin.
Hinrich von Bülow, h. dessen Erben zu Geetze.
Peter Buter zu Zehna.
Die Kölln, h. Gerd und Iven Kölln zu Grabow.
Die Oldenburgen zu Gremmelin.
Christopher Passow und Eler auch Lütke von Oldenburg zu Vietgest.
Claus Hahn zu Kuchelmiß.
Hans von Bülow Kinder zu Prützen.
Christopher von Oldenburg zu Vietgest.
Peter Kröpelin, h. dessen Erben zu Upahl.
Götke Barold, h. dessen Erben zu Dudinghausen.
Jacob Barold zu Zehlendorf.
Paschen Penzen Wittwe.
Die Bährische, im letzten Wort steht die Balgische, zu Güstrow.

Vogtey Teterow.

Balthasar und Curd Zepelin zu Thürkow.
Die von Abram zu Ziersdorf.
Wedige und Jürgen von Oldenburg zu Wattmannshagen.
Lütke Molzahn zu Naden.
Die Blotowsche zu Wokern.

Vogtey Lage.

Johann Bülow zu Potremse.
Vicke, Berend, Reimar, h. noch Vicke und Achim die Bieregge zu Zapkendorf und Rossewitz.
Joh. Vicke und Reimar die letzten zu Gottin.
Joachim Vieregg zu Roßwitz.
Die Bülown zu Rensow.
Hardenack Vieregg zu Roßwitz.
Die Schmecker, h. Hinrich Schmecker zu Wüstenfelde.
Claus Hahnen Kinder zum Dike, itzo Dithof.

Fried-

Friedrich Piereggen Wittwe zu Weltendorf.
Hans Alvensleben Wittwe.
Lorenz von Bülow zu Potremst.
Hermann Koßboth, h. d. Erben zu Teschow.
Martin Kosse zu Kammin.
Joachim Kosse zu Teschow.
Richard von der Schulenburg zu Subzin.

Vogtey Rienkahlen.

Rudolph von Bünow.
Lüder Blücher.
Joachim und Heinrich Levetzow zu Levetzow.
Jacob, hernach Hinrich Levetzow zu Schorrentin.
Wicke, Clar, Jacob, h. Jürgen von Levetzow zu Markow.
Joachim Goldenbage, h. Lüder Blüchers Erben zu Schlakendorf.
Peter Schwerzin zu Schwasdorf.
Claus Speckin zu Kämerich.
Claus von Rahlden zum Busch, (ist nicht bekannt, sie haben sonst zu Rey gewohnt.)

Auf dem Harze.

Jürgen Wutzen zu Karnitz.
Otto Wutzen, h. dessen Kinder.
Hinr. h. Wernike und Carsten v. Hagen zu Mißdorf.
Karsten Passow, h. Karsten von Hagen zu Mißdorf.
Gerd Stahl zu Ponstorf.

Vogtey Stavenhagen.

Wicke Stalbaum, h. Joachim Arnstorf zu Rosenow.
Die Lankow, h. Diedrich Lankow zu Wokerfin.
Hermann Kampze, h. dessen Erben zu Plasten.
Joachim Möllendorf zu Rumpshagen.
Johann, h. junge Achim Barnestedt zu Mollensdorf.
Wicke Voß, h. dessen Erbin zu Schwant.
Herr Berend Molzahn wegen der Passentinschen Güter.
Alle Hahnen zu Bassedow, mit samt andern ihren Wohnungen und Gütern.
Alle Molzahn zu Grubenhagen mit andern ihren Wohnungen und Gütern.
Vollrath Preen zu Schorsow oder Schossow.
Eggerd Voß zu Flotow.
Hinrich, h. Henning von der Osten zu Karsdorf.
Der alte Joachim Linstow zu Lützendorf samt seinem Bruder der junge Joachim Linstow.

Malchin.

Berend Malzahn zu Schorsow.

Vogtey Wredenhagen.

Cord und Joachim, h. Matth. die Ketzown zu Retzow.

Hans Zarn, h. Joachim Rohr zu Krümmel.
Hans und Hinrich die Rexberge zu Krümmel.
Cord Penz zu Solzow.
Henning und Lorenz die Morinen zu Morin. (Hievon sind jetzo bey Endorf nur noch die Rudera.)
Hans und Iven Knuth zu Leizen.
Philipp Prignitz zu Finken.
Hans Freiberg zu Karchow.
Claus Grambow zu Camps.
Arend, Hans, Henning die Lücken zu Massow.
Lütke und Lorenz, h. Claus, die Belown zu Lebbin.

Das Land zu Wahren.

Die Wangelinen zu Bielist.
Gemeke Babzin zu Lansen.
Henneke Schönau zu Schonau.
Jürgen, Joachim Linstow zu Lützendorf.
Wedige Voß zu Gr. Giwitz.
Joachim Stute zu Schlön.
Henning Stute zu Deven.
Claud, h. Henning Rastorf oder Karstorf zu Kargow.
Henning und Adam Kamze zu Dratow.
Claus und Hermann Rastow, andere setzen Kruse zu Krase.
Joachim und Claus Rostke zu Verchentin.
Joachim und Claus Kruse zu Verchentin.
Gemeke Koßboth zu Clausdorf.
Joachim Barnesteth der Alte.
Hans Linstow h. Jürgen Linstow auch Joachim Cramon zu Garz.

Vogtey Plau.

Die Flotown zu Stuer.
Die Gammen zu Schwerin und dem Werder.
Die Hahnen zu Damerow.
Henneke Kröpelin zu Wangelin.
Die Dessine zu Penzlin.
Hans Hagenow zu Kressin.
Johann Plesse zu Neuhoff.
Diedrich Dessin zu Daschow.
Die Welzinen zu Weisin.
Die Ressdorfen zu Koppentin.

Vogtey Goldberg.

Joachim, h. Jost von Bredow zu Suckwitz.
Claus und Gerd Linstow zu Bellin.
Joachim, h. Hinrich Kosse zu Gr. Dessin.
Claus und Joachim Hahn zu Kuchelmiß.
Reimar Passow, h. Heine Barold zu Dobbin.
Die Grabown zu Wutzen oder Wosten.
Joachim Passow zu Zidderich.

m 2

Karsten

Karsten Buter zu Techentinerhagen.
Johann FineckenKinder zumWerder, itzoFinkenwerder.
add. Jacob Welzin zum Sammit.

Vogtey Parchim.

Cord Grabow zu Gömtow.
Wildhof, andere Wittehof, zu Schönberg.
Hans Tralow zu Schönberg.
Joachim Jagenow zu Dargelüh.
Iven Below zu Kl. Niendorf.
Hinrich Schönberg zu Franenmark.

Das Land Penzlin.

Joachim, Ritter, und Jürgen Molzahn, h. Jürgen allein, zu Penzlin.
Henneke Holst, oder Holstein zu Ankershagen.
Die Barneflethe zu Hagenwerder.
Johann von Rohrs Wittwe zu Zahren.
Jürgen Peccatel, h. Karsten Rohr zu Kl. Vielen.
Eggerd und Werneke die Vossen zu Flotow und Rumpshagen.

Vogteyen des Landes zu Stargard.

Stargard.

Der Comtur zu Nemerow.
Hans und Engelke die Helpte zu Pragsdorf.
Lüke, h. Hinrich Hahn zu Pleez.
Hinrich Staffuld, h. dessen Erben zu Ganzkow.
Die Ilenfelde zu Ilenfeld.
Hinrich Derken zu Klocksin.
Joachim Glöde zu Roggenhagen.
Henning Osterwald, hernach Asche von Schwichelt zu Bestritz.
Albrecht von Dewitz, h. dessen Erben und Otto Ilenfeld zu Cölpin.
Asmus Lübberstorf zu Genzkow.
Alle Rieben zu Galenbeck.
Joachim Manteufel zu Rattey.
Henning, h. Andreas Oldenfleth und Peter Leppin oder Lebbin zu Golm.
Claus Tepeling zu Krekow.
Titen Dewitz Wittwe zu Warlin.
Eggert Shneke zu Brandenburg.
Berend Peccatel.
Hans Blankenburg, h. die Derken zu Helpte.
Joachim Pape und Hans Blankenburg zu Prilwitz.
Joachim, h. Döwald Dörn zu Wrechen.
Gerke Varenholz zu Lupelow.
Hans, hernach auch Henning Kratze und Henning Tornow zu Lichtenberg.

Wedige, Erdmann u. Henning Tornow zuWütenhagen.
Die Derken, h. Hans und Paschen zu Hinrichshagen.
Hinrich Thomstorf zu Bergfeld.
Vicke und Jürgen Behr zu Möllenbeck.
Markward Behr zu Camnin.
Hinrich und Gerke Warburg zu Quaden-Schönfeld.
Hans Warburg zu Ballin.
Der junge Vicke Dewitz zu Miljow.
Lütke Molzahn zu Osten (in Pommern) u. Neverin.
Alle Genzkown zu Dewitz.
Ebel Manteufel samt seinem Bruder zu Ripke.
Peter Cölpin oder Culpin zu Golm.

Strelitz.

Der Comtur zu Mirow.
Henning und Leopold Behr zu Röbbelin.
Die Peccatel zu Blumenhagen.
Jasper Manteufel zu Dolgen.
Hint. Heidebreck, h. Hans Bibow zu Goldenbow.
Engelke, hernach Achim Dewitz zu Pripert.
Henning Feldberg und Diedrich, hernach Jacob Derken zu Grammertin.
Die Treutmanne zu Schönfeld.
Henning Peccatel zu Ahrendsberg.
Kersten Rohr zu Kl. Vielen.

Fürstenberg.

Der junge Hennig Behr zu Blumenow.
Achim Priquitz.
Hans Zarnekow.
Alle Barstorfen zu Barsdorf.
Hans Plate hat mit Pferden gedient von Tornow.

Wesenberg.

Jürgen Bischwang.

Diese haben Güter im Lande Meklenburg.

Der Abt zu Himmelpfort.
Die Aebtissinn zu Stepenitz.
Hans Fuchs zu Lindenberg.
Der Bischof zu Havelberg.
Belche Prignitz zu Ruppin.
Das Capittel zu Lübeck.
Der Abt zu Reinfelde.
Das Capittel zu Razeburg.
Der Bischof zu Schwerin.
Der Bischof zu Razeburg.
Jürgen von Bülow zu Gartow.
Die Quitzown zu Stavenow.
Die Stadt Wittstock.

VVVV

VVVV

Hufen-Verzeichniß
der beyden Fürstenthümer Schwerin und Güstrow von 1628.

Not. Die Zahl der Hufen sind, als hier überflüssig, ausgelassen; das vorher ist aus einem etwa 10 Jahr und darüber älteren Roßdienst-Register genommen worden, s. die Beylage V bey der Geschichte des Geschlechts von Warburg; i. F. bedeutet: ist Fürstlich.

Fürstl. Schwerinscher Antheil.

Adel des Amts Schwerin.

Henneke Halberstadt zu Camps.
Jürgen Friedr. und Gustav Hans Jürgen, vorher Jürgen und Christoph Halberstadt zu Prüz.
Franz Carl von Oertzen, vorher Christoph und Hans Jürgen Halberstadt, zu Gottesgabe.
Cuno Hans Halberstadts Erben zu Kannin.
Andreas und Hartwig Penz zu Warlitz.
Hartwig, zuvor Matthias Penz zu Redevin, i. F.
Ulrich Penz zu Redevin und Ramm, i. F.
Ulrich Penz, zuvor Hartwig, zu Zabel. Ebendieselben zu Toddin und Zachun, i. F.
Johann Matthias Penz.
Adam Penz zu Quast und Pätow, i. F.
Carl, vorher Casper Penz, zu Warsow, i. F.
Matthias Penzen Wittwe zu Besendorf, i. F.
Jacob Ernst Penze zu Krenzlin, i. F.
Wipert Raben Erben, vorh. Jürgen Raben Erben, wie auch Otto Rabe zu Stüve.
Christoph, Peter Hinrich und David, vorher Joachim Rabe, zu Steinfeld, i. F.
Henneke Rabe zu Raftau, i. F.
Christoph Rabe zu Trebbow.
Johann Cord, vorher Johann Reßdorf zu Schönfeld.
Adam Lepel zu Grambow.
Joachim von der Lühe, zuvor Diedrich Bülow zu Daunbeck, i. F.
Hans Hinrich von der Lühe, vorher Hartwig Walsleben zu Wandrum, i. F.
Vollrath Cord Sperling zu Eichsen.
Hans Drieberg zu Gottmannsförde.
Hans Blücher zu Renzow, andre setzen Benz.
Jürgen Daldorf zu Bandekow.
Bartold Zülow, vorher Christoph, zu Zülow.
Balzer von Zin, vielleicht Zinzt, zu Krambs i. F.

Adel des Amts Kriwitz.

Salomon und Henneke Plessen zu Müsselmow.

Helmuth, vorher auch Reimar Plesse zu Tessin.
Hartwig Schacke, vorher Daniel Plessen, zu Wendorf.
Vicke Stralendorf zu Möderitz.
Cord und Christoph, vorher Franz Grabow zu Gömtow.
Jürgen Grabow zu Darsse oder Dasse.
Cord, vorher Joachim Barner zu Zaschendorf.
Henneke, vorher Christoph Barner zu Bülow.
Henneke Kardorf zu Herzberg.
Hans Bülow zu Kritzow.
Otto Bülow zu Hohen Priz, i. F.
Jürgen, vorher Joachim Bülow zu Kressin.
Detloff Warnstedt zu Bruel, i. F.
Christoph und Engeike, vorher Jacob Below zu Niendorf.
Gerd Steding und Reimar Plessen zu Kl. Priz.
Gebhard Moltke zu Garvis.
Balzer Moltke zu Barnin, i. F.
Jürgen Mohahn zu Zitliz, i. F.
Albrecht Meklenburg zu Schliesen.
Joachim, vorh. Arend Möllendorf zu Dargeläze.
Cord, vorh. Christoph Reßdorf zu Radepful.
Balzer, vorh. Hans Reßdorf zu Wessin.
Erdmann Joachim Preen zu Gneven.
Borchert Stralendorf zu Gädebehn, i. F.
Gollin Schönenberg zu Schönenberg.
Levin Stralendorf, vorher die Stadt Parchim, zu Neuhof.
Hinrich Schönberg zu Frauenmart.

Adel des Amts Buckow.

Jürgen Stralendorf zu Gamehl, Strömkendorf und Zoitschen, letzteres ist unbekannt.
Jürgen und Ulrich Stralendorf zu Goldebek.
Ulrich Stralendorf zu Preensberg.
Jaspar Oertzen zu Roggow.
Claus, vorher Jürgen Oertzen zu Gorow.
Eivert Oertzen zu Gerdshagen und Clausdorf.
Bartold von der Lühe zu Panzow und Verendshagen.
Joachim, vorh. Josua von der Lühe zu Züttelkow.
Johann, vorher Josua, Christoph und Cord von der Lühe zu Buschmühlen.

Idem,

Idem, vorher Otto Schack, zu Nienhagen.
Jürgen, vorher Otto von der Lühe, zu Jlow.
Joachim von der Lühe zu Mülsow.
Caspar, vorher Levin Bülow zu Radegast.
Johann Friedrich, vorher Berend Bülow zu Böllow.
Jürgen Andr. Bülow, vorher Berend zu Gr. Eimen.
Vicke Bülown Erben zu Gersdorf u. Niendorf.
Christoph Vieregg zu Wustrow.
Friedrich Vieregg zu Gästow, i. F.
Christoph Vieregg, vorher Christoph Bassewitz, zu Wichmannsdorf.
Paul Andreas Vieregg zu Wokrent.
Vollraths Bassewitz Wittwe zu Hoh. Lukow.
Gerd Bassewitz zu Hohen Luckow.
Lüttens Bassewitz Erben zu Nienhagen und Rosenhagen.
Hardenack Bibow zu Westenbrügge.
Idem, vorher Johann Kardorf, zu Alten Carin.
Hinrich Bibow, vorh. Franz Winterfeld, zu Blengow.
Joachim Hans Bibow zu Goldberg.
Joachim Winterfeld zu Tützen.
Hans Bibow zu Dannenbord.
Wilhelm Warnstedt zu Vogelsang.
Detloff Schack zu Steinhagen.
Siegfrid Oertzen, vorh. Lorenz Reventlau, zu Gnemer.
Levin, vorher Johann Moltke zu Neuenkirchen.
Helmuth, vorher Gebhard Moltke zu Kl. Belitz und Tatschow. Letzteres ist itzt Fürstlich.
Vicke v. d. Lühe, vorh. Balter Moltke, zu Mechelsdorf.
Hans Rabe, vorh. Jürgen Preen, zu Nederang.
Buchholz Pentz zu Passee, itzo Fürstlich.
Joachim, vorh. Hermann Grelle zu Damkow und Adolphshof. Letzteres ist nicht bekannt.
Hermann Grelle zu Mabsow.
Joachim Hahn zu Detershagen. (Er war Bürger in Rostock und pfändete dieß Gut von denen von Moltken.)
Gottfried Sieben zu Poischendorf.
Augustin Tonagel zu Körchow.
Daniel Plessen zu Steinhausen.
Hardenack Vieregg, vorher Gebhard Moltke, zu Gr. Belitz.
David Reventlown Wittwe zu Pölitz.

Adel des Amts Meklenburg.

Henneke Lützow zu Eickhof.
Matthias Lützowen Wittwe zu Eickhof.
Christoph, vorh. Jürgen Stralendorf zu Tramze.
Jürgen Stralendorf zu Tramze und Straussen, letzteres ist nicht bekannt.

Joachim Stralendorfs Kinder und Carl Christoph Stralendorf zu Zurow.
Albrecht Diedrich Plessen zu Neuhof.
Alexanders Plessen Erben zu Ventschow.
Paris Bülow, vorh. Wolf Barse, zu Stiten.
Jürgen Sperling zu Wietow.
Joachim Sperling zu Rubow.
Hans Sperling, vorh. Claus, zu Schlagsdorf.
Joachim Sperling zu Retgendorf und Plessenow.
Adam Nestorf, vorher Johann Preen zu Nutteln.
Lütke Bassewitzen Erben zu Maslow.
Hinrich Bassewitz zu Reetz.
Hinrich Matthias Bassewitz zu Levetzow.
Jürgen Bassewitzen Erben zu Kahlenberg.
Cord Behr, vorher David Reventlau, zu Grese.
Adam, vorher Gottschalk Barner zu Weselin.
Lütke Gottschalk Barners Wittwe und Christoph Barner zu Necheln.
Ulrich Barner zu Schimm.
Joachim Reimer Sperling, vorher Jürgen Woperanow, zu Zurow.
Balthasar Bekrydorf zu Buchholz.
Adam Barse zu Rambow.
Claus, vorher Ove Buchwald zu Repersdorf.
Jürgen Preen zu Golchen.
Carl Preen, vorher Vicke Lützow, zu Mödentin, i. F.

Adel des Amts Sternberg.

Diedrich Plesse zu Zülow.
Hans Bülow, vorher Joach. Kerberg zu Radum.
Barteld Perkentin zu Bolze und Ruchow.
Reimer Joachim und Cuno Helmuth, vorher Berend Pressentin zu Stiten.
Johann Reimar, vorh. Joachim Reimar pressentin zu Prestin und Stiten.
Ulrich Cramon zu Woserin.
Johann Ressdorfs Wittwe zu Muslin.
Ulrich Cramon zu Muslin.
Hermann, vorher Reimar Cramon zu Borkow.
Claus Cramon zu Gustevel.
Claus Barners Wittwe zu Görnow.
Moritz Grabow zu Rustenbeck, i. F.

Adel des Amts Grevismühlen.

Johann Plessen zu Damshagen.
Cord Plessen zu Grundshagen.
Johann Plessen und Otto Schack, vorher Berend Plessen, zu Arpshagen und Hof zum Felde.
Henneke Plessen zum Grossenhof.
Valentin Plessen Erben zu Hoickendorf und Parin.
Claus Peccatelo Wittwe zu Tressow.

Sivert

Sivert Plessen Wittwe zum Brok.
Hans Plessen zu Dönkendorf.
Jürgen Stralendorf, vorh. Hans Valentin Vieregg, zu Gr. Krankow.
Joachim Christoph Stralendorf, vorher Hans Valentin Vieregg, zu Kl. Krankow.
Paul Detloff, vorh. Hartwig Bülow zu Plüskow.
Johann Bülow zu Plüskow.
Jürgen Bülow zu Harkensee.
Hartwig Bülow zu Wischendorf.
Hinrich Sperling zu Oberhof.
Vicke Sperling zu Rüting und Lütjenhof.
Joachim Plessen zu Barnekow.
Johann, vorher auch Joachim Tarnewin zu Tarnewitz.
Hennig Scharfenberg, vorher auch Jürgen Quitzow, zu Gr. Walmß- und Niendorf.
Paschen Negendank zu Zirow und Raubin.
Ulrichs Negendank Wittwe zu Eggersdorf.
Hans von Hagen, vorher Steffen Plessen, zu Gantenbeck, i. F.
Joachim Bernstorf zu Bernsdorf.
Casper Perkentin zu Prilschendorf.
Bartold Perkentin zu Lütjenhof.
Matthias Buchwald und Otto Buchwalds Erben zu Johannsdorf.
Daniel und Valentin, vorher Balzer und Claus Both zu Kalkhorst.
Hans Both zu Nankendorf.
Henneke, vorher Berend Both zu Güldenhorn, ißo Christinenfeld.
Christoph Winterfeld Penf, vorher Hans Albrecht und Philipp Quitzow, zu Vogtshagen.
Bertram Ahlfeld, v. Markward Appelgard, zu Torstorf, i. F.
Joachim Plöskow zu Flimsdorf.
Berend Plüskow zu Kl. Walmsdorf.
Joachim Reventlau, v. Wipert Pleß, zu Goldebeck.
Johann Reßdorf zu Wischendorf.
Ulrich Deffin zu Elmenhorst.
Jürgen Lützow zu Schildberg und Rastorf.
Jürgen Vogelsberg zu Köchelsdorf.
Fevert Güldener zu Nienhagen.
Joachim Bülow zu Scharfsdorf.
Daniel Plessen zu Steinhusen und Parin.

Adel des Amts Gadebusch.

Hartwig Bülow zu Wedendorf.
Hans Hinrich, vorher Barteld Bülow zu Holldorf.

Detloff Bülow zu Hundorf.
Otto, vorher Matthias Bülow zu Pokrent.
Matthias Bülow zu Käselow und Ganzow.
Asmus Lützow zu Roggendorf.¹
Hans Blome, v. Hans Jürgen Halberstadt, zu Vietelübbe.
Hartwig Blomen Kinder, vorher Otto und Matthias Buchwald, zu Johannsdorf.
Hartwig Lützow zu Turow.
Hans Lützow zu Duzow.
Hartwig Dreger zu Bentin.

Adel des Amts Wittenburg.

Henneke und Joachim Lützow zu Prizier u. Schwechow.
Henneke, vorher Diedrich Lützow zur Horst.
Claus Lützown Wittwe zu Lützow,
Hartwig, vorher Valentin Sivert Lützow zu Lützow, } ißo Drey Lützow.
Johann Daffow, v. Adam Lützow, zu Lützow,
Wippert Lützow zu Goldenbow.
Magnus, v. Christoph Lützow zu Bakendorf; i. F.
Berend Lützow zu Hülseburg.
Jürgen, vorher Henning Lützow zu Wölzow.
Cord Lützow zu Perlin und Banzin.
Jürgen Lützow zu Lützow.
Levin Penze zu Melkhof.
Cord Joachim Möller, v. Cord Penz, zu Gammelin; i. F. Möllenbeck, Krenzlin, i. F. u. Naguth.
Cord, vorh. Günter Penze, zu Bralsdorf u. Volsrade.
Levin Penze zu Düssin und Langenheide.
Hartwig Penz zu Kamin.
Joachim, v. Jacob Ernst Penz zu Scharbow.
Christoph Blücher, vorher Joachim Züle, zu Marsow.
Hartwig Hinrich, v. Joachim Blücher zu Boddin.
Hans und Hans Albrecht Blücher zu Lehsen.
Hinrich Moljahn, v. Reimar Blücher, zu Rensow.
Berend Blücher zu Rensow.
Jürgen Blücher zu Waschow.
Steffen Dergen zu Schössin und Cramonshagen.
Joachim Zülen Erben zu Tüschow.
Jobst von Bülow, vorh. Vicke von Bülow auf Stinteburg, zu Drönnewitz.
Detloff Bülow zu Klodbram.
Casper Otto Stralendorf, vorher Claus von Gülen, zu Badow.
Ziriacus und Bartold, v. Daniel Bischwang zu Körchow.
Christian Bischwang zu Tüschow.
Andreas Warnstedt zu Vietzen, ist nicht bekannt.
Levin Penz der Jüngere, vorher Hinrich Husan, zu Tessin.

Adel des Amts Grabow.

Joachim Winterfeld zu Hünerland und Dambeck.
Jacob Bieregg, v. Ludolph Schwerin, zu Dambeck; i. J.
Hans Jürgen, v. Markward v. d. Jahne zu Rohse.
Ernst und Engelke Keppelow zu Mentin und Möllenbeck.
Vicke Keppelow zu Repsin.
Ernst Keppelow der ältere und Ernst Köppelow der jüngere zu Möllenbeck.
Jürgen Christoph Keppelow zu Siggelkow.
Carsten Ulrich Sperling zu Kremmin, i. J.
Jürgen, Joachim, Christoph und Diedrich, vorher Jürgen, Christoph und Diedrich Ditten, und Joachim Grävenitz, zu Werle.
Jürgen Christoph Keppelow zu Mentin.
Ulrich Neßdorf zu Kummin.
Albrecht Weisin und Dr. Schwarz, v. Christoph Weisin und Hans Möllendorf, zu Malow.
Hans Albrecht, v. Cuno Quitzow zu Stavenow.

Adel des Amts Lübs.

Daniel, vorher Lütke Welzin zu Sammit.
Berend Plessen zu Weisin.
Balthasar, v. auch noch Melchior Welzin zu Weisin.
Joachim Stralendorf zu Greven.
Cord, vorh. Henning Passow zu Passow.
Ernst Grabown Kinder zu Suckwitz.
Lüder Christophs Grabow Kinder zu Tresen.
Hans Jürgen von der Osten Wittwe, vorher Henning Kosse, zu Gr. Dessin.
Magnus, vorher Matthias Linstow zu Damerow.
Levin, v. Hans Levin Linstow zu Gaarz.
Joachim Linstow zu Lützendorf und Wockerfin.
Christoph, vorh. Hans Linstow zu Linstow.
Jürgen Dessins Wittwe zu Wangelin, i. J.
Jürgen Dessin zu Daschow.
Jürgen, v. Achim Linstow der ältere zu Lützendorf.
Melchior Welzin zu Grambow.
Johann Dessin zu Penzlin.
Cord Neßdorfs Wittwe, v. Cord Rekentin, zu Penzlin.
Helmuth Rohr, v. Jürgen Dessin, zu Kl. Dessin.
Balthasar, v. Diedrich, Caspar, Philipp, Alert und Helmuth Rohr zu Meyenburg.
Jürgen Rohr zu Pribern.
Joachim, vorher Bruning Neßdorf zu Kuppentin.
Claus Oldenburg zu Wolzegard.
Joachim Fridrich, Andreas Christoph und Hans Andreas Flotow, vorher Johann Ulrich, Caspar und Johann Andreas Flotow, auch Caspar Behr, zu Stuer.
Henneke Penzen Erben zu Kogel.

Adel des Amts Neustadt,

der vordem auch nach dem Amt Lübs gehörte.

Joachim Friedrich und Jacob, vorher Diedrich und Claus Holst oder Holstein zu Ankershagen.
Claus Holsteins Wittwe zu Böcke.
Berend Lütke, vorh. Hans Holst zu Möllenhagen.
Matthias Adam, vorh. Matthias Holst zu Möllensdorf und Jahren.
Christoph Voß zu Möllenhagen, Luckow und Barchow.
Adam Holst zu Großen Vielen.
Joachim Voß, vorher Franz Kamps, zu Godow.
Joachim Oßwald, vorher Joachim und Clement Wangelin zu Vielist.
Vicke Wangelin zu Grabow.
Zacharias Lobenschreiber, vorher Vincenz Blücher, zu Schonau.
Hinrich Zepelin, vorh. Melchior Schönau, zu Schönau.
Vincenz Blücher zu Marien.
Joachim, vorher Jürgen Koßboth zu Torgelow.
Adam Koßboth zu Clausdorf.
Jürgen Ernst Koßboth zu Torgelow.
Levin und Philipp, vorh. Richard Kamps zu Dratow.

Fürstl. Güstrowscher Antheil.

Adel des Amts Güstrow.

Reimar von der Osten, vorher auch Egidius von der Lanken, zu Ahrenshagen und Koppelow.
Adam Zepelin zu Appelhagen.
Johann Zepelins Wittwe zu Appelhagen und Türkow.
Hans von Bieregg zu Borrentin und Kronskamp.
Adam Kosse zu Kammin, itzo Fürstlich.
Claus, vorher Martin Kosse zu Depersdorf, i. J.
Andreas Prizbuer zu Dieckhof.
Günter Ernst Sineck, vorher Casper Barold, zu Dudinghausen.
Christoph Cramon zu Gottin.
Adam von Lehsten zu Gottin.
Gerd und Christoph, vorh. Adam Cölln zu Gr. Grabow.
Joachim Bülow Pensr. zu Hoppenrade.
Diedrich Molzahn zu Klaber und Gramzow.
Jürgen Oldenburg, vorh. Jürgen, Matthias, Johann und Cuno Hans, zu Gremmelin.
Egidius von der Osten zu Hinzenhagen.
Diedrich, vorh. Christoph Bülow zu Karchitz.
Christoph, vorher Günter, Ludwig und Jaspar Sineck zu Karow und Kassow.
Rittmeister Sineck, vorher Jasper und Ludwig, zu Lüssow.

Reimar

Beylagen. 97

Reimer von Lehsten zu Kobrow.
Casper Winterfeld zu Kobrow.
Jürgen Oldenburg zu Kötel und Wotrum.
Hinrich Levin Linstow, vorher Reimar von der Osten, zu Lübsee.
Franz Hinrich Ketteburg, vorher Hans Jürgen Ribbeck, zu Matzendorf und Wüstenfelde.
Cuno Hans, vorher Jürgen und Matthias Oldenburg zu Mirendorf.
Christoph Oldenburg, vorher Joachim von der Lühe, zu Riegieve.
Hinrich Vieregg, vorher Hinrich von der Lanken, zu Raben.
Die von Bülow, vorher Cord von Bülow, zu Potremse.
Hinrich Reventlaus Wittwe zu Reetz.
Clar Lezow zu Rensow.
Vietz Passow, vorher Matthias Behr, zu Vietschow.
Die Vieregge, vorher Jacob und Joachim, zu Rossewitz, Zapkendorf, Subzin, Lantow, Levkendorf und Mirendorf.
Joachim Diedrich, vorher Johann Diedrich Molzahn zu Rothspalk und Tessenow.
Lütke Levezow zu Scharsdorf.
Melchior Molcke zu Schönwolde und Hegerfelde.
Adam Driebergs Wittwe zu Kl. Sprenz.
Andreas Pritzbuer zu Schwerz.
Hans Lozow, vorher Johann Kosse der Jüngere, zu Teschow.
Johann Kosse der Aeltere zu Teschow.
Hinrich, vorher Henning Oldenburg zu Tolzin.
Andreas Zepelin zu Thürkow.
Ewald Oldenburg, vorher auch Günter Passow, zu Gr. Vietgest.
Günter Oldenburg zu Kl. Vietgest.
Joachim Cramon, vorher Lütke Adrum, zu Upahl, l. J.
Friedrich Hobe und Vollrath Bülow, vorher die Lehsten zu Wardow.
Jürgen Molcke zu Wesselsdorf und Ribsenow.
Wedige, vorher Jasper Oldenburg zu Wattmannshagen.
Valentin, vorher Paul Vieregg zu Weitendorf.
Otto Vieregga, vorher Claus Thun, zu Weitendorf.
Detloff, vorher Roloff Barold zu Zehlendorf.
Adam Passow zu Zellin und Zehna.
Augustin und Paul, vorher Paul Adrum zu Ziersdorf.

Adel des Amts Gnoyen.

Gebhard, vorher Henneke Kardorf zu Wöplendorf, Bölendorf und Vorwerk.
Joachim Kardorf zu Schabow.
Moritz Kardorf zu Pankow.
Jürgen, vorher Joachim Kardorf zu Granzow.

Wedige, vorher Moritz Kardorf zu Kl. Nielöhr.
Balthasar Molcke zu Gr. Nielöhr.
Otto Molcke zu Samow.
Claus Molcke zu Woltow.
Helmuth Molcke zu Rürschow.
Christoph Molcke zu Strietfeld.
Balthasar Molcke zu Wilz.
Wolf Diedrich Rachow, vorher Hinrich und Joachim Levezow, zu Lunow, Dölitz und Bobbin.
Christoph, vorher auch Casper Beehr zu Nustrow.
Hartwig, vorher Wicke von der Lühe zu Thelkow.
Lütke Bassewitz zu Lühburg.
Lütke, vorher David Bassewitz zu Dalwitz.
Johann und Diedrich Jürgen, vorher Cord Hinrich und Levin Hobe zu Wasdow.
Levin Hobe zu Warbelow.
Friedrich, vorher Gerd Josua Hobe zu Vestland, itzo Pommersch.
Joachim Hobe zu Wolkow.
Samuel Blücher zu Bobbin.

Adel des Amts Schwan.

Lorenz, vorher Henneke Reventlau zu Zisendorf.
Josua, vorher Johann Garner zu Neuhoff.
Melchior Vieregg zu Beniz, itzo Fürstlich.

Adel des Amts Ribbenitz.

Vollrath von der Lühe zu Schulenberg.
Jürgen, vorher Christoph und Andreas von der Lühe zu Lipen und Kölzow.
Gebhard oder Gerhard v. d. Lühe zu Varenhop.
Daniel, vorher Otto v. d. Lühe zu Reddersdorf.
Cord, vorher Jürgen v. d. Lühe zu Kölzow.
Vollrath Preen zu Bandelsdorf.
Adam Preen zu Dummersdorf.
Hinrich Preen zu Gublow und Dummersdorf.
Hinrich und Ludwig Preen zu Gublow.
Adam Kosse den mittelsten Hof zu Gublow.
Otto Preens Erben zu Bitow und Wenendorf.
Joachim Levezow, vorher Joachim Vieregg zu Finsdorf.
Matthias Thun zu Steinhorst.
Claus Thun zu Vieren und Zepelin, letzteres gehöret itzo dem Kloster Ribnitz.
Arend, vorher Christoph Stoisloff zu Pankelow.
Georg Beverneß zu Lüsewitz.
Gebhard Molcke zu Teitenwinkel.
Joachim, vorher Berend Zepelin zu Gnevitz.
Joachim Andreas Zepelin, vorher Jürgen Oldenforth, zu Wulfshagen.
Joachim Hünike, vorh. Christoph Büzow, zu Poppendorf.
Balthasar Zepelin zu Gutzendorf.

Engisbaff:

Bugißlaff Behr, vorher Gebhard Moltke, zu Teutendorf.
David Bassewitzen Wittwe zu Petersdorf, i. Fürstl.
Adam Stoisloff zu Bussewitz, gehört itzo der St. Jürgens-Kirche zu Rostock.

Adel des Amts Plau.

Hinrich Sprengel zu Lehsten.
Johann und Daniel Gamm, vorher auch Philipp Kamps, zu Göhren.
Vicke Wangelin zu Nossentin.
Berend Ludolph Wangelin zu Alten Schwerin.
Helmuth Plessen, vorh. Joachim Gamm, zu Alten Schwerin.
Achatius Pinnow zum Graffe, ist unbekannt.

Adel des Amts Wredenhagen.

Wenzloff und Matthias, vorh. Adam Knuth zu Leizen.
Joachim Preen, vorh. Wilhelm Below zu Hinrichsberg.
Hinrich Pritzbuer zu Grabenitz.
Lütke Hahnen Wittwe, vorh. Eggerd Hahn, zu Arendsberg.
Joachim, Ernst, Melchior und Levin Rezow, zu Rezow und Leppin.
Christoph Barnewitzen Wittwe zu Rezow.
Hans Holstein zu Rossow, itzt Fürstl.
Daniel Ludwig, vorh. Berend Schwerin zu Schönberg.
Casper, vorher Ludwig Hase zu Netzeband.
Henning Rohr, vorh. Gerd Ketelhodt, zu Camps.
Hans Diedrich, vorher Henning Lücke zu Massow.
Diedrich Rohr zu Massow.
Friedrich, Claus Ernst und Vicke Ludwig Lepel, vorh. Ludwig Lepel und Bastian Prignitz, zu Finken.
Joachim, vorh. Eggerd Hahn zu Solzow.
Bastian Hahnen Wittwe, vorh. Eggerd, zu Greve.
Joachim Ernst, Joachim und Margretha, vorh. Erdmann, Christoph u. Ernst Grambow zu Wildkuhl.
Vincenz Rerberg zu Klopzow.
Christoph und Rudolph Friedrich, vorh. Henning, Hinrich und Christoph Rerberg zu Krümmel.
Christoph Arensdorf zu Krümmel.
Jürgen Lützow zu Buchholz und Grabow.
Casper Below zu Klink.
Michaels Rezow Wittwe zu Klink.
Joachim Galow, andre setzen Gadow, zu Leppin.
Henneke, vorher Levin Morin, zu Morin, Ludorf und Kelle.
Lütke Below zu Lebbin.
Joachim Freyberg zu Dambeck, Karchow und Gotthun.
Diedrich, v. Constans Freyberg, zu Karchow u. Gotthun.
Otto Prignitz zu Bollewick und Below.

Adel des Amts Neuenkahlen.

Diedrich Moltzahn, vorher Hans Hahn, zu Teschow.
Christoph Lotzown Wittwe zu Teschow.

Gerd Stahl zu Ponsdorf.
Christoph Clausen zu Karnitz.
Hinrich und Adam Lotzow, vorher Joachim Levetzow, zu Levetzow.
Hinrich Lotzow zu Misdorf.
Daniel Kosse zu Markow.
Christoph Levetzow, vorher Jürgen Kamps und Jürgen Levetzow, zu Lelkendorf.
Hinrich Levetzow, vorher Otto Levetzow und Hartwig Schack, zu Schorrentin.
Johann Cramon zu Schwarzenhof.
Jürgen Warnstedt zu Schwasdorf.
Joachim von Hagen zu Sürkow und Suckow.
Matthias und Casper Ernst, vorher Borchard von Rahlden zu Rey.
Claus Hinrich und Magnus, vorher Claus Speckin zu Kämmerich, i. F.
Add. Tönnies Blücher zu Suckow.
Abraham Winterfelds Erben zu Gorschendorf.

Adel des Amts Stavenhagen.

Berend Lütke, vorher Joachim und Jürgen Moltzahn zu Penzlin.
Enno Jürgen Moltzahn zum Werder.
Franz Joachim, vorher Joachim Moltzahn zu Kittendorf.
Vicke, Joachim und Wedige Moltzahn, vorher Wigand der ältere und jüngere, und Wedige Moltzahns Erben, zu Grubenhagen.
Berend Ludolph, vorh. Diedrich Moltzahn zu Ulrichshausen.
Johann Albrecht, vorh. Johann Friedrich Moltzahn zu Schossow.
Johann Diedrich, vorher Vollrath Lütke Moltzahn zu Rothenmohr.
Jürgen Moltzahn zu Langwitz.
Claus Hahn zu Basedow und Ponstorf, itzo anstatt letzteres, Remplin.
Levin Ludwig, vorher Cuno Hahn zu Basedow.
Hans Hahn zu Basedow und Bristow.
Christian, vorher Otto Hahn zu Hinrichshagen.
Jürgen Vossen Wittwe, vorher Otto Hahn, zu Gr. Gievitz.
Joachim Krusen Wittwe und Johann Barner zu Gr. Gievitz.
Jürgen und Adam Kruse zu Gr. Gievitz.
Hans Ulrich, vorher Joachim Kruse, und auch Joachim Voß, zu Varchentin.
Joachim, vorher Hinrich und Christoph Kostke zu Varchentin.
Henning, vorher Abraham Kruse zu Varchow.
Joachim Neßdorf, vorh. Valentin Kruse, zu Varchow.
Christoph, vorher Claus Kruse zu Gredenfelde.
Valentin und Jürgen, vorher Adam Voß zu Lupelow.

Joachim

Joachim, vorh. Daniel Voß zu Flotow.
Joachim Voß zu Schwant.
Adam Voß zu Kleinen Helle.
Diedrich Voß zu Rumpshagen.
Wedige Staffeldts Wittwe, vorh. Eggerd Voß, zu
   Jürgensdorf.
Joachim Staffeldt zu Gädebehn.
Joachim Thuns Erben zu Bergfeld.
Philipp Julius Plate, vorh. Friedrich Alvensleben,
   zu Chemnitz.
Hans Gutloff Kamps zu Kl. Plasten.
Eggerd Kamps zu Kl. Plasten und Deven.
Friedrich Aschersleben zu Bresen.
Otto Molke, vorh. Henneke von der Osten, zu Karsdorf.
Friedrich Arensdorf zu Rosenow.
Johann Wangelins Wittwe, vorh. Hans Barner, zu
   Rittermannshagen.
Jürgen, vorher Claus Peccatel zu Kl. Vielen.
Joachim Koß zu Glasow.
Jacob Vieregg zu Puchow.
Hans Barner zu Faulenroß.
Claus Neßdorf zu Schlön.
Joachim, vorh. Claus, Zacharias und Balzer Rostke
   zu Schlön und Krase.
Henneke Rostke zu Krase.
Matthias Peccatel zu Krase.
Lütke, vorh. Claus Below zu Kargau.
Johann, vorher Adam Babzin zu Lansen.
Gebhard Klenow zu Kaßdorf.
Joachim Klenow zu Tützebag.
Jürgen Magnus Bülow, vorher Philipp Holl-
   stein, zu Luckow.
Hans Bibow zu Mollensdorf.
Johann Günike zu Malin.
Berend Lütke Hollstein zu Möllenhagen.
Jürgen Flotow, vorh. Jacob Holstein, zu Deven.
Claus Philipp Schmiterlow, vorher Cuno Hahn, zu
   Gr. Helle und Gr. Plasten.
Franz Warburg zu Wockersin.
Add. Claus Preems Erben, vorh. Jürgen Below, zu
   Wolde.

Adel des Amts Goldberg.

Levin Ludwig Hahn zu Kuchelmiß.
Johann Grabow zu Wohsten.
Claus, vorher Matthias Linstow zu Bellin.
Johann Hinrich, vorher Joachim und Jürgen Fineck
   zum Werder.
Johann Walsleben, vorher Claus Barold, zu Dobbin
   und Zietlitz.
Hans Haltermann, aus Güstrow, zu Kl. Deffin.

Adel des Amts Boitzenburg.

Hinrich August, vorher Hans Sprengel zu Gresse.
Joachim Blücher zu Wiebendorf.
Johann Mewes zu Zarrensdorf.
Johann Radenburg zu Ape, ist nicht bekannt.
Joachim Schmeling zu Schwartow.

Adel des Amts Fürstenberg.

Diedrich, vorher Hans Buch zu Tornow.
Joachim Walsleben zu Pripert.
Werner, vorher Henning Barsdorf zu Barsdorf.
Franz Kamps, vorher Jürgen Zarnekow, zu Blumenow.
Cuno Christoph Götzen Wittwe, vorher Adam Cuno
   Prignitz, zu Dannenwalde.

Adel des Amts Strelitz.

Hans Blankenburg zu Prillwitz, Hohenzieritz und
   Wulfshagen.
Ulrich Manteufels Erben zu Dolgen, l. F.
Henneke, vorher Berend der ältere und Bastian Pec-
   catel zu Gevezin.
Berend Peccatel der jüngere zu Blumenhagen.
Jürgen, vorh. Christoph Peccatel zu Dahlen und
   Weistin, l. F.
Anton Staffeldt zu Grammertin und Schönfeld.
Otto Ilenfeld, vorh. Hans Rumpshagen zu Reddemin.
Joachim Thomstorf zu Bergfeld, l. F.

Adel des Amts Stargard.

Joachim, vorh. Hans Warburg zu Lichtenberg und
   Ballin.
Hans und Franz Warburg zu Quaden-Schönfeld.
Adolph Friedrich, vorh. Zabel Staffeldt zu Neuenkirchen.
Detloff Staffeldt, vorher Erdmann Trutmann zu
   Gr. Schönfeld und Carpin.
Hans Detloff, vorher Vicke Staffeldt, zu Gansfow.
Diedrich Staffeldt, vorh. Henning und Christoph
   Lübberstorf, zu Jatzke und Ganzfow.
Zabel Staffeldt, vorh. Joach. Walsleben, zu Beseritz.
Cord Schwichelt und Reimar Ilenfeld, vorher An-
   dreas Ilenfeld, zu Rehberg, l. F.
Jürgen, Joachim, Melchior und Otto, vorh. Jürgen
   und Berend Ilenfeld zu Ilenfeld.
Casper, Zabel und Jürgen, vorh. Bastian Hinrich,
   Oswald und Cuno Dörne zu Wrechen.
Christoph, vorh. Daniel Manteufel zu Kanzow.
Magnus, vorh. Erdmann Trutmann zu Gr. Schönfeld.
Christoph, vorh. Joachim Manteufel zu Ratten.
Eggerd, vorher auch Vicke Ganzkow zu Dewitz.
Joachim Genzkown Erben zu Sadelkow.
Matthias Bülow, vorher Henning Glöde, zu
   Neverin.

Joachim

Joachim Ludwig Kamps, vorher Henning Staffeldt, zu Klocksin.
Otto Glöde zu Trollenhagen.
Joachim, vorh. Berend Glöde zu Roggenhagen.
Berend und Henning, vorh. Berend Glöde zu Brunn.
Jürgen und Eivert Oertzen zu Helpte.
Claus und Christoph Oldenfleth zu Daberkow.
Christoph Lebbin und Hans Hinrich Dewig, vorher Henning Lebbin, zu Golm, i. F.
Friedrich, vorher Henning Dewitz zu Kölpin.
Werner, vorh. Hans Hinrich, Vicke und Engelke Dewitz zu Milzow und Holzendorf.
Hans, vorh. Jürgen Blankenburg zu Wulfshagen.
Joachim Walsleben, vorh. auch Claus Walsleben und Roding Schwerin, zu Beseritz und Bresewitz.
Adam Jasmunds Wittwe zu Cammin, Röblin und Möllenbeck.
Berend und Friedrich, vorher Berend und Jürgen Lübberstorf zu Lübbersdorf.
Adam, vorh. Christoph Lübberstorf zu Ganzkow.
Jürgen Rieben, vorh. Berend Wangelin, zu Schönhausen und Vogtsdorf.
Jürgen Tatz, vorh. Joachim Rieben zu Liepen.

Wedige und Wolf Elar Rieben, vorh. Fritz Ilenfeld und Detloff Rieben, zu Galenbeck, Matzdorf und Jatzke.
Christoph Krauthof, vorh. Hans Kumpshagen, zu Neddemin.
Wedige, vorh. Joachim Rieben, und Henning Glöde zu Kosabrome.
Joachim Riebens Wittwe zu Klokow.
Wedige Oldenburg zu Eichhorst und Jahke.
Jacob, vorh. Joachim Tornow zu Wittenhagen.
Joachim Schurzen Wittwe, vorher Joachim Hok und Friedrich Tepling, zu Wittenhagen.
Add. Claus Hahn zu Pleetz.

Von den Gütern im Rostockschen District besaßen:

Wahrsdorf, Reventlau auf Ziesendorf.
Bartelsdorf, Bentwisch und Kessin, die von Einem Erben.
Kassebohm, Vickthal und Ikendorf, der Doctor Ferber.
Hohen Schwarfs, der Canzler von der Lippe.
Gr. Kussewitz, der Oberstlieut. Donner.
Im Niederkruge, das unbekannt ist, wohnte Andreas Kepel.

WWWW

Verzeichniß
aller bey Endigung dieses Werks lebenden Personen des Geschlechts von Bülow.

Seite.
Linie Wedendorf.
84. Hartwig Friedrich, aus dem Hause Alt-Posrent, ehedem Premier-Lieutenant des Norder-Jütländischen National-Regiments.
87. Barteld Christian, a. d. H. Zurow, zu Petersburg; Russischer Rittmeister.

Großvaterbruder Christians Sohns Kinder:
88. Emanuel Christian, auf Schöhels in Westpreußen, ehedem Preuß. Major bey den Lossowschen Husaren. Dessen Kinder:
1. Friedrich Wilhelm August,
2. Carl Christian Ludewig,
3. Christoph Theodor Leopold,
4. Johann Jmmanuel Ferdinand,
5. Carl Ernst Alexander,
6. Adolph Hinrich Albrecht,
7. Carolina Dorothea Eleonora.
Niels Johann Friedrich zu Jvenack, ehedem Sächsischer Capitain.

Seite.
Margretha Luisa, verw. von Cramm.
Sophia Charlotta, verehl. von Bothmer.

Großvaterbruder Joach. Friedr. Sohns Sohns Kinder:
89. NN. ward 1765 in ein Jesuiter-Collegium erzogen; sein Vater war Russischer Major, und
NN. verehlichte von Kachowsky.
91. Hartwig, auf Camin, ehedem Hannöverscher Legationsrath.

Dessen Geschwister:
Hinrich Ulrich, auf Düssin, ehedem Gothaischer Regierungs- und Hofrath.
Bernhard Joachim, auf Wendelsdorf, Mecklenb. Kammerherr, zu Schwerin.
Luisa, verehl. von Moltzahn, und
Maria Hinr. Christina, verehl. von Both.
94. Gottschalk Friedrich, a. d. H. Scharbow, ehed. Darmstädtscher Regierungsrath, zu Schwerin.

Dessen Schwester:
Sophia Maria, verehl. von der Lühe.

Vater-

Beylagen. 101

Seite.
Vaterbrudersohn:
94. Barteld Wilhelm, zu Oldenburg, ehedem Preußischer Capitain bey den Platenschen Dragonern.
  Dessen Kinder:
    Barteld Wilhelm, Preuß. Fähnrich des Petersdorfschen Regiments, und
    Charlotta Luisa.
  Dessen Bruders hinterlassene Kinder zu Hirschholm in Seeland:
    Barteld Wilhelm, hat studirt.
    Anna Charlotta, ehedem Hofdame zu Glücksburg.
    Helena Friderica, Klosterfräulein zu Rothschild,
    Anna Joachima Hipelita.
    Maria Cathrina, Klosterfräulein zu Rothschild, und
    Margretha Beata.
Dessen Großvaterbrudersohnsohns, ehedem auf Kloddram, Kinder:
95. Maria Dorothea, verehl. von Forstner,
    Anna Lucia, verw. von Winterfeld,
    Anna Helena Elisabeth,
    Elisabeth Maria, Klosterfräul. zu Medingen, und
    Sophia Maria.
Aeltervaterbrudersohns Tochter a. d. H. Jung-Pokrent.
97. Maria Ida, verwittwete Gräfinn von Sala.
  Deren Bruders hinterlassene Kinder:
    Christian Adolph Friedrich, Meklenb. Oberstallmeister, zu Neustrelitz,
    Augusta Charlotta, verehl. von Lichtenstein,
    Elisabeth Ida, verehl. von Derzen, und
    Albertina Luisa Friderica, eingeschrieben zu Dobbertin, Hofdame zu Neustrelitz.
  Deren Vaterbrudersohn:
98. Friedrich Wilhelm, Kaiserl. Generalmajor und Ritter, zu Preßburg.
  Dessen Geschwister:
    Carl Leopold, Casselscher General und Commandant zu Rinteln, und
    Sophia Charlotta, Klosterfräulein zu Dobbertin.
  Dessen Bruder Hartwigs hinterlassene Kinder zu Glückstadt:
    Heidewig Conradina, und
    Friderica Amöna.
  Dessen Bruder Aug. Friedrichs Kinder:
    Carl, ehedem Casselscher Justizrath, auf Lüdersbach in Hessen, und
    August, itzo Preußischer Staabs-Rittmeister unter den Drostinschen Husaren in Westpreußen.
102. Jasper Friedrich, und dessen Bruder
    Joachim Vollrath Hellmuth, a. d. H. Engelstädt in Dännemark und Zälow im Meklenb.

Seite.
Deren Aeltervaterbruders Urenkel:
102. Hans Löwenhielm, auf Thestrupgaard, Dän. Kammerherr und Amtmann zu Standerburg.
  Dessen Kinder:
    Christoph Schöller,
    Christian Wind, und
    Catharina.
  Dessen Geschwister:
    Friedrich, Dän. Capitain beym See-Etat.
  Dessen Kinder:
    Casper Hermann, und
    Sophia Charlotta.
    Christian, Dän. General-Adjutant.
  Dessen Sohn: Christian Peter.
    Friedrich Ludwig, Dän. Capitain, und Zollverwalter auf der Insel St. Croix.
    Johann, Dän. Kammerjunker, und
    Ida Sophia, verehl. von Löwenhielm.
105. Henning Christian, a. d. H. Bristow, ehedem auf Cummin und Sachsen-Weimarscher Capitain.
  Dessen Kinder:
    Diedrich Henning Casimir, und
    Charlotta Henninga Casimira.
  Dessen verstorb. Sohns Sohn:
    Christian Detloff Georg.
  Dessen Vaterbruders Enkel:
106. Friedrich Rudbeck Christian, Dänischer Major.
  Dessen Töchter:
    Christina Margretha, und
    Margretha Kaas.
  Dessen Schwester: Luisa.
  Dessen Vaterbruders Kinder:
106. Christian Friedrich, Dänischer Kammerherr,
    Ullrich Adam Otto, Dän. General-Adjutant.
    Sophia Hedwig, und
    Emerenzia Sophia, beide Kloster-Fräulein zu Stövringaard in Jütland.

Linie Potremse.

115. Friedrich Ernst, auf Essenrode, Lüneburgscher Landrath. Dessen Kinder:
  1. August Friedrich Wilhelm, studirt zu Göttingen.
  2. Georg Christian Ludwig, Hannöverscher Fähnrich bey der Garde.
  3. Carl Ernst Hinrich.
  4. Burchard Lebrecht August.
  5. Christian Wilhelm Julius.
  6. Ludwig Friedrich Victor Hans.
  7. Joachim Christian Wilhelm Claus.
  8. Gottlieb

8. Gottlieb Wilhelm Friedrich.
9. Anna Antoinette Charlotta Sophia.
10. Gertrud Helena Luisa Elisabeth.

Dessen Geschwister:
Hinrich Wilhelm, auf Urfrau in Schlesien, Hannöv. Kammerherr, ehedem Oberappellationsrath zu Zelle.
Carl Gottlieb, auf Beyernaumburg, Hannov. Rittmeister bey der Garde.
Anna Sophia Ehrengerta, verehl. v. Hardenberg.
Augusta Wilhelmina, Klosterf. zu Steterburg, und Luisa Dorothea, Klosterfräul. zu Lipstadt.

Dessen Vaterschwester:
Christina Charlotta, verw. von Wiedemann.

Dessen Vaterbrudersohn:
117. Christian Friedrich, auf Beyernaumburg ꝛc., a. d. H. Brunsrode, des Sangerhausischen Bezirks Director.

Dessen Kinder:
Friedrich Gottlieb Julius, studirt zu Leipzig, und Christina Magdalena Luisa.

Dessen Geschwister:
Hinrich Gottlieb, auf Gr. Boßna, ehedem Sächsischer Oberster.
Johann Carl Anton, ehedem Sächs. Capitain.
Johann Gottlieb, zu Reichenbach im Vogtlande, ehedem Sächsischer Oberster.
Johann Lebrecht, auf Brunsrode, Braunschw. Landdrost. Dessen Kinder:
1. Carl Anton, Braunschw. Rittmeister.
2. Hinrich Wilhelm, Braunschw. Hof- und Canzleyrath.
3. Luisa Helena Friderica, Klosterfräulein zu Steterburg.
4. Charlotta Leopoldina, Klosterf. zu Fischbeck.
5. Anna Philippina Elisabeth, Hofdame zu Braunschweig, eingeschr. ins Stift Wunsdorf.
6. Christina Johanna Friderica, eingeschrieben zu Oberkirchen.
Friedrich Gottlob, Braunschw. Oberhofmeister, und Eleonora Friderica, verw. von Harraß.

Dessen verstorb. Bruder Adam Werners Kinder:
Amalia Charlotta, verehl. von Zedtwitz, und Wilhelmina Charlotta, verehl. von Wiese.
120. Friedrich Wilhelm, auf Quitzöbel, Preuß. Geheimer Kriegsrath und Landrath, auch Landschafts-Verordneter in der Mark.

Dessen Schwester.
Charlotta Hinrietta, verw. von Brück.

Dessen Großvaterbruders Enkel:
119. Christoph Friedrich, ehedem auf Lüchfeld.

Dessen Aeltervaterbrudersohns Enkel:
119. Thomas Berend, zu Wilhelmsburg im Lüneburgschen, ehedem Hauptmann unter dem Hanöv. Jäger-Corps.

Dessen Kinder:
Zwey Söhne, und verschiedene Töchter, deren Namen ich nicht erfahren können.

Linie Großen Simen.
127. Conrad, a. d. H. Kressin, zu Graitz bey der Jägerey.
133. Jacob Friedrich Joachim, auf Klaber, a. d. H. Gr. Simen, Meklenb. Geheimer Cammerrath zu Neustrelitz.

Dessen Kinder:
1. Adolph Friedrich Albrecht Georg, Preuß. Fähnrich bey den Bayreuth. Dragonern.
2. Ernst Hinrich Friedrich, zu Stuttgard auf der Academie militaire.
3. Carl Christian Ludwig.
4. Ilsabe Anna Augusta, eingeschr. in Dobbertin.
5. Dorothea Juliana Luisa, eingeschr. in Ribnitz.
6. Friderica Elisabeth Eva Augusta, eingeschrieben zu Malchow.

Dessen Schwester:
Brigitta Anna Leveke, verehl. von Warnstedt.
136. Johann Georg, zu Glückstadt, a. d. H. Bölkow-Sohen-Lukow, Dänischer Capitain.

Dessen Schwester:
Anna Elisabeth, verw. von Schack.
140. Christoph Carl, zu Pasewalk, a. d. H. Rensow-Reez, Preuß. Generallieutenant und Ritter.

Dessen Schwester:
Charlotta Anna, verw. von Pelet.

Dessen Bruder Johann Albrechts Sohn:
Carl Leopold Daniel, auf Lichtenfelde in der Mark, Preuß. Lieutenant unter Pannewitz.

Dessen Bruder Caspar Hinrichs Sohn:
Friedrich Hinrich, Preuß. Lieutenant bey des Prinzen Ferdinands Regiment.

Linie Radum-Wischendorf.
143. Christiana Margretha, zu Ratzeburg, a. d. H. Elmenhorst und Kolofshagen, verw. Gräfinn von Bothmar.

Deren Großvaterbruders Enkelinn:
Maria Margretha Elisabeth, verw. Baronne Schwärzel von Rettenberg, zu Preßburg.
146. Carl Albrecht, auf Wischendorf.

Dessen Vaterbruders Tochter:
Sophia Hedwig, zu Hannover, verehl. von Hugo.

Dessen

Beylagen. 103

Seite.
Dessen Großvaterbruders Sohn:
148. Ludwig Wilhelm, Dän. Geh. Conferenzrath, Ritter und Amtmann zu Coldingen.
   Dessen Tochter:
   Friderica Sophia Christiana, eingeschrieben zu Ribnitz.

Dessen Bruder Engelkens Kinder:
1. Carl Adolph, zu Toistrup in Fühnen, ehedem Dänischer Major. *Dessen Kinder:*
   Engelke Hinrich, Page zu Copenhagen,
   Adam Diedrich, und
   Cathrina Dorothea Ulrica, eingeschrieben zu Malchow.
2. Hans Hinrich, Dän. Geheimerrath, Stallmeister und Ritter. *Dessen Töchter:*
   Juliana Maria, eingeschr. zu Rothschild.
   Hinrietta Benedicta, eingeschrieben zu Rothschild, und
   Sophia Friderica.
3. Charlotta Sophia, verw. von Drieberg.
4. Anna Friderica, Priorinn zu Wemmetofte auf Seeland.
5. Adelheit Christina, Klosterf. zu Wemmetofte.

Dessen Bruder Hardenack Heidenreichs Kinder:
1. Carl Christian Friederich, auf Vietzen und Schliestärt, Braunschw. Oberhauptmann.
   Dessen Söhne:
   Hinrich Georg Christian Friederich, und
   Hinrich Julius Christian.
2. Ludwig Wilhelm, Dän. Maj. unter den Husaren.
3. Maria Elisabeth, verehl. von Schewenbach.
4. Augusta Sophia.
5. Luisa, verw. von der Lühe.
6. Sophia Elisabeth, verehl. v. Karberf.

Dessen Bruder Carl Gustavs Kinder:
1. Christoph Detloff, Dän. Lieuten. beym See-Etat.
2. Johann Hartwig Victor Carl, Dän. Lieutenant beym Fühn. Cav. Regiment.
3. Sophia Charlotta, zur halben Hebung in Dobbertin.
4. Elisabeth, zur halben Hebung in Malchow.
5. Anna Elisabeth, eingeschr. zu Ribnitz.
6. Emilia Wilhelmina, eingeschrieben zu Ribnitz, ißo allerseits zu Bützow.

Linie Zibühl.
156. Juliana Eleonora, verw. von Hahn in Curland.
160. Emanuel Friedrich, auf Möderitz a. d. H. Kölpin, Mecklenb. Oberstlieutenant zu Schwerin.

Seite.
Dessen Kinder:
1. Ludwig Detloff Theodor August.
2. Carl Dominicus.
3. Juliana.
4. Maria Christina Margretha.
5. Luisa Sibilla.
6. Anna Cathrina.

Dessen Geschwister:
Christian Ludwig, auf Zaschendorf, ehedem Mecklenb. Schwerinscher Capitain.
Dessen Kinder:
1. Christian Diedrich Carl.
2. Friedrich Ulrich.
3. Burchard Hartwig Friedrich Gideon.
4. Carl.
5. Hellmuth Theodor.
6. Georg Ludwig.
Carolina Christina.
Anna Margaretha, und
Luisa Wilhelmina, leben alle drey zu Parchim.

Dessen Großvaterbruders Enkelin:
Sophia Margretha Elisabeth, zu Sternberg a. d. H. Kritzow.

Linie Gartow.
166. Carl Friedrich Gottlieb, ehedem auf Kleinen Schwechten und Preuß. Lieutenant unter Hordt.
   Dessen Geschwister:
   Johann Friedrich Georg, und
   Aug. Friderica Elis. verehl. von Steinsdorf.
Dessen Vaterbrudersohn:
166. Hans Adam Friedrich Ernst, auf Neuburg, itzt auch auf Kl. Schwechten.
168. Johann Ludwig auf Helmsdorf im Mansfeldschen, ehedem Preuß. Major. *Dessen Sohn:*
   Lusso Hinrich August.
Dessen Schwestern:
Hinrietta Charlotta, verehl. von Wedel.
Sophia Luisa, verehl. von Wedel, und
Christiana Lucia, verehl. von Thadden.

Dessen Aeltervaterbruder Sohnssohns Enkel:
170. Ernst Hinrich Adolph a. d. H. Schrapelau.
Dessen Geschwister:
Carl Johann Hinrich, und
Hinrietta Ernestina Carolina, ißo in Cöthen.
173. Jobst Hinrich, a. d. H. Woserin, Preuß. Regierungsrath zu Küstrin.
Dessen Geschwister:
Hans Christian, Han. Fähnrich unter Hardenberg.

Carl

Seite.
Carl Friedrich, Preuß. Fähnrich unter Woldeck.
Matthias Franz, Preuß. Lieutenant unter Prinz Leopold.
Johann Diedrich Ludwig, Preuß. Fähnrich unter der Garde.
Gottlieb Friedr. Preuß. Fähnrich unter Bayreuth.
Magdalena Dorothea, eingeschrieben zu Dobbertin, und
Cathr. Sophia Gundela, eingeschr. in Malchow.

Dessen Großvaterbrudersohns Töchter a. d. H. Borkow.
Luisa Eleonora Wilh. verw. von Estorf, und
Sophia Hinrietta Magdalena Elisabeth, Klosterfräulein zu Mariensee im Hannöverschen.

Linie Gudow.
176. Juliana Eleonora, verehl. von Bülow auf Ransendorf, itzo in Lübeck.
183. Detloff, auf Gudow, Kammerherr, Lauenb. Landrath, Landmarschall und Hofrichter.

Dessen Kinder:
1. Georg Ludwig, auf Müssen, Würtemb. Kammerherr. Dessen Kinder:
   Christina Sophia Antoinetta Dorothea Hedwig, und
   Eleonora Luisa Wilhelmina, eingeschrieben in Dobbertin.
2. Gottfried Joachim Hartwig.
3. Detloff Christian, Dän. Lieutenant beym Bornholmschen Regiment.
4. Burchard Otto Diedrich, Hannöv. Fähnrich unter Ahlfeld.
5. Hans Casper, Casselscher Lieutenant.
6. Adolph Jasper.
7. Christina Dorothea Johanna, Klosterfräulein zu Parsinghausen im Hannöverschen.
8. Ida Maria Wilhelmina, verw. v. Derßen.
9. Sophia Margretha, verehl. von Schulte.

Linie Plüskow.
193. Christian Friedrich, a. d. H. Niendorf, auf Ansbrupgaard in Fühnen, Comthur und ehedem Dän. Capitain.   Dessen Kinder:
1. Franz Christoph.
2. Sophia Luisa,
3. Thygia Christina.
4. Carolina Christina.
5. Friderica Charlotta.

Dessen Geschwister:
Hinrich Wilhelm auf Vogelsang, ehedem Dänischer Major.

Seite.
August Friedrich auf Oetmarsen bey Altona, Comthur.
Lorenz Joachim, Dänischer Hofjunker.
Franz Christoph, Preuß. Fähnrich, und
Eleonora Cathrina, verw. von Bernstorf.

Dessen Großvaterbruder Sohnessohn:
194. Diedrich Georg, ehedem auf Hohen-Nienstorf und Dän. Major.

Dessen Halbschwester:
Christina Elisabeth, verw. von Bülow auf Camin.
196. Otto Christoph, a. d. H. Gerodorf, auf Rankendorf, ehedem Dän. Major, itzo zu Lübeck.

Dessen Kinder:
Christian Friedrich.
Jürgen Victor, Page zu Hannover.
Otto Wilhelm, und
Hedwig Christina Dorothea, eingeschrieben zu Dobbertin.

Dessen Schwester:
Dorothea, verw. von Winterfeld.

Dessen Großvaterbrudersohns Enkel:
197. Cay Friedrich, a. d. H. Tramo, Dänischer Kammerherr, Land- und Regierungsrath zu Glückstadt.

Dessen Sohn: Johann Rudolph.

Dessen Geschwister:
Detloff Hans auf Steinhagen, ehedem Meklenb. Schwerinscher Capitain.
Dividia Eleonora Dorothea, verehl. v. Bülow, und
Juliana Dorothea, verehl. von Plönnies.
201. Otto Friedrich, a. d. H. Scharfsdorf-Lünzow, zu Bingen bey Maynz, ehedem Dänischer Generalmajor.

Dessen Bruder:
Friedrich, ebenfalls zu Bingen, ehedem Französischer Capitain.

Dessen Vaterbrudersohn:
203. Gottfried Ludwig, a. d. H. Scharfsdorf, ehedem Hannöv. Jagdjunker, itzo zu Goldberg.

Dessen Kinder:
1. Joachim Hartwig, Meklenb. Lieutenant zu Schwerin.
2. Gustav Wilhelm, ehed. Mekl. Schwerinsch. Capitain, zu Goldberg.

Dessen Tochter:
Elisabeth Hedwig Augusta.
3. Gottfried Ulrich, Preuß. Fahnjunker.
4. Franz Detloff, ehed. Kaiserl. Lieutenant, und
5. Sophia Margretha Elisabeth.

Dessen Bruders, ehed. auf Frauenmark, Kinder:
1. Hans Joachim Gottfr. Braunschw. Capitain.
2. Harr

Beylagen. 105

Seite.
2. Hartwig Hans, Preuß. Lieutenant.
3. Hans Caspar, zu Niendorf bey Schwaan.
  Dessen Kinder:
  Joachim Victor Gottlieb, und
  Johanna Dorothea.
4. Joachim Ernst, Braunschweigscher Kammerjunker und Lieutenant bey der Garde.
5. Cathrina Eleonora, verehl. von Plessen.
6. Sophia Charlotta, verehl. Rychenthal.
7. Wilhelmina Diederica, verehl. von Höfisch.
8. Francista Hedwig, und
9. Ilsabe Dividia.

Dessen Bruders, ehedem auf Scharfsdorf, Töchter:
Luisa Hedwig Amalia, eingeschrieben in Dobbertin, itzo aberKlosterfräul. zu Warsinghausen, und
Clara Augusta Eleonora, zur halben Hebung in Malchow.

Dessen Vaterbrudertochter:
204 Dorothea Hedwig Philippina, verwittwete Baronne von Spörken, zu Zelle.

Deren Brudersohn:
204. Johann Julius Franz, auf Beienrode, Oberforstmeister zu Cellerfelde auf dem Harz.
  Dessen Kinder:
  1. Gottfried Philipp,
  2. Julius Carl August,
  3. Carl Friedrich,
  4. Charlotta Dorothea Luisa Friderica,
  5. Phillippina Carolina Sophia,
  6. Carolina Amalia Luisa, und
  7. Antoinetta Charlotta Luisa.
  Dessen Schwester:
  Juliana Christina Luisa.

Dessen Urältervaterbrudersohns Enkel:
208. Ernst Josua, auf Abbensen, Marschacht 2c. Freyherr, Hannöv. Regierungsrath zu Stade.
  Dessen Kinder:
  1. Wilhelm Carl Ferdinand, Hannöv. Fähnrich unter Scharnhorst.
  2. Georg Wilhelm, Hannöv. Cornet unter Bremer.
  3. Georg Ludwig Hinrich, und
  4. Hippolita Carolina Christiana, verehl. von Dachenhausen.
  Dessen Bruder:
209. Friedrich Ludwig Ernst, Freyherr, auf Abbensen und Göddenstädt, Dän. Kammerherr und Ritter, itzo zu Altona.
  Dessen Kinder:
  1. Christian Conrad,

Seite.
2. Friedrich Ernst,
3. Friderica Juliana Christiana,
4. Carolina Mathilde, und
5. Anna Joachina Charlotta.

Dessen Grosvaterbruder Sohnssohn:
210. Friedrich Ulrich Aroch, Freyherr, auf Falkenberg in der Altmark 2c.
  Dessen Kinder:
  1. Carl Ulrich, Preuß. Lieutenant unter Braun.
  2. August Christian.
    Dessen Kinder:
    Friedrich und
    Sophia.
  3. Friedrich Wilhelm, Preuß. Lieutenant unter Braun.
  4. Adam Hinrich Diedrich, Preuß. Volontaire unter Marwitz, und
  5. Georg Ludwig.

Dessen Aeltervaterbrudersohns Enkel:
214. Christian Friedrich, auf Prüzen, Dän. Kammerjunker.
  Dessen Kinder:
  1. Cord Hans,
  2. Georg Bernhard,
  3. August Wilhelm,
  4. Ernst Gottfried Georg.
  5. Werner Ludwig.
  6. Carolina Dorothea, eingeschrieben in Dobbertin,
  7. Eleonora Sophia Juliana Wilhelmina, eingeschrieben in Malchow,
  8. Bernhardina Elisabeth, eingeschrieben in Ribnitz.
  9. Sophia Friderica, eingeschrieben in Dobbertin.
  Dessen Geschwister:
  Hartwig, auf Schönwolde, Dän. Kammerherr und Amtmann zu Neumünster.
  Ilsabe Sophia, verehlichte von Bassewitz.
  Juliana Agnesa, verehl. von der Kettenburg.
  Christina Wilhelm. verehlichte von Zepelin.
  Bernhardina, verehl. von Dewitz, und
  Margretha Elisabeth, verehl. von Molzahn.

Dessen Vaterbruder, auf Krizow, Kinder:
215. 1. Christian Friedrich, auf Krizow, Drost.
  2. Hans Hellmuth Ulrich, Dän. Kammerjunker.
  3. Ilsabe Hedwig, verehl. von Weltin.
  4. Ida Hedwig, zur halben Hebung in Malchow.
  5. Ilsabe Eleonora, verehl. Hessen.
  6. Luisa Dorothea, eingeschr. in Malchow.

O   7. Eleonora

7. Eleonora Doroth. Frider. eingeschrieben in Dobbertin.
8. Benedicta Sophia, eingeschr. in Ribnitz.
9. Charlotta Eleonora, eingeschr. in Ribnitz.
10. Ida Dorothea Margretha, eingeschrieben in Dobbertin.

Dessen Großvaterbruder, ehed. auf Agrupgaard auf Laland, Kinder:

212 a) Johann Diedrich, zu Kielstrup auf Fühnen, ehedem Dän. Rittmeister.
b) Conrad Hartwig, zu Naunstrup in Seeland, ehedem Dän. Major.

Dessen Kinder:
1. Adam Gottlob Joshua, Dän. Lieutenant beym Seeländ. Infant. Regiment.
2. Magnus Martin, Auscultant beym Oeconomie- und Commerz-Collegium zu Copenhagen.
3. Friedrich Wilhelm, Lieutenant beym zweyten Seeländ. Cav. Regiment.

4. Thomas Eugenius, Unterofficier beym ersten Seeländ. Cav. Regiment.
5. Niclaus Diedrich Christian, Volontair beym 2ten Seeländ. Cav. Regiment.
6. Johann Friedrich, und
7. Cecilia Catharina.
c) Niclaus Christoph, zu Tyrrkiar in Jütland, ehedem Dän. Capitain.
d) Christian Friedrich, auf Mußberg in Fühnen, ehedem Dän. Major.

Dessen Kinder:
Christian Lercke, Lieutenant beym Jütschen Regiment, und
Friedrich Christian Mösling, Lieutenant bey demselben Regiment.
e) Cäcilia Catharina, verwittwete von Wind, zu Trontheim.
f) Hilleborg Christiana, verw. von Lützow.
g) Johanna Ingeborg, und
h) Amalia Catharina, beyde zu Ringa in Fühnen.
Summa 332 Personen.

XXXX

Verzeichniß der Städte, Aemter, Güter und Dörfer, welche die Familie von Bülow entweder ganz oder nur zum Theil besessen, oder noch besitzen; letzteres zeigen die kleineren Buchstaben an.

In Meklenburg.
Im Fürstenthum Schwerin.

Im Amte Bukow: Altenhagen, Berendshagen, Belitz, Kl. Bölkow, Büttelkow, Detershagen, Drewskirchen, Einhusen, Gehrsdorf, Goldberg, Gorow, Horst, Kägesdorf, Klausdorf, Körchow, Hohen-Lukow, Madsow, Meschendorf, Mickenhagen, Hohen-Niendorf, Preensberg, Pustohl, Radegast, Nederank, Gr. Siemen, Kl. Strömkendorf, Westenbrügge, Wichmannsdorf.

Im Amte Doberan: Abmannshagen, Altershagen, Bargeshagen, Bollhagen, Brodhagen, Brusow, Ivendorf, Nebewisch.

Im Amte Dömitz: Kalis, Pölz, Gr. und Kl. Schmölen.

Im Amte Gadebusch: Bentin, Blischendorf, Bülow, Dragubn, Ganzow, Grambow, Holldorf, Hundorf, Jarmsdorf, Käselow, Kasendorf, Köchelsdorf, Löwitz, Lützow, Ottendorf, Pokrent, Rambehl, Strrsdorf, Vehlböcken, Warnekow, Wedendorf.

Im Amte Grabow: Kastorf, Kummin, Pankow, Eiggelkow.

Im Amte Grevsmühlen: Bahlen, Bopenhagen, Darsow oder Dassow, Elmenhorst, Feldhusen, Fredders- oder Friedrichshagen, Gralow, Gramkow, Großenhof, Harkenser, Havekost, Jamein, Lützenhof, Mummendorf, Niendorf, Parien, Piesdorf, Pläskow, Rankendorf, Roloßhagen, Rosenhagen, Steinfort, Stoffersdorf, Tesdorf, Wischendorf.

Im Amte Hagenow: Redevin.

Im Amte Kriwitz: Frauenmark, Gönitow, Klabow, Kölpin, Kressin, Krinow, Kuhlen, 1736derin, Neuhof, Petersberg, Hohen- und Kl. Pritz, Vorbeck, Wotzinkel, Zaschendorf.

Im Amte Lübß: Benten, Laulen, Passow, Tannenhof.

Im Amte Meklenburg: Beidendorf, Krassow, Lutters-

Lutterödorf, Maßlow, Moltow, Rambow, Sauensdorf, Scharfsdorf, Schmackentin, Sellin, Grapen-Stieten, Gr. und Kl. Stieten, Trambs, Wentschow, Zurow.

Im Amte Neustadt, (auf der Landcharte bey Penzlin): Ave, Grabow, Gr. und Kl. Luckow, Sommersdorf.

Im Amte Rehna: Benzin, Botelsdorf, Brütschow, Korbeshagen, Lübsche, Resau, Roduchelsdorf, Schaddingsdorf, Schindelstät, Vitense, Volkenhagen, Welschendorf.

Im Amte Schwerin: Penz, Dambeck, Jesenitz, Wedelsfelde, Wendelsdorf, Wittenförden.

Im Amte Sternberg: Ahrendshören, Borkow, Gögelow, Loitz, Muslin, Gr. und Kl. Raben oder Radum, Rothen, Stiten, Woserin, Zülow.

Im Amte Temzin: Blankenberg.

Im Amte Wittenburg: Drahlsdorf, Drönnewitz, Düssin, Garlitz, Göldenitz, Horst, Kamin, Klobdram, Neuenkirchen, Perdöhl, Ruhenthal, Scharbow, Tessin, Trebs, Wölzow, Zapel, Zühr.

Im Amte Zarrentin: Schabeland.

Im Fürstenthum Güstrow.

Im Amte Boitzenburg: Schwartow, Wendisch-lipa.

Im Amte Dargun: Kämmerich.

Im Klosteramte Dobbertin: Bresen, Upahl.

Im Amte Gnoyen: Finkenthal, Dresöfeld, Kowalz, Revenitz, Strechow, Wolkow, Woltow.

Im Amte Güstrow: Belitz, Bredentin, Gramzow, Grennelin, Hägerfelde, Karcheet, Klaber, Lübsee, Gr. und Kl. Potrems, Reetz, Renzow, Scharsdorf, Schönwolde, Tellow, Vietgest, Wardow, Wendorf.

Im Amte Ribnitz: Dummersdorf, Helmsdorf, Petersdorf. Im Klosteramt Ribnitz: Bartelsdorf, Bentwisch, Kessin.

Im Klosteramt Malchow: Drewitz.

Im Amte Schwaan, Gr. Bölkow, Fahrenholz, Gr. Grenz, Kritzenow, Wilsen.

Im Amte Stargard: Neverin.

Im Amte Stavenhagen: Baarz, Bristow, Glasow, Kittendorf, Puchow.

Im Stift Schwerin oder Bützow: Goldebuck, Gültzow, Mühlengeez, Lübzin, Parum, Prützen, Steinhagen, Tarnow, Vietzen, Vogelsang, Zibühl.

Im Stift Ratzeburg: Bläsen, Falkenhagen, Griben, Läbsserhagen, Menzendorf, Papenhusen, Pogetz, Röggelin, Rothenberg, Rottensdorf, Ruschenbeck, Samkow, Zarneweng.

Noch haben die von Bülow ganze Aemter pfandweise gehabt, als: Bütow, Dömitz, Gadebusch, Lübz, Kriwitz, Marnitz, Plau, Warin und die Stadt und Land Krakow.

In Niedersachsen oder Lauenburg.

Bandekow, Bartholz, Berensdorf, Besenthal, Brodesende, Drüsing, Dargenow, Goldensee, Gottin, Grambeck, Gudow, Holdenbeck, Küsen, Kampenwerder, Kerseme, Landsaße, Lassan, Lehsten, Marschacht, Müssen, Nürsan, Preten, Rosenthal, Gr. und Kl. Salm, Santekow, Segran, Sophienthal, Stintenburg, Trounekow, Vehmer, Walow, Wasserkrug, Wehningen, Wozete, Zernekow.

In Holstein.

Gr. Brode, Clausdorf, Emkendorf, Godens- oder Qualendorf, Haseldorf, Kähren, Lörsdorf, Ottmarschen, Rettwisch, Satjewitz, Siggen.

In Bremen.

Borstel, Buxsfleth, Städtlein Horneburg.

In Lüneburg.

Abbensen, Bellow, Beienrode, Bredenbrock, Brest, Chumelow, Dannenberg, Esserrose, Gartow, Göddenstätt, Gorz, Hillerße, Hitzacker, Sohne, Jagendorf, Jasebeck, Krummenbick, Langendorf, Leuben, Marschacht, Marwarf, Melenen, Plaumenbaum, Poplow, Plessow, Ribbensen, Ritze, Röhrstibbe, -kütten Sachow, Schatzke, Schmarsow, Städtlein Schnakenburg, Selze, Walmsdorf, Wahle, Wenzow, Wolfsthal, Worken, Zetow, Zezer.

In Braunschweig.

Gr. und Kl. Brunsrode, Schliestätt.

Im Hessencasselschen.

Lüderbach.

In Halberstadt.

Ermsleben.

In Magdeburg.

Städtlein und Amt Obssfeld oder Debsfeld.

In Mansfeld.

Großörner, das Amt Helmsdorf, das Unteramt Schrapelau, Stebern.

In Thüringen.

Ober- und Unterschloß Bayernaumburg, nebst 6 dazu gehörigen Dörfern; Coschin, Ganglofsommern, Sotterhausen, Amt Stapelburg in der Grafschaft Wernigerode, Wallhausen.

In Sachsen.

Gr. Bößna, Schnaditz.

In Schlesien.

Briese, Canitz, Urskau.

In der Mark Brandenburg.

Neuen-Buchholz, Falkenberg, Frankenberg, Glesfeldorf, Herzfelde, Krumlau, Lichterfelde, Luchsfeld, Neuburg, Quitzöbel, Schönberg, Lütten-Schwechten.

In Pommern.

Bukow, die Stadt und Herrschaft Loitz, Papenhagen, Plumendorf, Vogtshagen.

In Preußen.

Schätzels.

In Curland.

Abaushof, Bassen, Dondangen, Schouden, Ugahlen, Zierau.

In Schweden.

Broo, Otagh, Wartoffe-Harad.

In Dännemark.

Agrupgaard, Andrupgaard, Engelstätt, Fritzholm, Ladeholm, Lage, Londenis, Mußberg, Ribbegaard, Roselund, Schmistrup, Sternholm, Thestrupgaard.

((YYYY

Aus der Familie von Bülow sind gewesen:

Bischöfe	5
Pröbste	9
Dechanten	4
Cantor	1
Domherrn	20
Archidiaconus	1
Prediger	2
Land-Comthur	1
Comthure	4
Aebtissinn, Priorinnen, Domina	9
Ritter	45
Ordens-Canzler	1
Castellane	2
Reichsräthe	2
Statthalter	3
Geheimer Etats- und Kriegs-Minister	1
Geheimer Conferenz-Minister	1
Geheimer Conferenz-rath	1
Geheimeraths Präsident	1
Geheimeräthe	29
Etatsrath	1
Landräthe	21
Landmarschälle	9
Gesandten	3
Legationsrath	1
Ober-Kammerherr	1
Ober-Hofmarschälle	2
Ober-Hofmeister	1
Ober-Hofmeisterinn	1
Ober-Jägermeister	1
Oberstallmeister	3
Oberforstmeister	1
Kammerherrn	14
Hofmarschälle	6
Mundschenk, Polnischer	1
Oberschenk	2
Jägermeister	2
Hofmeister	4
Forstmeister	1
Stallmeister	8
Kammerjunker	11
Großvögte	4
Cammerpräsident	1
Oberlandbrost	1
Oberhauptleute und Landdrosse	8
Geheime Cammerräthe	5
Berghauptmann	1
Amtmänner, Dänische	7
Schatzräthe	9
Drosse	3
Vögte oder Amtshauptleute	19
Stifts- und Klosterhauptleute	4
Deichhauptmann	1
Hofrichter	4
Oberappellationsräthe	2
Obergerichtsrath	1
Hof- und Landgerichts-Assessores	5
Regierungsräthe	5
Justiz- und andere Räthe	4
Consistorialrath	1
Doctor juris	1
General-Feldmarschall	1
General-Feldzeugmeister	1
General der Infanterie	2
Generallieutenants	4
Generalmajors	11
Obersten	14
Oberstlieutenants	17
Generaladjutanten	4
Majors	38

ZZZZ

ZZZZ
Register
über alle in diesem Werke vorkommende adliche Familien.
it. bedeutet: abermal oder öfterer. B: Beylagen.

Aa, von der, B. 34.
Adelips oder Adelepsen, 172. 222.
Adram oder Adrum, B. 90. 97. it.
Ahlfeld, 82. 187. it. 194. 196. 197. 205. 206. 223. B. 95.
Ahlmann, 170.
Alkun oder Alkün, 61. B. 22. 24.
Alvensleben, 115. 118. 158. 161. 162. 163. 165. it. 177. 190. 217. B. 12. 64. 66. 89. 91. 99.
Appelgard, B. 95.
Arenstorf, B. 91. 98. 99.
Arendswald, 205.
Arnim, 61. 140. 159. 184. it. 187. 191. 210. 218. B. 54. 76.
Ascharie, Graf, B. 2.
Aschersleben, B. 99.
Asseburg, 112. 163. 167. 169. it. 205. B. 67.
Aversberg oder Auersberg, 191.
Axekow, B. 14. 24. 35.
Baad, B. 36.
Babbe, B. 24. 35.
Babzin, B. 91. 99.
Baggendorf, B. 3.
Ballig oder Balge, B. 89. 90.
Bardeleben, 95. 163. 177.
Barnesleth, B. 91. it. 92.
Barnekow, 44. 60. 61. 62. 65. 75. 120. 199. B. 2. 7. 11. 14. 23. 24. it. 27. it. 31. 32. 36. 46. 48. 80. 88.
Barner, 126. it. 127. it. 146. 161. 196. 199. B. 88. it. 93. it. 94. it. 97. 98. 99. it.
Barnevot oder Barvot, B. 26.
Barnewitz, 92. 101. B. 98.
Barold, 164. 199. B. 50. 91. 96. 97. 99.
Barsdorf, 101. 105. 175. B. 99.
Barsewisch, 119.
Bartensleben, 115. 167. 222.
Bartolini, 102.
Basse oder Barse, 191. B. 36. 40. 80. 82. 89. it. 90. 94.
Bassewitz, 55. 87. 90. 96. 98. 106. it. 121. 122. 126. 128. it. 131. 134. 135. 138. 153. 162.

165. 189. it. 196. it. 203. 214. B. 40. 41. 42. 50. 51. 52. 81. it. 90. 91. it 94. it. 97. 98.
Beck, 101. 105.
Behr oder Beehr, 14. 91. 93. 109. 116. 124. 130. 131. it. 139. 142. 155. 156. 180. 181. 202. 208. 216. 219. 221. B. 23. it. 37. 90. it. 92. it. 94. 96. 97. 98.
Bekendorf, B. 88. 94.
Below, 127. 138. 139. 158. it. 199. 220. B. 80. 81. it. 91. 92. 93. 98. it. 99. it.
Benzin, 46.
Berbisdorf, 118.
Berchteheide oder Bergheide, 61.
Berge, von dem, 98. 159. 217.
Bergern, 95.
Berkentin, f. Perkentin.
Berkhan, B. 24.
Bernstorf, 90. it. 94. it. 99. 131. 164. 182. 193. it. 202. B. 75. 76. 95.
Berschau, B. 4.
Beschwitz, 169.
Beutwitz, 224.
Beverneß, 107. 158. B. 90. 97.
Beyenfeld, B. 32.
Biberstein, 185.
Bibow, 62. 73. 100. 146. 158. 198. 221. B. 2. 20. 22. 29. 35. 89. 90. it. 92. 94. it. 99.
Bielke, 76.
Bila, 25. 111. it.
Bilde, B. 36.
Bildebere, B. 36.
Bilow, 25. 90.
Bischwang, B. 89. 91. 95. it.
Bismark, 166. 170.
Blankenburg, 99. 157. B. 92. 99. 100.
Bläuer, 76.
Blickenschild, 102. it.
Blitzkow, 70.
Blome, 98. 205. B. 95. it.
Blücher, 61. 96. B. 7. 28. 82. it. 88. 89. it. 90. 91. it. 93. 95. it. 96. it. 97. 98. 99.
Blumenthal, 90. 175. 194. 222.
Bobard, 87.

Bock

Bock von Erleburg, 220.
Bodek, 182.
Bodendyk, 168. 184. 187. B. 63. it. 69.
Boghenne oder Bujenne, B. 30.
Bolte, B. 36.
Bonsack, 56. 70. it. B. 37. 38.
Bork, B. 27.
Borne, von dem, B. 34.
Bornefeld, 211. 213.
Borstel, 111.
Bosell, 26.
Both, 92. 95. 135. 142. 144. 193. 198. B. 10. 81. it. 89. it. 95. it.
Bothmar, 88. 137. 223. Graf, 143. it. 180. 183.
Boye, 94. 195.
Brade, B. 36.
Bralsdorf, B. 89.
Brand, 160. 194.
Brand von Lindau, 155.
Braun, 130. 160.
Bredentin, 53. 55. 57. 71.
Bredow, 108. 157. 177. 178. 219. B. 91.
Breide, B. 36.
Breitenbach, 172. it. 222. it.
Breno, B. 14.
Britzkow oder Brütschow, 77. 121.
Brocke, von dem, B. 28. 30. 89.
Brockdorf, 131. 146. 194. 221.
Brockwald, 76.
Brück, 120. 210.
Brüggemann, 102. 105.
Brusehaver, B. 88.
Buch, 186. 199. B. 15. 24. 29.
Buchwald, 80. 86. 95. 103. 144. 173. 192. 196. 201. it. 220. B. 24. 26. 32. 36. 89. 94. 95. it.
Buck, B. 27.
Buckenheim, 204.
Bülow, die Merkwürdigsten sind: Gottfried, Ritter, ungezweifelter Stammvater, 36. Gottfried, B. zu Schw. 40. Ludolph, B. zu Schwerin, 46. Hinrich, Bisch. zu Schwerin, 50. Hinrich auf Plüskow, ein tapferer Ritter, 57. Hinrich, Probst zu Schwerin, 60. Dankward, Ritter, 61. Friedrich, Bischof zu Schwerin, 65. Hinrich Grotkop, Ritter, 71. Anna, Aebtißinn zu Wadstena, 19. 24. 77. Hartwig, Mekl. Rath und Landrath, 81. Hans, Mekl. Landrath, 82. Hartwig, Dechant zu Ratzeburg, 82. Matthias, Landrath, 83. Bartold, Mekl. Geh. Rath, 85. Detloff, Dechant zu Ratzeburg, 89. Bartold Hartwig, Schwedischer General, 89. Bartold Cuno, Dän. General und Ritter, 94. Ernst Gottschalk, Dän. General, 94. Friedrich Wilhelm, Kais. General und Ritter, 98. Carl Leopold, Hessischer General, 98. Adam, Mekl. Geh. Rath und Hofmarschall, 98. August, Mekl. Landrath, 99. Christoph Hans, Brem. Geh. Rath und Probst, 100. Joachim Christoph, Dän. Oberhofmarschall, 102. Bartold, Mekl. Geh. Rath. 103. Adam Henning, Mekl. Geh. Rath und Landrath, 103. Carl August, Prediger zu Rostock, 103. Adam Henning, Mekl. Landrath, 104. Carl Ulrich, Dän. General, 106. Hinrich, Doctor und Probst, 107. Julius, Statthalter zu Zelle, 111. Anton Wolf, Archidiakonus zu Dannenberg, 114. Friedrich Wilhelm, Preuß. Geh. Rath, 119. Anna Leveke, Domina zu Dobbertin, 131. Vicke, Mekl. Landrath, 137. Hinrich, Dechant zu Schwerin, 138. Johann Albrecht, Preuß. General und Ritter, 140. Christoph Carl, Preuß. General und Ritter, 140. Hartwig, Mekl. Landrath, 142. August Friedrich, Kais. General, 143. Cord Detloff, Mekl. Landrath, 144. Reimar Hans, Dän. General, 146. Engelke, Dän. Hofmarschall und Ritter, 146. Hans Hinrich, Dän. Geh. Rath und Ritter, 147. Hardenack Heidenreich, Dän. General, 147. Ludwig Wilhelm, Dän. Geh. Conferenzrath und Ritter, 148. Levin, Poln. Geh. Rath. 151. Friedrich Gotthard, Poln. Geh. Conferenz-Minister, 155. Friedrich, Kais. Generalfeldzeugmeister und Ritter, 156. Vicke, Brand. Geh. Rath und Ritter, 161. Werner, Ritter, 176. Franz, Dän. General, 177. Joachim, Lauenb. Landrath, 178. Friedrich, Statthalter, 178. Joachim, Lauenburgscher Landrath, 179. Jacob, Dänischer General, 180. Otto Diedrich, Land-Commenthur, 181. Joachim Werner, Lauenburgscher

enburgscher Hofrichter und Landrath, 181.
Detloff, Kammerherr und Landrath, 183.
Friedrich, Mekl. und Braunsch. Geh. Rath,
184. Diedrich, Bischof zu Lebus, 185.
Hans, Mekl. Gesandter, 188. Vicke, Mekl.
Geh. Rath, 197. Cuno Hans, Mekl. Land-
rath, 200. Bartold, Würtemb. Geh. Rath
200. Otto Friedrich, Dän. General, 201.
Paul Joachim, Geh. Raths-Präsident, 205.
Joachim Hinrich, Geh. Rath, Großvogt und
Ritter, 206. Cuno Josua, Generalfeld-
marschall, 206. Ernst August, Graf, Ober-
Kammerherr und Ritter, 206. Thomas
Christian, Dän. General, 207. Friedrich
Ludwig Ernst, Kammerherr und Ritter, 209.
Wilhelm Diedrich, Preuß. Staatsminister,
209. Friedrich, Preuß. Geh. Staats- und
Kriegsminister, 209.
Bünau oder Bünow, 175. 178. 185. B. 91.
Büßow, 222. B. 90. 97.
Bugenhagen, B. 27. 34.
Bulow oder Buchow, B. 4. 27.
Bunkenburg, 125.
Burgs- oder Borgsdorf, 95. 185. B. 87.
Busse, 138.
Busch, von dem, B. 76.
Buter, B. 90. 92.
Buwinghausen, Baron, 164.
Byensleth oder Beyensleth, B. 34. 35.
Campe, 64. B. 10.
Carifien, 213.
Carlow, s. Karlow.
Casarotti, 143.
Castel, Graf, 218.
Clausen, 212. B. 98.
Clausenheim, 109.
Clawe, B. 4. 24.
Cölln, 82. 138. it. 139. it. 154. 157. 158. it.
B. 90. 96.
Cölpin, B. 2. 92.
Cono, B. 29.
Cordshagen oder Cordeschlagen, B. 89.
Cowale, B. 2.
Cramm, 88. it.
Cramon, 43. 45. 84. it. 141. 151. 158. 172.
211. it. B. 7. 8. 13. 88. 94. it. 96. 97. 98.
Cröpelin, s. Kröpelin.
Crummesse, s. Krummesse.
Dachenhausen, 208.

Dänhof, 152. 155.
Daldorf, 81. 85. 159. 179. B. 76. it. 93.
Dallwitz 163.
Dambeck, 137. B. 7. 32. 36. 89.
Damm, 211.
Dannenberg, 84. 85. 142. 183. 192. B. 39.
Danneskiold Lauerwig, 209.
Darre, B. 36.
Dassel, 95.
Dassow, B. 95.
Dechow, B. 6.
Decken, von der, 86. 114. 217. 219.
Degerde, B. 34. it.
Degink, 160. 161.
Demereß, 158.
Denelen, 117.
Dessin, 103. 135. 142. 173. 221. 223. B. 91.
it. 95. 96. it.
Dewiß, 44. 46. 61. 99. 153. 190. 215. B.
13. 24. 26. 30. 36. 81. 92. it. 100. it.
Dieskau, 93.
Dirkow, B. 52.
Ditten, B. 89. 96.
Dißhausen, genannt Elingen, 142.
Dobrcofsky, 135.
Dodell, B. 36.
Dören, B. 92. 99.
Döring, 91. 215.
Dombrock, 193.
Donner, 195. B. 100.
Dotenberg, B. 27.
Dreger, B. 95.
Drieberg, 61. 91. 92. 106. 123. 126. 146.
164. 172. 194. 201. 202. it. 219. 223.
B. 88. 89. 90. 93. 97.
Droste, B. 23. 26.
Dün, B. 35. 36.
Dybow, B. 12.
Eberstein, 76. 119.
Eger, 139. B. 54.
Eichstedt, 157.
Einem, B. 100.
Einstedt, 76.
Eklensöede, B. 9.
Elbingen, 222.
Elvers, 159.
Elzner, B. 76.
Ende, 117.
Enkefurt, Graf, 89.

o 4　　　　　　　　　　　　　　Erskin,

Erskin, 175.
Estorf, 103. 172.
Ewald, 103.
Fabrice, 195.
Fago, B. 15.
Fahrenholz, B. 92.
Falk, B. 36.
Feldberg, B. 92.
Ferber, B. 100.
Fin, B. 93.
Finck, 129. 134. 191. 223. B. 8. 89. it. 90. it. 92. 96. it. 99.
Finkh, 217.
Firks, 156.
Fleckenbühl, 222.
Flemming, B. 36. it.
Flindt, 212.
Flotow, B. 90. 91. 96. 99.
Forestier, 140.
Forstner, Baron, 28. 95.
Freyberg, B. 91. 98.
Freyburg, 104. 148.
Freywald, B. 87.
Froideville, 117.
Fuchs, B. 92.
Fürtenheim, 220.
Fulle 221.
Gadow, B. 98.
Gaisberg, 97. 220.
Gamm, 59. B. 2. 91. 98. it.
Garstenbüttel, 112.
Gast, 160.
Gattenhofen, 170.
Geismar, 142.
Genzkow, B. 92. 99. it.
Gerdes, 144. 221.
Gersdorf, 102.
Giedden, 193.
Glabatze, B. 89.
Gladenbeck, 168.
Glandorf, B. 23.
Glob, B. 36.
Glöde, 99. 201. B. 92. 99. 100. it.
Godebuz oder Gadebusch, 34. 35.
Godenschwege, B. 31.
Godow, B. 26.
Göcksholm, 76. it.
Göden, Baron, 147. 215.
Görne, 87. 219.

Görz 95. B. 76.
Götze, B. 99.
Goldenbage, B. 91.
Goldoge, B. 10.
Golte oder Galte, B. 89.
Grabow, 105. 107. 126. 190. B. 4. 91. 92. 93. it. 94. 96. 99.
Grävenitz, 120. B. 96.
Grambow, 138. 146. 220. B. 98.
Greifenhaupt, oder Gryp, 30. 76. it.
Greifenkranz, 25.
Grelle, B. 94. it.
Gremsleben, 111.
Griesheim, 168. it. 169. 170. it.
Gristow, 195.
Gronow, B. 26. 29.
Grote, 90. 145. 180. 204. 206. 207. 208. B. 69.
Grubbe, 101. it. 212.
Grünberg, 119.
Grumlau, 120.
Gude, B. 29.
Güldener, B. 95.
Gülen, B. 95.
Gülik, 138.
Günterode, 113.
Gütschow, B. 2.
Gustedt, 114. it. 170. 201.
Gustekow, B. 5. 7. 9. it. 10.
Hackel, B. 36.
Hagen, 116. 119. 153. 204. it. 211. B. 32. 89. 91. 95. 98.
Hagen, sonst Geist, 159. 169.
Hagenow, 199. B. 32. 34. 35. 81. 91. 93.
Hahn, 64. 108. 138. 153. 156. 157. 161. 162. 172. 189. 197. 200. 216. 217. it. 223. B. 2. 90. it. 91. it. 92. 98. it. 99. it. 100.
Haack oder Hak, 119. it. 202. 221. B. 98.
Halberstadt, 82. 98. it. 105. 131. 153. 172. 196. 199. 211. 224. B. 32. 35. 80. it. 81. it. 88. 89. 93. it. 95. it.
Hammerstein, 164.
Hanensagel, B. 24.
Hanensterd oder Hanenstede, B. 7. it.
Hardenberg, 115. 162. 167.
Hardenack, B. 22. 64. 31.
Haren, 113.
Harling, 113.
Harras, 119.

Hasenkopf,

Hasenkopf, 43. 61. B. 13. 17. 22. 24. 32. 35.
Hasse, B. 35.
Hattorf, 204. it.
Haßfeld, 169.
Haus, 161. 167.
Harthausen, 105. 106. 114. 148. it. 221.
Hegendorf, B. 36.
Heidebreck, B. 92.
Helpede oder Helpte, 44. B. 24. 26. 27. it. 92.
Hering, 201.
Heukendorf, B. 32.
Heyn, B. 34. 89.
Hildemer, B. 7.
Hitzacker, 93. B. 25. 26.
Hobe, 99. 108. 164. 198. B. 90. it. 97. it.
Hodenberg, 82. 88.
Höfisch, 203.
Hoegh, 193.
Hoge, B. 24. 37. 90.
Hoinkhusen, 15. u. f. f.
Holle, 180.
Holstein oder Holst, 98. 101. it. 106. 154. 173. 209. 219. 220. B. 81. 90. 92. 96. it. 98. 99. it.
Holtdorf, B. 2.
Horn, 162. B. 27.
Hoymb, 113. 204.
Hude, B. 12.
Hugo, 145.
Hünike, 219. B. 97. 99.
Huitfeld, 49.
Husan, 124. 125. it. B. 95.
Husen, B. 36.
Jagow, 80. 114. 164. it. 165. 166. 170. B. 12.
Jahne, von der, B. 81. 88. 96.
Janke, 52.
Jasmund, B. 34. 100.
Jarheim, 176. 224.
Jeetz, 166.
Jessewitz, 122.
Jettenbrock, 111.
Jlenfeld, B. 92. it. 99. it. 100.
Jlten, B. 76.
Jörk oder Jork, 110.
Jühlen 119.
Juel, 118. 148.
Kaas, 105. B. 36. it.
Kachowsky, 89.
Kalebus oder Kalbutz, 166. 222. B. 32.

Kaland oder Kahlen, 159. B. 91. 98.
Kalendorf, B. 36.
Kalkreuth, 115. it. 117. 169.
Kalniack, 140.
Kalsow, 45.
Kaltenhof, 103.
Kamptz, 127. 221. B. 91. it. 96. it. 98. 99. it. 100.
Kapaun von Quitzow, 112.
Kardorf oder Kerkdorf, 122. 128. 129. 148. 151. 157. 158. 160. 219. B. 27. it. 30. 90. it. 93. 94. 97. it.
Karlow, 53. 54. 67. 79. B. 20.
Kastorf, B. 91.
Kastow, B. 91.
Kehl von Kehlsburg, 143.
Kerberg, 198. B. 91. 94. 98.
Kerkdorf, f. Kardorf.
Ketelhodt, 45. B. 8. 98.
Kettenburg, 133. 135. 136. 187. 200. 215. B. 97.
Kettler, 155. 156.
Kielmannsegg, Graf, 207.
Kiepe, 202.
Kiebot, 201.
Kleinow oder Klenow, 198. B. 88. 99.
Klenken, 146. 203.
Klitzing, 152. 164. 170. 198.
Kloßen, 209.
Klützow, 99.
Knesebeck, 114. 162. 163. 174. 212.
Knigge, 204.
Knope, 61. B. 26. 36.
Knuth, B. 91. 98.
Köhler, 140.
Kölewe, B. 27.
König, 203.
Königsmark, 73. 111. 175. B. 38.
Köhler oder Köstler, 152.
Kohlhans, 86.
Kolditz, 164.
Kolvenacke, 58.
Koppelow, 160. 172. B. 88. 96. it.
Korf, 155.
Kornberg, 205.
Koßboth, 37. 195. B. 91. 96. it.
Kosse, 109. B. 43. 91. it. 96. it. 97. it. 98. 99.
Kowe, B. 24.

P   Kracht

Kracht, 201. 218.
Krackwitz, 133. 223.
Kran, B. 61.
Kratze, B. 92.
Krause, 125.
Kröpelin, 64. B. 22. 90. 91.
Krohn, 82. 158.
Kroseck oder Krosigk, 82. 168. 169. 209.
Kruge, B. 12. 36.
Krüseke, 222.
Krummendick, 76. 77.
Krumniesse, B. 2. 26. it.
Kruse, B. 91. 98. it.
Kulbus, B. 35.
Kule, 61. B. 24. 25. 26.
Laignac, Baron, 208.
Landsberg, 117.
Landwedel, B. 2.
Lanken, B. 96. 97.
Lankow, B. 91.
Lasbeck. B. 26.
Lasson, 147. 210.
Lebbin, B. 92. 100.
Lepsten, 87. 95. 108. 125. 193. 198. B. 49. 90. 96. 97. it.
Lepel, 151. 200. 211. it. B. 27. it. 93. 98. 100.
Lerche, 212.
Levetzow, 84. 92. 95. 106. 134. 158. 192. it. 195. 215. 221. B. 90. 91. 97. it. 98. it.
Levens, 213.
Lichtenstein, 97.
Liebenstein, 220.
Lieth, von der, 86. 219.
Lindbeck, B. 36. 88.
Lindheim, 204.
Linker, 140.
Linkhof, B. 34.
Linstow, 99. 105. 151. 154. 165. B. 91. it. 96. it. 97.
Lippe, von der, 219. B. 100.
Lissow, 163.
Litzky, 160.
Lode, B. 3. 27.
Lohe oder Loe, 198. B. 24. 27.
Löbel, 155.
Löben, 163.
Loen, L. 3. 14. 27.
Löhneisen, 117.
Löwe, 101.

Löwendahl, 201.
Löwenhaupt, 76.
Löwenhelm, 102. it. 103.
Löwitz, B. 24.
Loheim, Baron, 76.
Lossow, 130. 138. B. 97. it. 98. it.
Leydt, 201.
Lübbersdorf, B. 92. 99. 100.
Lübke, B. 24.
Lübzin, B. 9. 10.
Lück, 101. B. 36. it. 91. 98.
Lüderitz, 154. 166.
Lühe, von der, 83. 86. 92. 94. it. 99. 100. 103. 123. 124. 126. 128. 129. it. 130. it. 132. 133. 144. 145. 148. 151. 153. 159. 160. 163. 179. 180. 182. 183. 190. 192. 194. it. 200. it. 201. it. 202. 211. 217. it. B. 24. it. 26. it. 27. 36. it. 41. 44. 48. 89. 90. it. 93. it. 94. it. 97. it.
Lüneburg 183. 211.
Lütke, 87.
Lüttichau, 106.
Lützelburg, 220.
Lützow, 44. 60. 82. it. 84. 85. it. 91. 92. 99. 101. 103. 104. 114. 144. 165. 167. 188. 191. 194. it. 199. 211. 213. it. 215. 216. 220. B. 11. 14. 23. 24. 26. it. 27. 32. it. 34. 35. it. 36. it. 37. 40. it 78. 80. 81. 88. it. 89. it. 90. 94. it. 95. it. 98.
Majorke, oder Mejorke, B. 30.
Mallin, 69.
Maltitz, 128.
Mandelsloh, 83. 166. 216. 222. B. 86.
Manteufel, 44. 138. B. 27. 92. it. 99. it.
Marconnay, 208.
Marenholz, 163.
Marschalk, 110. 116.
Marwitz, 95.
Maydel, 153. 155. it.
Medingen, 214.
Meerheimb, Baron, 102. 136. 145. 147. it. 220.
Meiersdorf, B. 26.
Meitze, von der, 139. B. 54.
Mellentin, Baron, 90.
Melzing, 180.
Menz, B. 90.
Mewes, B. 99.
Minningerode, 111.

Mirbach.

Mirbach, 155.
Möllendorf, 120. 126. 137. 138. 167. 168. B. 91. 93.
Mörder, 191. 195. B. 81.
Moltke, 44. it. 56. 58. 60. it. 61. 74. 83. 104. 105. 127. 136. 216. 223. B. 4. 24. it. 26. it. 27. it. 35. it. 36. it. 40. 80. 81. 90. it. 93. it. 94. it. 97. it. 98.
Molzahn, 12. 39. 69. 73. 82. 92. 98. 101. it. 110. it. 124. 127. 128. 141. 151. 157. 158. 159. 162. it. 177. 178. 184. 189. 198. 215. 216. 220. B. 5. 9. it. 10. 38. 61. 90. 91. it. 92. it. 93. 95. 96. 97. it. 98. it. 99.
Morin, 222. B. 91. 98.
Mosenkrone, 102.
Morswin, 101.
Muckershausen, 117. it. 118.
Müller, 160.
Münchhausen, 59. 97. 178. 205.
Münchingen, 97. 220.
Münkwitz, 115.
Münster, 109.
Mül, B. 15. 29.
Narding, 98.
Natt, von der, oder von Dernath, Graf, 183. 223.
Negendank, 44. 58. 79. 82. 85. 91. it. 142. 144. 147. 182. 183. 196. 200. 213. 219. B. 20. 24. 26. 28. it. 32. it. 34. 35. it. 36. 40. 81. 82. 89. 95. it.
Neuendorf, 169.
Neukirchen, 56. B. 27. 88.
Rimpsch, 84.
Normann, 97.
Nortmann, 67. 106. B. 41.
Nositz, 128.
Oberg, 163. B. 89.
Oerzen, 84. 92. 97. 105. 124. 134. 136. it. 145. 150. 154. 158. 182. 183. 184. 192. 193. 194. 195. 200. it. 214. 220. 224. B. 22. 36. 42. 80. it. 81. it. 89. 90. 92. it. 93. it. 94. 95. 100.
Ohr, 210.
Olbreuse, Graf, 208.
Oldenburg, 100. 108. 123. 124. 150. 157. 165. 191. 220. B. 40. 62. it. 90. it. 96. it. 97. it. 100.
Oldenfleth, B. 92. 97. 102.

Osten, von der, 101. 180. 197. B. 27. 36. 91. 96. it. 97. 99.
Osterwald, B. 92.
Overberg, B. 90.
Ove, 106. B. 36.
Pape, B. 92.
Parow, B. 30.
Passow, 126. 201. B. 88. 90. 91. it. 96. 97. it.
Peccatel oder Piccatel, 59. 109. 154. 158. B. 81. 92. it. 94. 99. it.
Pederodorf, 134. 172. it. 212. 222. 223.
Pelet, 120. 140. B. 54.
Penz, 15. 26. 80. it. 82. it. 83. 84. 85. it. 86. 90. 92. it. 93. it. 94. 95. 99. it. 110. 124. 153. 164. 187. 190. 192. 215. B. 20. 27. 32. 36. 40. 89. it. 90. 91. 93. it. 94. 95. it. 96.
Perdöl, B. 27.
Perkentin, 54. 58. 61. 82. 91. 149. 159. 179. 181. 182. 191. 196. 199. 224. B. 2. 20. 26. 32. it. 36. it. 40. it. 80. it. 81. it. 89. it. 94. 95.
Petersen, 212.
Pflug, B. 34.
Pfuel, 96. 168. 178.
Pibrac, 208.
Pich, B. 36 it.
Pinnow, 76. B. 98.
Piccasi Soldat, 132. it. 221.
Platen, 81. 95. 123. 130. 167. 190. 207. B. 89. 92. 99.
Plessen, 15. 26. 41. 44. it. 46. 58. 61. 79. 81. it. 85. 86. 88. 90. 93. 94. 96. 125. 131. it. 140. 141. 144. 146. 151. 158. 188. 189. 190. 191. 194. it. 195. it. 196. it. 197. 198. 203. it. 211. 221. 222. B. 7. 11. 22. it. 23. 24. it. 26. it. 27. it. 32. it. 35. it. 36. it. 40. it. 48. 62. 78. 80. it. 81. it. 82. it. 88. it. 89. it. 90. 91. 93. it. 94. 95. it. 96. 98.
Plininghen, 220.
Plöne, B. 27.
Plönnies, 197.
Plote, B. 13.
Plotho, 111. 155. 157. B. 66.
Plüskow, 41. 87. it. 96. 136. 144. 193. 220. B. 2. 36. 80. it. 82. 89. 95.
Poggwisch, 76. 192. 198.
Ponte, B. 7.

Pottrie,

Pottrie, de la, 208.
Preen, 44. 57. 86. 106. 109. it. 110. 124. 128. 139. 141. 158. 189. 197. 220. B. 7. it. 24. it. 26. it. 27. 32. 36. 42. 80. 82. 88. 89. it. 90. it. 91. it. 93. 94. it. 98. 99.
Pressentin, 135. 137. it. 160. 200. B. 37. 62. 80. 82. 86. 94. it. 97. it.
Prezele, 74.
Prignitz, B. 91. 92. it. 98. it. 99.
Pritzbuer, 16. 172. B. 96. 97. 98.
Puffendorf, 152. 169.
Putbus, 35. B. 3. 36. it.
Putlitz, Edle von, 57. 75. 151. 164. 200. B. 12.
Pyl. B. 28.
Qualen, 206. 207.
Quitzow, 68. 98. 113. 119. 124. 184. 199. it. B. 7. 24. 32. 88. 89. 92. 95. it. 96.
Rabe, 105. 148. 212. 219. 221. B. 89. 93. it. 94.
Rachow, B. 97.
Raden, 169. 212.
Radenburg, B. 99.
Ramel, 54.
Ranzow, 68. 100. 177. 183. 201. 207. 211. it. B. 87.
Ratzeburg, B. 2.
Ratzen- oder Rotzenhausen, B. 86.
Ratlow, 181. B. 86. it. 87.
Raven, 61. B. 26. 32.
Rauchhaupt, 165. it. 166. it.
Rauter, 88. 155.
Reck, 153.
Reckentin, B. 96.
Reder, 165.
Reichow, 212.
Reinbeck, 209.
Reßdorf oder Reßdorf, 84. 86. 108. 132. 137. 141. 166. it. 198. 222. it. B. 38. 61. 81. 82. 86. 88. 91. 93. it. 94. it. 95. 96. it. 98. 99.
Rettberg, Graf, B. 23.
Retzow, B. 91. 98. it.
Reventlau, 124. 129. 131. 135. 138. 139. it. 142. 144. 146. 183. 192. 195. 196. 221. 223. B. 24. 90. 94. it. 95. 97. it. 100.
Ribbeck, 116. B. 97.
Rieben, 133. 160. B. 2. 92. 100. it.
Riterow, B. 15. 26. 29.
Rochow, 75. 119. it.

Rockenburg, B. 36.
Rockhausen, 170.
Röbel, B. 28.
Röggelin, B. 24.
Römer, B. 36.
Roepsdorf, 148.
Rode, B. 34. it. 35. 36.
Rohr, 127. 150. it. 175. 177. 184. 188. B. 69. 88. 91. 92. it. 96. it. 98. it.
Rosenkrantz, 187.
Rosenörn, 146.
Rosenthal, B. 11. 14.
Rosike, B. 91. 98. 99. it.
Rote, 88.
Rothenstein, 221.
Rothleben, 125.
Rothschütz, 176. 224.
Rud, B. 36. it.
Rühlfeind, 123.
Rütze, B. 24.
Rüse, B. 2.
Rumohr, 95. 106. 197. 223.
Rumpshagen, 100.
Sacken, 153. 155.
Sala, Graf, 97. 215.
Saldern, 46. 167. 217.
Salom, B. 98.
Salvius, B. 45.
Samitz, 105.
Schacht, 104.
Schack, 84. 85. 89. 91. it. 94. 124. 126. 141. 144. 193. 194. 211. B. 26. it. 29. 89. 93. 94. it.
Schanzen, B. 89.
Scharfenberg, 71. 73. 190. 198. 199. B. 26. 28. 36. 81. 95.
Scheel, 93. 101. 102. 220.
Schenk, 161. 163.
Schenkel, 94. 108. B. 36. 61.
Schevenbach, 147.
Schindel, Graf, 94.
Schickow, 155.
Schlegel, 170.
Schleppegrell, 223.
Schlieven, B. 23.
Schlippenbach, Graf, 90.
Schlublatt, 140.
Schmalensee, 203. it.
Schmecker, 123. 187. 189. B. 24. 26. 53. 90.

Schmeling.

Schmeling, B. 99.
Schmiterlow, B. 99.
Schnackenburg, B. 2. 4. 35.
Schöller, 102. 143.
Schönau, B. 91. 96.
Schönberg, 62. B. 89. 92. 93. it.
Schönborn, 224. B. 85.
Schöneich, B. 80. 81. 89.
Schönfeld, 61. 168. 204. B. 26. 34.
Schönfels, 169.
Schorteke, B. 26. it.
Schöße oder Schösse, 58. 137. 141. B. 20.
Schrader, 215.
Schrader-Schliestät, 147.
Schroeder, B. 37.
Schulenburg, 112. 113. 116. 119. 161. 164. 166. 168. 170. 175. 177. 178. 184. it. 209. 217. 221. B. 64 it. 69. 78. 87. 94.
Schulte, 179. 184.
Schulze, 219. 221. 222.
Schurz, 100.
Schwartebrock, B. 36.
Schwartepape, 53. 74.
Schwarz, 34.
Schwärzel von Rettenberg, 144.
Schwerin, 58. 127. B. 27. 98. 100.
Schwersdorf, 70.
Schwerze, B. 11. 19.
Schwetzin, B. 91.
Schwicheldt, 208. B. 93. 99.
Schwinkendorf, 73.
Schwinga oder Schwingen, B. 4.
Schwisow, B. 32. 36.
See, 122. it.
Seebach, 168.
Seebisch, 208.
Seeherr, 136.
Seiß, 173.
Sieben, B. 94.
Sinike, nicht Söneke, B. 89. 92.
Sittmann, 195.
Schlavkesdorf, B. 3.
Somnitz, 198.
Sparre, 76.
Speckhahn, 212.
Speckin, 128. B. 91. 98.
Sperling, 80. 84. 86. 96. 98. 126. 135. 171. 190. 213. B. 17. 80. 81. it. 88. it. 93. 94. it. 95. it. 96.

Spörken, Baron, 93. 184. 204. 207.
Sprengel, B. 88. 89. 98. 99.
Staar, 84.
Staffeld, 221. B. 99. it. 100.
Stahl, B. 94. 98.
Stalbaum, B. 91.
Stain, 181. B. 73.
Stammer, 184.
Stapler, 111.
Stavenow, B. 12.
Steding, 223. B. 93.
Steinberg, 206. 219.
Steinsdorf, 166.
Stengelin, Baron, 145.
Stengeln, 105.
Stiffer, 221.
Stockfleth, B. 35.
Stockhausen, 87. 219.
Stoieloff, B. 43. 90. 97. 98.
Stolnitz, B. 9. 10.
Storch, 102.
Storm oder Sturm, 44. 61. 148. B. 22. 24. it. 26. it. 27. it. 31. 32. 35.
Stove, B. 26.
Stovzen, B. 29.
Stralendorf, 61. 86. it. 89. 94. 125. 130. 145. 153. 158. 189. 196. it. 200. 203. 222. B. 7. 15. 22. 24. 26. 27. 29. 32. 35. it. 80. it. 81. it. 87. 88. 89. it. 90. it. 93. it. 94. it. 95. it. 96.
Strauß, 169. it.
Streif von Lauenstein, 86.
Streithorst, von der, 159. 169. 170.
Struppe, 202.
Sture, B. 36. it.
Stute, B. 94.
Sukow, B. 24. 26.
Sundershausen, 157.
Taden, 86.
Tatz, 100.
Taube, 140. B. 54.
Tarnewitz, B. 89. 95.
Tepling, B. 92. 100.
Thadden, 169.
Thal, 112.
Thinen, 210.
Thomsen, 204.
Thomstorf, 134. it. 221. B. 91. 99.
Thump von Neuburg, 220.

P 3   Thun

Thun, 172. 195. 198. 222. 224. B. 34. 35. 92.
  97. it. 99.
Tönken, 145.
Tobenschreiber, B. 96.
Toffe, B. 36.
Tenagel, B. 94.
Top, B. 36.
Tornow, B. 92. 100.
Tonzen, 95.
Traan, 101.
Tralow, B. 88. 92.
Travemünde, B. 7.
Treuenburg, 125.
Treutmann, B. 92. 99. it.
Tribbesees, 217.
Tribow, B. 7.
Troschke, 88.
Trosse oder Troste, B. 88.
Trotte, 109. 219. B. 42.
Trottow, B. 35.
Tubal, 169.
Turow, 88.
Tydendorf, B. 24.
Uchteritz, 173.
Uffel, 182. 194. 207. 208.
Uhlefeld, 77. B. 36.
Ummern, B. 31.
Ungerede, B. 2.
Uslar, 119.
Urel, 123.
Valois, 208.
Veldheim, 118. 167. 204. 205. 222. it. B. 64.
Velhenne, B. 36.
Vestring, 105.
Vidarben, B. 27.
Vilitz, B. 13.
Vieregg, 41. 59. it. 66. 80. it. 83. 92. 102. 106. 124. it. 128. it. 134. 136. 146. 153. 157. 165. 192. 198. 215. 221. B. 24. 35. 61. 90. it. 94. 94. it. 95. 96. it. 97. it. 99.
Vietinghof, 161.
Vitzen, B. 36.
Völlersam, 155.
Völschow, B. 32.
Vogelsang, 108. 164.
Vogelsberg, B. 95.
Vogt, 98.
Voß, 96. 126. 194. 220. B. 89. 91. it. 92. 96. it. 98. it. 99. it.

Vring, Baron, 207.
Wachtenfeld, 135.
Wackerbarth, 82. 157. it. 158. 177. 180. 202. B. 26. 72.
Wagell, B. 24. 83.
Wakenitz, 82.
Walde, von dem, B. 27.
Waldenburg, 215.
Walkendorf, 102.
Wallmoden, 88. 118.
Walsleben, 38. 154. 193. 221. 222. B. 93. 99. it. 100.
Wamkow, B. 60.
Wangelin, 138. 147. 153. B. 81. 91. 96. 98. 99. 100.
Wansekow, 55.
Warburg, 17. 100. it. B. 61. 92. 92. it.
Wargus, B. 2.
Warnstedt, 90. 104. 133. 175. 217. B. 81. 82. it. 93. 94. 95. 98.
Wartenberg, 222.
Wartensleben, 175.
Wasa, 76.
Wedel, 159. 169. it. 211.
Wedel-Jarelsberg, 105.
Wekebrod, 199. B. 80. 81.
Weisin, B. 88. 96.
Weißenbach, 127.
Weitersheim oder Wietersheim, 134. 145. 221.
Welze, von der, B. 27.
Welzin, 104. 108. 110. it. 127. 173. 195. 215. 217. B. 62. 81. 91. 92. 96. it.
Wendelbow, B. 36.
Wendhausen, Baron, 127. 131. 134. 147.
Wenkstern, 93. B. 24. 88. 89.
Wense, von der, B. 60.
Westphal, 15. u. f. f. 221.
Werken, 130. it. 221.
Wetberg, 212.
Weuerling, 110.
Weyhe, 80. B. 41.
Wiedemann, 115. it. 144. 169.
Wiese, 118.
Wigendorf, B. 4.
Wichmannshausen, 117. it.
Wildberg, B. 12.
Wildhof, B. 92.
Willig oder Wolich, B. 89.

Wind,

Wind, 212.
Winkel, aus dem, 97. 128. 168.
Winterfeld, 96. 135. 141. 159. 179. 189. 190. 192. 196. B. 88. 94. 95. 96. 97. 98.
Winz, 146.
Wisch, von der, 92. 113. 177. 211. B. 81.
Wittehof, B. 92.
Wittorf, 181. 182. it.
Witzendorf, B. 4.
Wölzow, B. 89.
Wolf, B. 2. 24.
Wolfersdorf, 115.
Wolframsdorf, 128.
Wopersnow, 157. 219. B. 94.
Wotzen oder Wutzen, 107. B. 91.
Woydt, 167.
Woyen, 193.
Wülkenitz, 114.
Wulfrath, 160.
Wurmb, 214.
Wustrow, 162. 184. B. 69.

Ylburg, B. 12.
Zabel, B. 26. it.
Zarn, B. 91.
Zarnekow, B. 92. 99.
Zech, Graf, 117.
Zecher, B. 26. 40.
Zedtwitz, 118.
Zelmer, 135.
Zepelin, 133. 136. 145. 159. 215. B. 26. 51. 90. it. 96. it. 97. it.
Zerbst 205.
Zernin, 64.
Zersen, 112.
Zicker, B. 89.
Zickhausen, B. 33.
Zigeser, 170. 205.
Zodern, 115.
Zweymar, 117.
Züle, 161. 176. B. 23. 26. it. 32. 36. 71. 89. 95. it.
Bülow, 86. 92. 95. 163. 172. 181. 216. 220. B. 20. 89. 93.

Verbesserungen.

Man lese Seite 2, Zeile 26: das. S. 15, Z. 13: sie, nach dem Vorgang des Sohns des gedachten von Hoinkhusen. S. 16, Z. 20: Jargow. Z. 44: als Klävers Verbesserer Jargow. S. 19, Z. 11: Schnabel. Seite 21 gleich oben: statt Namen, Ursprung. S. 25, Z. 23: Sachsen. Z. 37: Curland. S. 28, Z. 12: den 23, April. Z. 14: den 28. Nov. Ein gelehrter Freund, der Amtshalber die alte Zeit, und Tagerechnung genauer nachgesucht, hat mich belehret, daß bey den Ferien der Sonntag oder das Fest allemal mit eingerechnet worden, folglich hier der Mittwoch, und nicht der Donnerstag zu verstehen sey, und berufet er sich besonders auf des Halthausii Calendarium medii ævi. S. 11 und 12. Es sind also auch in der Folge die Schreibetage hiernach hin und wieder zu verbessern. S. 31, Z. 5: MDCLXXIIII. Nach Z. 32: zu Göttingen verewigt die dortige Bibliothek den Bülowschen Namen; Büsching schreibt davon im dritten Bande des dritten Theils seiner Erdbeschreibung p. 258 also: Die Bibliothek zu Göttingen ist in Ansehung der Anjahl, Wichtigkeit und Kostbarkeit der Bücher eine der vornehmsten in Deutschland und Europa. Sie wird die Bülowsche genannt, weil der Grund derselben die Büchersammlung von 8912 Bänder ist, welche der ehemalige Königl. (Großbrit.) Geheimerath, Joachim Hinrich Freyherr von Bülow, hinterlassen, und zum öffentlichen Gebrauch gewidmet hat, und von seinen Erben der Universität geschenkt worden ist. S. 38, Z. 34: Belgard. S. 54, Z. 1: Tom. II. S. 58, Z. 10: vielleicht nackte Kolbe oder Kahlkopf. S. 63, Z. 22: statt nur, fast nur. Z. 23: können. S. 71, Z. 7: den Latemus. Z. 11: an die. S. 77, Z. 9: und ich selbst nunmehro in der von dem Herrn Justizrath Baron von Nettelbladt zu Rostock mir gütigst mitgetheilten genealogischen Chronik, welche Peringschild 1718 in Schwedischer Sprache herausgegeben, gelesen habe. S. 79, Z. 24: statt 60, 61. S. 90, Z. 14: Prötlin. S. 91, Z. 16: add. in marg. 77. S. 92, Z. 4: Elbe. S. 93, Z. 4: Morea. Z. 18: Moljen. S. 94, Z. 20 und 22: sind beyde schon todt. S. 95, Z. 22: Er kaufte 1701 von Johann Wagner 2 freye Höfe zu Zarnewenz im Ratzeburgschen, welche sein Bruder zu Grahlstorf 1730 wiederum an den Hauptmann Hartwig Rudolph Dittmar überließ. S. 98, Z. 3: Nardüis. S. 102, Z. 6: ist gestorben 1781 den 29. May. S. 105, Z. 2: gest. den 6. April 1781. S. 106, Z. 32: Anna von Pren, andere nennen sie Anna von Levetzow. ib. Z. 40: lebte 1473. S. 112, Z. 42: Sotterhausen. S. 118, Z. 8: ist. S. 129 ganz unten: Passe. S. 136, Z. 37: ist den 25. März 1781 gestorben. S. 146, Z. 32: Priörinn. S. 162, Z. 5: oder Jürgen. S. 168, Z. 20: Polleben. S. 172, Z. 15: auf Breitenstein. S. 176, Z. 27: 1464. S. 220, Z. 25: Fürtenheim. S. 222, Z. 18: Krüsele.

Beylagen.

S. 1. Z. 16 add. frey vom Zehnten. In der Beylage B ist Dapifer durch Küchenmeister übersetzt, es muß vielmehr Truchseß heißen. S. 3. Z. 8: dieser. S. 6, Z. 24: perhennentur. S. 14, Z. 30: s. Frank A. u. N. Mecklenburg Libr. II. p. 86 und Libr. III. p. 212. S. 22, Z. 6: verkaufen. Z. 21: Vorkaufsrecht. S. 24, Z. 14 und 19: Hoghe und Wagel sind besondere Familien gewesen, und hätten die beyden, von dem nunmehro verstorbenen Rath Pistorius hier angebrachte, Parenthesen füglich wegbleiben können. S. 26, Z. 38: Schortelen. S. 38, Z. 15: Bolze. S. 40, Z. 16: Brüder. Z. 22: Cord, Lüder. Z. 32: Lütele. S. 85, Z. 25: Freyinnen. S. 86, Z. 44: Hartenstein. S. 89, Col. 2, Z. 36: Sinifesche, vorher Hinrich von der Lühe, s. Westphal Tom. IV. p. 888. S. 92, Z. 40: Sinise. S. 94, Z. 3: Mulsow. S. 96, Z. 7: Koppelow. S. 99. Z. 3 von unten: Senzkow.

www.ingramcontent.com/pod-product-compliance
Lightning Source LLC
Chambersburg PA
CBHW020308240426
43673CB00039B/744